岳池年鉴 2017

YUECHI YEARBOOK

中 共 岳 池 县 委
岳 池 县 人 民 政 府 主办

《岳池年鉴》编纂委员会 编纂

方志出版社
Publishing House of Local Records

岳池年鉴·2017 /《岳池年鉴》编纂委员会编．--
北京：方志出版社，2018.5
ISBN 978-7-5144-3068-4

Ⅰ．①岳… Ⅱ．①岳… Ⅲ．①岳池县—2017—年鉴
Ⅳ．①Z527.14

中国版本图书馆CIP数据核字(2018)第091459号

岳池年鉴（2017）

编　　者　《岳池年鉴》编纂委员会
责任编辑　张　颢

承 办 人　冀祥德
出 版 者　方志出版社
地址　北京市朝阳区潘家园东里9号(国家方志馆4层)
邮编　100021
网址　http：//www.fzph.org
发　　行　方志出版社图书经销中心
电话(010) 67110500
经　　销　各地新华书店
印　　刷　四川川印印刷有限公司

开　　本　889×1194　1/16
印　　张　29.5
字　　数　731千字
版　　次　2018年5月第1版　2018年5月第1次印刷
印　　数　0001-1200册

ISBN 978-7-5144-3068-4　定价：198.00元

岳池县地图

四川省标准地图·基础要素版

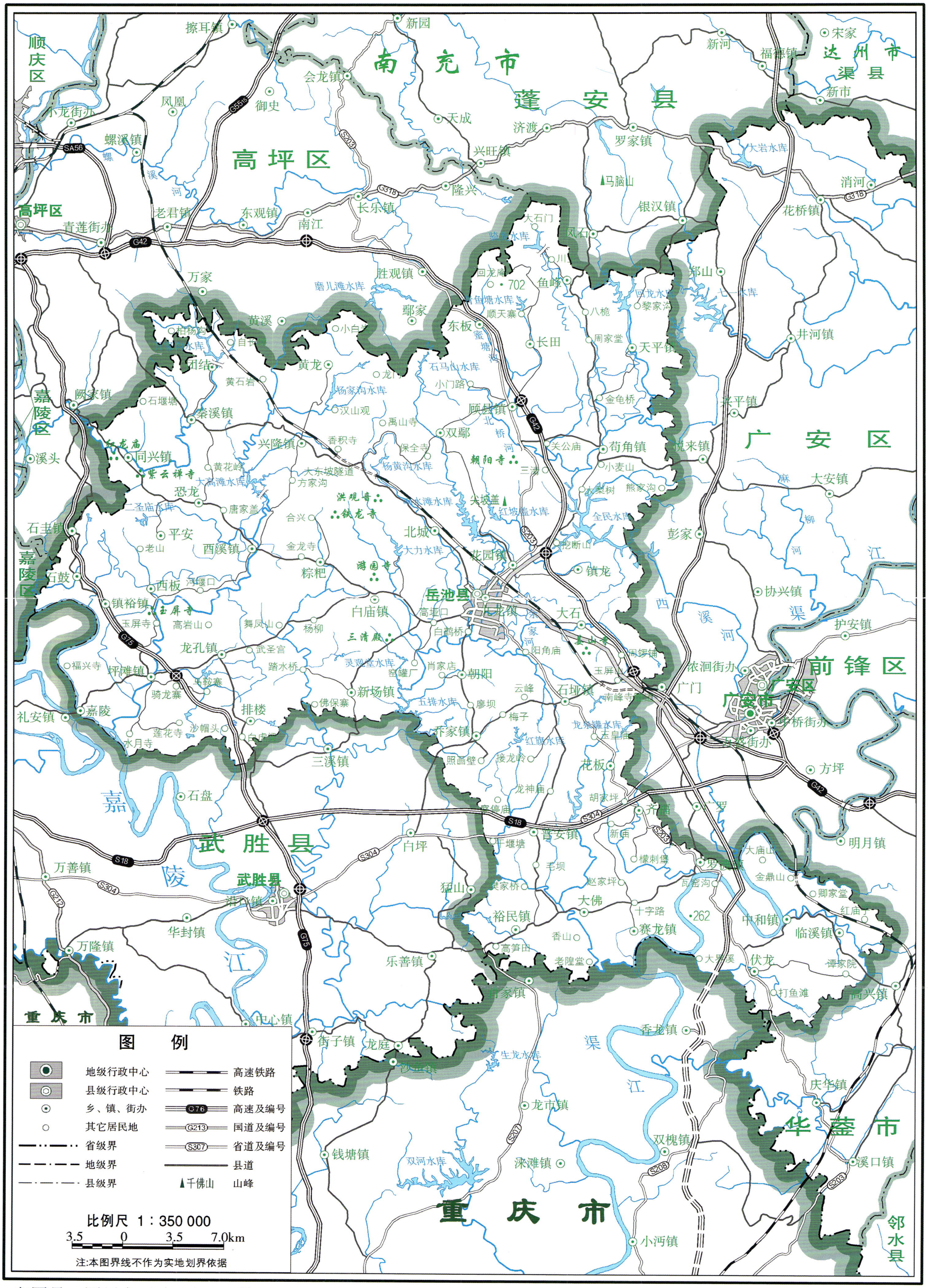

审图号：图川审（2016）027号

2016年5月 四川省测绘地理信息局制

四川省岳池县城区总体规划图

——中心城区土地利用规划图

21

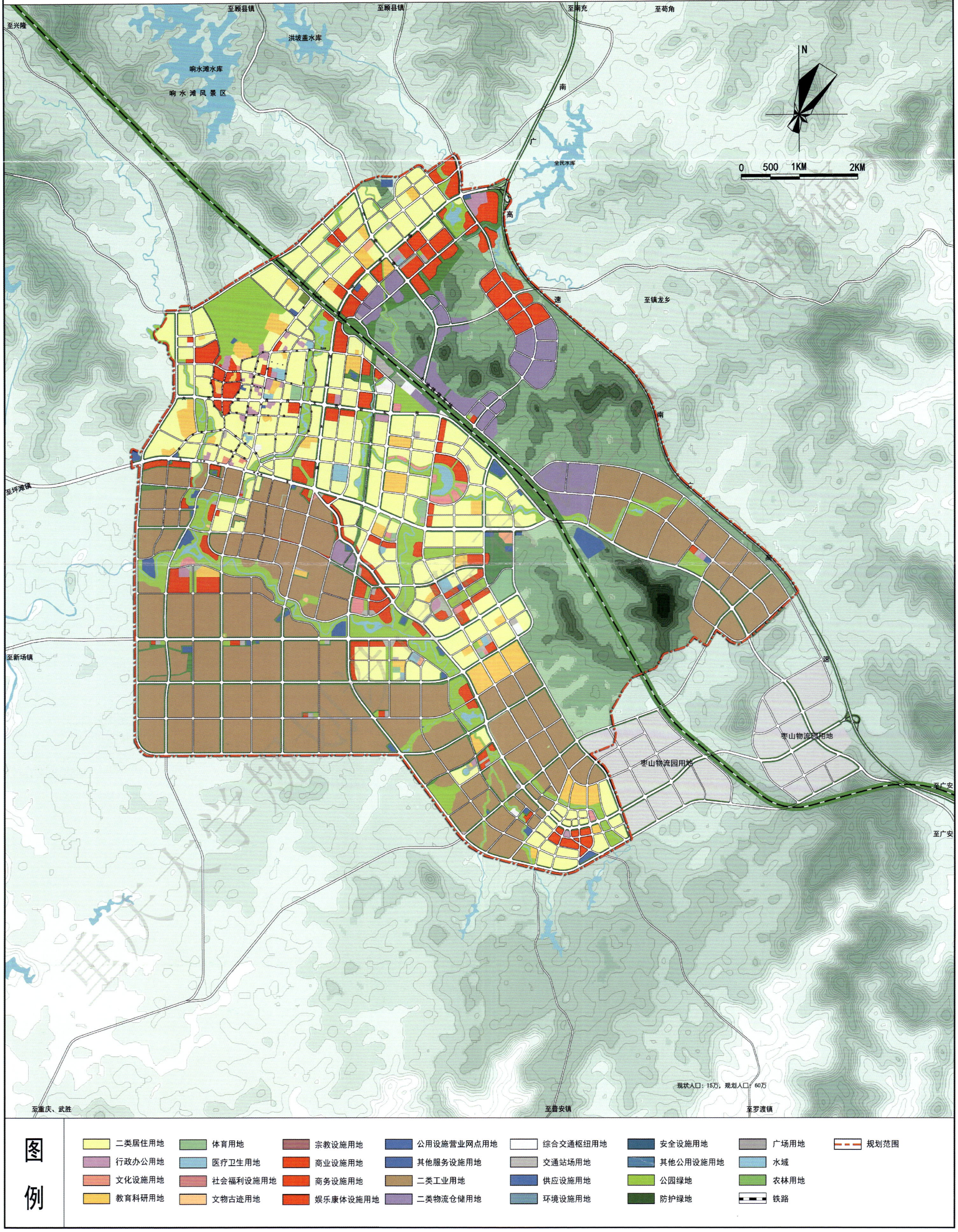

领导关怀

2016 年 4 月 13 日，省人大常委会副主任黄彦蓉（前中）在市人大常委会主任余仪（前右一）陪同下，到岳池县检查《中华人民共和国食品安全法》贯彻实施情况

2016 年 8 月 30 日，省政府副省长王铭晖（前中）在市委副书记、市长罗增斌（前右一）陪同下，到岳池县蹲点督导脱贫攻坚工作

2016年10月26日，省政府副省长刘捷（前左二）在市委副书记、市长罗增斌（前左一）陪同下，到岳池县经开区调研工业经济和科技创新工作

2016年6月1日，四川省高级人民法院党组书记、院长王海萍（右二），到岳池县检查审判流程信息公开工作

2016 年 5 月 10 日，省农业厅副厅长涂建华（前中）在市农业局局长刘健陪同下，到岳池调研现代农业产业发展情况

2016 年 5 月 5 日，省食品药品监管局副局长罗文全（右三）在市委常委、组织部长黄秀川（右二）陪同下，到岳池县调研医药产业园发展情况

2016年4月23日，市委书记侯晓春（右二）在县委书记郑鹏程（左二）陪同下，调研岳池县城市建设

2016年8月19日，市委副书记、市长罗增斌（中）在县委副书记、代理县长谭云（左一）陪同下，到顾县镇马家村蹲点督导脱贫攻坚工作

2016年5月12日，市人大常委会主任余仪（前左二）在县人大常委会主任曾邦才（前右二）陪同下，到顾县镇马家村调研脱贫攻坚工作

2016年7月6日，市政协主席刘凤成（前左三）一行在县委书记郑鹏程（前左一）陪同下，调研岳池县地税工作

专题会议

2016 年 9 月 27 日，中国共产党岳池县第十二次代表大会在吴雪艺术中心主会议室召开

2016 年 9 月 29 日，中国共产党岳池县第十二届纪律检查委员会第一次全体会议在吴雪艺术中心二会议室召开

2016年11年18日，岳池县第十七届人民代表大会第一次会议在吴雪艺术中心主会议室召开

2016年11月17日，中国人民政治协商会议岳池县第十四届委员会第一次会议在吴雪艺术中心主会议室召开

2016 年 6 月 17 日，岳池县第二期“干部讲堂”暨县委中心组学习会在吴雪艺术中心主会议室召开

2016 年 6 月 29 日，县委在吴雪艺术中心主会议室召开庆祝中国共产党成立 95 周年大会

2016 年 7 月 14 日，县委、县政府在吴雪艺术中心主会议室召开脱贫攻坚工作誓师大会

2016 年 12 月 16 日，县委在吴雪艺术中心主会议室召开岳池县村（社区）“两委”换届工作会议

政务活动

2016年4月16日，县委书记郑鹏程（中）一行考察北部旅游环线建设工作

2016年7月28日，县委书记郑鹏程（前中）慰问武警官兵

2016 年 8 月 22 日，岳池县“四大班子”领导率部分乡镇、部门负责人在邓小平铜像前举行邓小平诞辰 112 周年献花仪式

2016 年 10 月 30 日，县委书记郑鹏程（前左二），县委副书记、代理县长谭云（前右二）调研县经开区工业重点项目建设情况

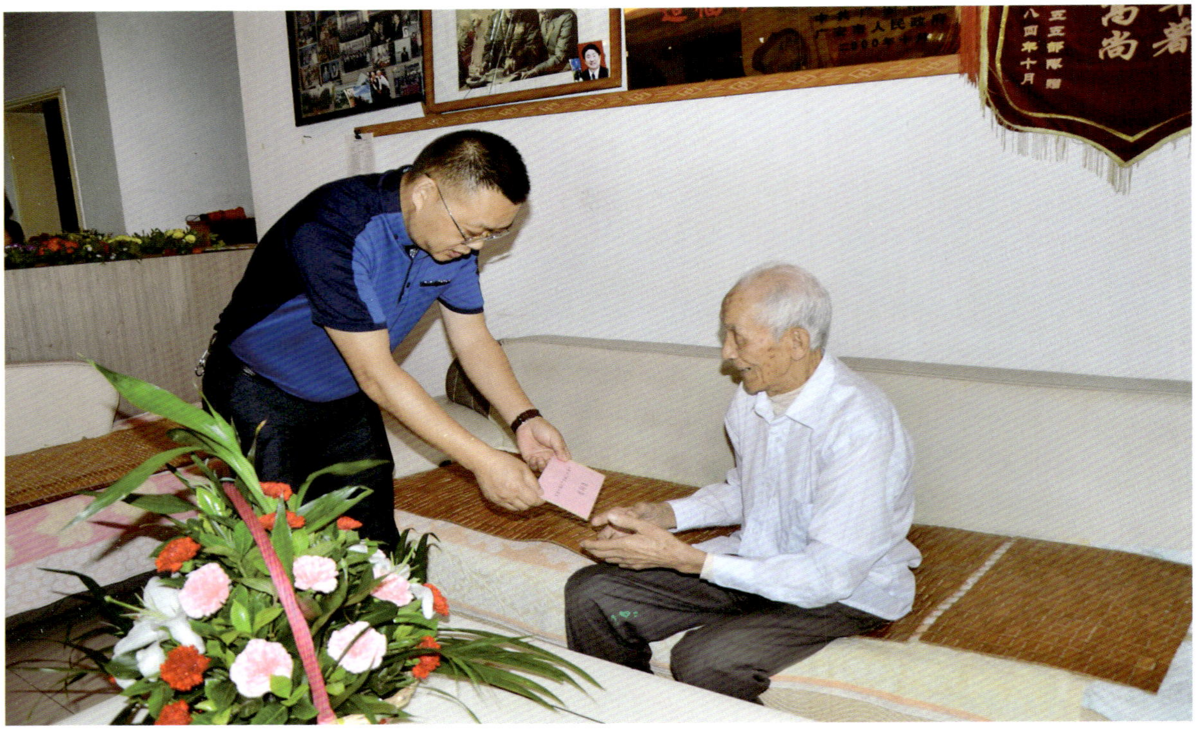

2016 年 6 月 30 日，县委副书记、代理县长谭云（左）看望特特功臣、一级战斗英雄柴云振

2016 年 9 月 23 日，县委副书记、代理县长谭云（左二）到重百超市检查食品安全工作

2016 年 6 月 21 日，县人大常委会主任曾邦才（中）一行视察园区污水处理厂建设情况

2016 年 3 月 11 日，县政协主席谢帮勇（前左）带领政协委员视察全县重点交通工程建设情况

脱贫攻坚

2016年5月14日，市委书记侯晓春（前左一）在县委书记郑鹏程（前左二）陪同下，到白庙镇瞿家店村调研脱贫攻坚工作

2016年10月19日，市委副书记、市长罗增斌（左一）在县委副书记、代理县长谭云陪同下，到顾县镇马家村调研脱贫攻坚工作

2016 年 6 月 9 日，县委书记郑鹏程（前右一）到白庙镇瞿家店村调研脱贫攻坚工作

2016 年 12 月 5 日，县委副书记、县长谭云（中）到顾县镇真武桥村开展“走基层、送温暖”活动暨督导脱贫攻坚工作

2016年10月16日，县委、县政府在吴雪艺术中心主会议室举行张秀代同志先进事迹报告会

2016年10月22日，县脱贫办在县政府三楼会议室召开岳池县建档立卡贫困村党组织“第一书记”业务培训会

2016 年 12 月 21 日，县委书记郑鹏程，县委常委、纪委书记刘勇，县委常委、组织部部长罗向前，县人大常委会副主任李桂新在坪滩镇召开坪滩片区脱贫攻坚暨村（社区）换届工作座谈会

2016 年 9 月 22 日，县委副书记陈森在长田乡召开 2016 年顾县战区脱贫攻坚工作第二次推进会

2016年5月18日，四川证监局协调广安吉峰农机有限公司为北城乡高木桥村捐赠10台微耕机

白庙镇瞿家店新村聚居点

省扶贫帮扶单位捐资修建的村文体广场

北城乡村民正在产业扶贫基地采摘苕尖

坪滩镇马家沟村产业扶贫农业产业发展新貌

2016 年 5 月 18 日，九三学社四川省工委在白庙镇瞿家店村举办精准扶贫广安行大型义诊活动

经济社会发展重要活动

2016 年 3 月 21 日，广安市 2016 年一季度重大项目集中开工仪式（岳池分会场）在岳池城东新区隆重举行

2016年6月28日，广安市 2016 年二季度重大项目集中开工仪式（岳池分会场）在岳池县经开区举行

2016 年 9 月 30 日，广安市三季度重大项目集中开工仪式（岳池县现场）在城东新区举行

2016 年 10 月 31 日，四川省 2016 年四季度重大项目集中开工仪式（广安分会场）在岳池县经开区举行

观光农业

银城花海是由广安广达农业有限公司出资打造的一个集观光、美食、垂钓、采摘、摄影为一体的大型综合户外休闲场所。位于岳池县大石乡，紧邻广岳大道；项目规划用地近400亩，分为入口形象区、花海观赏区、草坪活动区、儿童娱乐区、特色烧烤区、棋牌娱乐区、休闲垂钓区、会餐区、生态果蔬区。

2016 年 3 月 12 日，排楼乡香雪李专业合作社在龙井沟村举办第一届龙井沟李花节

2016年6月17日，长田香藤椒种植专业合作社和顺天寨中药材种植专业合作社在顺天寨村联合举办岳池县“文化惠民”下基层暨第二届长田生态观光节。演出结束后，农民工在黑山村藤椒基地参加藤椒采摘比赛

城建交通

输变电总部大厦

花漾城居民小区

东湖彼岸居民小区

浙商皮革城、永利大酒店

“渡改桥”工程——红星大桥建成通车

广（安）高（坪）路

村级公路（白庙镇拱桥村）

城市共享单车

广安至岳池城际公交车

社 会 事 业

位于岳池城东新区余家河公园以东的四川省师范大学附属第七实验中学于2016年9月1日正式建成开学。该校为十五年一贯制的寄宿制学校，校园占地130余亩，配有图书馆、科技馆、展览馆、体育馆、艺术楼、科技楼、演艺中心、教师公寓等

2016年4月18日，县委在吴雪艺术中心举办岳池县第三届道德模范颁奖晚会

2016 年 4 月 26 日，四川省“全国疟疾日”宣传活动启动仪式在岳池文体广场举行

2016 年 7 月 20 日，四川大学华西临床医学院专家到岳池县苟角镇开展义诊活动

2016 年 10 月 16 日，北师大广安实验学校开展少先队“城乡手拉手·成长心连心”主题结对帮扶活动

2016 年 11 月 25 日，县教科体局在北师大广安实验学校承办广安市第三届中小学艺术节舞蹈决赛

开 放 合 作

2016 年 5 月 12 日，华盛绿色工业基金会执行会长李洪彦（左二）到岳池县电商产业园考察

2016 年 5 月 16 日，江苏华建董事长陆金龙（前右三）到岳池县城东新区考察

2016年8月31日，四川九州通医药有限公司总经理吴海波一行到岳池县考察、洽谈签订投资合作框架协议

2016年5月31日，盐亭县县委书记、县长袁明（前中）到岳池县考察学习医药产业、生物医药、电子电器生产情况

2016 年 11 月 2 日，井研县县委常委谷平、副县长刘源源一行到岳池县考察学习现代农业发展情况

2016 年 9 月 15 日，“海外高新科技人才进广安”考察团在岳池县经开区展示厅考察

法治建设

2016 年 1 月 28 日，市、县司法局在顾县镇举办春季返乡农民工普法禁毒宣传活动

2016 年 6 月 27 日，广安市 2016 年防暴处突专项应急演练活动在岳池火车站广场举行

2016 年 11 月 12 日，县人民检察院举办老年人刑事犯罪检察工作学术研讨会

顾县镇法治建设文化长廊

党的建设

2016年9月7日，市委宣讲团到岳池县开展省委十届八次全会精神宣讲报告会。市委党校校委委员、市行政学院副院长、高级讲师蔡良志在吴雪艺术中心主会议室作宣讲报告

2016年5月24日，县委书记郑鹏程到白庙镇瞿家店村为党员上党课时，与该村老党员亲切握手

2016 年 5 月 11 日，县地税局党组在岳池县党性教育基地开展“重温入党誓词”活动

2016 年 6 月 28 日，县经开区党工委开展“两学一做”学习教育暨建党 95 周年纪念活动

顾县镇党委开展"两学一做"专题学习讨论活动

白庙镇瞿家店村开展村头问政活动

《岳池年鉴(2017)》编纂委员会

《岳池年鉴(2017)》编辑部

主　　编:魏海军
责任编辑:田　华
编　　辑:戴苏岳　蒋芝全　蔡勤忠　袁晓霞　钟　华
封面题字:黄工乐

编辑说明

《岳池年鉴(2017)》以马克思列宁主义、毛泽东思想、邓小平理论、“三个代表”重要思想、科学发展观、习近平新时代中国特色社会主义思想为指导,坚持辩证唯物主义和历史唯物主义的立场、观点和方法,全面、系统、翔实、准确记述岳池县改革开放、经济建设和社会事业的发展状况,收录年度性主要文献和重要资料,旨在为党政决策服务,为地方经济社会发展献策,为记录保存历史积累史料。它是各级、各部门、社会各界认识、了解岳池的权威性工具书。

《岳池年鉴(2017)》记载的时限为2016年1月1日至2016年12月31日,为保持事件的完整性,个别事件有适当上溯或下延。

《岳池年鉴(2017)》采用条目体分类进行编辑,主体内容分为类目、分目、条目三个层次,条目下层次较多的分段记述,条目标题一般采用名词或名词性词组表述。其所载文字资料,由县内各乡镇、县级部门及省、市驻县单位组织专人征集、撰写,并经所在单位领导审核、签章确认后提供。国民经济和社会发展综合数据使用《岳池县统计年鉴》数据;未纳入统计的,使用经核实的乡镇、部门提供的数据。除特殊注明外,“省”为四川省,“市”为广安市,“县”为岳池县。

目 录

特 载

Special Issues

践行新理念 开启新征程 为全面建成小康岳池阔步迈向现代化而奋斗 Practice new ideas; start a new journey; strive to build a moderately prosperous Yuechi and stride forward modernization …… 1
政府工作报告 Government work report …… 12

大事记

Chronicle of Events

大事记 Chronicle of Events …… 22

岳池概述

an overview of Yuechi

自然环境 The natural environment …… 40
政区设置 Administrative setting …… 41
经济概览 Economic survey …… 45
社会发展 social development …… 49

政党政权
the Party and regime

中共岳池县委 Yuechi County Party Committee …… 50
综　述 Overview …… 50
县委办公室 the office of county party committee …… 72
纪检监察 The discipline inspection and supervision …… 72
宣传工作 Propaganda work …… 76
组织工作 Organization of work …… 79
统战工作 The United Front work …… 81
县直机关党建 The organs of the party …… 82
机构编制工作 the administration of establishments …… 83
群众和信访工作 The masses and letters …… 85
老干部工作 The work of veteran cadres …… 85
党校工作 The work of the Party school …… 87
岳池县人大常委会 Yuechi County People′s Congress Standing Committee …… 87
重要会议 An important meeting …… 87
县人大工作综述 A summary on the work of People′s Congress Standing Committee of XX …… 89
岳池县人民政府 Yuechi County People′s Government …… 91
综　述 Overview …… 91
县政府办公室 the prefectural office …… 106
人力资源管理 Human resource management …… 107
政务服务 Government affairs service …… 108
公共资源交易 Public resource transaction …… 110
政协岳池县委员会 Yuechi County People′s Political Consultative Confer Committee …… 111
重要会议 An important meeting …… 111
政协工作 The work of the CPPCC …… 114

民主党派·社会团体
Democratic parties; social organizations

民盟·工商联 China Democratic League; the Federation of Industry and Commerce …… 116

中国民主同盟岳池县委员会 China Democratic League Yuechi County Committee …… 116
工商业联合会 Federation Industry and Commerce …… 117
总工会 Federation of Trade Unions …… 119
共青团 The Communist Youth League …… 120
妇女联合会 The women's Federation …… 121
科学技术协会 Science and Technology Association …… 122
残疾人联合会 Federation of the Disabled …… 123

法 治
Rule by law

政法及综治工作 Political and legal work, as well as comprehensive work …… 125
法治政府建设 Construction of government by law …… 128
公安工作 Public security work …… 129
检察工作 The procuratorial work …… 132
法院工作 The work of the court …… 134
司法行政工作 The judicial administrative work …… 135

经 济
Economice

农村工作与农村经济 Work in the countryside and the rural economy …… 138
农村工作 The rural work …… 138
现代农业园区 Modern agricultural park …… 139
农村经济 Rural economy …… 141
畜牧食品 Animal husbandry and food …… 144
农业机械 Agricultural machinery …… 145
水　务 Water conservancy …… 146
林　业 Forestry …… 149
扶贫和移民后扶 Poverty and immigration …… 150
经济和信息化 Economy and information …… 152
经济技术开发区 Economic – technological development area …… 155
罗渡高新区 Luo Du high tech Zone …… 156

商业贸易 Commercial trade …… 157
粮油商业 Grain and oil trade …… 160
烟草专卖 Tobacco monopoly …… 161
盐　业 Salt industry …… 161
旅游业 Tourism …… 161
投资促进 Investment promotion …… 163

城市建设·城市管理·环境保护
City construction · city management · environment protection

住房和城乡建设 Housing and urban and rural planning and construction …… 168
城市管理 City management …… 170
环境保护 Envionmental protection …… 172

交通·通信·邮政
Transportation · postal · communication

交通运输 Transportation …… 174
移动通信 Mobile communication …… 176
邮　政 Post office …… 177

财税管理
Fiscal management

财　政 finance …… 179
国家税务 The State Administration of taxation …… 180
地方税务 The local tax …… 182

金 融

Finance

中国人民银行岳池县支行 The people's Bank of Chinese Yuechi County branch …… 184
中国工商银行岳池支行 Industrial and Commercial Bank of China Yuechi branch of the China …… 186
中国农业银行岳池县支行 Agricultural Bank of China Yuechi County branch …… 187
中国农业发展银行岳池县支行 Agricultural Development Bank of Yuechi County Chinese branch …… 188
中国建设银行岳池支行 Yuechi Branch, China Construction Bank …… 189
中国邮政储蓄银行岳池县支行 Postal Savings Bank of Yuechi County China branch …… 189
农村信用合作联社 The rural credit cooperative union …… 190
中国人寿保险公司岳池县支公司 Chinese life insurance Limited by Share Ltd Yuechi branch …… 192
中国人民财产保险公司岳池支公司 Peoples Insurance Company of China Yuechi branch …… 192
发展和改革 Development and reform …… 194
食品药品监督管理 The food and drug supervision and management …… 195
国土资源管理 Land and resources management …… 196
土地执法监察 land law enforcement and supervision …… 197
工商质监管理 The industry and Commerce administration …… 204
安全生产监督管理 Thed supervision and administration of production safety …… 206
审　计 audit …… 208
统　计 statistics …… 209

教科文卫

Science and technology education culture health

教育科技体育 Sports of educational science and technology …… 212
卫生和计划生育 Health and family planning …… 224
文化广播电视新闻出版 culture, radio and television, journalism and publication …… 227
气　象 Meteorological …… 231
档　案 archives …… 232
史　志 historical annals …… 234

社会管理
Social management

民　政 Civil administration ······ 236
劳动和社会保障 Labor and social security ······ 238
民族宗教 National religion ······ 238

乡镇简介
Overview of Township

九龙镇 Jiulong toen ······ 240
花园镇 Huayuan town ······ 242
朝阳乡 Chaoyang village ······ 243
北城乡 Beicheng village ······ 245
镇龙乡 Zhenlong village ······ 247
石垭镇 Shiya town ······ 249
普安镇 Puan town ······ 251
乔家镇 Qiaojia town ······ 253
花板乡 Huaban village ······ 255
大石乡 Dashi village ······ 256
白庙镇 Baimiao town ······ 258
新场镇 Xinchang town ······ 260
粽粑乡 Zongba village ······ 261
坪滩镇 Pingtan town ······ 263
龙孔镇 Longkong town ······ 264
镇裕镇 Zhenyu town ······ 266
排楼乡 Pailou village ······ 268
西板乡 Xiban village ······ 270
石鼓乡 Shigu village ······ 272
嘉陵乡 Jialing village ······ 274
酉溪镇 Youxi town ······ 275
同兴镇 Tongxing town ······ 277

恐龙乡 Konglong village …… 279
平安乡 Pingan village …… 281
兴隆镇 Xinglong town …… 283
秦溪镇 Qinxi town …… 285
团结乡 Tuanjie village …… 286
黄龙乡 Huanglong village …… 288
顾县镇 Guxian town …… 290
双鄢乡 Shuangyan village …… 292
东板乡 Dongban village …… 294
长田乡 Changtian village …… 296
苟角镇 Goujiao town …… 298
天平镇 Tianping town …… 300
鱼峰乡 Yufeng village …… 301
罗渡镇 Luodu town …… 303
裕民镇 Yumin town …… 304
赛龙镇 Sailong town …… 306
大佛乡 Dafo village …… 307
齐福乡 Qifu village …… 308
中和镇 Zhonghe town …… 309
临溪镇 Linxi town …… 311
伏龙乡 Fulong village …… 313

专题记述

Monographic description

脱贫攻坚首战告捷 Win the first battle of poverty alleviation …… 315
“两学一做”学习教育 Learning and education of "studies on the theoretical and practical issues of party building" …… 317
优秀共产党员张秀代 Zhang Xiudai, an excellent Communist Party member …… 319

附　录
Appendix

获奖名单 awards list …… 322
统计资料 statistics …… 326
领导名录 directory of leaders …… 328
艺　文 art and literature …… 351
文　存 collected works(anthology) …… 352

索　引
Indexes

索　引 Indexes …… 411

特　载

岳池年鉴
2017

践行新理念　开启新征程
为全面建成小康岳池阔步迈向现代化而奋斗

——在中国共产党岳池县第十二次代表大会上的报告

郑鹏程

（2016 年 9 月 27 日）

同志们：

现在，我代表中国共产党岳池县第十一届委员会向大会作报告。

中国共产党岳池县第十二次代表大会，是在全面建成小康岳池的关键时期召开的一次十分重要的会议。大会的主题是：高举中国特色社会主义伟大旗帜，以邓小平理论、“三个代表”重要思想、科学发展观为指导，深入学习贯彻习近平系列重要讲话精神，实施“三大战略”，打好“三大战役”，实现“三大跨越”，为消除绝对贫困、建成全面小康、迈向现代化而奋斗。

今后五年，是从总体小康迈向现代化的关键节点。“三大跨越”是奋斗目标，“三大战略”是发展路径，“三大战役”是攻坚重点。目标、路径、重点三位一体，共同构成了岳池发展的总体部署。全县各级党组织、广大党员务必牢记使命，肩负重托，团结带领全县人民砥砺奋进，勇往直前，真正把未来五年变成岳池发展的“黄金五年”。

一、过去五年的主要工作

县第十一次党代会以来，在市委的坚强领导下，县委认真贯彻落实党的十八大精神，先后召开 24 次全会，分别就落实“四个全面”（全面建成小康社会、全面深化改革、全面依法治国、全面从严治党）战略布局、“十三五”规划等重大工作作出决定部署，主动引领经济发展新常态，圆满完成了县第十一次党代会确定的目标任务，开创了岳池经济社会发展的崭新局面。

——综合实力明显增强。地区生产总值是 2011 年的 1.5 倍，全社会固定资产投资、地方公共财政收入实现翻番，城镇居民可支配收入、农民人均纯收入年均分别增长 12%、14.7%，县域经济全省综合排名上升至第 77 位。

——产业结构逐步优化。现代农业提质增效，农业园区快速发展，连续四年被评为全国粮食生产先进县。以生物医药为主导的工业经济迅猛发展，医药产业园纳入国家发展战略。第三产业繁荣兴旺，电商产业园投入运行，获批国家电子商务进农村综合示范县。三次产业结构优化为20.5:45.7:33.8。

——城乡面貌显著改善。东扩西靓步伐加快，县城面积由12.9平方千米扩大到20.8平方千米，启动罗渡、白庙、石垭等特色集镇建设，城镇化率达34.4%。幸福美丽新村加快建设，建成“四大片区”新村集群。成功创建为省级绿化模范县、环境保护模范县、园林县城、卫生县城。

——人民生活更加幸福。完成省市民生工程557项，低保、五保实现应保尽保，失业率控制在4%以内。新（改、扩）建中小学、幼儿园130所，“大班额”问题得到缓解。全民医保、分级诊疗全面开展，“二孩”政策落地落实。社会主义核心价值观深入人心，成功创建为第三届四川省文明城市。成广动车组顺利开行，广岳大道建成通车，广岳城际公交、城区自行车慢行系统投入运行。脱贫攻坚取得阶段性胜利，贫困发生率由10.6%降至4.3%。依法治县、平安建设深入开展，被评为全国“六五”普法先进县、全省平安建设先进县。

——发展活力全面释放。编制完成全域规划，构建“6+3+N”多点驱动发展格局。推行发展全覆盖，做到每个单位有发展任务，每名公职人员有发展责任。成立现代农业园区、现代林业园区、高新区。“放管服”改革稳步推进，全面取消非行政许可审批，行政效能进一步提升。大力推广PPP模式，两个项目纳入省级项目库。制定出台38项重点改革方案，财税、金融、商事等改革全面推进，制约县域发展瓶颈问题有效解决。

——执政能力不断提高。党的群众路线教育实践活动、“三严三实”专题教育、“两学一做”学习教育成效明显，思想政治建设不断深入。完成乡镇党委换届。“红塔工程”扎实推进，“五年万人计划”（是县委针对全县农村党员学历偏低的突出问题，推出的一项素质提升计划。计划用五年时间，每年提升2000名村（社区）党员干部学历，培养带头致富、带领群众共同致富的“双带”干部）全面实施，新（改、扩）建村级活动阵地821个，基层组织战斗堡垒作用明显增强。“阳光工程”稳步推进，党风廉政建设“两个责任”层层落实，“四风”突出问题有效整治，风清气正的良好政治生态总体形成。“全媒体工程”有序推进，“一台一报两站两微”深度融合。民主政治建设进一步加强，县人大依法行权履职，县政协依章参政议政，统战、群团、编制、双拥、武装、档案、史志、老干部等工作取得新的成效。

在肯定成绩的同时，我们也清醒地认识到，前进道路上还存在不少困难和问题，主要是经济下行压力加大，发展不足、不平衡、不协调的问题依然突出；经济总量小，结构不合理，增长动力单一，迈入转型发展、科学发展快车道任重道远；民生改善与群众期盼还有差距，公共基础较为薄弱，公共产品较为短缺，农村绝对贫困人口较多，社会文明程度有待提高，全面小康差距较大；城乡二元结构矛盾较为突出，资源配置、公共服务不均衡，城乡居民收入水平差距较大；干部队伍能力素质有待提升，仍然存在执行力不强、庸懒散浮拖现象。对这些问题和困难，我们必须高度重视，进一步加以解决。

一切向前看，坚定向前走，都不能忘记走过的路。党的十一届三中全会以来，我们紧紧抓住改革开放、西部大开发等重大战略机遇，先后召开9次党代会，对城乡经济体制改革、税费改革、新型城镇化等作出重大决策部署，落实农村家庭联产承包责任制，深化粮食、金融、国有企业改革，实现农村和城市经济的重大突破，解决了群众温饱问题，建立了社会主义市场经济体制。进入新世纪，我们认真总结发展经验，准确把握县情特征，先后提出了“四县建设”“四个岳池”等发展战略，开拓了经济社会发展的广阔空间。党的十八大以来，我们主动适应经济发展新常态，坚定不移稳增长、调结构、促改革、惠民生，县域经济健康发展，各项事业全面进步，社会大局和谐稳定，人民群众安居乐业，为全面小康打下了坚实基础。

这些成绩的取得，离不开全县党员干部的拼搏实干，凝聚着全县人民的智慧力量！在这里，我代表中国共产党岳池县第十一届委员会，向全县各级党组织、广大党员干部群众，向各民主党派、各人民团体和社会各界人士，向离退休老领导、老同志，向关心支持岳池改革发展稳定的同志们、朋友们，表示衷心的感谢！

一路走来，我们经历的奋斗历程，是一部锐意进取、勇于创新的改革史，是一部爬坡过坎、负重前行的拼搏史，是一部克难攻坚、团结奋进的创业史，过去的成功实践，给了我们深刻的启示，也为我们未来发展积累了宝贵经验：只有主动适应经济发展新常态，把握经济发展大逻辑，才能实现科学发展、转型发展。我们始终坚持发展第一要务，把经济建设作为兴县之要，置身全国、全省、全市发展大格局，保持发展定力，实施全域规划，构建起多点驱动的生动局面，县域经济迈入发展快车道。只有时刻牢记空谈误国，实干兴邦，保持干事创业激情，才能干成事、有作为。我们始终坚持崇尚实干、求真务实的作风，率先垂范，奋勇争先，大力发扬“逢山开路、遇水架桥、披荆斩棘、勇往直前”的精神，产业发展、城乡建设、民生改善取得明显成效，拼搏进取、干事创业的氛围更加浓厚。只有打破陈规，以新理念新思想新战略谋划推动工作，才能祛除顽疾、赢得先机。我们始终坚持创新突破，果敢行动，先行先试，用改革的思路、创新的举措、发展的办法解决问题，十大产业竞相发力，全民行动脱贫攻坚，全县经济社会发展后劲明显增强。只有坚持以人为本、一心为民，与人民群众同呼吸、共命运，才能为事业永续发展凝聚强大合力。我们始终坚持民生导向，切实解决群众所盼，帮助群众脱贫致富，赢得了广大群众的拥护支持，形成了思想同心、目标同向、行动同步的工作态势。只有切实加强自身建设，永葆党的先进性、纯洁性，才能克服前进道路上的各种困难。我们始终坚持党要管党、从严治党，压实党建责任，持续整治“四风”，坚决惩治腐败，广大党员干部积极投身经济社会建设，凝聚起砥砺前进、聚焦发展的正能量。

二、岳池发展面临的新机遇新任务

当前，我们正走在全面建成小康岳池、迈向现代化新征程的大道上，必须准确把握国内外发展的基本态势，准确把握机遇与挑战的内涵变化，准确把握发展阶段的新特征新要求，推进岳池各项事业迈上新台阶。

放眼全球，跨越发展空间广阔。世界经济结构进入深度调整期，经济全球化深入发展，新一轮科技革命、产业变革蓄势待发，区域经济合作多元化已成为时代发展趋势，这为我们推进创新发展带来了新的机遇。

纵观国内，跨越发展大有可为。经济发展步入新常态，增长速度、内生结构、发展动力正在发生深刻变化，但长期向好的基本面没有变，经济韧性好、潜力足、回旋余地大的基本特质没有变，经济持续增长的良好支撑基础和条件没有变，经济结构调整优化的前进态势没有变，尤其是“一带一路”（新丝绸之路经济带和21世纪海上丝绸之路）、长江经济带、川渝合作示范区、成渝城市群建设等国家战略的深入实施，为我们提供了难得的战略机遇与政策红利。

聚焦省市，跨越发展时不我待。省委深入实施“三大发展战略”，先进地区快马加鞭，后发地区奋起直追，在巴蜀大地掀起了新一轮发展热潮。市委站高谋远，构建起“6+4+4”（广安市在实施多点多极支撑发展战略中形成的6个区市县，4个集团公司包括广安金财集团、广安发展建设集团、广安交投集团、四川经准检验检测集团，4个园区包括广安经开区、枣山物流商贸园区、协兴生态文化旅游园区、华蓥山旅游文化景区的14个轮子共同发力、竞相跨越的发展格局）多点多极支撑发展格局，区市县、园区次第突破、奋勇争先。我们面临不进则退、慢进也是退的激烈竞争局面，这既是压力，更是动力。

审视县情，跨越发展催人奋进。经过多年努力，支柱产业培育初见成效，要素聚集能力不断提升，产业承载能力显著增强，群众盼富奔康愿望更加强烈，各级干部谋事创业热情日益高涨，为加快发展、跨越发展打下了坚实基础，凝聚了强大合力。只要我们在应对挑战中把握机遇，在克服困难中赢得主动，就一定能够成功迈入转型发展、科学发展快车道。

今后五年的指导思想和奋斗目标：高举中国特色社会主义伟大旗帜，以邓小平理论、“三个代表”重要思想、科学发展观为指导，深入学习贯彻习近平治国理政新理念新思想新战略，认真践行“五大发展理念”，全面落实“四个全面”战略布局和“五位一体”（党的十八大着眼于全面建成小康社会、实现社会主义现代化和中华民族伟大复兴，对推进中国特色社会主义事业做出经济建设、政治建设、文化建设、社会建设、生态文明建设“五位一体”的总体布局）总体布局，深入实施多点多极、城乡统筹、创新驱动“三大战略”，打好脱贫攻坚、全面小康、现代化开局“三大战役”，奋力实现“三大跨越”“四大突破”“五大提升”。

——三大跨越：由贫困大县向经济强县跨越、由总体小康向全面小康跨越、由二元岳池向现代化岳池跨越。

——四大突破：地区生产总值突破300亿元，地方公共财政预算收入突破20亿元，城镇化率突破45%，城乡居民人均纯收入突破2.5万元。

——五大提升：县域经济综合实力明显提升，建成全省经济强县。社会文明程度明显提升，创建全国文明城市、国家卫生县城。创新改革能力明显提升，重点领域和关键环节改革取得突破。城乡居民幸福指数明显提升，全面建成小康社会。党的建设科学化水平明显提升，执政能力进一步提高。

宏伟目标已经确立，壮丽前景催人奋进。全县党员干部一定要坚定信心、奋发有为，抓住机遇、乘势而上，不断开创岳池发展新局面。

三、坚持全域发展，形成多点支撑发展格局

发展的整体性是衡量县域经济综合实力的重要标准。要牢固树立全域发展理念，探索全域发展路径，形成竞相赶超、奋勇争先的发展局面。

深入实施多点多极支撑发展战略，培育一批带动作用大、综合实力强的支撑点。县城区要强化首位带动、一马当先。围绕建设60平方千米、60万人口现代中等城市目标，加快培育电子商务、现代物流、新型建材等产业集群，建设具有全省影响力的区域创新创业中心，更好地发挥领先发展、带动发展的作用。六大园区要壮大实力、做强支撑。发挥“双核”工业园区主引擎作用。经开区做大做强生物医药产业集群，打造西部药都、医养之城；高新区打造“百亿级”产业新城。提档升级“双百”农业园区。现代农业园区重点发展智慧农业、休闲农业、体验农业，建成全国休闲农业与乡村旅游示范点；现代林业园区发展干果产业、观光林业、森林康养业，打造百平方千米生态旅游示范区。坚持城东新区、农家文化景区两翼齐飞。城东新区建成集文化教育、休闲旅游、商业服务于一体的高品质城市社区；农家文化景区建成AAAA级旅游景区，带动全县旅游产业发展。银泰投资公司、发展建设公司、输变电集团要加强资本运作，拓展经营领域，壮大企业规模，力争成功上市。乡镇梯队要错位发展，奋勇争先。挖掘自身优势，发展特色产业，形成“一乡一业”，筑牢县域发展底部基础。

产业兴则岳池兴。要瞄准战略性、先导性产业制高点，大力推进十个重大产业发展，打造现代产业发展新高地。现代都市农业坚持走绿色农业、特色农业路子，大力发展特色种养、加工销售、观光体验于一体的“第六产业”（通过鼓励农户搞多种经营，即不仅种植农作物，而且从事农产品加工与销售农产品及其加工产品，以获得更多的增值价值）。干果产业坚持“产业兴林、助农增收”理念，积极发展核桃、花椒、藤椒等特色效益林业，构建现代林业体系。生物医药产业着力打造“两基地一中心”，互补发展中药、医贸、器械，促进产业链条高端化，力争实现产值200亿元以上。高新技术产业主动对接“中国制造2025”（中国实施制造强国战略第一个十年的行动纲领，到2025年迈入制造强国行

列；到 2035 年中国制造业整体达到世界制造强国阵营中等水平；到新中国成立一百年时，综合实力进入世界制造强国前列），突出高端装备制造、电子信息技术两大核心，力争实现产值 100 亿元以上。新型建材产业要在新农村、小城镇、各景区打造一批新型住宅建筑示范样板。电子商务与现代物流产业加快实施“互联网 +”行动计划，积极发展农村电商业态，建成电子商务强县，建成川渝合作物流发展示范区。智慧城市产业围绕民生、环保、城市服务等领域，加快推进“无线城市”建设，探索发展“低碳经济”，推广应用智慧交通、智慧旅游。文化产业充分利用“中国曲艺之乡”“中国农家乐之源”两张名片，探索发展创意、动漫等新兴文化产业，建成全国文化先进县。旅游产业坚持“农旅结合、文旅融合”理念，加快文化旅游示范带、乡村旅游示范带建设，力争实现旅游收入 100 亿元以上。康养服务业以居民健康需求为导向，多元发展医疗、养生、养老、保险服务等产业，建成康养产业示范区。

加快实施发展全覆盖战略。将招商引资、向上争资、募集捐赠任务按单位职能进行分解，每年招引一批重点领域的关键产业项目，每年建设一批支撑岳池发展的重大基础项目，每年募集一批社会资金。坚持政府引导、示范带动，广泛动员全县各级党员干部、广大人民群众、外地乡友，积极参与经济社会发展，兴起人人支持发展、参与发展的热潮。

四、推进新型城镇化，加快城乡一体化进程

城镇化是现代化的必由之路。要遵循规律，因地制宜，突出特色，统筹推进城乡一体发展。

规划在城乡发展中具有引领作用。要把“以人为本、尊重自然、传承历史、绿色低碳”理念融入城乡规划的全过程，构建县域空间、规模、产业形态，明确发展布局、功能定位，提高空间利用效率。将环境容量、承载能力作为确定城市、集镇规模的基本依据，科学划定开发边界。坚持功能完善、生态打底、自然为美，树立“今天的建筑就是明天的文物”理念，留住城市特有的地域环境、文化特色、建筑风格等“基因”，促进自然山水、建筑物平面、天际线更加协调优美。

建设“双 60”现代中等城市。要按照“东扩西靓、北景南工”发展布局，以“创新、绿色、智慧、人文”为方向，建设海绵城市、智慧城市、人文城市。城东新区围绕高品质城市社区和城市次中心规划建设，精心打造标志性建筑、标志性地段，使单体建筑各具特色、群体建筑和谐美观、城市形象大气高雅，将城东新区打造成为岳池“会客厅”。经开区坚持产城一体，扩大园区规模，实现人口聚集，探索产城融合的新型城镇化之路。旧城区统筹实施北外街旧改和棚户区改造，有序推进老旧住宅小区综合整治，优化人居环境，让旧城区焕发青春活力、再现盎然生机。农家文化景区要立足生态环境保护，建设生态保护和绿色发展示范区，打造县城“后花园”。

特色集镇是新型城镇化的新引擎。要抢抓国家重点镇、全省“百镇建设行动”试点机遇，围绕“培育产业、完善功能、挖掘文化、突出特色”思路，借鉴沿海先进理念，以“7 + N”工程为抓手，加快建成一批文化小镇、旅游小镇、创客小镇、电商小镇。强化集镇与县城、集镇与集镇之间产业协作协同，促进乡镇差异化发展，进一步提高承载能力，形成横向错位发展、纵向分工协作的发展格局。

村庄要留得住绿水青山、记得住乡愁。要按照“产村相融、农旅结合、标准建设、成片推进”的理念，采取“小组生微”模式，加快建设幸福美丽新村。注重文化传承和生态保护，对具有保护价值的古村庄、古院落、古民居，按照修旧如旧的原则进行保护性修缮，留住乡土味道。突出农村特色和地域特点，强化公共服务，建成一批体现农耕文明、田园风光、地域特色、民俗风情的美丽宜居新村，让农民变市民、产区变景区、田园变花园。

推进城镇化，要更加注重以人为核心。全面放开城镇落户限制，落实农业转移人口与城镇职工失业保险政策，增强对农业人口向城镇转移的吸引力。加强农业人口的职业技术教育，提高农民工融

入城镇的素质能力；探索新型业态体系，拓展就业渠道，让群众有事干、有钱挣、有盼头。合理配建停车场点、综合市场、医院学校、休闲广场等市政设施，完善城镇基本公共服务功能。改善市容市貌，美化人居环境，增强城镇居民的家园感、归属感、幸福感。

五、加快实施创新改革战略，培育发展新动能

大力实施全面创新改革战略，扩大对外开放，为经济发展注入新动力、增添新活力、拓展新空间。

改革是推动发展的制胜法宝。要着眼于解决发展中的突出矛盾，以改革的领先支撑发展的率先。大力实施供给侧结构性改革，抓好“三去一降一补”（供给侧结构性改革的五项重点任务，即去产能、去库存、去杠杆、降成本、补短板），提高全要素生产率。推进农村产权制度改革，促进城乡生产要素自由流动。深化投融资体制改革，推行PPP模式，引导更多的民营企业、民间资本进入公共服务领域。推进社会信用体系建设，建立“失信黑名单”制度，构建以信用为核心的新型市场监管机制。深化财税体制改革，建立规范、透明的预算制度，健全财政资金运行全过程监管体系。深化行政体制改革，持续推进简政放权、放管结合、优化服务，打通服务群众“最后一千米”。全面推进住房户籍、医疗卫生、教育文化等领域改革，促进基本公共服务均等化。大力营造支持改革、鼓励创新、允许试错、宽容失败的良好环境，推动全社会形成想改革、敢改革、善改革的良好风尚。

谋创新就是谋未来。要坚持把创新摆在发展的核心位置，推动以科技创新为核心的全面创新。加快建立以企业为主体、以市场为导向、政产学研用相结合的科技创新体系，高标准打造生物医药创新创业平台，探索从实验研究、小试、中试到规模化生产的全过程公共服务模式。推进大众创业、万众创新，实施“创业回引工程”“创业岳池行动”，建设环经开区、城东新区、现代农业园区、农家文化景区“双创”产业带；整合科技企业孵化器、创业基地等资源，建设科技人才创新创业（孵化）园，培育一批科技型中小微企业，打造阶梯型“双创”孵化链；鼓励发展众创、众包、众扶、众筹，建成一批创业沙龙、成长工场、创业社区、圆梦空间，构建“1＋1＋N”“双创”格局。实施“互联网＋”行动，推进产业组织、商业模式、流转链条创新建设，促进“新经济”（建立在信息技术革命和制度创新基础上的经济持续增长与低通货膨胀率、低失业率并存，经济周期的阶段性特征明显淡化的一种新的经济现象）发展，形成新的“S形曲线”（一种技术在导入期进步比较缓慢，一旦进入成长期就会呈现指数型增长，但是技术进入成熟期就走向曲线顶端，出现增长率放缓、动力缺乏的问题。而这个时候，会有新的技术在下方蓬勃发展，形成新的“S形曲线”，最终超越传统技术）。培育“分享经济”（将社会海量、分散、闲置资源平台化、协同化地集聚、复用与供需匹配，从而实现经济与社会价值创新的新形态。强调的是使用而不占有和不使用即浪费），开发共享平台APP，促进互联网与经济社会融合发展。

开放是繁荣发展的必由之路。要主动融入“一带一路”、长江经济带等国家战略，积极参与成渝城市群建设，发挥广安港罗渡作业区、高新区的区位优势，建设连接重庆、辐射川东的对外口岸，畅通岳池进出“大通道”。加强与长三角、珠三角、京津冀、成渝等重点区域合作，力争在生物医药等重点产业合作方面取得突破。坚持引资引智并重，探索建设“飞地园区”（飞地经济的载体，指两个相互独立、经济发展存在落差的行政地区打破原有行政区划限制，通过跨空间的行政管理和经济开发，实现两地资源互补、经济协调发展的一种区域经济合作模式），引进共建产业研究院，建立利益分享机制，努力培育新的经济增长点。探索“互联网＋招商”模式，构建多元招商体系，提高开放型经济水平。

六、坚定不移发展社会主义民主政治，保障人民当家作主权利

坚持党的领导、人民当家作主和依法治县的高度统一，扩大人民群众有序政治参与，巩固和发展生动活泼、安定团结的政治局面。

人民代表大会制度是保证人民当家作主的根本政治制度。要进一步完善党委领导人大工作机制，健全重大决策前听取人大常委会意见制度，使县委的主张通过法定程序成为全县人民的意志，促进党委决策科学化。支持和保证人大及其常委会依法行使监督权、决定权、选举任免权，加强对“一府两院”的工作监督、法律监督，加强对政府全口径预算决算的审查和监督，加强对人大选举和任命人员的监督。提高基层人大代表特别是一线工人、农民、知识分子代表比例，支持和保障代表依法执行职务，开展人大代表向选民述职活动，提高代表议案的办理质量。支持县乡人大加强自身建设。

社会主义协商民主是我国人民民主的重要形式。要加强党对政协工作的领导，保障政协发挥政治协商、民主监督、参政议政职能，推动协商民主制度化、规范化、程序化。坚持重大问题先协商后决策，扎实开展专题协商、对口协商、提案办理协商，提高协商工作规范化水平。认真开展民主监督，不断扩大政协委员的知情权、参与权、监督权，提高政协提案办理水平，推动协商成果落地落实。

统一战线是凝聚各方力量、促进和谐、夺取中国特色社会主义新胜利的重要法宝。要加强同民主党派、工商联和无党派代表人士的团结合作，认真贯彻党的民族、宗教、台胞、侨胞等政策，巩固和发展最广泛的爱国统一战线。抓实非公经济领域统战工作，着力构建“亲”“清”新型政商关系。促进非公经济人士健康成长，引导非公经济人士特别是年轻一代致富思源、富而思进。加强和改善新媒体代表性人士工作，让他们在净化网络空间、弘扬主旋律等方面展现正能量。加大党外代表人士培养、选拔、使用力度，提高参政议政能力。加强统战部门自身建设，不断提高新形势下统战工作水平，构建党委统一领导、统战部牵头协调、有关方面各负其责的大统战工作格局。

法治是治国理政的基本方式。要充分发挥党委总揽全局、协调各方的领导核心作用，将全县各项工作纳入法治化轨道。深入开展“七五”普法、法纪“七进”，增强人民群众尊法学法守法用法意识。坚持依法行政，转变政府职能，切实做到严格规范、公正文明执法。保障司法公正，维护法律权威，推进审判、检务、警务公开，提高司法公信力。积极开展司法救助和法律援助，深入推进社会依法治理，实施“十大法治工程”（市委提出的立法助发展工程、行政行为规范工程、一窗受理、受办分离行政审批改革工程、司法公正提升工程、普法万千百十工程、法治扶贫工程、群众诉求渠道畅通工程、村规民约和居民公约完善实施工程、群众安全保障工程、法治服务项目年工程），推动形成全社会办事依法、遇事找法、解决问题用法、化解矛盾靠法的法治良序。

平安是百姓之福。要全面落实重大决策社会稳定风险评估制度，依法解决群众合理诉求。实施“雪亮工程”（中央政法委推出的一项以三级综治中心为平台、以综治信息化为支撑、以网格化管理为基础、以公共安全视频监控联网应用为重点的群众性综治工程），构建数字化、立体化、智能化的社会治安防控体系。强化重点领域安全监管，加强防灾减灾和应急体系建设，守住社会稳定、安全生产、食品药品安全“三条底线”，切实维护人民群众生命财产安全，创建全国平安建设先进县。

七、着力以文化人，建设文化强县

文化是民族的血脉，是人民的精神家园。

社会主义核心价值观是文化软实力的灵魂。要把社会主义核心价值体系融入国民教育、精神文明建设和党的建设全过程，在全社会形成积极向上的精神追求和健康文明的生活方式。扎实开展公民道德宣传教育活动，持续深化个人品德、社会公德、职业道德、家庭美德建设。立足中华优秀传统文化，挖掘培育优良家规家训，推动形成崇德向善、见贤思齐的村风民俗、乡规民约，构建互敬互爱、睦邻友好的和谐社区。坚持“创建为民”理念，大力推进两城同创，扎实开展“五大行动”，提升城市文明程度，创建全国文明城市和国家卫生县城。

大力繁荣文化事业，不断丰富人民精神世界、增强人民精神力量。要加强公共文化服务体系建设，实现乡镇综合文化站、村级文化活动室全覆盖。加强历史文化资源的保护、挖掘、传承，充分展示岳池红色文化、农家文化、曲艺文化的价值内涵。加强本土文化人才队伍建设，培养一批名家名师，打造一批有影响力的文化品牌，推出一批优秀作品，提升岳池的知名度、美誉度和影响力。

加快发展文化产业，不断增强文化竞争力。要大力发展文化创意产业，培育富有活力、实力和竞争力的文化市场主体，支持小微文化企业发展，走组团式、连锁式发展路子，推动演艺娱乐、动漫创意、网络服务业等文化产业创新发展，打造亿级文化企业，建设区域文化新高地。

讲好岳池故事，传播好岳池声音。要加强宣传思想和意识形态工作，强化党管意识形态、党管宣传、党管媒体，牢牢把握意识形态工作的主动权。建成全媒体中心，促进媒体资源、管理、运营深度融合，打造有影响力的传播集团，让全省全国听到岳池声音。充分发挥舆情指挥服务系统作用，壮大主流舆论，传播正能量，弘扬主旋律。加强网上思想文化阵地建设，净化网络环境，使我们的网络空间清朗起来。

八、坚决打赢脱贫攻坚战，让发展成果全民共享

人民对美好生活的向往就是我们的奋斗目标。要坚持以人民为中心的发展思想，做到发展为了人民、发展依靠人民、发展成果由人民共享，让发展更有温度，让老百姓更有获得感。

始终把脱贫攻坚作为头等大事。要把脱贫攻坚作为“一号工程”“一把手工程”“一票否决工程”，按照“四年集中攻坚、一年巩固、一年提升”规划，挂图对标作战，有力有序推进，决不让一个贫困村、一户贫困户、一名贫困群众掉队。强化“1+3+5+11”领导体系、“5+1”帮扶体系作用，落实县委常委包战区、县级领导包乡镇、乡镇领导包村、村干部包组、结对帮扶干部包户责任，形成“一盘棋”脱贫攻坚合力。

始终把中省目标作为工作方向。要按照中央、省委提出的“两不愁三保障”“四个好”目标，围绕“五个一批”“六有”“六个精准”，坚持问题导向，聚焦短板发力。统筹用好易地扶贫搬迁、增减挂钩、土地整理、地质灾害避险搬迁、危房改造等政策，尊重群众意愿，加快项目实施，严格质量标准，让贫困户早日实现“安居梦”。坚持以脱贫增收为核心，在土地流转、专业合作社建设、企业用工等方面优先考虑贫困群众，让他们获得更多的租赁、股权、劳务收入。加大贫困人口就业扶持力度，确保有劳动能力的贫困家庭至少有一人就业。做好低保兜底工作，真正实现应保尽保。着力抓好新风正气塑造，开展先进典型评比活动，在贫困村开办“农民夜校”，定期举办文化惠民演出，开展“四好村”创建，引导贫困群众养成好习惯、形成好风气。

始终把治愚扶智作为扶贫重点。要把发展教育作为脱贫致富的基础性工程，坚决阻断贫困代际传递。全面落实贫困家庭学生资助政策，决不让一个学生因贫失学。坚持产教融合、校企合作，大力发展职业教育，培养一批有文化、懂技术、会经营的致富带头人。深化教育领域综合改革，逐步提高教师待遇，促进义务教育均衡发展，改善农村中小学办学条件，净化育人环境，提升教育质量，努力办好人民满意教育。

始终把基础产业作为致富关键。要加快改善贫困村发展条件，加强山水田林路综合治理，完善公共服务配套，实现互联互通、共建共享。加快推进通乡油路、通村硬化路、渡改桥工程建设，根本改变群众出行难、运输难状况。支持贫困村开展渠系配套、节水改造、“五小水利”工程建设，全面解决饮水难、用水难问题。改造升级农网，解决供电设施落后、供电能力不足问题。加快推进电视户户通、广播村村响和宽带乡村建设，实现信息网络全覆盖。坚持“建改保”并重，扎实开展“五改三建”（改水、改路、改厨、改厕、改圈，建池、建家、建园）行动，把每个贫困村都建成幸福美丽新村。培育富民产业，增强“造血”功能，实现村集体、农户持续

稳定增收。

始终把健康能力作为奔康保障。要大力实施健康扶贫工程，提高医疗保障水平，让贫困户人人享有基本医疗卫生服务。完善分级诊疗制度，加强县域内常见病、多发病临床专科建设，基本实现“小病不出乡、大病不出县”。建立贫困群众健康档案，健全基本医疗保险、大病保险、医疗救助等制度的衔接机制，发挥协同互补作用，形成保障合力。减轻建档立卡贫困人口医疗负担，防止因病返贫。

始终把树旗帜作为工作追求。要积极探索“互联网＋扶贫”新模式，促进大数据、电子商务与精准扶贫深度融合。深入挖掘“第一书记”、驻村干部、贫困户先进典型，充分发挥模范带动作用，增强群众脱贫奔康的信心。深化“百企帮百村”行动，引导工商资本下乡，探索城市资本向农村转移。积极创新农业经营模式，推出一批可复制、可推广的鲜活经验。强化痕迹管理，注重软件资料信息化、科学化、精细化，确保脱贫成效经得起历史和人民的检验。广泛宣传岳池脱贫攻坚的新思路、新举措、新成效，让岳池成为脱贫攻坚的旗帜、标杆和示范。

九、坚持绿色发展理念，建设生态美好新家园

绿色是生命的象征、是大自然的底色、是现代文明的重要标志。我们要将绿色发展理念植根于心，坚决守护绿水青山。

生态环境问题归根到底是经济发展方式问题。要正确处理好经济发展同环境保护的关系，像保护眼睛一样保护生态环境，像对待生命一样对待生态环境。加快推进绿色农业发展，调优农业产业结构，建成生态种养示范带。落实循环发展引领计划，加快发展节能环保装备产业，推广绿色装配式建筑，推进企业循环式生产、园区循环式发展、产业循环式组合。积极构建“互联网＋绿色服务”，提高服务业绿色低碳发展水平。开展绿化岳池行动，着力培育绿色文化，引导群众在衣食住行游等方面向勤俭节约、低碳环保、文明健康的方式转变，把绿色低碳理念渗透进生产生活方方面面，营造绿色发展人人有责、人人参与、人人共享的良好氛围。

水是生命之源。要全面推进水循环利用，大幅降低消耗强度，提高科学用水意识，建设节水型社会。深化“洁净水”行动，推进工业集聚区、规模化畜禽养殖区污水处理设施建设，县乡污水处理站全部投入运行，全面消除黑臭水体。严格实施水环境监管制度，制定污染物特别排放限值标准，基本消除劣Ⅴ类水质。推进重点流域水污染治理，加大水源地保护力度，集中式饮用水达到Ⅱ类标准。合理规划区域水资源，加强用水总量管理，改善城市供水条件，让群众用上放心水。

蓝天也是幸福。要下大力气减少工业污染物排放，推进清洁能源替代、分布式能源建设，加快淘汰落后产能。全面推行绿色施工，加强扬尘治理。强力控制垃圾露天焚烧、餐饮油烟排放，大力治理机动车污染，全面推广新能源交通工具，实现 $PM_{2.5}$、PM_{10}年均值逐年递减。

噪声污染是“慢性毒药”。要强化噪声排放源监督管理，加大交通、施工、工业、生活噪声污染防治力度，严格执行声环境评估制度，从源头上防止噪声扰民。扎实开展城区噪声污染源专项整治行动，切实解决建筑施工、餐饮娱乐、机械设备等噪声污染。加大噪声防治工作的宣传力度，提高市民防治意识，共同营造宁静、舒适的生活环境。

土壤污染防治直接关系到老百姓的菜篮子、米袋子。要全面落实土壤污染防治行动计划，加强土壤环境质量检测，动态监控土壤环境质量。实施农业用地分级管控、建设用地分类管控。开展土壤污染治理与修复，加强对工矿企业、农业生产、危废处置活动的监管，切断土壤污染源头。全面推进生活垃圾分类，实现城乡生活垃圾无害化处理率95%以上。

在生态环境保护问题上，不能越雷池一步。要着力构建绿色发展空间体系，统筹衔接各类空间规划，完善重点开发区、农产品主产区、生态功能区发展布局。严格落实党政主要领导抓绿色发展的责任机制，将环境质量“只能变好、不能变坏”作为党委、政府环保责任红线。实行最严格的生态保护制

度，加快渠江、嘉陵江岳池流域生态保护和修复，推进水土流失防治、河湖湿地保护工程，加速沿江绿色生态廊道建设。完善生态补偿机制，实施天然林保护、退耕还林工程，推进“有山皆绿、重点补绿、身边增绿”，森林覆盖率达到40%以上。全面落实生态保护相关法律法规，依法严惩污染环境、破坏生态等违法行为，保护生物多样性，建设美丽岳池。

十、以从严从实精神全面加强党的建设，始终保持干事创业、风清气正的政治生态

打铁还需自身硬。要坚持把抓好党建作为最大政绩，全面落实党要管党、从严治党部署，全面提高党的建设科学化水平。

理想信念是共产党人的精神之“钙”。要加强思想政治建设，解决好“总开关”问题。加强和改进党委（党组）中心组理论学习，继续举办“干部讲坛”“周末读书班”，引导全县干部进一步解放思想、更新观念，树立超前思维、战略眼光。加强党章、纪律处分条例、问责条例、廉洁自律准则等党内规章制度的学习贯彻，深入挖掘革命先辈、文化名人的先进事迹，引导党员干部对标党章党规、先辈先进，坚定“四个自信”（坚持中国特色社会主义道路自信、理论自信、制度自信、文化自信）。深入学习习近平系列重要讲话，进一步增强政治意识、大局意识、核心意识、看齐意识，在思想上政治上行动上同以习近平同志为总书记的党中央保持高度一致。

一个基层党组织就是一个战斗堡垒。要以“红塔工程”“阳光工程”“全媒体工程”为引领，构建大党建格局。完成“五年万人计划”，解决党员干部学历低、双带能力弱等突出问题，培育一支带头人队伍。持续整顿软弱涣散党组织，推进“三型”党组织创建，增强政治功能、服务功能，打造一批党建示范点，建设百里党建示范带。

做好岳池的工作，关键在各级干部。要坚持好干部标准，选优配强班子队伍，紧扣改革发展排兵布阵、调兵遣将，注重从信访一线、招商一线、脱贫攻坚一线和产业发展主战场培养选拔优秀干部，打造一支信念坚定、为民服务、勤政务实、敢于担当、清正廉洁的干部队伍。深化干部人事制度改革，建立完善领导干部能上能下机制，调动干部积极性、主动性和创造性。优化领导班子结构，大力培养选拔优秀年轻干部、女干部、党外干部。全面落实老干部待遇，关心老干部生活，发挥“五老”优势，把关心下一代工作提高到新水平。

良好的作风是做好一切工作的前提和保证。要加强作风建设，深入贯彻落实改进工作作风密切联系群众各项规定，建立健全作风建设考核评价机制，促进作风建设长效化。健全干部日常管理机制，建立干部八小时外负面清单，做到从严教育、从严管理、从严监督。持续用力正风肃纪，开展党风、政风、行风评议，以窗口单位、一线人员为重点，加大明察暗访力度，及时查纠突出问题，进行专项治理。全面推行一线工作法，坚持“走基层”“双报到”常态化，以优良的作风赢得民心。

全面从严治党，根本是制度治党。要全面落实党建责任制，明确党组织抓党建的主体责任、党委（党组）书记“第一责任”、班子成员“一岗双责”，形成一级抓一级、层层抓落实的工作格局。开展党建工作联述联评联考，树立述职述党建、考核考党建、选任看党建的工作导向。严肃党内政治生活，健全专题民主生活会、组织生活会制度。规范干部选拔任用工作程序，坚决防止带病提拔。突出抓好“关键少数”，严格执行“五不直接分管”、离任“三责联审”制度。建立为官不为教育、帮助、惩戒制度，推动形成讲规矩、守纪律的思想自觉和行为自觉。

反腐倡廉必须常抓不懈，拒腐防变必须警钟长鸣。要严明党的纪律和规矩，始终把政治纪律和政治规矩摆在首位，坚决维护党的集中统一。层层压实党风廉政建设党委主体责任和纪委监督责任，构建全方位、多层次、权责明确的责任体系，推动党要管党、从严治党落到实处。切实抓好惩防体系建设，深入推进反腐倡廉教育、制度、监督、纠风和惩处等各项工作。强化审计监督，充分发挥免疫系统功能，规范权力运行。大力实施“阳光工程”，建成

“四大中心”（建立社情民意调查中心、行权发布中心、政务服务中心、联合接访中心），完善“五大机制”（权力运行机制、审批服务机制、市场交易机制、网格服务机制、信访投诉分级受理机制），深入开展电视问政、广场问政、村头问政、校园问政，构建为民服务一张网。坚持力度不减、节奏不变、尺度不松，加大案件查办力度，保持惩治腐败高压态势。实践运用好监督执纪“四种形态”，把纪律挺在前面，抓早抓小，从根本上减少腐败存量、遏制腐败增量。以永远在路上的恒心和韧劲，驰而不息纠正“四风”，推动形成风清气正、崇廉尚实、干事创业、遵纪守法的良好政治生态。

同志们：

发展蓝图描绘了岳池未来的美好前景，宏伟目标承载着百万人民的共同期待。今后五年，我们要集中精力做成“十件大事”：第一，地区生产总值突破300亿元，迈入全省县域经济第一方阵；第二，实现280个贫困村“摘帽”、9万城乡贫困人口脱贫，消除绝对贫困；第三，争创省级经济开发区，建设生物医药产业强县；第四，规划建设AAAA级农家文化景区，争创休闲农业与乡村旅游示范县；第五，大力发展现代农业，建成“双百”农业园区；第六，建成岳池“一环路”，构建“双60”中等城市骨架；第七，大力实施“互联网＋”行动计划，创建电子商务强县；第八，打好水、大气、土壤污染防治战役，建设美丽岳池；第九，创建全国文明城市、国家卫生县城；第十，把“红塔工程”“阳光工程”“全媒体工程”打造为具有影响力的党建品牌。

同志们：

今后五年，将是攻坚脱贫的五年。我们必须念兹在兹、唯此为大，坚决打赢脱贫攻坚战。

今后五年，将是全面达康的五年。我们必须逢山开路、遇水架桥，夺取全面建成小康岳池新胜利。

今后五年，将是迈向现代化的五年。我们必须不忘初心、继续前进，担负起迈向现代化岳池的历史重任。

同志们：

“功崇惟志，业广惟勤”。五年跨三步的蓝图已经绘就，全面奔小康的号角已经吹响。让我们紧密团结在以习近平同志为总书记的党中央周围，高举中国特色社会主义伟大旗帜，团结和带领全县人民，朝着既定的目标奋勇前进，为全面建成小康岳池阔步迈向现代化而努力奋斗！

政 府 工 作 报 告

在岳池县第十七届人民代表大会第三次会议上

岳池县人民政府县长　谭　云

2017 年 2 月 9 日

各位代表：

我代表县人民政府向大会作工作报告，请予审查，并请列席会议的县政协委员和其他同志提出意见。

2016 年工作回顾

过去一年，在县委的坚强领导下，在县人大和县政协的监督支持下，县政府团结带领全县人民，积极应对改革发展稳定多重压力，牢牢把握“转型发展、科学发展”工作基调，统筹稳增长、促改革、调结构、惠民生、防风险各项工作，较好地完成了县十六届人大六次会议确定的目标任务，实现了“十三五”良好开局。

——主要指标实现“一高三突破”。主要经济指标增速高于全市平均水平，地区生产总值、全社会固定资产投资双双突破 200 亿元大关，分别达到 203.6 亿元、200 亿元，分别增长 8.2%、17.3%；地方公共财政收入突破 10 亿元、达到 10.7 亿元，增长 16.9%。

——“项目年”工作成效显著。新储备“十三五”期间重大项目 1067 个、总投资达 14470 亿元，纳入中省“盘子”项目 356 个，启动实施 PPP 项目 2 个、计划投资 55 亿元，“双百工程”100 个重点项目完成投资 204.8 亿元，投资规模位居六区市县第一。

——发展全覆盖格局日益成熟。深入实施多点多极支撑发展战略，新设立文化旅游景区，新的经济增长点极加速形成。重大产业发展推进有力，锁定并加快发展 10 个全局性重大产业，实现产值 130 亿元、增长 22%。继续分解压实发展责任，全年招商引资 90.77 亿元，向上争取 32.4 亿元，募集捐赠 1.67 亿元。

——脱贫攻坚首战告捷。47 个贫困村、14808 名贫困人口脱贫各项指标全部达到省级验收考核标准，贫困发生率由 2015 年 5.5% 降至 4.3%。城乡收入水平持续提高，城镇居民、农村居民人均可支配收入分别达到 28013 元、12579 元，分别增长 8.2%、9.7%。

一年来，主要做了以下工作。

一、紧扣转型主线，调整产业结构，经济实力不断攀升

工业经济迎难奋起。大力实施经开区、高新区“双核”驱动，医药专业污水处理厂、人工湿地、“工商客栈”（指工商部门在众创平台里建立的服务平台）建成投用，高新大道、园区骨架道路全面贯通，新建园区道路及配套管网 22.2 千米、标准化厂房 11 万平方米。加速壮大医药主导产业，仁安药业、金方生物建成投产，兴杰象药业等 4 个医药项目顺利入驻，医药制造业实现产值 34 亿元、增长 57.3%，成功挂牌四川省首批药品上市许可持有人制度试点示范区、四川省（医药）特色产业基地。品牌战略持续推进，“莲桥米粉”获评四川名牌产品、“银康大米”创建为四川省著名商标。规上工

业企业增至80户，实现规上工业总产值240亿元、增长15.3%，规上工业增加值增长9.8%。

现代农业提质发展。提质扩面现代农业园区，改造提升优质果蔬、粮经复合基地1.7万亩，新拓展特色水产、种养循环基地3500亩，实现产值3.9亿元，被评为全省现代农业建设示范县。加快发展现代林业园区，启动现代林业产业重点县建设，新建核桃、藤椒产业基地2万亩，实现产值1.6亿元，大龙山花椒基地挂牌四川省森林食品基地。稳步壮大增收产业，粮食总产53.3万吨，蔬菜、生猪等传统优势产业稳量提质，蜜柚、中药材等特色产业加速壮大。大力推进产业化经营，新培育新型农业经营主体68个，新认证"三品一标"农产品7个，长田香藤椒专业合作社被评为全国林业合作社示范社，洋紫华葡萄种植专业合作社被评为农民合作社省级示范社。

第三产业多元共兴。建成农村电商服务站点145个，引进和培育电商平台企业11家，实现电商交易额11亿元。新建县级物流配送中心1个、乡镇电商物流配送站16个，实现物流业增加值5.8亿元。编制完成文化旅游景区总体规划，成功举办岳池农家文化旅游节、白庙樱花节、排楼李花节等特色节会，实现旅游收入24.6亿元。培育限额以上商贸企业4户、规上服务业企业5户，实现服务业增加值69.4亿元、增长9.4%，实现社会消费品零售总额102.7亿元、增长13.9%。

二、注重城乡一体，加强建设保护，县域面貌实现改观

新型城镇化加快推进。城镇面积拓展至56.4平方千米，城镇化率达35.7%。城市东扩提质增速，采用PPP模式投资近13亿元，实施骨架道路、东城明珠棚改等重点项目13个；建成站前景观大道、银城大道东延伸段等骨架道路4条，县城面积拓展2.24平方千米，达到22.8平方千米。特色集镇"七个一"配套工程基本完成。建成幸福美丽新村128个，建(改、保)新村聚居点3个。

基础配套持续完善。红星大桥、广高路升级改造全面完工，综合客运枢纽站基本建成，新建通村水泥路202千米、旅游产业扶贫道路22.7千米、干果产业大道21千米，改造县乡道72.3千米，实施仪华路大中修19.5千米；完成县城公交公司化改造，投放纯电动、液化天然气公交车各20辆。水、电、气供应能力持续提升，4G及光纤宽带覆盖率分别达到67%、87.5%。农田水利基础不断夯实，整治病险水库23座，新建(整治)排灌渠164.5千米、山平塘160口，建成农建示范区5.1万亩，新增有效灌溉面积1.1万亩，再次被评为全省农田水利基本建设先进县。

美丽岳池建设迈出坚实步伐。完成国家级生态乡镇规划评审，治理水土流失7平方千米，营林造林3.5万亩，森林覆盖率提高至34.1%。深入开展"洁净水"行动，拆除和整治畜禽养殖场108个，新建乡镇污水处理站7座，全县污水日处理能力达到2.8万吨，国控断面水质良好稳定，城镇集中式饮用水源水质达标率达到100%。推进节能减排，单位GDP能耗、单位工业增加值能耗分别下降2%、4.5%，顺利通过省委省政府环保督察。

三、深化创新改革，打造开放经济，发展活力加快释放

供给侧结构性改革扎实推进。稳妥处置"僵尸企业"(指已停产、半停产、连年亏损、资不抵债，主要靠政府补贴和银行续贷维持经营的企业)，淘汰银川再生纸生产等落后产能2.5万吨。推行货币化安置，着力刺激房地产消费，化解房地产库存70万平方米。优化信贷结构，全县银行业金融机构新增贷款5.3亿元。全面推开"营改增"，落实税费减免政策，累计为企业减负4100万元。优化社会资源配置，基础设施、公共服务等方面短板得到较好解决。

重点领域改革持续推进。对接实施省市专项改革46项，有序推进中省改革试点6项。"放管服"改革全面推进，取消行政审批项目65项，县本级现行保留行政审批项目精简至186项。农业农村改革纵深推进，全面完成农村土地承包经营权和

林权确权登记颁证，顺利推进农村产权抵押融资试点，发放贷款47笔2368万元。商事制度改革成效显著，新登记私营企业489户、小微企业403户，分别增长79.8%、70.8%。金融改革有序实施，县信用联社改制组建农商银行加快推进。

创新活力不断释放。建立生物医药产业技术研究院等3家市级产业技术研究院，同兴源创新创业园、电商产业园分别纳入省级小微企业创业示范基地、省级众创空间备案，现代农业园区被评为省级大学生创新创业园、市级返乡人员创新创业园。全面实施9个县级重点产业科技专项，博先机械制造有限公司通过全国高新技术企业认定。建立创新创业办证、专利申请绿色通道，获市级科技成果鉴定8项，申请专利136件，推广运用新技术15项、新品种18个。

开放合作全面深化。持续深化与京津、成渝、珠三角等地区的合作，积极参加西博会、渝洽会等投资促进活动，成功举办医药产业专题座谈会、优势产业投资促进对接会，先后与天津医药集团、重庆大学等单位达成战略合作协议，新签约农业开发及光伏发电等项目149个，其中3000万元以上项目71个。

四、聚焦脱贫攻坚，补齐民生短板，群众福祉有效增进

脱贫攻坚扎实推进。坚持把脱贫攻坚作为“一号工程”“一把手工程”“一票否决工程”，构建起“1+6+11”（“1”指县委书记、县长“双组长”脱贫攻坚领导小组，“6”指综合协调、基础设施建设、产业培育推进、社会事业发展、“四好村”创建、考核督导6个统筹协调组，“11”指将280个贫困村划分为11大攻坚战区，分别由11名县委常委挂帅）领导体系、“5+1”（“5”指每个贫困村都有一名县级领导、一个帮扶部门、一个驻村工作组、一名村党组织第一书记、一名驻村农业科技人员，“1”指每户贫困户都落实一名帮扶干部）帮扶体系。编制完成《岳池县“十三五”脱贫攻坚规划》、17个行业扶贫专项规划方案，县、乡（镇）、村、户四级规划实现全覆盖。对照贫困户、贫困村退出标准，全面实施“五个一批”和“17个专项扶贫”，整合投入各类扶贫资金9.4亿元，完成易地搬迁792户、危房改造2552户，帮助9975人发展生产和就业，将1.5万户2.9万人纳入低保兜底，在全市率先实现“两线合一”（指低保线和扶贫线合一），新建贫困村通村水泥路130千米、文化室47个、卫生室25个。

民生保障持续加强。全年民生资金投入达36.2亿元，占地方公共财政支出的75.6%，高标准完成省市县民生工程137项。狠抓惠民帮扶，投入资金6123万元，济困帮扶19660人（次），惠民医疗55950人（次），智力扶助78700人（次），助力解难1343户，安居解困1587户，法律维权13586人（次），有效解决一大批民计民生问题。社会保障不断完善，五项社会保险覆盖63.6万人（次）。促进群众充分就业，新增城镇就业10520人，城镇失业人员再就业2885人，城镇登记失业率控制在4%以内。

社会事业协调发展。大力提振教育事业，实施义务教育标准化项目99个，新建教师周转房501套，顺利迎接义务教育均衡发展省级过程督导；高考本科上线2262人、增长46.6%，增幅居全市第一。加快发展卫计事业，改（扩）建乡镇卫生院4个，建成标准化村卫生室120个，建立并开通医疗扶持救助“一站式”服务平台，全县建档立卡贫困人口患者县内住院治疗费用实现“零支付”。落实“全面二孩”和计划生育奖励扶助政策，计划生育服务水平不断提高。持续繁荣文体事业，艺术作品《都门帐饮无绪》荣获省六届篆刻艺术作品展最高奖；岳池健儿在省青少年武术锦标赛中获得2金1银1铜的历史最佳成绩。

和谐大局不断巩固。扎实推进依法治县，法治宣传教育成效显著，被评为全国“六五”普法先进县；依法规范信访秩序，妥善处置信访问题，信访形势总体平稳。深入推进平安建设，全县可防性案件同比下降39.6%。严格抓好安全生产，建成县安全生产综合监管平台，西溪镇省级安全社区创建达

标，全县安全生产各项指标控制较好，未发生较大及以上安全生产事故。全面加强食品药品安全监管，有效保障群众“舌尖上的安全”。

五、恪守从政使命，狠抓自身建设，队伍素质持续提升

依法行政深入推进。坚持政府常务会会前学法、法律顾问、合法性审查等制度，加强和改进执法监督，深化行政执法责任制，严格规范、公正、文明执法，政府依法决策和行政水平不断提升。自觉接受县人大及其常委会的法律监督和工作监督、县政协的民主监督，办理人大代表建议98件、政协提案127件，办复率和满意率均达100%。

行政效能不断提升。建成政务服务、公共资源交易、网格化管理服务、联合接访、社情民意调查“五大中心”，为民服务实效显著提升。积极推行“电视问政”“广场问政”“村头问政”，建成县行政权力依法规范公开运行平台和电子政务大厅，政府决策、政务服务更加高效透明。

廉政建设持续深化。扎实开展“两学一做”学习教育，持续加强思想作风建设，政府公职人员为民务实清廉意识普遍增强。认真抓好干部人才队伍建设，县、乡（镇）换届工作圆满完成。深入推进政府系统党风廉政建设，始终保持惩治和预防腐败高压态势，政风行风持续好转。

与此同时，国防动员和后备力量建设、双拥共建、人民防空等工作得到加强，统计服务、国资管理、审计监督、应急管理、防震减灾、耕地保护、住房公积金管理、信息化建设、无线电、粮食、供销、气象、消防、外事侨务、民族宗教、档案、保密、地方志、老龄事业、邮政等工作取得新成绩，工会、共青团、妇联、科协、残联、社科联、文联、红十字会、关工委以及各民主党派、工商联等做出新贡献。

各位代表，过去一年的成绩来之不易，这是市委、市政府坚强领导、关心支持的结果，是县委统揽全局、科学决策的结果，是全县人民克难攻坚、共同奋斗的结果。在此，我代表县人民政府，向全县干部群众和离退休老干部，向人大代表、政协委员，向各民主党派、工商联、无党派人士、人民团体和各界人士，向驻岳部队、武警官兵、消防官兵和公安民警，向所有支持岳池改革发展的同志们、朋友们，表示衷心的感谢！

各位代表，在看到成绩的同时，我们也清醒地认识到，岳池经济社会发展还面临不少困难和问题，主要表现为：宏观经济形势仍然较为严峻，稳定经济增长面临较大压力；脱贫攻坚任务艰巨，基本公共服务均等化尚有不小差距；社会稳定、公共安全等方面隐患不容忽视；个别公职人员作风不扎实，反腐倡廉和作风建设仍需持续用力。对此，我们将采取有力有效措施认真加以解决，不辜负全县人民的期望！

2017年工作安排

2017年，是实施“十三五”规划承前启后的重要一年，也是新一届政府履职的开局之年。做好政府工作的基本思路是：全面贯彻党的十八届五中、六中全会，省委十届八次、九次全会，市第五次党代会，县第十二次党代会精神，牢固树立和贯彻落实新发展理念，始终保持专注发展、转型发展战略定力，坚持稳中求进工作总基调，围绕“一高三突破”（“一高”指主要经济指标高于全市增长。“三突破”指主导产业发展实现突破，生物医药产业产值实现倍增，突破70亿元；新型城镇化发展取得突破，推进县城环城公路建设，加快城东新区、城南经开区、城北文化旅游景区互联互通，形成“双60”中等城市骨架；脱贫攻坚取得突破，83个贫困村退出，2万贫困人口脱贫，贫困发生率降至3%以下）目标，坚定不移实施“三大发展战略”，突出抓好“十大行动计划”（指开展项目年行动计划、金融年行动计划、产业升级行动计划、创新驱动行动计划、“一城三区”建设行动计划、全面深化改革行动计划、脱贫奔康行动计划、发展全覆盖行动计划、美丽岳池建设行动计划、治理能力提升行动计划），全面做好稳增长、促改革、调结构、惠民生、防风险各项

工作，奠定岳池全面小康和现代化开局的坚实基础。

2017年经济社会发展的预期目标是：地区生产总值增长8.5%以上，全社会固定资产投资增长13%以上，社会消费品零售总额增长12.5%以上，地方公共财政收入增长12%以上，城镇居民、农村居民人均可支配收入分别增长8.5%、9.5%以上，完成省市下达的节能减排目标任务。

为实现上述目标，要重点抓好以下七个方面的工作。

一、扭住关键稳定增长，努力保持经济良好增势

始终将稳增长摆在突出位置，狠抓投资消费拉动和金融支撑，全力推动县域经济持续稳定增长。

扩大有效投资。继续实施“项目年”行动，保持合理投资强度，持续发挥项目投资对经济增长的拉动作用。加强包装谋划，积极对接中省市“十三五”规划投资方向，做实做细立项、可研等前期工作，确保完成“十三五”规划60%以上的重点项目包装，争取到位项目资金35亿元以上。狠抓签约落地，改进招商引资项目跟踪服务机制，着力提高履约率、资金到位率和开工率，力争促成爱斯特药业等26个在谈项目顺利签约，确保岳池·重庆产业园、手机整装及配件生产等15个项目落地开工，力争招商引资项目形成固定资产投资80亿元以上。加快项目建设，启动长滩寺河流域水系水环境综合治理、罗渡中心卫生院迁建等项目52个，加快推进创新药物公共服务中心、县监管中心等项目25个，力促博然建材、川师大附属第七实验中学等31个项目竣工，力争重点项目完成投资200亿元以上。

强化金融支持。大力开展“金融年”行动，增强金融业对县域经济发展的助推作用，力争全年金融投放总量达到22.5亿元以上。着力壮大金融产业，将金融产业纳入全县重大产业发展推进范畴，加快提升县域金融产业整体实力。深化银政企对接，引导金融机构加大对中小微企业、“三农”的支持力度，力争新增信贷投放16亿元以上，实现直接融资6.5亿元以上。扎实推进金融扶贫，加大对贫困村产业发展、基础设施建设的支持力度，力争扶贫小额信贷累计覆盖1.3万户，争取旅游扶贫贷款2亿元以上、基础设施扶贫贷款5亿元以上。改善金融生态环境，推进征信体系建设，引导企业诚信合法经营、科学合理融资，依法打击非法集资活动，积极防控金融风险。

推动消费转型。贯彻落实中省市扩大消费政策措施，持续繁荣市场消费，力争实现社会消费品零售总额115亿元以上。发展壮大商圈经济，做大做强环东湖、环火车站等新兴商圈，推动实体商贸加快发展。持续壮大会展经济，深入开展“农超对接”“惠民购物”等系列展示展销活动，大力培育会展品牌，力争实现会展交易额5.5亿元以上。挖掘市场消费潜力，围绕餐饮、住宿、零售等重点消费领域，优化服务供给，不断满足个性化消费需求。推动线上线下互动融合，加快培育黄龙贡米、长田藤椒等“岳池产”网销品牌，力争实现电子商务交易额12亿元以上、网络零售额2.5亿元以上。

二、推动产业转型升级，强化经济发展核心支撑

围绕提质增效目标，坚定不移转方式、调结构，不断提升产业发展水平，支撑岳池加快建设全省县域经济强县。

推动现代农业效益化发展。深入推进现代农业示范县建设，提质发展粮油、蔬菜、畜禽等优势产业，加快发展优质水果、中药材等特色产业。围绕“两园一线”（“两园”指100平方千米现代农业园区、100平方千米现代林业园区，“一线”指“111”环线岳池区域）布局，推进现代农业园区功能配套、产业升级，争取新引进建设一批都市休闲、观光体验、特色种养项目，建成现代农业产业基地3万亩，力争实现产值4亿元以上。大力推进现代林业产业重点县建设，着力壮大干果产业，连片发展优质核桃、藤椒基地2万亩，争创省级现代林业产业园，力争实现产值2亿元以上。推动一、二、三产业互动

融合，引导和支持发展创意休闲农业、森林康养、电子商务等新业态，建成产业融合发展示范园区1个。加强新型农业经营主体培育、农产品品牌创建，强化农产品质量安全监管，争创国家级农产品质量安全县。

推动新型工业高端化成长。主动对接“中国制造2025四川行动计划”，加速提振工业经济，力争新开工工业项目20个、建成投产8个，规上工业增加值增长10%以上。实施生物医药产值倍增计划，着力打造“两基地一中心”（指西部现代中药产业基地、成渝地区特色原料药生产基地、川东北医贸物流中心），启动中药材千亩示范基地、川东北医贸物流中心建设，建成投产宏益生物、兴杰象药业等项目，力争医药制造业实现产值70亿元以上。实施高新技术产业提振计划，完成高新区10平方千米规划环评，不断完善园区基础及专业配套，建成投产润喆环保、博星科技、电力配套设备生产等项目，力争高新区实现产值14亿元以上。实施对标提质计划，深入开展质量对标、品牌创建行动，鼓励企业技改扩能，实施岳池特曲、银丰食品等技改项目15个，推荐申报省著名商标1件。实施企业培育计划，深入开展入企帮扶，力促科伦药业、京辉食品等5户企业稳产达产，新培育规上工业企业6户以上。

推动现代服务业品质化发展。扎实开展“提质创品”行动，推动服务业不断提档升级，力争服务业增加值增长9.5%以上。持续做强电子商务，培育壮大农村淘宝、海都公众等电商龙头企业，深入实施电子商务进农村项目，新建农村电子商务服务站点100个以上，力争顺利通过商务部电子商务进农村综合示范项目绩效评价。大力发展现代物流，推进川渝合作物流发展示范区建设，启动跨境商贸物流城项目，建成乡镇物流站点20个以上，力争实现物流业增加值6.5亿元。加快发展康养服务业，鼓励兴办民办养老机构，新增民办养老床位600张。发展壮大旅游产业，加快推进旅游扶贫、凫凰山飞凰等重点项目建设，启动千佛寺AAA级景区创建，力争实现旅游收入30亿元以上。加强企业培育，深入实施省“三百工程”和市“三五工程”（省“三百工程”指服务业方面建设100个重大项目、培育100户重点企业和100个重点品牌；市“三五工程”指服务业方面建设50个重大项目，培育50户重点企业和50个重点品牌），新培育限额以上商贸企业3户以上，规上服务业企业2户以上。

三、统筹加快城乡建设，增强承载发展能力

围绕“6+3+N”（“6”指经开区、高新区、现代农业园区、现代林业园区、城东新区、文化旅游景区。“3”指银泰投资公司、发展建设公司和输变电企业集群。“N”指根据未来发展需要布局新的发展点极）布局，深入实施多点多极支撑、城乡统筹发展战略，加快建设“双60”（县城面积达到60平方千米，人口达到60万人）中等城市，加速城乡一体化发展。

加快推进“一城三区”建设。坚持以县城为核心，推进城东新区、经开区、文化旅游景区协同发展。加速拓展城东新区，大力建设智慧城市、海绵城市，精心打造龙湖公园、余家河上游公园等生态人文景观，推进龙藏大道、土门路、建设路东段等城东新区骨架道路建设，力争向广安拓展2平方千米以上。提档建设县经开区，完成经开区规划环评，全面升级改造园区主要干道，稳步推进长滩寺河南路等道路及管网建设，完成医药质检平台和中试平台建设，力争园区面积拓展至15平方千米，争创省级经济技术开发区。精心打造文化旅游景区，启动景区主干道、迎宾大道、游客集散中心、磨滩河景观带等项目建设。

打造精品集镇和秀美乡村。抢抓“百镇建设行动试点”机遇，建成白庙、顾县、花园等第一批特色集镇，全面实施“9+N”（“9个1”工程及其他城镇基础配套工程）公共设施建设工程，不断提升场镇承载能力。坚持“建、改、保”并重，统筹规划新农村综合体和聚集点，加快新村基础设施、特色产业发展和公共服务设施配套，重点推进白庙镇拱桥村、顾县镇马家村等贫困村示范新村建设，建成幸

福美丽新村130个。强化城乡环境综合治理，将城市管理模式向镇村延伸，持续改善城乡人居环境。

加快基础设施建设。全面完成南广高速岳池收费站改扩建工程，加快推进县城环城公路建设、枣沿路高新区过境段升级改造、省道208线石鼓至石垭段升级改造和罗渡渡改桥建设，建成农村公路200千米，改造县乡道20千米，争创全省首批“四好农村路”（建好、管好、护好、运营好农村公路）示范县。启动县城第二污水处理厂、高新区污水处理站等项目建设，有序推进岳池南220千伏输变电工程和长田、大石等地110千伏变电站项目，建成投用罗渡110千伏输变电工程，配套完善乡镇供气管网。抓好光纤入户，完成85个村宽带建设。持续改善农田水利基础，完成回龙、大高滩、响水滩灌区节水改造项目主体工程，加快回龙寺、灵泉寺等水库建设，做好亭子口枢纽工程灌区配套建设前期工作，提升农业综合生产能力。

四、改革创新破解难题，聚合科学发展新动能

坚持以改革创新方式破解发展难题，不断优化发展内外环境，推动经济社会实现更高层次的开放发展。

强化创新驱动。做大做强创新平台，以环经开区、城东新区、现代农业园区、文化旅游景区“双创”产业带为支撑，积极争取中省“双创”投资引导基金、科技成果转化投资引导基金，建立创新创业孵化平台（基地）3个以上，申报高新技术企业1户以上。推进产学研协同发展，深化与四川大学、西南大学等知名院校合作，力争共建企业研发平台2家、省市级产业技术研究院2家以上。强化创新创业培训，深入实施“创业回引”工程，对高校毕业生、返乡农民工、城镇失业人员等群体开展个性化、差异化的创业技能培训，促进自主创业。

全面深化改革。加快推进供给侧结构性改革，全面落实省市“1+5”工作方案和17条政策措施，推动“三去一降一补（供给侧结构性改革的五项重点任务，即去产能、去库存、去杠杆、降成本、补短板）五大任务取得新成效。稳步推进金融体制改革，全面完成县信用联社改制组建农商银行。深化农村产权制度改革，促进城乡生产要素自由流动。深化财税体制改革，建立规范、透明的预算制度，健全完善财政资金运行全过程监管体系。全面推进住房户籍、医疗卫生、教育文化、公务用车管理等领域改革。

扩大开放合作。深度参与长江经济带、成渝城市圈建设，深化与中、省、市食药监局的合作，大力开展顾问招商、委托招商、以商招商、“园中园”招商。充分借助各类重大投资促进活动平台，精心举办产业投资项目推介会、知名企业座谈会等系列专题投资促进活动，力争引进百裕制药、富安变压器生产等项目100个以上。稳定扩大外贸出口，力争实现出口3000万美元以上。

五、推进绿色发展，提升生态文明水平

认真践行绿色发展理念，着力建设宜居美丽新家园，积极争创省级生态县。

注重生态涵养。大力开展绿化岳池行动，推进新一轮水土保持、退耕还林生态工程，启动实施普安、城北坡地治理项目，完成秦溪龙王庙村滑坡治理、裕民坡耕地治理、罗渡山洪治理工程，实施乡村造林增绿3万亩，新增和改造提升绿化2万平方米，抚育森林0.5万亩，综合治理水土流失面积12平方千米以上，切实提升水土保持、涵养水源能力。扎实推进“三区一镇一小区”（建立自然保护区、生态功能保护区、生态示范区和环境优美乡镇及小区）生态功能区建设，全面提升城乡生态水平，力争将石垭镇创建为国家级生态乡镇。

加强污染防治。全力打好污染防治“三大战役”，围绕削减$PM_{2.5}$、PM_{10}目标，着力加强扬尘、工业废气、秸秆焚烧、城市烟尘、机动车尾气治理，逐步淘汰黄标车、老旧车，确保可吸入颗粒物年均浓度控制在80微克/立方米以内，空气质量优良率达到77%以上。纵深推进“洁净水”行动，严格落实“河长制”（各级党政主要负责人担任“河长”，负责辖区内河流的污染治理），全面限批小规模畜禽养殖，实施洗马河整治项目，启动长滩寺河流域治理，

加速推进乡镇污水处理站及配套管网建设,确保城镇污水集中处理率达到85%以上。深入开展土壤污染普查和治理,大力建设城乡垃圾处理设施,确保城乡生活垃圾无害化处置率均达100%。

推进低碳循环发展。坚持减量化、资源化、再利用,深入推进节能减排,严格项目环评准入,确保单位GDP能耗下降2%以上。着力发展以农村沼气及林下种养、天然气综合开发、节能环保材料为重点的循环经济,发展无公害和绿色有机种养结合基地8.7万亩以上,建成投用天然气分布式能源,推广并建成装配式建筑和绿色节能建筑10万平方米以上。大力开展能耗对标行动,完成一新医药等6户企业"以气代煤"改造,加快淘汰落后产能和工艺设备。积极倡导绿色生产生活方式,引导群众绿色出行、绿色消费。

六、持续用力改善民生,加快建设全面小康社会

始终坚守民生底线,更加注重保障群众基本生计、扩大公共服务供给,不断夯实全面小康基础。

深入推进脱贫攻坚。对照贫困户"一超过、两不愁、三保障、三有"("一超过"指减贫人口年均纯收入稳定超过国家扶贫标准3100元以上,"两不愁"指不愁吃、不愁穿,"三保障"指义务教育有保障、基本医疗有保障、住房安全有保障,"三有"指有安全饮用水、有生活用电、有广播电视)、贫困村"一低五有"("一低"指贫困村退出当年贫困发生率降至3%以下,"五有"指有集体经济、有硬化路、有卫生室、有文化室、有通信网络)退出标准,打好新一轮脱贫攻坚战役,确保年内83个贫困村退出、2万贫困人口脱贫,贫困发生率降至3%以下。大力开展脱贫攻坚"基础设施建设年"行动,全面启动乡镇标准中心校、达标卫生院、便民服务中心建设,确保年底前达到贫困县摘帽标准;完成剩余233个贫困村对标基础设施建设,高标准完成2017年计划退出的83个贫困村对标项目,实现通村硬化路、文化室、卫生室和通信网络建设全部达标,村村有集体经济和主导产业;推进贫困户"五改三建"(新农村建设中实施的改水、改路、改厨、改厕、改圈和建池、建家、建园),同步做好贫困户安全饮用水、生活用电、安全住房等保障工作,确保2万贫困群众脱贫硬件设施全部达标。创新产业扶贫,精心打造"五大产业示范带"(现代都市农业、现代林业、文化旅游、健康养老、优质药材产业示范带),全面推进贫困户"四小工程"(支持引导贫困户发展短期有收益、长期可致富的小买卖、小庭院、小养殖、小作坊)建设,深入开展"百企帮百村"(以民营企业、民营企业家为主体及其他非公有制经济组织为帮扶方,以全县280个建档立卡的贫困村为帮扶对象,以签约结对、村企共建为主要形式,动员广大民营企业响应党和国家号召,履行社会责任,投身精准扶贫,实现民营企业与全县贫困村结对帮扶全覆盖)活动,帮助有劳动能力的脱贫户至少发展1项增收产业或实现1人就业。注重新风培育,推进"四好村"建设,办好"农民夜校",引导群众养成好习惯、形成好风气。

夯实民生保障。持续加大民生投入,确保新增财力80%以上用于民生。全面完成省定十大类民生工程、20件民生实事和市级民生工程任务,办好贫困精神病患者救助等县级自办民生项目。加强社会保障,切实解决低收入群众基本生活问题。全面实施"全民参保"计划,力争五项社会保险覆盖65万人(次)以上。积极做好城镇失业人员就业促进工作,推动离校未就业高校毕业生、就业困难人员等重点人群实现就业,确保城镇登记失业率控制在4%以内。

改善公共服务。深入推进全国文明城市、国家卫生县城创建工作,提升公共文明指数。深化教育领域综合改革,全面推进义务教育标准化建设,开工建设翔凤学校和岳池第三幼儿园,打造校园文化示范学校30所以上,确保义务教育均衡发展顺利通过省级评估验收;启动高中学校标准化建设,探索推进职业教育校地合作,办好人民满意教育。推进"健康岳池"建设,完善公共卫生服务体系,新建县人民医院慢病诊疗综合大楼,启动县中医医院能

力项目建设，建成标准化村卫生室83个、改（扩）建乡镇卫生院5个；深化分级诊疗制度，完成两家县级公立医院医疗服务价格整体调整；巩固实施新农合政策，确保参合率保持在99%以上。加强人口与计划生育服务管理，确保符合政策生育率稳定在98%以上。持续繁荣文化、广电、体育事业，努力实现农村基本公共服务全覆盖。

七、加强社会综合治理，营造法治平安发展环境

严格落实社会治安综合治理责任，大力实施“长安”工程，坚决守住社会稳定、安全生产、食品药品安全“三条底线”，保驾护航经济发展，促进社会长治久安。

创新社会治理。推进网格化服务管理规范化，加强社区矫正、社区服务工作，夯实基层社会治理基础。全面实施居民身份证异地换领制，加强“互联网+公安”综合服务平台建设，不断提升警务效能。支持工会、共青团、妇联、工商联等人民团体参与社会治理，形成多元共治局面，不断提升社会治理水平。

维护社会稳定。深入推进“七五”普法，扎实开展“法律七进”，让尊法、守法、用法成为广大群众的自觉行动。继续推进立体化治安防控体系建设，加快实施“雪亮”（中央政法委推出的一项以三级综治中心为平台、以综治信息化为支撑、以网格化管理为基础、以公共安全视频监控联网应用为重点的群众性综治工程）工程，不断扩大“天网”覆盖范围，提升治安防控水平，依法严厉打击刑事犯罪。持续开展“无信访乡镇、无信访村（社区）”创建活动，依法规范信访秩序，逐步化解信访积案，着力减少信访增量，推动信访形势持续好转，促进社会和谐稳定。

保障公共安全。严格落实安全生产、食品药品安全责任，扎实抓好安全生产领域改革发展各项工作，持续加强重点行业领域安全监管和专项治理，坚决遏制较大及以上事故发生。深入开展食品药品安全专项整治行动，切实解决食品药品安全监管中的突出问题，依法严厉打击食品药品安全领域违法犯罪行为，全力保障人民群众饮食用药安全。完善防灾减灾和应急救援体系，积极防范应对各类重大灾害和事故。

关于政府自身建设

各位代表，我们深知全县人民对新一届政府寄予了厚望，我们将倍加珍惜这份信任和支持，不负使命和重托，坚定抓好自身建设，不断提高施政能力和服务水平，努力建设人民满意政府。

尊崇法治，依法行政。深化法治政府建设，完善决策咨询和法律顾问制度，提升科学民主决策、依法管理经济社会事务的水平。严格按照法定权限和程序行使职权、履行职责，依法接受人大及其常委会法律监督和工作监督，主动接受政协民主监督，重视司法、审计、舆论、社会监督。推进综合行政执法体制改革，加强对重点领域执法的监督，营造公平公正的执法环境。

创新作为，高效施政。深入实施“阳光工程”，抓好“五大中心”联合运行，完善为民服务“一张网”。认真办好“全媒体工程”，抓好全媒体中心实体化运作，充分依托“一台一报两站两微”，加强对政府决策的宣传，凝聚全社会发展共识。全面推行OA办公系统，力争年内全县所有机关单位完成系统接入并正式运行。

忠诚担当，务实勤政。大力倡导忠诚干净、务实担当的工作作风，积极抓好上级和县委决策部署的落实，尽心为群众办好事、解难事。加强干部人才队伍建设，做到人尽其才、才尽其用。强化工作评比检查、考核激励，在政府系统营造逢山开路、遇水架桥、披荆斩棘、勇往直前的干事创业氛围。狠抓督办督查，严厉整治庸政懒政怠政行为。

严格自律，廉洁从政。瞄准重点领域，持续加强政风行风建设，深化廉政风险防控，进一步扎紧制度笼子，强化对人权、事权、财权的监督管理。始终保持对腐败问题的零容忍态度，加大行政监察力

度，加强对政府系统公职人员履廉守纪情况的巡查，严厉查处各类违法违纪案件，保持政府系统风清气正。

各位代表，百舸争流，破浪者领航；千帆竞发，奋勇者当先！当前岳池正处在向全面小康、经济强县跨越的关键时期，我们一定要坚定信心、开拓创新、团结奋进，不断开创岳池各项事业发展的新局面，以优异成绩迎接党的十九大胜利召开！

大事记

1月

1日，县委书记郑鹏程带领县级相关部门负责人到白庙镇的贫困村，看望贫困户，详细了解农业产业发展情况。要求全县各级干部要统一思想、深化认识，切实加强精准扶贫工作的组织领导，用心服务广大群众，扎实做好精准识别、动态管理、科学规划、精准施策等工作。

5日，县政府在深圳举行岳池县旅粤乡友及企业家2016年新春座谈会，县委副书记、县长汤才勇，县委常委、副县长郑钦平率县经开区、县投促局、县高新区负责人出席会议，20余名在粤乡友及企业家参加会议。县委副书记、县长汤才勇听取旅粤乡友及企业家在当前经济下滑情况下对各自行业的影响和对岳池投资环境的看法后，发表重要讲话，并感谢旅粤乡友及企业家对岳池经济社会发展做出的贡献。

6日，在岳池县召开广安市2016年农田水利基本建设现场会的与会人员，在县委书记郑鹏程、县委副书记李国生陪同下，到回龙寺水库工程建设现场和白庙镇2014年坡改梯农建示范现场，实地参观岳池县农田水利基本建设项目后，在吴雪艺术中心召开会议。市委常委、政法委书记肖雷传达贯彻全省农田水利基本建设现场会和市委四届十次全会精神，安排部署全市农田水利基本建设工作；要求各级各地要充分认识新形势下加强农田水利基本的重大意义，强化工作举措，掀起农田水利基本建设热潮，努力把全市农田水利基本建设提高到一个更高的水平。

11日，县委书记郑鹏程一行到罗渡高新区调研，实地查看重点项目建设现场和园区企业的生产及建设情况，并在高新区管委会召开座谈会。在听取管委会主要负责人的工作汇报和相关部门主要负责人及郑钦平的发言后，郑鹏程要求，高新区管委会要认真梳理2016年重点工程和重点项目，做到心中有底；仔细研究宣传片、宣传册的设计制作，提升形象宣传；精心选取园区制高点，依山就势开展园区建设，节约建设成本；挑选专业人才到园区工作，充实园区队伍力量。

13日至14日，省直机关工委巡视员、省政府参事、省干部驻村帮扶工作协调小组办公室副主任汤建平率领省干部驻村帮扶工作考核组，在市委常委、组织部部长黄秀川，县委书记郑鹏程等的陪同下，到顾县镇马家村、白庙镇瞿家店村，实地查看脱贫攻坚工作后，与镇村干部、“第一书记”、驻村帮扶工作队队员、贫困群众及村民代表进行座谈，并详细了解驻村工作队员工作开展情况。

19日，岳池县电商产业园开园仪式在亿联建材家居五金商城28号楼门前广场举行。县委书记郑鹏程，县委副书记、县长汤才勇，县委常委、总工会主席刘俊，县政府副县长汪勇出席仪式，全县各机关单位和乡镇主要领导、入驻园区企业负责人及群众代表等300余人参加开园仪式。岳池银丰食品有限公司董事长许斌代表入驻企业作精彩发言，汤才勇宣布产业园正式开园，然后全体人员参观园区各功能区。岳池县电商产业园总投资 5000 万元，占地面积 20 余亩，总建筑面积 1 万余平方米，涵盖企业孵化、物流配送、创新创业、人才培训、特色产品展示、创客聚会等功能，可同时容纳 100 户企业、50 位电商创客入驻。现入驻电商企业 20 余户、电商创客 40 余人。

23 日，县委经济工作暨城市工作会议在县消防大队五楼会议室召开，县委书记郑鹏程传达市委经济工作暨城市工作会议精神后，强调要按照“五位一体”总体布局和“四个全面”战略布局，牢固树立和贯彻落实“五大发展理念”，坚持“加快迈入转型发展、科学发展快车道”的主基调，以改革促进创新，以开放倒逼改革，加快培育新的发展动能，兴起“多点多极建设、创新创业创建、全面深化改革、脱贫困奔小康、全员参与发展”热潮，提升发展质量和效益，促进发展成果共享。

26 日，市委副书记肖友才带领市扶贫移民局、海事局、科协等相关部门负责人，在县委副书记李国生，县委常委、副县长钟爱平等陪同下，到岳池县大佛乡三官店村贫困户何德才、赵绍余的家中，为他们送去慰问品和慰问金，并详细询问他们的致贫原因以及家庭生产生活情况。还认真听取县、镇、村三级脱贫攻坚工作打算及部分村民代表提出的意见和建议。

2 月

2 日，政协岳池县第十三届委员会第七次会议圆满完成各项议程，在吴雪艺术中心胜利闭幕。会议期间，大会由县政协副主席徐天翠主持；大会选举谢帮勇为政协岳池县第十三届委员会主席，王昌梁、江树华、黎仁禄为政协岳池县第十三届委员会常务委员；大会对优秀提案、优秀调研视察报告、优秀社情民意信息及先进委员活动小组进行表彰；审议通过《政协岳池县第十三届委员会第七次全体会议提案审查报告》《政协岳池县第十三届委员会第七次全体会议决议》；县委书记郑鹏程出席大会并作重要讲话。

2 日，岳池县第十六届人民代表大会第六次会议举行第二次会议。选举曾邦才为岳池县第十六届人大常委会主任，蒋侠为岳池县第十六届人大常委会副主任，江帆、肖波、姜松、寇太虎、廖成蓉为岳池县第十六届人大常委会委员；通过《县人民政府工作报告的决议》《“十三五”规划纲要的决议》《岳池县 2015 年国民经济和社会发展计划执行情况及 2016 年计划的决议》《岳池县 2015 年财政预算执行情况和 2016 年财政预算的决议》《岳池县人大常委会工作报告的决议》《岳池县人民法院工作报告的决议》《岳池县人民检察院工作报告的决议》；县委书记郑鹏程出席大会并作重要讲话。

3 日，广安市委副书记、市长罗增斌一行在县委书记郑鹏程等陪同下，慰问抗美援朝特等功臣、一级战斗英雄柴云振和 97 岁厅级离休干部王隆昌，并代表市委、市政府向他们致以亲切的问候和新年的祝福。

4 日，岳池县被四川省人民政府办公厅认定为四川省现代农业畜牧业重点县（2013—2015 年）。

4 日，县委副书记、县长汤才勇带队到烟花爆竹经营公司仓库、瑞鼎·君悦楼盘建筑工地、CNG 加气站、县汽车客运站、美好家园超市等地，对涉及广大群众的烟花爆竹安全、建筑施工安全、危化品及城镇燃气安全、春运及道路交通安全、食品安全、消防安全等进行全面检查。

5 日，县政协主席谢帮勇组织召开春节前安全生产部门联席会，针对 18 个重点部门的职责，对其当前的安全生产工作进行详细安排部署，副县长、公安局局长蒋光辉出席会议，县安监局、公安局、交通局、经信局、商务局、林业局等 18 个重点部门负责人参加会议。

24 日，县纪委召开岳池县第十一届纪律检查委员会第六次全体会议。县委书记郑鹏程，县人大常委会主任曾邦才，县政协主席谢帮勇，县委副书记李国生及钟爱平、李廷远、廖和民、陈莉、付全林、刘俊、陶开琴等领导出席会议。李国生传达学习市纪委四届六次全会精神；李廷远代表县纪委常委会作题为《勇于担当、严肃监督执纪问责，把从严治党向基层延伸落到实处》的报告；裕民镇、粽粑乡、交通局、经开区党委（党工委）主要负责人向全会述责述廉述险，并接受询问评议；郑鹏程强调，要切实担负管党治党政治责任，把纪律和规矩挺在前面，保持正风反腐高压态势，把全面从严治党向基层延伸落到实处。

25日，省水利厅副厅长李勇蔺在广安市副市长刘和斌、县委副书记李国生陪同下，带领参加全省水库信息化建设暨运行管理现场会的代表，到岳池县检查指导水库信息化建设暨运行管理工作。李勇蔺和与会代表参观姚家河水库除险加固和信息化建设工程，听取岳池县关于水库运行管理工作情况介绍，观看信息化系统演示，详细了解水库除险加固、信息化建设、管理体系建设、水利风景区建设和水环境治理等情况。

3月

7日，岳池县2016年食品药品安全工作会议在吴雪艺术中心多功能会议室召开。县食药监局负责人对全县2015年食品药品监管工作进行总结，安排部署2016年食品药品工作；县农业局负责人就抓好全县食用农产品质量安全及创建国家农产品质量安全示范县进行发言；白庙镇代表各乡镇就抓好乡镇食品药品安全工作作表态性发言；县委常委陶开琴代表县政府与各乡镇及成员单位签订2016年食品药品安全责任书；县委副书记、县长汤才勇出席会议并作重要讲话。

10日，省水利厅党组成员、副厅长张强言一行，在市政府副秘书长陈文华，市水务局局长徐元武，县长县委副书记汤才勇等陪同下，到岳池县灵泉寺和回龙寺水库现场，通过查看现场、听取汇报、互动交流等方式，详细了解工程建设进展、质量安全和工程度汛准备工作等情况，就加快推进岳池县重点水利工程建设、做好安全度汛工作、确保建设质量与安全提出要求。

9日，县委书记郑鹏程率领县委常委、副县长郑钦平及县投促局负责人，到山东省济南的山东博迈康药物研究有限公司、山东悟通化学科技有限公司、济南爱思医药科技有限公司、山东国家创新药物孵化基地考察，并与济南爱思医药科技有限公司总经理彭立增进行座谈。

11日，以省司法厅副厅长史红平为组长的省“六五”普法检查组一行，在县委副书记李国生、县政法委书记于伟陪同下，到石垭镇梨子园村、顾兴镇顾兴社区、县地税局，采取听取汇报、查阅材料、实地检查和召开座谈会等方式，就岳池县拟推荐“2011—2015”全国法治宣传教育先进县进行检查验收。

15日，市委副书记、市长罗增斌一行查看岳池县综合客运枢纽建设现场（项目总投资3.7亿元、建筑面积41317平方米、完成工程总量的35%）后，到岳池县城东新区，观看展板、听介绍，详细了解城东新区建设情况。

21日，广安市重大项目集中开工仪式在城东新区PPP项目现场举行。市委常委、组织部部长黄秀川，县委副书记、县长汤才勇等出席仪式；黄秀川宣布项目集中开工，县委常委、副县长钟爱平主持仪式；县委副书记、县长汤才勇在致辞中强调，集中开工的10个重大项目，总投资达到64.1亿元，涉及基础设施、产业发展、民生及社会事业和房地产等多个领域，是全县加快推进项目建设的集中展示和最新成果，也是全县贯彻落实省委省政府、市委市政府“项目年”工作部署的重要举措。

25日，广安市生物医药产业组2016年第一次会议及院地合作集中签约仪式在岳池县举行。会议由市人大常委会副主任、市生物医药产业发展推进工作组副组长敬世波主持，市委常委、组织部部长、市生物医药产业组组长黄秀川，市委常委俞路、市生物医药产业组成员单位、岳池“四大班子”主要领导、相关区市县分管领导、岳池县相关部门负责人、生物医药产业企业代表参会。四川省科学技术厅社发处副处长梁刚、院地合作单位相关负责人应邀出席。会前，参会人员一行实地调研康安生物、仁安药业二期、广安岳池生物医药创新创业公共服务平台及产业化项目建设现场，详细了解项目进展情况及推进中存在的具体困难和问题。在随后举行的工作会上，四川大学华西药学院、四川省生物医药技术创新公共服务平台、四川省投资促进会、四川省中医药科学院先后与岳池县人民政府签订战略合作框架协议并授牌岳池经开区“四川省生物医药技术创新公共服务平台岳池分平台”“岳池经济技术开发区金融服务站”。

30日，省经信委产业园区处处长袁冰率队到县经开区，查看园区展示厅、科伦药业、城南污水处理厂、一新医药、仁安药业和广安岳池医药创新创业公共服务平台及产业化项目。袁冰强调，园区要以产业转型升级为目标，发挥龙头骨干企业引领作用，围绕医和药两大主题，将医药研发、医药生产制造、医药会展交易、康健医疗、医学教育等功能融为一体，加快集聚国内外生物医药人才、成果及产业等资源要素，提升生物医药产业的现代化水平，争取成功创建省新型工业化医药产业示范基地。

30日，广安市政协主席刘凤成率队到岳池县，就县政协2015年工作情况、2016年工作打算及政协委员界别设置等情况进行调研，并召开座谈会。县政协主席谢帮勇就岳池县政协2015年主要特色工作、存在的不足、2016年工作思路、政协委员界别设置及工作建议等方面情况进行汇报，与会人员还就民主监督小组工作情况、政协换届准备工作、委员履职情况考评等方面进行交流发言。刘凤成强调，2016年的换届工作，要在优化委员结构上做足文章，要积极走访、考察政协委员的履职尽责能力，真正把敢发声、讲真言的政协委员留任、提拔上来，让政协委员切实发挥出模范、代表作用，为经济社会发展做出更大贡献。

4月

6日，县委书记郑鹏程率领县委办、县经信局等13个部门主要负责人调研岳池生物医药产业创新创业公共服务平台及产业化项目、南松医药、杰象药业、一新医药等项目，详细了解各项目建设进度。

7日，广安市第四届学生运动会开幕式在岳池县北京师范大学广安实验学校体育场举行。市教育体育局局长曾长东主持开幕式，市委副书记、市长罗增斌，市人大常委会副主任康永恒、市政协副主席袁继林等出席开幕式，市委常委、宣传部部长唐雄兴致开幕辞，县委副书记、县长汤才勇致欢迎辞。本次运动会将学生运动会和青少年锦标赛合并进行，分3个阶段，历时5个月，比赛项目安排在岳池县第一中学、北师大广安实验学校、岳池中学、岳池实验学校、九龙小学5个场馆，来自全市6区市县和经开区、枣山园区、协兴园区和市直属学校组成的10个代表团，3900余名运动员参加田径、足球、篮球、排球、乒乓球、举重、摔跤等16个大项的比赛，是比赛项目最多、参赛人数最多的一届运动会。

9日，《中共广安市委办公室市人民政府办公室关于印发〈广安高新产业示范区（中关村产业转移基地）区划调整工作方案的通知〉》（广委办〔2016〕33号），岳池现代农业园区核心区石垭镇原红庙片王家沟村、梨子园村、马纳沟村、玉屏山村、徐家坝村、吕家桥村、陈家沟村、大邑山村、周锣铺村、立石山村、王家院村及石马沟村、烂洞坝村划转至枣山园区。至此，岳池县现代农业园区规划行政村38个，核心区9个，即石垭镇中学村、雷家堡村和大石乡的游家沟村、皮家沟村、马鞍山村、晏家沟村、五里堆村、花园坪村。

11日，县政府在成都举行医药产业专题座谈会。广安市政府副秘书长田运富，县委书记郑鹏程出席座谈会并讲话。郑鹏程指出，岳池县是拥有

120万人口的大县，是西部首个曲艺之乡、中国农家乐之源、中国输变电之乡，是川东商贸重镇，具有得天独厚的区位优势和发展优势。近几年来，岳池县把握省委、省政府打造百亿级、千亿级医药产业的发展机遇，发展生物医药产业，现拥有一个较为成熟的医药产业园区，规划面积30平方千米，建成13平方千米，初步建成西部地区唯一一个拥有“分布式能源”“规划性区域环评”“专业污水处理系统”“医药创新创业公共服务平台”“多电源双回路电网”“大数据中心”“综合服务体系”七大配套的专业医药园区；有医药企业35户，其中限额以上医药企业10户，全口径医药产业规模27.8亿元。

13日，省人大常委会副主任黄彦蓉率领检查组在市人大常委会主任余仪、市委常委俞路等陪同下，到岳池县就贯彻实施《食品安全法》相关情况开展执法检查。黄彦蓉强调，要继续深入贯彻《食品安全法》，不断取得新的更大成绩，努力为全省作出示范。

16日，县委书记郑鹏程率领县级相关部门负责人，到九龙镇、花园镇、北城乡、白庙镇及翠湖景区，调研旅游扶贫示范带建设工作。郑鹏程强调，要挖掘旅游发展潜力，发挥旅游扶贫功效，加快旅游扶贫示范带建设，让贫困群众分享旅游资源开发和旅游产业发展红利，将绿水青山变为群众脱贫致富的金山银山。

19日，天津四川商会会长税代山，常务副会长、岳池县招商顾问明磊率领天津川达建材集团有限公司、磊翔（天津）科技有限公司等7家会员企业负责人，参观岳池县现代农业园区、城东新区及经济技术开发区，详细了解岳池县生产要素价格、土地存量及价格、融资租赁等相关情况，以及返乡创业、项目投资相关优惠政策，找寻商会到岳池进行投资合作的项目。

23日，市委书记侯晓春一行在县委书记郑鹏程，县委常委、总工会主席刘俊等陪同下，到岳池城东新区基础设施建设PPP项目现场，详细了解城东新区规划、基础设施建设情况。

25日，县委在吴雪艺术中心主会议室组织召开“两学一做”学习教育工作座谈会。县委副书记、县长汤才勇主持座谈会，县委常委、组织部部长廖和民安排部署全县“两学一做”学习教育工作。九龙镇、县直机关工委、县教科体局、县财政局、经开区等单位负责人作表态发言；郑鹏程强调，全县各级党组织要统一思想，提高认识，真学实做，狠抓落实，高标准严要求推动“两学一做”学习教育深入开展，确保抓出实实在在的成效，为岳池决胜全面小康、崛起经济强县提供坚强组织保证。

26日，中央党校第40期中青一班在市委常委、副市长俞路，县委副书记、县长汤才勇等陪同下，到石垭镇紫晶葡萄产业基地、九龙镇九道拐村阖家欢家庭农场等地进行实地查看，详细了解现代农业园区规划、建设、运行、管理、体制机制创新、政策扶持及产业发展等方面情况。从中了解到，全县建成优质粮油基地56万亩、蔬菜基地24万亩、水果基地6.4万亩，其中建成现代农业示范基地15万亩。

28日，岳池县人民医院成功实施广安市首例经皮气管切开手术。

30日，市委副书记、市长罗增斌一行查看双鄢乡余家庙村藤椒产业基地后，到顾县镇马家村，看望贫困户。要求各地各部门要充分发挥“第一书记”的作用，带着感情扶真贫、真扶贫，把干部的真帮实扶与群众的苦干实干结合起来，分类开展帮扶活动，实施好帮扶项目。

5月

10日，岳池县党员县级领导干部在邓小平缅怀馆举行“重温入党志愿、重温入党誓词”主题党日活动。

12日，副市长、市公安局局长邓文国一行到岳池电商产业园、客运综合枢纽、城东新区及仁安药业等项目建设现场进行实地调研，并听取县委副书记、代理县长谭云的工作汇报。

14 日，市委书记侯晓春一行到岳池电商产业园、吴红蓉家庭牧场、白庙镇瞿家店村调研，县委书记郑鹏程，县委副书记、代县长谭云陪同调研。

18 日至 22 日，县委书记郑鹏程，县委副书记、代县长谭云带领岳池代表团到重庆参加第十九届中国（重庆）国际投资暨全球采购会。在"渝洽会"上，前往岳池县展台参观、咨询、洽谈的市民和中外客商近 2 万人（次），签约招商项目 7 个，协议投资 21 亿元；参展企业成功签订贸易合作协议 4125 万元，现场交易 62 万元。

19 日，省政府副省长曲木史哈在侯晓春、严春风、肖雷、郑鹏程、谭云等陪同下，带领参加全省深化现代农业林业建设工作会的代表，参观思源水产养殖专业合作社建设、经营、管理情况，听取全县渔业发展情况介绍，观看渔业专题汇报片《踏歌而行——岳池现代渔业发展纪实》，详细了解渔业养殖模式、养殖规模、产品种类、经营方式等情况。

20 日，县政府在重庆君豪大饭店举办"川渝合作示范区·广安岳池优势产业投资促进对接会"。省政府驻渝办经合处科长胡晓明，市委副秘书长郑洪涛，市驻渝办、经信委、投促委等部门负责人出席会议。县委办、县政府办、县经信局、县商务局、县投促局、县农业局等县级相关部门负责人及 60 余名商协会、企业家代表参加会议。县委副书记、代县长谭云致辞，县委常委、副县长郑钦平详细介绍岳池的基础条件、产业规划、比较优势、园区特色及政务环境，客商代表重庆乾泰生物医药有限公司总经理郭明发言。市委副秘书长郑洪涛强调，岳池县在医药产业方面，以打造中国西部医药产业城为目标，发展形势喜人，是全市重点支持的六大高端百亿产业之一。会上，成功与重庆大学药学院（创新药物研究中心）、重庆智合生物医药有限公司、中国医药集团重庆医药设计院现场签订院地战略合作框架协议 3 个，签订新能源电动车建设、综合物流园及汽摩专业市场投资项目 2 个，协议引资 18.5 亿元。

25 日，县委副书记、代县长谭云到顾县镇马家村，就"两学一做"学习教育为 40 余名基层党员讲党课。谭云要求，共产党员必须坚定共产主义理想，为人民利益和中国特色社会主义事业不懈奋斗；要熟悉党的政策，宣传党的政策，让群众了解党的政策，相信党、拥护党，支持党的事业；共产党员特别是党员干部，要转变思想观念，开拓视野眼界，带领群众脱贫攻坚、致富奔康。

25 日至 29 日，县委书记郑鹏程一行到华东地区考察江西百神药业股份有限公司、凯望药业（南京）有限公司、江苏贝斯康药业有限公司、江苏泛亚环保集团有限公司，参观南京高新生物医药公共服务平台。

27 日，县委副书记、代县长谭云主持召开十六届县政府第 53 次常务会议。组织学习《中华人民共和国农产品质量安全法》《四川省党政领导干部生态环境损害责任追究实施细则（试行）》，通过《岳池县水污染防治行动工作方案》《岳池县经营性国有资产监督管理办法》《岳池县 2016 年投资促进工作要点》《岳池县 2016 年幸福美丽新村和美丽乡村建设实施方案》《扶贫小额信用贷款框架合作协议》。

6 月

1 日，市委副书记、市长罗增斌到岳池电商产业园，详细了解产业园运转机制、销售模式以及农村淘宝店运营方式。罗增斌强调，相关部门要主动顺应"互联网 +"趋势，因地制宜扶持发展区域电子商务平台，培育壮大电商产业，打造全市经济新的增长极。

3 日，天津市国有企业与广安市项目合作签约仪式在天津市举行。县委书记郑鹏程，县委常委、副县长郑钦平出席签约仪式，并代表岳池县人民政府与天津市医药集团签订《战略合作框架协议》。

8 日，岳池县第二批 PPP 项目签约仪式在县政府四楼会议室举行。县委副书记、代县长谭云出席仪式并致辞，中国十九冶集团有限公司总经理欧成华、四川发展天府新区投资有限责任公司董事长吴欣荣、都江堰市水利水电工程有限公司董事长杨洪福等企业负责人参加仪式；签约的项目涉及园区基础设施建设、道路交通条件改善、城镇建设等多个领域，总投资20亿元。

13日，县委副书记、代县长谭云主持召开十六届县政府第54次常务会议。学习《中华人民共和国消费者权益保护法》，传达全市互联网金融风险专项整治工作动员部署会议精神，通过《岳池县促进创新创业孵化扶持办法》《岳池县工业企业应急转贷资金管理办法》《岳池县工业中小企业贷款风险补偿专项资金管理暂行办法》《岳池县食品安全委员会工作规则》《岳池县食品安全委员会成员单位工作职责》《岳池县食品安全工作考核评价办法（试行）》《岳池县食品安全责任追究暂行办法》《岳池县农村集体土地大比例尺图实测和确权登记工作有关具体问题处理指导意见》《岳池县人民政府关于加强粮食重金属污染治理的实施意见》。

13日，市政府副市长陈捷率领市级相关部门领导到岳池查看220千伏变电站站址备选点，详细了解金方生物、康安生物等重点工业项目推进情况，并在吴雪艺术中心二楼会议室组织召开座谈会，研讨全县工业经济运行情况。

17日，县委书记郑鹏程主持召开2016年岳池县第二期“干部讲堂”暨中心组学习会议。邀请重庆市规划局党组成员、副局长王岳作题为“城乡规划漫谈”的专题辅导报告，县委副书记、代县长谭云为王岳颁发聘书，聘请王岳为岳池县决策咨询及投资促进高端专家。

17日，县政协主席谢帮勇率领县政协相关领导及第五委员活动小组委员到县经开区调研同天生物、仁安药业、分布式能源、康安生物、银丰食品和岳特酒业。每到一处，谢帮勇都详细听取企业汇报，为企业项目建设及发展出谋划策。

20日，县委书记郑鹏程到九龙镇九道拐村，通过现场查看、入户询问和观看脱贫攻坚电视专题片的方式，详细了解该村脱贫攻坚工作推进情况。郑鹏程强调，要把新农村基础设施建设作为脱贫攻坚工作的重点及主要载体，合理规划产业发展方向及规模，打造具有地方资源特色的旅游产业，将生态发展与脱贫攻坚有机结合，切实推动贫困群众脱贫致富；要充分发挥贫困群众的脱贫主力军作用，加大智力、文化扶贫的力度，做到扶真贫、真扶贫；做好低保兜底及大病救助等政策的宣传工作，防止贫困及返贫现象的发生。

27日，广安市2016年食品安全突发事件（Ⅳ级）应急演练在岳池县火车站站前广场举行。四川省食品药品监督管理局餐饮服务监管处处长张泽军，广安市市委常委、副市长俞路，广安市食品药品监督管理局党组成员、机党委书记唐协明，县委书记郑鹏程，县委副书记、代县长谭云等现场观摩演练。演练分为事件发生与报告、先期处置与响应、紧急处置与调查、维稳疏导、响应终结、后期处置6个科目，完整展现Ⅳ级食品安全突发事件应急处置全过程；参加观摩的领导还有市食品安全委员会各成员单位负责人、各县（市、区）政府食品安全分管领导，全县广大教育工作者、广大人民群众1000余人现场观摩演练。

29日，岳池县举行二季度重大项目集中开工仪式。集中开工7个重大项目，总投资94.3亿元，涉及基础设施、产业发展、民生及社会事业等多个领域，集中展示全县加快推进项目建设的最新成果，再次吹响全面推进“项目年”工作的新号角。

29日，省发改委资源价格处副处长张昌贵、省电力公司财务部电价处处长赵飞一行，到岳池县对城乡居民生活电价与四川电网同价进行测算，并组织四川广安爱众股份有限公司、县人民政府、四川省岳池爱众电力有限公司三方签署《四川省岳池爱众电力有限公司城乡居民用电同价协议》。从2016年7月起，全县城乡居民生活用电价格将由每千瓦时0.64元降低到0.5224元。此举惠及33万用电户120万城乡居民，每年将减轻居民电费负担5000余万元。

7 月

7 月 4 日，县委副书记、代县长谭云主持召开十六届县政府第 55 次常务会议。学习《中华人民共和国大气污染防治法》，通过《岳池县 100 万元以下政府投资建设项目结算审计试点工作方案》《岳池县关于加快高新技术产业发展的意见》《岳池县关于加快科技创新平台建设的意见》《岳池县全面推进公务用车制度改革总体方案》《岳池县公务用车制度改革实施方案》《岳池县第二污水处理厂建设项目实施方案》《锦绣路等三条市政道路建设项目实施方案》。

6 日，县委副书记陈森，县法院院长孙永红，组织顾县片区各乡镇党委书记、分管领导、扶贫专干，县定贫困村的帮扶单位、“第一书记”、支部书记在顾县镇四楼会议室，召开脱贫攻坚工作推进会议。顾县片区各乡镇党委书记就贫困村开展情况、存在的问题、下步打算及恳请解决的困难作简要汇报，县脱贫办通报本次实地检查情况，各帮扶单位就如何做好联系村的帮扶工作、“第一书记”就如何确保脱贫作表态性发言。

7 日，岳池县安全生产工作会议在吴雪艺术中心主会议室召开。传达全省防汛工作紧急电视电话会议精神，分析当前安全生产形势，并安排部署汛期安全生产大检查以及安全生产的下一步工作。谭云强调，抓好安全生产是关乎人民群众生命财产的大事，每位领导干部务必要做到“尽心”“恒心”“良心”，不折不扣地完成安全生产的各项任务；抓住关键，做到排查整治务必彻底，安全监管务必严格，应急值守务必到位，宣传教育务必深入，立足于放大汛、抢大险、救大灾，严阵以待，强化举措，全力保障人民群众生命财产安全；要明确责任，改进作风，逗硬督查，把安全生产的相关工作彻底落实，切实担负起保障经济社会安全发展的重任。

8 日至 9 日，由岳池县教科体局组织的“‘德艺双馨’先进典型事迹宣讲团”到 7 个督导责任区及各中小学进行宣讲，14 名“德艺双馨”代表结合自己的亲身经历，以《不忘初心、继续前行》《永葆共产党员先进性、争做合格党员》《三尺讲台、一生情怀》等为题作报告，语言朴实、生动感人的发言使参会人员受到震撼。全县 5000 余名教师在本校或各自督导责任区听取报告。

9 日，岳池县脱贫攻坚工作第三片区推进会在白庙镇召开，县委常委、纪委书记李廷远，县人大常委会副主任黄雪兰出席会议并讲话，第三片区乡镇党委书记、帮扶单位负责人、2016 年脱贫“摘帽”贫困村“第一书记”参加会议。县脱贫办通报白庙镇瞿家店村 5 个等省定“摘帽”贫困村“一低八有”对标检查情况，白庙镇、龙孔镇、新场镇、粽粑乡党委书记分别汇报 2016 年省定“摘帽”贫困村工作开展情况、存在问题、下一步工作打算及恳请解决困难的情况。会议强调，在脱贫攻坚进入关键阶段上，要提高认识，加强对“第一书记”工作经费的保障；要压实责任，倒排工期，挂图作战，把责任落实到人；要用活政策，用活用够上级的项目资金；要创新理念，充分利用自身优势，调动各项资源参与扶贫工作；要注重统筹，在扶贫工作中我们要统筹安排扶贫等相关工作；要严明纪律，树立红线意识、底线意识。

14 日，省发展改革委副巡视员冯永德、省农水局水库处副处长在市政府副秘书长、应急办主任陈文华陪同下，实地检查罗渡镇红庙子水库备汛情况。

14 日，县委组织各帮扶单位主要负责人、非帮扶单位的县级部门、园区及省市驻县单位主要负责人、各乡镇党委书记、乡（镇）长、分管领导、全县 276 个贫困村“第一书记”、“百企帮百村”企业主要负责人、县人大代表、县政协委员以及县脱贫办、县扶贫移民局的工作人员共 680 人，在吴雪艺术中心主会议室召开 2016 年脱贫攻坚誓师大会。县委副书记陈森对全县上半年在基础设施建设、产业融合、新村建设、人口素质、生态环境等方面取得的成绩给予肯定，指出全县在贫困村“摘帽”、贫困户

"脱贫"、"第一书记"履职等方面存在的问题。要求全县要在补齐短板、资金投入、产业培育、政策宣传、痕迹管理上下工夫，发扬"逢山开路、遇水架桥、披荆斩棘、勇往直前"的精神，抢抓机遇，破难攻坚，确保圆满完成全年脱贫攻坚目标任务。县委书记郑鹏程强调，要将脱贫攻坚工作作为"一号工程"来抓，聚合各种资源、各方力量，整合人力物力财力，确保目标任务完成；要把脱贫攻坚作为"一把手工程"来落实，压实领导责任、牵头责任、主体责任和监督责任；要把脱贫攻坚作为"一票否决工程"来奖惩，强化绩效考核、"第一书记"管理、督查问责。

17日，县委副书记陈森一行到赛龙镇，在听取赛龙镇党委对扶贫工作汇报后，到赛龙镇顺梁寨养鸡合作社，实地查看合作社的经营状况，询问疫情防控，了解市场行情及经济效益。陈森指出，要搞好规划，尊重群众意愿，因地制宜发展产业；要延伸产业链条，避免"跟风"形成恶性竞争，通过上下游产业延伸，打造品牌效应。

20日，县委书记郑鹏程在县委一会议室主持召开县委财经领导小组第九次会议。县委副书记、代县长谭云出席会议并讲话。听取全县上半年经济运行和下半年经济工作安排以及"项目年"工作、各产业组工作，招商引资工作情况的汇报。

27日，县委书记郑鹏程，县委副书记陈森，县委常委、副县长陶开琴等到大佛乡三官店村，走访贫困户，查看易地扶贫搬迁建设点和"6＋1"村级公共服务中心建设点，参观蜜柚基地，并召开座谈会，详细了解三官店村脱贫攻坚工作推进情况。郑鹏程强调，要坚定地把三官店村打造成全市脱贫攻坚工作样板工程的信心，成立帮扶领导小组，全力推动该村的脱贫攻坚工作；县级相关部门与市级帮扶单位做好对接工作，主动协调、主动履职，实现市县联动，合力助推脱贫攻坚工作；强化责任意识，乡镇党委、政府和贫困村"第一书记"要把脱贫工作当成当前的首要任务，严格按照县委、县政府的决策要求，坚持召开例会，提高工作效率，以开阔的眼界，对照脱贫攻坚的相关要求推动工作。

28日，郑鹏程一行到九龙镇了解九道拐村、县政务服务中心、全媒体展示馆查看红塔工程、"阳光岳池"工程、"全媒体"工程建设及进展情况，并听取相关情况汇报。郑鹏程要求，要分层分类推进农村基层、产业园区等"六大领域"党的建设，实施"五年万人计划"，全面消除集体经济"空壳村"；要坚持问题导向，聚焦关乎民生事业的顽固症疾，开展各种形式问政，搭建与群众沟通桥梁；要完善机制，加快媒体融合步伐，真正实现"一台一报两站两微"全面融合，让全媒体中心成为引导舆论、解决问题、服务民生的重要平台。

8月

2日，县委书记郑鹏程率队到普安镇新庙子村银杏种植基地，仔细询问基地建设和运行情况以及银杏产业与贫困群众脱贫的利益联结机制。郑鹏程指出，要把培育富民产业同脱贫攻坚有效结合，做到可操作、能实现，切实发挥特色优势产业带动贫困群众增收的主渠道作用，让贫困群众过上好日子。

9日，四川省食品药品监管局与广安市岳池县第一次工作联席会在成都市世代锦江国际酒店召开。省食品药品监管局党组成员、副局长、省食安办副主任罗文全，市委常委、组织部部长、市生物医药产业组组长黄秀川，市委常委、副市长、市生物医药产业组副组长俞路，岳池县委书记郑鹏程，县委副书记、代县长谭云等出席会议。县委书记郑鹏程代表广安市生物医药产业发展推进工作组汇报近年来医药产业发展情况和下步目标规划，并提出发展中遇到的困难和问题。

17日，省委组织部干部二处副处长汪滔一行到岳池县，与电商企业负责人进行交流，详细了解电商企业的经营状况，并在电商产业园二楼报告厅召开座谈会。县委常委、县总工会主席刘俊主持会议，电商园管理方代表、入驻企业家代表参加会议。

19日，县委书记郑鹏程一行到白庙镇瞿家店村古明福、廖文中、廖中前等贫困户家中，重点查看了解住房安全和家庭收支情况，特别是生产生活中面临的困难和问题。郑鹏程要求，要充分激发贫困群众摆脱贫困的内生动力，大力宣传习近平“全面建成小康社会，任何一个地区、任何一个民族都不能落下”的战略思想，宣传“两不愁三保障”和“四个好”脱贫目标要求以及“六个精准”“五个一批”“五个一”等脱贫部署，引导贫困户发挥主观能动性，克服“等靠要”思想，自力更生、艰苦奋斗，用勤劳双手改变落后面貌、创造幸福美好生活。

19日，市委副书记、市长罗增斌一行在县委副书记、代县长谭云等陪同下，到顾县镇马家村蹲点督导脱贫攻坚工作。罗增斌实地走访慰问贫困户张启用、张军贵、郑元东等，详细了解致贫原因和脱贫措施落实，鼓励贫困户坚定脱贫信心；仔细查阅相关资料，与帮扶干部面对面交流，分析具体问题，细化推动落实的措施办法。罗增斌指出，要聚焦重点目标任务，特别是要加快异地搬迁进度，确保贫困百姓能住上好房子；加快实施“脱贫线”与“低保线”两线合一，做到应保尽保、动态管理；发挥驻村农技人员的作用，抓好花椒、莲藕等特色种养殖的管理，为贫困百姓发展产业提供技术依托；各帮扶单位、“第一书记”等要采取亲自上门指导与集中培训相结合，精神扶贫与物质扶贫相结合的方式来，做好脱贫攻坚工作。

22日，是邓小平诞辰112周年纪念日。县委组织县“四大班子”领导、各部门及乡镇主要领导近100人在邓小平故里邓小平铜像广场举行献花仪式，表达对世纪伟人邓小平的无限怀念与崇敬之情。

24日，县委书记郑鹏程主持召开十一届县委第124次常委会议。学习习近平关于脱贫攻坚工作重要讲话精神，传达全省“两学一做”学习教育工作推进电视电话会议精神。会议要求，各级领导干部要严格按照全省“两学一做”学习教育工作推进电视电话会议要求，组织全体党员深入学习习近平“七一”重要讲话精神，准确把握习总书记讲话的鲜明主题、基本内涵和管党治党要求，始终在思想上、政治上、行动上与党中央保持高度一致。要加强对全县“两学一做”学习教育的督导检查，扎实开展“三项整改回头看”，持续用力正风肃纪，继续深化专项整治，抓住典型严肃惩处，切实巩固整改成果；要坚持边学边改，立说立行，引导党员干部坚持问题导向，着力解决党员队伍和基层党建工作中存在的突出问题，检验学习教育的效果。

24号，市政协副主席刘儒贤一行在县委常委、县纪委书记李廷远陪同下，分别到乔家镇陈家湾村和太阳石村，查阅“五个一”帮扶工作日志、民生台账和“一低五有”达标情况，详细贫困户在安全饮水、生活用电、广播电视、子女就学入托、低保兜底、基本医疗、经济收入等方面情况，听取陈家湾村和太阳石村“第一书记”关于脱贫攻坚开展情况的汇报。

25日，岳池县举行不动产权证书首发仪式。县委常委、总工会主席刘俊出席仪式并致辞，县人大常委会副主任黄雪兰主持仪式。

25日，县政府在吴雪艺术中心多功能厅召开公共用车制度改革动员部署会议。县政府党组成员、办公室主任刘永红主持会议。会议指出，各级各部门要统一思想，掌握政策，严格执行上级相关规定，并上报车改方案由上一级车改领导小组进行审批实施；要把握环节，启动实施，特别是关于车辆的选择、接受、收停以及司勤人员的配备；要严明纪律、统筹配合、适度宣传、稳步推进，积极适应车改后新的出行办事方式。

29日，省督导组一行到岳池县，分为四个组，在县领导曾邦才、陈森、陈莉、陶开琴、李桂新、徐天翠、孙永红等陪同下，分别到双鄢乡余家庙村、北城乡高木桥村、白庙镇瞿家店村、顾县镇将军村、苟角镇安家坝村、兴隆镇方家沟村、秦溪镇四方寨村、中和镇金顶山村、裕民镇王家桥村、乔家镇陈家湾村蹲点督导脱贫攻坚工作。每到一处，督导组都采取实地查看、入户走访、现场办公、查阅资料、会议座谈的方式督导检查“两不愁、三保障”“四个好”“五个一”“十七个专项”工作的具体落实情况。督导组一行还亲切询问贫困户的生产、生活情况，并鼓励他们要牢固树立脱贫奔康的信心，人穷志不穷，养成好习惯，形成好风气。在座谈会上，各村支部书记、“第一书记”、帮扶单位负责人、驻村农技员、县级联系领导分别汇报脱贫攻坚工作基本情况、主要做法、工作成效、问题建议等。督导组指出，各帮扶单位、村“两委”、“第一书记”等要继续坚持“五个一”帮扶工作机制，严格实施“十七个专项”工作，对标开展脱贫攻坚工作，宣传脱贫政策，提高村民脱贫意识；以产业发展为突破口，壮大集体经济，发展种养殖业，充分发挥贫困群众的脱贫主动性，从“要我脱贫”转变为“我要脱贫”，让贫困户走上可持续、稳定的致富道路，确保圆满完成脱贫目标任务。

8月29日，四川大学常务副校长李旭峰一行到苟角镇安家坝村蹲点督导脱贫攻坚工作。督导组听取安家坝村党支部书记及“五个一”帮扶责任主体对脱贫攻坚工作开展情况的汇报。李旭峰强调，要将脱贫攻坚与“两学一做”紧密结合，充分发挥基层党支部战斗堡垒作用，党员群众要带好头，发挥好示范作用，在“学”中提升思想自觉，在“做“中强化责任担当，坚持将提高群众生活水平作为落脚点，努力将各项工作落到实处。随后，督导组一行到贫困户家中，实地查看拟脱贫贫困户指标达标情况，详细了解其生产生活情况。

29日至30日，省政府副省长王铭晖率领省政府副秘书长杨新元、九三学社四川省委专职副主委沈光明一行到岳池县蹲点督导脱贫攻坚工作，实地检查中央和省委脱贫攻坚各项部署要求落实情况，并在岳池县主持召开脱贫攻坚工作座谈会，对岳池精准扶贫、精准脱贫特别是聚焦“两不愁”“三保障”“四个好”目标、确保全面完成全年脱贫攻坚任务进行再强调再部署；市委书记侯晓春出席座谈会，市委副书记、市长罗增斌，县委书记郑鹏程出席座谈会并陪同调研督导。其间，省督导组分4个小组分别开展村级检查，王铭晖到白庙镇瞿家店村进行蹲点调研督导。王铭晖率第一、二小组重点查看瞿家店村（他联系的贫困村）的产业发展、地埋式污水处理厂和易地扶贫搬迁等方面情况，并与村民座谈，商讨瞿家店村如何科学制定以旅游产业为核心的发展规划；王铭晖指出，精准扶贫不仅是经济问题，更是政治问题、社会问题和民生问题，考验的是各级干部的政治定力、责任担当和为民情怀；王铭晖强调，在推进脱贫攻坚工作中，脱贫是基本的目标要求，但发展是永恒的主题，岳池县要按照发展的要求推进脱贫攻坚工作，做到紧扣锁定目标，对焦短板开展精准扶贫；岳池县开展的“百企带百村”行动，机制很好，值得探索和总结；要用好资源，完善规划，村与村之间、乡与乡之间的脱贫产业规划要在适度规模同质化上进行优化，实现市场的总量错位和产品季节的错位，提升农业产业的综合效益。

31日，市委副书记肖友才率队在县委书记郑鹏程、县委副书记陈森等陪同下，走访大佛乡三官店村（对口联系帮扶村）贫困户何德才、赵绍余等5户贫困户，详细了解他们的生产生活情况，查阅该村“五个一”帮扶工作到岗登记、工作日志、精准识别台账等软件资料，实地察看该村集体经济发展、村级活动室建设及新村建设工作情况。

31日，四川九州通医药有限公司总经理吴海波一行在县委书记郑鹏程，县委常委、副县长郑钦平等陪同下，到县经开区考察狮子坡路项目拟用地情况后，到县政府会议室，观看岳池县招商引资宣传片、九州通宣传片，县国土局、卫计局负责人等汇报相关政策法规，并签订投资合作框架协议。

9月

1日，县委宣传部在吴雪艺术中心一会议室组织召开迎接第四届省级文明城市集中测评工作会。县委宣传部副部长、文明办主任黄利华安排迎接省上集中测评相关工作，并就目前存在的问题进行梳理汇报。县委常委、宣传部部长陈莉指出，根据《关于开展“千名干部进社区，共建文明新家园”活动的通知》的文件要求，广大干部要庚即进社区开展活动，为群众办实事做好事，切实加强宣传教育，让群众了解党委、政府所做工作内容及工作成效，发动社区居民积极支持参与创建活动，努力提升群众的认同度和满意率；要加强领导，精心组织，加强协调，高效迎检，督查到位，严格问责，确保各项迎检工作任务落到实处。

2 日，县委组织收看全省深化供销合作社综合改革电视电话会议。县委书记郑鹏程，县委副书记、代县长谭云等出席岳池分会场会议。指出，深化供销合作社综合改革，是全面推进农业农村改革，完善农业社会化服务体系的重要举措；各地各相关部门要深刻认识深化供销合作社综合改革的重要性，创新服务方式，加快推进新型为农服务体系建设，不断夯实为民服务基础；要创新机制，激发供销社发展活力，不断提升企业市场竞争能力和为民服务水平。

5 日，县委书记郑鹏程主持召开十一届县委第126次常委会议，传达省委书记王东明系列讲话精神、副省长王铭晖到岳池蹲点督导脱贫攻坚指示精神以及市委书记侯晓春讲话精神。

郑鹏程强调，要将思想和行动统一到省、市领导要求及部署上来，全力以赴推动脱贫攻坚；将脱贫攻坚作为当前工作的核心任务，高度聚焦，全盘掌握工作开展情况，对照“两不愁”“三保障”“四个好”的相关要求开展工作；树立标杆抓好脱贫攻坚，使全县的脱贫攻坚工作经得起时间、历史和人民的检验；党员干部要勇于担责、真抓实干，以高度的责任感和使命感推动脱贫攻坚的各项工作；严肃纪律，围绕“两学一做”开展脱贫攻坚工作，配套专项整治行动，严格考核奖惩机制；将脱贫攻坚和经济社会发展有机结合，做到两手抓、两手硬，以实实在在的成绩向全县人民交上一份满意的答卷。

7 日，市委书记侯晓春，县委书记郑鹏程，县委副书记、代县长谭云陪同香港长江生命科学研究所所长、北京三安科技集团董事长张令玉到岳池县川渝合作（广安）医药产业示范园、三安农产品生产基地，考察岳池县相关产业发展情况。张令玉表示，将把岳池的独特优势与自身优势相结合，大力推动与岳池的务实合作。

9 日，岳池县庆祝第 32 个教师节暨表扬大会在吴雪剧院召开。县政府副县长候选人预备人选黄梅总结 2015—2016 学年度教育工作，县委副书记陈森宣读《关于表扬 2016 年岳池县“红烛奖”获奖人员的决定》，与会领导对获得“第六届红烛奖”的 56 名获奖教师进行颁奖；县委副书记、代县长谭云向辛勤耕耘在教育战线上的广大教师、教育工作者及离退休教师致以亲切问候，向受表彰的优秀教师表示热烈的祝贺。

11 日，县委书记郑鹏程在县委一会议室主持召开 2016 年岳池县创造省级文明城市指挥部第二次会议。通报 9 月 9 日省文明办暗访检查情况，县公安局、城管局、住建局等相关责任单位就自身存在的问题进行发言。要求各牵头部门要做好带头引领示范作用，结合省暗访组检查出的问题，采取专群结合、集中整改的方式立即进行整改；各单位要全方位的宣传、动员、发动群众，组织“千名干部进社区・共建文明新家园”活动以及规范道路文明标语的设置；各部门要加强协调配合，对照创建标准开展工作，全力奋战，确保通过测评。

20 日，岳池县脱贫攻坚领导小组第五次全体会议在县委一会议室召开。学习省委书记王东明在省脱贫攻坚领导小组第三次会议上的讲话精神，听取岳池脱贫攻坚目标任务“三步走”、2017 年易地扶贫搬迁、创新工作情况的汇报，审议《岳池县脱贫攻坚工作考核暂行办法》。郑鹏程强调，要把握脱贫攻坚的工作节奏，按照“三步走”的规划部署，将 2016 年省定脱贫摘帽的 47 个贫困村作为工作核心，对照脱贫标准，查找差距，补齐短板，力争打赢脱贫攻坚第一仗；立标杆、树旗帜，打造脱贫攻坚示范带，按照示范带要连片贫困村、各村形成独特风格特色的原则，高效推进打造示范带的各项工作；要坚持先试点、再推广的原则，推进洁净水、新型建材、“五改三建”等各项创新工作；严肃考核，在遵从各项法律法规的前提条件下，从严制定脱贫攻坚考核办法，妥善运用考核结果，为全县的脱贫攻坚工作提供强有力的政策支撑。

21日，县委在吴雪艺术中心主会议室召开县乡人大换届选举工作动员会。县委书记郑鹏程出席会议并讲话，县委副书记、代县长谭云主持会议。郑鹏程指出，县乡人大换届选举工作，是在岳池全面开启“十三五”发展新征途、决战决胜全面小康的关键时期开展的一项重要工作，是全县政治生活中的一件大事；各级各部门充分认识做好该项工作的重大意义，切实增强政治意识、大局意识、核心意识、看齐意识，把思想和行动统一到中央、省委、市委和县委的决策部署上来，高标准、高质量的完成换届选举工作。

28日，广安广达农业有限公司投资兴建的银城花海顺利开园，并在10月成功举办“银城花海·国际梦幻灯光节”。

29日，中共岳池县第十二届委员会第一次全体会议召开。选举郑鹏程为中共岳池县十二届县委书记，谭云、李廷远为副书记，郑鹏程、谭云、李廷远、钟爱平、郑钦平、于伟、刘勇、刘俊、张海峰、苟秀英、罗向前为中共岳池县第十二届委员会常务委员会委员。在岳池县第十二次党代会第二次大会上，到会的286名代表以无记名投票方式进行差额选举，选举出41名县委委员、8名县委候补委员；选举出29名县纪委委员。

29日，中国共产党岳池县十二届纪律检查委员会第一次会议在吴雪艺术中心召开。选举刘勇、吴焱、周国庆、徐君、张天才、朱华、易顺为中国共产党岳池县十二届纪律检查委员会常委，刘勇为中国共产党岳池县十二届纪律检查委员会书记，吴焱、周国庆为中国共产党岳池县十二届纪律检查委员会副书记。

10月

10日，广安国际红色马拉松赛岳池迷你乐跑启动仪式活动点在玉屏湖举行。郑鹏程强调，广安国际红色马拉松赛岳池迷你乐跑活动筹备工作已进入关键阶段，各级各有关部门、单位要把赛事筹备工作摆上重要日程，组成工作专班，团结协作，加快节奏、提高标准，扎扎实实地把赛事筹备工作做足做好做到位，高水平地完成各项筹备工作任务，全力确保迷你乐跑活动取得圆满成功。

21日，县委书记郑鹏程主持召开十二届县委第3次常委会议，开展“两学一做”第三专题第二次学习讨论，专题学习习近平在纪念红军长征胜利80周年大会上的讲话，传达省、市有关会议精神，研究部署相关工作。

21日，岳池代表团参加在广安举行的中国（广安）川渝合作示范区暨川东北经济区投资推介会暨项目签约仪式，县政府与重庆星客实业有限公司、江西龙虎山天师林文化旅游开发公司、四川仁安药业有限责任公司等7家省内外知名企业签订岳池·重庆产业园、凤凰古堡旅游度假区、岳池创新药物公共服务平台及产业化等7个投资项目，总投资36.5亿元。

26日，省政府副省长刘捷一行在市委副书记、市长罗增斌，县委副书记、代县长谭云等陪同下，到岳池仁安药业、科伦药业、创新创业园调研。刘捷边参观边认真听取企业生产经营、新产品研发等方面的情况汇报，重点了解企业科技攻关、成果转化应用和市场开拓等情况；刘捷强调，岳池要进一步发挥优势，强化规划管理，促进各类要素聚集，充分发挥中心城市人气、商气的聚集作用，加快城市经济发展，着力打造宜居宜业宜游的现代化城市，增强城市吸引力，吸引更多的大项目、好项目落户，吸引更多的游客聚集。

26日，县委在吴雪艺术中心主会场举行以“永远跟党走·唱响中国梦”为主题的纪念建党95周年暨红军长征胜利80周年大型歌咏会。活动分为两场。下午进行乡镇代表队比赛，晚上进行县城区部门系统代表队比赛，全县各乡镇、系统的17支代表队用歌声唱出为实现伟大中国梦，建设智慧、和谐、美丽、活力、幸福岳池的豪迈情怀和奋发有为的精神风貌。评选出一等奖2名、二等奖4名、三等奖6名。两场比赛吸引观众2000余人。

26日，西华师范大学实习基地授牌仪式在县公安局举行。西华师范大学党委委员、新闻传播学院党委书记陈树生向岳池县公安局授予“西华师大学实习基地”牌匾，蒋光辉代表县公安局接受牌匾。

26日至28日，岳池县老干部运动员到广安参加运动会，岳池县太极拳（剑）获全市第一名，门球获第二名，象棋获第二名。

28日，县委全面深化改革领导小组召开第十一次会议，县委书记、县委全面深化改革领导小组组长郑鹏程出席会议并作重要讲话，县委副书记、代县长谭云主持会议。传达学习党的十八届六中全会和中、省深改领导小组会议精神，听取部份单位重点改革方案推进落实情况、2016年上半年全面深化改革工作督查考核情况和改革工作落实情况动态分析的汇报，审议并原则通过《关于调整县委全面深化改革领导小组成员及专项小组的通知（审议稿）》《关于加强和规范试点工作的实施意见（审议稿）》《岳池县加快生态文明建设实施方案（审议稿）》《岳池县生态文明体制改革方案（审议稿）》。

29日，县委书记郑鹏程，县委常委、总工会主席刘俊，县委常委、副县长陶开琴到城东新区，察看龙湖公园、文创公园、城市规划展览馆、迎宾大道改造、长滩寺河流域整治等项目建设情况后，到文化旅游景区，详细了解景区规划情况。郑鹏程指出，城东新区、文化旅游景区是岳池县实施多点多极支撑发展战略，增强发展后劲的主阵地，是推动县域经济发展的发动机；要坚持规划引领，围绕建设“双60”现代中等城市、100平方千米的文化旅游景区目标，按照“东扩西靓、北景南工”的发展布局，聘请高水平设计单位，高标准、高品味、高质量做好区域规划和形象设计，把城东新区打造为岳池“会客厅”，把文化旅游景区打造为县城“后花园”。

11月

2日，县委书记郑鹏程率队到白庙镇舞凤山村，为结亲贫困户谭明英、屈纪伟、屈林送去大米、食用油、棉被，鼓励他们要坚定脱贫致富的信心，养成好习惯，形成好风尚，依靠勤劳智慧创造幸福美满的生活。

2日至6日，第十六届中国西部国际博览会（西博会）在成都举行。岳池县在大会期间成功与重庆平氏科技有限公司、云南瑞丽祥鉴水果进出口有限公司、四川省黄浦投资控股（集团）有限公司等8家省内外知名企业签订跨境商贸物流城、欢乐原乡文创产业园、万亩藤椒基地等投资项目8个，总投资29.16亿元；组织3户医药企业20个医药产品参加展示展销活动，现场交易额10万元，签订贸易合同3个、金额1860万元。

8日，县委副书记、代县长谭云主持召开十六届县政府第59次常务会议。组织学习《中华人民共和国残疾人保障法》《四川省国有土地上房屋征收与补偿条例》《广安市中心城区国有土地上房屋征收与补偿实施办法》《四川省人民政府转发国务院关于在市场体系建设中建立公平竞争审查制度的意见的通知》。审议《政府工作报告（审议稿）》《岳池县城市规划区地下空间开发利用管理办法（试行）》。

10日，为岳池县县、乡人大代表法定选举日。全县883976名选民在127个县级代表选区，999个乡镇代表选区；选举产生县人大代表331人，乡镇人大代表2415人。

11日，县委书记郑鹏程主持召开十二届县委第5次常委会议，开展“两学一做”第三专题第四次讨论，专题学习党的十八届六中全会精神。郑鹏程指出，党的十八届六中全会是在全面深化改革、全面建成小康社会决胜阶段召开的一次十分重要的会议，全县各级党组织、党员干部要自觉把思想和行动统一到党的十八届六中全会精神上来，用全会精神武装头脑、指导实践、推动工作。

11日，中国共产党岳池县代表会议在岳池县吴雪艺术中心主会场召开，来自全县各条战线的196名代表，肩负着全县干部群众的期望和重托，在这里选举出席中国共产党广安市第五次代表大会的代表。县委书记郑鹏程主持会议。与会代表观看警示片《镜鉴》；县委常委、组织部部长罗向前通报县党代表会议筹备情况，对出席市第五次党代表大会代表候选人建议名单作说明；县委常委、纪委书记刘勇组织学习中央、省、市关于严肃换届纪律、加强换届风气监督有关精神；会议确定岳池县出席市第五次党代会代表候选人74人。各参会代表在充分酝酿讨论的基础上，以差额选举的方式，选举产生代表60人。

13日，县委副书记、代县长谭云，县委副书记陈森、李廷远到白庙镇瞿家店村小观景平台、农特展销中心等地，查看该村项目的实施情况以及农特展销中心的配套设施完善情况。谭云指出，脱贫攻坚工作是当前工作的重中之重，必须高度重视，认真履职尽责，要始终把“两不愁”“三保障”和“四个好”作为脱贫攻坚主要任务，对标开展工作，量化管理，加大力度；要注重脱贫户持续帮扶，多方面多渠道提高造血功能，防止贫困户反弹。要转变思想，提高认识，切实完善产业帮扶措施，千方百计帮助群众增收致富，努力让群众住上好房子、过上好日子、养成好习惯、形成好风气。

14日，省政府副省长王铭晖在市委常委、政法委书记肖雷，副市长刘和斌，县委副书记、代县长谭云陪同下，到岳池县瞿家店村开展脱贫攻坚调研督导及走基层送温暖活动。王铭晖详细了解该村产业发展情况及产业带动贫困户增收情况；王铭晖在调研中指出，瞿家店村要坚持科学规划、多元投入、政府统筹、社会受益共享的原则，做好旅游扶贫规划，积极探索农村土地经营权的有偿流转，利用好瞿家店村的区位优势及自然优势，大力发展乡愁体验园，开发更多的就业岗位，让贫困群众就地就近就业，保证群众从产业发展中获得红利，增加收入；王铭晖还到部分贫困群众家中，详细了解他们的生产、生活、医疗救助、就业增收、温暖越冬等情况和致贫原因，为他们送去慰问品和慰问金。

15日，县委副书记、代县长谭云主持召开十二届县委第8次常委会会议。学习《中共中央关于湖南衡阳破坏选举案处理情况及其教训警示的通报》《中共中央关于四川南充拉票贿选案查处情况及其教育警示的通报》《中共中央关于辽宁拉票贿选案查处情况及其教训警示的通报》《中共中央纪委机关、中共中央组织部关于加强换届风气监督的通知》《省委办公厅关于进一步严明换届纪律加强领导班子思想政治建设的通知》。县委常委班子成员及列席领导就严格执行换届纪律作表态发言。

16日至19日，中国人民政治协商会议岳池县第十四届委员会第一次会议在吴雪艺术中心召开。大会应到委员286人，因事、因病请假16人，实到270人。应邀参加大会的有县人大、县政府、县人民法院、县人民检察院领导以及公安干警、武警官兵、解放军、老领导、老干部代表。列席大会的有不是十四届县政协委员的市政协委员、文史员，班子成员中没有市、县政协委员的部门、乡镇、企事业单位、中省市驻岳单位负责人等。会议听取、审议并通过谢帮勇代表政协岳池县第十三届委员会常务委员会所作的工作报告、伍艳代表政协岳池县第十三届委员会常务委员会所作的提案工作报告，会议选举产生新一届县政协主席、副主席、秘书长和常务委员，谢帮勇为政协岳池县第十四届委员会主席，任仕金、伍艳、冯雏、杨淑芹为副主席，唐涌为秘书长。

20日，岳池县第十七届人民代表大会第一次会议，选举曾邦才为岳池县第十七届人大常委会主任，汪勇、李桂新、黄雪兰、蒋侠为岳池县第十七届人大常委会副主任。

23日，县委在老干局六楼会议室召开贫困村贫困户退出验收暨2016年度脱贫攻坚考核工作培训会。县委副书记陈森主持会议并讲话，县人大常委会副主任李桂新，副县长刘永红，县政协副主席冯雏等出席会议。指出，各乡镇要对村集体经济各项账单进行再次检查、核实，及时补齐资料；要吃透省市县各项考核指标，读懂各级考核要求，严格按照规定实施考核，做到验收标准统一；要认真详细地对标进行普查，将存在的问题汇总，对照问题开展工作，补齐短板；要充分调集人手，积极参加年终验收评估考核；要大力进行宣传动员，广泛收集民意，加大对群众的人文关怀，着力解决群众实际困难，切实提高群众的获得感和满意度，让脱贫攻坚工作成为群众满意的民生工程。

23日至24日，全省坡耕地水土流失综合治理工作会议在岳池县召开。来自有坡耕地水土流失综合治理项目的成都、泸州、宜宾、巴中、内江、南充、遂宁、自贡、凉山、雅安、广安11个市(州)14个县62名代表参加会议。回顾总结全省“十二五”、安排部署全省“十三五”坡耕地水土流失综合治理工作。县委副书记陈森在会上致辞并陪同参观现场，县水务局局长陈宗春在会上作经验交流，与会领导及代表还观看岳池县专题汇报片《坡耕地绽放幸福花》。通过看现场、听汇报、作交流，与会领导及代表了解到，“十二五”以来，岳池县完成宝龙寺、莲花台、大山门等项目区的坡耕地水土流失治理，累计治理面积38.33平方千米，取得“基础设施完善，综合功能齐全，特色产业突出，经济效益显著，示范效果明显”的建设成效，探索出“政府组织、部门共建、群众参与、综合治理、产业发展”的治山治水新路子。

25日，由广安市教育体育局主办，岳池县教育科技体育局协办的广安市第三届中小学艺术节舞蹈决赛在北师大广安实验学校隆重举行。来自全市各区市县的26支参赛队伍分为小学组、中学组、教师组参加决赛。武胜县民族小学选送的《蝶》获小学组群舞一等奖，武胜县烈面初中选送的《红之魂获初中组群舞一等奖》，岳池县第二幼儿园、岳池县示范幼儿园选送的《乐悠悠的山沟沟》获教师组群舞一等奖。

24日至29日，省水利厅稽察组到岳池县采取听取汇报、看现场、查资料和与参建各方人员座谈的方式，对岳池县重点江河治理项目——中和城区防洪工程前期设计、建设管理、计划管理、资金使用、工程质量和工程安全方面进行稽察。

27日，岳池县领导干部大会在吴雪艺术中心主会场召开。学习贯彻党的十八届六中全会、省委十届九次全会，以及市第五次党代会、县第十二次党代会精神。郑鹏程强调，要在全县范围内开展发展“大讨论”活动，统一思想，汇聚共识，凝聚力量，以大讨论促进事业大发展；围绕“岳池发展怎么看”“岳池发展怎么干”以及“发展成效怎么检验”等问题进行讨论，解决目前干部群众思想不解放、执行力不强、工作标准不高的问题，确保实现“高于全市增长”的目标任务；开展“走基层”活动，从保障和改善民生、完成脱贫攻坚任务、密切联系服务群众的高度，充分认识活动开展的必要性、重要性、紧迫性，落实落细各项“规定动作”；要紧扣政策宣讲、凝心聚力，社会安全稳定，确保脱贫攻坚首战必胜，真正为群众“送温暖”，推动发展等重点任务“走基层”，切实增强人民群众的获得感。

29日，广安市政协主席刘凤成带队考察岳池幸福美丽新村建设情况，县政协主席谢帮勇，县委副书记李廷远，县政协副主席冯雏等陪同考察。

30日，岳池县委中心组“两学一做”学习教育第三专题学习会在吴雪艺术中心主会议室召开。邀请中共重庆市委党校党建教研部主任、硕士生导师黄远固教授作《严守纪律底线、建设高素质干部队伍》专题报告，围绕中国共产党是一支有高度组织性、纪律性的队伍，准则、条例的主内容，当前要重点做好的几项工作及加强对领导干部的教育，保证权力正确行使等内容，结合生动的实例，做深入浅出的专题讲解。县委常委、组织部部长罗向前组织学习王东明在省委中心组“两学一做”学习教育第五次学习会上的讲话、《中共中央宣传部关于湖北省委严肃处理恩施州委、利川市委中心组学习突出问题的通报》；县委常委、副县长钟爱平，县委常委、纪委书记刘勇，县委常委、总工会主席刘俊结合学习领悟实际，围绕“坚守纪律底线、树立清风正气”主题分别发言。

12 月

2 日至 25 日，在大学生创新创业示范基地“银城花海”举办“国际梦幻灯光节”，吸引游客 10 万余人（次）。

3 日，中国柑橘学会 2016 年学术年会暨广安市第一届农博会在广安召开，中国柑橘学会领导及全国参会代表 850 余人参观岳池“111”环线沿途的柑橘种植基地。

3 日，四川省岳池特曲酒业有限公司、四川丘山窖藏酒业有限责任公司在大石乡马鞍山村丘山窖藏基地举办“封窖大典”活动，姜育恒、好弟、朱之文等众多明星前来为“封藏大典”活动助阵。吸引游客 5000 余人（次）。

4 日，县委书记郑鹏程带领相关部门负责人到县卫计局、住建局、教育局分别就脱贫攻坚基本医疗、住房安全、义务教育保障落实情况进行现场调研。在随后召开的汇报会上，相关单位就贫困户脱贫标准中的“六有”（有义务教育保障、有基本医疗保障、有住房安全保障、有安全饮用水、有生活用电、有广播电视）作汇报。郑鹏程指出，要牢牢锁定 47 个贫困村退出、14660 名贫困人口脱贫目标，以首战必胜的决心，对照贫困村“一低五有”、贫困户“一超六有”标准，全面推进脱贫攻坚各项工作。

5 日，四川省投资促进局党组成员、副局长易军一行，在市委副书记严春风，市委副秘书长李鹏，市投促委副主任李光辉，县委副书记、县长谭云，县委常委、统战部部长郑钦平等陪同下，到岳池余家河景观带、文创公园、仁安药业、天然气分布式能源等地，详细了解园区建设和园区企业发展情况。

15 日，中国农业科技创新发展工作委员会副主任郑宝玉一行在县委书记郑鹏程，县委副书记、县长谭云的陪同下，到县经开区考察圣上大健康药业、分布式能源等企业，白庙镇中药材种植基地，随后在吴雪艺术中心召开座谈会。

16 日，县委、县政府在吴雪艺术中心主会议室组织召开村（社区）“两委”换届工作会。郑鹏程指出，党的工作最坚实的力量支撑在基层，最突出的矛盾和问题也在基层。本次村（社区）“两委”换届，涉及全县 867 个行政村（社区）、2600 余名村（社区）干部、4.27 万名党员，换届工作任务重、挑战多、要求高。做好做好村（社区）“两委”换届工作，是贯彻全面从严管党治党的必然要求、是打赢脱贫奔康攻坚战的重要基础、是加强基层组织建设的重要契机。各级各地要统一思想，认清形势，从政治和全局高度把握新形势新要求，以高度的政治责任感做好村（社区）“两委”换届工作。

16 日，岳池县在吴雪艺术中心主会议室召开创建第四届四川省文明城市迎检工作动员会，县委书记郑鹏程出席会议并作重要讲话。郑鹏程强调，全县上下都要全力以赴投入到迎检工作之中，利用有限的时间，以最快的速度、最有效的方式，最大范围的进行全民发动，在全县上下形成从机关到社区、从大街到小巷、从干部到群众“人人动手、个个参与”的创建热潮，营造“没有与创建不相干的人，没有与创建不相干的事”的浓厚氛围；九龙镇、花园镇和县级相关部门要发挥主力军作用，开展“四好村”建设，“千名干部进社区，共建文明新家园”等活动，切实改善城市居民生活质量，提升群众对文明城市创建的认同度和满意率；各创建单位务必下狠劲、用全力，扎实做好规范城区交通秩序、整治占道经营、高标准打造迎检现场、制止不文明行为等重点工作，确保群众满意、测评顺利通过；文明创建是一个规范约束与放任自流的斗争过程，是一项持续的战役，要建立长效机制，使创建工作有章可上循、有据可依，步入经常化、规范化、制度化轨道，为岳池县创建全国文明城市奠定基础。

21 日至 22 日，2016 年全省植保技术培训暨工作总结会在岳池召开，来自全省各市（州）、县植保站长及行业专家134人参会。省农业厅党组成员、总经济师肖小余出席会议并作重要讲话。

27日，县委在吴雪艺术中心主会场举行“推进全面从严治党、巩固发展良好政治生态”大宣讲活动，市委巡察办主任赵泽波莅临现场作主题宣讲，县委副书记李廷远作表态发言。李廷远强调：当前正值村（社区）“两委”换届的关键时期，全县上下要严格按照中央、省、市委决策部署，坚决执行“九个严禁、九个一律”“六个凡必”“六个坚决查处”等规定要求，对破坏选举的人和事，坚决依纪依法处理，确保换届风清气正、任务圆满完成。

岳池概述

自然环境

【地理位置】 岳池县位于四川盆地东部，渠江和嘉陵江汇合处的三角台地，北纬 30°15′～30°48′，东经 106°7′～106°44′。东与广安区相邻，东南与华蓥市毗邻，南与重庆市合川区接壤，西南与武胜县相连，西北与南充市嘉陵区交界，北与南充市高坪区毗连，东北与南充市蓬安县相倚。县境南北长 59.66 千米，东西宽 59 千米，辖区面积 1479 平方千米。县人民政府驻九龙镇。

【地形地貌】 岳池县地处华蓥山、龙女寺、黄龙寨、金城山背斜之间的向斜地带，境内无完整山脉；地势由西北向东南倾斜，地形渐次呈低山、中丘、平坝三种类型，中丘占全县面积的 71.43%，平坝占 6.62%，低山占 21.95%。一般海拔 250～400 米，北部金城山云盘寨海拔 824.6 米，为最高点；南部赛龙镇丹溪口海拔 207.8 米，为最低点。南北相对高差 616.8 米，坡度一般 3°～60°之间，相对高度 50～100米。

【气候特征】 岳池县属典型的中亚热带季风湿润气候区，具有四川盆地共同的气候特征，四季分明、风速小、日照少、云量多、湿度大，春早、夏热、秋凉、冬暖。春季回暖早，但不稳定；夏季长而炎热，入夏后，晴朗天气较多，常有旱情出现，局部地区偶有大风、暴雨、冰雹；秋季降温快，低温来得早，常有秋绵雨“烂秋”天气；冬短而暖，少霜雪，日平均气温在 6℃以上。因受地形影响，北部与东南部的气候垂直差异明显，北部地区气温较低，且雨量偏少；东南丘陵区气温较高，雨量较多。农作物种植季节，南部比北部早 10～15 天。2016 年，总日照时数 1336.2 小时；年平均气温 17.8℃，年极端最高气温 39.7℃（8 月 25 日），年极端最低气温 -3.2℃（1 月 25 日）；年总降水量 940.7 毫米。

【自然文化资源】 岳池耕地面积为 1260390 亩。分为 4 个土类、6 亚类、12 个土属、44 个土种、47 个变种。潮沙泥、大眼泥和黑油沙田土等 12 个土种为一级土，占耕地面积的 43.53%；半沙半泥、夹沙泥、红沙泥、黄沙泥田土等 9 个土种为二级土，占耕地面积的 28.44%；黄泥、紫黄泥、白沙泥、红石骨沙田土等 8 个土种为三级土，占耕地面积的 11.51%；冷水田、烂泥田、紧口沙田、卵石黄泥田土等 4 个土种为四级土，占耕地面积的 11.54%；各类石骨子土和卵石黄泥土等 11 个土种为五级土，占耕地面积的 4.98%。

岳池平均径流深 300～350 毫米，径流总量为 4.725 亿立方米，年平均利用率 35%。县内河流分布呈树枝状，共 26 条，分别注入嘉陵江、渠江。集雨面积在 50 平方千米以上的有清溪河、西溪河、长滩寺河、三溪河、西溪河、新民河、罗渡河、临溪河，总长617.8千米，流域面积1449.8平方千米，水域面积1.4万亩。嘉陵江由石鼓西南入境，经镇裕、坪滩出境，县辖段长50千米；年流量91立方米/秒，年均径流总量278亿立方米。渠江从广安区鱼家嘴入县境，由东北向东南横贯中和、罗渡，至赛龙老隍观流出，县辖段长40千米，宽500～700米，水域面积1.3万亩；平均径流量730立方米/秒，年均径流总量200亿立方米。境内地下水资源，因受红层风化带裂隙发育程度和丘陵条件的制约，一般不构成区域性径流与物质循环，富水重要条件差；年平均地下径流总量为2485.24万立方米/秒；多为浅层孔裂隙水，水质较好，适宜人、畜饮用。

石油、天然气、卤水等地下资源丰富，银杏、黄桷树、柑橘、柏树、刺梨、山楂、半夏、灯草等野生植物700余种，黄鼠狼、松鼠、秧鸡、燕、白鹭、江团、青鱼等野生动物12纲18目25科38属300种。

岳池县旅游资源丰富，南宋爱国诗人陆游曾赋诗《岳池农家》赞美岳池的田园风光。先后建成县城农家文化主题公园、吴雪艺术中心、麻柳河景观带、中国曲艺之乡牌坊、东湖公园、余家河公园等农家文化特色鲜明的旅游景观。

金城山国家级森林公园、静谧深幽的象鼻河、川东水上明珠翠湖、凤山公园乃川东旅游胜地，境内有千佛寺摩崖石刻、灵泉寺王羲之兰亭序石刻、文明塔、安公桥、赵椿桥、亮坝、岳池文庙等众多历史文化遗迹。

政区设置

【建置沿革】 唐武周万岁通天二年（697年）置岳池县，治所在思岳池，属剑南道果州郡；唐开元二十年（732年），治所迁至伏江里；明洪武四年（1371年），属顺庆府广安州，治所迁翔凤山南麓（今九龙镇）至今。北宋开宝二年（969年）隶广安军，北宋咸平四年（1001年）属梓州路潼川府果州。元至元十八年（1281年）属广安府；元至元二十年（1283年），撤新明县（唐武德二年分石镜县置）、和溪县（南宋开禧三年升和溪镇为县），并入岳池。明洪武四年（1371年），属顺庆府广安州。清康熙七年（1668年）并入广安州，康熙六十年（1721年）复置岳池县，隶川北道顺庆府。清宣统三年（1911年），大竹县人余临川率义军进驻岳池，结束清王朝在岳池的统治，隶大汉蜀北军政府。民国元年（1912年），隶大汉四川军政府；4月，隶四川都督府。民国2年（1913年），隶属嘉陵道。民国7年（1918年），四川军阀割据，属第三防区。民国24年（1935年），属第十一行政督察区。1949年12月16日，岳池解放。1950年1月属川北行署南充专区。1952年9月，撤川北行政区，属四川省南充专区。1968年，南充专区改为南充地区，属南充地区。1993年7月，成立广安地区，岳池县划归广安地区管辖。1998年7月，广安地区撤地建市，岳池县隶属广安市至今。

全县辖21个乡，22个镇，825个村民委员会，55个社区居民委员会，6194个村民小组，238个居民小组。

2016 年岳池县乡镇行政区划一览表

表 1

乡　镇	村民委员会		社区居委会
	个数	名　称	
九龙镇	45	九龙堰、三合寨、棱角桥、大坪、金弹场、张家湾、七里沟、双大路、土门铺、向家沟、即显庙、民生桥、范家沟、石庙子、百步梯、洗马滩、菊花山、赵椿桥、曾家堰、莲花寺、高垭口、大坟宝、遇仙桥、粟家坝、回龙沟、长滩寺、万塔山、界牌、香堂山、窑罐厂、白鹤桥、长河、长坡、雁落坝、凤凰山、川主庙、火盆山、阳角庙、杜家桥、九道拐、横山寺、胡家岩、打石窝、赵家河、狮子坡	新平桥、城南、城东、城北、成果、安公桥、万兴、文星桥、玉皇观、城西、公园路、园田、麻柳桥、五里牌、白塔、东湖
花园镇	32	杨家坡、官大田、马家井、火塘坝、肖家井、高石梯、临江寺、磨滩河、花朝门、古井沟、桑树垭、大匾山、太平沟、唐家巷、高坑桥、万寿寺、两不来、挖断山、五元坟、田坝寺、三元、油坊店、茶园、苏麻沟、松马鞍、红坡盖、白岩沟、伍家沟、龙华山、奶山坡、金鳌寺、响水滩	自生
朝阳乡	12	雨台山、长深、高井圈、秦家店、高店子、观音庵、肖家店、龙马、武云寺、牛王庙、天王庙、大屋	
北城乡	11	普阉寺、张仙坝、耿家店、璧山庙、土桥寺、千佛寺、石院墙、金沟、三元桥、庙儿坝、高木桥	
镇龙乡	13	王家场、观音岩、三合桥、丁家店、包锣田、平原、鸡公岭、马鞍寨、双河口、梨园、百家沟、漏山寺、大峰山	义兴
石垭镇	33	油坊沟、石坳、社红庙、中学、雷家堡、新龙庙、石马沟、烂洞坝、三块碑、分水岭、石龙庙、长石、张口楼、大城、雨台山、云峰、丁家、打锣山、梅子、罗安、罗家堂、王家沟、梨子园、马纳沟、玉屏山、徐家坝、吕家桥、陈家沟、大邑山、周锣铺、立石山、王家院、双河口	温家堡、石平
普安镇	29	八一、高碑、熊家坝、会仙桥、兰坝、金山寺、皮家湾、龙神庙、苟迪寺、普光寺、斜石坝、吴家沟、院龙寺、高桥、干堰塘、斑竹园、大石沟、龙凤台、白庙子、接龙岭、龙王沟、百子坎、新庙子、三湾、黄桷、字库、三官庙、黄泥墙、金台寺	余家场
乔家镇	13	杨坝、秀才、廖坝、南山、董家、陈家湾、双桥、催龙、灵官庙、水桶庙、照画壁、向家庙、茶亭庙	太平
花板乡	12	花板桥、观音堂、龙泉罐、狮子宝、柏林、翘家桥、玉皇庙、象鼻嘴、梓桐庙、双星寨、金竹冲、杨家庙	
大石乡	15	曹家沟、营山铺、大冲沟、狮子磅、白鹤嘴、漏山沟、福寿寨、双龙桥、花园坪、石堰塘、五里堆、皮家沟、游家沟、晏家沟、马鞍山	玉龙
白庙镇	25	黄莲桥、新店子、玉皇沟、长深沟、九洞桥、郭家坝、李家店、陆墙院、金竹沟、白龙桥、杨柳、莲花台、安家观、三溪口、安宁寺、舞凤山、冬笋沟、郑家、龙音寺、鲁班迹、瞿家店、李白寺、拱桥、三教寺、菊花	白玉

续表 1

乡　镇	村民委员会		社区居委会
	个数	名　称	
新场镇	25	梓桐寺、大石坝、冉家沟、新场、杜家寺、贺家堂、红关寨、黄家梁、老庙子、瓦盖墙、坨甲桥、断桥、韩家院、水洞桥、董家梁、踏水桥、圣兴寺、大桥、七星照月、佛保寨、张家坝、黄桷树、宝珠寺、梁家垭、报慈寺	永胜
粽粑乡	18	粽粑、水竹林、万家寨、盘龙、花墙院、画龙、罗家院、合兴、桐麻山、金龙寺、龙山院、皂角树、廖家沟、姚石桥、蒋家沟、蒋家院、金竹、董家沟	六角丘
坪滩镇	26	五郎庙、陆家桥、马家沟、石牌楼、大平桥、扯渡河、芭蕉湾、双河口、轿顶坡、保华寺、冉家店、马鞍寨、义学堂、帅坨寺、骑龙寨、小龙沟、仁和寨、水月寺、低坑、高坑、何家坝、莲花寺、关口村、双堰塘、石船沟、陆家沟	兴坪
龙孔镇	23	金龙、黑塘、杨家湾、文家沟、金虎桥、杨拱桥、紫极观、柏林湾、银虎、庆龙寨、艾家场、曙光、龙岩、武圣宫、皇姑庵、摇钱碑、转山、雷峰寨、三层堂、新观、洞庭罐、王家庙、冯家坝	来龙
镇裕镇	12	瓦店子、香炉山、丁家石盘、半沟、大田湾、胡家桥、中渡沟、七龙寺、尹家沟、斋公坝、龙家浩、油榨溪	裕安
排楼乡	13	花院墙、云盘、朝阳寺、人和、龙井沟、石龙河、雪山寺、大水河、汪家岩、三王庙、白虎梁、洪恩寺、沙帽头	盘龙
西板乡	21	真武山、高峰池、梅家沟、牛场寨、石门寺、火焰山、长沟、老罐溪、玉屏寺、桂花园、鼓楼坡、观音阁、宋家沟、金子沟、河湾、殷家沟、经三场、河堰口、牛栏坎、老关寨、高岩山	板桥
石鼓乡	9	歹溪、万鼓桥、石鼓锤、酢坊、石鼓、高屋基、沈拱桥、八角、田坝	
嘉陵乡	8	石盘堰、万家沟、了解庵、白沙坨、福兴寺、东岩寺、三星庙、白羊盖	石盘
西溪镇	21	老石桥、狮子山、刘仁沟、双石沟、林檎山、螺丝岩、石猪庵、寇家坝、野猫滩、罗家垭、黄家堰、刘家塘、安子沟、太平寨、唐家坝、药铺、桥村坝、火场、刘家坝、双龙寨、学堂沟	兴西、佳和
同兴镇	12	沙坝、尹家坝、罗家沟、李坝、齐福寨、韩坡坳、元庚塘、大石、蒲家沟、安家沟、袁家店、茶盘	果兴
恐龙乡	11	半边街、补家坝、石门、唐家盖、文昌寨、墙干、河北滩、秀观音、五通塘、黄花岭、胡家沟	石龙
平安乡	9	黑水河、平安寺、李家坪、长沟店、二圣庙、猫儿洞、柳树湾、老山、林场	长安
兴隆镇	16	八角亭、大仓沟、百家店、金台山、断碑、方家沟、五通庙、陈家梁、汉山观、龙王井、香积寺、陈家坡、粑粑店、杨房沟、禹山寺、四合村	兴旺
秦溪镇	19	清桥、油坊、大柏坡、青山、石堰塘、万年桥、邹家沟、宝箱寺、四方寨、龙王庙、周家坝、仙潭寺、龙石口、黄石岩、小清溪、观音桥、南桥河、八角庙、峰山寺	清溪
团结乡	9	张家堂、成家岭、穿石孔、自长坪、檬子桥、朝门、曹家岩、柏杨沟、小岭	

续表 1

乡　镇	村民委员会		社区居委会
	个数	名　称	
黄龙乡	10	柏树坝、小白岩、樟木桥、石马山、龙门、杨家沟、滑石板、铺芽山、玉瓶寨、大地坝	
顾县镇	34	广佛寺、丰谷寺、大坝、干坝子、罗家坪、桐子树、骑龙庙、李家堂、付家坳、蒙家湾、大圆岽、南桥坝、鹿子坝、石庙沟、小门路、羊山观、小羊山、梁家坳、马家、团坝、真武桥、红庙寺、大梨、冯家坳、刘家庙、偏旗山、南岳庙、朝阳、火烧坡、胡家庙、石鹤嘴、和平、姜家庙、汪家沟	顾兴
双鄢乡	12	赵家坝、石桥坪、白羊庙、寺神庙、中和庙、壶瓶沟、保全寺、三清庙、二郎庙、龙家桥、下马沟、余家庙	双龙
东板乡	10	新桥河、三拱桥、好强沟、东板、大屋场、罐子垭、红坡、小尖坡、回龙庵、郭家庙	金城山
长田乡	11	赵伯庙、烂堰、庆余、道庆寺、将军、长田、木鱼井、黑山、红坡梁、顺天寨、朝天寺	
苟角镇	50	饭滩桥、羊子山、雷打石、石龙桥、花庙子、倒碑、老面房、红土地、烂朝门、懒土地、白云观、乡里祠、白鹤观、小麦山、灯草行、水浮山、方石坝、大梨树、古坟梁、杨家桥、蛤蟆口、官斗山、墨斗溪、马应山、朱家坝、庵堂沟、南溪桥、范家坝、双土地、回龙庙、安家坝、曾拱桥、薛家坪、圣德山、熊家沟、凉水井、石板坡、回龙寺、吴家坡、红朝门、高岩头、桂林桥、风门坳、安乐寨、关公庙、走马坪、长五间、猫儿石、四方井、三清	龙桥、金龙
天平镇	35	蒋家庙、唐家店、垭口、罗家坝、高坝嘴、胜利、石家沟、土地坳、回龙、金龙庙、五圣庙、张家沟、黎家沟、团坝子、八块田、戴家梁、杨家堂、白纸山、干井、长河扁、莫家河、印家坝、王家岩、先锋观、何家坳、土地沟、英角、桥亭子、李家坝、胡家庵、金龟桥、新安寺、秦家垭、水口、蒋山镇	滨河
鱼峰乡	14	骑龙、川主、华凤庵、大石门、金城、顺天、老门垭、八桅、周家寨、鱼峰、打鼓寨、周家堂、临碑匾、龙泉沟	龙凤
罗渡镇	16	邹家坪、黄桷湾、瓦窑沟、柏树嘴、石门子、戚家沟、云门寺、楼房湾、陈家堂、歇马台、玉王观、长春桥、吊岩石、化龙桥、临水寺、桐子坪	兴盛、临江
裕民镇	26	广兴场、桥洞、祖家院、高笋田、石佛寺、土地堂、石朝门、丁家湾、羊山寺、水井湾、古迹山、彭家场、向家坪、王家桥、茅草坪、毛坝、接官亭、蔡家桥、杉树湾、尹垭、流杯池、陶家沟、断桥沟、芝字坝、樊家桥、新桥	香炉嘴
赛龙镇	16	老隍堂、顺梁寨、井淹院、打铁口、花柳溪、天神堂、牛敞沟、罐顶山、千字岭、龙泉、老人坪、赵家坪、红花园、十字路、龙口场、新观音	渠江
大佛乡	17	园艺场、烂井坝、芝麻嘴、酢坊沟、何家堂、夹家坪、徐家场、大佛寺、大屋基、滴水岩、凤凰、香山、赵家沟、上马寺、三官店、燕家湾、罗善桥	大石坝
齐福乡	24	庙湾、官儿沟、姚市桥、黄马头、水口店、伍家河、胡家坪、大堰滩、两河口、白马庙、檬刺堡、枇杷沟、铜鼓山、齐头岩、吉山、魏家沟、朱家庙、新庙、五块田、簸箕岩、烂泥沟、屈家坝、莲花屋基、奉家梁	姚市桥

续表 1

乡　镇	村民委员会		社区居委会
	个数	名　称	
中和镇	20	羊头坝、祝垭、太阳坪、山陵湾、兔儿梁、凉风垭、大庙山、河堰沟、长梁子、智光嘴、长石坝、龙泉寺、卿家堂、金鼎山、甘家梁、左家寨、马家桥、大庙、资阳坪、河峡溪、二郎庙	黎梓卫
临溪镇	11	转东桥、筒车桥、冯家河、方田沟、白鹤山、龙摊子、万年寨、红庙子、碑梁、王家坪、梅花坪	双石桥
伏龙乡	27	打渔滩、田家坝、茶子沟、水口庙、走马岭、郑家坝、碑梁子、天苍坪、龙堂庙、关家嘴、李家嘴、任家坪、大界溪、岩湾、沈家沟、白杨湾、龙堂沟、何家沟、一碗水、半边岩、三夹沟、芝杨寨、青鸟石、吞口坝、石狮子、谭家院、蔡家沟	腾龙

【人口】 公安户籍人口统计全县总户数 366321 户，总人口 117.4 万人，其中城镇人口 17.45 万人，乡村人口 99.97 万人；全年出生人口 1.55 万人，人口出生率 13.2‰；死亡人口 1.28 万人，人口死亡率 10.89‰；人口自然增长率 2.31‰。

年末常住人口 78.87 万人，其中城镇人口 28.25 万人，乡村人口 50.62 万人。常住人口城镇化率 35.8%，比 2015 年提高 1.4 个百分点。

【民族】 除汉族外，居住在岳池的少数民族有蒙古族、回族、藏族、维吾尔族、苗族、彝族、壮族、布依族、朝鲜族、满族、侗族、瑶族、黎族、白族、土家族、哈尼族、哈萨克族、傣族、傈僳族、佤族、拉祜族、水族、纳西族、景颇族、土族、羌族、布朗族、撒拉族、仡佬族、普米族、怒族、门巴族、哈萨克族、毛南族、独龙族、京族等 36 个民族，共 2594 人。

经济概览

【综合指标】 全县实现地区生产总值（GDP）2035542 万元，按可比价计算，同比增长 8.2%。其中：第一产业增加值 410251 万元，同比增长 2.7%；第二产业增加值 931722 万元，同比增长 9.7%；第三产业增加值 693569 万元，同比增长 9.4%。三次产业对 GDP 的贡献率分别为 6.8%、54.4%、38.8%，依次拉动经济增长 0.56 个百分点、4.46 个百分点和 3.18 个百分点。人均地区生产总值 25820 元，同比增长 7.7%。三次产业结构由 2015 年的 20.5∶45.7∶33.8 调整为 20.2∶45.8∶34。

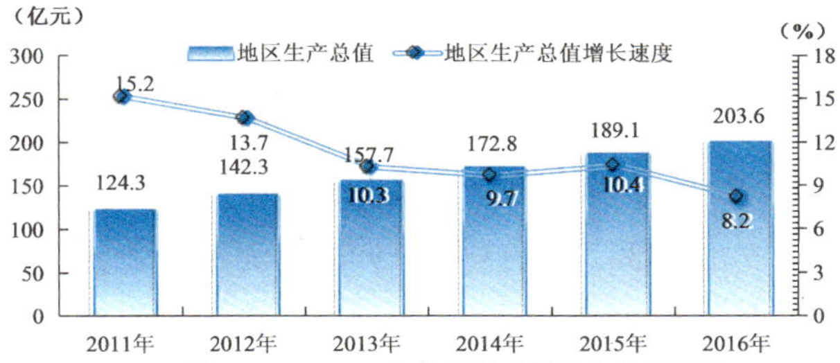

图1：2011—2016年地区生产总值和增长速度

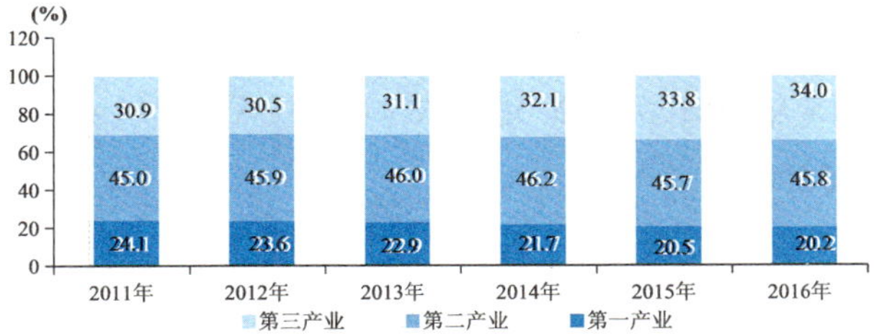

图2：2011—2016年三次产业增加值占GDP比重

全年实现民营经济增加值 1130093 万元，同比增长 8.7%。占 GDP 的 55.5%，对 GDP 增长的贡献率为 58.9%。其中，第一产业民营经济增加值 107570 万元，同比增长 1.6%；第二产业民营经济增加值 593996 万元，同比增长 9.7%；第三产业民营经济增加值428527万元，同比增长9.1%。

全年城镇居民人均可支配收入28013元，比2015年同期增加2122元，同比增长8.2%。其中，人均工资性收入19113元，比2015年同期增加1301元，同比增长7.3%，工资性收入占家庭总收入的比重为68.2%。人均消费支出18947元，比2015年同期增加920元，同比增长5.1%。城镇居民恩格尔系数为35.8%。

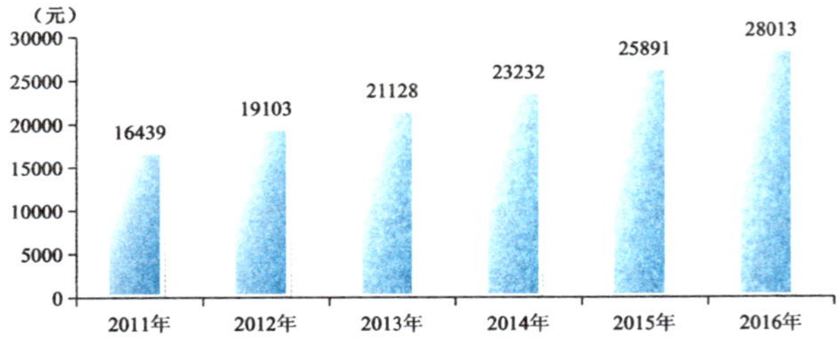

图8：2011—2016年城镇居民人均可支配收入

农民人均可支配收入12579元，同比增加1109元，增幅9.7%。其中：工资性收入6405.1元，同比增长9.8%，占农民人均纯收入的50.9%；家庭经营性收入5016.5元，同比增长8.9%，占人均可支配收入的39.9%；财产性收入222.5元，同比增长19.6%，占人均可支配收入的1.8%；转移性收入934.9元，同比增长10.8%，占人均可支配收入的7.4%。农村居民人均生活消费支出9935.7元，比2015年增加528元，同比增长5.6%。其中：食品消费支出3839.1元，比2015年增加144.2元；居住消费支出2308.2元，比2015年增加129.8元；生活用品及服务支出624.2元，比2015年增加40.7元；教育文化、娱乐消费支出734.8元，比2015年增长62.2元。农村居民恩格尔系数为38.8%。

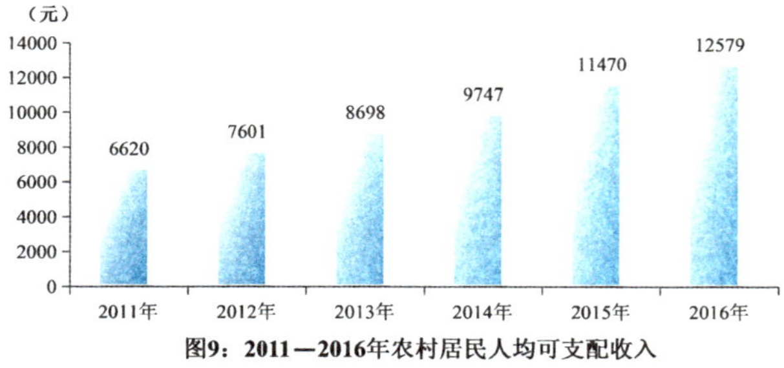

图9：2011—2016年农村居民人均可支配收入

【农业】 全县实现农林牧渔业总产值690553万元，同比2015年增长2.3%。其中农业产值实现344168万元，同比增长4%；林业产值12704万元，同比增长5.4%；畜牧业产值293774万元，同比下降0.2%；渔业产值27360万元，同比增长6.1%；农林牧渔服务业产值12547万元，同比增长8.9%。

全县粮食总产量53.3万吨，同比增长0.9%；其中：水稻总产量32.2万吨，同比增长0.8%，玉米产量5.8万吨，同比增长1.9%；油料作物总产量3.1万吨，同比增长2%。

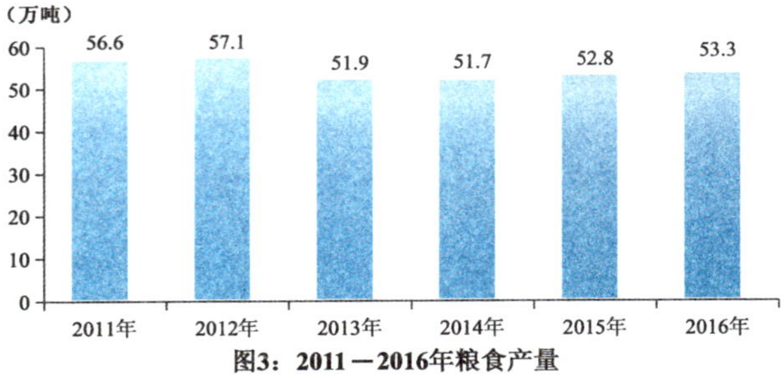

图3：2011—2016年粮食产量

全县出栏生猪90.7万头，同比下降5.2%；家禽出栏692.4万只，同比增长3.2%；肉牛出栏6253头，同比增长3.3%；羊出栏45859头，同比增长1.5%；肉兔出栏64.4万只，同比增长2.4%；肉类总产量7.6万吨，同比下降3.9%。

提质扩面现代农业园区，改造提升优质果蔬、粮经复合基地1.7万亩，新拓展特色水产、种养循环基地3500亩，实现产值3.9亿元，被评为全省现代农业建设示范县。加快发展现代林业园区，启动现代林业产业重点县建设，建成核桃、藤椒产业基地2万亩，实现产值1.6亿元，大龙山花椒基地挂牌“四川省森林食品基地”。稳步壮大增收产业，全年全县粮食总产量53.3万吨，蔬菜、生猪等传统优势产业稳量提质，蜜柚、中药材等特色产业加速壮大。大力推进产业化经营，新培育新型农业经营主体68个，新认证“三品一标”农产品7个，长田香藤椒专业合作社被评为全国林业合作社示范社，镇龙乡洋紫华葡萄种植专业合作社被评为农民合作社省级示范社。

新建通村水泥路202千米、旅游产业扶贫道路

22.7千米、干果产业大道21千米。农田水利基础不断夯实,整治病险水库23座,新建(整治)排灌渠164.5千米、山平塘160口,建成农建示范区5.11万亩,新增有效灌溉面积1.13万亩,再次被评为全省农田水利基本建设先进县。

【工业和建筑业】 2016年,全县工业增加值666531万元,同比增长9.3%,对全县经济增长的贡献率达到37.4%,拉动GDP增长3.1个百分点。

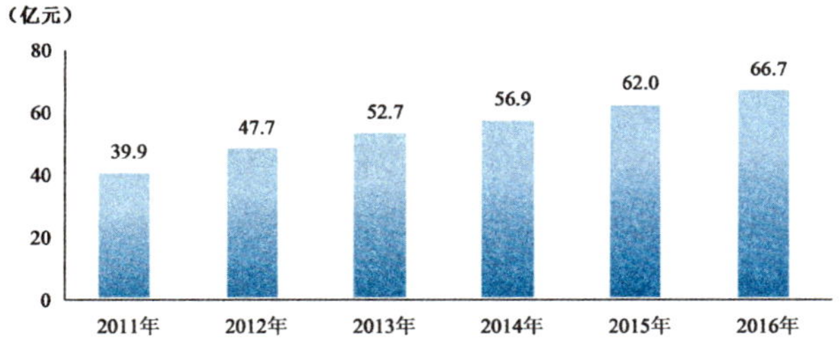

图4: 2011—2016年全部工业增加值

全县有规模以上工业企业(年主营业务收入2000万元以上)81户,其中年内新增规模以上工业企业8家。全年实现规模以上工业总产值239.7亿元,同比增长15.3%;实现规模以上工业增加值增幅9.8%。

分轻重工业看,重工业实现产值74.1亿元,同比增长15.9%,轻工业实现产值165.6亿元,同比增长15%。

分行业看,23个行业中20个行业实现正增长,完成产值177.9亿元,占规模以上工业产值的74.2%。总量在前三的行业分别是农副食品加工业、医药制造业、非金属矿物制品业;其中农副食品加工业完成产值50.4亿元,同比下降15.2%;医药制造业完成产值34亿元,同比增长57.3%;非金属矿物制品业完成产值29.4亿元,同比增长12.1%。

全年规模以上工业企业实现主营业务收入234.6亿元,同比增长17.6%;实现利税总额18.2亿元,同比下降15.3%,利润总额9.6亿元,同比下降10.9%;应收账款净额3.3亿元,同比下降28.4%;负债总额21.8亿元,同比增长15.8个百分点。

全年四级以上资质等级建筑企业22户(不含劳务分包企业),完成建筑业总产值96.3亿元,同比增长23%。房屋建筑施工面积150.3万平方米,同比下降8.5%;房屋建筑竣工面积52.6万平方米,同比增长73.4%。

【固定资产投资】 全年完成全社会固定资产投资1995022万元,同比增长17.3%。从三次产业结构来看,投资结构呈现"三二一"格局,全年三次产业完成投资额占固定资产投资总额的比重依次为8.4∶21.8∶69.8。其中:第一产业完成投资167928万元,同比增长51.7%;第二产业完成投资435244万元,同比增长23.4%;第三产业完成投资1391850万元,同比增长16.9%。二、三产业投资的稳定增长,成为拉动投资增长最重要的力量。

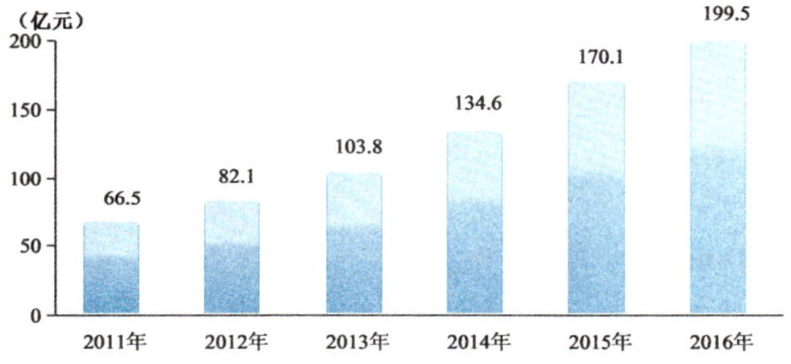

图5: 2011—2016年全社会固定资产投资

全县固定资产投资项目总数438个,同比下降5.4%;其中新开工项目298个,占68%;新项目计划投资入库总量176.5亿元。

全县基础设施建设投资77亿元,同比增长67.2%,占全社会投资总额的38.6%。产业投资完成46.6亿元,同比增长16.6%;民生及社会事业投资完成35.6亿元,同比下降15.3%;房地产开发投资完成36.6亿元,同比增长1.6%;其他投资完成3.7亿元,同比增长185%。基础设施建设投资依旧是全县固定资产投资的主力军。

全县房地产开发投资完成36.6亿元,同比增长1.6%。商品房开发与销售形势良好,全年全县商品房销售面积达到70.2万平方米,同比增长35.2%,商品房新开工面积150.3万平方米,同比下降8.5%。

医药行业投资贡献突出。全年全县工业投资

累计完成43亿元，同比增长23.3%，工业性投资占全部投资的比重达到21.5%。其中医药项目建设快速推进，全年医药产业项目完成投资14.8亿元，同比增长39.4%，占工业总投资的34.4%。医药行业投资成为拉动全县工业投资增长的重要力量。

【国内贸易及招商引资】 全年实现社会消费品零售总额1027045万元，同比增长13.9%。按经营地分，城镇消费品零售额727985万元，乡村消费品零售额299060万元，分别同比增长13.8%和14.1%；按消费形态分，批发业、零售业、住宿业、餐饮业分别实现销售额206716万元、662842万元、7671万元、149817万元，分别同比增长13.1%、13.8%、12.9%、15.1%。

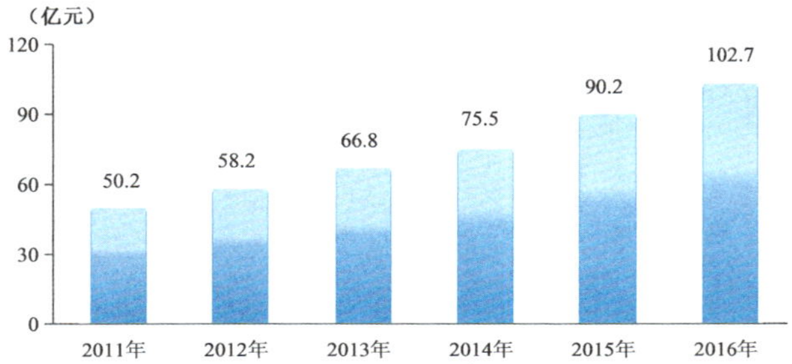

图6：2011—2016年社会消费品零售总额

全年限额以上商贸企业实现零售额50.7亿元，同比增长19.4%。限额以上商贸企业零售额占全县社会消费品零售总额的比重达到49.4%，比2015年同期上升2.5个百分点。限额以上零售企业零售额40.3亿元，同比增长20.1%，占社会消费品零售额的比重为39.2%；限额以上餐饮企业零售额10亿元，同比增长16.9%，占社会消费品零售额的比重为9.7%。

全年招商引资90.77亿元，向上争取32.4亿元，募集捐赠1.67亿元。全县实现外贸出口6109万美元。

【交通、通信和旅游】 全年交通运输、仓储和邮政业实现增加值57573万元，同比增长7.9%，年末境内公路总里程3469千米，其中，高速公路75.3千米，等级公路（含高级、一级至四级公路）3039千米。完善县城公交运输公司化改造，投放新能源公交车40辆。

4G及光纤宽带覆盖率分别在67%、87.5%。年末固定电话用户6万户；年末移动电话用户达到53万户；宽带用户8万户。

全年接待旅游总人数306.3万人（次），同比增长11.8%；实现旅游总收入24.6亿元，同比增长25.6%。

【财政和金融】 全县财政总收入157967万元，同比增长4.4%。完成地方公共财政收入106774万元，同比增长16.9%。其中增值税7017万元，同比增长126.1%；营业税10546万元，同比下降37%；企业所得税9312万元，同比下降1.8%；个人所得税930万元，同比下降1.1%。公共财政支出485811万元，同比增长7.7%。

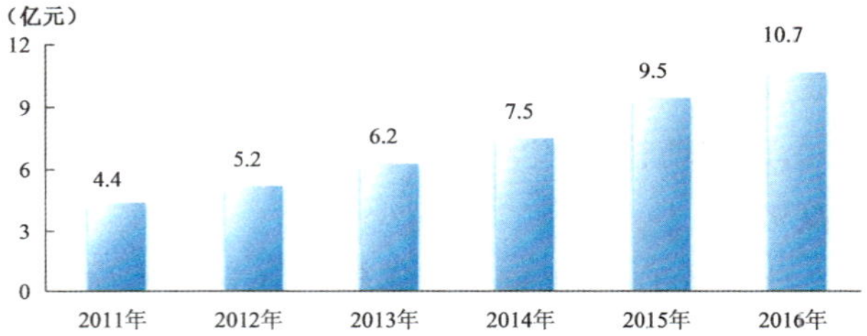

图7：2011—2016年地方一般公共预算收入

金融机构各项存款余额3181287万元，比年初增加276556万元，同比增长9、5%。金融机构各项贷款余额979935万元，比年初增加53263万元，同比增长5.7%，其中，中长期贷款余额827004万元，比年初增加43338万元，同比增长5.5%。

年末住户存款2585129万元，比年初增加279638万元，同比增长12.1%。其中，定期储蓄存款余额1940872万元，比年初增加186750万元，同比增长10.6%。

社会发展

【教育和科学技术】 全县小学学校61所,在校学生61320人,专任教师3468人;普通中学学校62所,在校学生45416人,专任教师3185人。小学学龄儿童入学率100%,其中女童入学率100%。中等职业教育学校5所,在校学生13236人。高中阶段毛入学率91.46%,高等教育毛入学率78.11%。

全年建设创新创业孵化载体3家,新建产业技术研究院2个,推荐和申报省、市科技支撑项目33个,申请专利258件。

【文化、卫生】 全县有体育场馆1个,影院2个,文化馆(岳池县非物质文化遗产保护中心)、图书馆(县级文化资源共享中心)各1个,公共图书馆藏书20万册。全县建成43个乡镇综合文化站、825个农家书屋、825个村级文化活动室、55个社区书屋和9个乡镇文化站书屋。

全县卫生机构990个,床位3650张,比2015年增加351张;卫生技术人员2275人,其中,执业(助理)医师772人。参加农村合作医疗人数87.4万人。

【脱贫攻坚】 把脱贫攻坚作为"一号工程""一把手工程""一票否决工程",构建起"1+6+11"领导体系、"5+1"帮扶体系。编制《岳池县"十三五"脱贫攻坚规划》、17个行业扶贫专项规划方案,实现从县到户四级规划全覆盖。对照贫困户、贫困村退出标准,全面实施"五个一批"和"17个专项扶贫"。整合投入各类扶贫资金9.4亿元,完成易地搬迁792户、危房改造2552户,帮助9975人发展生产和就业;将1.5万户2.9万人纳入低保兜底,在全市率先实现"两线合一";新建贫困村通村水泥路130千米、文化室47个、卫生室25个。全年退出贫困村47个,实现4369户14660人脱贫,贫困发生率降至4.3%。

【民生和社会保障】 民生资金投入36.2亿元,占地方公共财政支出的74.6%,高标准完成省、市、县民生工程137项。狠抓惠民帮扶,投入资金6123万元,济困帮扶19660人(次),惠民医疗55950人(次),智力扶助78700人(次),助力解难1343户,安居解困1587户,法律维权13586人(次),有效解决一大批民计民生问题。社会保障不断完善,五项社会保险覆盖63.57万人(次)。促进群众充分就业,新增城镇就业10520人,城镇失业人员再就业2885人,城镇登记失业率控制在4%以内。全县社会职工基本养老保险参保人数5.94万人,失业保险参保人数1.48万人,城镇登记失业人员数2426人。年末全县拥有社会福利性收养单位43个,床位数4020张。城镇居民享受最低生活保障人数32182人,农村居民享受最低生活保障人数50775人,农村传统救济人数8036人。

【环境保护和安全生产】 全年减排化学需氧量300.5吨、氨氮24.5吨。城区生活垃圾无害化处置率100%,生活污水集中收集处理率达90%以上,县城集中式饮用水源水质达标率100%,渠江出川断面水质稳定达到地表水III类水质标准,县城PM_{10}浓度73微克/立方米,城市区域环境噪声平均值低于54.5分贝。全年经营性交通事故死亡人数5人,工矿商贸企业事故死亡人数3人。

政党政权

中共岳池县委

综　述

【第十二次党代会】 2016年9月26日至29日，中国共产党岳池县第十二次代表大会在吴雪艺术中心主会议室召开，出席代表286人（应到代表295人、因病因事请假9人），列席人员49人、特邀参加人员22人。选举产生新一届中共岳池县委员会（十二届县委委员41人、县委候补委员8人）和中共岳池县纪律检查委员会（十二届县纪委委员29人），通过第十一届县委工作报告决议、县纪委工作报告决议。

【全委（扩大）会议】 2016年4月21日，在县委一会议室召开中共岳池县第十一届委员会第十九次全体会议，全体县委委员、候补委员参会，票决部分乡镇党政正职。

6月1日，在县委一会议室召开中共岳池县第十一届委员会第二十次全体会议，全体县委委员、候补委员参会，审议、票决乡镇新一届党政正职人事安排建议人选。

6月16日，在县委一会议室召开中共岳池县第十一届委员会第二十一次全体会议，全体县委委员、候补委员参会，审议《关于筹备召开中国共产党岳池县第十二次代表大会的报告》。

7月7日，在吴雪艺术中心主会议室召开中共岳池县第十一届委员会第二十二次全体（扩大）会议，市委参与岳池县领导班子换届考察组领导，县委委员、候补委员，县级领导干部，县纪委副书记、常委，县级部门主要负责人和乡镇党政主要领导，县民主党派、工商联主要负责人、无党派代表人士，县属企事业单位主要负责人、园区党政正职及其他需要参加的人员参会；观看《镜鉴》，考察组组长唐时兵作重要讲话，对现任县委、县政府领导班子进行民主评议和民主测评，对现任县级领导班子成员、法检“两长”进行民主评议、民主测评和德的反向调查，向参会人员分发会议推荐建议人选名单和干部名册，进行全额定向民主推荐新一届县级领导班子成员及法检“两长”；对个别提拔任用干部进行会议推荐。

9月7日，在吴雪艺术中心主会议室召开中共岳池县第十一届委员会第二十三次全委（扩大）会议，县委委员、候补委员，党员县级领导干部，县纪委副书记、常委，县级部门、人民团体党组织主要负责人，乡镇党政主要领导，县属企事业单位、园区党组织主要负责人及其他需要参加的人员参会，全额定向民主推荐十二届县委（候补）委员候选人初步人选。

9月21日，在县委一会议室召开中共岳池县第十一届委员会第二十四次全体会议，县委委员、候补委员参会，廖和民、张海峰、苟秀英、罗向前列席，审议第十一届县委工作报告（草案）、第十一届县纪委工作报告（草案），郑鹏程就第十二届县委委员、候补委员和县纪委委员候选人建议名单作说明，酝酿第十二届县委、县纪委候选人预备人选名单。

9月29日，在吴雪艺术中心一会议室召开中国共产党岳池县第十二届委员会第一次全体会议，市委组织部党员教育中心主任向泽波、市纪委第五纪检监察室副主任王海波、市委党建办综合科副科长曹洪铭到会指导，新当选的十二届县委委员（41人）、县委候补委员（8人）出席会议，新当选的十二届县纪委委员（29人）列席会议；讨论、通过第一次全会选举办法（草案），李廷远就县委人事安排作说明，酝酿县委常委、书记、副书记候选人；选举县委常委，县委书记、副书记，听取并通过县纪委一次全会选举结果的报告，当选的县委书记讲话。

10月31日，在县委一会议室召开中国共产党岳池县第十二届委员会第二次全体会议，全体县委委员、候补委员参会，圈选确定出席中国共产党广安市第五次代表大会代表候选人预备人选，审议中国共产党岳池县代表会议议程（草案），作出召开中国共产党岳池县代表会议的决议。

【常委会议】 2016年1月11日，十一届县委第102次常委会议在县委一会议室召开；出席会议的有郑鹏程、汤才勇、李国生、钟爱平、李廷远、廖和民、陈莉、付全林、刘俊、郑钦平，列席人员有曾邦才、谢帮勇、张海峰、李桂新、黄雪兰、蒋侠、任仕金、姚长琼、汪勇、蒋光辉、胡安贵、伍艳、冯雏、孙永红、谭安民、张小松、李峻岭、廖洪波、刘永红、杨明、文淞、陈靓、吴波、曾波、代应华、游鸿淇、杨伟、王伟平、陈安敏、邵建平、张智林、聂长江、姚勇刚、王岳川、张洪友、丁宇良、段清华、宋宣明、何朝晖、胡伟、李青原、龙绪高、陈胜军、赵文森、陈宗春、邹云超、陈自力、高利秋、毛传江、王波、范秀骑、齐建辉、赵玉林、寇正荣、付涛、尹守斌、王丽蓉；会议传达了市委经济工作和城市工作会议、城市工作专题会议精神，研究岳池县贯彻意见，传达《省委第七巡视组向广安市领导班子的巡视反馈意见》精神，研究岳池县整改措施，学习《四川省党政领导干部保密工作责任制实施办法》（秘密），学习《关于完善县域经济发展工作推进机制的意见》《四川省县域经济发展考核办法》。

1月17日，十一届县委第103次常委会议在县委一会议室召开；出席会议的有郑鹏程、汤才勇、李国生、钟爱平、李廷远、廖和民、陈莉、付全林、刘俊、郑钦平，列席人员有曾邦才、谢帮勇、李桂新、黄雪兰、任仕金、姚长琼、蒋光辉、胡安贵、伍艳、冯雏、孙永红、谭安民、张小松、廖洪波、刘永红、杨明、蒋维业、文淞、陈靓、吴波、曾波、代应华、游鸿淇、杨伟、王伟平、刘昭成、李树、王自力、唐敏、宋勇、蒋清明、张智林、吴焱、寇正荣、齐建辉、王波、宋宣明、何朝晖、陈自力、陈宗春、高利秋、赵玉林、邹云超、丁宇良、姚勇刚、王岳川、范秀骑、李青原、毛传江、段清华、杨帅、周云文、赵彬、赵文森、刘昌华、唐小明、聂长江、周恒、严晓兰、胡伟、付涛、尹守斌、游辉宇、张洪友、陈杰；学习习近平在中央政治局"三严三实"专题民主生活会上的重要讲话精神（机密），听取县人大常委会、县政府、县政协、县法院、县检察院党组工作汇报，审议通过人大、政协会议相关材料。

1月18日16时，十一届县委第104次常委会议在吴雪艺术中心五会议室召开；出席会议的有郑鹏程、汤才勇、李国生、钟爱平、廖和民、陈莉、付全林、刘俊、郑钦平，列席人员有谢帮勇、徐天翠；讨论确定李国生为拟任正县级领导进入会议推荐人选事宜。

1月18日16时40分，十一届县委第105次常委会议在吴雪艺术中心五会议室召开；出席会议的有郑鹏程、汤才勇、李国生、钟爱平、廖和民、陈莉、付全林、刘俊、郑钦平，列席人员有谢帮勇、徐天翠；讨论确定李国生同志为拟任正县级领导考察对象事宜。

2月22日，十一届县委第106次常委会议在县委一会议室召开；出席会议的有郑鹏程、李国生、钟爱平、李廷远、廖和民、陈莉、付全林、刘俊、郑钦平、陶开琴，列席人员有曾邦才、谢帮勇、徐天翠、张海峰、李桂新、黄雪兰、蒋侠、任仕金、姚长琼、汪勇、蒋光辉、邹丽、胡安贵、伍艳、冯雏、孙永红、谭安民、张小松、廖洪波、刘永红、杨明、蒋维业、文淞、陈靓、吴波、曾波、代应华、游鸿淇、杨伟、王伟平、唐敏（纪委）、罗隽华、蒋清明、尹礼、雷才明、宋宣明、张智林、吴焱、严福寿、丁宇良、赵玉林、周恒、姚勇刚、毛传江、王岳川、范秀骑、陈宗春、何朝晖、陈自力、段清华、寇正荣、齐建辉、聂长江、赵文森、邹云超、卿超、郑仁辉、滕云、龙丽君、李强、胡曲波、唐小明、刘昌华、尹守斌、陈杰、陈峰、罗建平、高利秋、陈安敏、张天才、黄梅、王顺林、李鑫、易顺、齐小云、邵建平、唐静、黄建军、郭旭、陈德舜、赵玉林、肖勇、游亚军、王平、肖华、许鹏、邱宇、杨伟（九龙）、莫如他、李四海、龙军华、胡修林、唐涌、彭善平、卿琼华、李俊、刘永生、罗勇、廖爱民；研究脱贫攻坚和农业农村工作，2016年党风廉政建设和反腐败工作，学习《四川省贯彻落实党委（党组）意识形态工作责任制实施细则（秘密）》，传达全市意识形态暨宣传思想工作会议精神，研究岳池县贯彻意见，审议同意县纪委《关于给予蒲晓云开除党籍处分的请示》，研究干部人事议题。

3月18日，十一届县委第107次常委会议在县委一会议室召开；出席会议的有郑鹏程、汤才勇、李国生、钟爱平、廖和民、陈莉、刘俊、陶开琴、于伟，列席人员有谢帮勇、张海峰、黄雪兰、蒋侠、任仕金、姚长琼、蒋光辉、邹丽、胡安贵、伍艳、徐天翠、冯雏、孙永红、张小松、廖洪波、刘永红、杨明、蒋维业、文淞、陈靓、吴波、曾波、代应华、游鸿淇、杨伟、王伟平、唐敏（纪委）、陈安敏、齐小云、吴小平、邵建平、罗隽华、、宋勇、付正旺、唐静、杨海刚、徐君、张天才、王顺林、王平、杨桄、吴焱、严福寿、段清华、何朝辉、寇正荣、赵文森、齐建辉、周恒、陈自力、杨淑芹、丁宇良、聂长江、李青原、张智林、周恒、赵彬、文强、龙绪高、高利秋、邹云超、唐小明、陈宗春、刘昌华、姚勇刚、杨汉雄、吴拥军、胡伟、付涛、龙青松、莫如他、杨伟（九龙）、卿琼华、李俊、龙军华、蒲锦荣、廖爱明、石伦军、詹松涛；审议同意《重大产业发展工作组2015年度绩效考核表扬建议方案》《2015年度绩效考核表扬建议方案》，研究换届工作，学习中纪委《关于七起落实“两个责任”不力受到责任追究典型问题的通报》和省纪委《狠刹歪风邪气，坚决查处诬告陷害行为——转批〈中共达州市纪委关于市委群众工作局原副调研员罗胜月在省“两会”期间严重违纪违法问题的通报〉（秘密）》，审议同意县纪委《关于恢复胡恩云党员权利的请示》和《关于恢复卿宪富党员权利的请示》。

4月13日，十一届县委第108次常委会议在县委一会议室召开；出席会议的有郑鹏程、汤才勇、李国生、钟爱平、李廷远、廖和民、陈莉、刘俊、郑钦平、陶开琴，列席人员有曾邦才、谢帮勇、张海峰、李桂新、黄雪兰、蒋侠、任仕金、姚长琼、汪勇、蒋光辉、伍艳、徐天翠、谭安民、张小松、廖洪波、刘永红、杨明、蒋维业、文淞、吴波、余杰、曾波、代应华、游鸿淇、杨伟、王伟平、刘昭成、李树、王自力、刘汉勤、唐敏（纪委）、齐小云、邵建平、李红军、蒋清明、杨淑芹、邹云超、何朝晖、李青原、赵文森、陈宗春、丁宇良、段清华、王岳川、范秀骑、赵玉林、吴焱、张智林、聂长江、寇正荣、赵彬、齐建辉、高利秋、孙跃辉、龚志明、秦光祥、胡伟、付涛、张峻龙、康伟、龙军华、唐涌、胡修林、李俊、刘永生、杨伟（九龙）、李四海、莫如他、彭善平；传达市委专题会议精神，审议同意《中共岳池县委关于进一步加强人大工作和建设的实施意见》，审议《中共岳池县委关于新形势下进一步加强和改进人民政协工作的实施意见》，学习《中共中央关于郭伯雄严重违纪违法案及其教训的通报》，通报2015年度党廉政建设社会评价结果，研究整改措施，学习《四川省突发公共事件信息发布和舆论引导方案》，审议同意《关于创新人才体制机制服务重点产业发展的意见》。

4月21日，十一届县委第109次常委会议在县委一会议室召开；出席会议的有郑鹏程、汤才勇、钟爱平、李廷远、廖和民、陈莉、刘俊、郑钦平、陶开琴、于伟，列席人员有曾邦才、谢帮勇、徐天翠；研究干部人事议题。

4月22日，十一届县委第110次常委会议在县委一会议室召开；出席会议的有郑鹏程、汤才勇、李廷远、廖和民、陈莉、刘俊、郑钦平、陶开琴、于伟，列席人员有曾邦才、谢帮勇、张海峰、李桂新、黄雪兰、蒋侠、姚长琼、汪勇、蒋光辉、邹丽、胡安贵、伍艳、徐天翠、冯雒、孙永红、谭安民、张小松、廖洪波、刘永红、杨明、蒋维业、文淞、吴波、曾波、余杰、代应华、游鸿淇、杨伟、刘昭成、李树、王自力、谢选明、张成、陈安敏、齐小云、邵建平、罗隽华、宋勇、张天才、王宪、王顺林、易顺；观看中组部以“两案”为重点编制的专题教育片《镜鉴》，传达市委“两学一做”学习教育工作座谈会精神，研究岳池县贯彻意见，审议同意《在全县党员中开展“学党章党规、学系列讲话，做合格党员”学习教育实施方案》《县委常委班子带头开展“学党章党规、学系列讲话，做合格党员”学习教育工作方案》，传达全市纪检监察系统加强换届风气监督工作会议精神，学习《中共广安市委办公室广安市人民政府办公室关于廉洁风险迹象精细化记分管理（试行）的通知》精神（广委办〔2016〕12号），研究岳池县贯彻意见，审定同意县委书记郑鹏程2016年度党风廉政建设责任清单。

5月13日，十一届县委第111次常委会议在县委一会议室召开；出席会议的有郑鹏程、谭云、陈森、钟爱平、李廷远、廖和民、陈莉、刘俊、郑钦平、陶开琴、于伟，列席人员有谢帮勇、张海峰、李桂新、黄雪兰、蒋侠、任仕金、姚长琼、蒋光辉、胡安贵、伍艳、徐天翠、冯雒、孙永红、谭安民、张小松、廖洪波、刘永红、杨明、蒋维业、文淞、吴波、曾波、代应华、游鸿淇、杨伟（法制）、齐小云、罗隽华、吴小平、邵建平、刘昭成、李树、王自力、谢选明、张成、高利秋、陈安敏、付正旺、唐静、徐君、张天才、尹礼、郑仁辉、田利华；学习《中国共产党章程》《中共广安市委关于认真做好区市县领导班子换届工作的通知》《中共中央关于湖南衡阳破坏选举案处理情况及其教训警示的通报》《关于四川南充拉票贿选案查处情况及其教训警示的通报》，审议通过《县委常委会践行“三严三实”行为规范》《2016年统战工作要点》，研究干部人事调整事宜。

5月23日，十一届县委第112次常委会议在县委一会议室召开；出席会议的有郑鹏程、陈森、钟爱平、李廷远、廖和民、陈莉、刘俊、郑钦平、陶开琴、于伟，列席人员有曾邦才、张海峰、李桂新、黄雪兰、汪勇、蒋光辉、邹丽、胡安贵、伍艳、徐天翠、谭安民、张小松、廖洪波、刘永红、杨明、蒋维业、文淞、吴波、曾波、代应华、游鸿淇、杨伟（法制）、刘昭成、李树、王自力、唐敏（纪委）、齐小云、罗隽华、吴小平、邵建平、谢选明、张成、高利秋、陈安敏、付正旺、唐静、徐君、张天才、王顺林、朱华、王平、王宪、姚勇刚、王岳川、陈宗春、范秀骑、杨淑芹、张峻龙、何朝晖、陈自力、秦光祥、游辉宇、江维、各乡镇党委书记；学习《中国共产党廉洁自律准则》《中国共产党纪律处分条例》，传达省委脱贫攻坚专项督导组督导意见，研究岳池县贯彻意见，传达省委第五巡回督查组关于岳池换届风气巡回督查的反馈意见，研究岳池县贯彻意见，学习《中共四川省委办公厅四川省人民政府办公厅关于印发〈四川省党政领导干部生态环境损害责任追究实施细则（试行）〉的通知》（川委办〔2016〕19号），学习广安市纪委监察局《关于七起“四风”问题典型案例的通报》（广纪通〔2016〕10号），学习《中共广安市委办公室关于印发〈广安市领导干部亲属和身边工作人员擅权干政谋利益的责任追究办法〉的通知》（广委办发〔2016〕7号），研究岳池县整治侵害群众利益的不正之风和腐败问题的工作方案。

6月1日，十一届县委第113次常委会议在县委一会议室召开；出席会议的有郑鹏程、谭云、陈森、钟爱平、李廷远、廖和民、陈莉、刘俊、陶开琴、于伟，列席人员有曾邦才、谢帮勇、黄雪兰、姚长琼、汪勇、伍艳、徐天翠、谭安民、廖洪波、刘永红、杨明、蒋维业、文淞、吴波、代应华、游鸿淇、杨伟（法制）曾波、唐敏(纪委)、罗隽华、邵建平、张天才、王顺林、吴才华;学习讨论《习近平系列重要讲话读本》之"打铁还需自身硬—关于全面从严治党""习近平来川视察重要讲话和系列重要指示精神",集中观看《"两学一做"学习视频》短片和《党员要讲政治、有信念》短片,审议同意推荐的省委、市委优秀共产党员、优秀党务工作者、先进基层党组织拟表彰(扬)对象,研究干部人事调整事宜。

6月12日,十一届县委第114次常委会议在县委一会议室召开;出席会议的有郑鹏程、谭云、陈森、钟爱平、李廷远、廖和民、陈莉、刘俊、郑钦平、陶开琴、于伟,列席人员有曾邦才、谢帮勇、张海峰、李桂新、黄雪兰、蒋侠、任仕金、姚长琼、汪勇、胡安贵、伍艳、徐天翠、冯雏、孙永红、谭安民、廖洪波、刘永红、杨明、蒋维业、文淞、吴波、游鸿淇、代应华、曾波、杨伟(法制)、罗隽华、邵建平、王顺林、郑兴勇;学习《中华人民共和国信访条例》,研究同意岳池县第十二次党代会前期筹备工作相关事项,研究干部人事调整事宜。

6月16日,十一届县委第115次常委会议在县委一会议室召开;出席会议的有郑鹏程、谭云、陈森、钟爱平、李廷远、陈莉、刘俊、郑钦平,列席人员有曾邦才、谢帮勇、徐天翠、廖洪波、刘永红、杨明、文淞、吴波、游鸿淇、李立川、杨伟(法制)、曾波、唐敏(纪委)、罗隽华、王顺林、魏华;原则同意县委组织部提出的《关于筹备召开中国共产党岳池县第十二次代表大会的报告》,按程序提交县委全委会审议。

6月24日,十一届县委第116次常委会议在县委一会议室召开;出席会议的有郑鹏程、谭云、陈森、钟爱平、李廷远、廖和民、陈莉、刘俊、郑钦平、陶开琴、于伟,列席人员有曾邦才、谢帮勇、张海峰、李桂新、黄雪兰、蒋侠、任仕金、姚长琼、汪勇、蒋光辉、胡安贵、伍艳、徐天翠、冯雏、孙永红、张小松、廖洪波、刘永红、杨明、文淞、吴波、游鸿淇、代应华、曾波、杨伟(法制)、唐敏(纪委)、罗隽华、王顺林、魏华、王岳川、秦光祥、何朝晖、谭艳、陈宗春、谢春江、陈自力、胡伟、张智林、吴淼、姚勇刚;传达市委专题会议精神,研究岳池县贯彻意见,学习《中华人民共和国城乡规划法》(会前学法),审议并原则同意县委优秀共产党员、优秀党务工作者、先进基层党组织拟表扬对象建议名单。

7月4日,十一届县委第117次常委会议在县委一会议室召开;出席会议的有郑鹏程、谭云、陈森、钟爱平、李廷远、廖和民、陈莉、刘俊、郑钦平、陶开琴、于伟,列席人员有县级领导班子换届考察组人员,县纪委领导班子换届考察组人员,曾邦才、谢帮勇、李桂新、黄雪兰、蒋侠、任仕金、姚长琼、汪勇、蒋光辉、邹丽、胡安贵、伍艳、徐天翠、冯雏、孙永红、谭安民、廖洪波、刘永红、杨明、文淞、蒋维业、吴波、游鸿淇、代应华、杨伟(法制)、曾波、罗隽华;市考察组组长传达区市县领导班子换届政策,介绍换届考察的主要任务和方法步骤,强调严肃换届纪律要求,学习习近平在庆祝中国共产党成立95周年大会上的讲话。

7月6日,十一届县委第118次常委会议在县委一会议室召开;出席会议的有郑鹏程、陈森、钟爱平、李廷远、廖和民、陈莉、刘俊、陶开琴、于伟,列席人员有唐时兵、向泽波、杨旭、曾邦才、谢帮勇;研究确定郑鹏程、谭云、廖和民、陈莉(女)、刘俊、郑钦平、于伟、任仕金、姚长琼(女)、汪勇、蒋光辉、曾邦才、李桂新、黄雪兰(女)、蒋侠、谢帮勇、伍艳(女)、冯雏、孙永红(女)、谭安民、李廷远、钟爱平、王昌梁、刘永红、刘明富、刘裕文、杨伟、郑灵芝(女)、黄梅(女)、龚志明、江涛(女)、杨淑芹(女)、张代才、寇正荣为岳池县领导班子换届进入会议推荐人选;廖和民为拟任市级部门正县级领导进入会议推荐人选。

7月11日,十一届县委第119次常委会议在县委一会议室召开;出席会议的有郑鹏程、陈森、钟爱平、李廷远、廖和民、陈莉、刘俊、郑钦平、陶开琴、于伟,列席人员有唐时兵、向泽波、杨旭、曾邦才、谢帮勇;会议研究确定了郑鹏程、谭云、陈莉(女)、刘俊、郑钦平、于伟、任仕金、姚长琼(女)、汪勇、蒋光辉、曾邦才、李桂新、黄雪兰(女)、蒋侠、谢帮勇、伍艳(女)、冯雏、孙永红(女)、谭安民、李廷远、钟爱平、王昌梁、刘永红、刘裕文、杨伟、黄梅(女)、杨淑芹(女)、张代才、寇正荣为岳池县领导班子换届考察对象人选;廖和民为拟任市级部门正县级领导干部人选考察对象。

7月21日,十一届县委第120次常委会议在县委一会议室召开;出席会议的有郑鹏程、谭云、陈森、钟爱平、李廷远、廖和民、刘俊、郑钦平、陶开琴、于伟,列席人员有曾邦才、谢帮勇、李桂新、黄雪兰、蒋侠、任仕金、汪勇、蒋光辉、邹丽、胡安贵、伍艳、徐天翠、孙永红、谭安民、张小松、廖洪波、刘永红、杨明、蒋维业、文淞、吴波、游鸿淇、杨伟(法制)、曾波、唐敏(纪委)、罗隽华、邵建平、黄建军、雷才明、朱华、王顺林、吴才华、张天才、魏华、吴焱、黄梅、陈琼芳、肖勇、唐孝勇、周媛媛、周恒、齐小云、吴小平、黄利华、付正旺、何庆庚、雷允树、陈安敏、王宪、王镱瀫、邱宇、郭良军;集中学习《中国共产党问责条例》,传达全市关心下一代工作会议精神,研究贯彻意见,听取岳池县第十二次党代会筹备工作情况汇报,审议《岳池县2016年党风廉政建设和反腐败工作的意见》,研究设立县委巡察工作机构相关事宜及干部人事调整事宜。

8月4日,十一届县委第121次常委会议在县委一会议室召开;出席会议的有郑鹏程、谭云、陈森、钟爱平、李廷远、廖和民、陈莉、刘俊、陶开琴、于伟,列席人员有曾邦才、谢帮勇、张海峰、李桂新、黄雪兰、蒋侠、任仕金、汪勇、蒋光辉、胡安贵、伍艳、孙永红、张小松、李峻岭、廖洪波、刘永红、杨明、蒋维业、文淞、吴波、游鸿淇、代应华、杨伟(法制)、曾波、唐敏(纪委)、邵建平、齐小云、蒲锦荣、王岳川、周云文、姚勇刚、陈宗春、吴焱、张智林、高利秋、范秀骑、陈宗春、李四海、陈自力、邹云超、丁宇良、赵玉林、段清华、寇正荣、齐建辉、严福寿、周恒、文强、刘昌华、谢春江、李青原、高胜、何茂林、王昌梁、聂长江、杨帅、廖梅、伍刚、吴军校、陈胜军、吴拥军、杨汉雄、王波、陈峰、胡伟、张峻龙、邹杰、李俊、詹松涛;集中学习《中华人民共和国安全生产法》、《以新的发展理念引领发展》(《习近平系列重要讲话读本》第127~139页)及《中国共产党党员权利保障条例》,集中观看"两学一做"专题片《合格党员》第一讲"全心全意为人民服务"视频,传达省委十届八次全会精神,研究岳池县贯彻意见,审议通过《岳池县目标绩效考核办法》,研究市管干部、全县乡镇党政正职、县级部门主要领导2015年年度考核定等事宜。

8月5日,十一届县委第122次常委会议在县委一会议室召开;出席会议的有郑鹏程、谭云、陈森、钟爱平、李廷远、廖和民、陈莉、陶开琴、于伟,列席人员有曾邦才、谢帮勇、张海峰、李桂新、黄雪兰、蒋侠、任仕金、汪勇、蒋光辉、胡安贵、伍艳、孙永红、张小松、李峻岭、廖洪波、刘永红、罗隽华、王其林、范秀骑、王岳川、黄利华、段清华、姚勇刚、周恒、吴焱、张智林、丁宇良、齐建辉、陈自力、王昌良、赵玉林、游辉宇、各乡镇党委书记;学习传达王东明有关脱贫攻坚指示精神,研究拟任区市县委副书记考察对象人选。

8月15日,十一届县委第123次常委会议在县委一会议室召开;出席会议的有郑鹏程、陈森、钟爱平、李廷远、廖和民、陈莉、刘俊、郑钦平、陶开琴、于伟,列席人员有曾邦才、谢帮勇、李桂新、黄雪兰、蒋侠、任仕金、汪勇、胡安贵、伍艳、冯雏、邹丽、孙永红、张小松、廖洪波、刘永红、杨明、蒋维业、文淞、吴波、游鸿淇、代应华、杨伟(法制)、曾波、唐海平、邵建平、唐敏(纪委)、杨淑芹、吴焱、王顺林、高利秋、王岳川、范秀骑、陈宗春、李四海、陈自力、邹云超、丁宇良、赵玉林、段清华、寇正荣、齐建辉、聂长江、严福寿、周恒、文强、姚勇刚、刘昌华、谢春江、蒲锦荣、李青原、周云文、高胜、何茂林、张智林、王昌梁、杨帅、廖梅、伍刚、吴军校、陈胜军、吴拥军、杨汉雄、王波、陈峰、胡伟、张峻龙、邹杰、游辉宇、杨伟(九龙);集中学习习近平系列重要讲话读本第四章《奋力实现第一个百年奋斗目标——关于全面建成小康社会》,重温《党委会的工作方法》,学习传达市委工作会议精神，研究岳池县贯彻意见，集中学习《中共四川省委办公厅关于印发〈关于进一步推动县（市、区）党委落实党风廉政建设主体责任的意见〉的通知》，听取县委班子成员及县人大常委会、县政府、县政协、县法院、县检察院党组书记履行党风廉政建设主体责任情况汇报，听取县纪委2016年上半年党风廉政建设情况汇报，传达学习省食品药品监管局、广安市岳池县第一次工作联席会议精神。

8月24日，十一届县委第124次常委会议在县委一会议室召开；出席会议的有郑鹏程、谭云、李廷远、陈莉、郑钦平、陶开琴、于伟，列席人员有曾邦才、谢帮勇、张海峰、李桂新、黄雪兰、蒋侠、蒋光辉、胡安贵、伍艳、冯雒、孙永红、谭安民、张小松、廖洪波、刘永红、杨明、文淞、蒋维业、吴波、游鸿淇、代应华、杨伟（法制）、曾波、唐涌（政协）、雷军、唐敏（纪委）、罗隽华、黄利华、郑兴勇、杨淑芹、何庆庚、吴焱、高利秋、姚勇刚、邹云超、王岳川、周云文、陈宗春、陈自力、李四海、齐建辉、谢春江、赵玉林、周恒、杨帅、丁宇良、胡伟、张峻龙、邹杰、游辉宇、易顺、王平、王顺林，九龙镇、花园镇、石垭镇、白庙镇西溪镇、顾县镇、苟角镇、中和镇、坪滩镇、罗渡镇、兴隆镇党委书记；传达近期中央、省党风廉政建设和反腐败工作有关文件和会议精神，研究岳池县贯彻意见，学习《中华人民共和国环境保护法》，通报迎接省委、省政府环保督察相关情况，学习习近平关于脱贫攻坚工作重要讲话精神，传达全省“两学一做”学习教育工作推进电视电话会议精神，审议、同意县纪委《关于给予唐小明、刘和平开除党籍处分的请示》《关于给予唐志超等人党纪处分的请示》。

8月24日，十一届县委第125次常委会议在县委一会议室召开；出席会议的有郑鹏程、谭云、陈森、钟爱平、李廷远、廖和民、陈莉、刘俊、郑钦平、陶开琴、于伟，列席人员有曾邦才、谢帮勇、徐天翠；研究确定郑鹏程等22人为岳池县新一届县级领导班子候选人建议人选；吴焱等7人为岳池县新一届纪委领导班子候选人建议人选。

9月5日，十一届县委第126次常委会议在县委一会议室召开；出席会议的有郑鹏程、谭云、陈森、钟爱平、李廷远、廖和民、陈莉、刘俊、郑钦平、陶开琴，列席人员有曾邦才、谢帮勇、张海峰、黄雪兰、蒋侠、任仕金、汪勇、蒋光辉、伍艳、张小松、李峻岭、廖洪波、刘永红、杨明、文淞、蒋维业、吴波、游鸿淇、代应华、杨伟（法制）、高利秋、罗隽华、黄利华、唐敏（纪委）、王其林、杨淑芹、张智林、吴焱、丁宇良、赵玉林、周恒、姚勇刚、蒲锦荣、邹云超、齐建辉、李四海、王岳川、周云文、陈宗春、陈自力、段清华、王昌梁、范秀骑、寇正荣、胡曲波、胡伟、张峻龙、邹杰、游辉宇、张洪友、龙军华、卿琼华、杨伟（九龙）、胡修林、莫如他、吴开兵、尹春平、李俊、詹松涛、舒联华；学习《中华人民共和国土地管理法》，研究脱贫攻坚相关事宜，学习传达《中共中央关于辽宁拉票贿选案查处情况及其教训警示的通报》精神。

9月6日，十一届县委第127次常委会议在县委一会议室召开；出席会议的有郑鹏程、谭云、陈森、钟爱平、李廷远、廖和民、陈莉、刘俊、郑钦平、陶开琴、于伟，列席人员有谢帮勇、徐天翠；研究确定丁宇良等40人为中国共产党岳池县第十二届委员会（候补）委员进入会议推荐建议人选；确定刘方彬等28人为中国共产党岳池县第十二届纪律检查委员会委员进入会议推荐建议人选。

9月7日，十一届县委第128次常委会议在县委一会议室召开；出席会议的有郑鹏程、谭云、陈森、钟爱平、李廷远、廖和民、刘俊、郑钦平、陶开琴、于伟，列席人员有谢帮勇、徐天翠；经研究确定丁宇良等35人为中国共产党岳池县第十二届委员会（候补）委员考察对象初步人选；确定刘方彬等26人为中国共产党岳池县第十二届纪律检查委员会委员考察对象初步人选。

9月11日，十一届县委第129次常委会议在县委一会议室召开；出席会议的有郑鹏程、谭云、陈森、李廷远、钟爱平、郑钦平、刘勇、刘俊、陶开琴，列席人员有曾邦才、谢帮勇、廖和民、张海峰、苟秀英、李桂新、黄雪兰、蒋侠、任仕金、汪勇、蒋光辉、徐天翠、冯雒、滕明杰、卿东进、张小松、廖洪波、刘永红、杨明、文淞、蒋维业、吴波、游鸿淇、代应华、杨伟(法制)、杨伟、黄梅、刘裕文、杨淑芹、唐敏(纪委)、齐小云、唐静、邵建平、杨桄、雷军、唐涌、吴才华;学习《中共四川省委办公厅关于进一步严明换届纪律加强领导班子思想政治建设的通知》,研究岳池县贯彻意见,审议通过《中共岳池县人大常委会党组关于做好县乡两级人民代表大会换届选举工作的意见》《岳池县第十七届人民代表大会专门委员会设置和组成人员名额方案》《中共岳池县政协党组关于筹备召开政协岳池县第十四届委员会第一次全体会议的报告》,研究确定十二届县委委员、候补委员候选人预备人选建议名单,十二届县纪委委员候选人预备人选建议名单,研究干部人事调整事宜。

9月21日,十一届县委第130次常委会议在县委一会议室召开;出席会议的有郑鹏程、陈森、李廷远、钟爱平、郑钦平、于伟、刘勇、刘俊,列席人员有曾邦才、谢帮勇、廖和民、张海峰、苟秀英、李桂新、黄雪兰、蒋侠、汪勇、蒋光辉、徐天翠、伍艳、任仕金、滕明杰、卿东进、张小松、李峻岭、刘裕文、杨淑芹、廖洪波、杨明、文淞、蒋维业、吴波、游鸿淇、李立川、杨伟(法制)、唐敏(纪委)、陈安敏、齐小云、邵建平、罗隽华、唐静、黄建军、吴淼、张泊人、吴长明、陈琼芳、朱华、王顺林、张天才、魏华、肖勇、唐孝勇、吴才华、邱宇、郭良军;学习《中华人民共和国政府采购法》,听取县第十二次党代会筹备工作情况汇报;审议通过县第十二次党代会议程(草案),县第十二次党代会日程(草案),县委工作报告和县纪委工作报告、党费收缴使用和管理的情况报告、县第十二次党代会代表资格初步审查情况报告,审议通过县第十二次党代会列席人员、特邀人员建议名单,县第十二次党代会代表编团建议方案,各代表团召集人和各代表团团长、副团长建议名单,秘书长、副秘书长建议名单,代表资格审查委员会建议名单,大会临时党委、各代表团临时党支部建议名单,大会主席团组成人员建议名单,主席团常务委员、常务主席建议名单,预备会议主席台、大会主席台就座人员建议名单,大会秘书处机构设置、任务、职责及工作人员名单;审议并原则通过中国共产党岳池县第十二次代表大会预选选举办法(草案),中国共产党岳池县第十二次代表大会选举办法(草案),中国共产党岳池县第十二届委员会第一次全体会议选举办法(草案),中国共产党岳池县第十二届纪律检查委员会第一次全体会议选举办法(草案);研究召开岳池县第十一届委员会第二十四次全体会议事宜。

10月8日,十二届县委第1次常委会议在县委一会议室召开;出席会议的有郑鹏程、陈森、李廷远、钟爱平、郑钦平、于伟、刘勇、刘俊、张海峰、苟秀英、罗向前、陶开琴,列席人员有曾邦才、谢帮勇、李桂新、黄雪兰、蒋侠、汪勇、邹丽、蒋光辉、胡安贵、伍艳、徐天翠、冯雒、任仕金、滕明杰、张小松、李峻岭、杨伟、黄梅、刘永红、刘裕文、杨淑芹、廖洪波、杨明、文淞、蒋维业、吴波、游鸿淇、代应华、杨伟(法制)、唐敏(纪委)、雷军、刘星鹏、罗隽华、黄利华、陈胜军、何庆庚、王其林、王岳川、丁宇良、吴焱、张峻龙、陈自力、段清华、寇正荣、王昌梁、周恒、姚勇刚、高利秋、齐建辉、赵玉林、张智林、周云文、李青原、郑兴勇、吴军校、蒲锦荣、范秀骑、邹云超、聂长江、陈宗春、胡伟、邹杰、游辉宇、李四海、卿超、雷才明、吴小燕、程波、胡曲波、肖华、刘钲、蒋政,白庙镇、东板乡、顾县镇、花园镇、黄龙乡、嘉陵乡、恐龙乡、临溪镇、龙孔镇、罗渡镇、普安镇、乔家镇、石鼓乡、同兴镇、团结乡、西板乡、新场镇、兴隆镇、西溪镇、鱼峰乡、裕民镇、长田乡、镇龙乡、镇裕镇、中和镇、苟角镇、平安乡、秦溪镇、赛龙镇、齐福乡、朝阳乡党委书记;集中学习《中国共产党地方委员会工作条例》,审议并原则通过《中共岳池县委工作规则》《中共岳池县委常委会议事决策规则》《中共岳池县委关于县委领导班子成员工作分工的通知》,审议并原则通过《岳池县第十二次党代会重要部署责任分工方案》,听取2016年拟脱贫47个村14660人评估检查情况汇报,研究重大项目挂牌督办事宜。

10月14日,十二届县委第2次常委会议在县委一会议室召开；出席会议的有郑鹏程、陈森、李廷远、钟爱平、于伟、刘勇、刘俊、张海峰、苟秀英、罗向前，列席人员有曾邦才、谢帮勇、李桂新、黄雪兰、蒋侠、汪勇、邹丽、蒋光辉、胡安贵、伍艳、冯雏、任仕金、滕明杰、卿东进、张小松、李峻岭、杨伟、刘裕文、杨淑芹、廖洪波、杨明、文淞、蒋维业、吴波、游鸿淇、代应华、杨伟（法制）、唐敏（纪委）、罗隽华、黄利华、付正旺、雷军、刘星鹏、王其林、周恒、赵玉林、齐建辉、吴焱、县脱贫办下设各小组组长、县基层党建工作督导组组长、县“两学一做”办公全体工作人员；研究基层党建工作，研究同意追授张秀代“优秀共产党员”称号。

10 月 21 日，十二届县委第 3 次常委会议在县委一会议室召开；出席会议的有郑鹏程、谭云、陈森、李廷远、钟爱平、郑钦平、于伟、刘勇、刘俊、苟秀英、罗向前、陶开琴，列席人员有曾邦才、谢帮勇、李桂新、蒋侠、汪勇、蒋光辉、胡安贵、伍艳、徐天翠、冯雏、任仕金、滕明杰、卿东进、李峻岭、杨伟、黄梅、杨淑芹、廖洪波、杨明、文淞、蒋维业、吴波、游鸿淇、代应华、杨伟（法制）、雷军、范秀骑、唐敏（纪委）、陈胜军、罗隽华、王顺林、徐君、邵建平、黄利华、田莉华、王其林、张智林、丁宇良、李青原、吴焱、杨汉雄、吴拥军、陈自力、周云文、文仲、王昌梁、高利秋、王岳川、赵玉林、周恒、李四海、邹云超、张代才、蒲锦荣、段清华、寇正荣、陈宗春、齐建辉、龙绪高、聂长江、蒋金梅、肖华、杨桄、魏华、邱宇；集中学习习近平在纪念红军长征胜利 80 周年大会上的讲话，传达四川省脱贫攻坚考核暨“走基层”工作部署会议精神，审议通过《岳池县脱贫攻坚工作年度考核实施办法》和《岳池县“走基层”活动实施方案》，传达学习《中共四川省委办公厅关于贯彻省委常委会第 200 次会议精神扎实做好第四季度工作的通知》，通报前三季度经济形势及重大项目推进情况，研究岳池县贯彻意见，研究确定市第五次党代会代表候选人初步人选，研究审议同意岳池县第十七届人大代表候选人初步人选建议名单，研究干部人事调整事宜。

10 月 31 日，十二届县委第 4 次常委会议在县委一会议室召开；出席会议的有郑鹏程、谭云、陈森、钟爱平、于伟、刘勇、刘俊、苟秀英、罗向前，列席人员有曾邦才、谢帮勇、李桂新、黄雪兰、蒋侠、汪勇、邹丽、蒋光辉、胡安贵、徐天翠、冯雏、任仕金、滕明杰、卿东进、张小松、李峻岭、杨伟、刘裕文、杨淑芹、付涛、聂长江、杨明、文淞、蒋维业、吴波、游鸿淇、代应华、游辉宇、杨伟（法制）、唐涌、刘星鹏、吴焱、罗隽华、王其林、付正旺、廖洪波、文强、齐建辉、罗勇、杨红梅、田利华、黄建军、陈琼芳、肖勇、王顺林、魏华、邱宇、贺治君；集中学习党的十八届六中全会公报和中央、省关于认真学习宣传贯彻党的十八届六中全会精神的通知，审议并通过《中共岳池县政协党组关于增加 7 名专门委员会副主任的请示》，审议并通过县委组织部提出的岳池县出席广安市第五次党代会代表候选人预备人选建议名单，研究召开县党代表会议的有关事项，中国共产党岳池县第十二届委员会第二次全体会议有关事宜，研究审议并原则通过政协岳池县第十四届委员会委员建议人选名单。

11 月 11 日，十二届县委第 5 次常委会议在县委一会议室召开；出席会议的有郑鹏程、谭云、李廷远、钟爱平、郑钦平、于伟、刘勇、刘俊、苟秀英、罗向前、陶开琴，列席人员有曾邦才、谢帮勇、李桂新、黄雪兰、蒋侠、汪勇、邹丽、蒋光辉、胡安贵、徐天翠、冯雏、滕明杰、卿东进、张小松、杨伟、黄梅、刘裕文、杨淑芹、付涛、聂长江、杨明、文淞、蒋维业、吴波、游鸿淇、代应华、游辉宇、杨伟（法制）、唐涌、雷军、刘星鹏、吴焱、罗隽华、廖洪波、丁宇良、齐建辉、蒲锦荣、范秀骑、石伦军、邵建平、乔君明、付正雄、高利秋、高胜、文强、杨帅、程波、周云文、姚勇刚、张峻龙、陈宗春、陈自力、李四海、李青原、安静辉、王岳川、王昌梁、杨汉雄、吴拥军、邹云超、肖光斌、易兵、谢春江、伍刚、胡伟、邹杰、文勇军、张崇良、何茂林、柳胜、石愚轩、刘杰、李黎、杨桄、杨红梅、田利华、魏华、邱宇；集中学习党的十八届六中全会精神，审议并原则同意岳池县第十七届人民代表大会第一次会议、中国人民政治协商会议四川省岳池县第十四届委员会第一次全体会议会议相关材料，审议并通过岳池县出席广安市第五次党代表大会代表候选人建议名单、中国共产党岳池县代表会议相关材料，研究干部人事调整事宜。

11月11日16时，十二届县委第6次常委会议在吴雪艺术中心第五会议室召开；出席会议的有郑鹏程、李廷远、郑钦平、于伟、刘勇、苟秀英、罗向前、陶开琴、张海峰，列席人员有曾邦才、谢帮勇、付涛、聂长江、罗隽华；听取各代表团讨论中国共产党岳池县代表会议议程（草案）、选举办法（草案）、出席广安市第五次党代表大会代表候选人建议名单、监票人推选的情况汇报，通过中国共产党岳池县代表会议议程，选举办法（草案），出席广安市第五次党代表大会代表候选人建议名单，审议通过总监票人、监票人建议名单，指定罗隽华、吴才华、魏华、王华、杨世伟、邱宇、严国铭为计票人，罗隽华为总计票人。

11月11日17时，十二届县委第7次常委会议在吴雪艺术中心第五会议室召开；出席会议的有郑鹏程、谭云、李廷远、郑钦平、于伟、刘勇、苟秀英、罗向前、陶开琴、张海峰，列席人员有曾邦才、谢帮勇、付涛、聂长江、罗隽华；听取选举出席广安市第五次党代表大会代表的选举结果的报告，通过当选人名单。

11月15日，十二届县委第8次常委会议在县委一会议室召开；出席会议的有谭云、陈森、李廷远、钟爱平、郑钦平、于伟、刘勇、刘俊、张海峰、苟秀英、罗向前、陶开琴，列席人员有曾邦才、谢帮勇、付涛、聂长江、杨明、文淞、蒋维业、吴波、游鸿淇、代应华、游辉宇、杨伟（法制办）；听取团结乡人大选举情况调查汇报和对相关人员的处理意见，原则同意对相关人员的处理意见。

11月19日，十二届县委第9次常委会议在县委一会议室召开；出席会议的有郑鹏程、谭云、陈森、李廷远、钟爱平、郑钦平、于伟、刘勇、刘俊、张海峰、苟秀英、罗向前、陶开琴，列席人员有曾邦才、谢帮勇、李桂新、黄雪兰、蒋侠、汪勇、邹丽、蒋光辉、徐天翠、冯雏、任仕金、滕明杰、卿东进、张小松、李峻岭、杨伟、刘裕文、杨淑芹；研究杨天直案件有关事宜。

11月19日下午19时，十二届县委第10次常委会议在县委一会议室召开；出席会议的有郑鹏程、谭云、陈森、李廷远、钟爱平、郑钦平、于伟、刘勇、刘俊、张海峰、苟秀英、罗向前、陶开琴，列席人员有曾邦才、谢帮勇、付涛、聂长江、罗隽华、文淞；研究干部人事议题。

11月27日，十二届县委第11次常委会议在吴雪艺术中心一会议室召开；出席会议的有郑鹏程、李廷远、钟爱平、郑钦平、于伟、刘勇、刘俊、张海峰、苟秀英、罗向前、陶开琴，列席人员有曾邦才、谢帮勇、付涛、吴焱、易兵、各乡镇党委书记；学习传达省委十届九次全会、市第五次党代会精神，传达《中共四川省委办公厅关于进一步严肃换届纪律的通知》精神，研究岳池县贯彻意见。

12月2日，十二届县委第12次常委会议在县委一会议室召开；出席会议的有郑鹏程、谭云、陈森、李廷远、钟爱平、郑钦平、于伟、刘勇、刘俊、张海峰、苟秀英、罗向前、陶开琴，列席人员有曾邦才、谢帮勇、汪勇、李桂新、黄雪兰、蒋侠、蒋光辉、邹丽、刘裕文、袁西明、任仕金、伍艳、冯雏、杨淑芹、滕明杰、卿东进、张小松、李峻岭、付涛、聂长江、杨明、文淞、吴波、游鸿淇、代应华、游辉宇、杨强、曾波、杨桄、雷军、刘星鹏、范秀骑、吴焱、罗隽华、王其林、黄利华、田利华、王岳川、丁宇良、张峻龙、陈自力、付正雄、肖光斌、王昌梁、易兵、姚勇刚、高利秋、齐建辉、邵建平、张智林、周云文、邹云超、乔军明、陈宗春、李四海、卿超、雷才明、吴小燕、程波、胡曲波、肖华、刘钲、蒋政、杨帅、郑兴勇、王顺林、张泊人、周国庆、朱华、魏华、邱宇；学习《信访工作责任制实施办法》，听取近期信访工作情况、“走基层、送温暖”活动开展情况及脱贫攻坚工作情况汇报，审议并原则通过《岳池县第十七届人民代表大会第二次会议方案》和《岳池县出席广安市第五届人民代表大会代表候选人建议名单》，研究关于给予张诚开除党籍处分，研究干部人事议题。

12月19日，十二届县委第13次常委会议在县委一会议室召开；出席会议的有郑鹏程、谭云、李廷远、钟爱平、郑钦平、于伟、刘勇、刘俊、张海峰、苟秀英、罗向前、陶开琴，列席人员有谢帮勇、李桂新、黄雪兰、蒋侠、蒋光辉、邹丽、杨伟、黄梅、刘永红、刘裕文、袁西明、伍艳、冯雏、杨淑芹、滕明杰、卿东进、张小松、李峻岭、胡安贵、付涛、聂长江、杨明、文淞、游鸿淇、代应华、范秀骑、杨强、唐敏（金融办）、吴焱、高利秋、罗隽华、赵文森、黄利华、唐静、黄建军、付正旺、周廷毅、蒋金梅、蔡仲彬、王岳川、付正雄、廖洪波、张智林、邵建平、易兵、姚勇刚、邹云超、张峻龙、周云文、陈宗春、陈自力、李四海、丁宇良、李青原、郑兴勇、廖梅、文强、蒲锦荣、肖光斌、齐建辉、杨帅、谢春江、乔君明、王昌梁、卿超、唐爱民、雷才明、吴小燕、曾波、程波、胡曲波、何茂林、胡伟、邹杰、柳胜、彭善平、肖华、刘刚、肖勇、朱华、易顺、王平、田利华、魏华、邱宇；集中观看专题警示教育片《警钟》，通报脱贫攻坚省级第三方评估、考核验收情况，听取2016年脱贫攻坚工作开展情况及2017年工作计划汇报和《市绩效考核目标完成情况》《2016年度1—11月招商引资、社会资金募集、项目资金争取完成情况》及《2016年度1—11月重大产业组目标任务完成情况》汇报，审议并原则通过《关于推进绿色发展建设美丽岳池的决定》《“岳池发展大讨论”活动实施方案》《岳池县干部作风整顿专项活动实施方案》，学习《关于进一步严明纪律确保党风廉政建设社会评价工作有序开展的通知》，研究岳池县贯彻意见，听取“雪亮”工程工作进展情况汇报，审议县纪委给予谢华等人党纪处分的请示，审议并原则通过《岳池县出席政协广安市第五届委员会委员初步建议人选名册》。

12月29日，十二届县委第14次常委会议在县委一会议室召开；出席会议的有郑鹏程、谭云、陈森、李廷远、钟爱平、郑钦平、于伟、刘勇、刘俊、苟秀英、罗向前、陶开琴，列席人员有曾邦才、谢帮勇、汪勇、李桂新、黄雪兰、蒋光辉、黄梅、刘裕文、袁西明、任仕金、伍艳、冯雏、杨淑芹、滕明杰、卿东进、张小松、付涛、雷军、聂长江、刘星鹏、杨明、文淞、吴波、游鸿淇、代应华、游辉宇、杨强、吴焱、易顺、罗隽华、王顺林、黄利华、付正旺、唐爱民、石伦军、陈仕民、廖洪波、高利秋、邵建平、周云文、陈自力、张智林、唐敏（金融办）、张峻龙、姚勇刚、王岳川、丁宇良、付正雄、安静辉、范秀骑、陈宗春、李四海、高胜、王昌梁、乔君明、何茂林、李青原、唐建国、卿超、肖光斌、邹云超、文强、胡曲波、郑兴勇、廖梅、雷才明、吴小燕、伍刚、胡伟、柳胜、彭善平、邹杰、张希、王丽蓉、邱宇；传达省委经济工作会议精神，研究岳池县贯彻意见及党建工作，听取执行中央“八项规定”、省委省政府“十项规定”、市委市政府“十一项规定”、县委县政府“十二条规定”情况的汇报、县纪委2016年党风廉政建设和反腐败工作情况汇报，学习《中共四川省委关于加强和改进保密工作的实施意见》，审议《中共岳池县委党政议事规则》，研究干部人事调整。

【专题会议】 2016年1月5日，县委副书记李国生在县政府四楼会议室主持召开岳池县现代农业园区总体规划及相关项目规划审定会，听取北京博雅方略设计有限公司关于岳池现代农业园区总体规划和修建性详细规划的介绍与说明，相关设计单位对“何田田生态农场”“丘山窖藏”“紫薇花园”三个项目的规划汇报，就农业园区总规与详规、相关项目规划进行审定。李桂新、胡安贵出席会议。

1月31日，县委书记郑鹏程在县委一会议室主持召开研究推进“大众创业、万众创新”即“双创”平台有关事项专题会议。听取和审议关于岳池都市科技产业园大众创业万众创新平台建设总体规划方案和支持“双创”平台建设及运营建议；要求，“双创”平台建设及运营企业要充分发挥主体作用，积极主动抓好相关工作；县经信局要牵头抓好平台建设及运营推进工作，相关单位要积极配合、齐心协力，为全县经济可持续快速增长注入新动力。钟爱平、刘俊、郑钦平、邹丽出席会议。

2月23日上午，县委书记郑鹏程在县委一会议室主持召开岳池县城建国土及商务工作专题会议。听取县委常委、总工会主席刘俊关于城建国土及商务工作情况的汇报，研究部署2016年工作。汤才勇、曾邦才、谢帮勇、李国生、钟爱平、廖和民、刘俊、黄雪兰、汪勇、伍艳出席会议。

2月23日下午，县委副书记李国生在县委三楼常委会议室主持召开关于网上反映石垭镇饮用水浑浊泛黄问题的专题会议。听取调查组有关调查情况汇报及岳池爱众水务公司整改意见的汇报，参会单位就如何解决石垭镇饮用水浑浊泛黄问题发表意见。姚长琼出席会议。

2月23日，县委书记郑鹏程在县委一会议室主持召开工业经济专题会。要求，坚定工业强县不动摇，以产业投资支撑工业高速发展，把招商引资作为工业经济的生命线，推进园区体制改革。汤才勇、曾邦才、谢帮勇、钟爱平、廖和民、郑钦平、黄雪兰、邹丽、伍艳出席会议。

2月24日，县委常委、总工会主席刘俊在县委二会议室主持召开城东新区PPP项目对接专题会议，对城东新区重大项目建设作出安排部署。

2月26日，县委常委、总工会主席刘俊在县政府三楼会议室主持召开北外街旧改工作专题会。听取县住建局关于北外街旧改近期规划建设情况的调研报告，经各部门研究，确定北外街近期旧改改造模式等相关事宜。汪勇出席会议。

3月1日，县委副书记李国生在县政府三楼会议室组织召开县畜牧局下属乡镇畜牧兽医站运行管理专题会议。听取县畜牧局关于乡镇畜牧兽医站运行管理工作情况汇报，研究议定相关工作事宜。廖和民、陶开琴出席会议。

3月3日，县委书记郑鹏程主持召开农业农村工作专题会议。要求，全县农口、旅游、民政部门要抓住重点，攻坚克难，确保走在全市前列。要进一步加强“三农”工作组织领导，强化保障，促进“三农”工作有序、有力开展。曾邦才、谢帮勇、李国生、钟爱平、廖和民、李桂新、姚长琼、蒋光辉、胡安贵、冯雏出席会议。

3月3日，县委书记郑鹏程在县委一会议室主持召开宣传思想暨“两城同创”工作专题会议。要求，宣传思想文化战线要以改革创新的精神，突出抓好重点工作；要强化工作保障，切实解决宣传思想、社会事业暨“两城同创”工作突出问题；要全面落实责任，加快推进“两城同创”工作，原则上每季度召开一次指挥部会议。汤才勇、曾邦才、谢帮勇、钟爱平、李廷远、陈莉、蒋侠、任仕金、冯雏出席会议。

3月16日，县政协主席谢帮勇在吴雪艺术中心五会议室主持召开研究原县织绸厂职工宿舍楼住户搬家费发放问题及大佛乡田成彬死亡纠纷专题会议。听取县经信局、九龙镇关于原岳池县织绸厂职工宿舍楼住户搬家费发放相关问题的汇报，大佛乡关于田成彬死亡纠纷的汇报，研究具体解决办法。郑钦平，县委常委于伟、蒋光辉、邹丽出席会议。

3月31日，县委副书记李国生在县委三楼常委会议室主持召开襄渝铁路返乡民工群体问题专题会议。听取县民政局关于襄渝铁路西段民工集访诉求有关情况的汇报，研究具体处理办法。于伟、姚长琼出席会议。

4月8日，县委副书记李国生在县委政法委会议室主持召开全省依法规范信访秩序经验交流会岳池现场点筹备会议。听取县信访局关于全省依法规范信访秩序经验交流会相关情况的汇报，作出具体安排部署。于伟、蒋光辉、孙永红出席会议。

4月18日，县委书记郑鹏程主持召开全县投资促进工作专题会。传达市委招商引资专题会议精神，学习重庆市招商引资九条军规，听取县投资促进领导小组办公室关于2016年一季度投资促进工作及下步打算的汇报，研究投资促进相关事宜。曾邦才、谢帮勇、钟爱平、李廷远、郑钦平、黄雪兰、邹丽、伍艳出席会议。

4月28日，县委常委、总工会主席刘俊在县政府三楼会议室主持召开岳池县不动产统一登记改革工作专题会议。听取县国土资源局关于岳池县不动产统一登记改革工作进展情况和存在问题的汇报，对下一阶段工作进行专题研究。汪勇出席会议。

5月8日，县委书记郑鹏程在县委一会议室主持召开生物医药产业发展专题会议，传达学习省食品药品监督管理局副局长罗文全到岳池调研讲话精神，研究讨论贯彻落实方案。曾邦才、谢帮勇、钟爱平、廖和民、郑钦平、张海峰、李桂新、汪勇、冯雏出席会议。

5月20日，县委书记、县脱贫攻坚领导小组组长郑鹏程主持召开大佛乡三官店村脱贫攻坚工作推进会，专题听取大佛乡党委关于三官店村脱贫攻坚情况汇报，研究部署相关事宜。陈森、陶开琴、李桂新、姚长琼出席会议。

5月20日，县委书记郑鹏程主持召开县教育科技体育系统信访举报突出问题专项治理专题会议。听取县纪委、县委宣传部关于教育系统信访举报、网络舆情的情况通报以及县教科体局关于整改方案的汇报，研究部署专项整治工作。李廷远、陈莉、任仕金、冯雏出席会议。

5月30日，县委书记郑鹏程主持召开重大产业发展推进工作专题会。听取各重大产业推进工作组组长及县绩效办的工作汇报，研究2016年重大产业组目标任务及绩效考核办法，部署相关工作。谭云、曾邦才、谢帮勇、钟爱平、李廷远、廖和民、陈莉、刘俊、陶开琴、于伟、李桂新、黄雪兰、蒋侠、任仕金、姚长琼、汪勇、蒋光辉、胡安贵、伍艳、徐天翠、冯雏、孙永红、谭安民、张小松出席会议。

6月17日上午，县委书记郑鹏程主持召开全县投资促进工作专题会议。听取县投资促进局关于1—5月全县投资促进工作情况汇报，研究相关事宜。谭云、曾邦才、谢帮勇、陈森、钟爱平、李廷远、廖和民、陈莉、刘俊、郑钦平、于伟、姚长琼、汪勇、伍艳、孙永红出席会议。

6月17日下午，县委常委、宣传部部长陈莉在县政府三楼会议室主持召开县广播电视台运行问题专题协调会。听取关于县广播电视台运行相关问题及工作建议的汇报，讨论研究解决办法。蒋侠、任仕金、冯雏出席会议。

【重要决策】 2016年3月24日，县委办下发《关于印发〈2016年度县委中心组理论学习安排意见〉的通知（岳委办〔2016〕29号）》文件。提出，高举中国特色社会主义伟大旗帜，深入学习贯彻习近平系列重要讲话精神，全面贯彻落实党的十八大和十八届三中、四中、五中全会精神，系统掌握中国特色社会主义理论体系，学习掌握推进“五位一体”总体布局、“四个全面”战略布局和“五大发展理念“所需要的各方面知识，以建设学习型、服务型、创新型党组织为目标，进一步加强党员领导干部理论武装，切实把好思想“总开关”，增强“四个自信”，努力促进思想解放、观念更新、能力增强，积极适应新时期的各种新形势、新任务、新挑战和新常态，为夺取全面建成小康社会伟大胜利，谱写中国梦岳池篇章奠定坚实的思想理论基础。

4月13日，县委印发《关于新形势下进一步加强和改进人民政协工作的实施意见》（岳委发〔2016〕4号）文件。提出，以马克思列宁主义、毛泽东思想、邓小平理论、“三个代表”重要思想、科学发展观为指导，全面贯彻落实党的十八大和十八届三中、四中、五中全会精神，深入贯彻习近平系列重要讲话精神，围绕推进“四个全面”战略布局，坚持和完善中国共产党领导的多党合作和政治协商制度，坚持和发展中国特色社会主义，坚持团结和民主两大主题，大力推进政治协商、民主监督、参政议政制度化、规范化、程序化，广泛引导各党派团体、各族各界人士积极投身决胜全面小康、建设经济强县的生动实践，不断巩固共同思想政治基础，汇聚各方智慧和力量，为谱写中国梦岳池篇章做出更大贡献。

5月23日，县委办、县政府办印发《关于印发〈2016年督促检查工作意见〉的通知》（岳委办

〔2016〕71 号）文件。提出，要深入贯彻落实习近平系列讲话和党的十八届三中、四中、五中全会、省委十届七次全会、市委四届十次全会、县委十一届十八次全会精神，紧紧围绕县委、县政府重大决策部署，突出创新创业、脱贫攻坚、依法治县、保障和改善民生等重点工作，全面深入开展督促检查，为实现“十三五”良好开局，推动岳池加快迈入转型发展、科学发展快车道提供坚强保证。

5 月 24 日，县委印发《关于全面创新改革驱动转型发展的意见》（岳委发〔2016〕5 号）文件。提出，以党的十八届五中全、省委十届七次全会和市委四届十次全会精神为指导，牢固树立并切实贯彻创新、协调、绿色、开放、共享发展理念，推动岳池加快迈入转型发展、科学发展快车道，实现“两个跨越”奋斗目标，县委坚持改革创新，突出问题导向，着力破解制约经济社会发展的重点领域和关键环节。

6 月 8 日，县委办、县政府办下发《印发〈关于创新人才体制机制服务重点产业发展的意见〉的通知》（岳委办〔2016〕82 号）文件。提出，以邓小平理论、“三个代表”重要思想、科学发展观为指导，深入贯彻习近平系列重要讲话精神，适应引领经济发展新常态和实施创新驱动发展战略需要，加快建立集聚人才体制机制，激发人才创新创业活力，加快培养复合型干部人才，促进人才流动，优化人才环境，促进岳池县重点产业发展。

6 月 28 日，县委、县政府印发《关于深化国资国企改革促进发展的意见》（岳委发〔2016〕8 号）文件。提出，以邓小平理论、“三个代表”重要思想、科学发展观为指导，围绕国有资产保值增值和国有企业做强做优，深化国资国企改革，完善国有资产管理体制，以推进市场化重组为途径，积极发展国有资本、集体资本、非公有资本相互融合的混合所有制经济，不断增强国有企业活力和竞争力，为推动岳池跨越发展做出贡献。

6 月 28 日，县委办印发《关于贯彻落实省市全面加强改革工作的实施意见》（岳委办发〔2016〕6 号）文件。提出，以全面贯彻党的十八大和十八届三中、四中、五中全会精神，以邓小平理论、“三个代表”重要思想、科学发展观为指导，深入贯彻习近平系列重要讲话精神，按照中央、省委、市委和县委关于全面深化改革的既定部署和进度要求，聚焦“两个跨越”奋斗目标，聚焦构建发展新体制，坚持一手抓方案制定、一手抓任务落实，着力构建全程跟进、全程负责、一抓到底的改革工作机制，大力提高各级领导干部谋划、推动、落实改革的能力，推动重点领域和关键环节改革纵深推进、实质突破。

7 月 5 日，县委办、县政府办印发《关于加快构建现代公共文化服务体系的实施意见》（岳委办〔2016〕7 号）文件。提出，以邓小平理论、“三个代表”重要思想、科学发展观为指导，深入学习贯彻党的十八大和十八届三中、四中、五中全会以及习近平系列重要讲话精神，按照全面建成小康社会总体要求，以人民为中心，以改革创新为动力，以农村基层为重点，以基层综合性文化服务中心为载体，构建体现时代发展要求、符合文化发展规律、适应岳池县情、具有岳池特色的现代公共文化服务体系，促进基本公共文化服务标准化、均等化，为推进“两个跨越”，谱写美丽岳池、幸福岳池新篇章提供精神动力和文化支撑。

8 月 22 日，县委印发《关于进一步加强农村基层党的建设工作完善依法治理体系的实施意见》（岳委发〔2016〕10 号）文件。提出，深入学习贯彻习近平系列重要讲话精神，坚决贯彻落实中央、省委、市委和县委重大决策部署，以五大发展理念为指引，以服务“五个岳池建设”为目标，以落实全面从严治党为主线，坚持改革创新，狠抓工作落实，按照点面结合、接点成线、连线成片的总体布局，突出幸福美丽新村、贫困村、产业环线等重点区域，促进农村基层治理现代化，为推进脱贫攻坚、全面建成小康社会提供坚强组织保证。

8 月 22 日，县委印发《关于进一步加强国有企业党的建设工作推进治理现代化的实施意见》（岳委发〔2016〕11 号）文件。提出，要坚持社会主义市场经济改革方向，全面深化国有企业改革，毫不动摇地坚持党对国有企业的领导，毫不动摇地加强国有企业党的建设，推动党的领导党的建设与国有企业改革发展深度融合，实现加强党的领导与完善公司治理机制有机统一，推进国有企业治理现代化，增强国有经济活力、控制力、影响力和抗风险能力。

8月22日，县委印发《关于进一步加强和改进社区党的建设工作的实施意见》（岳委发〔2016〕13号）文件。提出，要适应社会改革发展对社区党建工作提出的新任务、新要求，着力加强和改进班子队伍、组织体系、服务型党组织、“星级”社区、制度机制“五大建设”，努力把社区党组织建设成为服务群众、凝聚人心、优化管理、维护稳定的坚强领导核心，为加快推进岳池决胜全面小康、崛起经济强县提供坚强组织保障。

8月22日，县委印发《关于加强和改进党的建设工作的实施意见》（岳委发〔2016〕14号）文件。提出，以习近平提出的机关党建“走在前、作表率”为标尺，以“服务中心、建设队伍”为核心任务，紧扣全县工作大局，加强机关党员干部党性锻炼和改进机关作风，强化机关党的思想建设、组织建设、作风建设、反腐倡廉建设和制度建设，着力打造学习型、服务型、创新型“三型”机关，全面提升机关党建工作科学化水平，努力把机关党组织建设成为推动“三个跨越”、决胜脱贫攻坚、全面建成小康社会迈向现代岳池的坚强战斗堡垒。

8月22日，县委印发《关于加强社会组织党的建设工作的实施意见》（岳委发〔2016〕15号）文件。提出，社会组织党组织是党在社会组织中的战斗堡垒，要健全工作机构、理顺管理体制、完善工作机制，加大党组织组建力度，科学设置党组织，推进社会组织中党的组织和工作有效覆盖，要强化政治引领、团结凝聚群众、建设先进文化、推动事业发展，充分发挥党组织在社会组织中的政治核心作用，推进社会组织党务工作者和党员队伍建设上新水平，保障社会组织党建工作扎实有力，促进社会组织健康快速发展。

8月22日，县委印发《关于加强产业园区党的建设，推动科学发展加快发展的实施意见》（岳委发〔2016〕16号）文件。提出，深入贯彻落实中省市关于产业园区党建与发展工作部署，以改革创新精神加强园区党的建设，提高园区治理水平，创新体制机制，推进治理体系现代化，园区管理专业化，注重引进培育，推进人才建设，促进园区科学发展加快发展。

8月31日，县委办、县政府办印发《关于开展农村社区建设点工作的实施意见的通知》（岳委办〔2016〕138号）文件。提出，以邓小平理论、“三个代表”重要思想、科学发展观为指导，深入贯彻习近平系列重要讲话精神，以协调推进“四个全面”战略布局落实为引领，按照城乡发展一体化、公共服务均等化、社区治理现代化的要求，紧密结合幸福美丽新村建设和新型城镇化建设，科学规划农村社区设置，深入推进农村社区建设试点工作，稳步推进农村社区建设。

10月21日，县委、县政府印发《关于大力推进新型建筑产业发展的意见》（岳委发〔2016〕21号）文件。提出，以落实中省市发展新型建筑的决策部署为指导，不断培育壮大新型建筑产业，提高建筑工程的质量、效益和施工效率，推动全县经济在新一轮发展中转型升级，实现建筑业节能减排和可持续发展。

10月25日，县委办、县政府办印发《关于贯彻〈深化农村改革综合性实施方案〉的意见》（岳委办发〔2016〕11号）文件。提出，全面贯彻党的十八大和十八届三中、四中、五中全会精神，以邓小平理论、“三个代表”重要思想、科学发展观为指导，深入贯彻习近平系列重要讲话精神，认真落实中央、省、市、县关于全面深化农村改革的重大决策部署，继续把农村改革作为岳池全面深化改革的重点和突破口，加快转变农业发展方式，健全促进农业可持续发展和农民持续增收的体制机制，着力破除城乡二元结构的体制障碍，始终坚持与脱贫攻坚相结合，释放农业农村发展新动能，力争岳池农村改革工作走在全市乃至全省前列，让改革红利更多地向农户倾斜、让广大贫困户受益，为决胜“820”、全面建成小康社会、跻身经济强县奠定坚实基础。

11月6日，县委办、县政府办印发《关于大力发展农村新型集体经济的意见》（岳委办发〔2016〕12号）文件。提出，坚持以集体产权制度改革为动力，以盘活用好管好集体资产资源为着力点，以创新组织形式、经营模式、优化资源配置方式、完善管理制度为突破口，以贫困村、集体经济薄弱村为重点，以富民强村为落脚点，按照“试点示范、典型带动、重点突破、积极稳妥”的总体思路，通过政策扶持、产业支撑、示范带动、路径引领等措施，发展壮大农村新型集体经济，努力实现农村经济社会转型跨越发展，加速农村脱贫奔康步伐。

11月30日，县委、县政府印发《关于进一步加强和改进新形势下党校工作的实施意见》（岳委发〔2016〕24号）文件。提出，以习近平系列重要讲话精神为指导，全面落实省委要求，党校一切教学、科研和办学活动都要坚持党性原则、遵循党的政治路线，切实做到始终把绝对忠诚摆在首位、坚守党校教育政治本色，始终把高扬旗帜作为根本、锤炼党员干部信仰信念，始终把主动看齐当作关键、坚决执行中央和省、市、县委的决策部署。

12月21日，县委办、县政府办印发《关于创新体制机制推动顾县、罗渡两个全省百镇建设试点镇工作的实施意见》（岳委办发〔2016〕13号）文件。提出，以邓小平理论、“三个代表”重要思想、科学发展观为指导，围绕省委推进多点多极、统筹城乡发展战略部署，大力深化行政管理体制改革，切实加强基层政权建设，着力破解制约试点镇经济社会发展的体制机制障碍，理顺职责关系，优化组织结构，创新管理体制，提升保障水平，不断增强试点镇自我发展能力、社会管理能力和公共服务能力，充分发挥试点镇在县域经济社会发展中的辐射带动作用。

【重要活动】 1月13日至14日，省直机关工委巡视员、省政府参事，省干部驻村帮扶工作协调小组办公室副主任汤建平，省直机关工委宣传部部长，省干部驻村帮扶工作协调小组办公室宣传组、简报组组长张玉强，省直机关工委团工委主任科员，省干部驻村帮扶工作协调小组办公室综合组副组长戴浩到岳池县开展督查暨2015年度考核工作，市委常委、组织部部长黄秀川，市直机关工委常务副书记谢清涛，郑鹏程、汤才勇、廖和民、李桂新陪同。

1月22日，市扶贫移民局纪检组组长何晴，市扶贫移民局社会扶贫科科长谭碧忠，市扶贫移民局扶贫项目科科员周春到岳池开展贫困县考核复查工作，县委副书记李国生，县人大常委会副主任李桂新，县政府副县长姚长琼陪同。

1月28日，省食品药品监督管理局人事处处长赵勇、省食品药品检验检测院专职副书记向前到岳池调研，县委副书记李国生，县委常委、副县长钟爱平，县委常委、副县长郑钦平，县政府副县长任仕金、姚长琼、汪勇、蒋光辉、邹丽陪同。

2月3日，市委副书记、市长罗增斌，市政府副市长席世洪、市政府秘书长胡彦军，市委老干局、市委统战部、市人才办、市民政局、市总工会、市残联、市文明办相关领导，市政府办朱大均到岳池开展2016年春节慰问活动，郑鹏程、汤才勇、汪勇陪同。

2月4日，郑鹏程前往红星码头、岳池火车站等地开展2016年春节安全生产检查，谢帮勇、蒋光辉陪同。

2月14日，市委副书记、市长罗增斌，市委常委、副市长严春风、市政府秘书长胡彦军，市政府办公室党组成员、副主任尹钢银，市发展改革委、市交通运输局、市水务局、交投集团主要负责人到岳池调研重点工程建设；郑鹏程、汤才勇、钟爱平、姚长琼、冯雒陪同。

2月16日，省人大常委会副主任黄润秋，省人大常委会委员、农委主任委员李清禾，省商务厅副厅长刘祥超，省商务厅服务业处处长范军，省博览局办公室主任秦勇，省人大农委办公室主任科员龙建英，省博览局机关党办干部陈宁到岳池督导经济工作，市人大常委会主任余仪，市人大常委会机关党组书记唐明光，市人大常委会委员、农委主任委员冯昌安，县委书记郑鹏程，县委副书记、县长汤才勇，县人大常委会主任曾邦才，县委副书记李国生，县委常委、副县长钟爱平、郑钦平，县政府副县长任仕金、姚长琼、蒋光辉陪同。

2月19日，全体县级领导前往小平故里景区邓小平铜像广场参加邓小平同志逝世19周年纪念日献花仪式。

2月25日，全省水库运行管理暨信息化建设现场会在岳池召开。省水利厅副厅长李勇蔺，省农水局局长王华，省农水局副局长冉从恒，省农水局水库处处长王斌，市政府副市长刘和斌，市水务局局长徐元武，市水务局副局长卢俊华，有水库的19个市（州）水务局分管局长及科（处、站）长，74个扩权县（市、区）分管局长，系统研发有关单位负责人，省水利厅、省农水局、厅直水管单位领导及相关人员参加，县委副书记李国生，县委常委陶开琴，副县长姚长琼陪同。

2月28日至3月2日，县委书记郑鹏程带队到江苏、上海等地开展PPP项目招商推介活动，县委常委、副县长钟爱平，县委常委、总工会主席刘俊陪同。

3月15日，市委副书记、市长罗增斌，市政府党组成员、秘书长胡彦军，市政府副秘书长、区域合作办主任赵胜强，市政府办公室党组成员、副主任尹钢银，市委市政府督查办副主任蒋志勇，市住房城乡建设局局长王小兵，市国土资源局局长李玉京，市农业局局长刘健，市卫生计生委主任郑建军到岳池开展以推进项目建设为重点的经济工作专项督导，郑鹏程、汤才勇、钟爱平、刘俊、任仕金、蒋光辉、邹丽陪同。

3月29日，县委书记郑鹏程出席在岳池体育馆举行的广安市第四届学生运动会开幕式。

3月29日至30日，成都倍特药业集团董事长苏忠海，成都倍特药业集团营销副总姚淑英，成都倍特药业集团董事长助理李胜到岳池商谈加快项目推进，市委常委、组织部部长黄秀川，市委常委俞路，郑鹏程、汤才勇、钟爱平、郑钦平、邹丽陪同。

4月6日，县委书记郑鹏程调研城市建设、工业发展暨AAAA级景区环线规划工作，县委常委、副县长钟爱平，县委常委、总工会主席刘俊，县委常委、副县长郑钦平，县政府副县长邹丽陪同。

4月6日，县委书记郑鹏程在北师大附中现场办公，县委副书记、县长汤才勇，县人大常委会副主任蒋侠，县政府副县长任仕金，县政协副主席冯雒陪同。

4月16日，县委书记郑鹏程调研高中教学情况，县人大常委会副主任蒋侠，县政府副县长任仕金，县政协副主任冯雒陪同。

4月19日至20日，市人大常委会副主任、党组副书记敬世波，市人大财经委副主任委员夏克梦，市人大常委会研究室主任邓林，市人大财经委副主任委员赖元平，市人大常委会研究室干部冯浩到岳池开展进一步加强县乡人大工作和建设情况专项督查工作，县委书记郑鹏程，县人大常委会党组书记、主任曾邦才，县委常委、副县长钟爱平，县委常委、组织部部长廖和民，县人大常委会副主任李桂新、蒋侠，县人民法院院长孙永红，县人民检察院检察长谭安民陪同。

4月24日，县委书记郑鹏程调研广安市脱贫攻坚工作推进会岳池现场点筹备工作，县人大常委副主任李桂新，县政府副县长姚长琼陪同。

5月5日，市政协副主席刘兴汉，市政协社法委主任吴利民，市政协办公室副主任罗志强，市政协社法委办公室主任陈均到岳池专项督查进一步加强和改进人民政协工作情况，县政协党组书记、主席谢帮勇，县委副书记陈森，县政协党组副书记、副主席胡安贵陪同。

5月6日，县委书记郑鹏程前往响水滩水库、罗渡镇检查汛前防汛工作，县人武部政委张海峰、县防汛抗旱指挥部副指挥长姚长琼、县防汛抗旱指挥部副指挥长汪勇陪同。

5月10日，岳池县党员县级领导干部在邓小平缅怀馆参加“重温入党誓词”主题党日活动。

5月15日，县委书记郑鹏程出席县委书记开展严肃换届纪律专题谈心谈话会暨乡镇主要领导干部读书班结业典礼并讲话。

5月19日，全省深化现代农业林业建设工作会参会领导约250人到岳池参观，郑鹏程、谭云、姚长琼陪同。

5月19日至22日，县委书记郑鹏程参加第十九届中国（重庆）国际投资暨全球采购会，县委副书记谭云，县委常委、总工会主席刘俊，县委常委、副县长郑钦平，县政府副县长汪勇，县政府副县长邹丽参加。

5月24日，县委书记郑鹏程在白庙镇瞿家店村农家院落讲党课。

5月25日至29日，县委书记郑鹏程到华东地区开展小分队招商活动，县委常委、副县长郑钦平陪同。

6月1日，省高级人民法院党组书记、院长王海萍，省高级人民法院办公室副主任汪军，省高级人民法院院长办公室主任谢慧，省高级人民法院办公室干部张永飞到岳池调研法院工作，市委书记侯晓春，市委常委、政法委书记肖雷，市中级人民法院党组书记、院长郑治，郑鹏程、于伟、孙永红陪同。

6月2日至3日，县委书记郑鹏程到天津参加津广国企合作项目集中签约仪式活动，县委常委、副县长郑钦平陪同。

6月10日，县委书记郑鹏程到白庙镇调研白庙镇贫困村脱贫攻坚工作推进情况、存在的问题和下步工作打算，县委常委、副县长陶开琴，县人大常委会副主任李桂新陪同。

6月21日，广安市脱贫攻坚工作第五次推进会在岳池召开，郑鹏程、陈森、陶开琴、李桂新陪同。

6月22日，县委书记郑鹏程开展“七一”慰问活动。

6月25日，县委书记郑鹏程带队到中和镇、赛龙镇等地检查2016年主汛期防汛工作，县政府副县长姚长琼，县政府副县长、公安局局长蒋光辉陪同。

6月26日，县委书记郑鹏程调研指导“两学一做”学习教育，县委常委、组织部部长廖和民陪同。

6月27日，市委常委、副市长俞路，副市长、公安局局长邓文国，市政府副秘书长、市应急办主任陈文华等市级观摩组到岳池指导2016年市级专项应急演练工作，郑鹏程、谭云、钟爱平、郑钦平、任仕金、蒋光辉、刘永红陪同。

6月28日，县委书记郑鹏程参加广安市第二季度重大项目集中开工仪式（岳池分会场）并宣布开工。

6月29日，市委副书记、市长罗增斌，市政府副市长席世洪，市政府秘书长胡彦军，市委组织部副部长、市编办主任唐时兵，市政府办副主任尹钢银到岳池开展“七一”走访慰问活动，郑鹏程、廖和民、汪勇陪同

6月29日，县委书记郑鹏程出席岳池县庆祝中国共产党成立95周年大会并讲话。

7月17日，县委书记郑鹏程参加上级领导调研白庙镇瞿家店村脱贫攻坚工作预演，谭云、陈森、李廷远、陶开琴、李桂新陪同。

7月19日，团省委学校部副部长苏斌，四川大学关工委副主任周荣丰等到岳池举行四川大学校团委与共青团岳池县委共建合作签约仪式，县委书记郑鹏程、县委副书记陈森，县委常委、组织部长廖和民，县委常委、副县长陶开琴，副县长任仕金参加。

7月22日至24日，县委书记郑鹏程，县委副书记、代县长谭云，县人大常委会党组书记、主任曾邦才，县政协党组书记、主席谢帮勇，县委常委、总工会主席刘俊，县政府副县长汪勇，县委办公室周礼成，县政府办公室刘永红等岳池党政代表团到卓达集团考察。

7月27日，县委书记郑鹏程到大佛乡三官店村调研脱贫攻坚工作推进情况、存在的问题和下步工作打算，陈森、陶开琴、李桂新陪同。

8月1日，卓达集团副总裁、项目委副主任谭

步勇，卓达集团川渝公司总经理唐文平，卓达集团广安项目总经理李寄，卓达集团重庆项目副总经理高孟，卓达集团副总裁助理管英杰，卓达集团重庆项目规划经理张晶炎，卓达集团广安项目经理杨军，卓达集团广安项目干事阙军到岳池考察，县委书记郑鹏程，县委副书记、代县长谭云，县委常委、总工会主席刘俊陪同。

8月2日，县委书记郑鹏程到普安镇新庙子村调研村脱贫攻坚工作推进情况、存在的问题和下步工作打算，陶开琴、李桂新陪同。

8月9日至11日，县委书记郑鹏程出席四川省食品药品监管局、广安市岳池县第一次工作联席会、院地（项目）合作签约仪式暨招商考察活动，县委副书记、代县长谭云，县委常委、副县长郑钦平，县政府副县长邹丽陪同。

8月11日至13日，县委书记郑鹏程蹲点督导白庙镇瞿家店村脱贫攻坚工作，县委副书记陈森陪同。

8月22日，全体县级领导在小平故里景区邓小平铜像广场出席邓小平同志诞辰112周年献花仪式活动。

8月31日，市委副书记肖友才，市委副秘书长邹来云，市扶贫移民局党组成员、纪检组长何晴，市交通运输局党组成员、市海事局局长黄光军，广安爱众集团党委书记、董事长罗庆红，市科协主席杨铁，成都农商银行广安分行行长杨格，中国人民银行广安市中心支行工会主席文良荣到岳池蹲点督导脱贫攻坚，郑鹏程、陈森、李桂新陪同。

9月7日，市委宣讲团到岳池开展省委十届八次全会精神宣讲报告会活动，县“四大班子”领导出席活动。

9月9日，县“四大班子”领导出席岳池县庆祝第32个教师节暨表扬大会。

9月20日，广安市依法治市工作现场推进会参会人员到岳池参观，县委书记郑鹏程，县委副书记李廷远，县委常委、副县长钟爱平，县委常委、政法委书记于伟，县政府副县长、公安局局长蒋光辉，县人民法院代理院长滕明杰陪同。

9月30日，县委书记郑鹏程出席广安市2016年三季度重大项目集中开工仪式岳池分会场活动，谭云、曾邦才、谢帮勇、钟爱平、郑钦平参加。

10月11日，国家食品药品监管总局食品药品审核查验中心副主任孙京林、农工支部主任委员闫兆光、质量管理处处长樊晓东、医疗器械核查处检查员尹宏文、研究核查处检查员张正付、退休干部解琴、主审审评员胡晓敏，北京市医药集中采购服务中心干部刘芳到岳池调研，市委常委、副市长俞路，市食品药品监管局局长屠明春，市政府办公室纪检组长舒伟，市食品药品监管局副局长熊昌辉，县委书记郑鹏程，县委常委、统战部部长郑钦平，县政府副县长邹丽，县政府党组成员、石鼓乡党委书记刘裕文陪同。

10月13日，成都广安商会会长王仁果等17人到岳池开展脱贫攻坚调研，郑鹏程、曾邦才、谢帮勇、陈森、李廷远、钟爱平陪同。

10月16日，县“四大班子”领导，县法院院长、县检察院检察长、县公安局政委、县人武部副部长在吴雪艺术中心主会议室出席张秀代先进事迹报告会。

10月18日，县委书记郑鹏程到县人力资源社会保障局、实验学校、九龙镇、九龙镇九道拐村调研基层党建工作，陈森、李廷远、钟爱平、苟秀英、罗向前陪同。

10月19日，中央组织部组织一局副巡视员徐南鹏，中央组织部组织一局四处副处长王方明，辽宁省本溪市委组织部“两新”组织党工委、综合办主任杨守军，吉林省长春市委组织部党员电化教育处副处长郭翔宇，四川省委党建办副主任程文茂，四川省委党建办秘书处处长尹显耀，四川省委党建办秘书处副主任科员吴文鑫到岳池检查基层党建工作，刘立云、王冬霞、郑鹏程、陈森、李廷远、钟爱平、苟秀英、罗向前陪同。

10月20日至22日，县委书记郑鹏程出席中国（广安）川渝合作示范区暨川东北经济区投资贸易洽谈会，县委副书记、代县长谭云，县委常委郑钦平，县委常委、副县长陶开琴，县委常委候选人预备人选苟秀英，副县长邹丽，副县长候选人预备人选、县政府办公室主任刘永红，副县长候选人预备人选刘裕文，县政协副主席候选人预备人选、县委农工委主任杨淑芹参加。

10月21日，全体县级领导在县委视频会议室集中观看中共中央召开纪念红军长征胜利80周年大会现场直播。

10月27日，四川北新大弘置业有限公司总裁刘邦成，四川临港置业有限责任公司董事长刘建平，成都大乾企业管理有限公司董事长张家大，四川省农村信用联社高级业务主管张剑，四川临港置业有限责任公司总经理刘祥兵，四川北新大弘置业有限公司副总经理黄华东，四川北新大弘置业有限公司策划总监范东林，四川北新大弘置业有限公司总裁秘书刘国金，四川北新大弘置业有限公司策划经理吴洋，四川北新大弘置业有限公司律师樊勇，四川北新大弘置业有限公司律师张怀亮到岳池考察洽谈国际商贸城项目，县委书记郑鹏程，县委副书记、代县长谭云，县委常委、总工会主席刘俊陪同。

10月31日，市委常委、政法委书记肖雷一行到岳池调研脱贫攻坚工作，郑鹏程、谭云、陈森、刘勇陪同。

10月31日，四川省2016年四季度重大项目集中开工仪式广安分会场活动在岳池县经开区举行，市上领导侯晓春、余仪、刘凤成、肖友才、严春风、杨利民、胡彦军、唐鹤松、陈波，县上领导郑鹏程、谭云、曾邦才、谢帮勇、钟爱平、郑钦平、刘裕文出席。

11月3日，岳池县处级领导干部在川中监狱开展警示教育活动。

11月6日，县"四大班子"领导、县法院院长、县检察院检察长、县公安局政委、县人武部副部长在县委视频会议室集中观看中央宣讲团党的十八届六中全会精神宣讲报告会。

11月14日，王铭晖副省长一行16人到岳池开展脱贫攻坚调研督导工作，肖雷、刘和斌、王建玲、谭云、陈森、李廷远、刘永红陪同。

11月30日，县委书记郑鹏程赴苟角片区、兴隆片区开展"走基层、送温暖"工作。

12月1日至3日，南京正大天晴制药有限公司总经理王宽起，湖南欧亚生物有限公司董事长林开朝，湖南欧亚生物有限公司总工程师李兴民，浙江振华塑业有限公司总经理吴迪富到岳池考察，市委常委、副市长俞路，市政府办纪检组长舒伟，市食品药品监管局局长屠明春，县委书记郑鹏程，县委常委、副县长钟爱平，县委常委、统战部部长郑钦平，县政府副县长邹丽陪同。

12月19日至20日，市关工委常务副主任、市人大常委会原副主任蒋登伦，市关工委副主任、市人大原农委副主任、民政局原局长吴天顺，武胜县关工委工作人员王林清到岳池开展关工委工作考评及乡镇(街道)"六好"关工委验收活动，县委副书记李廷远，县委常委、总工会主席刘俊陪同。

12月23日，省依法治省考核组省司法厅机关党委书记安家爱等一行8人到岳池检查依法治县工作，市委副秘书长、依法治市办主任李远纪，市法学会副会长、依法治市办副主任梁宁川，县委副书记李廷远，县委常委、政法委书记于伟陪同。

【主要成绩】 党的建设。坚持从严管党治党，压紧压实"两个责任"，全面实施"三大工程"，风清气正、干事创业的政治生态加快形成。整顿软弱涣散村级党组织79个，后进村(社区)党组织全部转化升级。选拔机关年轻干部72名、"四类人员"43名到乡镇任职，提拔重用优秀乡镇干部127人，完成县乡党委、县乡纪委、县乡人大、县政协换届工作。把严肃换届纪律贯穿换届全过程，省换届风气督查组到岳池督查调研2次，都给予充分肯定。培育李小燕、李志义等省市先进典型15人，第一书记网络e家党委等工作经验得到省、市肯定推广。组建全媒体中心，开办"一台一报两站两微"，提高舆论主动权、话语权。保持惩贪治腐高压态势，全年初核问题线索199件，处分73人，其中乡科级领导干部12人。推行正风肃纪常态化，发送廉洁短信6万余条，开展监督检查60余次，发现并整改问题400余个，对群众身边的不正之风和腐败问题立案44件，给予党纪政纪处分28人，公开通报曝光13起，党风政风得到好转。

“两学一做”学习教育。扎实做好7项规定动作，召开3次中心组专题学习会、12次常委会，专题学习党章党规和习近平系列讲话。以中心组专题研讨和党支部专题讨论为重点，围绕“四讲四有”以及“合格党员具体标准、不合格党员具体体现”开展大讨论1500余次。举办“微党课”评比、学习教育知识竞赛、党务骨干培训，开展“三亮三比三评”党员示范行动，结合“四项教育”，打造示范点16个。

工业经济。全县规模以上工业企业实现总产值240亿元，增长15%，规模以上工业增加值增幅9.8%，完成工业投资43.9亿元，新培育规模以上企业8户、小微企业310户。生物医药、农产品加工、机械电子三大主导产业分别实现产值34.04亿元、87.83亿元、26.17亿元，同比分别增长57.32%、4.34%、34.2%。仁安药业、富登电梯等重大项目建成投产，医药专业污水处理厂投入使用，“同兴源”创新创业园投运，创新药物公共服务中心开工建设，岳池·重庆产业园正式落户。县经开区获授四川省药品上市许可持有人制度试点示范区、四川省（医药）特色产业基地、四川省专家服务基地。

现代农业。岳池县被省政府认定为全省现代农业建设示范县（2016—2018年）。全年粮食总产量53.3万吨、油料总产3.1万吨，分别增长0.9%、2%，实现连续十年增产。现代都市农业完成固定资产投资4.28亿元。新拓展特色水产、种养循环基地3500余亩，实现产值3.92亿元。探索新型农业经营模式，长田香藤椒专业合作社被评为全国林业合作社示范社，大龙山花椒基地通过“四川省森林食品基地”认证并获授牌。

商贸经济。市场体系不断完善，环东湖商圈基本建成，输变电技能培训中心全面竣工，余家河特色商业带加快建设，新培育限额以上商贸企业6户，成功培育莲桥米粉、顾县豆干、银康大米、紫金葡萄等县内农产品品牌8个，培育限额以上商贸企业4户、规模以上服务业企业5户，实现服务业增加值70.2亿元。现代物流加快发展，新建县级物流配送中心1个、乡镇电商物流配送站16个，实现物流业增加值5.8亿元。推进“互联网+”行动，建成农村电商服务站点145个，引进和培育电商平台企业11家，实现电商交易额11亿元。旅游业加快发展，编制完成文化旅游景区总体规划，成功举办岳池农家文化旅游节、白庙樱花节、排楼李花节等特色节会，实现旅游收入24.6亿元。创新活力不断释放，获市级科技成果鉴定8项，申请专利136件，推广运用新技术15项、新品种18个。

基础设施建设。采用PPP模式投资13亿元，实施骨架道路、东城明珠棚改等重点项目13个；建成站前景观大道、银城大道东延伸段等骨架道路4条，新增城镇建成区面积3平方千米，达到22.8平方千米，城镇化率35.7%。建成幸福美丽新村128个，建（改、保）新村聚居点3个。红星大桥、广高路升级改造全面完工，综合客运枢纽站基本建成，新建通村水泥路202千米、旅游产业扶贫道路22.7千米、干果产业大道21千米，改造县乡道72.3千米，实施仪华路大中修19.5千米；完成县城公交公司化改造，投放纯电动、液化天然气公交车各20辆。水、电、气供应能力持续提升，4G及光纤宽带覆盖率分别达到67%、87.5%。整治病险水库23座，新建（整治）排灌渠164.5千米、山平塘160口，建成农建示范区5.1万亩，新增有效灌溉面积1.1万亩，岳池县被评为全省农田水利基本建设先进县。完成国家级生态乡镇规划评审，治理水土流失7平方千米，营林造林3.5万亩，森林覆盖率提高至34.1%。开展“洁净水”行动，拆除和整治畜禽养殖场108个，新建乡镇污水处理站7座，全县污水日处理能力达到2.8万吨，国控断面水质良好稳定，城镇集中式饮用水源水质达标率100%。推进节能减排，单位GDP能耗、单位工业增加值能耗分别下降2%、4.5%，顺利通过省委、省政府环保督察。

改革工作。行政管理体制改革、农业农村改革、投融资改革等11项重点改革任务取得突破。全面取消行政审批项目38项，明确县本级权力6177项。投融资改革取得实效，银泰投资公司、发展建设公司分别融资55亿元、3.9亿元。建成占地面积20亩的电子商务服务中心，引进和培育本地电商平台企业11户，交易额10.5亿元，零售额2.15亿元。

招商引资。借助“中外知名企业四川行”“西博会”等活动平台，成功引进创新药物公共服务平台、跨境商贸物流城等亿元以上项目18个，形成固定资产投资90.77亿元，岳池县被市委、市政府评为“川渝合作示范区暨川东北经济区投资贸易大会工作先进集体”。全力推进灵泉寺水库、九龙城镇棚户区改造等54个新开工项目和综合客运枢纽、红星大桥等46个续建项目，完成年度投资204.8亿元。围绕基础设施、民生工程等重点领域，包装储备项目618个。加大向上争取力度，争取中央、省支持项目382个，到位资金32.4亿元。与天津国资委、天津东丽区、天药集团、天津食品集团等区域及企业建立战略合作关系，成功签约江苏华建、农业开发及光伏发电等项目。

社会事业。以建党95周年、红军长征胜利80周年纪念活动为契机，开展“永远跟党走、唱响中国梦”歌咏会等十项系列文化活动。情景曲剧《东门码头》获市“音舞剧”双年会金奖，《悠悠象鼻河》《把平安带回家》获“第五届广安文艺奖”。组织开展民间艺术展演、送文化下乡活动50余场(次)，精准扶贫文化惠民演出280场。开设“阳光岳池·电视问政”专题栏目，受群众好评。在47个村实施文化惠民“七个一”工程，建成村文化室120个、幸福美丽新村文化院坝47个、文化小广场20个。

民主法治建设。“依法治县”深入推进，启动实施“七五”普法规划，法律、法纪“双七进”活动扎实开展，制作播出《法治聚焦》32期、《普法讲堂》3期，拍摄法治微电影2部，开展法治文艺巡演12场(次)，成功打造青少年法治教育基地、法治岳池一条街等法治文化阵地，岳池县被评为全国“六五”普法先进县。县人大及其常委会依法行使监督、决定、任免等职权，围绕中心、服务大局卓有成效。县政协认真履行政治协商、民主监督、参政议政职能，增进共识、助推发展。基层民主不断扩大，民主党派、工商联和群团组织联系群众的桥梁纽带作用充分发挥。

民生工作。实施省、市县民生项目137项，累计投入民生资金26.29亿元；惠民帮扶目标任务完成应急救助18690人(次)，接受募捐627.37万元(其中帮扶使用627.37万元)，济困帮扶19660人(次)，惠民医疗55950人(次)，生产扶持152万元，智力扶助78700人(次)，助力解难1343户，安居解困1587户，法律维权13586人(次)，利用专项资金惠民帮扶179人100万元；全面兑现城乡居民养老保险、最低生活保障、重度残疾人生活保障、城乡医疗救助等制度。城乡居民生活用电实现与四川电网同价，惠及33万用电户120万城乡居民，居民电费负担5000余万元。

安全稳定。制定《信访工作精细化管理实施办法(试行)》，实行县级领导干部“大接访”和包案制度，深化网格化服务管理，稳妥处置“杨天直死亡舆情事件”等一大批信访事件，矛盾纠纷化解率99%。实施“全民治安”工程，推进“雪亮”工程，“点线圈面”立体治安防控体系逐渐健全。强力打击各类违法犯罪行为，连续10年保持现行命案破案率100%，群众安全感持续增强。牢守安全生产底线，全年未发生较大以上安全生产责任事故。

(县委办公室)

县委办公室

【信息调研】 推行全员办信息制度，完善信息工作考核激励机制，落实责任，严格考核。举办全县党委系统信息写作培训，建立乡镇、部门信息工作人员跟班学习制度，围绕县委重大决策部署，有针对性地开展调查研究，为岳池跨越发展、后发赶超提供理论支持，形成一批有价值、有分量的调研报告和工作建议供县委决策参考。全年开展调研活动30余次，上报中央、省委、市委信息3000余条，完成市以上党委信息1742分；编发《岳池党务（快讯）》《岳池党务（通报）》《岳池党务（参阅）》106期。

【综合文秘】 按照规范高效要求，严把文稿质量关、审核关和收发关，做到及时、准确、安全、高效。全面领会县委意图，综合分析，认真拟稿，精心推敲，仔细修改，确保文稿质量。全年撰写汇报材料、领导讲话、综合性文件等材料250余篇，撰写大型材料30余篇。及时登记、传阅上级文件，及时整理存档应该保存的文件。全年传阅文件1200余份，未发生文件丢失及泄密事件。

【督查督办】 围绕县委、县政府中心工作，坚持“快节奏、高速度、超常规”工作基调，求真务实，锐意进取，不断创新督查手段，灵活督查方式，狠抓工作落实。全年开展各类督查220余起，其中重大决策及重要工作部署落实情况督查50余起，重点工作及重大工程建设督查80余起，县委常委会、专题会议定事项督查20余起，现场点筹备督查20余起，群众反映的热点难点问题督查50余起。印发《岳池督查》27期，上报《督查落实情况报告书》36期，发出《督办通知》20期、《温馨提示》30份，电话短信向市、县领导报告工作落实情况100余次。

【机要保密】 围绕“重投入、建网络、强队伍、严管理、优服务”工作思路，创新服务意识，坚持24小时值班制度，加大对涉密网络的管理和检查力度。健全和落实保密管理责任制，认真做好高考、中考的试卷保密工作和涉密文件的管理，确保国家秘密的安全。紧跟计算机网络发展的新形势，发挥主观能动性，全力为全县党政网用户搞好服务，保证党政网络的全程畅通，达到保密、优质、高速、无事故的要求。

【会务接待】 坚持提前准备、分工负责、层层把关，周密细致地做好会议筹备和服务工作，全年承担县委全委会、农业农村工作会、工业工作会等重要会议38次，做到会场布置整洁庄严、服务细致周到，会议材料齐备准确。搞好接待工作，遵守中央、省、市关于厉行节约、简化接待的要求，控制接待标准，规范接待程序，精心编制接待方案，全年接待中央、省、市及兄弟区（市、县）领导到岳池视察180批（次）3000人（次）。

（县委办公室）

纪检监察

【全委会议】 2016年2月24日，中国共产党岳池县第十一届纪律检查委员会第六次全体会议在吴雪艺术中心主会议室召开。28名县纪委委员参加会议；县委、县人大、县政府、县政协在家县级领导和县人民法院、县人民检察院、县人武部、县公安局主要领导出席会议；县监察局党外副局长，各乡镇（翠管会）党委书记、乡镇长（主任）、纪委书记、监察室主任，县委各部委主要负责人、副科级纪检员（纪工委书记），县经开区、高新区、现代农业园区党工委副书记、纪工委书记，县级各部门党组（党委）主要负责人、纪检组组长（纪委书记），各群团党组织主要负责人、副科级纪检员，相关企事业单位党组织主要负责人、纪委书记，驻岳池单位党组织主要负责人、纪检组组长（纪委书记），特邀监察员，县纪委监察局各室（部、中心）负责人列席会议。贯彻落实省纪委十届五次全会、市纪委四届六次全会精神，总结2015年党风廉政建设和反腐败工作，研究部署2016年工作任务。县委书记郑鹏程出席会议并作重要讲话。会议审议通过县委常委、纪委书记李廷远代表县纪委常委会作的《勇于政治担当严肃监督执纪问责把从严治党向基层延伸落到实处》的工作报告和《中国共产党岳池县第十一届纪律检查委员会第六次全体会议决议》。

7月7日，中国共产党岳池县第十一届纪律检查委员会第七次全体（扩大）会议在吴雪艺术中心多功能厅召开。中共岳池县第十一届纪委委员参加会议；市纪委李志刚（参加岳池县纪委领导班子换届考察组组长）讲话，考察组成员江乾鸿、刘军、舒寒梅、邓子平参加会议；县监察局党外副局长、各乡镇纪委书记、县委各部委副科级纪检员（纪工委书记）、翠湖景区、经开区、高新区、农业园区纪工委书记（纪委书记），派驻县级各部门纪检组组长（纪委书记），各群团组织副科级纪检员、县纪委监察局各室（部、中心）负责人列席会议。会议观看警示教育片《镜鉴》，对现任县纪委领导班子成员进行民主评议、民主测评和德的反向调查，全额定向民主推荐新一届县纪委领导班子成员。

9月7日，中国共产党岳池县第十一届纪律检查委员会第八次全体（扩大）会议在吴雪艺术中心多功能厅召开。中共岳池县第十一届纪委委员参加会议，县监察局党外副局长、派驻部门纪检组组长（纪委书记、纪工委书记、纪检员）、乡镇纪委书记、县纪委机关中层干部列席会议。对十二届县纪委委员候选人预备人选进行全额定向民主推荐。

9月20日，中国共产党岳池县第十一届纪律检查委员会第九次全体会议在吴雪艺术中心二会议室召开。中共岳池县第十一届纪委委员参加会议。讨论通过《中共岳池县纪委向县第十二次党代会的工作报告》。

9月29日，中国共产党岳池县第十二届纪律检查委员会第一次全体会议在吴雪艺术中心二会议室召开。全体十二届县纪委委员参加会议。选举刘勇、吴焱、周国庆、徐君、张天才、朱华、易顺为中共岳池县十二届纪委常委，刘勇为中共岳池县十二届纪委书记，吴焱、周国庆为副书记。

【党风廉政建设】 县委切实担负起全面从严治党政治责任，牵牢牵准牵稳主体责任“牛鼻子”。县委常委会研究党风廉政建设和反腐败工作21次，检视反思郭伯雄严重违纪违法等典型案例，有效增强各级党员干部责任意识。县委主要领导及班子成员落实“四个亲自”和“一岗双责”要求，带头签订责任清单、讲廉政党课、开展廉政谈话。全县各级党组织认真贯彻落实县委反腐倡廉各项决策部署，坚决履行党风廉政建设主体责任，以实际行动推动全面从严治党迈向深入。各级纪委认真履行监督责任，做好组织协调、纪律监督、作风督查、执纪审查、警示教育等工作。压力有效传导，责任落实到位。深化“明、询、查、考、述、评、究”七步工作法，三个单位因“一把手”或班子成员违纪被一票否决。继续推行“签字背书”“三述”等措施，层层签订党风廉政建设责任清单8554份，书面或会议“三述”3684人，其中在县纪委全会上“三述”的党组织负责人4人。实施“一案双查”，严肃处理顾县镇党委书记落实主体责任不力、裕民镇纪委书记落实监督责任不力等典型案例。严格执行换届纪律“九个严禁、九个一律”等要求，健全完善谈心谈话、换届纪律专项承诺等制度，县委书记、纪委书记、组织部部长对全县科级以上领导干部开展全覆盖谈心谈话，开展换届纪律执行情况监督检查40余次，出台《县乡领导班子换届信访举报立项专办实施办法》《违反换届纪律案件快速查核制度》等，查结考察对象和提名人选的信访举报4件。对顾县镇党委及相关人员落实换届纪律不力、团结乡穿石孔村人大代表选举等问题进行严肃处理。严格把好党员领导干部“党风廉政建设意见回复”关，开展审核2000余人(次),暂缓提拔任用5人,不能提拔任用2人。

【监督检查】 紧紧围绕落实中央八项规定,以及省、市、县改进工作作风和密切联系群众相关规定精神,在深入治理违规收送红包礼金、违规操办婚丧喜庆事宜等方面持续用劲,一锤接着一锤敲,以"工匠精神"推动中央、省、市各项重大决策部署落到实处。聚焦"七个有之""五个比如"等突出问题,开展党员领导干部特别是主要领导干部执行政治纪律和规矩情况的监督检查4次,坚决纠正上有政策、下有对策,有令不行、有禁不止行为。抓好2015年和2016年上半年全省党风廉政建设社会评价满意度测评整改,细化成22个具体问题,分解任务到21位县级领导和34个责任单位,采取暗访检查、走访群众、电话督促等方式,确保整改到位。紧盯年节假期,看住"关键少数",认真识别隐形变异"四风"问题,发送廉洁短信6万余条,主动开展督查或联合督促职能部门开展监督检查60余次,发现并整改问题400余个,严肃查处顾县镇党委原副书记、纪委书记违反工作纪律等典型案例。扎实开展脱贫攻坚专项监督检查,深入全县各乡镇贫困村,针对精准识别实施项目、资金使用、帮扶措施、脱贫成效以及主责部门履职情况开展精准监督,发现并督促整改问题70余个,推动中央、省、市、县脱贫攻坚目标任务落实到位。联合县政府办等开展违规借用公车和公车私用专项整治,发现并限期整改违规借用下属事业单位车辆、租车承包等问题2个。针对教科体系统天成指数高、信访举报量大问题,联合县食药监局、工商质监局对学校财务管理、有偿补课、违规收费、在编不在岗、食堂管理等方面开展教育系统专项检查,发现并督促整改问题89个。开展换届期间作风巡查,对各级各部门换届期间工作消极懈怠、乱发津补贴、值守情况等进行明察暗访,发现并督促整改问题30余个。

【案件查处】 把纪律和规矩挺在前面,始终保持惩贪治腐高压态势。重点查办县气象局原主要领导贪污受贿、岳池中学原校长成华清违反廉洁纪律、镇裕镇原党委书记余杰违反工作纪律、裕民镇石朝门村村"三职"干部违反群众纪律等典型案件,有效维护纪律权威性。全县纪检监察机关受理群众信访举报件273件(次),处置问题线索267件,初核问题线索205件,立案136件,处分136人,其中乡科级领导干部21人。正确运用监督执纪"四种形态",谈话函询或要求在民主生活会上作说明的45人,给予轻处分或组织处理的148人,给予重处分或重大职务调整的22人,涉嫌犯罪开除党籍并移送司法1人,分别占20.83%、68.52%、10.19%、0.46%。执行"一案三报告"、重大案件"五个一"、案发单位专题民主生活会和典型案例通报曝光等制度,召开重大案件案发地专题民主生活会7次,发出提醒函12份。规范纪律审理程序,推进乡案县审,提高案件审理质量。高度重视纪律审查安全工作,推进依纪依法、安全文明办案,未发生办案安全事故。坚持惩戒与教育相结合,对10余名受处分人员开展回访教育,做好思想转化与现实表现考察。坚持保护干部干事创业积极性,为3名党员干部澄清是非。

【惩治和预防腐败】 根据《建立健全惩治和预防腐败体系2013—2017年工作方案》,及时调整县委惩防体系建设领导小组,将推进惩防体系建设的4大类、38项任务分别落实到各牵头、协办单位,督促履行主体责任,逐项落实具体任务。加强惩防体系建设任务动态管理,指导相关县级部门和乡镇建立工作任务台账,按季度更新任务完成情况,动态监控任务完成情况。将惩防体系建设纳入年度绩效目标统一考核,制发《惩治和预防腐败体系建设考评细则》,新建反腐倡廉制度38个,惩防体系更加齐备。通过专栏、手机短信、网站、电视等载体,广泛宣传预防腐败"广土"工程,引导社会广泛参与。及时召开"广土"工程现场推进会,通过以点带面、以点促面,推动全面开展。加强对各乡镇各部门推进“广土”工程的督促指导，开展监督检查50余次，发出整改通知书100余份。建立牵头领导联系示范点机制，深入开展廉洁“细胞”、廉洁“微元素”建设，在各行业各系统培植崇尚廉洁、风清气正的廉洁土壤，精心打造“八大廉洁基石”示范点，新增示范点33个。出台《关于做好全县纪检监察系统廉政风险防控管理工作的通知》，梳理风险点1622个，动态调整风险点351个，制定防控措施2281条。深入推进廉政风险直接管理、迹象管理，县本级对5名乡镇部门和国有企业的主要负责人进行廉政风险直接管理。出台《岳池县廉洁风险迹象精细化记分管理实施办法（试行）》，规范操作细节，明确各级党委、纪委分别担负廉洁风险迹象精细化记分管理的主体责任、监督责任，科级干部由县纪委统一进行记分管理，股级及以下干部由各单位进行记分管理。把推进廉洁风险迹象精细化记分管理工作纳入党建工作年度目标任务，建立廉洁风险迹象信息扣分台账，扣减181名干部273分，发放廉洁风险迹象警醒卡、告知卡、警示卡、纠错卡3000余张。规范化运行行政权力监察平台，梳理完善行政权力事项，完善行政权力事项运行数量5295项，设置电子监察点118758个、廉政风险点57380个，预警报警事项25起，发起督办25起，预警报警事项均在规定的时限范围内得到整改和处理。制订完善行政权力依法规范公开运行电子监督工作制度，确定1名专职工作人员，每个工作日负责对行权平台进行2次以上的巡查监督，对巡查情况建立工作台账，做好日常监管情况记载。定期对各行权部门行政权力依法规范公开运行工作开展情况进行督促检查，确保行政权力依法规范公开运行工作有序开展。全面启动系统的“积极预防、系统治理”，通过广泛收集问题“体检”、研习问题“会诊”、制定措施“祛顽疾”3个阶段，全面整治系统突出问题。

【正风肃纪】 印发《关于整治侵害群众利益的不正之风和腐败问题的工作方案》，明确各级党组织领导责任，纪检监察组织监督责任，财政、审计、发改、扶移等职能部门具体责任，实行主责部门过程监督、纪检机关再监督，紧盯党建后进村、信访集中村、贫困村，继续抓好7个方面突出问题整治工作。重点围绕惠民政策落实、旧村改造、农村集体“三资”管理等领域虚报冒领、贪污侵占、截留挪用、与民争利等问题，对群众身边的不正之风和腐败问题立案44件，给予党纪政纪处分28人，点名道姓公开通报曝光13起。开通“岳池阳光村务”微信公众号，定期发布全县43个乡镇879个村的村务公开信息，督促各牵头单位做好公开工作，有效遏制基层不正之风和腐败蔓延势头。深化“天成指数”动态预警机制，实行季度通报，分组对天成指数较高、越级访突出的乡镇部门进行蹲点剖析，与其党委（党组）、纪委（纪检组）负责人召开碰头会，分项提出限时整改落实意见。对排名前5位的乡镇、部门，及时约谈党组织一把手；对每季度排名前3位的乡镇，其纪委书记分别到县纪委信访室跟班锻炼，确保全县信访量持续下降。建立信访巡访制度，改“群众上访”为“干部下访”，将接访平台前移至乡镇、村，就地解决群众信访矛盾。分别下发信访预警通知书、信访督办通知书，县纪委书记、副书记分别对各单位党风廉政建设主体责任人、监督责任人开展信访谈话。在全县范围内，开展领导包案化解重复信访越级信访及蹲点剖析专项活动，有效化解旧案难案2件，努力提升人民群众的“获得感”。

【自身建设】 落实纪检监察系统“两个责任”，层层签订党风廉政建设责任清单，明晰纪检监察机关领导班子集体、纪委书记、干部监督机构职责。结合“安辑小讲堂”等平台，深入开展“两学一做”学习教育，乡镇换届后举办全县纪检监察系统干部业务培训1期，并通过参加中央、省、市纪委业务培训、抽调干部协助省市纪委办案和在县纪委跟班锻炼等多元化途径，全面提升干部监督执纪问责本领。建立纪检监察干部信息档案库，严格执行十项纪检监察干部监督制度，实行重大事项报告、回避、保密等制度，推行纪检监察干部廉洁风险迹象记分管理、“四单”管理，严把纪检干部准入关，在乡镇部门干部队伍中择优选调2名，引进紧缺高层次人才1名，县外遴选2名。开展纪检监察机关作风建设，实施明察暗访20余次，受理纪检监察干部信访举报件16件（次），问责3人。落实乡镇纪委、县级部门纪检监察组织向县纪委报告线索处置和纪律审查情况的办法，实施乡案县审案件32件，部门办理案件5件；严格执行纪检监察干部4个提名考察办法，43个乡镇纪委书记、副书记和部分乡镇专职纪委委员提名考察全部以县纪委为主，有效强化上级纪委领导。加强派驻机构建设，充分发挥“派”的权威和“驻”的优势，调整部门纪检监察组织负责人3人。整合村级纪检小组和村务监督委员会力量，探索实践村级纪检小组长派驻模式。按照中央、省、市纪委和县委关于县乡纪委换届相关要求，组织严密、进展有序、程序规范、纪律严明，成功选举产生161名乡镇纪委委员，新一届7名县纪委常委、29名县纪委委员，完成县乡纪委换届工作，换届选举实现“安静、干净、清净”的目标，在全县营造良好的政治生态环境。

（县纪委）

宣传工作

【理论学习】 2016年，县委中心组集中学习9次，中心发言人交流发言32人（次），邀请专家讲座8场（次），举办“干部讲堂”4期。编印《县委中心组学习参考资料》4期，征订《习近平系列重要讲话（2016年版）》《知之深爱之切》《全面小康热点面对面·2016》等理论读物2万余册。与天津市滨海新区合作，建成学习型党组织体验中心和社会主义核心价值观修身课堂“两大学习平台”。围绕学习宣传党的十八届五中、六中全会以及省委十届九次全会、市第五次党代会、县第十二次党代会精神等主题，组建县委宣讲团，到全县10个片区开展宣讲活动，各乡镇、各部门广泛开展“微宣讲”“问答式宣讲”“菜单式宣讲”150余场（次）。开展“三级三讲”学习活动，县“四大班子”领导深入联系点开展党课辅导32场（次），各乡镇、县级部门党组织上专题党课200余场（次）。各级中心组成员深入开展走基层活动，组织县委中心组成员集中开展“大调研”活动，形成《西部首个“中国曲艺之乡”创建之路》《非公有制经济组织中的党组织作用研究》《扎紧制度“笼子”履行严管干部职责》等调研文章30余篇。市级立项社科课题4个，县级立项社科课题22个，建成县级社科普及基地2个。出刊《和谐岳池》4期，刊发优秀理论文章120篇。

【思想政治教育】 采取电视、橱窗、标语等形式，加强思想政治工作宣传，发挥党校教师、社科理论工作者的作用，采取领导报告、专题辅导等形式，邀请重庆市委宣传部、重庆市规划局、广安市委党校、浪潮集团等省内外专家学者作形势政策专题讲座8场（次）。结合村（社区）党组织换届工作，深入九龙镇、花板乡、北城乡等乡镇对村（社区）党支部开展思想政治工作的情况督查和调研，指导乡镇党委、县级各部门党组（党委）定期开展形势政策教育报告。结合“两学一做”学习教育，组建县委宣讲团，到全县10个片区开展形势政策宣讲活动，发放各类宣传资料10万余册（份），深入解读党的十八届三中、四中、五中、六中全会精神的新理论、新观点、新部署，帮助干部群众准确理解全会精神。通过组织举办专题讲座、座谈会、演讲比赛等方式，组织全县各级各部门围绕“岳池发展怎么看、岳池发展怎么干、发展成效怎么检验”，广泛开展“岳池发展大讨论”活动，进一步统一思想，汇聚社会共识，凝聚发展力量。

【文艺宣传】 县委宣传部组织文化、科技、卫生、法律、纪律战线的专业人员和文艺队伍开展“五下乡”活动。1月,开展岳池首届“亿居杯”舞蹈大赛,涌现一批舞蹈爱好者。2月,开展“歌舞迎春”广场文艺演出。4月,开展曲艺人才培训集中学习班,邀请曲艺专家对全县各校音乐教师、县曲协、县文化馆、县作协、曲艺爱好者等进行曲艺培训;接受中国曲协对“中国曲艺之乡”建设的督查调研,得到专家一致好评。5月,岳池曲协成立65周年;开展“党在我心中”主题诗歌朗诵会;7月,组队参加广安市第一届“音舞剧”双年会活动,其中《东门码头》获戏曲类一等奖;9月,举办“墨香·墨宝·墨情”书法大赛暨书画摄影作品展,评出优秀书法作品50余幅,展出书法、美术、摄影作品200余件。10月,组织召开“向张秀代学习打赢脱贫攻坚战”张秀代先进事迹报告会;开展“永远跟党走唱响中国梦”——纪念红军长征胜利80周年歌咏会。依托农家文化旅游节,化整为零,指导各乡镇文旅结合,依托产业,发展旅游,办好节会,先后开展“又见香雪来”排楼李花节、排楼李子采摘节、白庙樱花节、白庙蜜柚节、镇龙首届葡萄品鉴会、长田第二届生态观光节。开展文化惠民扶贫工作,建设贫困村幸福美丽新村文化院坝47个。

【新闻外宣】 全县新闻外宣工作以讲好岳池故事、展示岳池形象为目标,全面完成市、县对外宣传目标任务。重点在主题宣传、专题宣传、活动宣传、网络宣传、社会宣传、典型宣传等方面开展宣传报道,全年在中央、省、市报刊台网用稿5000余条(次),其中《人民日报》2篇、新华社10余篇、《四川日报》70余篇、四川电视台120余条、《广安日报》600余篇,人民网90条、中国新闻网150余条、新华网500余条,切实提升岳池美誉度和影响力。

2016年,县电视台制作30件电视、广播节目作品参加广安市优秀广播电视节目评选活动,有20件作品取得全市优秀广播电视节目奖项。其中电视类节目获一等奖6件、二等奖2件、三等奖4件、特别奖2件,广播类节目获一等奖1件、二等奖3件、三等奖2件。电视类音乐节目《为家乡创作MV的高中生》、戏曲节目《第三届岳池杯中国曲艺之乡曲艺大赛》、广播类原创歌曲《都说你是一面旗》、社教专题《现代黄香卿宪香》获得“四川省2016年度优秀广播电视节目提名奖”,电视类文学节目《象鼻河印象》获得“四川省2016年度优秀广播电视节目优秀奖”。

【网络舆情】 妥善处置“杨天直死亡事件”“高升小学校长发表不当言论”“伏龙乡修飞机场”“县医院输过期药”等社会关注度较高的网络舆情。编印上报《舆情快报》107期。完成全国两会期间、省两会期间、全市经济工作会议期间网络舆情监控。全年开展网评活动70余次,围绕“全国两会”“习近平出访中东三国”“国企改革”“五大发展理念”“侯晓春做客人民网”“两学一做”“纪念红军长征胜利80周年”“省委十届八次会议”“脱贫攻坚”“网络安全宣传周”等主题发表网评文章20余篇,有统计跟帖1600余条。印发《岳池县2016国家网络安全宣传周活动方案》,组织开展以“网络安全为人民网络安全靠人民”为主题的网络安全宣传周活动。印发《打击网上暴恐音视频、清理涉疆涉恐有害信息专项行动方案》《关于加强劣迹艺人网络信息管理的通知》《进一步规范网站转载行为的通知》《开展清理整治网上涉“文革”有害信息专项行动》《关于辖区网站网络弹窗摸底调查的通知》等方案,落实各项专项整治行动。及时向省不良信息举报中心和市不良信息举报中心举报不良信息1000余条。围绕国家重大决策、重要活动、社会重大事件等社会热点问题,上报舆情信息1500余条。建立网络舆情指挥系统,将全县乡镇、各部门纳入舆情指挥系统,实现对舆情处置统一指挥调度。邀请重庆市委宣传部理论处处长周廷勇、四川新闻网传媒集团麻辣社区网络数据部主任吴松涛就网络舆情的应对与处置对岳池县干部职工进行专题培训。

【文联工作】 到石垭、中和、苟角、顾县等镇开展下基层为老百姓免费义务撰写春联及文艺演出活动。组织县作协、诗词学会、曲协、美协、书协、摄协、音协参加石垭镇2016年五彩玉屏之春暨文艺演出、排楼乡李花节、白庙樱花节等活动。积极迎接中国曲艺家协会分党组书记、驻会副主席董耀鹏，中国曲艺杂志社副主编宋洪发，湖北省天门市文体新局副局长、市文联主席陶书治，四川省曲协常务副主席、秘书长李蓉，四川省曲艺研究院院长沈军等一行到岳池县督查调研“中国曲艺之乡”建设情况。举办“四川曲艺流动讲堂”暨广安市2016年曲艺培训班；迎端午、精准扶贫暨纪念红军长征胜利80周年专场诗歌吟唱会；岳池曲协成立65周年庆典暨第六次会员代表大会；岳池县民俗文化协会成立5周年庆典等。参与市纪念红军长征胜利80周年歌咏会，市文联举办首届市“音舞剧”双年会，创作7个音乐舞蹈戏剧类节目、3个影视类节目。情景曲剧《东门码头》获金奖；群舞《山沟沟》、宣传片《天上瑶池人间岳池》获银奖；独唱《悠悠象鼻河》，民乐合奏《农家欢歌》，灯调《街坊邻居》、《第一书记进村来》，四川荷叶《娃娃闹春》获铜奖；音乐电视《美丽排楼等您来》《“乡土”走进岳池农家》获优秀奖；岳池县荣获组织奖。

【社科联工作】 以习近平在哲学社会科学工作座谈会上的重要讲话精神统领全县社科工作，通过编印学习资料、举办专题讲座、开展理论研究等多种形式，深入学习贯彻党的十八届三中、四中、五中、六中全会精神。每季度开设“干部讲堂”，邀请省内外专家教授到岳池举办专题讲座，形成“一季一讲堂，一堂一主题”的制度，对全县社科人才进行社科理论知识培训和各学科前沿信息交流，全年开设“干部讲堂”4期。深入白庙、同兴、兴隆、恐龙等乡镇，开展以“创新驱动发展、科技富农惠民”为主题的系列科普宣传活动，现场发放《四川省科学技术普及条例》等各类宣传资料3万余份，接受群众各种咨询2000余人(次)。完成2016年市级社科优秀成果课题结项申报，市级结项4个。完成“岳池县农家文化传承社科普及基地”“岳池县青少年文学艺术社科普及基地”2个县级社科基地建设及命名工作。全年编辑出版《和谐岳池》杂志4期36万字。

【精神文明建设】 开展“向雷锋同志学习”暨“第十五个公民道德建设宣传月”和第十四个公民道德宣传日志愿服务宣传活动。开展“我推荐、我评议身边好人”活动，向市上报送好人80余人，其中：敬业奉献类好人唐虎荣登2016年5月“中国好人榜”，助人为乐类好人陈国彬两次荣登“中国好人榜”候选人、5人荣登“四川好人榜”。参加广安市2015年度十大“最美人物”评选活动，冉启华、李晓燕、黄治友荣获“最美人物”称号，阿春兰荣获提名奖。刊播、展示“讲文明树新风”公益广告5000余幅，制定“讲文明树新风”公益广告宣传展板200余张，播出“图说我们的价值观”宣传标语6000余幅，制作“图说我们的价值观”展板200余张。开展“身边雷锋时代榜样——争创‘岗位学雷锋先进集体’、争当‘岗位学雷锋敬业标兵’”“四川志愿·携手圆梦”“暖冬行·爱传递”等主题志愿服务活动，其中县国税局“雷锋班”、岳池县义工联获“四川省岗位学雷锋先进集体”，园田社区李祝福、断桥初中陈国彬获“四川省岗位学雷锋敬业标兵”。

开展“两城同创”工作，培育省级文明单位2个、省级文明村1个，组织开展市级文明单位、文明村重新登记工作。全县开展“小手牵大手、文明一起走”等群众性文化活动100余场(次)，深入乡镇、村、社区、学校开展“三下乡”活动200余次，免费播放文明创建专题片和故事片10部2000余场(次)，吸引观众50余万人(次)。

新建2所中央项目少年宫学校，分别是罗渡小学、东板小学。建成53所乡村(城市)学校少年宫，其中中央项目学校13个，实现各乡镇“乡村学校少年宫”全覆盖。开展清明祭英烈、“童心向党”“颂经典迎端午”“向国旗敬礼”等道德实践活动。开展美德少年评选表彰活动，推荐表彰市级“美德少年”12人、县级“美德少年”100人，获“小平故里五星美德少年”3人。

（县委宣传部）

组织工作

【“两学一做”学习教育活动】 牢牢抓住“两学一做”这个龙头任务，突出抓好思想教育这个核心根本，以“两学一做”学习教育为重点，引导党员干部学而信、学而化、学而用。

从严推进、示范引领。坚持分领域、分层次推进学习。教育，精心制定“1+8”学习教育工作实施方案，及时召开专题会议对接落实省市工作部署，编印“两学一做”专题学习读本，制作重点工作清单，组建5个巡回督导组开展全覆盖督导，强力推进工作落地落实。突出以上率下，县委常委会组织开展13次集中学习和交流讨论，县委中心组进行3次专题学习，县委常委班子成员带头落实领导干部双重组织生活制度，坚持以普通党员身份参加所在支部学习讨论，主动赴分管联系点开展调研指导，切实做到先学一步、深学一层，示范带头作用全面彰显。

创新方法、学深悟透。坚持以中心组专题研讨和党支部专题学习为重点，结合“全媒体”工程，发挥“一台一报两站两微”平台，“互联网+党建”作用，采取互动式、体验式、案例式等教学方式，抓实三个专题学习研讨。充分利用本县党群活动中心、红色教育资源以及身边的正反典型案例，结合实际对照检视反思，切实增强了针对性和实效性。县级党员领导干部先后带头讲党课56次，其他党员干部讲党课1600余次，全县各级党组织开展三个专题学习研讨3300余次。

聚焦问题、真做实改。坚持问题导向，组织各级党组织和党员结合实际，严格对照“四讲四有”以及“合格党员具体标准、不合格党员具体体现”开展大讨论、大排查，逐个列出问题清单、整改清单和责任清单，动真碰硬推进问题整改。联动开展“三项整改”回头看，严格按照聚焦“八个常态长效”目标任务和“六查六看”要求，全面整改群教活动查找出的3642条、“三严三实”查找出的8类31条、巡视反馈的3个方面的问题，特别是整治重点领域突出问题、干部选任、营造风清气正的环境等方面取得较好成效。

【县乡村集中换届】 坚持从巩固良好政治生态、持续推动事业发展出发，紧扣县委中心大局加强领导班子统筹配备，切实强化思想引领、人选把关和风气监督，圆满实现“四好”换届目标。

县乡班子换届。鲜明重品行、重实干、重公认导向，注重从基层一线选拔干部，127名优秀乡镇干部得到提拔或重用，17名实绩突出的乡镇长被提拔为党委书记，7名优秀机关年轻干部和20名副书记、副乡镇长被提拔为乡镇长，乡镇领导干部平均年龄降到38.9岁，党政主要领导降到38.3岁；坚持拓宽视野以事择人，注重使用年轻干部、女干部和党外干部，每个班子至少配备2名女干部，12名女干部担任党政正职，26%的乡镇配备有党外干部。配合上级做好县级班子换届工作，实现了组织意图与选民意愿的高度统一。

推进村（社区）党组织换届。分层制定县乡两级村（社区）党组织换届工作实施方案，下发工作手册，规范工作程序，把握前期准备、“两推”、大会选举等关键环节，针对重难点村（社区）换届中可能遇到的问题全面研判，按照“先整顿后换届”的工作原则以及“一村一策”的工作方法，逐一拟制应急预案，顺利推动全县867个村（社区）完成党组织换届选举。

抓好换届风气监督。坚持把发挥党委领导把关作用贯穿始终，县委常委会先后8次研究部署换届工作，构建“2+5+10”换届风气监督领导机构，全程严把政策执行关、干部选任关、风气监督关。严格按照省委“七大类54项”要求，坚持“三在先、四必看、四必谈”，全县先后学习观看《镜鉴》《警钟》112 批次、8500 余人（次），谈心谈话 5860 人（次），举办换届风气监督培训班培训 4048 人（次），发放换届纪律“明白卡”6300 余份，围绕换届风险点开展拉网式巡查督导 31 轮，顺利通过省换届风气督查组 2 次专项督查，确保换届氛围清净、安静、干净。

【脱贫攻坚】 着力完善工作指挥体系。严格落实县级脱贫攻坚主体责任，成立党政一把手“双组长”的脱贫攻坚领导小组，下设基础设施、资金整合、政策研究 3 个统筹协调组、“五个一批”工作实施组，成立 11 大脱贫攻坚战区，分别由县委常委包战区、县级领导包乡镇、乡镇领导包村、村干部包组、结对帮扶干部包户责任，构建起“1 +3 +5 +11”指挥作战体系。建立“5 +1”帮扶责任体系，30 名县级领导、168 个帮扶单位参与脱贫攻坚，组建 280 个驻村工作组，选派 280 名“第一书记”、842 名驻村工作队员、280 名农技员开展驻村帮扶，实现帮扶力量全覆盖。

着力建强贫困村级党组织。全覆盖培训全县基层党组织书记，调整不作为、不合格村级党组织书记 67 名。切实育强基层党员队伍，充分利用“微型党课”“农民夜校”开展感恩教育和扶贫业务培训，建立 35 岁以下农村优秀人才库 2135 人，重点培养对象、新发展党员中优秀青年人才达 80% 以上，实施党员素质提升“五年万人计划”，累计实现中专、大专学历提升 4328 人。夯实基层战斗堡垒，建成“三型”党组织 1614 个，整顿软弱涣散党组织 79 个，为脱贫攻坚提供坚强组织保障。

着力抓好党建示范引领。发展集体经济，探索盘活集体资产、开发集体资源、发展物业经济、土地流转、提供有偿服务、招商引资、发展特色产业等 7 大发展模式，全县集体经济收入 5 万元以上的村 162 个、1 万 ~5 万元的村 287 个，全面消除集体经济“空壳村”。突出党员精准脱贫示范引领，打造党建引领脱贫示范带，宣传脱贫一线先进典型张秀代同志先进事迹，“借鸡生蛋”“托管寄养”等脱贫增收模式被新华社、四川日报等主流媒体报道。

【干部队伍建设】 深入推进优秀年轻干部人才递进培养计划，侧重面向高层次人才和选调生遴选优秀年轻干部人才，先后提拔或重用 118 名递进培养对象，占递进培养对象可提拔总数的 34.71%。坚持干部选任“一报告两评议”，全年无一起对干部选任程序的信访反映。加大对不胜任现职领导干部的调整力度，31 名科级干部受到降职安排或就地免职处理。抓好经常性监督管理，组织 29 名市管干部、780 名县管干部报告个人事项并建立电子信息台账，开展干部作风整顿，全年提醒谈话 13 人，诫勉谈话 2 人，函询 1 人，有力匡正风气、刷新吏治。

【基层党建】 坚持以党建“红塔工程”为引领，严格落实《党建工作责任制五项规定》，探索实施履职责任清单、问题整改清单、考核问责清单“三单”管理办法，层层压实工作责任。全面建强基层基础，扎实开展党费专项清理工作，全县补缴党费共 9.2 万元；开展党员组织关系集中排查和“双找”活动，找到失联党员 1686 人，失联率从 4.24% 降到 0.29%；严格按照“六有”标准完善党员档案管理，建立完善的档案管理责任机制。采取“单独组建、区域联建、派员组建、挂靠组建、行业统建”等多种方式做好“两新”组织“两个覆盖”，非公有制企业建党覆盖率达 86.7%，社会组织建党覆盖率达 90%。落实党建工作经费保障，全年投入党建经费 1.54 亿元，村（社区）办公经费、服务群众专项经费逐年递增。

【人才工作】 实施人才优先发展战略，坚持把人才工作放在全县发展大局和战略高度来谋划推进。创新人才发展体制机制，出台《关于创新人才工作体制机制服务重点产业发展实施意见》《岳池县高层次人才引进办法》《岳池县机关事业单位引进高层次人才管理服务办法》等配套文件，为人才创新创业提供制度保障。聚焦生物医药等重点领域引才育才,引进急需紧缺高层次人才38人。依托“万名人才大培训”工程,全年共培育企业经营管理人才、农村实用人才等各类人才2370名,人才整体素质大幅提升。围绕中心大局聚才用才,组建“百名科技人才服务团”,推进“企业人才创业岳池”“科技人才创新创业”活动,盘龙村“第一书记”李志义获得省委表彰,民川机械高技能人才毛凌云荣获“2016年全国五一劳动奖章”,人才“红利”逐步释放。

【基层党组织】 至2016年年末,全县建立党的基层组织1692个,其中党委94个、党总支33个、党支部1565个。包括乡镇(含乡镇社区居委会)建立党组织1213个,占基层党组织总数的72%;机关单位建立党组织242个,占基层党组织总数的14%;事业单位建立党组织201个,占基层党组织总数的12%;公有企业单位建立党组织29个,占基层党组织总数的2%;非公有企业单位建立党组织94个,占基层党组织总数的6%;社会组织建立党组织72个,占基层党组织总数的4%。

【党员队伍】 全县党员总数42349人。女党员8607人,少数民族党员17人,大专及以上学历党员9868人;35岁及以下的党员7779人,36岁至45岁的党员5970人,46岁至60岁的党员10011人,61岁及以上党员18589人;新中国成立前入党的党员31人,新中国成立后至“文化大革命”前入党的4822人,“文化大革命”期间入党的7796人,粉碎“四人帮”至党的十一届三中全会前入党的911人,党的十一届三中全会后至党的十六大前入党的14135人,党的十六大后至党的十八大前入党的11687人,党的十八大以来入党的2967人;党员中工人1029人,农牧渔民29417人,企事业单位、民办非企业单位专业技术人员2762人,企事业单位、民办非企业单位管理人员1323人,党政机关工作人员2734人,其他职业人员742人,离退休人员4342人。

(县委组织部)

统战工作

【民主党派工作】 2016年,县委统战部指导民盟岳池县委参与经济社会发展工作。全年盟县委发展新盟员14人;盟员中含大学文化12人,高级职称1人,公务员2人,副县级1人;平均年龄37岁。盟县委组织盟员参加县委、县政府工作报告意见征求会、社会经济发展“十三五”规划座谈会、法检两院和党风廉政建设、精准扶贫工作等情况通报会,在市、县两会上,盟县委提交集体提案1件,盟员个人或联名提案45件。12月,指导民盟完成换届工作。春节期间,组织盟员中的书法爱好者参与县文联组织的送春联下乡活动,送出春联300余幅,得到干部群众的广泛好评。盟县委开展科技下乡服务活动,发放农、林、牧、交通、环保、司法等科技宣传资料、书刊5000余份(册),医卫支部组织部分盟员到坪滩镇等乡镇开展送卫生下乡活动,发放宣传资料1000余份,义务测血压、义诊300余人(次),免费发放药品价值1000余元,受到当地群众的欢迎。参与精准扶贫工作,为粽粑乡盘龙村送去化肥、薄膜等农耕用品,为天平镇高坝嘴村贫困农户送去帮扶资金,为贫困留守学生送去学习用具。

【党外代表人士队伍建设】 县委统战部以县乡换届为契机,向县委汇报,加大全县党外干部配备力度。2016年,全县副科级以上党外领导干部配备47人,其中县级领导5人、正科级领导9人、副科级领导33人。全县24个政府工作部门领导班子配备党外干部7人,乡镇配备党外副乡镇长11人,全部达到市上要求比例。县人大换届期间,推荐党外人大代表121人,党外人大常委人选11人;全力做好县政协换届人事安排工作,安排县政协委员286

人，其中党外代表人士172人，政协常委46人，党外常委30人。

【非公有制经济代表人士工作】 “三八”期间，在岳池县兰泥湾农家乐，庆祝第106个妇女节，县工商联直属会员、政协委员、人大代表及会员家属70余人参加活动。通过活动，增强凝聚力。全县广大民营企业及非公经济人士开展“百企帮百村”活动，落实帮扶资金700余万元；开展“万只鸡鸭苗产业”帮扶行动，非公有制经济代表人士为11个贫困村免费赠送种苗1.24万只。建立浙江岳池商会，发展壮大全县行业商会。

（县委统战部：唐黎）

县直机关党建

【概况】 2016年，中共岳池县直属机关工作委员会下辖16个机关党委，12个机关党总支部，221个机关党支部，3647名党员。其中女党员742人，少数民族党员4人，35岁以下党员774人，大专以上学历的党员2466人。

【思想建设】 县直机关各党组织坚持“三会一课”（党小组会、支委会、党员大会和党课）制度，深入学习贯彻落实好党的十八届四中、五中、六中全会精神，把思想和行动统一到六中全会精神上来，始终在思想上、政治上、行动上与党中央保持高度一致。结合“两学一做”学习教育，认真谋划和落实好全面从严治党的思路和举措。学习《党章》《中国共产党党和国家机关基层组织工作条例》，提高党员理论水平和政治素质。狠抓“学党章、学系列讲话，争做优秀党员”工作的落实，使机关党的思想建设得到发展。

【组织建设】 新成立中共岳池县现代农业园区支部委员会等6个支部委员会，届满换届党总支1个、党支部47个；发展党员31人，审批预备党员转正33人，培养入党积极分子66人，接转党组织关系338人；表彰先进党组织20个、优秀共产党员62人、优秀党务工作者50人。

【党风廉政建设】 对党风廉政建设工作每月必学习、每月必研究、每月必督办，切实履行带头研究部署、带头掌握廉政情况、带头重视廉政教育、带头支持纪检工作、带头开展检查考核、带头做廉洁从政表率“六个带头”责任，让每一名党员干部都明白纪律边界，实现党风廉政建设责任全覆盖；执行领导班子民主生活会、个人重大事项报告、廉政承诺等制度，带头执行政治纪律、工作纪律、财务纪律、群众纪律；牢固树立底线思维和红线意识，坚持思想政治教育引领党风廉政建设，严格落实意识形态工作要求，增强政治意识、大局意识、核心意识、看齐意识；牢固树立抓机关党建必须抓党风廉政建设理念，把党风廉政建设纳入机关党建工作的重要内容统筹谋划、检查、落实，做到党风廉政建设与机关党建工作有机融合，推动全面从严治党向基层延伸，向每一名党员延伸；严格执行廉政风险防控制度，有效防范廉政风险；坚持述职述廉制度，将执行廉洁自律情况纳入领导班子民主生活会重要内容，每名党员干部结合民主生活会和组织生活会开展党性分析。将党风廉政纳入机关党建日常工作一起检查指导，强化问题整改，推动工作落实。

【机关活动】 “七一”期间，开展纪念党的生日主题教育实践系列活动，组织新发展党员进行入党宣誓，组织老党员“重温入党誓词”“缅怀革命先烈”“到革命老区参观学习”“上好一堂党课”等活动。“七一”和春节期间，县直机关各党组织走访慰问贫困党员和老党员433人，发放慰问金13万元。

（县直机关工委）

机构编制工作

【机构管理】 行政机构。为聚焦党风廉政建设和反腐败斗争,发现问题,形成震慑,推动党的执政能力建设、先进性和纯洁性建设;岳池县设置5个巡察组,加强对党员干部的监督,巡察组组长由资历深、工作经验足的老领导担任。巡察组组长人事关系保留在原单位。在县纪委设立县委巡察工作领导小组办公室,机构规格为正科级,核定县级机关行政编制10名,负责5个巡察组的日常工作。县委巡察工作领导小组办公室所需编制从部分县级部门行政编制中进行调剂予以满足。发挥枣山物流园区核心经济圈对周边区县经济的辐射带动作用,促进全市经济发展,岳池县根据中共广安市委办公室、广安市人民政府办公室《关于印发〈广安高新产业示范区(中关村产业转移基地)区划调整工作方案〉的通知》(广委办〔2016〕33)号)以及中共广安市委机构编制委员会《关于设立岳池县红庙办事处的批复》(广委编发〔2016〕50号)精神,设立岳池县红庙办事处,为岳池县人民政府派出机构,设立3个下属事业单位。岳池县红庙办事处及其下属事业单位所需编制在石垭镇编制内划转,不足的部分调整部分乡镇行政编制、机关工勤人员控制数以及乡镇直属事业单位、派驻事业单位事业编制予以补充。按照市上的要求,岳池县红庙办事处及其下属事业单位在编人员由枣山物流园区进行日常管理和目标考核。为增强精准扶贫统筹力度,采用"撤一建一"的原则,将县商务局由县政府工作部门调整为在县经济和信息化局挂牌,原在县政府挂牌的县扶贫和移民办撤销,设立岳池县扶贫和移民工作局(县扶贫移民局),为县政府组成部门。

事业机构。2016年,全县撤销职能萎缩、市场竞争力弱、多年来没有开展工作、机构名存实亡的岳池县示范繁殖农场、岳池县农业科学研究所、岳池县蚕种场、岳池县文教综合服务部、岳池县文教建筑公司、岳池县工人文化宫等6个事业机构;根据社会发展的需要,新设立公益一类事业单位岳池县富流滩二线船闸管理站、岳池县"12345"政府服务热线受理中心、岳池县余家河学校、岳池县翔凤学校4个事业机构。根据职能职责的拓展,采用撤一建一的原则,撤销岳池县药品不良反应监测站,设立岳池县食品药品安全监测及检查评价中心。从总体情况看,全年全县没有新增事业机构,与2015年相比,减少事业机构2个。

【编制管理】 编制变化情况。与2015年相比,全县上级下达的事业编制总数没有变化;政法专项编制减少4名(从县公安局划转4名到红庙派出所),依据为《中共广安市委机构编制委员会关于设立红庙派出所、划转穿石派出所的通知》(广委编发〔2016〕52号)。

在编人员增减变化情况。在编人员减少593人,即:退休393人,调出县外125人,死亡、辞职、辞退、开除等75人。在编人员增加1272人,即:县外调入103人、引进急需紧缺高层次人才36人、退役士官安置28人、考录169人、招聘事业人员920人、其他16人。与2015年相比,全县财政供养人员增加679人。原因:上级要求乡镇公务员满编运行;迎接省上2017年教育均衡发展验收,教师招聘数593人,比2015年增长181%;补充卫生系统专业技术人才,扩大招聘名额,招聘238人,比2015年增长194%。

【事业单位登记管理】 开展机关、编办直接管理机构编制的群众团体统一社会信用代码赋码工作。贯彻落实《国务院关于批转发展改革委等部门法人和其他组织统一社会信用代码制度建设总体方案的通知》(国发〔2015〕33号)精神,8月1日,县事业单位登记管理局启动县级机关、群团统一社会信用代码赋码发证工作,至2016年年末,全县45个机关、群众团体成功申领统一社会信用代码证书。

加强党政机关网站网络安全管理。根据《中共广安市委机构编制委员会办公室关于切实做好党政机关网站名称管理的通知》（广委编办发〔2014〕120号）文件要求，与县经信局联合发文，积极推动党政群机关、事业单位网站的政务和公益中文域名注册及网站审核工作。至2016年年末，全县有15个单位的网站加挂网站标识成功。

实现政务和公益中文域名注册全覆盖。结合事业单位网上登记管理工作的开展，同步推进全县政务和公益域名注册管理工作。至2016年年末，全县申请注册域名673个，经审核合格成功注册域名673个，实现政务和公益中文域名注册全覆盖。

全面完成事业单位年度报告公示。继续推行事业单位年度报告公示，实行事业单位法人年度报告网上公示，对全县需公示的单位数366个，在“广安市事业单位在线”网站上进行公示。

【机构改革】 合理配置资源，助推岳池园区体制机制改革。为深入实施多点多极支撑发展战略，理顺园区管理机制，扩大园区管理权限，增强园区发展活力。重点推进岳池经开区、罗渡高新区、现代农业园区、翠湖景区管委会体制机制改革。将罗渡高新区管委会更名为岳池高新技术产业开发区管理委员会。新设立岳池县文化旅游景区管理委员会，撤销岳池翠湖景区管委会。顺利申报岳池县经济技术开发区管委会、岳池县文化旅游景区管委会为正科级机构，并得到市委编委批复；岳池高新技术产业开发区管理委员会和岳池县现代农业园区管理委员会也正在申报中。在岳池县经济技术开发区管委会设立党群工作部，负责经开区党群事务。明确经开区、高新区、文化旅游景区、现代农业园区党工委与管委会合署办公，并重新核定其领导职数。

积极谋划，推进“百镇建设试点”体制机制创新工作。罗渡镇、顾县镇被列为全省百镇建设试点镇。为推进百镇建设试点镇的各项工作顺利开展，县编办积极组织相关人员前往顾县镇、罗渡镇进行调研，在充分了解掌握第一手资料的基础上提出初步机构设置方案，向顾县镇、罗渡镇征求意见建议。根据收集的各部门及试点镇意见进行修改完善，并发文实施。

协调配合，积极推进县级政府部门责任清单编制。在县政府门户网上分三批对岳池县涉及的35个部门6093项责任清单进行编制、审核和公布，至2016年年末，全县责任清单编制、审核及公布工作全部完成。

全面落实，加强县扶贫移民工作机构和队伍建设。为全面贯彻落实中央精准扶贫、精准脱贫战略和省委十届六次全会关于集中力量打赢扶贫开发攻坚战的统一部署，新组建县扶贫和移民工作局，为县政府工作部门，撤销原在县政府办公室挂牌的县扶贫和移民工作办公室，在原扶贫机构实有人员11名的基础上，核定行政编制18名，机关工勤人员控制数2名；其领导职数按照川编办发〔2015〕147号中关于“88个贫困县（市、区）扶贫移民工作机构领导职数一律按规定的3名上限核定”的要求设局长1名，副局长2名。

吃透政策，稳步推进事业单位分类改革。根据中央、省、市工作部署，在清理规范的基础上，根据事业单位的社会功能划分为行政类事业单位、公益一类事业单位、公益二类事业单位、生产经营类事业单位。至2016年年末，对全县527个事业单位进行分类，其中行政类7个、公益一类509个、公益二类9个、经营类2个，完成率91.8%。实现省上规定的90%比例，其余未分类的事业单位属于省上暂缓分类事业单位。

【党政群机关人员编制】 行政编制2620名，即：政法专项编制724名（专编专用）、县级机关行政编制910名（其中开发区机构行政编制数37名）、乡镇行政编制986名。

事业编制14125名，其中中小学教职工、职业中学、幼儿园、县广播电视台、乡镇广播电视站、乡镇宣传文化体育服务中心、县级医院、疾控中心、妇幼保健院、镇卫生院、社区卫生服务中心等教科文卫事业编制共11011名（差额拨款709名），占全县事业编制77.95%。

（县委编办）

群众和信访工作

【概况】 2016年，中共岳池县委群工局接待群众来信来访2366件（次）、3113人（次），同比分别上升72.5%、68.9%。其中：接待处理群众来访452件（次）、1286人（次），同比分别下降16.1%、26.6%；处理群众来信766件（次），同比下降7.5%。受理网络信访2864件（次），同比上升186.7%。其中：接听处理12345市民热线电话投诉1675件（次），受理网民给人民网、省长信箱、书记和市长信箱、县长信箱留言1189件（次））。化解信访积案59件，完成上级信访部门交办信访件18件。

【矛盾纠纷排查化解】 坚持经常性排查与集中排查相结合，形成属地为主、条块结合的全覆盖、无疏漏矛盾纠纷大排查网络。在坚持“村、组每天一排查，乡镇每旬一排查，县每月一汇总、每季一分解”制度的基础上，在各级重大政治活动、节假日期间等重点时段，专门组织人员，对信访老缠访户、涉法涉诉、利益群体等重点对象进行专项排查，确保不留死角。日常排查16次，特殊敏感时期排查3次，排查矛盾纠纷590件，对排查出来的问题，逐案逐人建立台账，落实办理责任，进行挂牌督办，做到办结一件销号一件。

【“五包”责任制】 按照“属地管理、分级负责”及“谁主管、谁负责”的原则，严格落实“五包”（包掌握情况、包稳控管理、包教育转化、包依法处理、包解决困难）责任制。中央、省、市、县挂牌督办的103件信访案件，其中央和省信访联席办交办件14件、市信访联席办交办件9件、县信访联席办交办件80件，落实县级包案领导15名，责任单位37个。

【信访积案化解】 按照信访积案化解要求，明确责任主体、承办人员、化解措施、办结时限，因案施策、逐案化解。对“无头案”“钉子案”“骨头案”，按照“一人一策、一案一议”的办法，通过运用低保、“五保”、大病救助、救灾救济、节假日慰问和特殊疑难信访问题专项资金等综合手段，消化特殊群体的困难和问题，确保“案结事了”。

【稳控劝返】 做好信访重点人员、重点群体的教育稳控工作。对排查出的无理缠访、闹访，曾进北京到省上访或有过违法滋事行为的重点人员，特殊群体的核心骨干和活跃分子，建立稳控工作小组，全部进行“包保”，采取特殊措施，做好全国两会期间及重大节日等敏感时期信访维稳工作。做好“驻京、驻蓉”和特殊敏感时期的设卡值守劝返工作，加强与中央、省、市信访等相关职能部门的协调沟通，查明失控漏管人员下落，确保第一时间疏导劝返赴省进北京上访群众。

（县委群工局）

老干部工作

【政治待遇】 组织老干部集中政治理论学习12次，参加学习1319人（次），征求并听取老干部意见和建议11次；县委、县政府主要领导向老干部通报工作6次，召开春节老干部团拜会1次、重阳节座谈会1次；32名县级领导分别与32名老干部结对联系。9月8日，邀请雷允树、李生祥、罗崇杰等5名老干部参加第十二次党代会报告征求意见座谈会，2016年政府工作报告征求意见座谈会、中国共产党岳池县第十二次代表大会等，均邀请德高望重老干部代表文阳清、李生祥、雷允树等参加。为老干部阅览室订阅党报党刊和生活杂志20余种，为每位老干部订阅《党的建设》《晚霞》杂志各1份，给每位老干部发放自行购买书报费150元。

【生活待遇】 协调县人社、财政等部门，为133名建国初期参工的退休干部报销门诊费、住院费55万元。县“四大班子”主要领导和县委、县政府分管领导对地厅级离退休干部及德高望重的老干部代表等登门慰问28人（次）。春节期间，县老干局领导带队对享受地厅级待遇的老干部、卧床不起、行动不便、长期生病在家休养、生活困难和异地回岳安置的105名老干部及2015年度已故老干部遗属进行上门慰问；“七一”“八一”、重阳等节日，走访慰问老干部36人（次）；全年探望住院老干部92人（次），恭贺老干部生日45人，悼念逝世老干部6人。为63名身患重大疾病、长期卧床等及其他灾害造成家庭特别困难的老干部和部分离休干部遗孀予以特殊困难帮扶资金35万元。

【文体活动】 组织老干部开展摸奖、掷飞镖、丢圈套物等游园活动和门球、麻将、书画、川牌、台球、乒乓球、象棋等比赛45场（次），参加比赛1265人（次），获等级奖312人（次）；举办太极拳剑培训班5期，门球技能培训5次、象棋攻防战术培训6次、乒乓球技能培训7次。3月18日，组织150余名老干部到岳池农家乐金果园开展游园活动。4月19日，县委老干部局组织150余名老干部前往铜梁安居古镇和黄桷门奇彩梦园参观。11月18日，组织老干部200余名到大石乡花海观花。12月6日，组织200余名老干部前往武胜县宝箴塞、重庆合川钓鱼城等地参观。

6月14日，副局长高琼芳一行带领老年书画联展老干部到华蓥参加广安市第四届老年书画联展。6月28日，县委组织部、县委老干部局及管委会共同举办以纪念中国共产党成立95周年暨红军长征胜利80周年老干部歌咏比赛；老干部10个小组参赛，评选出优秀奖5名、优胜奖5名。10月26日至28日，老干部运动员去广安参加运动会，太极拳（剑）比赛获全市第一名，门球第二名，象棋第二名。

【党建工作】 按照支部班子建设好、党员队伍管理好、特色活动开展好、各项制度建设好、思想工作做得好的“五好”标准，逐步规范各单位离退休党支部建设，指导各老干部党支部开展活动。“七一”期间，组织全局党员干部和老干部代表召开组织生活会，重温入党誓词，开展门球、乒乓球和象棋等比赛活动。4月13日，县委老干部局表彰2015年度在政治学习、发挥作用、文体活动、特色创新等工作中表现突出的20个老干部先进集体和26名先进个人，为他们颁发荣誉证书、奖金和奖品。

【余热发挥】 关心党建。老干部在“两学一做”教育活动中，主动参与、积极建言，文阳清等老干部主动担任“两新”党组织指导员，到药业、企业指导“两新”党组织建设工作，且定期到贫困村为基层党员讲党课，宣讲党与国家的重要政策会议精神。

关心下一代。雷允树、罗崇杰、唐昌雄等老干部自发组织成立革命传统教育宣讲团，并担任县关工委执行正副主任，对各部门乡镇开展关心下一代工作进行具体指导。老干部利用“六一”等节日，到九龙小学、凤山小学、南街小学等学校关爱“留守学生”，召开座谈会，为留守学生捐赠书包、书、本、笔等学习用品，讲授革命光荣传统。在县关工委执行主任雷允树组织下，10名老干部分成3个组到19个乡镇，指导、督促、检查基层关工委创“六好”工作。范家立、蒋世民等老干部举办的小记者学校，招收学生170人，结业小记者80人。

发展老年体育事业。秦宴菊担任县老体协主席，县级退休老干部文阳清、邓学云、尹家全、唐昌雄等参加县老体协组织的对部分乡镇老体协和基层组织建设活动年的调研，要求基层老体协创建活动要达到“六有”，在活动安排上要实现“三定”。

发挥正能量作用。在“两城同创”活动中，文阳清带领县城内身体状况较好的老干部主动投入到“两城同创”宣传岗上。他们与各自所在社区居委会支部书记、主任、各组组长一道对社区所辖大街、小巷、大院、小区内乱贴、乱画、乱接、乱搭等现象进行根治,对环境卫生定期进行检查评比。

(县委老干部局:刘玉梅、李瑶)

党校工作

【干部培训】 开展党员发展对象培训班 2 期 256 人,水土保持国策宣传教育专题培训班 1 期 70 人,贫困村书记和“第一书记”培训班 1 期 101 人,“第一书记”常态化培训班 2 期 212 人,乡镇主要领导干部读书班 1 期 90 人,精准脱贫业务培训班 23 人,县“两新”组织党建指导员工作培训班 50 人。

【理论研究】 刘思思负责的课题《“电商 + 扶贫”模式的调查与研究——以广安岳池县为例》、雷建春负责的课题《关于岳池县农村空巢老人的调查与思考——以普安镇为例》被省委党校评审结项,其中雷建春负责的课题《关于岳池县农村空巢老人的调查与思考》被省委党校评为优秀课题。

严世军、邹丽红撰写的《邓小平理论与新时期党性教育》,王俊、雷建春的《认真学习邓小平实事求是的思想、不断加强共产党员的党性修养》入选“深化邓小平研究、做好新时期党性教育”理论研讨会论文。

(县委党校:蔡华春)

岳池县人大常委会

重要会议

【岳池县第十六届人民代表大会第六次会议】 2016 年 1 月 31 日至 2 月 2 日,岳池县第十六届人民代表大会第六次会议在吴雪艺术中心主会议室召开,出席会议的县人大代表应到 337 名,实到 325 人。

会议听取和审议了县人民政府县长汤才勇所作的《政府工作报告》;听取和审议了县人大常委会副主任、代理主任李桂新所作的《岳池县人大常委会工作报告》;听取和审议了县人民法院院长孙永红所作的《岳池县人民法院工作报告》;听取和审议了县人民检察院检察长谭安民《岳池县人民检察院工作报告》。会议通过了上述四个报告。会议还表决通过了《岳池县第十六届人民代表大会第六次会议关于岳池县 2015 年财政预算执行情况和 2016 年财政预算的决议》、《岳池县第十六届人民代表大会第六次会议关于岳池县 2015 年国民经济和社会发展计划执行情况及 2016 年计划的决议》、《岳池县第十六届人民代表大会第六次会议关于岳池县国民经济和社会发展第十三个五年规划纲要的决议》。会议补选了岳池县第十六届人大常委会主任,补选了岳池县第十六届人大常委会副主任 1 名,补选了岳池县第十六届人大常委会委员 5 名。

【岳池县第十七届人民代表大会第一次会议】 2016 年 11 月 16 日至 20 日,岳池县第十七届人民代表大会第一次会议会议在吴雪艺术中心主会议室召开,出席会议的县人大代表应到 331 名,实到 312 名。不是县十七届人大代表、县十四届政协委员的县级各部门(含省市驻县单位和重点企业)和园区主要负责人,不是县十七届人大代表的乡(镇)长、人大副主席,不是县十七届人大代表的县级领导及拟任县级领导,县人大常委会、县政协老领导和县政协十四届全体委员共 367 人列席会议。

会议听取和审议了县人民政府代理县长谭云所作的《政府工作报告》;听取和审议了县人大常委会主任曾邦才所作的《岳池县人大常委会工作报告》;听取和审议了县人民法院院长滕明杰所作的《岳池县人民法院工作报告》;听取和审议了县人民检察院检察长卿东进所作的《岳池县人民检察院

工作报告》。通过了上述四个报告。选举产生了岳池县第十七届人民代表大会常务委员会主任、副主任、委员，岳池县人民政府县长、副县长，岳池县人民法院院长，岳池县人民检察院检察长，岳池县第十七届人民代表大会各专门委员会组成人员。

【岳池县第十七届人民代表大会第二次会议】 2016 年 12 月 15 日至 16 日，岳池县第十七届人民代表大会第二次会议在吴雪艺术中心主会议室召开，出席会议的县人大代表应到 331 名，实到 316 名。会议选举产生了出席广安市第五届人民代表大会代表。

【常委会会议】 岳池县第十六届人大常委会第二十七次会议。2016 年 1 月 5 日召开，会议听取和审议了县十六届人大六次会议筹备方案，通过了关于召开县十六届人大六次会议的决定；审议并通过了《岳池县人大常委会工作报告》《岳池县人大常委会 2016 年工作要点》；听取了《岳池县第十六届人民代表大会代表资格审查委员会关于岳池县第十六届人大代表资格审查情况报告》；补选曾邦才同志为广安市第四届人民代表大会代表；会议还表决通过了其他人事任免事项。

岳池县第十六届人大常委会第二十八次会议。3 月 29 日召开，会议听取和审议了《县人大常委会执法检查组关于〈食品安全法〉贯彻实施情况的执法检查报告》；听取和审议了《县人民政府关于城乡环境综合治理情况的报告》；听取和审议了《县人民法院关于审判监督工作情况的报告》；对《县人民政府关于城乡环境综合治理情况的报告》和《县人民法院关于审判监督工作情况的报告》进行满意度测评；听取了县人民法院院长、县人民检察院检察长、县财政局局长、县发改局局长、县审计局局长、县住建局局长、县安监局局长、县统计局局长的个人述职报告，并进行了满意度测评；会议还表决通过了其他人事任免事项。

岳池县第十六届人大常委会第二十九次会议。5 月 12 日召开，会议接受了汤才勇同志辞去县人民政府县长职务，表决通过任命谭云同志为岳池县人民政府副县长、代理县长。

岳池县第十六届人大常委会第三十次会议。6 月 24 日召开，会议听取和审议了《县人大常委会执法检查组关于〈禁毒法〉实施情况的执法检查报告》；听取和审议了《县人民政府关于农村重点水利工程设施建设及作用发挥情况的报告》；对《县人民政府关于农村重点水利工程设施建设及作用发挥情况的报告》进行了满意度测评；会议还表决通过了其他人事任免事项。

岳池县第十六届人大常委会第三十一次会议。7 月 28 日召开，会议听取了《县人民政府 2016 年上半年工作报告》；听取和审议了《2016 年上半年国民经济和社会发展计划执行情况的报告》；听取和审议了《2016 年上半年财政预算收支执行情况的报告》《2015 年度县级财政预算执行情况和其他财政收支的审计工作报告》，审查批准了 2015 年财政决算；书面听取了《2014 年度审计工作报告中反映问题的整改落实情况报告》；听取和审议了《县人民检察院关于查办和预防职务犯罪工作情况的报告》；对《2016 年上半年国民经济和社会发展计划执行情况报告》《2016 年上半年财政预算收支执行情况报告》《2015 年预算执行情况和其他财政收支审计工作报告》以及《县人民检察院关于查办和预防职务犯罪工作情况的报告》进行了满意度测评；会议还表决通过了其他人事任免事项。

岳池县第十六届人大常委会第三十二次会议。9 月 9 日召开，会议审议通过了县人民政府关于将岳池县城东新区基础设施、智慧城市及海绵城市建设 PPP 项目服务费和岳池县园区基础设施建设、广岳大道－－－翔凤大道沿线人居环境整治、特色集镇建设 PPP 项目服务费纳入中长期财政年度预算的请示；听取和审议了《岳池县人民政府关于县第十六届人民代表大会第六次会议代表建议、批评和意见办理情况的报告》，并进行了满意度测评；书面听取了《岳池县人大常委会办公室关于 2015 年下半年和2016年上半年“一府两院”办理落实审议意见情况的报告》;会议还表决通过了其他人事任免事项。

岳池县第十六届人大常委会第三十三次会议。11月3日召开,会议审议了《岳池县十七届人民代表大会一次会议筹备方案》,通过了《关于召开岳池县第十七届人民代表大会第一次会议的决定》;审议通过了《岳池县人大常委会工作报告》《岳池县人大常委会关于调整岳池县选举委员会和乡(镇)选举委员会组成人员的决定》;会议接受谢华、陈伟辞去岳池县第十六届人民代表大会代表职务。

岳池县第十六届人大常委会第三十四次会议。11月16日召开,会议审议通过了《岳池县第十六届人民代表大会代表资格审查委员会关于岳池县第十七届人大代表资格审查情况报告》。

岳池县第十七届人大常委会第一次会议。12月3日召开,会议审议了《岳池县人民代表大会常务委员会议事规则》、《岳池县人民代表大会常务委员会任免国家机关工作人员办法》;审议通过了《岳池县第十七届人民代表大会代表资格审查委员会名单(草案)》;审议县十七届人大二次会议方案,通过关于召开县十七届人大二次会议的决定;审议《岳池县人民政府关于提请审议将岳池县顾县镇人居环境综合整治项目资金列入县财政年度预算的报告》、《岳池县人民政府关于提请审议将岳池县旅游扶贫示范带一期项目购买资金列入县财政年度预算的报告,作出了相关决议;会议还表决通过了其他人事任免事项。

【重大事项】 1月5日,岳池县第十六届人大常委会第二十七次会议作出《关于召开岳池县十六届人民代表大会第六次会议的决定》,会议补选曾邦才同志为广安市第四届人民代表大会代表。

2月2日,岳池县第十六届人民代表大会第六次会议补选:曾邦才为岳池县第十六届人大常委会主任,蒋侠为岳池县第十六届人大常委会副主任,江帆、肖波、姜松、寇太虎、廖成蓉为岳池县第十六届人大常委会委员。

7月28日,岳池县第十六届人大常委会第三十一次会议作出《岳池县人大常委会关于批准2015年财政决算的决定》。

11月3日,岳池县第十六届人大常委会第三十三次会议作出《关于召开岳池县第十七届人民代表大会第一次会议的决定》。

11月20日,岳池县第十七届人民代表大会第一次会议选举:曾邦才为岳池县第十七届人大常委会主任,汪勇、李桂新、黄雪兰、蒋侠为岳池县第十七届人大常委会副主任。

12月3日,岳池县第十七届人大常委会第一次会议作出《关于召开岳池县第十七届人民代表大会第二次会议的决定》。

县人大工作综述

【人事任免】 2016年1月5日,岳池县第十六届人大常委会第二十七次会议决定。

免去:贺志辉的岳池县卫生和计划生育局局长职务;齐建辉的岳池县食品药品监督管理局局长职务。

任命:邹丽为岳池县人民政府副县长;齐建辉为岳池县卫生和计划生育局局长。

3月29日,岳池县第十六届人大常委会第二十八次会议决定。

免去:王华的岳池县人民法院审判委员会委员职务;冯川的岳池县人民法院审判监督庭庭长职务;向贵钦的岳池县人民法院执行庭庭长职务;青勇的岳池县人民法院坪滩庭庭长职务;贺君的岳池县人民法院审判监督庭副庭长职务;段瑜的岳池县人民法院民事审判第二庭副庭长职务。

任命:陶开琴为岳池县人民政府副县长;文强为岳池县食品药品监督管理局局长;吴建华为岳池

县人民法院执行庭庭长；青勇为岳池县人民法院审判监督庭庭长；刘斌为岳池县人民法院审判监督庭副庭长；钟金位为岳池县人民法院坪滩法庭副庭长、审判员；徐湛为岳池县人民法院罗渡法庭副庭长、审判员；舒孝焰为岳池县人民法院西溪法庭副庭长、审判员；胡云平为岳池县人民法院审判员。

5月12日，岳池县第十六届人大常委会第二十九次会议决定：任命谭云为岳池县人民政府副县长，并担任岳池县人民政府代理县长。

6月24日，岳池县第十六届人大常委会第三十次会议决定。

免去：毛传江的岳池县环境保护局局长职务；范秀骑的岳池县交通运输局局长职务。

任命：周云文为岳池县交通运输局局长。

7月28日，岳池县第十六届人大常委会第三十一次会议决定。

免去：赵彬的岳池县安全生产监督管理局局长职务。

任命：蒲锦荣为岳池县安全生产监督管理局局长；邓红飞、陈春林、罗润辉、唐波、唐静伊、曾瑶、雷玲玲为岳池县人民检察院检察员。

9月9日，岳池县第十六届人大常委会第三十二次会议决定。

免去：何朝晖的岳池县农业局局长职务；陈自力的岳池县林业局局长职务。

接受：孙永红辞去岳池县人民法院院长职务；谭安民辞去岳池县人民检察院检察长职务。

任命：卿东进为岳池县人民检察院检察员、检察委员会委员、副检察长，并担任岳池县人民检察院代理检察长；滕明杰为岳池县人民法院审判员、审判委员会委员、副院长，并担任岳池县人民法院代理院长；李四海为岳池县林业局局长；陈自力为岳池县农业局局长；范秀骑为岳池县扶贫和移民工作局局长。

11月3日，岳池县第十六届人大常委会第三十三次会议决定：接受谢华、陈伟辞去岳池县第十六届人民代表大会代表职务。

11月16日，岳池县第十六届人大常委会第三十四次会议决定。

免去：郑钦平的岳池县人民政府副县长职务；任仕金的岳池县人民政府副县长职务；姚长琼的岳池县人民政府副县长职务；汪勇的岳池县人民政府副县长职务；王波的岳池县工商质监局局长职务；王岳川的岳池县住房和城乡规划建设局局长职务；严福寿的岳池县审计局局长职务；吴焱的岳池县财政局局长职务；张智林的岳池县发展和改革局局长职务；周恒的岳池县民政局局长职务；赵玉林的岳池县教育科技体育局局长职务；段清华的岳池县商务局局长职务；聂长江的岳池县统计局局长职务；寇正荣的岳池县文化广电新闻出版局局长职务。

12月3日，岳池县第十七届人大常委会第一次会议决定。

免去：刘昭成的岳池县人大常委会办公室主任职务；杨超龙的岳池县人大常委会信访室主任职务；胡万灵的岳池县人大常委会市人大代表联络室主任职务。

任命：雷军为岳池县人大常委会办公室主任；王利民为岳池县人大常委会信访室主任；杨超龙为岳池县人大常委会市人大代表联络室主任。

【代表视察】 4月，县人大常委会组织部分常委会组成人员和县人大代表视察脱贫攻坚工作情况。

5月，县人大常委会组织部分常委会组成人员和县人大代表视察玉屏湖“4A”级乡村旅游景区创建情况。

6月，县人大常委会组织部分常委会组成人员和县人大代表视察污水处理站建设与运行情况。

8月，县人大常委会组织部分常委会组成人员和县人大代表视察全县医药产业发展情况。

【执法检查】 2月，县人大常委会组成执法检查组对《食品安全法》贯彻实施情况进行执法检查。

4月，县人大常委会组成执法检查组对《禁毒法》贯彻实施情况情况进行执法检查。

【建议意见办理】 经县第十六届人民代表大会第六次会议议案组整理，人大代表提出议案1件、建议和意见96件，县级相关部门均在规定时间内办复完毕。

岳池县人民政府

综 述

【常务会议】 1月12日，召开十六届岳池县人民政府第48次常务会议。集体学习《国家信访局关于进一步规范信访事项受理办理程序引导来访人员依法逐级走访的办法》，审议《政府工作报告（征求意见稿）》《岳池县国民经济和社会发展第十三个五年（2016—2020年）规划纲要（征求意见稿）》《岳池县2015年国民经济和社会发展计划执行情况及2016年计划（草案）的报告》《岳池县2015年财政预算执行情况和2016年财政预算（草案）的报告》《岳池县现代农业园区建设管理办法（试行）》和《岳池县进一步推进户籍制度改革实施方案》，研究现代农业园区乡村大舞台和生态停车场建设、伏龙乡和西板乡撤乡建镇及给予川师大附属第七实验中学民办教育奖励扶持有关事宜和人事问题。

2月18日，召开十六届岳池县人民政府第49次常务会议。集体学习《医疗事故处理条例》，审议《岳池县人民政府关于进一步加强竞技体育工作的意见》《岳池县人民政府办公室关于落实〈政府工作报告〉重点工作部门分工的意见》《岳池县产业扶持周转金管理暂行办法》，研究推进县域义务教育均衡发展、向广安市广岳砂石有限责任公司委派董事等事宜和人事问题。

3月17日，召开十六届岳池县人民政府第50次常务会议。集体学习《中华人民共和国防洪法》，审议《岳池县人民政府关于印发岳池县县城区国有土地上房屋征收与补偿实施办法的通知》《岳池县加快推进“项目年”建设的实施方案》，研究县信用联社改制和园区基础设施配套、翔凤大道及广岳大道沿线人居环境整治、特色集镇建设项目采取PPP模式实施事宜，听取岳池银泰投资公司、岳池县发展建设公司生产经营管理情况汇报。

4月12日，召开十六届岳池县人民政府第51次常务会议。集体学习《招投标法实施条例及国家投资工程建设项目招投标制度》，审议《岳池县人民政府关于规范国有企业实施政府投资项目的意见》《岳池县城乡困难群众临时救助实施办法》《岳池县医疗救助实施办法》《四川省岳池银泰投资（控股）有限公司薪酬管理办法（试行）》和《珂诚·昂立学前教育基地办学协议》，研究东城明珠建设项目等事宜。

4月20日，召开十六届岳池县人民政府第52次常务会议。分析全县一季度经济运行情况，集体学习省政府《关于印发促进经济稳定增长和提质增效推进供给侧结构性改革政策措施的通知》，并研究贯彻落实意见，听取“营改增”试点工作情况汇报，审议修订后的《岳池县基础扶贫专项方案》等10个扶贫专项方案，研究人事问题。

5月27日，召开十六届岳池县人民政府第53次常务会议。集体学习《中华人民共和国农产品质量安全法》《四川省党政领导干部生态环境损害责任追究实施细则（试行）》，传达市应急管理委员会第二次全体会议精神，审议《岳池县水污染防治行动工作方案》《岳池县2016年投资促进工作要点》《岳池县2016年幸福美丽新村和美丽乡村建设实施方案》《岳池县经营性国有资产监督管理办法》《扶贫小额信用贷款框架合作协议》，研究白庙预拌砂浆混凝土搅拌站、石垭镇原维康陶瓷厂土地开发、岳池银泰投资公司105号和107号商业楼维修改造、吴雪艺术中心1号楼圆弧大厅3楼改造等事宜和人事问题。

6月13日，召开十六届岳池县人民政府第54

次常务会议。集体学习《中华人民共和国消费者权益保护法》，传达习近平等领导重要批示、全市互联网金融风险专项整治工作动员部署会议精神，审议《岳池县促进创新创业孵化扶持办法》《岳池县工业企业应急转贷资金管理办法》《岳池县工业中小企业贷款风险补偿专项资金管理暂行办法》《岳池县人民政府关于加强粮食重金属污染治理的实施意见》《岳池县农村集体土地大比例尺图实测和确权登记工作有关具体问题处理指导意见》《岳池县食品安全委员会工作规则等三项制度》《岳池县食品安全责任追究暂行办法》，研究人事问题。

7月4日，召开十六届岳池县人民政府第55次常务会议。集体学习《中华人民共和国大气污染防治法》，审议《岳池县100万元以下政府投资建设项目结算审计试点工作方案》《岳池县关于加快高新技术产业发展的意见》《岳池县关于加快科技创新平台建设的意见》《岳池县全面推进公务用车制度改革总体方案》《岳池县公务用车制度改革实施方案》《岳池县第二污水处理厂建设项目实施方案》《锦绣路等三条市政道路建设项目实施方案》，研究补充完善会展中心建设工程造价结算、九龙镇增设东湖等社区居民委员会和人事问题。

7月28日，召开十六届岳池县人民政府第56次常务会议。集体学习《中华人民共和国企业国有资产法》，审议《岳池县"十三五"易地扶贫搬迁实施方案》《岳池县2016年及2017年提前批易地扶贫搬迁工作实施方案》《岳池县政府投资建设项目工程变更管理办法》《岳池县"项目年"工作考核办法》《岳池县城东新区棚户区改造项目（127亩）承接主体实施方案》《岳池县选派公办教师到民办学校支教管理暂行办法》《岳池县关于进一步规范财政资金预算拨付管理的通知》，研究局部调整岳池县苟角镇等15个乡镇土地利用总体规划事宜。

8月25日，召开十六届岳池县人民政府第57次常务会议。集体学习《中华人民共和国国家安全法》；传达贯彻王东明关于脱贫攻坚指示精神和省脱贫攻坚蹲点督导工作电视电话会议精神，并研究贯彻落实意见；研究调整白庙预拌砂浆混凝土搅拌站实施方案、岳池县顾县镇人居环境综合整治项目建设资金、变更岳池县2016年公共租赁住房申请条件、岳池县第二污水处理厂建设项目选址、回购岳池县金晖纸业有限公司土地使用权等事宜和人事问题。

9月29日，召开十六届岳池县人民政府第58次常务会议。集体学习《四川省重大行政决策责任追究暂行办法》，审议《岳池县推广随机抽查规范事中事后监管实施方案》《岳池县乡村教师支持计划实施办法（2015—2020年）》《岳池县林地经营权流转证登记管理暂行办法》《岳池县经济林木（果）权证登记管理暂行办法》《岳池县人民政府关于创新土地出让机制促进城乡房地产业健康发展的意见》《岳池县安全生产目标管理奖励暂行办法》《岳池县欢乐原乡文创产业园项目合作协议书》《岳池跨境商贸物流城项目投资协议书》《县政府法律顾问聘任合同》，研究在全县实施"雪亮"工程、授予李文伟"见义勇为公民"荣誉称号、城区新建公交车站台事宜和人事问题。

11月8日，召开十六届岳池县人民政府第59次常务会议。集体学习《中华人民共和国残疾人保障法》《四川省国有土地上房屋征收与补偿条例》《广安市中心城区国有土地上房屋征收与补偿实施办法》《四川省人民政府转发国务院关于在市场体系建设中建立公平竞争审查制度的意见的通知》，审议《政府工作报告（征求意见稿）》《岳池县城市规划区地下空间开发利用管理办法（试行）》，听取县公安局关于全县禁毒工作情况的汇报，并研究禁毒工作有关事宜，研究东城首座北区等房地产项目用地变更土地使用者、银泰商砼建设项目及土地划转等事宜和人事问题。

12月9日，召开十七届岳池县人民政府第1次常务会议。集体学习《中华人民共和国担保法》，传达王东明在省脱贫攻坚领导小组第四次会议上的讲话精神，审议《岳池县林地经营权流转证登记管理暂行办法》《岳池县经济林木（果）权证登记管理暂行办法》《岳池县人民政府关于提请审议调整2016年财政预算及部门预算支出的报告》《岳池县政府和社会资本合作项目建设工程管理办法》，研究岳池银泰投资公司和岳池县发展建设公司2016年度经营目标任务、六家涉农国有独资公司开展金融扶贫小额信贷工作和人事问题。

12月21日，召开十七届岳池县人民政府第2次常务会议。集体学习《中华人民共和国行政许可法》，审议《岳池县卫生扶贫救助基金管理办法（试行）》，研究拨付岳池县金晖纸业有限公司土地及地上附属物回购款等事宜。

【全体会议】 1月15日，县委副书记、县长汤才勇在县政府四楼会议室主持召开十六届岳池县人民政府第七次全体会议。讨论《政府工作报告（征求意见稿）》《岳池县国民经济和社会发展第十三个五年（2016—2020年）规划纲要（征求意见稿）》。县委常委、副县长钟爱平、郑钦平，县政府副县长任仕金、姚长琼、汪勇、蒋光辉出席会议；县人武部政委张海峰参加会议；县委副书记李国生、县人大常委会副主任李桂新、县政协副主席胡安贵、县人民法院院长孙永红、县人民检察院检察长谭安民受邀列席会议。

7月26日，县委副书记、代县长谭云在吴雪艺术中心多功能厅主持召开十六届岳池县人民政府第八次全体会议。回顾总结上半年政府工作，研究部署下半年各项重点工作。县委常委、副县长钟爱平、陶开琴，县政府副县长任仕金、汪勇、蒋光辉出席会议；县人武部政委张海峰参加会议；县委常委、总工会主席刘俊，县人大常委会副主任李桂新，县政协副主席胡安贵，县人民法院院长孙永红，县人民检察院检察长谭安民受邀列席会议。

11月8日，县委副书记、代县长谭云在县政府四楼会议室主持召开十六届岳池县人民政府第九次全体会议。研究讨论《政府工作报告（征求意见稿）》。县委常委、副县长钟爱平、陶开琴，县政府副县长蒋光辉、邹丽，县政府党组成员杨伟、刘永红、刘裕文出席会议；县人大常委会副主任李桂新，县检察院党组书记、代检察长卿东进受邀列席会议。

【专题会议】 1月13日，县政府副县长汪勇在县政府四楼会议室主持召开专题会议，研究天羿荣耀城项目商住楼超面积处罚事宜。

2月29日，县委副书记、县长汤才勇在县政府四楼会议室主持召开瞿家店村、马家村、三官店村脱贫攻坚工作会议，听取白庙镇、顾县镇、大佛乡关于脱贫攻坚工作开展情况的汇报，研究部署2016年脱贫攻坚重点工作。

3月10日，县委副书记、县长汤才勇在县人民检察院召开现场办公会议，听取县人民检察院关于检务大厅建设情况的汇报，专题研究县人民检察院检务大厅建设工作。

3月21日，县委常委、副县长郑钦平在县政府三楼会议室主持召开专题会，听取岳池经开区管委会关于生物医药创新创业公共服务平台及产业化项目实施方案的汇报，研究加快推进生物医药创新创业公共服务平台及产业化项目建设工作。

4月27日，县委副书记、县长汤才勇在县政府四楼会议室主持召开全县交通运输工作专题会议，传达中央、省、市交通运输工作会议精神，研究交通运输工作。

5月6日，县委副书记、县长、县城乡规划委员会主任委员汤才勇在县政府四楼会议室主持召开岳池县城乡规划委员会第61次会议，审议岳池县绿地系统规划、余家河公园上段景观及龙湖公园景观设计方案、拟出让地（约83亩）规划条件调整方案、滨江花园二期（原城南派出所危改）规划设计方案、广岳大道加油站选址方案、“龙鑫·御水湾”规划设计方案。

5月10日，县委常委、副县长郑钦平在吴雪艺术中心二会议室主持召开渠江流域重点污染源治理工作推进会，传达5月9日全市大气和水污染防治专题会议精神，听取县环境保护局关于渠江流域重点污染源治理工作情况的汇报，安排部署下步工作。

5月27日，县委副书记、代县长谭云在县政府三楼会议室主持召开全县机关事业单位养老保险制度改革专题会议，听取县人力资源社会保障局关于全县机关事业单位养老保险制度改革工作汇报，研究推进机关事业养老保险事宜。

6月20日，县委常委、副县长郑钦平在仁安药业二楼会议室主持召开广安岳池创新药物公共服务中心设计方案会审会，听取中国医药集团重庆医药设计院关于广安岳池创新药物公共服务中心设计方案的汇报，安排部署下步工作。

7月5日，县政府副县长姚长琼在县政府三楼会议室主持召开专题会议，研究回龙寺水库工程《广安岳池500千伏南黄一、二线改造工程施工合同》签订事宜。

7月12日，县委常委、副县长郑钦平在县政府三楼会议室主持召开专题会议，听取县地税局关于园区企业房产税、土地使用税缴纳征收情况的汇报，研究园区企业“房土两税”征收事宜。

7月15日，县委副书记、代县长、县城乡规划委员会主任委员谭云在县政府四楼会议室主持召开岳池县城乡规划委员会第62次会议，审议岳池县城市规划展览馆实施方案、拟出让地块（约83亩、约90亩、约76亩、约25亩、约8亩）规划条件调整方案、龙湖公园景观设计方案、余家河公园上段景观设计方案、岳池县城东新区棚户区改造项目（龙庭御景、东城明珠）规划条件调整方案、YCP－2016－2号地块建筑规划设计方案、岳池县就业和社会保障服务中心外立面色彩调整方案。

7月18日，县委副书记、代县长谭云在县政府三楼会议室主持召开岳池县食品药品监管能力建设专题会，听取县食品药品监管局关于食品药品监管重点工作及能力建设的汇报。

7月26日，县委副书记、代县长谭云在县政府四楼会议室主持召开交通运输工作专题会，研究交通运输工作。

8月26日，县委常委、副县长郑钦平在县政府三楼会议室主持召开农业光伏新能源项目建设专题会，听取县投资促进局、现代农业园区管委会关于光伏新能源项目建设情况的汇报，安排部署下步工作。

9月2日，县委常委、副县长钟爱平在县政府三楼会议室主持召开岳池县综合客运枢纽站建设专题会，研究岳池县综合客运枢纽站建设项目工程量变更、啤酒风情街建设事宜。

9月30日，县委副书记、代县长、县城乡规划委员会主任委员谭云在县政府四楼会议室主持召开岳池县城乡规划委员会第63次会议，审议岳池县拟建设项目（政务中心、监管中心安置房）用地拟选址方案、广安岳池创新药物公共服务中心项目（政府投资建设部分）规划选址地块用地规划条件拟调整方案、岳池县物流园区棚户区改造项目用地规划条件拟调整及规划设计方案、龙湖公园景观设计方案、岳池县行知学前教育基地用地规划条件拟调整及规划设计方案、岳池县监管中心建设工程用地规划条件拟调整及规划设计方案、岳池县中医医院整体迁建项目设计方案、岳池县汽车运输站增加用地规划条件拟调整及规划设计方案、明珠家园规划设计方案、人民医院增加洗衣用房建筑设计方案、邮政扩建业务用房建筑设计方案、岳池县新南门市场升级改造项目建筑设计方案。

11月1日，县委副书记、代县长、县城乡规划委员会主任委员谭云在县政府四楼会议室主持召开岳池县城乡规划委员会第64次会议，审议岳池农家文化旅游区规划方案、岳池县监管中心及物流园区棚户区改造项目用地规划条件拟调整及规划设计方案、县中医院和翔凤学校选址方案、岳一中部分闲置土地（约30亩）用地规划条件拟调整方案、四川师范大学附属第七中学南侧地块（约100亩）用地规划条件拟调整方案。

11月22日，县委副书记、代县长、县城乡规划委员会主任委员谭云在县政府四楼会议室主持召开岳池县城乡规划委员会第65次会议，审议岳池跨境商贸物流城用地规划条件拟确定及概念性设计方案、翔凤大道景观提升规划设计方案、汽车站增加用地部分用地规划条件拟调整及建筑设计方案、岳池县第二污水处理厂选址方案、县中医院和翔凤学校选址拟调整方案、岳池农家文化旅游区总体规划方案、四川师范大学附属第七实验学校岳池校区景观绿化带整改工程。

12 月 1 日，县委副书记、县长谭云在县政府三楼会议室主持召开岳池县义务教育均衡发展专题会，听取县教科体局关于推进义务教育均衡发展工作开展情况的汇报，安排部署下步工作。

12 月 23 日，县政府副县长、石鼓乡党委书记刘裕文在县政府三楼会议室主持召开兴隆镇污水处理工程建设工作推进会，听取县住房城乡规划建设局关于兴隆镇污水处理站及配套管网建设和运行情况的汇报，安排部署下步工作。

【重要决策】 1 月 8 日，县政府办公室印发《关于调整村（社区）干部基本报酬补助标准的通知》，对调整村（社区）干部基本报酬补助标准、实行村（社区）干部基本报酬经费县级财政保障机制、健全村（社区）干部基本报酬激励保障机制提出具体要求。

1 月 21 日，县政府印发《岳池县进一步推进户籍制度改革实施方案》，明确改革原则、改革目标、改革内容、责任分工等，对调整户口迁移政策、创新人口管理、保障农业转移人口及其他常住人口合法权益提出具体要求。

1 月 26 日，县政府办公室印发《岳池县医疗卫生服务体系规划（2015—2020 年）》，明确基本原则、规划目标等，对医疗卫生服务机构功能定位、医疗卫生服务资源配置及发展、功能整合与分工协作、实施保障与监督评价提出具体要求。

2 月 29 日，县政府印发《关于进一步加强竞技体育工作的意见》，对体育后备人才基地建设、业余体校“龙头”带动作用、竞技体育人才培养和输送、保障措施做出具体安排。

2 月 29 日，县政府办公室印发《岳池县产业扶持周转金管理暂行办法》，明确产业扶持周转金的使用原则、拨付程序、资金管理、责任追究等内容。

3 月 4 日，县政府印发《关于 2016 年金融工作的意见》，对金融信贷投放、企业直接融资渠道、金融改革创新、金融风险防范做出具体安排。

3 月 7 日，县政府印发《2016 年县政府工作要点》，提出 2016 年政府工作的基本思路和经济社会发展的预期目标，并对全面改革创新、加速转型升级、坚持协调共进、推进全域开放、注重绿色发展、聚力脱贫攻坚、持续改善民生、狠抓自身建设提出具体要求。

3 月 21 日，县政府办公室印发《关于抓好 2016 年大春生产工作的意见》，明确工作目标、工作重点和保障措施等内容。

3 月 24 日，县政府办公室印发《关于进一步加强土地监管的通知》，要求各级各相关部门加强土地管理，落实主体责任，规范用地秩序，坚决遏制和严厉打击各类土地违法行为。

4 月 5 日，县政府办公室印发《岳池县 2016 年食品安全工作要点》，对健全监管体系、突出监管重点、开展专项整治、强化组织领导提出具体要求。

4 月 8 日，县政府办公室印发《岳池县 2016 年度国有建设用地供应计划》，明确编制原则、计划指标、政策导向、保障措施等内容。

4 月 12 日，县政府办公室印发《岳池县乡镇工作补贴实施方案》，明确执行范围、补贴标准、发放办法、经费保障、执行时间等内容。

4 月 21 日，县政府印发《2016 年安全生产工作意见》，明确总体思路、目标任务、工作措施，对健全责任体系、深化依法治安、完善监管机制、强化考核督查提出具体要求。

4 月 26 日，县政府印发《关于规范国有企业实施政府投资项目的意见》，对建立科学的决策机制、严格规范实施主体行为、加强项目实施管理、落实责任追究提出具体要求。

4 月 29 日，县政府办公室印发《岳池县松材线虫病等重大林业有害生物防治目标责任考核办法》，明确考核对象、考核内容及分值、考核组织实施、考核结果运用等内容。

5月3日，县政府办公室印发《岳池县巩固完善县级公立医院综合改革实施方案》，明确县级公立医院管理体制、运行机制、服务价格调整、人事薪酬、医保支付等方面改革事宜。

5月6日，县政府印发《岳池县城乡困难群众临时救助实施办法》，明确救助对象和范围、救助标准和方式、救助程序、资金保障和监督管理等内容。

5月6日，县政府印发《岳池县医疗救助实施办法》，明确救助对象和范围、救助形式和标准、救助程序、救助资金的筹集和发放、医疗救助服务等内容。

5月12日，县政府办公室印发《岳池县林权抵押贷款改革试点实施方案》，对建立经济林木（果）权证制度、林地经营权流转证制度、村级互助担保合作制度、森林资源资产评估咨询制度、森林资源资产收储制度提出具体要求。

5月12日，县政府办公室印发《关于做好2016年幸福美丽新村建设工作的通知》，明确工作思路、目标任务、工作重点、工作要求，对因地制宜加快新村建设、科学合理发展致富产业、大力推动农村廉租房建设、配套完善基础设施和公共服务、全面深入推进农村改革作出具体安排。

5月23日，县政府印发《岳池县城区国有土地上房屋征收与补偿实施办法》，对征收决定、评估、补偿、货币补偿、产权调换、监督管理提出具体要求。

5月26日，县政府办公室印发《关于加快推进农村集体土地大比例尺图实测和确权登记发证工作的通知》，明确目标任务、进度安排、责任分工、工作纪律等内容。

5月30日，县政府办公室印发《岳池县2016年地质灾害应急预案》，明确应急机构及职责、应急准备、临灾应急、灾害应急等内容。

5月31日，县政府办公室印发《岳池县贯彻落实粮食安全行政首长责任制考核办法》，明确考核组织机构、考核内容、考核评分、考核结果运用等。

6月2日，县政府印发《关于开展道路交通安全综合治理长效机制建设年行动的通知》，明确工作目标、重点任务、工作要求，对坚持常态管理机制、健全协调联动机制、创新科技治理机制、深化宣传教育机制、健全制度保障机制提出具体要求。

6月3日，县政府办公室印发《岳池县经营性国有资产监督管理办法》，对部门职责分工、国有资产出租及出借管理、资产处置管理、国有资产收入及资产处置收入管理提出具体要求。

6月8日，县政府印发《岳池县水污染防治行动工作方案》，明确水污染防治行动总体要求、工作目标和主要指标，对控制污染物排放、推动经济结构转型升级、节约保护水资源、强化科技支撑、发挥市场机制作用、严格环境执法监管、加强水环境管理、保障水生态环境安全等提出具体要求。

6月8日，县政府办公室印发《岳池县深化环境污染防治改革实施方案》，明确总体目标、基本原则、重点任务、改革事项、工作保障等，对大气污染防治、水污染防治、土壤污染防治、辐射环境污染防治作出具体安排，对源头严防、过程严管、后果严惩提出具体要求。

6月24日，县政府印发《关于支持乡友返乡创业发展的工作意见》，明确支持举措、工作要求、组织管理等，对放宽投资创业领域、提升返乡创业待遇、强化政策支持力度、优化投融资服务、强化项目要素保障作出具体规定，对夯实基础平台、优化政务环境、完善公共服务提出具体要求。

6月24日，县政府办公室印发《岳池县食品安全委员会工作规则》《岳池县食品安全委员会成员单位工作职责》《岳池县食品安全工作考核评价办法（试行）》，明确食安委、食安办及成员单位工作职责，对食品安全考核评价工作做出具体安排。

6月24日，县政府办公室印发《岳池县食品安全责任追究办法（试行）》，明确食品安全责任追究方式、情形及适用范围。

7月25日，县政府办公室印发《关于引进急需紧缺专业人员实行政府购买服务的意见》，明确用人单位及劳务派遣机构、实施范围及对象、费用标准及筹集、人员确定、人员管理、合同签订续签及终止等内容。

7月26日，县政府办公室印发《岳池县行政执法与刑事司法案件移送工作规则》，对行政违法案件移送条件、移送内容、移送程序、移送案件办理等作出具体规定。

8月2日，县政府办公室印发《岳池县创新创业孵化扶持暂行办法》，明确适用范围、基金规模及扶持措施等内容。

8月2日，县政府办公室印发《岳池县“十三五”易地扶贫搬迁实施方案》，对易地扶贫搬迁规模及安置方式、主要建设任务、资金测算与筹措方案、政策保障和组织实施提出具体要求。

8月5日，县政府办公室印发《岳池县“项目年”工作考核办法》，明确全县2016年主要经济工作目标任务、2016年度全覆盖目标任务等，对考核对象、考核方式及程序、考核结果运用等提出具体要求。

8月10日，县政府办公室印发《岳池县人民政府2016年度法治政府建设工作安排》，对学习贯彻《法治政府建设实施纲要（2015—2020年）》、全面推进“放管服”工作、落实依法决策制度、规范行政执法、做好行政复议应诉工作等提出具体要求。

8月11日，县政府办公室印发《岳池县政府投资建设项目工程变更管理办法》，在原《岳池县政府投资建设项目工程变更审查办法》（岳府办发〔2015〕30号）的基础上，对工程变更管理、审查时限、审批程序等规定进行优化完善。

8月15日，县政府办公室印发《岳池县选派公办教师到民办学校支教管理暂行办法》，明确支教教师及学校条件、审核程序、支教教师选派途径及办理程序等内容。

8月16日，县政府办公室印发《关于取消、保留初审审批事项、许可限额的通知》，明确省级行政审批事项取消岳池县初审环节的项目13项、保留岳池县初审环节的项目48项，市级行政审批事项取消初审环节的项目4项、保留初审环节的项目8项，县本级取消许可限额的审批事项7项、保留许可限额的审批事项16项。

8月22日，县政府办公室印发《岳池县人民政府招商顾问聘请及管理办法（试行）》，明确选聘范围、聘请程序、主要职责、管理机制、聘用期限等内容。

9月18日，县政府办公室印发《岳池县贯彻落实质量发展纲要暨建设质量强县2016年工作计划》，对推进质量提升、推动质量品牌建设、保障质量安全、夯实质量发展基础、强化质量负责发展工作保障提出具体要求。

9月22日，县政府办公室印发《岳池县永久基本农田划定工作方案》，明确指导思想、工作原则、工作依据、工作内容、时间安排、组织领导、资金拨付、验收成果、责任追究等。

9月30日，县政府印发《关于落实“先照后证”改革决定加强事中事后监管工作的实施意见》，明确总体要求、基本原则、主要任务、工作保障等，对严格行政审批事项管理、厘清市场监管职责、完善市场监管措施提出具体要求。

10月13日，县政府办公室印发《岳池县推广随机抽查规范事中事后监管实施方案》，明确总体要求、主要任务等，对制定发布随机抽查事项清单、建立健全“两库”、建立“双随机”抽查机制、合理确定抽查比例频次和方式、强化抽查结果运用、整合形成统一的市场监管信息平台、建立“双随机”与社会信用体系衔接机制、探索开展联合抽查提出具体要求。

10月18日，县政府印发《关于创新土地出让机制促进城乡房地产业健康发展的意见》，对盘活去产能工业用地、支持企业改造提升、完善工业用地供应方式、支持商业用地结构调整、允许房地产项目实施分期开发、优化土地供应、规范开展国有建设用地使用权分割登记等工作提出具体要求。

10月24日，县政府办公室印发《岳池县乡村教师支持计划实施办法（2015—2020年）》，明确通过加强师德师风建设、强化乡村教师编制管理、拓展乡村教师补充渠道、提升乡村教师专业水平和增强乡村教师职业荣誉感，力争到2020年，建成一支师德高尚、素质优良、结构合理、服务乡村的教师队伍，为实现教育现代化提供坚强有力的师资保障。

11月18日，县政府办公室印发《岳池县深化医药卫生体制改革2016年重点工作任务》，对深化公立医院综合改革、巩固完善分级诊疗制度、健全全民预防保健制度、加强卫生人才队伍建设、巩固完善全民医保体系、健全药品供应保障机制、推进卫生信息化建设、加快发展健康服务业等工作做出具体安排。

11月21日，县政府办公室印发《关于成立岳池县行业协会商会与行政机关脱钩联合工作组的通知》，明确主要职责、组成人员、工作机构。

11月22日，县政府办公室印发《岳池县城市规划区地下空间开发利用管理办法（试行）》，对地下空间规划、建设用地利用管理、地下空间权利登记等提出具体要求。

12月27日，县政府办公室印发《岳池县政府和社会资本合作项目建设工程管理办法》，明确政府和社会资本合作（PPP）项目适用范围、项目审批、勘察设计、财政评审、工程监理、工程质量与安全、工程变更及验收、资金拨付等内容。

【领导活动】 县委副书记、县长汤才勇：

1月5日，在深圳主持召开岳池县旅粤乡友及企业家2016年新春座谈会。1月12日，主持召开十六届岳池县人民政府第48次常务会。1月15日，主持召开十六届岳池县人民政府第七次全体会。1月23日，主持召开县委经济工作暨城市工作会。2月3日，到老干部谢帮禄和优抚对像杨甲书家中、武警中队、顾县镇开展春节节前走访慰问。2月4日，深入烟花爆竹经营公司仓库、瑞鼎·君悦楼盘建筑工地、CNG加气站、县汽车客运站、美好家园超市等地检查指导春节节前安全生产工作。2月18日，主持召开十六届岳池县人民政府第49次常务会。3月7日，出席岳池县2016年食品药品安全工作会议并作重要讲话。3月17日，主持召开十六届岳池县人民政府第50次常务会。3月30日，参加市政协主席刘凤成一行到岳池调研政协工作座谈会。4月12日，主持召开十六届岳池县人民政府第51次常务会。4月20日，主持召开十六届岳池县人民政府第52次常务会，出席中国曲协到岳池督查调研曲艺之乡建设工作汇报会。

县委副书记、县长谭云：

5月14日，出席十六届县政府第五次廉政工作会议。5月16日至18日，在成都参加贫困县党政正职集体谈心谈话暨业务培训会。5月20日至22日，在重庆参加第十九届渝洽会。5月25日，深入顾县镇马家村讲授“两学一做”学习教育专题党课。5月27日，主持召开十六届岳池县人民政府第53次常务会议。6月13日，主持召开十六届岳池县人民政府第54次常务会议。6月14日，出席2016年岳池县创建省级文明城市指挥部第1次会议。6月28日至30日，在成都参加全省现代农业示范市县建设工作会议。7月4日，主持召开十六届岳池县人民政府第55次常务会。7月6日，参加全市上半年经济数据联席会暨工业经济分析会议。7月12日至14日，在成都参加2016年全省医疗卫生计生扶贫工作培训会。7月15日，主持召开岳池县城乡规划委员会第62次会议。7月20日，出席县委财经领导小组第9次会议。7月27日，到北城、团结、秦溪、兴隆等乡镇检查指导防汛工作。7月26日，主持召开十六届岳池县人民政府第八次全体会议、岳池县交通运输专题会。7月28日，主持召开十六届岳池县人民政府第56次常务会议。7月29日，到罗渡镇调研防汛及重大项目工程建设工作情况。8月3日，主持召开岳池县义务教育均衡发展专题会。8月8日至11日，在成都参加广安市生物医药产业联席会。8月19日，参加广安市全民水库及西溪河流域绿色发展工作第一次联席会议。8月22日，主持召开2016年岳池县第六届“红烛奖”评选推荐工作会议。8月23日，到顾县镇真武桥村蹲点督导脱贫攻坚工作。8月25日，主持召开十六届岳池县人民政府第57次常务会议。9月6日，到顾县镇马家村、真武桥村调研脱贫攻坚工作。9月7日，出席中共岳池县第十一届委员会第二十三次全委(扩大)会议。9月9日，出席岳池县庆祝第32个教师节暨表扬大会。9月18日，调研岳池县全民水库水环境治理及环库发展。9月20日，参加广安市迎接省对市州2015年度实行最严格水资源管理制度考核工作汇报会。9月22日，赴县经开区调研指导生物医药产业发展工作。9月23日，深入仁安药业、CNG加气站、石垭派出所等地检查指导国庆节前社会安全稳定工作。9月24日，深入顾县镇真武桥村开展脱贫攻坚评估检查工作。9月26日至29日，参加中国共产党岳池县第十二次代表大会。9月29日，主持召开十六届岳池县人民政府第58次常务会议。10月20日，参加中国(广安)川渝合作示范区暨川东北经济区投资贸易大会开幕式，到顾县镇真武桥村开展脱贫攻坚评估检查工作。10月25日，参加中共广安市委第164次常委(扩大)会议。11月2日至5日，在成都参加第十六届中国西部国际博览会。11月8日，主持召开十六届岳池县人民政府第59次常务会议、十六届岳池县人民政府第九次全体会议。11月13日，到岳池县白庙镇瞿家店村蹲点督导脱贫攻坚工作。11月16日，主持召开中共岳池县人民政府党组“两学一做”第三专题学习讨论会。11月17日，参加政协岳池县第十四届委员会议第一次大会。11月18日，参加岳池县第十七届人民代表大会第一次会议。11月20日，到顾县镇真武桥村、马家村、小门路村、胡家庙村等地开展脱贫攻坚调研督导及“走基层、送温暖”活动。11月23日至26日，参加中国共产党广安市第五次代表大会。12月2日，参加市惠民办到岳池检查验收2016年省市民生工程资金执行情况及提前完成的民生工程项目意见交换会。12月5日，到顾县镇真武桥村开展开展脱贫攻坚调研督导及“走基层、送温暖”活动。12月9日，主持召开十七届岳池县人民政府第1次常务会议。12月12日，参加四川省2016年度精准脱贫第三方评估小组到岳池开展评估工作座谈会。12月15日，参加岳池县第十七届人民代表大会第二次会议第一次全体会议。12月21日，主持召开十七届岳池县人民政府第2次常务会议。12月23日，到城南社区调研“千名干部进社区，共建文明新家园”争创四川省第四届文明城市工作。12月27日，主持召开广安市过境高速公路东环线及渝广高速支线项目岳池段征地拆迁工作专题会，到县经开区调研2016年重点工作完成情况及2017年工作计划。

县委常委、副县长钟爱平：

1月27日，主持召开“双创”工作专题会议。1月28日，主持召开2016年GDP及重点建设工作目标分解专题会议。1月29日，主持召开依法治理民间投融资风险工作会。2月3日，主持召开专项建设基金项目及省重点项目专题会议。3月8日，主持召开国有资产维修维护专题会议、适当提高辅警待遇专题会议。3月18日，主持召开2016年一季度重大项目集中开工仪式筹备协调会议、2016年一季度财税收入形势分析会议。3月21日，陪同江苏华建代表团调研顾县镇马家村。3月24日，主持召开广安市第四届学生运动会筹备工作会议。3月29日，主持召开枣山物流园区党政代表团到岳池对接石垭镇区划调整座谈会。3月30日，主持召开县域经济发展考核专题会。3月31日，主持召开石垭镇区划调整工作会。4月5日，主持召开岳池县2016年度经济责任审计联席会。4月25日，主持召开岳池县2016年贫困村摘帽专题研究会。4月28日，主持召开2016年市级专项应急演练工作筹备会。5月6日，主持召开2016年经济工作“双过半”及重点项目推进会。5月13日，主持召开岳池县一窗受理受办分离工作协调会。5月24日，主持召开十六届县政府第五次廉政工作会议。6月15日，主持召开岳池县公务用车制度改革工作会。6月20日,主持召开岳池县公务用车制度改革工作会。7月7日,主持召开岳池县2016年绩效考核专题会。7月22日,主持召开全县金融工作专题会、岳池县PPP项目推进专题会。8月4日,主持召开《取缔全民水库岳池水域网箱拦坝养鱼设施秩序维护工作方案(送审稿)》审查会、工业园区PPP项目工作专题会议。8月16日,主持召开新增投资统计入库工作推进会,到裕民镇王家桥村开展脱贫攻坚蹲点督导。9月1日,主持召开研究专项建设基金争取使用专题会议。9月6日,主持召开2016年岳池县征兵工作定兵会议、大佛乡三官店村脱贫攻坚协调会。9月9日,主持召开岳池县2016年第三季度经济数据联席会。9月14日,到县经开区指导经开区展示厅优化布展方案设计。10月12日,到县人力资源社会保障局调研指导工作。10月14日,到县发展改革局调研指导工作。10月25日,主持召开设立商砼搅拌站及讨论PPP项目实施细则专题会议。11月3日,主持召开《政府工作报告》征求意见座谈会。11月10日,主持召开县土地资产处置会审领导小组工作会议。11月23日,主持召开南广高速公路岳池收费站改扩建工作专题会议。11月28日,主持召开整合城乡居民基本医疗保险工作领导小组会议。12月14日,主持召开专项建设基金项目推进会。12月19日,主持召开岳池县2016年城镇保障性安居工程跟踪审计见面会、岳池县文化旅游景区管理委员会行政职能划转专题会议。12月21日,主持召开县土地资产处置会审领导小组工作会、岳池县2017年贫困村"6+1"活动中心建设专题会议。12月22日,主持召开岳池县生物医药产业组2016年四季度工作会。

县委常委、副县长郑钦平:

1月4日至8日,到华南地区调研高新电子、装备制造等产业发展并参加部分旅粤乡友及企业家座谈会。1月13日,陪同国家电网公司工作组调研岳池输变电技能培训中心建设及输变电行业发展情况。1月15日,主持召开岳池县价格调节基金征收工作领导小组联席会。1月19日,主持召开手机配件生产、电力构件项目投资协议会审会。1月20日,主持召开晟辉手机整装及配件生产、万吨米粉生产项目补充协议以及欧拓手机配件生产及废旧电子电器回收利用、电力机械生产、空气能热水器系列产品项目协议会审会。1月26日,主持召开220千伏变电站项目建设相关问题协调会。1月27日,主持召开"双创"工作专题会。2月1日,主持召开工业系统专题会,研究科创·光彩产业园农民工资兑付方案、2016年工业经济主要指标等事宜。2月4日,主持召开岳池县食安委2016年食品安全工作第一次例会。2月29日,主持召开2016年度招商引资项目包装专题会。3月16日,主持召开仁安药业独立经营和发展规划专题会。3月18日,在广安思源酒店珠江厅主持召开医药产业座谈会。3月21日,陪同中国节能环保集团四川代表处领导考察岳池危险废弃物集中处置中心投资建设项目、流域污染综合治理项目、园区基础设施PPP项目。3月23日,主持召开支持创新创业平台发展专题会。3月25日至27日,陪同天津客商考察岳池米粉方便化及酱油、醋购销项目。3月30日,陪同省经信委产业园区处处长袁冰一行调研岳池产业园区发展建设及新型工业化(医药)产业示范基地创建情况,陪同山东知名医药企业家一行到岳池考察。4月5日,陪同广元市经信委到岳池考察工业园区产业布局。4月14日,陪同市委常委俞路调研岳池县医药园区建设及产业发展情况,主持召开全县一季度投资促进工作协调会。4月19日,主持召开福禄养鸭场、宏达养猪场污染治理暨伏龙场镇污水管网配套建设专题会。4月22日,陪同市质量强市办考核组实地考核2015年度政府质量工作。4月26日,到顾县镇、东板乡督查换届纪律和工作纪律执行情况以及脱贫攻坚工作开展情况。5月6日,到伏龙乡检查万古桥河污染治理情况,陪同重庆高新技术企业协会在岳考察。5月9日,主持召开渠江流域重点污染源治理工作推进会。5月11日,主持召开岳池县投资促进工作领导小组会。5 月 13 日至 14 日，陪同济南市高新区生命科学城副主任沙君明一行考察岳池医药园区建设及产业发展情况。5 月 16 日，到赛龙镇、大石乡开展脱贫攻坚专项督导。5 月 17 日，主持召开岳池县污水处理厂管网工程九龙镇长河村 2 组段建设专题会。5 月 19 日至 22 日，在重庆参加第十九届“渝洽会”。5 月 24 日，到赛龙镇打铁口村讲授“两学一做”学习教育专题党课。6 月 7 日，主持召开工业项目规划会审会，出席岳池县 2016 年工业固定资产投资入库推进会。6 月 16 日，主持召开创新药物公共服务中心项目共建框架协议专题会。6 月 18 日，主持召开县经开区展示厅优化布展设计方案评选专题会。6 月 20 日，主持召开工业系统 2016 年第 1 次例会。6 月 24 日，深入城西社区督促检查省级文明城市创建重点问题整改落实情况。6 月 29 日，到县经济和信息化局、县经开区、大石乡、赛龙镇、高新区开展“七一”走访慰问活动。6 月 30 日至 7 月 1 日，陪同泸州瑞兴生物工程有限公司客商到岳池考察。7 月 4 日，陪同市投资促进委在岳考核 2016 年上半年投资促进工作。7 月 5 日，主持召开岳池四海发展实业公司职工讨薪问题专题会。7 月 6 日，主持召开岳池县 2016 年“洁净水”行动专题会。7 月 7 日，主持召开岳池县脱贫攻坚工作第七片区推进会。7 月 12 日，主持召开工业系统 2016 年 7 月例会。7 月 27 日，陪同环保部西南督查中心、省环保厅调研组调研岳池环境保护工作。7 月 29 日，主持召开岳池县 2016 年食品安全半年工作总结会。8 月 3 日，陪同协鑫新能源控股有限公司客商在岳考察，主持召开岳池县工业系统暨投资促进工作 8 月工作例会。8 月 4 日，主持召开工业园区 PPP 项目工作专题会。8 月 8 日，到赛龙镇老人坪村、大石乡石堰塘村开展脱贫攻坚驻村蹲点督导。8 月 12 日至 13 日，陪同江苏贝斯康药业、嘉泰银信贸易公司客商考察岳池银杏产业发展情况。9 月 6 日，陪同市督查组检查岳池食品安全重点工作落实情况。

县委常委、副县长陶开琴：

2 月 16 日，主持召开农业部门差额拨款事业单位改革专题会。3 月 9 日，主持召开易地扶贫搬迁工作专题会。3 月 15 日，到文化旅游景区、白庙镇瞿家店村调研旅游产业发展情况。4 月 6 日，主持召开毛叶山桐子、元宝枫、生态猪产业发展专题会。4 月 21 日，主持召开严肃农口、民政、旅游换届纪律专题会。5 月 9 日，主持召开全省现代农业强县第二轮总结暨第三轮建设启动会参观现场筹备工作专题会。7 月 7 日，在苟角镇主持召开第八片区脱贫攻坚工作推进会。7 月 8 日，到苟角镇、顾县镇农村淘宝服务站等地调研电商平台建设和农村电子商务工作。8 月 1 日，主持召开 17 个专项扶贫牵头部门工作汇报会。8 月 18 日，主持召开岳池县脱贫攻坚蹲点督导工作业务培训会。8 月 19 日，主持召开白庙镇瞿家店村、大佛乡三官店村脱贫攻坚工作专题会。9 月 14 日，到九龙镇成果社区督导省级文明城市创建工作。9 月 26 日，主持召开国庆会展、西博会、电商峰会、电商进农村验收等专题会议。9 月 29 日，主持召开商务经济工作专题会。10 月 10 日，到岳池县汽车站、好又多超市、天羿大酒店、翠湖景区等地检查特种设备安全。10 月 13 日，在绵阳参加 2016 年中国（四川）电子商务发展峰会、第 120 届中国进出口商品交易会。10 月 20 日，到广安市民广场参加川渝名优特新产品启动仪式。11 月 4 日，在成都参加第十六届“西博会”。11 月 7 日，主持召开红庙办事处烂洞坝村旅游扶贫资金处置专题会议。11 月 14 日，在成果社区主持召开创文工作专题会议。11 月 23 日，在平武县参加四川省乡村旅游与旅游扶贫工作现场会。11 月 29 日，组织京辉食品有限公司总经理何彦川、红连商贸企业老总石龙国赴粽粑乡盘龙村调研花生种植、树脂工艺品生产项目。12 月 1 日，到联系乡镇鱼峰乡开展“走基层、送温暖”活动。12 月 2 日，到排楼乡三王庙村开展“走基层、送温暖”活动。12 月 8 日，到鱼峰乡金城村召开在家所有非贫困户座谈会。12 月 30 日，在海南省参加2017年海南国际旅游贸易博览会。

县政府副县长姚长琼：

1月4日，主持召开岳池县农垦棚户区改造资产移交相关问题协调会。1月6日，参加全市2015年度农田水利基本建设现场会。1月8日，参加第十五届中国西部（重庆）国际农产品交易会。1月18日，主持召开岳池县第二批大中型水库移民避险解困试点项目启动协调会。1月19日，陪同市委农工委在岳复查考核2015年度贫困县部分经济发展指标工作。2月19日，出席岳池县脱贫攻坚领导小组第二次全体会。2月29日，出席瞿家店村、马家村、三官店村脱贫攻坚专题会。3月11日，参加2016年县级领导义务植树活动。3月12日，陪同长江防总川渝检查组检查岳池汛前准备情况。3月22日，主持召开岳池县第二次全国地名普查工作推进暨业务培训会。3月28日至29日，到德阳考察四川震林每日光伏有限公司毛叶山桐子种植及光伏发电项目。4月11日，陪同省农水局领导在岳开展2016年全省水库工程汛前安全检查工作。4月15日，主持召开岳池县民政民生工程暨脱贫攻坚工作推进会。4月21日，主持召开严肃农口、民政、旅游系统换届纪律专题会。4月25日，出席岳池县2016年贫困村摘帽专题研究会。4月26日，陪同中央党校第40期中青一班调研组到岳池调研现代农业工作。4月27日至28日，陪同水利部领导调研岳池水利工程维修养护项目。5月4日，出席四川省脱贫攻坚专项督查迎检准备工作会。5月17日至18日，陪同省委脱贫攻坚专项督导组到岳池督查。5月20日，陪同广西省宜州市考察组到岳池考察花椒产业。5月27日，主持召开岳池县水利工程管理、安全生产及防汛工作培训会。5月31日，出席国家农产品质量安全县创建工作暨防汛抗旱工作推进会、2016年幸福美丽新村建设工作启动会。6月2日，出席广安市脱贫攻坚岳池县“111”示范带现场会筹备工作现场办公会。6月24日，陪同省防汛检查组检查岳池防汛工作。7月2日，主持召开岳池县农村土地承包经营权确权登记检查验收准备工作会。

县政府副县长蒋光辉：

1月7日，出席全县涉法涉诉信访专题会。1月15日，出席岳池县2016年安全生产工作会。1月27日，陪同市督查组开展烟花爆竹“打非”工作专项督查。2月19日，出席岳池县脱贫攻坚领导小组第二次全体会。3月11日，参加2016年县级领导义务植树活动。3月17日，出席岳池县2016年一季度经济工作专题会。3月24日，出席广安市第四届学生运动会筹备工作会。3月31日，出席岳池县2016年消防工作暨微型消防站建设会。4月5日，出席县城区电动三（四）轮车非法载客集中整治工作会。4月27日，出席岳池县依法治理工作会。4月28日，出席2016年市级专项应急演练工作筹备会。5月5日，出席县城区非法载客电动三（四）轮车集中销毁现场会和工作推进会。5月13日，出席岳池县信访工作联席（扩大）会。5月27日，出席全民水库岳池水域水环境集中整治工作专题会。6月3日，主持召开岳池县道路交通安全综合整治长效机制建设年工作推进会。6月8日，出席岳池县“双过半”暨“项目年”工作推进会议。6月21日，主持召开苟角镇红星渡改大桥建设协调会。6月30日，出席全县食品药品监管能力建设专题会。7月4日，出席岳池县安全生产工作会。7月6日，参加全省防汛工作紧急电视电话会议。7月26日，出席交通运输工作专题会。8月4日，出席《取缔全民水库岳池水域网箱拦坝养鱼设施秩序维护工作方案（送审稿）》审查会议。9月29日，出席岳池县安全生产工作会。10月14日，出席岳池县2016年民生工程进展缓慢项目推进会。10月20日，陪同省公路局总工程师梁正钦一行督导调研岳池县2016年“四好农村路”建设工作。10月27日，出席岳池县2016年今冬明春火灾防控工作会。11月23日，出席南广高速公路岳池收费站改扩建工作专题会。11月30日，主持岳池县2016年县乡道改造暨仪华路大中修工程推进会。12月30日，出席岳池县环城公路项目开工仪式。

县政府副县长邹丽：

3月4日，到省食品药品监督管理局汇报岳池医药产业需要支持事项。3月7日，到成都考察四川生物医药技术创新公共服务平台。3月8日，到四川大学华西药学院、西南交大生命科学与技术研究院洽谈院地合作事宜。3月9日，到四川省投资促进会洽谈企业“金融直通车”事项。4月1日，出席岳池县环境质检工作会议。5月16日，到大佛乡开展脱贫攻坚专项督导。5月19日，参加第十九届“渝洽会”。6月13日，陪同深圳市广安商会代表团考察岳池投资发展环境。7月22日，出席2016年省食品药品监管局与广安岳池第一次工作联席会暨院地（项目）合作签约仪式。7月30日，陪同省食品药品监管局副局长蔡买松一行调研岳池医药产业发展情况。8月24日，到大佛乡开展脱贫攻坚蹲点调研督导。9月26日，出席中国共产党岳池县第十二次代表大会。9月27日，参加川渝合作示范区暨川东北经济区投资贸易洽谈会协调推进会。10月11日，陪同国家食品药品监督管理总局食品药品审核查验中心副主任孙京林一行调研岳池药品追溯体系建设。10月13日，陪同国家食品药品监督管理总局药品化妆品注册管理司中药处处长王海南一行调研岳池中药资源及特色中药饮片炮制情况。12月2日，陪同南京正大天晴制药有限公司总经理王宽起一行考察岳池医药产业项目。

县政府副县长黄梅（2016.11—）：

11月23日，主持召开城乡居民基本医疗保险整合工作专题会。11月24日，组织开展岳池县2016年校园、医院安全生产检查。11月30日，主持召开白庙职中老校区资产移交遗留问题专题会。

县政府副县长刘永红：

11月24日至28日，陪同省水利厅稽察特派员在岳稽察中和城区防洪工程。12月6日至7日，陪同省扶贫移民局检查组检查岳池移民后扶整村推进示范片建设工作。12月23日，出席岳池县水务改革发展工作联席会议第二次会议。12月24日，主持召开岳池县2016年新村基础设施建设迎检工作会议。

县政府副县长刘裕文：

11月21日，主持召开工业系统重点工作专题会，研究协调国力、泓霖化工到岳池考察以及同西南交通大学生命科学与工程学院合作事宜。11月22日，陪同市政府副秘书长邓本森督查岳池扶贫小额信贷工作，陪同天津客商在岳考察并对接洽谈政企金融合作事宜，主持召开天然气分布式能源和经开区污水处理厂相关事宜专题研究会。11月28日，主持召开不动产抵押贷款和信贷投放专题会。11月29日，陪同市督查组到岳池开展企业减负工作实地督查。12月6日，陪同省环保厅检查组到岳池开展辐射安全现场检查。12月13日，陪同市公安局经侦支队政委邱益波一行检查验收岳池县“无传销城市”创建工作。12月30日，陪同市环保局督察组督查省环境保护督察现场检查问题整改落实情况。

县政府副县长袁西明：

12月30日，出席全县金融工作座谈会。

【主要成绩】 指标增长。主要经济指标实现“一高三突破”：高于全市平均增速；地区生产总值、全社会固定资产投资双双突破200亿元大关，分别达到203.6亿元、200亿元，分别增长8.2%、17.3%，增速分别居六区市县第二、第一；地方公共财政收入突破10亿元，达到10.7亿元，增长16.9%。规模以上工业增加值增长9.8%，增速居六区市县第二。全年实现社会消费品零售总额102.7亿元、增长13.9%，增速居六区市县第一。城镇居民、农村居民人均可支配收入分别达到28013元、12579元，分别增长8.2%、9.7%。

全域发展。深入实施多点多极支撑发展战略，新设立文化旅游景区，新的经济增长点极加速形成。重大产业发展推进有力，锁定并加快发展10个全局性重大产业，实现产值130亿元、增长22%。

继续分解压实发展责任，全年招商引资90.77亿元，向上争取32.4亿元，募集捐赠1.67亿元。

工业经济。大力实施经开区、高新区“双核”驱动，医药专业污水处理厂、人工湿地、“工商客栈”建成投用，高新大道、园区骨架道路全面贯通，新建园区道路及配套管网22.2千米、标准化厂房11万平方米。加速壮大医药主导产业，仁安药业、金方生物建成投产，兴杰象等4个医药项目顺利入驻，医药制造业实现产值34亿元、增长57.3%，成功挂牌四川省首批药品上市许可持有人制度试点示范区、四川省（医药）特色产业基地。品牌战略持续推进，“莲桥米粉”获评四川名牌产品、“银康大米”创建为四川省著名商标。规模以上工业企业增至80户，实现规模以上工业总产值240亿元、增长15.3%。

现代农业。提质扩面现代农业园区，改造提升优质果蔬、粮经复合基地1.7万亩，新拓展特色水产、种养循环基地3500亩，实现产值3.9亿元，被评为全省现代农业建设示范县。加快发展现代林业园区，启动现代林业产业重点县建设，新建核桃、藤椒产业基地2万亩，实现产值1.6亿元，大龙山花椒基地挂牌“四川省森林食品基地”。稳步壮大增收产业，粮食总产53.3万吨，蔬菜、生猪等传统优势产业稳量提质，蜜柚、中药材等特色产业加速壮大。推进产业化经营，新培育新型农业经营主体68个，新认证“三品一标”农产品7个，长田香藤椒专业合作社被评为全国林业合作社示范社，洋紫华葡萄种植专业合作社被评为农民合作社省级示范社。

第三产业。建成农村电商服务站点145个，引进和培育电商平台企业11家，实现电商交易额11亿元。新建县级物流配送中心1个、乡镇电商物流配送站16个，实现物流业增加值5.8亿元。编制完成文化旅游景区总体规划，成功举办岳池农家文化旅游节、白庙樱花节、排楼李花节等特色节会，实现旅游收入24.6亿元。培育限额以上商贸企业4户、规上服务业企业5户，实现服务业增加值69.4亿元、增长9.4%。

项目投资。新储备“十三五”期间重大项目1067个、总投资14470亿元，纳入中央、省“盘子”项目356个，启动实施PPP项目2个、计划投资55亿元，“双百工程”100个重点项目完成投资204.8亿元，投资规模位居六区市县第一。

城乡建设。城镇面积拓展至56.4平方千米，城镇化率35.7%。城市东扩提质增速，采用PPP模式投资近13亿元，实施骨架道路、东城明珠棚改等重点项目13个；建成站前景观大道、银城大道东延伸段等骨架道路4条，县城面积拓展2.24平方千米，达到22.8平方千米。特色集镇“七个一”配套工程基本完成。建成幸福美丽新村128个，建（改、保）新村聚居点3个。

基础配套。红星大桥、广高路升级改造全面完工，综合客运枢纽站基本建成，新建通村水泥路202千米、旅游产业扶贫道路22.7千米、干果产业大道21千米，改造县乡道72.3千米，实施仪华路大中修19.5千米；完成县城公交运输公司化改造，投放纯电动、液化天然气公交车各20辆。水、电、气供应能力持续提升，4G及光纤宽带覆盖率分别达到67%、87.5%。农田水利基础不断夯实，整治病险水库23座，新建（整治）排灌渠164.5千米、山平塘160口，建成农建示范区5.1万亩，新增有效灌溉面积1.1万亩，再次被评为全省农田水利基本建设先进县。

生态环境。完成国家级生态乡镇规划评审，治理水土流失7平方千米，营林造林3.5万亩，森林覆盖率提高至34.1%。深入开展“洁净水”行动，拆除和整治畜禽养殖场108个，新建乡镇污水处理站7座，全县污水日处理能力达到2.8万吨，国控断面水质良好稳定，城镇集中式饮用水源水质达标率100%。推进节能减排，单位GDP能耗、单位工业增加值能耗分别下降2%、4.5%，顺利通过省委、省政府环保督察。

供给侧结构性改革。稳妥处置“僵尸企业”，淘汰银川再生纸厂等落后产能2.5万吨。推行货币化安置,着力刺激房地产消费,化解房地产库存70万平方米。优化信贷结构,全县银行业金融机构新增贷款5.3亿元。全面推开“营改增”,落实税费减免政策,累计为企业减负4100万元。优化社会资源配置,基础设施、公共服务等方面短板得到较好解决。

重点领域改革。对接实施省、市专项改革46项,有序推进中央、省改革试点6项。“放管服”改革全面推进,取消行政审批项目65项,县本级现行保留行政审批项目精减至186项。农业农村改革纵深推进,全面完成农村土地承包经营权和林权确权登记颁证,顺利推进农村产权抵押融资试点,发放贷款47笔2368万元。商事制度改革成效显著,新登记私营企业489户、小微企业403户,分别增长79.8%、70.8%。金融改革有序实施,县信用联社改制组建农商银行加快推进。

创新驱动。建立生物医药产业技术研究院等3家市级产业技术研究院,同兴源创新创业园、电商产业园分别纳入省级小微企业创业示范基地、省级众创空间备案,现代农业园区被评为省级大学生创新创业园、市级返乡人员创新创业园。全面实施9个县级重点产业科技专项,博先机械制造有限公司通过全国高新技术企业认定。建立创新创业办证、专利申请绿色通道,获市级科技成果鉴定8项,申请专利136件,推广运用新技术15项、新品种18个。

开放合作。持续深化与京津、成渝、珠三角等地区的合作,积极参加“西博会”“渝洽会”等投资促进活动,成功举办医药产业专题座谈会、优势产业投资促进对接会,与天津医药集团、重庆大学等单位达成战略合作协议,新签约农业开发及光伏发电等项目149个,其中3000万元以上项目71个。

脱贫攻坚。坚持把脱贫攻坚作为“一号工程”“一把手工程”“一票否决工程”,构建起“1+6+11”领导体系、“5+1”帮扶体系。编制完成《岳池县“十三五”脱贫攻坚规划》、17个行业扶贫专项规划方案,实现县、乡(镇)、村、户四级规划全覆盖。对照贫困户、贫困村退出标准,全面实施“五个一批”和“17个专项扶贫”,整合投入各类扶贫资金9.4亿元,完成易地搬迁792户、危房改造2552户,帮助9975人发展生产和就业,将1.5万户2.9万人纳入低保兜底,在全市率先实现“两线合一”,新建贫困村通村水泥路130千米、文化室47个、卫生室25个。47个贫困村、14808名贫困人口脱贫各项指标全部达到省级验收考核标准,贫困发生率由2015年的5.5%降至4.3%。

民生保障。全年民生资金投入36.2亿元,占地方公共财政支出的75.6%,137项省市县民生工程高标准完成。狠抓惠民帮扶,投入资金6123万元,济困帮扶19660人(次),惠民医疗55950人(次),智力扶助78700人(次),助力解难1343户,安居解困1587户,法律维权13586人(次),有效解决一大批民计民生问题。社会保障不断完善,五项社会保险覆盖63.6万人(次)。促进群众充分就业,新增城镇就业10520人,城镇失业人员再就业2885人,城镇登记失业率控制在4%以内。

社会事业。提振教育事业,实施义务教育标准化项目99个,新建教师周转房501套,顺利迎接义务教育均衡发展省级过程督导;高考本科上线2262人、增长46.6%,增幅居全市第一。加快发展卫计事业,改(扩)建乡镇卫生院4个,建成标准化村卫生室120个,建立并开通医疗扶持救助“一站式”服务平台,全县建档立卡贫困人口患者县内住院治疗费用实现“零支付”。落实“全面二孩”和计划生育奖励扶助政策,计划生育服务水平不断提高。持续繁荣文体事业,艺术作品《都门帐饮无绪》荣获省六届篆刻艺术创作最高奖;岳池健儿在省青少年武术锦标赛中获得2金1银1铜。

社会治理。推进依法治县,法治宣传教育深入人心,被评为全国“六五”普法先进县;依法规范信访秩序,妥善处置信访问题,信访形势总体平稳。深入推进平安建设,全县可防性案件同比下降39.6%。抓好安全生产,建成县安全生产综合监管平台,西溪镇省级安全社区创建达标,全县安全生产各项指标控制较好，未发生较大及以上安全生产事故。全面加强食品药品安全监管，有效保障群众“舌尖上的安全”。

自身建设。依法行政深入推进，坚持政府常务会会前学法、法律顾问、合法性审查等制度，加强和改进执法监督，自觉接受人大、政协监督，办理人大议案 1 件、代表建议 97 件、政协委员提案 127 件，办复率和满意率均达 100%。行政效能不断提升，建成“五大中心”、县行政权力依法规范公开运行平台和电子政务大厅，全面提升为民服务实效。廉政建设持续深化。扎实开展“两学一做”学习教育，持续加强思想作风建设。认真抓好干部人才队伍建设，县、乡(镇)换届工作圆满完成。深入推进政府系统党风廉政建设，政风行风持续好转。

（县政府办公室）

县政府办公室

【信息调研】 深入开展调查研究，全年就供给侧结构性改革、重大产业发展、脱贫攻坚等课题进行专题调研 18 次，形成《岳池县供给侧结构性改革实践路径研究》等系列调研成果，其中，调研文章《岳池县创新模式加速脱贫奔康步伐》在市厅级刊物《市长通讯》《金广安》上刊发。积极辅助领导决策，全年共编发《政务快报》46 期，上报省市信息 2152 条、专报 3 条，被省政府办公厅采用信息 4 条、市政府办公室采用信息 571 条，省、市采用信息得分 423 分。

【文书会务】 持续改进文风，提升文稿的思想性、针对性、指导性，全年完成换届和年度政府工作报告等重要文字材料及相关专题会议材料、汇报材料、县政府领导讲话材料等重要文稿 300 余篇。全面加强公文处理规范化建设，严把发文起草关、审核关、发送关、时效关，全年制发县政府及办公室文件 783 件，办理各类文电 6870 件，未出现重大失误。严格公章使用程序，做到章章有据、个个有签名，未发生公章私用现象。严格落实会议申报制度，控制会议规模，规范办会流程，提高会务筹备效率，做好会前、会中、会后各项服务工作，办会质量和水平进一步提高，全年成功承办大中小型会议 495 次。

【电子政务】 加强县政府门户网站建设管理和政务微博微信等新媒体更新维护，县政府门户网站获 2016 年度四川省县(市、区)政府门户网站绩效评估第 57 名，其中网站管理指标位列全省第 3 名。持续推进政府信息公开，全年公开各类政府信息 19248 条(县政府网站公开 14578 条，政务微博公开 186 条，政务微信公开 121 条，其他渠道公开 4363 条)，其中重点领域政府信息公开 1716 条。拓宽政民沟通互动渠道，通过县政府门户网站“民意征集”栏目和百度贴吧等平台，回应公众关注热点或重大舆情 304 件(次)，提供查阅、咨询服务 10 万人(次)。认真抓好电子政务大厅运行，非涉密事项严格实行网上预审，简单行政审批事项直接网上审批。全县网上办理行政权力件 80346 条，办结 80089 条。

【政务督查】 针对县政府重点工作、重大事项及领导交办事务，通过电函提醒、实地督办等方式，抓好跟踪调度和结果反馈，有效促进各项决策和目标任务的推进落实。全年开展专项督查活动 86 次，完成领导交办督查事项 53 件，发出《政务督办通知》71 件。抓好人大议案、代表建议、政协委员提案办理工作，全年办理人大议案 1 件、代表建议 97 件、政协委员提案 127 件，按时办结率 100%，承办单位答复意见规范化率达到 100%。

【应急管理】 推进应急能力建设，完善气象灾害预警系统，配合完成县域内四川省地震烈度速报与预警工程项目 1 个基准站、2 个基本站、5 个一般站的站址勘选工作，推进地震安全示范社区和防震减灾科普示范学校建设，罗渡中学成功创建为省级防震减灾科普示范学校。常态抓好应急实战演练，组织开展重点部门、重点行业等各类应急演练306次，承办广安市2016年防暴处突暨食品药品安全事件应急演练。严格落实24小时值班、应急信息上报制度，全年报送突发事件信息31次、意外死亡信息20次，为各级党委政府及时全面准确掌握应急管理动态提供有效保障。

【外事侨务对台工作】 严把因公出国(境)审批关，严格执行逐级审核审批制度，加强因公出国(境)证照管理，办理因公出国(境)1批(次)1人(次)。做好外事侨务及港澳台接待工作，接待侨台胞30人(次)，接待侨台胞眷属45人(次)；慰问侨台胞属10人(次)3000元。协助公安机关处理涉外婚姻纠纷1起。

(县政府办公室)

人力资源管理

【人力资源开发工作】 公务员管理。2016年，县人社局发函审查先进集体166个，先进个人219人。办理县人大、县政府人事任免人员665人的相关资料准备和文件起草工作。审查嘉奖2016年年度考核优秀公务员389人。新录取公务员112人，办理51名试用期满公务员的转正任职手续；审核上报51名需要登记的试用期满公务员的相关材料，辞退公务员4人。严格中层干部任免程序，按照《广安市党政机关竞争上岗实施办法(试行)》有关规定及干部管理权限，审查批准县级机关及事业单位中层干部任免52人(次)。发挥人社部门职能作用，加强对全县干部人事培训工作指导，运用网络培训等方式组织进行能力素质提升培训。完成2015年公务员年报工作，截至2016年年末，全县公务员2614人。

事业单位人员管理。为机关事业单位引进急需紧缺专业技术人才15人。为岳中、岳一中考核招聘师范类硕士及以上研究生23人，考核招聘免费师范生5人。坚持分类管理原则，加强和规范机关、事业单位人员管理，按照编制、定员和人员比例安排进人计划。严格按照《机关事业单位不在岗人员(聘用临时人员)申报备案制度》，清理在编不在岗人员，解聘违纪、违规事业单位工作人员8人。完成事业单位任免35人(次)。

专业技术人员队伍建设。对全县专业技术人员所取得的资格证书进行清理，没有发现违纪违规现象。更新专业技术人员数据库，全县有专业技术人才8935人。推荐上报专业技术人才高级职称71人，组织评定初级职称241人，初聘(评)初级职称34人，办理委托评审初级职称7人、2015年度职称资格证450人、执业资格证108人；完成年度引进海外高层次人才申报工作。

就业促进工作。全年向上争取再就业专项资金1987.2万元，全县城镇新增就业10520人，其中城镇失业人员再就业3724人，就业困难人员再就业1338人。城镇登记失业率控制在3.29%以内。发放小额担保贷款460万元，扶持自主创业92人，带动就业165人。发挥公益性岗位解决城镇就业困难群体就业的主渠道作用，全年开发公益性岗位936个，拨付公益性岗位补贴1398万元。组织离校未就业高校毕业生参加就业见习，帮助151名高校毕业生参加就业见习，拨付见习补贴62.56万元。邀请知名讲师，为68名有创业意愿的离校未就业高校毕业生开展SYB创业培训。落实高校毕业生创业补贴57万元，帮助高校毕业生57人实现自主创业。与县公安、工商部门成立联合执法检查小组，对各类职业中介机构、招工用人单位逐户进行检查。开展职业技能鉴定站质量管理评估工作，对8个职业培训学校和3个人力资源服务机构进行年检；品牌培训259人，青年劳动力技能培训2466人，创业培训425人。做好劳务转移输出，有针对性地开展培训和劳务转移输出，农村劳动力实名制登记入库52.48万人，其中转移输出农村劳动力39.85万人，劳务总收入41.5亿元。

【工资福利】 完成2015年调资工作和2014年度工资统计年报，为2014年度考核称职以上等次人员兑现年终一次性奖金。落实省、市、县有关工资、人员计划及退休管理工作的各项政策规定，完成全县13430名机关事业单位工作人员工资调标以及6792名退休人员增加退休费工作。办理机关事业单位退休手续293人，审批享受遗属生活困难补贴69人，审核丧葬抚恤163人。对企业现行月最低工资标准和非全日制用工小时最低工资标准进行调整，调整后全县月最低工资标准为每月1380元（每日63.4元）；非全日制用工小时工资最低工资标准为每小时14.4元。加强企业工资宏观管理，完善职工工资支付保障机制，推进工资集体协商，及时发布企业工资指导线，要求企业合理确定本企业职工工资增长幅度及分配水平，建立健全职工工资正常增长机制、随经济效益协商调整机制和重实绩、重贡献的分配激励机制，提高劳动报酬在初次分配中的比重，切实保障职工权益。企业退休、退职523人，其中正常退休492人、提前退休28人、病退1人、退职2人；工龄认定132人（次）；工伤认定受理63件，办结60件，不予受理3件。代理劳动能力鉴定30人。

【军转安置】 全县接收军队转业干部自主择业5人，计划分配2人，对32名自主择业军队转业干部进行年度登记。

【人力资源服务】 根据市委组织部转发《中共中央组织部关于印发〈全国干部人事档案专项审核工作实施方案〉的通知》和县委组织部《关于印发〈岳池县干部人事档案专项审核工作实施方案〉的通知》要求，完成档案审核2846份，其中公务员档案437份，事业人员档案2409份。全年接收毕业生档案2508份，转出档案460份，其中机要转递95份。2015届毕业生报到996人，办理毕业生就业手续790人，按照有关规定实行人事代理。做好职业技能鉴定工作，全年完成职业技能鉴定36批（次）2638人，获证人数2251人，获证比例达85.3%。

努力拓宽就业渠道，县人社局与省内、外用工企业联系，了解掌握县内外企业用工需求情况，主动对接、主动服务，利用广安公共招聘网等网络传播媒介为招聘单位和求职者搭建交流平台，发布人才供求信息500余条，涉及招聘单位89家、提供岗位职数1500余个，进场求职人数1000余人（次），采取不定期用工调查和送人才上门等形式进行人才推荐，就业800余人。

【人事考试】 全年组织各类事业单位工作人员招聘考试7次，参考人员2531人，招聘成功412人。聘任“大学生到村（社区）任职”和“三支一扶”14人。

（县人社局）

政务服务

【行政审批制度改革】 配合清理保留的行政审批项目。以解决行政审批工作中存在的突出问题为目标，以公开审批事项、优化审批流程、规范审批行为和加强监督管理为重点，配合县政府、县法制办、县编办等有关部门开展对保留的186项行政审批项目进行再次清理，实施审批流程再造，重新制作办事指南，通过广场公示栏、政务服务大厅查询机、网上办事大厅全面公开，接受办事群众监督。

全面实行“一窗受理、受办分离”行政审批运行机制。督促指导各相关部门按照“集中办理、简化流程、缩短时限、提高效能、跟踪问责”原则，新增6个“一窗受理”窗口，实行“一窗受理、受办分离”行政审批运行新机制，全面提高行政效能。自新模式运行以来,"一窗受理"综合平台受理行政审批1316件,办结1242件。

严格执行"两集中、两到位"。会同县有关部门围绕"授权到位、办理到位"的目标要求,开展"两集中两到位"专项督查,督促具有行政审批职能的部门切实进驻政务服务办事大厅,真正建立起以窗口为主导的行政审批运行机制。开展"局长进大厅"活动,督促各部门主要领导每月至少到窗口值守1天、分管领导每周至少到窗口值守1天的活动。全年"局长进大厅"活动开展100余人(次)。

全面推进并联审批。按照省上的要求着力推进省、市、县三级纵向联动审批,一方面督促指导各部门做好组织实施工作,促成"审批同步进行、办件内部流转,申请人选地取件"的高效、便民的联动审批机制的落地实施;另一方面指导各乡镇建立县乡村纵向联动机制,不断推动政务服务向乡(镇)和村(社区)延伸。立足县政务服务中心并联审批服务机制,扩展审批范围、优化横向多部门联合审批机制。全县并联审批9件,省、市、县联动审批1件。

全面推行重点投资建设项目代办服务。开展重点投资建设项目"绿色通道"服务,代办重点投资建设项目,包括从项目立项到项目开工的所有行政审批,以及供电、供水、供气、排水、通信、网络等公共服务事项。定期组织政务服务相关部门深入园区现场办公,主动服务,切实为外商投资企业、省市重点项目、返乡投资项目做好服务。全年主动到园区开展相关工作20余次。

【政务服务体系建设】 推进政务服务中心标准化建设。对政务服务中心前厅进行装修改造,添置自动排号机、群众等候椅、查询一体机等便民服务设备,新设导办台、等候区、查询区、自助服务区。合理规划政务服务大厅,整合分散的部门窗口叫号系统,建立大厅统一的叫号系统,开通大厅政务之声广播,对原有的窗口进行调整,新增公交车IC卡办理窗口、爱众水务、港华燃气、城管等多个窗口。

加大便民服务中心建设力度。检查督促各乡镇便民服务中心彻底实行柜台式集中办公。加强便民服务中心工作人员的业务培训,督促各乡镇相对固定便民服务中心进驻人员,确保便民服务工作顺利开展。修订完善岳池县"十佳"乡镇便民服务中心评选办法,按评选标准组织验收,推进便民服务体系再上台阶。指导各乡镇创新基层便民服务方式,继续推广代办服务、逢场日村(社区)干部到便民服务中心集中办理制度;继续推行大学生村官任代办员、便民服务联系卡以及当地能工巧匠、乡土人才、致富能手资料上墙等做法;创新送政务服务下乡、送政务服务到困难群众身边等服务新方式;搭建社区公共服务综合信息化平台建设,切实方便群众办事。

依托"互联网+政务服务",拓展网上政务服务大厅功能。升级改造行政审批通用软件系统,更新行政审批事项目录,所有纳入政务服务中心办理的事项均制作示范文本,相关示范文本、格式文本全部上传网上政务服务大厅,提高网上办件率、咨询回复率和在线值守率。加大对县政务服务中心大厅及乡镇便民服务中心的监督检查力度,杜绝出现因管理失误造成群众投诉率升高以及超期件,并落实专人每天上班时间对行政审批通用软件系统办件情况进行督促检查,发现有即将超期未办理的件,应及时处理,避免办件超期。全年乡镇便民服务中心共受理便民服务事项274673件,办结274673件。

推进行政效能电子监察,强化纪律约束。对部门和乡镇视频监察系统设备运行情况进行日常监督,发现因网络和设备故障问题影响正常运行时,及时与乡镇部门、电信公司或承建商联络。对加强对大厅和乡镇便民服务中心工作人员作风纪律的监督巡查,发现不规范行为及时提醒和制止,严格按照市纪委《关于廉洁风险迹象精细化记分管理工作(试行)的通知》要求认真受理群众投诉举报,严肃查处中心机关和政务服务大厅各部门窗口的违纪人和事,对违反廉洁风险迹象管理扣分1人。发挥社会监督的作用，常态化组织开展明察暗访，重点监督行政审批中的“吃拿卡要”行为，切实改变窗口工作作风。

【双随机一公开】 加强对行政权力公开运行平台运行情况的监督检查。从7月起，配合县纪委监察局，县委县政府督查室、县政府办县政府法制办等部门，对全县36个涉及行政权力事项的单位开展2次专项检查，督促指导县级相关部门及时更新行政职权目录，规范各部门的行政权力事项录入，着力提升行政职权事项网上运行和网上运行率。

加强事中事后监管工作。县政府出台《关于印发岳池县推广随机抽查规范事中事后监管方案的通知》（岳府办发〔2016〕37号），县政务服务中心、县法制办、县编办联合出台《关于报送随机抽查“一单、两库、一细则”的通知》。县级执法部门都建立“随机抽查事项清单、检查主体名录库、执法人员名录库”，并建立相应的抽查机制。

【“阳光岳池”工程建设】 实施广场公示栏建设安装任务，并做好前期工作，协助县人社局采购安装广场大型LED电子显示屏和广场公示栏。大型LED安装在陆游广场旁边，规格为长8米、宽5米；广场公示栏安装在政务服务大厅外对称两侧，每个规格为6米、高5米。对政务服务中心前厅进行装修改造，改造装修后的大厅新设等候区、查询区、导办台等，为前来办事的群众提供更加便利、舒适的服务环境。

根据软件需求，按程序采购机房服务器、数据库系统、交换机、大厅查询机、叫号机、考勤机等设施设备，9月底前完成查询机、自助终端查询机、排号机、考勤系统等软件系统，10月成功试运行。

与西安众擎公司对接，结合政务服务中心工作实际，对“阳光岳池”网站政务服务板块进行设计修改，完成审定工作。

（县政务服务中心：彭霞玲）

公共资源交易

【概况】 2016年，根据《四川省整合建立统一的公共资源交易平台实施方案》和《广安市整合建立统一的公共资源交易平台实施方案》文件要求，广安市整合建立全市统一的公共资源交易平台。岳池县公共资源交易中心整合为广安市公共资源交易平台的分支机构，履行原公共资源交易中心职能。由市中心统一对外行使职能提供服务。分中心按照全市统一的规则体系运行，重点负责岳池县区域内的交易受理、开评标及交易监督等相关工作。6月19日，广安市公共资源交易中心岳池分中心揭牌成立。推进电子交易平台建设，规范公共资源交易行为。围绕市中心关于新电子交易平台上线使用的相关要求，10月14日正式启用新电子交易平台，实现省、市、县三级交易平台一体化运行。

【建设工程项目招投标】 2016年，完善服务流程，改进服务方式，深化服务职能，努力实现程序规范和效益提升“双目标”。做好民生工程快捷通道、重点工程主动服务、重大项目提前介入。规范高效组织工程建设项目交易，用更加优化的服务流程、有力的现场管理、高效的服务举措，推动工程项目交易。完成工程建设项目429宗，控制价50050.05万元，中标价46039.48万元，节资4010.56万元，节资率8.01%。

【政府采购】 规范政府采购程序、完善交易监督，按照有关要求制作招标文件，优化评分细则和标准，重点做好投标人资质条件、项目技术要求等内容的审查，防止存在倾向性、歧视性条款，做到科学、公平、合理。完成政府采购项目235宗，预算价57.264亿元。其中：政府采购PPP项目2宗，预算价55亿元；其他采购项目233宗，预算金额22647.87万元，实际采购金额19183.33万元，节资

3464.54万元，节资率15.29%。

【国有建设用地使用权出让】 规范交易项目信息发布，规范交易程序，在县政府门户网站、市公共资源交易中心网站和指定网站同步发布拍卖交易信息，重大项目还通过《重庆日报》《华西都市报》等媒体发布公告，使各类信息广为发布，扩大信息知晓面。2016年，完成土地矿权交易项目16宗，交易金额71487.41万元。其中：国有建设用地拍卖5宗，起拍价40405万元，成交价59015万元，溢价18610万元，溢价率46.06%；国有建设用地挂牌11宗，起拍价8912.41万元，成交价12472.14万元，溢价3560万元，溢价率39.94%。

【国有产权交易】 总结经验，探索和改进操作规则；强化配套服务，着力为服务对象提供方便。建立健全国有产权相关制度，强化检查督促，积极推动国有产权交易。2016年，完成国有产权交易项目22宗，起租价1401.4万元，成交价1919.13万元，增资517.73万元，增资率36.94%。

（县公共资源交易中心）

政协岳池县委员会

重要会议

【全体会议】 2016年1月31日至2月2日，十三届县政协七次全会在吴雪艺术中心主会议室召开。听取、审议并通过胡安贵代表常务委员会所作的工作报告和伍艳代表常务委员会所作的十三届六次会议以来提案工作情况的报告。选举谢帮勇为政协岳池县第十三届委员会主席，王昌梁、江树华、黎仁禄为政协岳池县第十三届委员会常务委员。

会议认为，2015年，县政协在中共岳池县委的坚强领导下，坚持以中共十八大、十八届三中、四中、五中全会和习近平系列重要讲话精神为指导，牢牢把握团结民主两大主题，围绕中心、服务大局、主动作为，广泛动员县政协委员和各族各界人士，围绕精准脱贫、改革发展、社会治理等重大问题，深入调研，专题协商，开展视察，建言献策，在服务转型发展中发挥政协优势，在谋事干事成事中履行三大职能，在促进社会和谐中发挥桥梁纽带作用，为助推岳池经济社会快节奏、高速度、超常规发展做出积极贡献。

会议强调，2016年是实施“十三五”规划开局之年，是决胜全面小康的关键之年，也是本届政协工作的收官之年。县政协要深入贯彻省委、市委、县委政协工作会议精神，围绕县委十一届十八次全体会议总体部署，牢固树立“五大发展理念”，把促进跨越发展作为第一要务，把促进民生改善作为工作宗旨，把促进改革创新作为履职重点，充分调动各方面的积极性、主动性和创造性，努力为全面深化改革汇聚强大合力；要在改革发展稳定大局中积极作为，围绕落实改革举措、维护群众利益建睿智之言、献务实之策；要建立健全协商工作机制、委员联络机制，努力推进协商民主广泛多层制度化发展，不断提高政协工作科学化水平，为实现岳池县跻身全省县域经济发展第一方阵做出积极贡献。

会议号召，全县广大政协委员、政协工作者和政协各参加单位，要紧密团结在以习近平为总书记的中共中央周围，在中共岳池县委的坚强领导下，以新的理念、新的姿态、新的作风，围绕中心，服务大局，开拓进取，主动作为，为全面建成小康社会，推进“智慧、和谐、美丽、活力、幸福”岳池建设而努力奋斗。

2016年11月16日至19日，十四届县政协一次全会在吴雪艺术中心主会议室召开。听取、审议并通过谢帮勇代表政协岳池县第十三届委员会常务委员会所作的工作报告、伍艳代表政协岳池县第十三届委员会常务委员会所作的提案工作报告，选举产生新一届县政协主席、副主席、秘书长和常务委员，谢帮勇为政协岳池县第十四届委员会主席，任仕金、伍艳、冯雏、杨淑芹为副主席，唐涌为秘书长，刘星鹏、曾春、莫剑平、何朝晖、刘东、杨红梅、赵玉林、邓献春、陈杰、吴正才、郑仁辉、李峻岭、吴焱、王顺林、罗勇、王昌梁、江俊华、龙图、严春华、马小燕、唐志红、田炼、徐诚、董里、胡曲波、梅庆生、黎仁禄、许辉、陈春梅、尹曼殊、齐新民、杨仁忠、邹杰、代伟、李世林、王启程、亓新广、唐伟、唐昌金、刘臣业、唐彪、李克勤、兰映天、补天、邵正燕、释昌友为常务委员。

会议认为，过去五年，十三届县政协在中共岳池县委的坚强领导下，高举团结、民主两大旗帜，严格按照习近平提出的“懂政协、会协商、善议政”要求，紧密联系社会各界人士，团结带领广大政协委员，凝智聚力，戮力同心，不辱使命，以饱满的政治热情和强烈的责任感，围绕中心议大事，服务大局献良策，建净言、凝共识、聚合力，认真履行政治协商、民主监督、参政议政三大职能，充分发挥政协界别优势和委员主体作用，为全县科学发展、加速发展、跨越发展贡献智慧和力量。

会议指出，今后五年是岳池脱贫攻坚的五年，是全面达康的五年，是迈向现代化的五年，将是岳池发展史上不平凡的五年。面对新形势、新任务、新要求，政协岳池县第十四届委员会将团结带领全县广大政协委员、政协工作者和政协各参加单位，强化学习研究，在思想理论水平上有新提高；把握工作主线，在助推跨越发展上有新作为；坚持履职为民，在促进民生改善上有新贡献；广泛凝心聚力，在服务中心工作上有新成效；坚持求真务实，在加强自身建设上有新突破。

会议号召，全县广大政协委员、政协工作者和政协各参加单位要紧密团结在以习近平为核心的党中央周围，在中共岳池县委的坚强领导下，在县人大、县政府的大力支持下，牢固树立政治意识、大局意识、核心意识、看齐意识，以更加昂扬的斗志，更加饱满的热情，更加开阔的视野，更加务实的作风，砥砺奋进，铿锵前行，围绕县第十二次党代会确立的“三大跨越”“四大突破”“五大提升”奋斗目标，认真履行政治协商、民主监督、参政议政职能，为全面建成小康岳池阔步迈向现代化而努力奋斗。

【常委会议】 3月24日，十三届县政协二十次常委会议在吴雪艺术中心第一会议室召开。邀请县纪委通报岳池县2015年党风廉政建设及反腐败工作情况，通报县政协2016年主要工作安排，通报县政协主席会议成员视察全县重点交通工程建设情况，审议通过《政协岳池县第十三届委员会委员履职情况考评实施方案》。

6月23日，十三届县政协二十一次常委会议在吴雪艺术中心第一会议室召开。会议邀请县政府通报全县规范信访秩序和关于全县电视覆盖及基层群众收视状况，岳池县2015年度县委批转县政协调研视察报告办理落实情况；审议通过《关于规范全县信访秩序的调研报告》《关于全县电视覆盖及基层群众收视状况的调研报告》《岳池县政协换届工作方案》。

10月21日，十三届县政协二十二次常委会议在吴雪艺术中心第一会议室召开。邀请县政府通报岳池县特色集镇建设情况；听取县财政局关于1—9月岳池县财政预算执行情况的报告，县发改局关于1—9月岳池县国民经济和社会发展计划执行情况的报告；审议通过《关于岳池县特色集镇建设情况的调研报告》。

11月8日，十三届县政协二十三次常委会议在吴雪艺术中心第一会议室召开。邀请县政府通报岳池县义务教育均衡发展情况，审议通过《关于岳池县义务教育均衡发展情况的调研报告》《政协岳池县第十三届委员会常务委员会工作报告》《政协岳池县第十三届委员会常务委员会提案工作情况报告》《关于授权主席会议审议政协岳池县第十三届委员会第二十三次常委会未尽事宜的决定》《关于委托十三届县政协主席会议主持十四届县政协第一次会议预备会议的决定》。

【主席会议】 3月18日，十三届县政协五十九次主席会议在县政协二楼会议室召开。审议《关于岳池县重点交通工程建设情况的视察报告》《十三届县政协第二十次常委会议议程》《岳池县政协委派民主监督员工作会议方案》。

3月28日，十三届县政协六十次主席会议在县政协二楼会议室召开。会议审议为迎接市政协主席刘凤成到岳池调研政协工作的《岳池政协工作汇报材料》，研究二季度工作、免去毛传江委员职务。

4月11日，十三届县政协六十一次主席会议在县政协二楼会议室召开。安排部署委员履职考评工作、委派民主监督员工作，听取全县电视覆盖及基层群众收视状况调研工作进展情况、全县信访秩序调研工作准备情况、“大众创业，万众创新”推进情况，研究加强宣传信息及政协理论研究工作。

6月14日，十三届县政协六十二次主席会议在县政协二楼会议室召开。听取十三届县政协委员履职考评情况、十四届县政协委员设置情况的说明，研究新任委员考察工作，审议《岳池县政协换届工作方案（讨论稿）》。

6月16日，十三届县政协六十三次主席会议在县政协二楼会议室召开。审议《关于规范全县信访秩序的调研报告（审议稿）》《关于全县电视覆盖及基层群众收视状况的调研报告（审议稿）》《岳池县政协换届工作方案》《政协岳池县十三届委员会常务委员会第二十一次会议议程》《常委会工作报告提纲》《2016年重点督办》，听取委员履职考评情况，研究邀请县政府领导通报调研视察报告落实情况事宜。

6月22日，十三届县政协六十四次主席会议在县政协二楼会议室召开。确定委员考察小组成员，安排部署委员考察事宜。

6月30日，十三届县政协六十五次主席会议于在县政协二楼会议室召开。会议传达《2016年县级班子考察工作会议》精神，研究第三季度工作。

8月1日，十三届县政协六十六次主席会议在县政协二楼会议室召开。听取县政协民主监督小组组长关于民主监督工作开展情况及民主监督建议书起草情况，部署各民主监督小组下步工作安排情况。

8月12日，十三届县政协六十七次主席会议在县政协二楼会议室召开。听取县政协民主监督小组组长汇报民主监督建议书主要内容，审议《民主监督建议书》。

8月17日，十三届县政协六十八次主席会议在县政协二楼会议室召开。听取会议各筹备工作组工作进展情况，审议《政协岳池县第十四届委员会人事安排工作实施方案》。

9月1日，十三届县政协六十九次主席会议于在县政协二楼会议室召开。研究协商工业园区运行情况、视察广岳大道沿线产业发展情况。

9月19日，十三届县政协七十次主席会议在县政协二楼会议室召开。审议《中共岳池县委关于成立岳池县政协换届工作领导小组的通知（审议稿）》《政协岳池县第十三届委员会常务委员会工作报告（审议稿）》《政协岳池县第十三届委员会常务委员会关于提案工作情况的报告（审议稿）》《县委书记在政协岳池县第十四届委员会第一会议闭幕式上的讲话》《选举办法（草案）》《关于岳池县特色集镇建设情况的调研报告（审议稿）》《岳池县工业园区运行情况专题协商会议方案》《县政协换届工作协调会议方案》，研究广安市政协系统宣传信息工作“充电行动”第三期（岳池站）接待及政协领导分工事宜。

10月8日，十三届县政协七十一次主席会议在县政协二楼会议室召开。审议县政协十四届委员会常务委员后备人选、县政协十四届委员会委员建议名单、县政协十四届委员会第一次会议日程。

10月14日，十三届县政协七十二次主席会议在县政协二楼会议室召开。审议《十四届县政协委员名单（草案）》《十四届县政协常务委员会委员名单（草案）》《关于表彰优秀政协委员的决定（草案）》《十四届县政协第一次会议方案（草案）》《关于岳池县特色集镇建设情况的调研报告（草案）》。

10 月 27 日，十三届县政协七十三次主席会议在县政协二楼会议室召开。听取关于十四届县政协第一次会议主席团成员组成及提名程序的说明、县政协换届各工作组汇报工作开展情况，审议政协岳池县第十四届委员会第一次全体会议议程及日程、《政协岳池县第十三届委员会常务委员会工作报告（审议稿）》和《政协岳池县第十三届委员会常务委员会关于提案工作情况的报告（审议稿）》。

11 月 7 日，十三届县政协七十四次主席会议在吴雪艺术中心第二会议室召开。听取县国土局、县银泰投资公司、县水务局 3 个被监督单位的整改落实情况汇报，县政协主席会议成员对整改情况进行点评；审议《关于岳池县义务教育均衡发展情况的调研报告（审议稿）》《关于岳池县第十四届政协委员活动小组委员分组的通知（审议稿）》《中国人民政治协商会议四川省岳池县第十四届委员会第一次会议方案（审议稿）》《政协岳池县第十三届委员会常务委员会第二十三次会议方案（审议稿）》。

11 月 10 日，十三届县政协七十五次主席会议在县政协二楼会议室召开。研究县政协十四届委员会领导班子及常务委员候选人预备人选。

11 月 13 日，十三届县政协七十六次主席会议在县政协二楼会议室召开。通报十二届县委五次常委会议人事安排情况，协商提名大会主席团成员建议名单、县政协十四届一次会议大会秘书长建议名单、县政协十四届一次会议主席团会议主持人名单、县政协十四届一次会议执行主席建议名单，协商提名通过县政协十四届一次会议提案审查委员会名单，协商审议《选举办法（草案）》选票票样，协商提名县政协十四届一次会议总监票员、监票员、总计票员、计票员名单，听取县政协十四届一次会议各筹备工作组工作进展情况。

11 月 22 日，十四届县政协一次主席会议在县政协二楼会议室召开。研究主席会议成员分工。

11 月 29 日，十四届县政协二次主席会议在县政协二楼会议室召开。研究市政协五届委员后备人选（岳池）。

12 月 9 日，十四届县政协三次主席会议在县政协二楼会议室召开。研究县政协 2017 年调研、视察、协商课题及派驻监督单位，县政协兼职副秘书长、副主任，驻村工作队，县政协办选调文秘人员和 2017 年自办民生工程事宜。

12 月 16 日，十四届县政协四次主席会议在县政协二楼会议室召开。审定县政协 2017 年调研、视察、协商课题及民主监督单位，研究十四届县政协常务委员会第二次会议和十四届县政协第二次全体会议事宜。

政协工作

【政治协商】 在十三届县政协七次会议上，委员们围绕“一府两院”以及计划、财政报告深入协商讨论，在政治、经济、文化、社会、生态文明建设和民生工程等方面取得重要协商成果，整理汇编委员意见建议送县委、县政府决策参考。常委会围绕重大调研课题和关系经济社会发展的长远问题进行重点协商，包括常委会对县政协年初安排的 3 个调研课题，2016 年 1—9 月岳池县国民经济和社会发展计划执行情况及 2016 年 1—9 月岳池县财政预算执行情况、县人民法院及县人民检察院工作。召开两次专题协商会，对城乡环境综合治理情况、工业园区运行情况进行专题协商，协商成果得到县委、县政府及有关部门采纳。

【参政议政】 组织委员开展调查研究，主动参与县委、县政府中心工作，献计献策推动岳池跨越发展。调研义务教育均衡发展情况，为人民群众公平享有优质教育，为全县义务教育 2017 年达到均衡发展，顺利通过中央、省验收添砖加瓦。专题协商城乡环境综合治理工作，深入查找城乡环境治理中存在的突出问题，提出改进意见，助推全县城乡环境治理工作取得实效，增强群众文明卫生意识、环境保护意识。调研依法规范信访秩序工作，积极为创新信访工作、推进法治建设出谋划策。

【民主监督】 县政协通过完善监督形式，拓展监督范围，发挥民主监督职能作用，解决一些热点、难点问题。向县国土局、水务局、银泰投资公司3个单位选派政协委员担任民主监督员，形成《民主监督建议书》3份，有效促进派驻单位的工作。邀请县纪委通报全县党风廉政建设和反腐败工作情况，县纪委定期征询政协委员对全县党风廉政建设及反腐败工作的意见建议，主动加强政协民主监督与纪委纪律监督的协作配合，促进党风、政风、行风的好转。通过主席会议成员视察、小组视察等形式，对脱贫攻坚、重点交通工程建设等情况进行视察，推动履职平台前移，对视察中发现的问题立即召集相关部门进行协商，积极研究有关整改措施和解决办法。

【文史宣传】 全体文史员按照"亲历、亲见、亲闻"原则撰写稿件，征集文史稿件48篇，编印《征求意见稿》4期36篇；上报省、市政协文史稿件15篇，被采用9篇；完成《岳池年鉴》(2015年卷)政协部分的编撰。文史资料具有较高的参考价值，有效地发挥文史资料"存史、资政、团结、育人"作用。

【队伍建设】 完成政协换届工作，选举产生常委会班子。县政协党组、县委组织部、县委统战部在协商安排委员人选时，根据"统筹兼顾、全面安排"的方针，既保留一批政治素质高、参政能力强的老委员，又选拔一批德才兼备、有突出贡献的优秀人才、致富能手和个体私营业主、文艺工作者等社会各界代表人士为新委员，并就人选相关情况分别征求纪委、监察局、公安、法院、检察院等有关单位的意见，真正把各界别最优秀代表人士吸纳到政协组织中来。加强机关建设，结合政协工作需要，根据县委提名，任命7名专委会主任和6名专职副主任，激活政协机关和专委会的工作活力。持续推进政协履职的"制度化、规范化、程序化"建设，完善常委会议、主席会议议事规则、各专门委员会工作通则，健全专题视察、人民监督、社情民意和委员民主评议等监督制度，做到政协各项工作有章可循、规范有序。

【惠民帮扶】 开展"我为扶贫攻坚做件事"活动，县政协领导会同相关部门帮扶58个贫困村4520户15511人，协调落实各类帮扶资金600余万元。动员各界委员慷慨解囊，帮助弱势群体，协调开展"百企帮百村"活动，组织企业通过开展义诊、捐款捐物、帮助修桥建房等方式，助推精准帮扶工作。

(县政协办：张中秋)

民主党派·社会团体

岳池年鉴
2017

民盟·工商联

中国民主同盟岳池县委员会

【思想建设】 盟县委及时传达学习民盟中央、省、市有关会议精神，通过报告会、座谈会、印发学习资料等形式，组织盟员深入学习中央、省、市重要会议及文件精神。通过学习，深化盟员对党和国家政策的理解，更加坚定了跟着共产党走的社会主义信念。加强盟史传统教育，重温民盟与中共风雨同舟、并肩战斗的光荣历史，提高参政党的参政意识。组织盟员学习中共岳池县委第十二届党代会精神，围绕县委、县政府工作中心，助推思想建设上台阶。盟县委深入基层支部，与支委和盟员进行座谈，了解、掌握盟员的思想动态和支部在思想建设方面所取得的成绩、存在的问题，切实增强学习的针对性和实效性，有效地提升盟员的思想政治素质，坚定广大盟员走中国特色社会主义发展道路的政治信念。

民盟各支部按照盟县委要求，坚持定期开展盟员组织生活，主动将组织活动与县委、县政府的中心工作结合起来；各支部利用传统节日，分别组织召开座谈会、茶话会，畅谈岳池经济建设和社会发展大局，沟通思想，联络感情，有效增强民盟组织的凝聚力、向心力。

【组织建设】 坚持“三为主”原则，按照《中国民主同盟组织发展条例》规定，开展对入盟人员的培养、培训、考察，严把发展质量关。全年发展新盟员14人；新盟员中有大学本科12人，高级职称1人，公务员2人，副县级1人；平均年龄37岁。至2016年年末，盟县委下设办公室1个，在职工作人员2人。全县有盟员194人；含女盟员64人，在职盟员154人，离退休老盟员40人；下辖6个支部。

12月31日，盟县委选举产生民盟岳池县第十三届委员会领导班子，新一届盟县委委员15人，主委1人，副主委4人。

【参政议政】 组织盟员参加县委、政府工作报告意见征求会、经济社会发展“十三五”规划座谈会、法检两院和党风廉政建设、精准扶贫工作等情况通报会，并就经济社会发展、政府工作报告、多党合作等方面的重大问题，提出意见和建议，得到县委、县政府的高度重视和肯定，很多意见和建议被相关部门采纳。

利用文化教育、科技、医卫、法制方面的智力优势，发挥盟内人大代表、政协委员、政府部门任职盟员的作用，针对人民群众关心的热点、难点问题，积极建言献策。全年全县盟员中的市、县人大代表、政协委员以两会为平台，针对人民群众关心的热点、难点问题,积极撰写提案。在市县两会上,盟县委提交集体提案1件。盟员个人或联名提案45件,积极为广安、岳池经济社会发展建言献策。

盟员中的人大代表、政协委员、特约监督员、特约检察员等,积极参加市、县人大、政协组织的视察、执法检查、民主评议工作。4月,盟县委与县政协一道,对罗渡镇、西溪镇、粽粑乡等乡镇的国土资源工作情况进行调查了解,对调查中发现的宣传不到位、执法力量薄弱等问题,提出切实可行的建议和意见,得到县国土资源局的重视和采纳。定期对县卫计局、民政局和爱众水务等单位进行民主监督,通过监督发现问题、提出建议,更好地推动部门工作,收到良好效果。

【服务活动】 1月13日,盟县委组织盟员中的书法爱好者,积极参与县文联组织的送春联下乡活动,盟员书写春联300余幅,并免费赠送给当地群众,得到干部群众的广泛好评。

全年县农业、林业、畜牧、交通、环保等单位盟员立足本职,服务基层,深入龙孔镇、粽粑乡等地开展科技下乡服务活动,发放农、林、牧、交通、环保、司法等各种科技宣传资料、书刊5000余份(册)。医卫支部组织部分盟员到坪滩镇等地开展送卫生下乡活动,发放宣传资料1000余份,义务测血压、义诊300余人(次),免费发放价值1000余元药品,受到当地群众欢迎。

盟县委主动将组织活动与精准扶贫工作相结合,指导各支部积极开展扶贫帮困活动。盟县委根据党委、政府中心工作,并结合自身实际,多次深入贫困村调研,主持召开扶贫工作协调会,帮助制定切实可行的帮扶措施,落实扶贫项目的实施工作。在精准扶贫活动中,为粽粑乡盘龙村送去化肥、薄膜等农用物质,为天平镇高坝嘴村贫困户送去帮扶资金,并为当地贫困留守学生送去学习用具。

(民盟岳池县委)

工商业联合会

【组织建设】 按照《章程》,召开十四届六次执委会和两次常委会,对岳池县工商联(总商会)第十四届常委、副会长进行调整,吸收夏军、刘奇志、袁君、许辉、舒雪华、毕佳、李晓、游崇毅、唐宜彬、齐杨等10名企业家为县工商联(总商会)直属会员。

【"两学一做"学习教育活动】 按照县"两学一做"学习教育的统一部署,县工商联按照学习教育要求制定实施方案,教育引导党员自觉按照党员标准规范言行,坚定理想信念,提高党性觉悟,增强政治意识、大局意识、核心意识、看齐意识,坚定正确政治方向;树立风清正气,严守政治纪律政治规矩;强化宗旨观念勇于担当作为,争当履职尽责的合格党员。

围绕专题学习讨论,把个人学习与集中学习结合起来,真正提高认识,找到差距,明确整改方向;创新方式讲好党课,注重运用身边的事例,现身说法、答疑解惑,增进党课的吸引力和感染力;开展民主评议党员,按照自评、党员互评、民主测评、组织评定等程序,对党员进行评议;结合评议,班子成员与每名党员谈心谈话;召开民主生活会,对照职责职能,进行党性分析,查摆思想、组织、作风、纪律等方面的问题;针对不同党员的工作实际,提出党员发挥作用的具体要求;领导干部发挥表率作用,不辱使命,率先垂范,始终坚持解放思想、开拓创新,争做勤政廉洁、真心为民的好公仆,永葆共产党员先进性和纯洁性。

【"三八"妇女节活动】 3月8日,县工商联在岳池县兰泥湾农家乐举行联谊活动,庆祝第106个"三八"妇女节,县工商联直属会员、政协委员、人大代表及会员家属70余人参加活动。联谊会上,开展"金鸡独立""彩气球"和摸奖活动比赛,举办表演、舞蹈等文艺节目，锻炼身体，放松心情，增进友谊和凝聚力。

【脱贫攻坚】　开展“百企帮百村”行动，引领群众脱贫致富。县工商联通过组织全县广大民营企业及非公经济人士学习《关于参与全县扶贫开发攻坚工作的实施意见》及《“百企帮百村”精准扶贫任务分解表》等文件，结合企业实际情况，组织企业和贫困村签订结对帮扶共建协议书，实现2016年拟脱贫的100个贫困村全覆盖。多家企业积极行动，落实帮扶资金700余万元。为100个“摘帽”的贫困村制定帮扶计划，对缺少养殖业的贫困村进行摸底调查，最终根据实际情况和发展需求，决定帮助他们发展短、平、快的鸡、鸭养殖产业来脱贫致富。6月，县工商联向标准化鸡繁育与养殖基地订购12370只优质鸡苗、鸭苗，由养殖企业精心培育后分批（次）、免费发放到11个贫困村贫困户家中。

开展“四好村”建设，树新貌新风。坚持“富脑袋”与“富口袋”同步，利用各村“农民夜校”，组织企业向贫困户普及市场经济、企业管理等专业知识，引导农户树立开放理念、市场理念；县工商联深入到兴隆镇汉山观村、中和镇金顶山村、临溪镇龙摊子村等贫困村开展法制、文明、环保、健康等知识教育，免费发放牙膏、牙刷、口杯等健康用具500余套，引导贫困户除陋习、树新风，养成好习惯、形成好风气。全年开展集中宣传和授课20场（次），参与群众2000人（次）。

精心组织扶贫日“义捐、义卖、义诊”活动。10月17日，县工商联精心组织由四家民营医院、十五家民营企业、三个异地商会参加“义捐、义卖、义诊”活动，现场筹集到资金5579元，接受各类物资捐赠10万余元，免费为贫困群众义诊900余人（次）。

积极行动、凝心聚力，千方百计助推汉山观村如期脱贫。县工商联按照中央、省、市、县相关精神，投入大量的时间、精力、物力和财力，深入到汉山观村开展精准扶贫工作。汉山观村修建水泥路1.2千米，维修碎石路2千米；投资15万元，修建村卫生室、文化室及文化广场；新建贫困户房子7户（异地搬迁户）；40户拟脱贫贫困户人均收入全部超过3150元；集体经济收入3.2万元；人畜安全饮用水能得到充分保障，照明和家庭生活用电充足、稳定，广播、宽带、电视通村到户，全村所有贫困户已安装宽带、有线电视，“养成好习惯、形成好风气”工作正扎实推进。

【招商活动】　县工商联发挥商会联系面广，交流空间大的优势，积极捕捉招商信息，开展招商活动，通过缔结友好商会、异地商会开展交流学习活动等方式，努力搭建平台，宣传全县经济社会发展状况、区位交通、历史人文、投资环境及招商引资优惠政策，全面提升岳池的知名度和影响力，营造良好的招商氛围，为更多客商到岳池参观考察、投资创业奠定基础。

【理想信念教育实践活动】　1月23日，县工商联召开以守法诚信为重点的理想信念教育活动，县委统战部部长徐天翠出席会议，县工商联界政协委员及县总商会直属会员40余人参加会议。会议以认真学习，掌握与企业生产经营密切相关的法律法规，以诚信为本，守信用、讲信誉、重信义，遵守市场经济法则，严守道德底线，杜绝假冒伪劣，做受尊敬的企业家为目的，着力提高企业员工的法治素养，保障员工合法权益，铸造企业法治文化品牌。

【非公代表人士政治安排】　根据县委统一安排，在认真摸底和考评的基础上，协商推荐45名会员为十四届县政协委员、1名会员为县人大代表，协商推荐胡曲波、梅庆生等6名为四届广安市政协委员后备人选，会员陈春梅被推荐为2016年度市政协委员特邀列席人员，推荐北京商会会长宋光成、一新药业曾昌第等5名为市人大代表候选人。

（县工商联）

社会团体

总工会

【组织建设】 按照“哪里有职工、哪里就有工会”的要求，探索新形势下工会组织建设、运行机制和活动方式的新途径。工会组织覆盖全县党政机关、事业、企业、村（社区），形成“三级”工会组织网络。贯彻省、市总工会组织会议精神，推动基层工会开展工会组织规范化建设工作，做到“六有”。新建仁安药业工会、岳池县长田香藤椒种植专业合作社工会等35家，指导岳池县国税局工会、岳池坪滩镇工会等22家基层工会进行换届。2016年，全县有工会组织1074个，会员163264人，其中农民工会员62713人，建会率与职工入会率均达到100%。

【竞赛活动】 号召52户企（事）业单位开展“安康杯”竞赛活动，增强职工安全生产意识。“三八”期间，组织全县女职工广泛参与“玫瑰书香”征文活动，征集优秀文章50余篇。“五一”期间，举办“职工趣味运动会”、职工演讲比赛和《中华人民共和国工会法》《中华人民共和国劳动法》知识竞赛、职工乒乓球运动会。“七一”期间，组织机关干部开展《党章》和《工会法》知识竞赛；组织岳池县老年协会气排球队参加广安市职工气排球比赛，分别获得男子团体二等奖、女子团体三等奖；国庆节期间，举办“我们的节日”职工演讲比赛。全县“十个一”活动参加人数480人（次），接受安全卫生教育培训1000余人（次），其中农民工300余人（次）。开展建家活动，推荐岳池县地税局工会为广安市模范职工之家，民川机械公司维修车间、岳池县弹簧公司财务部为广安市模范职工小家。

【职工维权】 推行“一企一策”工资集体协商模式，对生产经营正常、效益较好的企业，重点协商提高职工待遇，使企业经营者和劳动者共享发展成果，增强企业凝聚力，提高劳动者的积极性。对生产经营困难、效益较差的企业，重点解决工资支付办法、保证就业岗位等问题；加强与劳动保障部门、企业家协会以及工商联组织的联系，就职工工资、劳动保护和劳动保障等涉及职工权益的问题进行研究和调处，维护职工合法权益。全县签订职业病防治专项集体合同21家，单独签订工资集体合同55份，行业（区域）性工资专项集体合同13份，覆盖企业342家，涉及职工800余人，签订率100%。

【劳模工作】 开展“劳模宣传月”活动，弘扬劳模精神，引导广大职工以劳模和先进人物为榜样，立足本职、爱岗敬业、争创一流，通过辛勤劳动、诚实劳动、科学劳动创造更加美好的生活。加强劳模管理服务基础工作，为30余名劳模发放补助金21万元。在科伦药业公司、民川机械公司，深化技能人才（劳模）创新工作室创建活动。

【惠民帮扶】 牵头完成民生工作任务，完成资助困难职工子女上学260人，其中高中生240人，大学生20人；对70名困难职工实施生活救助，8名困难职工实施医疗救助，对120名下岗失业人员进行再就业培训。实施医疗互助行动。实现职工住院医疗互助保险新参保2255份，女职工大病互助医疗保险51份。开展再就业工作，免费举办家政服务培训2期，培训人员200人（次）。

将春送岗位、夏送清凉、金秋助学、冬送温暖作为工会帮扶活动的品牌。为下岗失业人员提供岗位1000余个；为企业送去10万余元矿泉水、降暑药品等，发放降暑宣传资料3万余份。结合扶贫攻坚工作，帮助大学生175人、中小学生350人，发放救助资金40余万元。走访慰问6个困难企业和困难职工967人（次），送去慰问金23.45万元。

【自身建设】 组织开展“两学一做”学习教育活动,总工会机关党员,特别是领导干部带头通过学习《党章》、党规,学习习近平系列重要讲话,切实增强政治意识、大局意识、看齐意识,自觉把党的纪律和规矩挺在前面,自觉向中央基准看齐,自觉践行“三严三实”要求,做合格党员,把思想和行动统一到中央、省、市和县委的决策部署上来。在机关内部开展“树形象、增活力、讲奉献、守纪律、促和谐”主题活动,做到决策民主、会务公开,干群之间讲团结、比奉献,机关内部形成“心往一处想、劲往一处使”的良好局面。

（县总工会:文仕军）

共青团

【思想道德教育】 联合相关部门开展“践行社会主义核心价值观、争当美德青少年”“学党史、知党情、跟党走”“红领巾相约中国梦”等主题教育活动28次,受教育中小学生5万余人。

【青年创业】 组织开展县内的青年创新创业大赛,组织人员参加广安市第二届青年创新创业大赛,建立包括大学生在内的青年创新创业项目库、人才库、导师库,以项目竞赛、项目展示为途径,为创业青年搭建展示成长平台、投融资对接平台,提高青年创业成功率。协调人社、金融机构为创业青年提供创业贷款扶持,帮助5名创业青年申请创业无息贷款50万元。

【青年志愿服务】 开展“学雷锋、树新风”志愿服务、高考志愿服务、创文志愿服务18场(次)2000余人(次)。重点开展脱贫攻坚集中志愿服务,招募100余名高校青年志愿者,发动县内的青年、妇女、工会、企业等500余名青年志愿者,到2016年脱贫“摘帽村”,与贫困群众同吃、同住、同劳动20天,参与志愿服务1.2万人(次)。

【评优活动】 5月3日,团县委召开纪念“五四”运动97周年暨第十二届岳池县“十佳青年”表扬大会,集中表扬10名各行业的先进青年代表,表扬优秀共青团干部、优秀共青团员、五四红旗团委(支部)等一批先进集体和个人。推荐优秀青年参加上级优秀团员、团干评选。并通过电视台、网站、新闻媒体等渠道宣传他们的先进事迹,使全县广大团员青年赶有目标、学有榜样,激励更多的青年努力学习、勤奋工作、服务社会、建功成才。

建立团干部直接联系青年制度,深入开展“1+100”活动,全县115名团干部参与联系青年3554人,开展线上互动49次,线下活动95场(次),努力做到联系青年日常有声音、有互动、有话题。

【自身建设】 加强和改进团的工作作风,2个基层团委被团省委表彰为五四红旗团委,2个基层支部被团省委表彰为五四红旗团支部,1名团干部被团省委表彰为优秀共青团干部,2名团员被团省委评为优秀共青团员。探索“网格化”团建,在九龙镇城东社区、园田社区打造示范点;参照党组织管理模式,将各行业、各系统团组织进行“归口”管理。做好团干部的团内业务、党团常识、党团理论等方面培训,全面提高团干部的理论水平和业务能力。制定并完善《团县委机关管理制度》,规范机关内部各项办事程序,提高机关履职能力。

【惠民工程】 建立岳池县创新创业园、电商产业园两个青年创新创业示范基地,为青年提供工作(见习)岗位50余个。联合多部门开展家电维修、家政服务、计算机技术等10余个培训项目,邀请全国SYB认证讲师、创业导师为创业青年开展“青年创业大讲堂”。

争取中央彩票公益金支持,开办全市岳池县未成年人活动中心,开设古筝、声乐、书法、拉丁舞、街舞等10余个兴趣班,公益性招收学生900余人

（次）。自筹资金，在县城开班2个“关爱小屋”（社区青少年宫），为社区留守学生进行作业辅导、兴趣培养，全年公益性招收学生100余人（次）。

广泛募集争取县内外企业的爱心捐款168万元，资助贫困学生185人。与四川大学校团委在科技帮扶、人才交流及志愿服务活动等方面达成深度合作协议。

【脱贫攻坚】 整合各方资源，资助学生500余人（次），资助款（物）80余万元。开展“城乡手拉手·成长心连心”结对帮扶活动。以城区9所学校与11个脱贫攻坚战区学校开展“城乡手拉手·成长心连心”主题结对扶贫活动为载体，开展“学校、少先队辅导员、学生、家长”结对帮扶活动。依托乡镇留守学生之家、妇女儿童中心等活动阵地为留守儿童（学生）提供关爱服务。通过“购买社会服务”项目，为留守儿童（学生）开展课外活动25场（次），为100名贫困学生开展夏令营成都行活动1次。履行贫困村帮扶单位职责，定期到村帮扶指导，研究解决具体问题。实施产业球盖菇项目10余亩，带动就业20余人，协调龙虾养殖项目、甘蔗酒项目入驻落地。下派1名职工担任贫困村“第一书记”，对接实施卫生室修建、山平塘整治等项目。

（团县委）

妇女联合会

【组织建设】 指导县委办妇委会、国税局妇委会、白庙镇妇联、花园镇妇联等基层妇联组织成功改选。整合乡镇文化站的资源，在秦溪、中和、东板、大佛等乡镇新建12个乡镇“妇女儿童之家”，为妇女儿童打造温馨家园。

【惠民帮扶】 加强对重点人群的关心关怀。通过对全县饮水安全方面落后的学校在建设规模、基础设施以及师生对安全饮水需求方面的调研，落实石鼓小学、杨柳小学为“母亲水窖·校园安全饮水”项目申报实施点。县妇联通过方正健康发展基金，为8名“两癌”贫困母亲送上救助资金6万元，为新场镇、普安镇8名癌症妇女发放慰问金1.2万元。为排楼乡三王庙村贫困母亲送去价值5万元爱心邮包50个。争取帮扶资金，联系广安蓝天义工联合会，帮扶长田乡顺天寨村贫困学生9户11人、西板乡贫困学生3人，金额1.25万元；在团委申请贫困大学生项目资金3000元，帮助贫困大学生2人。对城北社区贫困人员进行走访慰问，发放现金及物资4000元。

加大对贫困村的帮扶力度。募集社会资金50余万元，用于帮助全县建档立卡贫困妇女发展生产。与联系贫困村贫困户开展座谈会5次，党组书记到贫困村开展专题调研12次，与班子成员走访贫困户50余次，为联系贫困户送去棉被10床。“六一”期间，为13名留守儿童、贫困学生发放助学金6000元；发放帮扶金4400元，慰问普安镇、新场镇、长田乡留守老人、贫困学生、贫困党员17人；发动爱心企业，为长田乡顺天寨村捐赠扶贫资金2万元，贫困妇女廖青华获得曹世如（全国“三八红旗手”）的精准扶贫关爱基金1万元。

【就业培训】 县妇联组织专场招聘会1次，介绍300名女性就业，开展送科技下乡1场。联合爱君家政服务公司，开展家政服务培训2期，培训女性学员200人（次）。联系县畜牧局、就业局、种养殖大户在省定贫困村开展优良水稻种植、小家禽养殖、来料加工等培训，变“输血”为“造血”，增强贫困家庭脱贫本领。发动养殖大户刘小琴为贫困户赠送鸡苗5000余只，专门安排技术员针对常见疾病防治、饲养管理等进行专业指导培训。在九龙镇九道拐村建立以十字绣、手工鞋垫、手工串珠、竹编等手工产业为主的居家灵活就业实践点1个，邀请手工技师杨兰琼、刘艳琴为该村的留守妇女进行技能培训，联系卡卡十字绣等厂家提供货源及销售渠道，实现留守妇女就近就业、增收致富。

【妇女维权】 开展维权知识培训。3月8日，县妇联、律师协会在顾县中学开展“反家暴·创平安·促和谐”法治宣传讲座，对50余名留守儿童送上小礼品；3月9日，广安市反家暴法制宣传活动启动仪式在王家院村召开，市司法局、市妇联及县妇联联合举办的反家暴法知识竞赛吸引邻近5个村120多名妇女同胞参加，通过提问抢答的方式，宣传《反家庭暴力法》；6月28日，县妇联邀请广安市信和律师事务所律师在苟角镇开展全体职工、各村（居）妇女主任100余人参加的“反家暴法”法制讲座；9月22日，组织罗渡片区的乡镇、村（社区）妇女干部及妇女代表200余人开展“艾滋病”防治及“反家暴法”培训，与学员面对面交流，解答她们在生活中遇到的各种问题，提升基层妇女干部的履职能力和水平。

开展维权宣传活动。“三八”维权周期间，县妇联、法院、检察院、公安局等21个部门在大东街，开展“以法治暴、以爱相扶、共建和谐家庭”为主题的维权普法宣传，重点宣传家暴法、新婚姻法、土地权益保护等法律法规。各基层妇联组织利用节日，开展法制讲座、街头维权咨询服务等形式多样的宣传教育活动。

做好来信来访接待工作。全年县妇联收到来访35件，其中家庭暴力21件，财产权益1件，离婚咨询17件，赡养抚养类3件，办结率100%。

【专项活动】 “三八”节期间，召开全县庆祝大会，表彰2015年度妇女儿童工作先进集体、先进个人。其中妇女儿童工作先进集体10个，城乡妇女岗位先进集体5个，妇女儿童工作先进个人10人，城乡妇女岗位标兵10人，女性“创业之星”10人，最美家庭5户。

3月和6月，县妇联开展寻找最美家庭活动，传播“孝、爱、亲、和、廉”家庭美德，组织“幸福使者·母亲课堂”讲师蔡华春到市级贫困村黄桷树村、马家村，围绕“孝与爱”文化进行公益巡讲，教育引导村民要以孝传家、以爱护家。县妇联组织基层妇女组织悬挂宣传标语、横幅21幅，制作宣传展板7块，设立最美家庭光荣榜12处，晒出家庭照片420余幅，征集最美家庭78户。向市妇联推荐表彰五好文明家庭9户，最美家庭4户，推荐市上表彰优秀小公民9人。

（县妇联：黄雪莲）

科学技术协会

【科普教育】 2016年，按照“政府推动，全民参与，提升素质，促进和谐”的方针，县科协根据县全民科学素质工作领导小组的要求，对各成员单位2016年全民科学素质行动计划纲要的工作任务进行分解，落实相关单位的责任，保证全民科学素质工作的顺利开展。各相关部门根据自身实际，制定本单位全民科学素质的贯彻实施意见，推进重点人群科学素质的提高。县委组织部、县人社局等成员单位把全民科学素质工作列入干部、公务员培训内容；县农业局、县教科体局、县科协等单位发挥科技工作者和科普志愿者的作用，对广大农民开展实用技术培训，县人社局对农民工和城镇失业人员开展技术培训；县科协和县教科体局及各中小学结合利用中国流动科技馆在岳池东湖学校展出和省（市）青少年科技创新大赛的契机，开展全县青少年科学文化素质提升工作，有序推进全民科学素质工作的开展。

【阵地建设】 岳池县科协在农村开展乡村科普活动站、科普宣传栏和科普员队伍建设。在顾县镇胡家庙村，建成长7米的壁挂式科普宣传栏，在镇龙乡三合桥村和鸡公岭村、秦溪镇凉凤垭村、大佛乡三官店村、九龙镇麻柳桥社区，分别新建3个长8米、高3.5米科普宣传栏和2个长10米、高3.5米科普宣传栏；对县城区10个大型科普画廊150延米双面进行改造升级，全部加装由液压杆支撑的钢化玻璃盖板，提升科普画廊的档次，方便科普画廊的管理和科普宣传内容的更换。

【惠农兴村】 县科协加强对农村专业技术协会和科普示范基地的指导，促进农村专合组织规范化、制度化，加强奖补资金的监管。注重发挥协会、基地和农村科普带头人的科技示范和引领幅射作用。开展社区科普活动，创造社区品牌科普活动，向市、省科协推荐科普示范社区，向市科协推荐城西、万兴、文新桥为科普示范社区，城西社区和文新桥社区被省科协表彰为省级科普示范社区，益民蔬菜种植协会成功申报为国家级“基层科普行动计划”奖补项目。

【科普宣传】 贯彻落实《中华人民共和国科学技术普及法》，提高全民科学素质。县科协通过组织科技人员和科普志愿者，开展各种形式的科普宣传活动。在春节及文化卫生三下乡期间，发放宣传资料1.2万份；在3月科技之春活动月期间，发放宣传资料1.8万份；5月科技活动周期间，组织宣传队深入社区向广大市民开展创文明城市、做文明市民等科普活动，向广大市民讲授抗震救灾、医疗保险、饮食卫生、环保节能等科普知识，展示“科学生活、反对邪教”“突发地震灾害自救知识”挂图，开展科技服务“三农”，科技进社区、进校园、进企业等系列科普活动，展出科普挂图800套（幅），设立宣传橱窗30个，青少年学生接受科普教育5000人（次），科技咨询6000人（次），宣传实用技术30种，义务诊病2500余人（次），发放科技资料和科技书刊8500（份）册。在广播电视台播出《科普大篷车》科普宣传节目A版17－54期、B版17－54期。5月，组织科普大篷车到城关中学和九龙小学进行巡展，接受科普宣传教育青少年4000余人。

【青少年科技创新】 县科协与县教科体局密切配合，组织部分中小学的青少年学生积极参与，精心创作青少年科技创新作品320件，送市2016年第十九届青少年科技创新大赛参赛作品235件，在省第三十一届、市第十九届青少年科技创新大赛中获奖34件，其中省科协主席奖1件、省级一等奖1件、省级二等奖2件、省级三等奖2件，市级一等奖6件、市级二等奖8件、市级三等奖12件，市级优秀组织单位奖和优秀科技辅导员奖各1件。

【组织建设】 乡镇换届，原有的科协组织人员发生变化，不适应现有的科协工作，县委办公室出台《关于加强基层科协组织建设的通知》（岳委办〔2016〕167号）。文件明确各乡镇、园区、企业建立和完善科协组织的要求和时限，对乡镇、园区、企业科协组织的工作章程和组建流程也提出明确要求。各乡镇、园区和企业按照县委文件要求建立和完善科协组织的建设。

（县科协：林悦杨）

残疾人联合会

【人员概况】 岳池县有残疾人87938人，占总人口的7.57%。各类残疾人数量分别是：视力残疾17157人，听力残疾20859人，言语残疾1161人，肢体残疾21729人，智力残疾5751人，精神残疾7264人，多重残疾14017人（多重残疾指某个残疾人具有两种以上不同类别的残疾）。

【民生工程】 县残联投入资金2100万元，完成省、市民生工程。包括完成残疾人康复中心主体工程建设，省、市“阳光家园”居家托养任务，资助一家残疾人托养机构，城乡残疾人居家灵活就业7523人，帮助1302名农村残疾人发展生产，残疾人灵活就业补贴7523人（按省级200人，补助1000元／人；县级564人，补助500元／人），救助贫困家庭脑瘫儿童52人，救助贫困贫困家庭听力残疾儿童13人，为15148名重度(一、二级)残疾人发放护理补贴1076.53万元，为贫困残疾人适配亟需的辅具890件，为61户残疾人家庭实施无障改造。

救助152名贫困精神残疾人服药；培训低视力儿童家长112人，新收训聋儿12人，3名聋儿植入人工耳蜗，5名聋儿佩戴助听器；培训社区康复指导员和聋儿家长150人，社区培训聋儿50人；5名肢体残疾人安装大(小)腿假肢，30名肢体残疾人、65名脑瘫儿童、8名智障儿童进行社区康复训练；0—6岁残疾儿童康复救助15人。

【教育培训】 完善残疾人教育管理体制和工作运行机制，逐步形成各级政府统一领导，将残疾儿童、少年教育纳入“普九”义务教育规划；资助3名考上大学的残疾人学生学费9000元，资助5名贫困高中生1500元；县特殊教育学校招收智障、聋哑等特殊残疾人儿童少年80人；参加各级各类技术技能培训残疾人1200人，盲人按摩初级培训13人，资助22名特困残疾人(残疾人家庭)学生入学；开展《中华人民共和国残疾人保障法》《四川省实施办法》《残疾人教育条例》等宣传5次，发放宣传资料5000余份。

【就业帮扶】 贯彻落实国务院《残疾人就业条例》，执行县政府《关于印发岳池县残疾人就业保障金征收管理实施细则的通知》《代征代扣残疾人就业保障金专题会议纪要》，督促各乡镇、机关、企事业单位、个体私营业主和集体经济组织按规定缴纳残疾人就业保障金，征收残疾人就业保障金532万元。通过各种渠道和形式，推荐安置残疾人就业150人，其中公益岗位安置20人，推荐到重庆、成都、资阳外地就业130人。

【扶贫解困】 把帮助农村残疾人发展生产、改善生产生活条件作为残疾人扶贫、脱贫工作的重点，纳入政府大扶贫统一规划、统筹安排、同步实施，采取集中与分散相结合的方式进行扶贫，开展贫困残疾人“帮、包、带、扶”活动，对生活困难和建档立卡的贫困残疾人实行补贴；协调县民政局做好残疾人低保、“五保”供养工作，做到应保尽保，逐步建立残疾人社会保障体系；建立扶贫资金，按一定比例用于贫困残疾人；在“全国助残日”、元旦、春节期间，县残联领导走访慰问特困残疾人，开展“温暖万家行”活动，为1200户贫困残疾人家庭送去24万元的慰问金和物资。

【政务服务】 新(换)办全国第二代“残疾人证”0.7万个，接受求职登记50人(次)，转介服务30人(次)，受理各类咨询220人(次)，受理残疾人来信来访130件，办结率100%，全县未出现残疾人重大上访事件和重大侵权行为。

(县残联)

法　治

岳池年鉴

2017

政法及综治工作

【政法工作】　全县政法工作贯彻落实中央、省委、市委政法工作会议精神，围绕全县改革发展大局，认真履行维护社会大局稳定、促进社会公平正义、保障人民安居乐业的职责使命，推进平安岳池、法治岳池和过硬队伍建设，为推动经济社会转型发展、跨越发展创造安全稳定的社会环境、公平正义的法治环境和优质高效的服务环境。

县公安局深化“平安岳池——利剑行动”严打整治等专项行动，破获刑事案件1338起，同比上升8.95%；刑事拘留537人，批准逮捕223人，移送起诉585人，抓获网上逃犯108人，现行命案破案率连续10年达100%。查处行政案件5518起2590人（次），行政拘留845人，可防性案件同比下降39.6%。

县检察院受理审查批捕刑事案件案件224件306人，审查批准逮捕142件191人；受理移送审查起诉案件413件606人，提起公诉387件575人，法院均作出有罪判决。全年立案查处贪污贿赂案件11件15人，侦查终结12件16人，移送审查起诉12件16人。

县法院受理各类刑事案件413件，审结404件，判处刑事罪犯592人。依法审结“两抢一盗”、聚众斗殴、贩卖毒品等犯罪案件157件；依法审理贪污贿赂案件12件。

县司法局创新规范社区矫正和安置帮教对象管理，新接收社区服刑人员385人，解除社区矫正301人，在册社区服刑人员550人，社区矫正过程中没有出现脱管、漏管现象，重新犯罪率低于1%。全年办理法律援助案件750件，完成全年目标任务的174%。

县法学会组织法律、法学工作者开展法学研究、法律服务和法治宣传，组织会员参与以“治蜀兴川”法治论坛为代表的法学交流活动；创办会刊《岳池法学》，宣传学会信息和研究成果。

稳步推进司法体制改革，县法院42名入额法官、县检察院28名入额检察官宣誓履职；规范司法救助专项资金发放（岳政法〔2016〕3号）和刑事诉讼涉案财物管理处置（岳政法〔2016〕34号）。全年为经济确有困难的当事人减、缓、免诉讼费54万余元，为生活困难的申请执行人、刑事被害人发放司法救助金43.1万元，为困难刑事被告人和未成年被告人指定辩护人83人（次）。

开展涉法涉诉信访积案化解、案件质量评查、坚决纠正涉法涉诉中侵害群众利益问题专项整治等活动，全年办结涉法涉诉信访案件235件，其中县委政法委16件、县法院29件、县检察院3件、县公安局183件、县司法局4件。7月创办《岳池政法》工作简报，全年印发8期。

加强政法队伍建设，开展“学党章党规、学系列讲话，做合格党员”（简称“两学一做”）学习教育，用好用活“政法大讲堂”，有针对性地开展各类技能培训、实战演练。14 个集体、23 人（次）获得省级以上表彰，16 个集体、38 人（次）获得市级表彰，13 人（次）荣记三等功、1 人（次）荣立二等功。从严管理队伍，铁腕整治“坏作风”“微腐败”，查处违纪违规人员 6 人，诫勉谈话 4 人，停止执行职务 3 人，双开 1 人，解聘辅警 7 人。

【社会治安综合治理工作】 县委、县政府高度重视社会治安综合治理工作，将综治工作与经济社会发展同安排、同部署、同考核、同奖惩，将综治工作经费 10 万元、大调解工作经费 165 万元纳入财政预算，保障网格化服务管理经费 480 万元。打防结合，维护社会平安稳定。开展综治专项整治，设立危爆物品和寄递物流清理整顿专项行动工作专班（岳综治委〔2016〕1 号），清理整顿涉爆涉危物品和寄递物流企业单位；挂牌整治九龙镇滨河东路打架斗殴和滨河西路砸车窗盗窃车内物品等社会治安突出问题，限期改变面貌。完善防控体系，提高管控社会治安能力。在县城周边 11 个乡镇的幸福美丽新村、案件多发易发村、重点产业所在村、贫困村和交通干道经过的村、城乡结合部所在村共 96 个村成片规划建设“雪亮”工程（农村视频监控系统），完成 488 个监控点位的布点规划。项目建成后，用户可通过手机和电视实现实时监控、一键报警和获取各类信息服务，监控平台可通过远程控制和视屏回放功能查看周边区域情况，丰富立体化社会防控体系。评定通报 2015 年度乡镇场镇治安巡逻队等级（岳综治委〔2016〕5 号），一级 7 个、二级 14 个、三级 19 个；不评定等级并通报批评未按要求组建巡逻队或未开展相关工作的乡镇 4 个。管好重点人群（精神病人、吸毒人员、刑释人员、失足青少年等），对 135 名三级以上（或有肇事肇祸倾向）严重精神障碍患者全部落实监护责任人，并出台以奖代补政策，促进监护人履行监护职责。加强铁路护路防范，维护铁路运输安全。成立县高速铁路反恐治安联防联控办公室（岳综治办〔2016〕14 号），负责统一部署、统筹协调线路巡防力量调配、情报搜集研判、反恐应急处突、涉恐案件侦破等工作；排查整改铁路沿线安全隐患 12 处，配合达州工务段处理严重积水下穿涵洞 3 处；为 31 名护路员配备网格化管理终端智能手机，用信息化手段提升护路员巡防能力；全年未发生重大群体性事件、重大恶性案（事）件、暴力恐怖袭击事件。提升服务成效，营造和谐社会氛围。“大调解”工作坚持以案结事了为目标，健全专业调解组织网络体系，强化矛盾纠纷源头排查化解，构建“党委领导、政府主导、综治协调、部门联动、社会参与”的矛盾纠纷多元化解工作格局，推动形成办事依法、遇事找法、解决问题用法、化解矛盾靠法的良好法治环境。网格化服务管理工作围绕“管好一张网、服务一座城、惠及百万人”总体目标，依托印发公开信、编印书籍、在县电视台和街头 LED 显示屏插播宣传标语、报刊网络宣传报道、街头集中宣传等有效载体，营造网格化服务管理浓厚氛围；通过交叉观摩、末尾约谈、公开述职等方式，提升网格服务效能；采取绩效考核、量化打分、保障经费、评比表彰等措施，保障网格化工作取得明显成效。网格员协助参与公安“双清”（户籍人口信息清理登记、实有人口信息清理登记）工作核查登记人口 52.3 万人，完成率为 100%。“三项重点”（流动人口信息登记审核、特殊人群管理、发现治安隐患报告）工作完成推送“发现治安隐患”95 处；宣传核查流动人口 391 人（次）、民警带领开展工作 165 人（次）；特殊人群推送数据 14783 人（次），其中吸毒人员 4058 人（次）、严重精神障碍患者 7314 人（次）、社区服刑人员 1642 人（次）、刑释解矫人员 1769 人（次），走访特殊人群 14477 人（次）。办理各类民生事项 69302 件，化解矛盾纠纷 17855 件，消除安全隐患 540 处，管控社会治安重点场所 813 处，联系服务困难群众 7905 人（次），95% 以上问题在网格内解决，社会满意度和群众幸福指数不断提升。平安建设整体推进，各乡镇、部门认真履行平安岳池、法治岳池建设的主体责任，将其纳入重要议事日程，推动平安岳池建设深入开展。开展平安乡镇、平安村（社区）、平安市场、平安医院等“平安细胞”创建活动，人民群众安全感逐步提升。元旦、春节期间，市县两级慰问见义勇为负伤人员和牺牲人员家属等15人，发放慰问金3.2万元。

【社会维稳工作】 县委、县政府通过全县政法维稳信访工作会议下达年度维稳工作目标任务，将维稳工作纳入干部述职和考核内容，作为干部考核、评价、晋职、晋级和奖惩的重要依据。县委办、县政府办印发《关于进一步加强和改进维护社会稳定工作的意见》（岳委办〔2016〕115号）文件，进一步落实乡镇、部门的维稳责任。各乡镇各部门党政“一把手”担负维稳第一责任，加大对重点问题的化解力度。在中央、省两会、十八届六中全会、广安国际红色马拉松赛等重大政治活动和敏感时期，启动维稳日排查日报告制度，研判会商维稳形势，抽调精干力量组成统筹协调、信息收集研判、卡点值守劝返、安全保卫处突和维稳督导检查等专项工作组，及时掌握处理重点涉稳群体和重点信访人员动态情况，维护全县社会大局稳定。强化涉稳内幕性、行动性、预警性情报信息搜集，执行《岳池县涉稳情报信息奖励办法（试行）》（岳委办发〔2010〕54号），掌握维护社会稳定信息主动权，为县委、县政府做出正确判断、科学决策、及时处置，提供重要依据。加强不稳定因素源头防范，坚持把社会稳定风险评估作为上项目、搞改革、做决策的前置程序和刚性条件，从源头控制、消化不稳定因素。全年组织开展重大事项风险评估78个，通过论证均为可以实施的事项。全县每月开展一次不稳定因素集中排查化解，将不稳定因素汇总后录入维稳工作平台，实行动态管理。全年开展月排查12次、专项排查4次，成功劝返非正常进北京上访18批（次）26人（次），妥善处置群体性闹事苗头90起。运用多种措施化解涉稳隐患，坚持每周县级领导定期在县接访中心接待来访群众，当场做出处理意见，畅通群众诉求渠道；落实维稳工作领导“五包”责任制（包掌握情况、包稳控管理、包教育转化、包依法处理、包解决困难），做到不办结不脱钩；推进信访积案化解，对无政策依据的疑难问题，通过救助救济、济困帮扶、政策解释等综合手段，着力解决特殊群体的困难和问题，确保“案结事了”。强化维稳基层基础工作，加强维稳队伍建设、政法维稳专网应用和涉稳舆情管控。完善维稳定期联系、协作联动、保障投入、责任查究等工作机制，推进维稳常态化建设。

【矛盾纠纷大调解工作】 推进大调解组织网络“六进”（进城镇小区、进农村院落、进市场商场、进车站码头、进园区景区、进学校医院）活动；推进大调解工作体系和网格化服务管理体系深度对接；巩固提升医疗纠纷、交通事故、劳动人事争议等具有第三方调解特征的专业调解工作成效，健全征地拆迁、环境保护等16个重点领域专业调解工作机制，推进条块结合、衔接联动的大调解专业调解工作体系向纵深发展。强化矛盾纠纷源头排查化解。完善日常滚动排查和重大节日、重要活动、敏感时期集中排查、专项排查相结合的常态排查机制，推进“流动调解、巡回调解、网络调解”和“随手调”等就地就近化解纠纷工作，建立越级信访、群体性事件、“民转刑”案件、治安案件、群众评议与源头调解工作绩效“倒查”动态考评机制。全年受理各类纠纷案件7758件，调处成功7647件，其中县大调解协调中心主持并成功调处重大矛盾纠纷9件。对突出的矛盾纠纷，启动大调解体系协调联动机制，组织有关部门和专业调解组织联动化解；对重大复杂疑难矛盾纠纷，采取挂牌督办、专案攻坚等方式，推进“骨头案”“钉子案”有效化解；对信访老户的诉求采取听证、稳控等措施逐步化解。全年限时化解市上挂牌重大疑难纠纷3件（简华琼案、尹慎翠案、王代荣案）。强化举措提升常态机制实效。围绕健全“四个机制”（矛盾源头发现机制、矛盾预警研判机制、信息动态反馈机制、排查研判责任机制）要求，夯实源头防范化解矛盾纠纷的基础；根据调解工作服务保障经济发展功能，推广“调解跟着项目走”“调解跟着矛盾走”等做法，主动对接中央、省、市、县项目建设，与稳定风险评估对接，推行矛盾排查调处前移，确保项目顺利实施；抓住实施“互联网+”行动计划的机遇，推广现代信息技术在矛盾纠纷多元化解的运用，抓好大调解工作信息管理系统平台基础数据和纠纷信息“两个规范录入”，督促调解工作人员加大运用手机“随手调”工作力度。强化经费保障。县财政分别按乡镇1元/人、县级0.5元/人预算大调解工作经费，坚持以半年、全年考核结果拨付各级大调解经费，做到专款专用。

（县委政法委：宋学）

法治政府建设

【法治宣传】 通过岳池县公众信息网、报纸、电视媒体、公众微信和发放传单等方式，广泛宣传法律法规，以“综治宣传月”“12·4”全国法制宣传日等法律宣传时间点为契机，开展“法律七进”活动386场（次），开展法制宣传活动172场（次），出动宣传车75辆（次），发放法制年画8万份，宣传单20万份，接待群众法律咨询8500余人（次）。建立领导干部学法制度，出台《2016年县政府常务会议集体学法方案的通知》（岳府办函〔2016〕10号），全年政府常务会学习《中华人民共和国残疾人权益保障法》《医疗事故处理条例》《中华人民共和国国家安全法》《担保法》等13部法律法规，推进依法行政工作。依托县委党校，定期邀请市政府法制办领导、知名律师、法学专家为领导干部进行专题法治讲座，增强机关干部的法律素养、依法行政水平和能力。县公安局、县工商质监局、石垭镇等9个单位，按照依法行政示范单位实施方案，按照标准有序开展创建工作；截至12月末，各创建单位报送创建信息189条。按照督促指导，示范先行的原则，县法制办对申报的创建单位强化指导协调，培育依法行政先进典型。县公安局、县工商质监局、县食药局、石垭镇等成功创建省级依法行政示范单位，并获得省依法治省领导小组表扬。

【行政审批制度改革】 清理优化行政审批项目。县政府办公室印发《关于取消调整县级行政审批项目的通知》（岳府办函〔2016〕55号）和《关于取消、保留初审审批事项、许可限额的通知》（岳府办发〔2016〕61号）文件，明确县本级对应取消65项行政审批事项，将县本级4项非行政许可审批事项调整为政府内部审批事项，不再保留“非行政许可审批”这一审批类；取消初审环节的省级行政审批项目13项，市级行政审批项目4项；保留初审环节的省级行政审批项目48项，市级行政审批8项；县本级取消许可限额的行政审批事项7项，保留16项。至2016年年末，县本级现行保留行政审批项目186项，精简行政审批项目。

推动部门责任清单改革。根据省、市相关文件精神，积极推动部门责任清单改革，印发《关于公布岳池县县级部门责任清单的通知（第一批）》（岳编办发〔2016〕109号）、《关于公布岳池县县级部门责任清单的通知（第二批）》（岳编办发〔2016〕110号）、《关于公布岳池县县级部门责任清单的通知（第三批）》（岳编办发〔2016〕111号），对照统一公布的行政权力清单对应清理部门责任清单，编制部门责任清单6093项，取消89项，调整3项，做到权力与责任相匹配。

【行政复议办理与行政调解】 加强行政复议工作。岳池县人民政府行政复议委员会出台《关于公布委员会组成人员名单的通知》（岳府行复发〔2016〕1号），提高县政府行政复议案件审理质量，维护当事人合法权益。县政府法制办按照《中华人民共和国行政复议法实施条例》确立的“方便申请、积极受理”的原则，主动受理行政复议案件。全年收到行政复议案件7件，其中责令履行1件，撤销1件，维持2件，撤回申请1件，正在办理2件。

行政复议定期限办结率100%。

规范行政调解工作。落实专人负责行政调解工作，并派往省上专门培训。协调县信访局、大调解中心建立信息沟通机制，整合优化调解资源，有效配合，共同开展调解工作。截至11月末，全县各级行政机关调解纠纷56起，其中调解成功51起，调解成功率91%。至2016年年末，全县有行政调解组织186个，挂牌设立专门行政调解室186个，行政调解员430人，有效保障行政调解工作开展。

【行政执法】 组织各乡镇、部门177人参加2016年度全市行政执法资格考试，全县行政执法人员持证率100%。年审各类行政执法证件794本，新办及报市政府法制办审核证件62本，注销行政执法证件160本。加大对执法岗位工作人员培训力度，定期对全县行政执法人员进行专题培训，组织800余人(次)进行通用法律知识和专业法律知识专题培训。

【规范性文件管理】 落实规范性文件前置审查。县政府及县级部门、乡镇制定的规范性文件事前由县政府法制办进行合法性论证；重大或者关系人民群众切身利益的规范性文件草案，采取听证会、论证会、座谈会或者向社会公布草案等方式向社会广泛听取意见，全年因不合法不予出台的规范性文件2件，纠正3件。

做好规范性文件备案工作。按照《岳池县人民政府办公室关于进一步规范政府规范性文件审查工作的通知》(岳府办函〔2013〕107号)要求，做好规范性文件备案工作，全年制定规范性文件11件，并按规定全部报市政府、县人大备案。

(县法制办)

公安工作

【治安管理】 开展全县中小学幼儿园“护校安园”、治爆缉枪(剿枪)、打击黄赌“断链”、仿制式警服清理整顿行动等专项行动，查处行政案件5518起2590人(次)，行政拘留845人。开展突出治安问题专项整治，推进行业场所等级化管理，查处黄赌案件193起，抓获违法嫌疑人716人，行政拘留255人；捣毁赌博窝点28个，收缴赌博游戏机400余台。开展缉枪治爆专项行动，整改安全隐患40起；配合县安监、工商部门查处非法经营储存烟花爆竹案5起，组织销毁烟花爆竹2513件、炸药360千克、工业雷管2921发。开展“双清”工作，采集各类信息18万条，清理登记户籍人口信息53万条，采集流动人口5564人，提供破案线索196条。持续优化警务回访系统，坚持每日电话调查访问访评对象，回访群众34099人(次)，群众满意度94.92%。

【治安保卫】 制定《岳池县公安局2016广安国际红色马拉松赛安全保卫工作执勤方案》等安全警(保)卫方案269个，制定社会治安集中清查行动等清查方案15个，开展大型会议、文体商贸、上级领导调研等活动的安全警(保)卫工作280起。

【治安巡逻】 深化立体化治安防控体系建设，依托治安警务平台、治安交通武装检查卡点、社情民意观察站(点)，发挥天网监控、社区民警、治安积极分子作用，构筑以警务指挥部为龙头，天网、地网为骨架，各类卡点为依托的新型治安防控体系。坚持社会治安风险点“日分析、周研判、月评估”制度，提升打防管控针对性。现场挡获违法犯罪嫌疑人166人，制止街面打架斗殴28起、寻衅滋事31起，全县可防性案件同比下降39.6%。

【户政管理】 规范户口管理工作，换发“二代证”累计114.73万人（次），16周岁及以上人像采集率97.75%，户口清理整治注销重户66人，更正户口姓名、年龄113人。加强重点人员清理管控，成立帮教小组22个，加强重点人员帮教；摸排出重点人员2103人，新列管重点人员219人，撤管217人，重点人员列管率98.7%。受理申请出（国）境40640人（次），严格“三非”人员管理，成功调处一起因语言、生活习惯不同引发的涉外家庭纠纷，受到埃塞俄比亚驻中国重庆总领事馆的高度赞许。

【交通管理】 强化交通安全宣传、隐患排查整治和路面巡查管控，查处违法行为19万起，道路交通事故死亡人数、受伤人数同比分别下降66.67%、18.65%，未发生较大以上道路交通事故。强化安全防控体系建设，争取资金750万元，新建和改造县城区新建成的道路及原有的闯红灯设备114套。强化道路交通秩序管控，采取流动巡逻和定点执勤相结合，加大城区、主干线和代管高速公路的交通秩序维护管控，严格执法纠违。强化隐患排查督治，排查上报并督促治理隐患4000处，主动配合县交通、安监部门争取政府重视，建设安装路侧护栏等防护设施3.2千米。建立交通事故快处中心，健全完善交通事故快接警、快反应、快查处、快调解、“大调解”和交通肇事逃逸案件有奖侦破机制，加大事故查处和交通肇事违法犯罪震慑力度，切实维护人民群众合法权益。全年受理逃逸案件460起，侦破368起，调处事故纠纷2753起。以争创全国优秀县级车管所为目标，建立一站式、首问责任制、一次性告知、限时办结服务等制度，实行车辆免检新政。办理机动车业务33418起，办理驾驶证业务17779起，监管车检6356辆。

【监所管理】 深化看守所“五化建设”和拘留所“三项重点工作”，强化监所精细化管理，争取专项资金300万元，升级改造看守所监控系统，确保监所安全“零事故”。12月，监管中心建设项目正式破土动工。

【消防监管】 推进夏季消防检查、冬春火灾防控等专项整治行动，发现、整改隐患456起，责令三停单位16家，临时查封场所22家；办理行政案件33起，行政拘留11人，全县无一起较大火灾事故发生。

【“110”服务】 加强警务实战指挥体系建设，落实“三长一员”制度和联合指挥模式，完善合成作战机制，着力构建情报、侦查、技术、基础“四位一体”、多警联侦等合成作战工作格局。推进“12345、服务找政府，公安110、为民保安宁”机制建设，推动非警事务分流。全年接警121416起，其中无效警情102851起，有效警情18565起。有效警情中含行政案件1101起，火灾174起，交通警情6253起，求助1978起，纠纷5950起，举报投诉207起，其他警情1271起，刑事警情1631起（其中故意伤害1起、盗窃1512起、抢劫9起、抢夺16起、诈骗87起、其他6起）；发布合成作战指令85条，协助破案310余起，抓获犯罪嫌疑人104人。精准研判的“盗窃通讯基站电池系列案”“盗窃工地柴油系列案”“系列冒充国家工作人员诈骗案”“盗窃高档汽车后视镜系列案”4起案件线索被省公安厅发起全省串并挂牌督办。合成作战中心负责人雷朝程被公安部确定为全国刑侦情报研判能手。

【案件侦破】 深入推进“平安岳池——利剑行动”严打整治工作等专项行动，破获各类刑事案件1338起，同比上升8.95%；刑事拘留537人，批准逮捕223人，移送起诉585人，抓获网上逃犯108人。严打命案犯罪，坚持“命案全破”目标不动摇，现行命案发1起破1起，现行命案破案率连续10年达100%。12月，仅用5小时破获“12·9”恶性故意杀人案，抓获犯罪嫌疑人李某。严打黑恶犯罪，精心摸排涉恶犯罪线索，先后打掉以魏海涛为首的恶势力团伙4个，破获涉恶势力案件10起，打击处理43人。严打食药环犯罪，破获刑事案件2起，移送起诉10人，打掉团伙2个，捣毁黑作坊、黑窝点3个。

【专项行动】 开展“打盗抢、反诈骗”“盗抢骗”等多发性侵财犯罪专项行动，将群众密切关注的多发性侵财犯罪作为打击重点，破获侵财类刑事案件1061起，刑事拘留162人，批准逮捕75人，移送起诉157人。严打涉毒犯罪，开展“利剑2016－A”等专项行动，破获涉毒刑事案件46起，打掉贩毒团伙3个，打击处理犯罪嫌疑人86人，缴获各类毒品3.5千克，收缴毒资58万元。严打经济犯罪，全力开展民间融投资风险治理专项工作，破获经济犯罪类案件17起，抓获各类犯罪嫌疑23人，移送起诉40人，为单位、个人挽回经济损失4500万元。严打涉网犯罪，开展严厉打击网络淫秽色情专项行动，破获伍某侵犯公民个人信息案、李某传播淫秽物品牟利案等案件5起，打击处理5人，有效净化了网络环境。

【天网工程】 利用天网为案侦部门提供价值线索413条，直接参与破获刑事案件120件，协助抓获犯罪嫌疑人86人；开展天网日常巡查，及时通报线索，抓获现行犯罪嫌疑人7人；帮助群众找回走失儿童8人。

【警务改革】 改革执法权力运行机制，健全完善受立案分离、刑事案件统一审核、统一出口等工作机制，执行“四个一律”，落实执法司法衔接及嫌疑人人权保障制度，确保依法办案；开展执法大检查，发现整改突出执法问题5个，引导规范执法；坚持案件“日检查、周通报、月考评、年总评”工作机制，实现无行政复议被撤销案件、无行政败诉、无冤假错案的目标。推进公安“互联网＋公安”工作，在行政服务中心设立公安综合服务窗口，推进户籍、出入境、车驾管、消防审批等业务网上办理。综合服务平台全县注册用户13302人，接受群众预约132件、咨询122件、申报34件，群众满意度100％。

【案例选录】 1月，县公安局破获系列丢包诈骗案，抓获犯罪嫌疑人熊某某（广安区人）、刘某某（广安区人），破案10余起；县公安局破获系列盗窃基站电池案，抓获犯罪嫌疑人周某某（遂宁市射洪县人）等4人，查扣作案车辆3辆，追回被盗基站电池104组，涉案金额100万元。2月，县公安局破获系列电瓶车盗窃案，抓获犯罪嫌疑人吕某某（南充市蓬安县人），涉案价值3万余元。3月，县公安局破获一起贩卖毒品案，抓获犯罪嫌疑人康某某（镇龙乡人）、梁某（九龙镇人），当场搜缴毒品疑似物17克；县公安局破获一起贷款诈骗案，抓获犯罪嫌疑人熊某某（广东省佛冈县人）、杨某某（湖北省枣阳人），涉案金额2400余万元。4月，县公安局打掉一贩毒团伙，抓获犯罪嫌疑人邓某某（大佛乡人）等11人，当场缴获冰毒60余克，海洛英2克，麻古50颗；县公安局破获省督系列建筑工地柴油被盗案，抓获犯罪嫌疑人唐某（南充高坪人）等4人，当场收缴涉案油桶57个，柴油约2吨，涉案车辆2辆。5月，县公安局破获一起保险诈骗案，抓获犯罪嫌疑人杨某某（恐龙乡人），涉案金额31万元；县公安局破获一起提供虚假证明文件案，抓获犯罪嫌疑人侯某某（广安区人），涉案金额1950万元。6月，县公安局破获一起故意杀人案，抓获犯罪嫌疑人邓某某（资阳市乐至县人）；县公安局破获系列流串全省的砸车窗玻璃盗窃车内财物案件，抓获犯罪嫌疑人刘某某（湖北省丹江口市人）、梁某某（武胜县人），查获作案轿车1辆，破获案件10余起，挽回经济损失10余万元。7月，县公安局破获系列摩托车被盗案，抓获犯罪嫌疑人唐某某（遂宁人）、杨某（遂宁人），涉案价值10万元。8月，县公安局破获一起盗窃案，抓获犯罪嫌疑人莫某某（九龙镇人），涉案金额5.4万元。9月，县公安局破获裕一起故意伤害案，抓获犯罪嫌疑人唐某（裕民镇人）；县公安局打掉一跨省贩毒团伙，抓获犯罪嫌疑人苟某某（南充市人）等11人，现场缴获海洛因2.3千克，冰毒500余克，毒资58万元。10月，县公安局捣毁一诈骗团伙，抓获犯罪嫌疑人杨某某（南充市高坪区人）等3人，挡获作案车辆1辆，涉案价值5万元；县公安局破获一起涉枪抢劫案，抓获犯罪嫌疑人唐某某（镇龙乡人），现场缴获麻古3颗，高压气枪1把，制式子弹5发。11月，县公安局破获系列盗窃电瓶车案，抓获犯罪嫌疑人张某某（石垭镇人），破案30起，涉案价值10万元。12月，县公安局仅用5小时破获"12·9"恶性故意杀人案，抓获犯罪嫌疑人李某（山东省昌邑人）；县公安局破获系列盗销货车柴油案，抓获犯罪嫌疑人王某某（达州渠县人）等3人，当场扣押作案车辆别克商务车1辆，假车牌10副，破案20余起，涉案价值10万余元。

2012—2016年岳池县机动车及驾驶人统计表

表2

年份	2012年	2013年	2014年	2015年	2016年
机动车	48810辆	50673辆	54782辆	57589辆	59129辆
驾驶人	85152人	90376人	99774人	101002人	109035人

（县公安局：马燕）

检察工作

【刑事检察】 受理审查批捕案件260件353人，批准逮捕161件217人；受理移送审查起诉案件442件655人，提起公诉406件611人，法院均作出有罪判决；提出量刑建议406件，法院采纳366件，采纳率90.1%。严厉打击故意杀人、故意伤害、强奸等严重暴力犯罪，全年批准逮捕19件22人，起诉31件39人；重点打击"两抢一盗"、诈骗等侵财犯罪，批准逮捕61件81人，起诉119件174人；突出打击涉黄涉赌涉毒犯罪，批准逮捕38件58人，起诉82件133人，切实维护人民群众生命财产安全和社会稳定。

贯彻宽严相济刑事政策，完善轻微刑事案件快速办理机制、特殊人群保护机制及刑事和解案件从宽处理机制，对涉嫌犯罪但主观恶性不大、社会危险性较小的，不批准逮捕52件65人；对犯罪情节轻微、依法不需要判处刑罚的，决定不起诉22件28人。推进第三方参与化解涉法涉诉信访矛盾工作机制，全年依法妥善化解各类社会矛盾20余件，其中律师参与化解涉法涉诉信访案件4件。11月，在岳池召开的"川渝老年人刑事犯罪检察工作研讨会"上，县检察院作主题发言，受到与会人员一致好评，经验做法被誉为"岳池模式"，被国家老龄委转发。深化"两法衔接"工作机制，与县政府法制办一起调研，认真总结，相继制定出台"三大制度、五项工作机制"，助推全县"两法衔接"工作更加规范化。

【查办和预防职务犯罪】 严肃查办职务犯罪。坚持有案必办、有腐必惩，全年立案侦办贪污贿赂、渎职案件16件22人（科级以上干部10人）。其中：查处环保系统、畜牧系统等贪污贿赂案件13件18人，查处国家工作人员渎职犯罪案件3件4人。侦查终结15件20人，提起公诉13件18人，法院已做出有罪判决10件15人，为国家、集体挽回经济损失1300万元。2016年，广安市检察机关查处和预防职务犯罪工作现场会在县检察院召开。

注重职务犯罪预防。对重点工程建设、脱贫攻坚等党委、政府重视的关系经济发展和民生的课题开展专项预防调查，撰写的专项调研报告被县委、县政府主要领导批转2件。结合办案分析发案单位管理上存在的漏洞，撰写的专题预防报告被县委、县政府主要领导批转2件。撰写的某单位贪腐窝案分析报告《一份检察建议推动三项机制出台》被最高人民检察院转发。加强预防宣传教育，全年开展职务犯罪预防讲座5期，到案发单位召开专题会议5次，做到发现一案，预防一片。开展行受贿档案查询122件（次）。通过“举报宣传周”“12309”举报电话，受理移送各类职务犯罪线索30余件。

【诉讼法律监督】 加强侦查活动监督。办理立案监督案件10件10人，其中：监督应当立案而未立案7件7人，监督不应当立案而立案3件3人；纠正漏捕3人，追诉漏罪漏犯26人，发出纠正违法通知书17份、检察建议8份，切实让人民群众在每一个司法案件中都感受到公平正义。深化“两法衔接”机制建设，加强共享平台的管理与应用，受理案件线索8件，监督行政执法机关移送案件7件，立案查处7件。

民事行政检察。对审判活动违法行为发出纠正违法通知书9份。强化对刑事判决、裁定的审查，对经法院判决确有错误的案件提出（提请）抗诉6件。其中：市人民检察院采纳提抗4件，市中级人民法院改判1件，发回重审1件。加强民事、行政诉讼监督，受理民事、行政申诉案件线索15件，办理支持起诉案件4件，办理民事执行监督案件2件，办理对县食药监局、县交通运输局等行政机关的行政违法行为监督案件12件。

控告申诉检察。县检察院受理人民群众来信来访83件98人（次），其中来信35件、来访48件，根据“归口办理、分级负责”的原则，转本院业务部门处理33件，转有管辖权的单位处理50件。开展司法救助4件4人（次），救助金额3.1万元。

【自身检察】 县检察院牢固树立自觉接受领导和监督的意识，主动向县委、县人大及其常委会报告重大工作事项17次，各类工作报告被县委、县人大、县政府、县政协领导批转26件；积极参与县人大常委会组织的专题调研，2015年查办和预防职务犯罪工作提请县人大常委会评议，并根据评议意见认真研究、落实整改措施。不断深化与代表委员经常性直接联系机制，向省、市、县人大代表寄送《岳池检察》工作专刊6期，运用信息技术和各类新媒体资源，建立代表委员微信群，增强与代表委员联络工作的针对性、实效性和便捷性。坚持开展“检察开放日”活动，邀请党代表、人大代表、政协委员、社区群众等各界人士100余人零距离感受“阳光检察”。

深入开展“两学一做”学习教育。注重学习，提高班子的综合素质能力，党组中心组全年集中学习12次，深化班子对党的重大路线、理论的理解，提升政治素养。注重团结协作，增强班子凝聚力和决策能力，定期召开民主生活会，认真开展批评与自我批评，做到自我完善，自我提高。注重“两个责任”落实，切实抓好党风廉政建设，坚持廉政在办案前必谈、办案中必谈、案后必谈、调换岗位必谈、晋级前必谈、晋级后必谈，做到时刻提醒，防微杜渐，全年班子成员与干警开展谈心谈话100余次，有效发挥党组织的战斗堡垒作用。

【法纪检察】 严格执行中央“八项规定”，落实“两个责任”，切实把纪律规矩挺在前面。健全规章制度，完善管理体系，持之以恒改进干警工作作风；夯实思想、制度、责任三条防线，严防“四风”反弹。始终坚持经常性教育和经常性管理工作，以“零容忍”的态度狠抓检风检纪建设，确保班子、队伍零违纪违法。有效发挥党员先锋模范作用，形成以党建带队建，以党建促业务，以党建促发展的良好局面。

【监所检察】 全年开展看守所安全检查6次，向看守所发出纠正违法通知书3份、检察建议5份，督促看守所及时进行整改，确保监管场所的安全。办理羁押必要性审查案件13件16人，改变强制措施13件16人，依法保护在押犯罪嫌疑人、被告人的合法权益。加强对社区矫正的执行监督，向社区矫正机关发出检察建议18份，均得到书面回复，确保监外执行活动依法进行。

【阵地建设】 县检察院2016年立项，建设控申、案管专门的办案大厅。完善盲人通道、远程视频接访，夯实基础建设。着力信息建设，在控申、案管办案大厅设立检务公开电子屏，拟为新修接待、案管大厅提供网络、技术支持，采购安装案管卷宗管理系统，物证书证管理平台。落实涉法涉诉信访工作规定，开通“检务绿色通道”，做到尽量不让群众就同一个问题跑第二趟，不让群众为一个问题上访至第二个部门，切实化解涉检信访矛盾纠纷；加强对刑事被害人救助工作，增加社会和谐因素。

（县检察院：李延）

法院工作

【概况】 县法院受理各类案件5006件，审、执结4831件，审、执结率96.5%。审判质效评估整体值位居全市法院第一名，被广安市委、市政府评为2012—2016年度全市政法系统先进集体。

【刑事审判】 全年受理各类刑事案件413件，审结404件，结案率97.82%。判处刑事罪犯592人，依法打击严重危害社会治安的刑事犯罪，审结“两抢一盗”、聚众斗殴、贩卖毒品等犯罪案件157件；保持司法反腐高压态势，依法审理贪污贿赂案件12件；坚持宽严相济刑事司法政策，对有从宽情节的258人宣告缓刑，对11人免予刑事处罚；推进轻刑快审和社区矫正，审理未成年人犯罪45件79人，并依法对其犯罪记录进行封存。

【民商事审判】 全年受理民事案件3446件，审结3362件，结案率97.6%，解决争议标的17亿元。坚持调判结合，调解、撤诉1919件，调撤率60.1%。全力维护市场经济秩序，审结金融借贷、民间借贷案件1463件，涉案金额12亿元；依法保障城乡建设，审结城镇化建设中的建设工程施工、商品房买卖、物业管理等案件199件；依法维护妇女、儿童、老人的合法权益，审结婚姻家庭纠纷等案件863件。

【行政审判】 全年审查非诉执行案件21件，结案21件。坚持实质性化解行政争议，加大对征地拆迁、重点项目建设等行政纠纷的综合调处，圆满执结尤某某、吴某某等强制搬迁案；积极与行政机关沟通交流，组织行政机关干部观摩庭审4次，举办专题讲座3场，培训行政执法人员200余人（次），就土地征收、房屋拆迁、执行处罚等行政行为提出司法建议5条，从源头上减少行政争议。

【案件执行】 全年受理执行案件1128件，执结1044件，到位金额2亿元。围绕“一年基本解决执行难”目标，完善执行工作机制，探索推进分段集约执行及执行警务化；完善执行联动威慑机制，开展“涉金融案件专项执行”“司法大拜年”等活动，严厉打击规避、抗拒执行行为，将304名被执行人纳入“失信人黑名单”，对23名被执行人实施司法拘留；完善查控系统，收集来自银行、车管等部门执行信息1300余条，冻结银行存款434万元，促使241名被执行人主动履行义务。执行案件结案率、执行标的到位率等主要指标均名列全市法院前列。6月1日，四川省高级人民法院党组书记、院长王海萍在市委书记侯晓春、县委书记郑鹏程陪同下，到岳池县人民法院调研“基本解决执行难”工作。

【司法为民】 切实维护民生，让司法更多惠及群众。狠抓涉民生案件审理，开辟绿色通道，高效处理农民工追索劳动报酬纠纷、人身损害赔偿、“三养”等案件590件；积极服务“三农”，妥善处理涉农案件689件；强化司法救助，为65名困难当事人依法缓减免交诉讼费46万元，对23名生活困难的刑事案件被害人、执行案件申请人发放司法救助金28万元。

规范诉讼服务，让司法更好服务群众。升级诉讼服务平台，以信息化手段为当事人提供便捷、高效的司法服务；完善诉讼大厅功能，立案、信访、材料转递等实现“一站式”办理；强化诉讼指导，开展现场释法答疑，判后答疑1300余件(次)；强化“三型”法庭建设，完善“多点联网、全域覆盖、就近服务”的诉讼服务网络体系，夯实基层基础，全年巡回办案377件。

多元化解纠纷，让司法更加贴近群众。完善诉非衔接的矛盾纠纷解决机制，实现与大调解中心、人民调解组织、专业化调解机构的诉调无缝对接；加大申诉复查工作力度，将涉诉信访依法导入司法程序，立卷审查申诉、申请再审案件7件，裁定进入再审案件1件；依法化解涉诉信访，处理群众来信来访195件(次)，办结上级交办信访案件24件，化解信访积案1件。

【改革创新】　加强审判管理。以信息化为平台，强化规范化、精细化管理，专项分析通报发改案件，对审结案件全面评查，梳理案件审理中存在的突出问题，有针对性地开展整改，提高办案质量，一审服判息诉率95.4%，平均审理周期缩短近11天，审判质效名列全市基层法院第一。

深化司法公开。充分利用“三大司法公开”平台，依法在“中国裁判文书网”公开生效裁判文书2462份，被省高院评为裁判文书上网工作先进法院；强化庭审公开，微博直播庭审12件，通过“两微一站”发布重要工作动态和重点案件信息362期，召开新闻发布会3次，与市电视台联合制作《法庭视线》节目11期；开展“法院开放日”活动3次，“法律七进”活动28次；扩大人民陪审员参审范围，案件陪审率达到96.1%；推行网络司法拍卖，提高参与度和透明度。

推进司法改革。经过严格的考试考核和公示，并报省法官遴选委员会审议决定，县法院首批员额法官41人，入职宣誓后正式上岗履职；迅速组建1个刑事审判团队、11个民事审判团队(含派出法庭5个审判团队)、1个执行团队，并向社会公开招聘司法辅助人员25人，审判力量向办案一线倾斜；制定出台司法责任制职责清单、专业法官会议规则等制度规范，推进司法责任制落实，努力实现“让审理者裁判、由裁判者负责”目标。

(县法院：梅丽)

司法行政工作

【法治宣传】　县司法局坚持工作早安排、早部署，理清工作思路，明确工作方向。制定《岳池县2016年普法依法治理工作要点》，印发《岳池县“法律七进”推进意见》《岳池县2016年“诚信普法进万家”活动方案》。围绕中心工作，狠抓主题法制宣传活动。围绕县委、县政府中心工作，着力开展“法治宣传教育十二大主题活动”，突出宣传社会治安防范、安全生产、信访、道路消防安全、禁毒防艾反邪、妇女儿童权益保护、食品卫生等常用法律法规。结合法治惠民工作，组织多层次多角度精准扶贫政策宣传，在贫困村建立法治图书角、法律援助联系点，开展矛盾纠纷排查调处、培养农村“法律明白人”、开展常用法律法规宣传，增强贫困群众脱贫意识和法治观念。全县在贫困村举办法治讲座97场，建立100个贫困村法律援助联系点，完善120个法律图书角，开展240次法治惠民宣传。纵深推进“法律七进”。各机关(单位)开展会前学法280场(次)，专题学法280场(次)。法治宣传第二课堂活动开展101次、全县参与学生12万人；落实法治副校长

101人,法治辅导员人数102人,开展法治宣传180场(次),参与师生13万人。在寺观堂中设立法治宣传栏3处,在教职人员中培养法律明白人17人,开展培训2次,编印普法读物1期,发放法治挂图1500份。在乡村社区编印发放普法手册10万册、普法用品种类12件,培养“法律明白人”1360人,开展各类法治宣传活动1万场(次),参与人数20余万人。律师担任企业、单位法律顾问42家,开展法律巡讲97场(次),参与职工4万人(次)。完善“两微一端”新媒体普法宣传平台,县城管局、县公安局、县司法局、县林业局、秦溪镇、镇龙乡、花园镇7个单位开通普法微博;县政府办公室、县委宣传部、县司法局等单位开通微信;全县手机报发布法治、经济信息29期,其中涉法信息120条。法治文化建设氛围浓厚,建成白庙镇瞿家店四好村示范带,梨子园村、张口楼村、南山村、园田社区、顾兴社区分别建成法治公园(广场),在岳池县青少年活动中心打造岳池县青少年法治教育基地,电视广播等开辟《凤山学堂》《法治聚焦》栏目34期;全县设置普法专栏970处,法治宣传栏(电子显示屏)10处,村社区学校级法律图书室(角)数960个。推进法治文艺巡演,组建以县文化馆、县曲协、县音协专业演员为骨干的法治文艺宣传队,县司法局与县曲协创编法治文艺作品6个,县治县办与司法局制作法治微电影2部,开展法治文艺演出7场(次),放映法治电影1600余场(次),播出法治节目190期(次),推送法治公益广告148期(次)。

【矛盾纠纷调解和化解】 推行“三三制”调处法,推进随手调制度,把纠纷化解在基层,实现“小纠纷不出村(社区)、大纠纷不出乡镇、疑难纠纷不出县”的目标。全县各级调解组织开展矛盾纠纷大排查大调处工作,受理各类纠纷案件6608件,调处成功6503件。县医纠纷调解委员会、县婚姻家庭人民调解委员会、消费者权益人民调解委员、道路交通事故人民调解委员会等专业性调委会规范化运行,作用发挥明显。全年县医疗纠纷人民调解委员会就成功调解医疗纠纷7起,涉及死亡纠纷7起,调解成功率100%,调解涉及赔偿金额59.5万元,调解协议履行率100%。

【司法所规范化建设】 根据《四川省司法厅关于开展司法所规范化建设试点通知》,全县19个司法所全部按照规范化建设标准,进行软硬件建设。在10个中心镇司法所派驻司法助理员,各配备2名以上工作人员。投入财政资金150万元,对九龙司法所等19个所进行规范化建设维修升级改造,19个司法所硬件做到有独立的办公用房,徽标徽示、格式颜色统一,配置电脑、电话、办公桌、档案柜等办公设备。

【社区矫正和安置帮教】 全年新接收社区服刑人员385人,解除社区矫正301人,在册社区服刑人员550人,社区矫正过程中没有出现脱管、漏管现象,重新犯罪率低于1%。通过定期开展业务培训,全方位提高全体工作人员对《社区矫正实施办法》的认识,促进社区矫正执法水平。根据服刑人员所犯罪刑和现实表现,将其分为严管、普管、宽管3个级别,实行分类管理,突出对严管对象的管控工作。规范矫正执行,对不服从管理和违反有关规定和纪律的服刑人员严肃处理,依法对违反监管规定的34名社区服刑人员给予警告处罚,提请收监13人。2016年年末,县法院作出收监裁定9人。对社区服刑人员的日常管理,制定针对性工作预案,制定《岳池县社区服刑人员脱管追查办法》,建立突发事件处置机制。通过刑释人员安置帮教工作信息管理系统及时做好对服刑在教人员基本信息的录入、核实、反馈,以及刑释的衔接工作,建立健全辖区刑释人员的信息库。

【法律援助】 全县办理法律咨询、代书4068人(次),法律援助案件750件,投入法律援助工作经费33万元,受援5568件(次),完成全年目标任务的174%,得到上级领导和社会群众的一致好评。

利用“五一”、国庆、春节等节假日和“3·15”“6·26”“12·4”等时段发放法律援助宣传资料5.52万份，张贴宣传小型标语300余条（幅），悬挂大型过街横幅标语210条，现场解答法律咨询5500余人（次），受教育群众20万人（次）。开展“年末岁初农民工专项维权活动”，专项活动期间组织法律宣传活动90场（次），为农民工发放免费维权资料2万余份，接受咨询2600余人（次），受理农民工维权案件219件，受援农民工3000余人（次），为农民工挽回欠薪150余万元。驻云南省法律援助工作站承办四川藉人员民事法律援助案件及接待咨询65件（次），其中民事法律援助案件2件。

【法律服务】 县公证处为九龙镇拆迁等重大事项提供公证服务3次，通过公证服务绿色通道，为老弱病残等办理预约上门公证服务21件。组织律师、公证员主动走访外来企业、商会，进行座谈、送法进园区等活动20余场（次）；每周组织律师参与“县委书记大接访”“县长信访接待日”工作，参与社会矛盾和纠纷化解，参与处理涉法涉诉信访案件及重大矛盾纠纷处理7件（次）。

【政治思想建设】 组织召开“两学一做”学习教育工作座谈会，党组中心组学习研讨会，建成四川丘山律师事务所党支部“两学一做”学习教育工作示范点，创建35个共产党员示范岗和丘山律师事务所共产党员示范单位。投入培训费10万元，为单位干部职工征订《习近平系列重要讲话读本（2016版）》《全面小康热点面对面》《习近平谈治国理政》《广安日报》等理论知识读本，支持鼓励干部职工参加在职培训和司法考试。结合“两学一做”上廉政党课，收看反腐教育警示片《镜鉴》《贪欲打开堕落之门》，开展作风巡查，学习典型案例通报，对中层干部、新进公务员开展廉政谈话，形成一支风清气正干部队伍。

（县司法局）

经　济

农村工作与农村经济

农村工作

【概况】　全县实现农业增加值41亿元，同比增长2.7%；全年农村居民人均可支配收入12579元，同比增长9.7%；实现粮食总产量53.3万吨、油料总产量3.1万吨，同比分别增长0.9%、2%，连续实现十年增产，岳池县第七次荣获省政府粮食生产丰收杯奖。实现农业总产值69.2亿元，同比增长3.5%；其中农业、畜牧业分别实现产值33.92亿元、28.39亿元。

【产业发展】　产业基地稳步拓展，现代农业园区改造升级优质蔬菜基地6500亩、粮经复合基地1.15万亩、特色水果基地0.58万亩，建成乡村旅游基地1.5万亩；现代林业园区新建干果基地1.5万亩；全县建成种养结合养殖模式的养殖场（小区）182个，其中部省级示范养殖场14个；建成50亩以上的规模水产养殖基地58个，新推广无公害渔业养殖2.5万亩。全县现代农业产业基地66万亩。抓好全国农产品质量安全示范县创建，全面推行“三品一标”安全标准化生产，建成农业标准园15个13万亩，推广示范绿色防控面积43.36万亩，认定无公害农产品产业基地99.08万亩，申报无公害农产品1个、绿色食品1个；注册农产品商标39个，提高产品市场竞争力。

【三产业融合】　推进农工融合，推动农产品产地初加工、精深加工发展，加快华扬农副产品藤椒油和川明参深加工项目建设；建成年加工能力20万吨大米加工厂8个、年加工蔬菜2万吨泡菜厂4个、年加工油菜籽3万吨植物油厂1个、冷库烘干房35座，建冷链物流队伍20余支，建成占地30亩的田间批发市场1个。借力“互联网+”，与阿里巴巴农村淘宝、京东、易田、1是1等网店合作开设农村电商网店145家，引进43个新型农业经营主体入驻电商产业园，实现网上销售2.15亿元。发展快递物流企业47家，并向农村拓展业务，实现第三方物流营业额6亿元，同比增长10.5%。

【新村建设】　坚持幸福美丽新村与脱贫攻坚有机结合，争取省级财政幸福美丽新村和美丽乡村建设资金3602万元，县级配套资金506万元，开展“扶贫解困、产业提升、旧村改造、环境整治、文化传承”五大行动，助力53个村（其中贫困村52个）综合条件改善，建成幸福美丽新村128个、农村廉租房1295套。重点打造顾县马家新村、白庙瞿家店新村、大佛三官店新村等新村示范点，建成牛王庙新村洁净水工程，成为贫困群众的新家园。发挥幸福美丽新村建设载体作用，开展以“住上好房子、过上好日子、养成好习惯、形成好风气”为主要内容的“四好村”创建活动，全县207个行政村创建成为县级“四好村”，122个行政村创建为市级“四好村”，花园镇杨家坡村创建为省级“四好村”。

（县委农工委）

现代农业园区

【概况】 岳池县现代农业园区管理委员会成立于2015年5月，园区规划面积100平方千米。涉及九龙、石垭、乔家、朝阳、大石5个乡镇51个行政村，其中核心区22个村。耕地总面积4.9万亩，总人口6.8万人，农业人口4.7万人。2016年4月，根据广安市委、市政府安排，岳池县现代农业园区核心区王家沟村、梨子园村、马纳沟村、玉屏山村、徐家坝村、烂洞坝村等13个行政村整体划转至枣山物流园区红庙办事处管理。现代农业园区现有规划面积74.5平方千米，涉及九龙镇、石垭镇、乔家镇、朝阳乡、大石乡5个乡镇，包括南山村、廖坝村、天王庙村、牛王庙村等38个行政村，其中核心区9个；耕地总面积3.65万亩，总人口5.2万人，农业人口3.5万人。已入驻业主150余户，规模流转土地2.5万亩，成立农民专业合作社56个，家庭农场15家，辐射带动农户1.6万户。新建创新创业示范园1个、大学生创业示范基地2个。

2016年，现代农业园区完成固定资产投资4.28亿元、总产值3.92亿元，完成税收收入16.75万元，培育限额以上商贸（农业）企业1户，新引进项目2个，新建乡村旅游示范基地1400亩，完成高标准农田建设1500亩，改造提升蔬菜基地6500亩，建成特色水果（葡萄、猕猴桃、蜜柚、血橙、火龙果）基地5800亩。在乔家镇、朝阳乡、石垭镇、九龙镇、大石乡建成粮经复合基地1.15万亩，完成实物投资1020万元；向上争取资金400万元，募捐94.5万元，完成建设“111”环线九龙镇九道拐村、朝阳乡牛王庙村2个市县级脱贫攻坚示范基地2000亩。

【招商引资】 加快对接新能源开发利用项目。经农业园区协调，2016年5月，促成县政府与广安代新光伏科技股份有限公司签订农业光伏大棚项目投资意向协议，流转土地1000亩，办理申报发电入网许可等手续；与协鑫新能源控股有限公司洽谈，引入屋顶分布式新能源光伏发电项目，在凯瑞集团屋顶搭建光伏板（面积25万平方米，计划装机发电25兆瓦），因拟建地点变动，经县政府协调，移交县经开区办理。

引入高精尖农业科技成果。经与眉山科研所洽谈，9月，拟将提升农作物两倍产量的多胚孪生创新科技产业六大作物（水稻、玉米、小麦、大豆、花生、油菜）之一的超级水稻引入岳池县，打造四川乃至全国水稻制种基地样板。10月，四川科农种业有限公司董事长刘志彬一行到石垭镇、朝阳乡、大石乡等地考察，计划2017年在石垭镇中学村试种多胚孪生超级水稻500亩。

促进森林食品产业项目落地。经与项目业主洽谈，7月，由岳池县乡土农业专业合作社刘兵（甲天下农庄业主）引入环保生态有机养生粗纤维食品长寿菜——蔬菜桑新品种，在石垭镇石坳村首批种植50亩，9月，群众采摘食用反映良好，成都蔬菜批发商交纳定金10万元签订购销合同。11月，在石垭镇中学村和烂洞坝村扩大种植600余亩。经试验制作桑叶馒头、烤制桑叶茶等产品成功，并引导产业向深加工方向发展。

与广安市万卉农林科技有限公司对接，就岳池银杏提取物（GBE）产业进行实地考察论证，科学合理规划布局，完成项目前期准备工作。与岳池县景山果业专业合作社对接，就岳池县发展油牡丹产业（开发产品主要有牡丹籽油、茶、牡丹精油、牡丹酒、牡丹食品等）初步达成意向协议，全面开展多方位合作。园区与项目方正在洽谈投资建设相关事宜。

加大对外宣传和筑巢引凤力度。提请县政府组织涉农部门召开现场会，全力协助广安广达农业有限公司（银城花海项目）等业主，完善银城花海项目区内沟池路渠、水电气以及喷灌等基础设施，实现筑巢引凤。提升园区对外影响力，协助筹备银城花海项目，顺利开园并成功举办银城花海·国际梦幻灯光节；协助岳特酒业集团成功筹办首个封窖大典活动，2016 年该项目实现窖酒市值达 6000 万元。

【农业产业】 全年新引进培育新型农业经营主体 12 户，其中龙头企业 1 户、专业合作社 9 户、家庭农场 2 户。实施农业供给侧结构性改革，引进蔬菜新品种 39 个、水稻新品种 5 个、水果新品种 16 个。推广蔬菜轮（间、套）种新模式、水稻强化栽培新技术。改造升级优质蔬菜基地 6500 亩、粮经复合基地 1.15 万亩、特色水果基地 0.58 万亩。新拓展猕猴桃基地 500 亩、蜜柚基地 600 亩、特色水产基地 500 亩、种养循环基地 3000 亩，流转土地 1000 亩。累计发展乡村旅游基地 1.5 万亩，园区基地规模达 2.9 万亩。

【基础设施】 按照市委、市政府以及县委、县政府打造“111”产业大道脱贫攻坚示范带工作要求，4 月至 7 月，农业园区牵头，协调相关部门、乡镇，在九龙镇九道拐村至朝阳乡牛王庙村“111”产业大道环线打造 2000 亩脱贫攻坚示范带岳池现场点。新建通村社公路 20 千米、微动力污水处理站 1 个、农家书屋 2 个、休闲广场 2 个、电商服务站 2 个、微博馆 1 个；民房风貌整治 75 户、改厨改厕 4 户；发展庭院经济建微田园 70 亩，种植蔬菜和黄豆 300 亩。

在朝阳乡牛王庙村建鸡舍 3 个，打造农家旅社和土菜馆各 1 个。在九龙镇九道拐村拆彩钢棚还屋、“五保”房屋改造、茅草屋改建砖瓦房各 1 户，打沉水井 3 口，新修便民路 450 米，完善妇女儿童之家和乡村大舞台。

重点实施九道拐村、牛王庙村脱贫攻坚示范带基础设施；协调相关部门，在核心区大石段投入项目资金 3800 万元，加快完善在建的银城花海、丘山窖藏、何田田生态农场、丰泽垂钓园等项目的沟渠路、水电气等基础设施；在石垭镇“111”连接线石坳村、雷家堡村等建设高标准农田 700 亩，整治山平塘 8 座、石河堰 1 处，改造泵站 1 处，新建蓄水池 15 口、生产便道 25 千米。

【重点项目】 以 2016 年项目年建设为契机，紧紧依托广岳大道沿线区位和资源优势，做好岳池现代都市休闲农业产业基地重点项目的规划与实施，全力推进银城花海、丘山窖藏、何田田生态农场、丰泽垂钓园等一批重点项目建设。银城花海、丘山窖藏、农业展示厅（4 月建成展示厅，5 月划转至枣山园区）、园区基础配套等 6 个市县重点项目全面启动并相继建成。丘山窖藏项目一期工程按时竣工，正在抓紧规划实施二期工程前期工作。2016 年，完成园区核心区重点项目投资 6.24 亿元。

【双创示范园】 县农业园区贯彻落实国务院办公厅印发的《关于建设大众创业万众创新示范基地的实施意见》精神，按照“政府引导、市场主导、问题导向、创新模式”的原则，因地制宜，科学合理规划与布局，着力打造大学生创业孵化基地，系统部署“双创”示范园建设工作。重点引导高校毕业生、返乡农民工和回乡企业家入驻投资兴业，快速推进“大众创业、万众创新”蓬勃发展。2 月，岳池县现代农业园区被授予“四川省高校毕业生创业园区（孵化基地）”；11 月，岳池县现代农业园区被广安市人力资源和社会保障局授予“市级返乡农民工创业园区”。

【乡村旅游文化节】 县农业园区为加大园区对外宣传力度，促进更多农业产业项目入驻建设，吸引四方游客前来休闲、观光、体验、娱乐，贯彻落实县委领导关于创造条件办节的要求，全力协助广安广达农业有限公司银城花海项目于9月28日顺利开园,10月成功举办“银城花海·国际梦幻灯光节”。12月,协助四川省岳池特曲酒业有限公司、四川丘山窖藏酒业有限责任公司成功举办“封窖大典”活动,吸引了各地客商前来洽谈投资和众多游客观光体验现代休闲农业。通过项目方举办文化节,在为企业做好宣传、扩大影响力与竞争力,提升岳池现代农业品质。

(现代农业园区管委会)

农村经济

【内设机构变化】 4月8日,经岳池县机构编制委员会第一次会议研究,同意撤销岳池县农业局下属事业单位岳池县示范繁殖农场、岳池县农业科学研究所、岳池县蚕种场。

8月5日,经县政府批准,将县水务局所属事业单位岳池县水产站划归县农业局管理。将县畜牧食品局、县农机局及其下属事业单位划归县农业局管理。岳池县动物卫生监督所(岳池县动物卫生监督执法大队)增挂岳池县农业综合执法大队牌子,为县农业局下属执法机构。

【主要农作物】 县粮食作物播种面积135.1万亩,同比增加0.36万亩;粮食单产量394千克,同比增加4千克,增长1%;粮食总产量53.18万吨,同比增加0.63万吨,增长1.2%。小春粮食作物播栽面积37.52万亩,单产量222千克,总产量8.34万吨。大春粮食作物种植面积97.58万亩,同比增加0.49万亩;亩产量459千克,同比增加4千克、增长0.8%;总产量44.84万吨,同比增加0.63万吨,增长1.4%。粮食农业人均占有量445.3千克,商品粮食27.2万吨,商品率51.76%。种植油料作物24.54万亩,总产量3.08万吨,同比增长2%。建成水稻核心示范片2.5万亩,玉米核心示范片0.2万亩,粮食绿色高产高效模式攻关试点0.2万亩。

种植蔬菜面积32.3万亩,总产量75.03万吨、产值11亿元。引进蔬菜新品种20个、新技术10个,建试验区30亩。结合“千斤粮万元钱循环经济工程和产业扶贫”,创建高产高效新模式,重点在九龙、乔家、朝阳、石垭、坪滩等乡镇建立“菜—菜—菜、玉—豆—菜、猪—沼—菜、果—菜”等套作模式,示范面积1万余亩,实现亩产值6000元。

在石垭、大佛、乔家、朝阳、白庙、镇龙、顾县等乡镇新建标准化柑橘园6000亩,提质扩面葡萄基地1500亩,发展其他水果3000亩。扩建花园、九龙、白庙等3处100余亩的高标准果树苗木生产基地,繁育中国脐橙4号、纽荷尔脐橙、红心琯溪蜜柚、沃柑、大娅杂柑、塔罗科血橙等果树苗木200余万株,为全县果树发展提供苗木保障。12月3日,中国柑橘学会2016年学术年会暨广安市第一届农博会在广安召开,中国柑橘学会领导及全国参会代表850余人参观岳池“111”环线沿途的柑橘种植基地。

全年养蚕2.73万张,其中春季发种1.02万张、夏季发种0.71万张、秋季发种1万张,生产蚕茧91.6万千克,蚕农茧款收入2760万元。新栽蚕桑4200亩,嫁接改造劣桑52万株,嫁接牙片104万片。

【项目工程】 依托2015年现代农业生产发展水稻项目、岳池县2015年巩固退耕还林成果基本口粮田建设项目、全国新增1000亿斤粮食生产能力岳池县2015年田间工程建设项目、岳池县2015年农业综合开发增量资金土地治理项目等工程的实施,在石垭、大石等乡镇建成高标准农田2.64万亩,其中调整田土型1.1万亩,新建排灌沟渠79.2千米,整治蓄水设施36处,新建生产道路33.8千米。3月17日,全市2016年春耕生产暨高标准农田建设现场会在岳池召开,广安市委常委、政法委书记肖雷、广安市人大常委会副主任蔡学勤、广安市人民政府副市长刘和斌、广安市政协副主席周派国以及市级相关部门主要领导、各区市县党委和政府分管领导、各区市县相关部门主要负责人等60余人参观九龙镇九道拐村水稻育苗现场。

推广测土配方施肥技术130万亩(次),推广配方肥30万亩,印发技术资料1万份,完成水稻肥效试验1个,油菜“3414”试验2个;完成秸秆还田5万亩,绿肥种植0.5万亩;在朝阳乡、石垭镇建土壤墒情监测点2个;在全县取土样100个,植株样各260个;指导完成顾县镇马家村、小门路村、真武桥村和白庙镇瞿家店村等贫困村产业扶贫基础设施建设工作。

【植物保护与植物检疫】 全年主要农作物病虫草鼠害发生面积260.72万亩(次),防治264.80万亩(次),占发生面积的101.21%;挽回粮油果蔬等损失14.2万吨,病虫害损失率2.5%以下。农作物专业化统防统治面积32.79万亩,专业化统防统治覆盖率36.79%,绿色防控面积43.36万亩(次),覆盖率28.3%,加强农药监督管理,宣传培训推广低毒、低残留生物农药,全县农药使用实现负增长。建立10个病虫害测报点,发布病虫预报20期,预报准确率96%。在现代农业园区、千万工程区建立绿色防控园区4个,面积16万亩;在现代农业园区、千万工程区,建立农作物病虫害专业化统防统治与绿色防控融合模式8.5万亩。推广绿色防控集成技术,在水稻、玉米、蔬菜、柑桔等作物集成推广性诱、色诱、食诱、灯诱等害虫理化诱杀技术、稻鸭共育、杂糯间栽生物多样性等生态调控技术、带药移栽、植物免疫诱抗剂技术、以螨治螨、生物导弹天敌释放技术和以菌治菌、以虫治虫、以菌治虫等生物防治技术10个。12月21日至22日,全省植保技术培训暨工作总结会在岳池县召开,来自全省各市(州)、县植保站长及行业专家134人参会。省农业厅党组成员、总经济师肖小余出席会议并作重要讲话。

2016年,岳池县被省上确定为政府购买植保病虫防治公共服务试点县之一,在白庙、朝阳、顾县、裕民等11个乡镇67个村,展示推广无人植保机进行统防,在适期内完成水稻穗期病虫统防3.4万亩,壮大发展植保服务组织。培育富民、康鑫、裕民、古迹山、鸿洲、金地等植保专业服务组织35个,新发展飞盛、益农、石芯等植保服务公司4个。新配备有大中型施药机械50台,无人植保机10架,培养植保机手60人,发展专业服务队伍20个。

【种子经营与管理】 加强种子市场管理,出动执法检查车120余台(次)、执法人员600余人(次),发放科技宣传资料10万余份,没收假冒伪劣及未经审定的水稻、玉米品种200余千克,办理种子包装标识不规范案件9起,处罚款9000元;搞好种子质量检测,委托检验“两杂”种子样品234个,其中水稻106个、玉米128个,监督抽检“两杂”品种16个,其中杂交水稻品种8个、杂交玉米品种8个,送农业部进行真实性鉴定2个;强化种子生产管理,对四川绿丹至诚种业有限公司在苟角镇、赛龙镇的200余亩杂交水稻种子生产进行全面的监管,全面审核种子生产许可证资质条件,及时上报省农业厅核发。

强化种子市场监管,狠抓种子质量监管,加强种子生产管理。开展种子质量田间追踪调查,处理质量纠纷24起,挽回经济损失10万余元。开展种子售前审查备案登记水稻品种106个、玉米品种128个,对全县240个经营企业(户)建立备案登记档案。对种子的进销流向进行全程跟踪监管,防止假劣种子坑农害农。12月13日,岳池县农业局办理的“经营包装标识不合格的种子案”被省农业厅评为全省农业行政处罚优秀案卷。

【设施农业】 全县工厂化育苗基地1500亩,病虫防治基本实现机动喷雾器进行统防统治。新建农业大棚设施0.6万亩,建成果蔬产业肥水一体化喷滴灌设施2.1万亩。新建冷藏库13个,容量5000吨;新建烘干设施(房)15个,年加工3000吨;新建通风库(地窖)7个,容量2000吨。4月26日,农业部种植业管理司司长曾衍德及中央党校第40期中青一班等一行参观岳池县石垭镇紫晶葡萄产业基地、石垭镇张口楼生猪扩繁场、九龙镇九道拐村阖家欢家庭农场、石垭镇思源水产养殖基地等农业产业基地。

【产业结构调整】 推进规模化经营，全县土地流转面积26.88万亩，占家庭承包耕地面积的39%。新发展农民合作社132个，家庭农场49个，种养大户837户，培育省级示范合作社3个，省级示范家庭农场3个。

推进品牌化经营，开展“三品一标”品牌认证申报资源普查工作，2016年新认证无公害农产品3个、绿色食品1个。全县累计通过无公害农产品认证30个、绿色食品认证21个。

推进农产品加工业、“互联网+农业”、农旅结合等融合发展，拓展农业发展空间。建成农产品加工厂21个，引导岳池银丰食品公司等5家本土企业自建电商平台，带动入驻阿里巴巴、京东等电商平台的新型农业经营主体43家，成功举办“葡萄采摘节”“樱花节”“李花节”等乡村旅游节庆活动10余场(次)。

【农村能源建设】 完成农业面源污染整治农村户用沼气池建设项目136户，其中扶持贫困农户建设玻璃钢拱盖沼气池38户，助力扶贫攻坚。完成大中型沼气工程建设项目5处，其中建成生态环境治理集中供气小沼工程4处(朝阳乡肖家店村、龙孔镇摇钱碑村、裕民镇祖家院村、朝阳乡雨台山村)，供气农户153户；完成白庙镇泽华农场大型沼气工程1处。以43个乡镇为主体，93个后期服务网点为依托，全年集中培训沼气技工130人；培训农村沼气用户及乡镇、村从事沼气生产管理人员5800人(次)；编写印发沼气管理使用技术手册5000册、彩色挂图1万张。巩固退耕还林成果农村沼气以电代柴(电饭煲、电磁炉)项目，发送3500套到部分退耕还林农户及贫困户使用。

【农业技术推广】 水稻推广旱育秧、强化栽培、集中育秧、直播、杂糯间栽、全程机械化生产等关键实用技术；玉米全面普及肥团育苗移栽技术，抓好地膜覆盖膜侧栽培技术的组装配套，推广“麦—玉—豆”新三熟种植模式。蔬菜推广集成育苗、提早扣膜蓄热、增施优质有机肥、绿色防控、前期膜下暗灌、膜雨积水、微灌、水肥一体化、槽式栽培、地膜覆盖、蔬菜嫁接等先进技术，加大省工节本增效技术、循环农业技术、病虫害绿色防控技术、农机技术的集成运用，降低蔬菜生产成本，提高蔬菜产量、品质和效益。

全年组织农技、植保、种子、农经、农校、经作、农能等站校印发技术资料20万余份，科普宣传培训13万余人(次)，展示科技挂图展板12套(幅)，科技咨询15万人(次)，宣传实用技术13种(类)，推广优良品种8个，搭建农业专家咨询台100余人(次)；活动期间，参与科技人员350人，出动车辆200车(次)，印发宣传资料20万份。完成培育新型职业农民400人，主要围绕优质粮油、蔬菜、水果、畜牧等优势产业开展培训，使参训农民懂技术、会管理、了解市场。其中生产经营型300人，专业技能型和社会服务型各50人。颁发培训合格证400本，认定新型职业农民200人，发放新型职业农民资格证书200本。为全县280个贫困村安排专门农技人员，开展农业技术扶贫工作，进行培训1501次，参加人员123664人(次)。

【银城花海简介】 岳池县银城花海是由“广安广达农业有限公司”出资打造的一个以农业为基础、以休闲为目的、以服务为手段、以城市游客为目标、农业和旅游相结合的特色项目。项目用地400余亩，其中280余亩用于旅游规划，120余亩用于农业规划。旅游分成花卉观赏、婚纱摄影、草坪婚礼、休闲垂钓、农家文化、特色烧烤、儿童娱乐等板块。农业分成经济果树种植、渔业、农副产品交易平台板块。2016年9月28日，顺利开园。

“银城花海”始终坚持“亦农亦旅”两栖开发的经营理念。在旅游方面以花卉观赏为主体，用科学的种植方法调控花期培育反季节花卉，以平衡花海旅游的季节差异，达到“四季花海”的目的，成为有特色的教育科普培训、婚纱摄影基地。在花卉核心区拥有8000平米的休闲草坪并将引入极具特色的建筑群体供游客休闲娱乐。

银城花海果树主要以绿宝石梨、血橙为主，另外发展渔业，使其与旅游业相互带动，为当地农民打造一个农副产品交易平台。计划总投资3000万元，前期预计投入1800万元用于园区整体打造。后期投入1200万元用于完善所有配套设施及花卉区的种植和养护。

公司将着力把“银城花海”打造成川东地区极具特色的花卉观赏、餐饮娱乐、农副产品、婚纱摄影等高端现代农业项目。

（县农业局：王洪伟）

畜牧食品

【概况】 县畜牧食品局年初研究制定全年产业发展规划，每季度部署安排具体工作，定期组织召开会议，及时研究解决生产发展中的重大问题。加大科技转化运用，大力推广养殖新技术，通过实施养殖户分类培训、“科技助农增收”“科技下乡”“科技进村入户”等工程，狠抓畜牧科学实用技术宣传和培训，提升产业发展水平。全年全县出栏生猪、牛、羊、兔、家禽分别为90.67万头、0.63万头、4.59万只、64.35万只、692.39万只；肉类总产量7.55万吨，禽蛋总产量1.96万吨；实现畜牧业产值27.12亿元。

【生态猪示范点建设】 贯彻落实市委、市政府在全市全面推广绿色生态猪养殖的指示精神，依托吴红蓉家庭牧场率先在全市完成生态猪示范点建设，建成降解圈舍1000平方米，出栏生态猪327头。并由业主牵头，与贫困户成立岳池县泽蓉生态养殖专业合作社，参与社员57户，其中贫困户社员29户。

【规模养殖】 加快畜禽良种化进程，支持发展适度规模养殖，着力提档升级设施养殖，开展标准化示范创建，全面推行标准化生产，推动重点区域产业基地集聚发展，扩充现代产业基地规模，标准化水平稳步提升。全县生猪三元杂交面达94.21%，牛、羊、禽、兔良种面分别达到86.02%、93%、94.24%、96%。新建标准化规模养殖场25个，生猪、家禽标准化规模养殖比重分别达到82.5%、81.5%，创建省级标准化示范场3个。

发挥龙头企业在市场、技术和产业链方面的优势，引导农户通过“寄养”“托养”参与到现代畜牧业建设之中，着力培育家庭牧场新型经营主体，培育家庭牧场16个，发展寄养户120户，实现户均收入15万余元。引导龙头企业发展农超对接、订单直销、电子商务等现代营销方式，提升产品附加值，实现线上线下销售两旺。高垭口生态农业有限责任公司生态鸡蛋线上（淘宝、微信）线下（超市）销售金额突破4000万元。

【养殖污染治理】 加强养殖分区管理，明确污染防治技术路线，改进畜禽饲养工艺，推广沼气工程治污、生态循环消纳、科学饲养管理等技术和种养配套结合治理模式，督促规模养殖场完善环境影响评价要素、开展污染治理设施建设。2016年，共治理畜禽规模养殖场12个，拆除关闭10个。

【产业扶贫】 精心编制岳池县产业扶贫畜牧方案，对贫困村因地制宜，科学规划脱贫产业，组建技术宣讲团深入贫困村开展养殖实用技术培训50余期。依托第二批现代农业推进工程项目资金，在三官店、方家沟、李白寺等贫困村示范建设规模养殖小区7个，协调联系畜牧龙头企业在贫困村积极开展生猪、家禽寄养,促进贫困村、贫困户产业的持续发展。

【农产品质量安全监测】 9月,县农产品质量安全监督检验检测站通过检验检测机构"双认证"评审,具备农业环境、种植业产品、水产品和畜禽产品四大类129个参数的检测能力。11月,开展第四季度农产品质量安全监测,监测农产品样品170余份,样品监测合格率98.5%。

【疫病防控】 按照"政府保密度、部门保质量"的要求,集中全县畜牧兽医、村组干部、村防疫员等3200余人扎实开展动物重大疫病防控工作,做到应免尽免,不留空档。全县全年累计免疫牛、羊口蹄疫12.64万头,猪瘟、猪口蹄疫、高致病性猪蓝耳病各189.7万头,高致病性禽流感957.48万羽,鸡新城疫588.66万羽;在做好动物疫病防控的同时加强对人畜共患病的监测及免疫工作,监测布病、结核3000余头份、免疫犬只3万余只;全县无区域性疫情事故发生。

【动物卫生和畜产品质量安全监督】 出动执法人员592人(次),对全县兽药、饲料经营户进行16次集中整顿,查处过期失效兽药458盒、动物卫生及畜产品质量安全违法行为立案6起。对全县养殖规模场(户)进行拉网式瘦肉精、三聚氰胺等违禁添加品监测,实施瘦肉精监测47462头份,监测结果均为阴性;检疫牲畜172.95万头、家禽746.72万只,病死无害化处理6607头,全县无畜产品质量安全事故发生。

(县畜牧食品局)

农业机械

【概况】 拥有拖拉机341台/9070千瓦;耕整机20200台/101000千瓦,增加3200台;排灌机械11700台(套)/81000千瓦,增加470台(套)/2350千瓦;联合收割机195台/7650千瓦,增加40台/1300千瓦;农田水利基本建设机械230台/12500千瓦,增加50台/2600千瓦。

全县农业机械总动力54.2万千瓦,同比增长4.19万千瓦;其中柴油机动力36.99万千瓦,汽油机动力8.45万千瓦,电动机动力8.76万千瓦。主要农作物耕种收综合机械化水平达65.08%。

【农机化作业】 实现机耕面积105万亩,机收面积74万亩,机播面积32万亩,机械灌溉面积79万亩,机械植保面积72万亩,农机运输1.6亿吨,粮食脱粒37万吨,农副产品加工68万吨,饲料加工9万吨。

【农机技术普及与推广】 推广水稻全程机械化技术,在石垭、朝阳、白庙等乡镇建立农机化示范基地,做好示范试点指导,促进农机农艺有机融合,在现代农业生产中得到推广应用。

【农机服务】 组织农机技术人员进村入户,指导和帮助农机手保养、调试和检修各类农机具。全年出动农机技术人员260人(次),检修各类农机具1800台(套)、提灌站120处、维修提灌站5处,提水保灌面积35万亩,为农业生产提供有力保障。

【农机安全生产监管】 坚持"安全第一、预防为主、综合治理"的方针,遵循依法监管工作原则,抓好责任落实、源头监管、宣传教育、安全检查,提升安全监管能力,维护农机行业安全生产,促进现代农业发展。全县拖拉机年检审率95%,无违规上牌、发证现象发生,培训农机管理人员130人(次),技术人员260人(次),培训农机操作人员2200人(次),发放农机安全生产宣传资料1.3万份,排除农机安全隐患5处,农机安全零事故发生。

【农机购置补贴】 继续实行“自主购机、定额补贴、县级结算、直补到卡”补贴方式，县农机局编制印发《岳池县2016－2017年农机购置补贴项目实施方案》，加强农机购置补贴工作的管理，严格购机程序，强化检查监督，规范、有序推进全县农机购置补贴工作，利用农村淘宝网，开通农户购机便民快道，使农户购机更加快捷到位，确保惠农政策公开、公平、公正，让政府放心，群众满意。全年推广各类先进适用的新机具4154台（套），惠及农户3912户，农户自筹资金777.07万元，享受国家农机购置补贴资金331.46万元，农机购置补贴中央资金结算进度达100%。

【农机专业合作社】 围绕全县丘陵和平坝贫困地区特色产业发展，培育农机合作社，探索“贫困村＋贫困户＋农机”“贫困村＋农机大户（种植大户）＋农机”“贫困村＋农机”等组建模式，购置农机具享受国家购置补贴相关优惠政策，由村“两委”干部牵头，贫困户利用产业周转金、村集体利用村级公共运行维护经费，组建农机专业合作社。指导大佛乡三官店村、恐龙乡秀观音村新建农机专业合作社各1个。

（县农机局）

水　务

【水利环境】 岳池县河流属渠江、嘉陵江水系，全县集雨面积在50平方千米以上的河流有清溪河、西溪河、长滩寺河、三溪河、大石河、新民河、西溪河、罗渡河、临溪河、顾县河，分别汇入长江一级支流嘉陵江和长江二级支流渠江。

水资源主要由境内地表水、过境地表水和地下水构成。水资源总量年平均1195.81亿立方米，其中过境水1189.6亿立方米、境内水6.21亿立方米。

县境内年平均降雨量1019.6毫米，年平均降水总量14.6亿立方米，年平均径流深325.2毫米，年平均地表径流总量4.74亿立方米。境内地表径流主要由降雨形成，径流的年内分配与降雨在时间、空间和流域分布上基本一致，由于气候受到地形北高南低的影响，降水量自北向南、西南逐渐降低，地表径流量也随之减少。

县境地表水化学类型单一，水质良好，多属重碳酸钙型，pH值为7.1～7.9，耗氧量为11.32～11.93，色度为12～23，浑浊度为1～7，氟化物为0.03～0.04，总硬度为61～105，铜为0.16～0.14，铁为0.08～0.03，砷为0.01～0.004，锌为0～0.15，铬为0～0.01，硫酸盐为10～70，氰化物为0，锰为0～0.01；县境内地表水酸、碱度均未超过农田灌溉标准，渔业及生活用水水质较好。

【水利设施】 全县有各类水利基础设施5329处，其中水库69座〔中型水库4座、小（一）型水库21座、小（二）型水库44座〕、山平塘3904口、石河堰364处、提灌站324处，其他工程668处，现有渠道1849千米，占设计渠道长度的82.25%，蓄引提水能力2.01亿立方米。水利工程设计控灌面积44.55万亩，有效灌面37万亩。

【河流治理】 2016年，以国家立项实施中小河流治理项目为契机，结合城市防洪和水环境建设，进行中小河流治理，通过截弯取直河道、建设堤防和疏浚河道等措施，高标准、高质量完成顾县镇西溪河防洪治理工程和渠江罗渡、中和防洪墙主体工程，渠江罗渡防洪闸坝工程有序推进。完善城区防洪体系，改善河道水环境。

【水利建设】 全县完成农田水利建设总投资5.85亿元，投劳198.45万个，动工修建各类农田水利设施5818处，完工5356处，实现新增蓄水能力1180万立方米，新增农业有效灌面1.19万亩、恢复改善灌面4300亩，新增节水灌面6600亩，农业综合抗旱能力显著增强。坚持山、水、林、田、路综合治理，完成治理水土流失面积7平方千米；完成23座病险水库除险加固，确保下游28万人的生命财产安全，避免9.6万亩农田受灾，增强水库防洪度汛、蓄水灌溉和安全运行能力。

按照“综合功能全，示范作用强，发挥效益好”的要求，坚持“水利为主、部门共建、项目打捆”的工作思路，以“兴修大农建、建设大示范、发展大产业”为目标，统筹规划、整合项目、连片推进、无缝衔接，精心打造白庙粽粑、大石大农建示范区5.11万亩；整治山坪塘184座，整治石河堰18处，改造泵站15处，新建蓄水池115口，平整土地2.5万亩，修建田间道路123.6千米，新增农业有效灌面1.39万亩，新增节水灌面0.94万亩，取得“建设规模较大、基础设施完善、特色产业突出、示范效果明显”的成效。完成修复水毁工程1058处，岁修渠道1600余千米，检修电力提灌设施800台/8600千瓦，实现工程蓄水1.4亿立方米，水利工程保栽30万亩。

【重点水利工程】　工程完成岳池境内的土地征用1318亩，移民搬迁184户，拆除房屋164户、面积22637.25平方米；完成施工道路、场地平整、施工用电线路及设备安装、办公生活设施等工程建设；完成导流洞开挖、溢洪道开挖、大坝基础开挖等工作；完成导流进口明渠、导流隧洞洞身、溢洪道闸室底板及消力池、大坝心墙等部位的混凝土浇筑；完成坝基固结灌浆和帷幕灌浆；完成杨家院子石料场清表及风化层剥离、尚家院子土料场开沟排水等工作；完成500千伏超高压线迁改工程。完成投资1.85亿元，其中工程建设征地和移民安置费1.2亿元。

新建灵泉寺水库。工程于2015年12月开工建设，完成土石方开挖10万立方米，黏土备料1.8万立方米，砂岩石渣备料2万立方米，页岩石渣备料6万立方米，块石备料6000立方米，混凝土浇筑8000立方米，完成大坝填筑工程，完成投资5450万元。

中和堤防工程。工程起点为岳池县临溪河左岸的中和幼儿园，经过中和场镇，跨芋荷沟，建设终点为中和预制场。计划新建防洪堤967米，新建车闸、排涝闸各1座，工程总投资5580余万元。工程建成后，将保护中和场镇10个机关、企事业单位，保护房屋1.85万平方米，使13415人不受洪水威胁，工程多年平均防洪效益690万元。

【防汛抗旱】　坚持防汛保平安原则，汛前及时对全县69座水库、10条重要江河和4处重点防洪堤防、28处集中供水工程进行全面拉网式排查，对排查出的隐患逐处落实整改措施；重新修订县城、主要江河、重点场镇的防洪度汛预案；完成清除水库、江河行洪障碍25处，逐库落实防汛抢险行政、技术、管理责任人，分别组建抗洪抢险队伍；投资180余万元，备足防汛抢险物质，确保抢险救灾所需；密切关注雨情、水情和工情变化情况，全面落实防大汛、抢大险各项措施；加强24小时防汛值班，防汛工作有序进行。

坚持以人为本，注重科学避害，本着“先生活、后生产”的原则，科学安排、合理调度，最大限度为生活用水提供安全保障。提前修复水毁工程186处，疏浚灌溉水渠1600千米，修复提灌设施1000台/1000万瓦，检修输电线路23条19千米；维修整治山平塘、蓄水池，新增有效蓄水850万立方米，实现春灌交水量1.35亿立方米；扎竹节堰480处，拦蓄水量280万立方米；解决用水矛盾，开展送水到户、分水到田服务活动，实现科学用水、节约用水和团结用水，为灌区群众输送水量8200万立方米，春灌保栽54万亩。

【水政执法】　通过“世界水日”“中国水周”“科技下乡”等行之有效的宣传活动，印发宣传资料1万余份，张贴宣传标语56幅，电视宣传3次，增强全民水法规意识。以“洁净水”行动为契机，巩固取缔水库肥水养鱼成果，开展水库水质污染治理，全县水环境质量明显好转。做到发现及时、查处有力，开展巡查99次，调解水事纠纷5起，强制拆除全民水库岳池水域内的网箱和多年设置的拦库养鱼设施15处；集中开展砂石资源整治活动，维护砂石资源开采秩序，形成有法必依、违法必究、执法必严的法制环境，营造良好的水利建设管理秩序，为水利建设和管理提供坚强保障。

【水产渔政】 全县有鱼类品种8目18科148种。鲤鱼科有鲤鱼等90种，占60%；鮠科有长吻鮠、叉尾鮰等2种；其他有鲇科、鳗鲡科、鳅科等56种。

实施"富民工程"，注重规模养殖。完成新建渔业基地9个、面积790亩，新成立水产专业组织5个，专业化、规模化养殖效益明显。优化品种结构，发展大口鲶、黄桑鱼、叉尾鱼等名优新水产养殖，名特优水产品产量突破4500吨，占水产品总产量的30%。强化技术服务，办养鱼技术培训8期(次)，培训人员500余人(次)，印发养鱼资料2万余份，预报鱼病信息90余条，免费诊断鱼病340余例，不断提高渔民养殖技术。

强化渔政管理，开展禁鱼专项行动，严厉查处电、毒、炸鱼行为。开展人工增殖放流，投放各类鱼种80余万尾，发放渔业船只燃油补贴40.6万元，补贴渔船148艘。

渔业以池塘养殖、水库养殖、河沟养殖、稻田养殖为主，无可用于水产养殖的海域和滩涂，可用于水产养殖的淡水水面106平方千米。全年池塘养殖2万亩，产量5360吨；水库养殖1.9万亩，产量4736吨；河沟养殖3870亩，产量1825吨；稻田养殖6.35万亩，产量5200吨；拥有各类捕捞渔船131艘，水产品总产量1.54万吨，渔业总产值2.92亿元。

【乡镇供水经营管理】 乡镇供水经营管理由岳池县水利水电开发实业公司实行自主经营、独立核算、自我积累、持续发展。公司对各供水站采取报账制，加强成本核算，实行目标管理。各供水站建立健全设备操作运行制度、水处理检查制度、抄表收费制度、材料管理制度、维修安装责任制度等规章制度，做到管理专业化、供水商品化、服务社会化，实现以水养水。按照"补偿成本、合理收益、优质优价、公平负担"的原则，实行有偿供水，计量收费，合理定价。严格执行县物价局批准的生活用水2～2.5元/立方米，其他用水2.5～3元/立方米水价政策。建立工程更新改造基金，实行专户储存、专款专用。按照"一事一议"规定，建立以村或联村为主的饮水管理协会，实行"协会+农户"机制，加强与用水户的沟通、联系，协商解决具体问题，构建农村饮水自用自管模式，建成协会管水组织35个，服务供水人口2.3万人。全年解决并改善5.48万人饮水安全问题。

【小水电站】 全县有富流滩电站、大高滩老电站、大高滩新电站、叶苗滩电站、雷伯孔(五一)电站、高低坑电站、长滩寺电站、高洞子电站、罗渡电站、老龙洞电站、罗陡岩电站、西溪电站、回龙水库电站，总装机容量22台/4.4万千瓦，年发电量17677万度，企业利税2627万元。

【项目申报】 按照"在建一批、申报一批、储备一批、验收一批"原则，围绕"规划大手笔、争上大项目"工作目标，瞄准防洪减灾、节水灌溉、生态修复、民生水利等项目前景好的重大项目建设，力求苦争、多上项目，千方百计争取新建灵泉寺水库工程、回龙水库农发中灌项目工程、亭子口枢纽工程灌区配套、2016年坡耕地项目、2016年罗渡山洪沟治理工程、2016年抗旱应急水源工程等项目13个，抗旱应急水源工程、高峰集中供水工程成功立项。全年争取中央、省项目资金2亿元，专项债券资金1.49亿元，县本级财政投入5300万元，县财政"一事一议"奖补资金1000万元，完成固定资产投资7.22亿元，为全县水利发展提供资金保障。

（县水务局：李成林）

林　业

【概况】　全县有林地面积38272.4公顷，其中有林地36334公顷（用材林9576.8公顷、防护林10586.9公顷、特用林190.1公顷、经济林9307.8公顷、竹林6672.4公顷）、灌木林地187.8公顷（特灌林181.9公顷）、未成林造林地1359.8公顷、苗圃地4.5公顷、宜林地386.3公顷。活立木蓄积108万立方米，四旁树1551.3万株，森林覆盖率34.1%。造林主要树种有核桃、花椒、藤椒、银杏等。

【造林绿化】　全年完成营造林2133公顷，其中人工造林1360公顷、森林抚育333公顷、低产低效林改造440公顷；育苗23.3公顷，产苗量610万株。新增森林面积1593公顷、森林蓄积6.4万立方米。

【义务植树】　3月11日，县"四大班子"领导、县委办、县政府办工作人员、县林业局、经开区全体工作人员和西部计划大学生志愿者110人在县经开区药王庙旁开展义务植树，栽植桂花、香樟200株；植树节期间，县绿委办指导督促县级机关、企事业单位履行植树义务，建义务植树基地1个、面积6.7公顷。10月21日，县绿委会在白庙镇瞿家店村举行"绿化全川"岳池行动启动仪式，县"四大班子"领导，县绿委会成员单位负责人、各乡镇主要领导、西部志愿者、县林业局全体职工、白庙镇机关干部、群众代表200余人参加启动仪式，栽植桃树、花椒1万株。在春、秋两季，各乡镇组织本辖区群众开展全民义务植树活动，面积133.3公顷。全年全县适龄人数参加义务植树40.8万人（次），栽植花椒、核桃、藤椒等120万株。

【产业发展】　壮大培育四川绿鸿源生态农业开发有限公司、岳池县星鑫核桃种植专业合作社、四川省华扬农业开发有限公司等企业，利用荒山荒坡宜林地示范带动农户发展以核桃、花椒和藤椒为主的干果产业，进一步扩大北部干果产业园区规模，修建水泥公路38千米，泥结碎石公路16千米，完成林产产业造林1360公顷；年产干椒1400吨、核桃2000吨，实现干果产值1.45亿元。全年实现林业总产值11.28亿元。

【资源保护】　开展林业"法律七进"活动，张贴、悬挂安全宣传标语、横幅70条（幅），督促有成片林的乡镇刻制、粉刷岩石森林防火标语200幅，发放宣传资料2万份，制作宣传标牌900余个；投资30万元，购置铁扫帚、砍刀等防火物资3500余件。

全县林业有害生物发生面积2946.7公顷，发生率8.1%；投资20万元，购药10吨，器械20台，防治面积2946.7公顷，防治率100%。组织开展"绿盾2016"林业植物检疫执法行动，检查苗木花卉基地3个、种苗3.6万株；检查涉木企业6家，竹木材2100立方米，木质包装箱、线缆盘120个；产地检疫苗木30万株，调运检疫苗木18万株、木材280立方米，产地检疫和调运检疫100%。

开展森林火案查处专项行动，打击破坏野生动物资源违法犯罪活动专项行动，严厉打击非法占用林地等涉林违法犯罪专项行动，查处林业刑事案件6件，林业行政案件11件；教育处理违法、犯罪人员17人，维护林区秩序和谐稳定。

实行对41个乡镇重点公益林面积9212.1公顷（国家级公益林7179.5公顷、省级公益林2032.6公顷）生态补偿，补偿金额203.82万元。投资14.7万元，聘请6名管护人员对160公顷国有林开展巡山护林。巩固完善退耕还林8.7万亩，兑现政策补助966.44万元。

【林业改革】　出台《岳池县林权抵押贷款改革试点实施方案》《岳池县经济林木（果）权登记管理暂行办法》《岳池县森林资源资产评估咨询管理暂行办法》《岳池县林地经营权流转登记管理暂行办

法》等，颁发经济林木（果）权证7本、面积500公顷，颁发林地经营权流转证1本、面积16公顷。

【林业扶贫】 从全县贫困人员中选聘生态护林员361人，签订劳务合同361份，管护公益林面积3896公顷，落实管护资金130万元。

派驻5名人员担任贫困村“第一书记”，4名人员担任贫困村工作队员。全年投入项目资金2118.86万元，开展技术培训1期，培训林农200人（次），发放技术资料5000份，帮扶贫困学生20人、贫困户33户，为贫困村规划产业造林1093公顷，推动扶贫工作开展。

（县林业局：雷顺福）

扶贫和移民后扶

【概况】 2016年4月，成立岳池县扶贫和移民工作局，撤销岳池县扶贫和移民工作办公室，其人员整体划转到岳池县扶贫和移民工作局。

2016年，全县把脱贫攻坚作为“一号工程”“一把手工程”“一票否决工程”，始终聚焦脱贫攻坚目标，紧紧围绕贫困村退出“一低五有”（贫困发生率低于3%，有集体经济、硬化路、卫生室、文化室、通信网络）、贫困户脱贫“一超过、两不愁、三保障、三有”（年人均纯收入超过3100元，不愁吃、不愁穿，保障义务教育、基本医疗、住房安全，有安全饮用水、生活用电、广播电视）指标，全员动员，全力攻坚，完成47个贫困村、4419户、14808名贫困人口脱贫任务，贫困发生率由5.6%降至4.3%，脱贫攻坚首战告捷。

【扶贫资金】 2016年，推进扶贫项目建设，加快脱贫步伐，全县投入专项扶贫资金8086万元。其中：投入基础设施专项扶贫资金1728万元，完成水泥路建设41.52千米，新建泥结碎石路2.5千米、入户路0.72千米；投入产业扶持周转金3960万元，用于贫困村、贫困户发展增收产业，发展集体经济，实现越温脱贫；贷款贴息资金1605万元，全年贷款贫困户5630户、发放贷款27372.12万元；投入资产收益试点项目150万元，用于白庙瞿家店、顾县马家、排楼龙井沟3个村，开展资产收益扶贫试点；投入危房改造387万元，改造危房380户；实施易地搬迁贴息256万元。

【脱贫攻坚】 全县牢牢锁定脱贫目标任务，以首战必胜的决心，对照脱贫标准，全面推进脱贫攻坚各项工作，顺利地迎接省级脱贫攻坚考核验收和第三方评估。

贯彻重大决策。全县上下认真学习贯彻习近平扶贫开发战略思想和中央、省委决定部署，召开县委常委会20次，县政府常务会8次，领导小组全体会6次，脱贫攻坚专题会36次，全县脱贫攻坚大会4次，就全县脱贫攻坚工作作出重大安排部署。明确“411”总体目标，强化组织领导和工作力量，完善“1+6+11”（“1”指县委书记、县长“双组长”脱贫攻坚领导小组，“6”指综合协调、基础设施建设、产业培育推进、社会事业发展、“四好村”创建、考核督导6个统筹协调组，“11”指将280个贫困村划分为11大攻坚战区，分别由11名县委常委挂帅）指挥体系，出台《岳池县脱贫攻坚考核奖惩办法》《岳池县脱贫攻坚工作问责办法》等重要文件，全县上下形成全力精准扶贫、决战全面小康的良好态势。

纵深拉动精准施策。编制县脱贫攻坚“十三五”规划、“五个一批”实施方案，制定2016年17个扶贫专项工作计划，出台产业扶持基金管理等40余个规范性文件，细化扶贫资金使用管理、项目整合、工作推进等重大事项，增强脱贫攻坚工作的针对性和可操作性。构建“5+1”（“5”指每个贫困村都有一名县级领导、一个帮扶部门、一个驻村工作组、一名村“第一书记”、一名驻村农技人员，“1”指每户贫困户都落实一名帮扶干部）全覆盖帮扶体系，36名县级领导、168个帮扶单位、85户企业参与脱贫攻坚，组建280个驻村工作组，精心选派280名"第一书记"、842名驻村工作队员、280名农技员驻村帮扶，实现全覆盖联系贫困村。开展"万名公职人员结亲结对"活动，1.5万名公职人员与全县贫困户结亲结对，帮助引进项目145个，协调资金1130万元，培养致富能手1500余人，协调解决实际问题3万余个。

推进对标补短。围绕贫困村退出"一低五有"、贫困户脱贫"一超六有"标准，采取县、乡、村三级联动方式，开展"全覆盖"自查，"蹲点式"督导、"评估式"复核，召开战区推进会2次，开展第三方评估2次，实施蹲点督导6次，县级领导、全体帮扶干部深入贫困村、贫困户对标调查摸家底、找短板，分部门建立整改台账、分村制定整改清单、分户制定整改计划，督促对标补短板，确保项目建设周周有形象进度、月月有阶段成效。构建全方位立体式督查机制，严明脱贫攻坚"五个严禁""四个一律"硬性规定，以高压态势防范和处置脱贫攻坚中的违规违纪问题，整合县纪委、县委组织部、县委县政府督查办力量，集中组织开展各项专项督查20余次，督促并整改问题517件，印发专项督查通报31期，有效促进脱贫攻坚工作推进和落实。

精准脱贫初见成效。全县投入9.4亿元，完成易地搬迁792户2867人，危房改造2552户，帮助发展生产和就业9975人，实现有劳动能力贫困家庭每户有1人就业，将1.5万户2.9万人纳入低保兜底。新农合参合率100%，贫困户个人承担县域内合规住院医疗费用实现"零支付"。新建贫困村通村水泥路130千米、卫生室25个、文化室47个，培育新型农业经营主体221个。制定扶贫小额贷款三年规划，全年发放扶贫小额信贷5629笔27367万元。按照程序开展贫困户、贫困村退出工作，退出贫困村47个，贫困人口14808人。

探索创新引领到位。深入分析、大胆创新，探索创造一批叫得响、推得开的经验做法和先进典型。实施基础联通、多业联动、产业联片、农企联姻、支部联建、群众联合"六联"工程推进脱贫攻坚，逐步探索出"借鸡下蛋""生猪寄养""变闲为宝"产业扶贫模式，被新华网、《四川省脱贫攻坚简报》《四川政要参考》等报道，扩大全县脱贫攻坚的影响力。建立涉农项目资金"双审签"制度，设立产业基金30万元、卫生基金100万元、教育基金300万元、险基金3000万元，破解资金难题，脱贫保障能力不断加强。注重标杆模范培育，"第一书记"李志义、周莉莉、文建、雷长江被表彰为"广安市优秀'第一书记'"，李志义荣获"四川省优秀党务工作者"荣誉称号，全县脱贫攻坚"比、学、赶、超"氛围日益浓厚。

【移民直补】 全县大中型水利水电工程移民安置涉及41个乡镇。对直发直补移民实行动态管理，建立完整的移民个人档案和后期扶持资金发放记录，及时做好移民人口的核减工作，全年核减84人，杜绝冒领国家资金现象发生。全县享受后期扶持直发直补移民人数15274人，其中水利工程14670人、水电工程605人（含三峡移民201人）。全年发放移民直补资金919.24万元。

【后扶工作】 全县大中型水利水电工程项目扶持人数23748人，其中水利工程项目扶持20370人、水电工程项目扶持3378人。投入项目扶持资金1424.88万元，按照产业发展与基础设施建设相结合、优先解决薄弱环节的思路，完成公路建设51.11千米，整治山平塘8口，修建便民路10.18千米、便民桥3座，硬化人行便道0.45千米，整治渠道1.63千米，修建机耕道0.78千米，整治河堰700平方米；安装天然气194户、太阳能路灯25个、自来水181户；发展经果林3142.9亩、优质蔬菜317亩、珍稀林木375亩，购买农机具2台，发展生猪养殖3106头、小家禽15.69万只。

2015年第二批库区基金3100万元，主要用于苟角、顾县、天平等16个库区乡镇的交通、水利设施建设，完成公路建设49.3千米，整治山平塘1

口，修建河岸护堤0.15千米。第二批移民后期扶持资金3784万元，用于全县特殊困难移民整体解困。计划硬化村道56千米、整治塘堰2口、新修便民路5千米、养羊1400只，种植甘蔗1369亩。完成设计单位招标、设计、预算及财政评审工作，下步将按程序进行工程招投标。全县大中型水库移民避险解困试点项目专项资金4022万元，用于苟角镇杨家桥、范家坝、庵堂沟3个村。完成安置对象的再复核调查工作，确定集中安置点选址、线外勘察、新增聚集区地形测绘及地灾评估等前期准备工作。出台第二批移民避险解困项目工作方案，明确各单位职责分工，推进避险解困项目实施。

【科学编制十三五规划】 重视"十三五"工作规划编制工作，综合考虑库区和移民安置区移民住房搬迁改建、农田水利基础设施建设、产业发展及移民实用技术培训各项因素，科学编制《岳池县大中型水库移民后期扶持"十三五"规划（2016—2020年）》，帮助困难移民早日脱贫致富。

（县扶贫移民局）

经济和信息化

【概况】 全县80户规模以上工业企业实现总产值239.73亿元，同比增长15.31%，工业增加值增幅9.8%；实现销售收入237.44亿元，同比增长17.61%；实现利润9.6亿元，同比下降10.85%；工业企业上缴税金1.69亿元。全县工业固定资产新增入库43.99亿元，同比增长91.3%；完成固定资产投资42.99亿元，同比增长19.4%；其中技改投资21.33亿元，同比增长12%。新培育规模以上企业8户，达到80户；新增销售收入上亿元企业2户，达到58户；新增小微企业310户。向上争取各级各类项目资金1290万元，招商引资形成投资98190万元，募捐社会资金124.38万元。完成固定资产投资1.04亿元；完成产出7.7亿元，同比增长30.5%；完成税收收入1539万元，同比增长30.2%；新引进项目2个，其中亿元项目1个，完成实物投资3000万元；完成1个智慧平台建设，新建4G基站155个，改建4G基站152个。完成40个行政村通光纤宽带建设等民生工程任务。截至年末，3个园区入驻企业139户。全县实施项目建设31个，其中新开工21个，续建10个，31个项目中技改16个，完成投资42.99亿元，新建标准厂房11.6万平方米，拓展面积0.5平方千米。

【产业结构调整】 实施创新驱动，加快调整产业结构，不断壮大优势主导产业。以基地建设为抓手，集聚发展医药产业。围绕建设"西部现代中药产业基地、成渝地区特色原料药基地"目标，加大投入，促进医药产业优先发展。加快分布式能源、创新药物公共服务中心等专业配套建设，提升医药园区承载能力。仁安药业正式投产，金方生物全面竣工。以技术改造为推手，提升优势传统产业。宣传各级各部门鼓励企业技改创新的优惠政策，督促企业在重点行业、重点领域实施技术改造，鼓励企业加快转型升级步伐。顺福来油脂、岳池特曲等企业共投入21.3亿元，完成技改扩能，指导工业企业注册商标20件。全年农产品加工、机械电子分别实现产值87.83亿元、26.17亿元。三大主导产业共实现产值150.64亿元，同比增长17.61%，主导产业占比提升5个百分点。

【项目建设】 狠抓重大项目建设，全年15个市列工业重点项目完成投资15.8亿元，18个县列工业重点项目完成投资31亿元，1个省列工业重点项目完成投资0.28亿元。跟踪负责35千伏输变电工程、矿渣微粉生产等5个招商引资项目，全年新形成固定资产投资10.21亿元；新引进投资亿元项目（多肽及原氨酸生产项目）1个。做好220千伏输变电工程、分布式能源项目建设工作。220千伏输变电工程前期工作有序推进，国网公司出具可研评审批复,土地预评、规划选址等前期手续全部完成,并报省发改委核准立项。分布式能源项目基本完成基础设施和主体安装工作,完成投资2亿元。将四川百特吉美科技有限公司、广安美泰包装材料有限公司、岳池县美华基机械有限公司、四川乐康药用辅料有限公司、四川两江纺织有限公司新增为销售收入亿元企业,将1户企业纳入新增规模以上企业,将广安能投华西环保发电有限公司、广安市世联电子科技有限公司、岳池县久发粮食制品有限公司、四川圣上大健康药业有限公司、广安一新医药科技有限公司5户企业纳入新增规模以上企业。

【“两化”融合】 县经信局引导企业利用信息技术改造和提升传统加工产业,推进“两化融合”。帮助企业争取省级“两化融合”财政专项资金,引导鼓励企业投资企业信息化建设项目。组织四川勤琴纺织有限公司申报“四川省2016年度两化融合专项资金项目”,获得专项资金90万元,该企业纺织过程自动化管理及车间视频监控管理系统项目于6月竣工投入运行。推进信息化在企业中的应用,引导鼓励四川科伦药业股份有限公司等5家企业建立门户网站、信息服务平台,收集、处理、传输、应用信息,提高企业产品开发、物资采购、生产调度、财务管理、产品营销等企业管理水平,促进企业发展。

【智慧城市建设】 县经信局履行全县智慧城市产业组办公室工作职责,发挥牵头揽总、协调推进作用,建立完善项目台账式管理制度,拟订智慧城市建设整体架构的设计和发展规划,统筹规划网络基础设施建设,协调全县信息安全保障体系建设,组织实施对各乡镇和有关部门的考核评价。多次组织召开智慧城市建设专题会议,通报工作进展情况。邀请浪潮集团四川分公司方案部总经理张玮围绕“云计算大数据与社会治理”的主题,举办智慧城市培训班,增强全县干部对智慧城市建设的认识,助推智慧城市建设。利用互联网等信息技术,推进“智慧交通”、智慧校园建设,建成长途客车远程监控智慧交通平台和北师大广安实验学校智慧校园平台,实现行业资源配置持续优化,提升行业管理和公众服务能力,让百姓生活更加安全、便捷。

【节能减排】 县经信局按计划淘汰落后产能企业1户,落后生产线5条,淘汰废纸纸浆产能1万吨、造纸产能1.5万吨;开展钢铁行业落后产能淘汰和违法违规生产销售治理工作,杜绝新增落后产能项目。督促企业实施节能节水技术改造,科伦药业、仁安药业等企业节能技术改造效果明显;强化能源基础管理和重点企业节能监察。开展加油站油气回收装置安装工作,强化工业企业污染治理,督查园区、企业污水处理厂正常运行,确保达标排放。

【能源要素保障】 执行富余电量消纳、直购政策、非居民用天然气价格并轨政策,下调工业用电0.02元/千瓦时,用气0.7元/立方米,为企业减负410万元。加快推进农网升级改造,有序推进罗渡110千伏变电站工程、西溪110千伏变电站工程、西板35千伏变电站工程、同兴35千伏变电站工程等4个变电站及10千伏及以下线路升级改造工程,新增供电能力4万千瓦,供电能力达24万千瓦。经与省、市领导汇报,多方努力,220千伏输变电工程落户岳池,将结束岳池县无220千伏输变电站的历史,从根本上解决电力瓶颈的制约;分布式能源冷热电三联供应为做强园区经济提供有力保障。

【工业行业】 生物医药业。加快工业结构调整,推动产业优化升级。集中精力发展医药产业,新入驻南松医药、宏益生物等重大医药企业,全县医药企业达到35家,可生产大输液、中药饮片、抗生素类、原料药、医药中介体、颗粒制剂、医药影像器材共七大类药品和医疗器械,医药产业呈现出良好的集聚发展态势。全年8户规模医药企业实现产值34.64亿元,同比增长57%,占规模企业总产值239.773亿元的14.45%;实现税收1亿元,占工业企业总税收1.78亿元的56%。

农产品加工业。传统的食品酒类业受外来产品冲击较大，出口受阻，国内市场也被国外商品抢占，继金扬食品破产退库后，天登、四海等企业出现产品滞销，产量大幅减少。部分企业通过技改扩能等方式力求突破困境。顺福来油脂实施技术改造，新建一间仓储中心；岳池特曲建成新的窖场，恢复正常生产。全县有食品酒类企业20户，实现总产值87.83亿元，占规模以上工业总量的36.64%。

机械加工业。受煤矿企业整治等大环境影响，以生产汽摩配件为主的机械加工业发展缓慢。广力汽配、恒立机械技改扩能过程十分缓慢，汽车弹簧厂大半年处于半停产状态。全年10户机械加工企业实现总产值19.3亿元，占全县工业总量的8%。

轻纺服装业。轻纺服装业发展总体平稳，以乡镇的小型服装厂为主，总体仍未摆脱贴牌加工的状态；包装企业发展稳定，美泰包材、鹏扬包材产能逐步显现；纺织企业半停产较多，只剩勤琴纺织正常生产。全年15户规模企业实现总产值42.11元，占总量的17.56%。

供水电气企业。岳池爱众水务公司实现工业供水79万吨，岳池爱众电力公司为工业企业供电7893万度，岳池港华燃气公司为工业企业供气393万立方米，同比分别增长5.3%、-1.0%、-8.0%。全年3户企业共实现产值4.69亿元，占总量的1.96%。

建筑建材产业。随着天然气价格的上涨和房地产产业衰退等影响，建筑建材企业发展困难。华茂陶瓷技改后仍旧无法正常生产，创意陶瓷、金桂建材产量减少。18户规模企业实现产值43.21亿元，占总量的18.03%。

民营企业。以转变发展方式为主线，以科技创新为强大动力，以集约环保为重要取向，全面提升发展势态，努力促进民营经济创新发展、集约发展、规模发展、外向发展、可持续发展，推动全县民营经济加快转型升级步伐。全年全县有民营企业1734户，其中一产业134户、二产业152户、三产业1448户，全年完成民营经济增加值113.01亿元、同比增长8.7%，占全县GDP的55.5%；民间投资150亿元、同比增长19%，占全社会固定资产投资的75%；上缴税收2.3亿元、同比增长5.5%，占地方公共财政收入的21.55%。

【脱贫攻坚】 全面完成47个2016年省定脱贫村通信建设网络工作，实现瞿家店村公共Wi－Fi全覆盖。全面完成年度脱贫攻坚电力建设任务。2016年计划减贫的4419户14808人全部通生活用电，贫困户生活用电达标率100%；瞿家店藤椒基地第一阶段电力安装任务全面完成；电力基础设施建设完成投资1.88亿元，占年度计划1.24亿元的151.75%。开展扶贫济困献爱心活动，县经信局主动联系对接挂钩帮扶村、社区和学校，到位帮扶资金2.1万元，帮助西板乡金子沟村2户、长沟村6户、老罐溪村1户共9户贫困户成功实现脱贫。

【部分工业企业简介】 四川仁安药业有限责任公司。2013年6月成立，注册资本5000万元，属成都倍特药业全资子公司，是一家致力于高端原料药和中间体研发、生产和销售为一体的高科技创新型企业，公司位于四川省广安岳池医药产业园，占地面185亩，项目总投资4.7亿元，项目一期建设有3个生产车间（即101车间、105车间、106车间）、溶媒回收车间（107车间）、动力车间（104车间）、锅炉中心、污水处理中心（750吨/日处理量）、原料库、质检中心、综合行政楼等。2016年1月正式投产，4月申报成为规模以上企业。2016年一季度，101、102、105、106四个车间满负荷生产，主要生产马来酸麦角新碱、非无菌头孢原料药、无菌原料药。全年实现产值5.6亿元，上交税收5000万元。在职员工320余人。

四川富登电梯有限公司。位于岳池县经济技术开发区，占地30.25亩，是一家集环保、节能、安全、舒适于一体的电梯产品生产厂家，属2015年四川省重点企业。公司传承科学,同步运用国际先进电梯制造技术,构造新颖独特,外观造型精美。注册资金1000万,生产资质B级,2016年年初投入试产,年产5000台,产品涵盖乘客电梯、载货电梯、自动扶梯、观光电梯、自动人行道、病床电梯、液压电梯、汽车电梯、小机房电梯、无机房电梯等系列产品,并采用先进的全电脑智能控制,对产品销售和服务形成网络化管理。公司以“重安全设计、高规格采购、精加工生产、点对点服务”作为经营宗旨,立足国内,拓展全球,以“高品质、精技术、讲速度、守诚信”为原则竭诚为客户提供一流的服务。

岳池县永兴天然气有限责任公司。2004年7月成立,拥有固定资产净值2000万元,燃气用户9000户,员工20人。2006年,县人民政府划定岳池县罗渡镇、花板乡、齐福乡等乡镇为公司的供气区域(岳府复〔2006〕30号),2008年县规划和建设局核发“准予建设行政许可决定书”(川岳燃气第03号)。2016年4月,公司被川中油气矿批准为直供燃气经营企业。2016年6月经西南分公司验收检查合格,获批燃气经营许可证,为广大用户构筑坚强的供气保障。公司秉承“改善人居环境,服务地方经济”的发展理念,坚持“客户为尊,创造满意”的服务宗旨,在各级党委、政府及部门的大力支持下,以推广清洁能源、改善人居环境为己任,着力打造“让客户满意、让员工自豪、让社会认同、让政府放心”的民营企业。为满足广大用户的需求,公司于2015年完成159管线的改造,日供气达20万立方米,环城管网40余千米,修建输供气调压站5个,供气压力和品质得到全面提高。随着高新区主管道的全面贯通,公司顺利完成“技改扩能”计划。公司投资200万元完成“穿江工程”,2016年5月底全面竣工,满足渠江对面居民和企业的燃气需求。随着用户服务需求的日益扩大,公司想用户之所想,急用户之所急,创新服务理念,提高服务质量,完善服务机制,树立“用户至上”的服务意识,多角度、多层次满足用户需求。凡用户按公司规定缴纳费用并办理好开户手续,公司承诺在30天内实现通气点火。建立24小时全天候应急值班制度,凡用户遇到燃气紧急状况,公司值班人员必须在5~30分钟内赶到现场处理。凡用户到公司缴纳气费,直接出示射频卡缴费,既方便又快捷。对于离公司较远的农村用户,公司根据用户集聚量设立农村收费点,办理IC卡,农村用户只需保证磁卡留有充足余额,用户不需每月抄表、每月缴费,方便广大用户。

四川中交祥和建材有限责任公司。2015年成立,注册资金3000万元。主要经营范围为:生产、销售沥青混凝土、水泥稳定层以及公路、市政工程服务。公司位于四川省岳池县齐福乡魏家沟村,占地50余亩,主要分为生活区、生产区、物质储备区及绿化区,其中绿化面积20余亩。公司一直秉承“绿色生产、绿色生活、绿色服务”的环保理念,并一直坚持以“合法经营、诚信经营”为服务宗旨,业务范围主要辐射岳池县、武胜县、广安区等区市县的市政、道路、厂区及住宅小区的硬化和黑化建设。公司现有固定员工15人,其中大学本科5人,专业技术人才8人,后勤2人,拥有丰富施工经验的施工班组3个。公司使用的生产及前后场设备均为一流、专业的“三一重工”原厂设备。公司建成以来,参与枣山园区部分公路、武胜完善火车站道路、岳池“111”环线公路及西兴路等道路工程的建设,并多次获得业主方、监理单位及相关部门的一致好评。

(县经信局:唐丽蓉)

经济技术开发区

【概况】 2016年,县经开区建成拓展面积13.8平方千米,入驻企业130余户,其中医药企业30余户,产品涵盖中药饮片、化学原料药及制剂、生物制品、药用包材及药用辅料、医药中间体、医疗器械等9大类。全年园区实现工业总产值151亿元,同比增长22.67%，8户规模以上医药企业实现工业总产值34.05亿元，同比增长57.32%，上缴税收1.68亿元，解决就业3500余人。分别被四川省食品药品监管局、四川省经信委、四川省人社厅授予药品上市许可持有人制度试点示范区、四川省（医药）特色产业范基地、四川省专家服务基地示范点。

【投资环境】 硬件设施。完成园区骨架道路升级改造和生态文化景观建设，完成健康路黑化，启动药王“百草园”、长滩寺河北路等基础设施建设，2016年基础设施及配套建设完成投资1.8亿元，新改建园区道路4.3千米，铺设管网1.5千米。

配套体系。初步建成规划区域环评、专业污水处理系统、天然气分布式能源、多电源双回路电网，启动固危废处理站、生物医药孵化中心、药物研究院、药物临床试验基地、药学院、医药产业发展基金等专业配套建设，园区承载能力保持成（都）渝（重庆）地区领先地位。

优惠政策。出台《岳池县投资促进优惠政策》《关于加快工业转型升级促进医药产业创新发展》等政策文件，起草送审《岳池县医药产业发展专项政策》《关于加快中药材重点品种种植的意见》《岳池县医药产业智库建设管理办法》等系列政策文件，夯实产业发展软实力。

公共服务。对入园企业实行“保姆式”“一站式”“个性化”服务，对涉园公共事务，采取“清单”工作法，对园区安全环保工作通过政府购买服务等方式确保监管到位。

【招商引资】 县经开区起草《岳池县医药产业委托招商奖励办法》，探索资本招商、会展招商、委托招商、以商招商等招商方式，瞄准成渝地区、京津冀等医药产业发达及转移地区，引进华扬农业、新青阳制药等项目6个，全年招商引资形成投资13.68亿元。做好项目储备，加强与百裕制药、爱斯特医药、正大天晴、康美药业、四川制药、科伦医贸、国药四川医疗器械等10余户意向企业的衔接联系，努力促成实质合作。

【园区建设】 加大建成投产企业培育力度，仁安药业、富登电梯成功培育为规模以上工业企业，博达医药成功培育为限额以上商贸企业。加快推进在建企业建设进度，金方生物、康安生物、华扬农业即将建成投产，正抓紧建设创新药物公共服务中心、新青阳制药、宏益制药、兴杰象药业。

（县经开区）

罗渡高新区

【概况】 2016年6月，经县委、县政府批准，将岳池县罗渡高新技术产业开发区管理委员会更名为岳池高新技术产业开发区管理委员会，并逐步完善管委会重大问题协调机制、重点项目推进机制、企业服务保障机制三大工作机制。高新区工业总产值实现12.52亿元，固定资产投资完成36185万元，新增固定资产投资入库31452万元，税收完成895.39万元，引进项目4个，完成招商引资20956万元。

【招商引资】 岳池高新区利用建立的广泛招商引资网络，加大外宣力度，紧盯意向企业，成功引进岳池·重庆产业园项目、钢结构生产项目、新型建筑节能环保轻质墙体生产项目、变压器·电控柜生产项目，完成招商引资20956万元，其中岳池·重庆产业园项目于6月22日正式完成协议签订工作，成为岳池高新区在探索“园中园”“园企共建”模式的一项重大创新突破。

【基础设施建设】 园区骨架道路（一期）完成总工程量的100%；完成高新大道（一期）桥梁铺设，水泥路面完成99%；骨架道路二期1.6千米，其中一条打通路基300米；安置房二期主体建至第5层。

（岳池高新区：王成林）

商业贸易

【概况】　县商务局跟踪洽谈跨境商贸城项目、国际商贸城项目；督促加快东湖城市综合体、余家河特色商业带建设；基本建成以天羿荣耀城、电商产业园、亿联建材家居五金城等项目为主体的环东湖商圈；亿联建材家居五金城、万千购物广场、麻柳桥综合农贸市场、成果村综合农贸市场、二手车交易市场等项目相继建成并投入使用。着力优化布局、建设功能完善的市场体系，对九龙广场、财富中心2个原有县城商业集中区和南宋文化一条街、车业一条街等7条特色商业街进行集中治理，改善商务环境。培育提升"岳池输变电工"劳务品牌价值，整合6家输变电企业资源，建成输变电技能培训中心，发展壮大岳池输变电产业。全年全县实现服务业增加值69.4亿元，同比增长9.4%；社会消费品零售总额102.7亿元，同比增长13.9%；第三方物流营业额5.5亿元，同比增长10%；服务业固定资产投资实现139.2亿元，同比增长16.9%；完成外贸出口6108.5万美元，实际利用外资504万美元。

【商业网点】　全县新增限额以上商务企业4户，规模以上服务业企业5户，大型个体工商户3户；至2016年年末，限额以上商贸企业128户，规模以上服务业企业31户。新改建农贸市场2个，农贸市场达到37个。县电商产业园初步建成并开园运营，入驻电商企业35家。全年引进和培育电商企业11户，网店800家，电商实现年交易额11亿元；网络零额2.3亿元；新引进外贸进出口企业3户，新增获权企业5户。

【会展工作】　2016年，组织全县企业开展"惠民购物全川行""川货全国行""万企出国门"三大活动。组织企业参展111场（次），成交额13.3亿元。

2015年12月上旬至2016年2月中旬，在滨河南路丝绸路至麻柳桥段，开展"2016四川（岳池）迎春购物月"活动。其间，悬挂横幅标语420余条，发放宣传资料6100余份，商品销售总额18.57亿元。

2016年5月18日至22日，县委书记郑鹏程，县委副书记、代县长谭云带领岳池代表团到重庆参加第十九届中国（重庆）国际投资暨全球采购会（"渝洽会"）。其间，前往岳池县展台参观、咨询、洽谈的市民和中外客商近20000人（次），签约招商引资项目7个，协议投资21亿元；参展企业成功签订贸易合作协议4125万元，现场交易62万元；发放宣传资料1万份，推介包装项目30余个，对接企业100余户，收集有价值信息20余条。

10月12日至10月15日，县委常委、副县长陶开琴带领岳池代表团到绵阳参加2016年中国（四川）电子商务发展峰会（简称"电商峰会"）。其间，到岳池县展台参观、咨询、洽谈的市民和客商5000人（次），现场交易额50余万元。北京、广州、重庆、成都、绵阳等地客商与岳池县参展企业达成意向合作协议8个，电商合同交易额1000万元。

【电商产业】　县政府制定《岳池县促进电子商务发展扶持政策》等系列政策，设立500万元专项资金，在电商企业引进、用地、用房、金融、人才和培育等方面予以支持，对重大电商项目实行"一事一议"，加大对电子商务行业创业创新的支持力度。签订《岳池县电子商务进农村综合示范项目实施合同》，明确由岳池亿联置业有限公司承建县电子商务服务中心，由福建海都公司和阿里巴巴村淘服务中心实施其余工程。全年建成县物流配送中心、电商公共服务中心各1个，入驻企业42家，引进和培育本地电商平台企业11户；自建平台"U我田品"正常运营中，乡镇物流配送站20个，乡村电商服务站142个，开展电商业务培训4000人（次）；成功培育莲桥米粉、顾县豆干、黄龙贡米等6个农产品品牌;加快筹建农产品质量追溯公共服务平台和追溯系统平台。全年实现电子商务交易额 11 亿元,同比增长 27.9%;网络销售额 2.3 亿元,同比增长 29.5%。

【物流业】 全县有快递物流企业 47 家,其中运用“互联网+”32 家、A 级物流企业 2 家,实现第三方物流企业营业额 5.8 亿元,同比增长 10%,大宗商品的物流商圈主要集中在九新街、绿邮街、新风路、新马路和 50 米大道一带,从业人员 1280 人,营业收入 3.4 亿元;县城及乡镇有快递业经营户 183 户,从业人员 526 人,营业收入 1.3 亿元。

【市场建设】 成功培育规模以上服务业企业 5 户、限额以上商贸企业 7 户,累计发展城乡超市 1280 家;着力布局和功能优化,培育现有成熟商圈,对九龙广场、财富中心 2 个原有县城商业集中区和小吃、建材、服装、汽车服务等 7 条特色商业街进行集中治理、改善商务环境,商圈经济更有活力。

【对外贸易】 全年新引进外贸进出口企业 3 户,新增获权企业 5 户,实现外贸出口 6108.5 万美元,实际利用外资 504 万美元;指导输变电行业协会及县内输变电企业加强品牌宣传及外派劳务培训网络建设,增强“中国输变电之乡”影响力,提升外经贸合作水平。

【休闲服务业】 全县以休闲服务业经营户 1945 户,从业人员 10465 人,全年实现收入 4.33 亿元。其中:美容美发 453 户,从业人员 2932 人,营业收入 0.45 亿元;桑拿、按摩、足疗保健 185 户,从业人员 926 人,营业收入 0.37 亿元;茶馆(茶楼)632 户,从业人员 2905 人,营业收入 1.03 亿元;网吧 87 户,从业人员 505 人,营业收入 0.34 亿元;舞厅歌城、酒吧 196 户,从业人员 1542 人,营业收入 1.52 亿元;其他休闲服务业 392 户,从业人员 1655 人,营业收入 0.62 亿元。

【住宿餐饮业】 全县以天羿大酒店、塞纳大酒店、豪庭假日大酒店、三号金座为“龙头”的住宿、餐饮业经营户 7902 户,从业人员 47631 人,年实现收入 15.01 亿元。餐饮业经营户 7152 户,从业人员 40769 人,实现收入 13.92 亿元;住宿业经营户 750 户,从业人员 6862 人,实现收入 1.09 亿元。

【商品经营】 全县有机动车(汽车、摩托车、电瓶车)经营户 495 户,从业人员 1050 人,营业金额 3.42 亿元;农机、五金、家电、家具、百货(服装、床上用品)化工经营户 3792 家,从业人员 5234 人,营业额 3.98 亿元;蔬菜、禽、蛋类、水产类、牛奶(奶粉)、食用油、肉类、粮食、面粉、调味品、副食品等,经营户 15725 户,从业人员 57045 人,营业金额 4.01 亿元。全县有再生资源回收营业网点 216 户,从业人员 1080 人,再生资源回收销售 4.86 万吨,销售总额 1.35 亿元。其中:金属回收 1.16 万吨,销售金额 2500 万元;报废电子产品、报废机电设备及其零部件回收 1900 吨,销售金额 2300 万元;废纸板、塑料、橡胶、泡沫回收 1.05 万吨,销售金额 3300 万元;废玻璃、编织袋回收 2700 吨,销售金额 700 万元;二手车报废 2.01 万吨,销售金额 4100 万元;其他废旧物品回收 1800 吨,销售金额 600 万元。

【市场体系建设】 全县投资 1342 万元,改建县城农贸(菜)市场 2 个,改建营业面积 7400 平方米,改建摊位 220 个。其中:引导民间资本投资 42 万元,完成县城区永兴市场的升级改造,升级改造大棚面积 1460 平方米,改造摊位 60 个,整改公厕 40 平方米,粉刷墙面 1600 平方米,硬化平整地面 1000 平方米,改造供电线路达 3000 米,维修疏通下水道 70 米,建立经营管理制度达 8 条,制作标准摊位牌 6 个;引导民间资本投资 1300 万元,完成南门农贸市场的升级改造,改建后营业面积 5400 平方米(其中钢混结构一楼直销区 300 平方米、营业面积 2200

平方米，二层2500平方米、三楼办公用房400平方米），改造摊位160个，更新营业卷帘门36个，贴地板砖2100平方米，改造停车场200平方米，改造供电线路3千米，维修疏通下水道1.2千米，建立经营管理制度6个，制作标准摊位牌10个，导购图1个，市场进出通道2个。

【市场监管】 春节期间，县商务局与其他相关职能部门联合执法，强化食品安全整治工作。重点对九龙超市、重百超市、汇客多、好又多等超市，再生资源回收及加工企业、站点，宾馆住宿企业的消防安全进行检查，对发现的安全隐患现场进行整改。7月，县商务局按照岳安委办〔2016〕34号文件精神，在商务系统内深入开展“安全生产月”活动，集中对县城的商场、超市、宾馆、酒店、农贸市场、再生资源回收网点等人员密集的商业场所进行安全检查。其间，商务局出动宣传车16辆（次），安全检查人员83人（次），发放各类安全宣传材料3300余份，接受咨询2600余人（次），现场整改安全隐患56处。9月30日，县委常委、副县长陶开琴带领县商务局等相关部门工作人员，对金鼎旅行社、好又多超市、天羿大酒店、岳池农家第一庄等开展安全检查，对安全出口、消防设施、应急疏散、食品安全、电梯安全等方面进行检查。11月18日，贯彻落实好国务院、省、市、县关于岁末年初安全生产大检查工作的有关要求和部署，确保全县商务系统岁末年初安全稳定。县商务局安全生产工作领导小组对全县农贸市场、超市、宾馆等服务行业全面开展安全检查，发现南门市场改建中未设围栏将建设区和营业区分开、未架设安全网等隐患，当即发出整改通知书停工整改，经整改验收合格才恢复施工。

【在建大型项目】 岳池东湖城市综合体项目。位于岳池县城东湖公园以西、九响公路以东，占地面积185.72亩，总投资20亿元，总建筑面积66.48万平方米，其中五星级酒店、大型商城及特色商业街、写字楼等商业服务业建筑面积40.92万平方米（不含地下停车场12万平方米），占61.6%。该项目招商展示部竣工投入使用，五星级天羿大酒店正式竣工运营。

输变电总部经济大厦。位于岳池县广岳大道南侧，翔凤大道东侧，十八米道路西侧，项目面积74.19亩，总投资7.2亿元，总建筑面积18.8万平方米，由县内6家输变电企业联合实施，主要建设输变电企业总部办公楼、酒店、写字楼、培训中心及地下商场等服务业业态和配套高档住宅。该项目建成后，有利于内树形象、外创品牌，壮大岳池县输变电传统优势产业，打造中国输变电之乡。

成果村农贸市场。位于县城建设路东段延伸段，该项目计划总投资3000万元，占地面积4.5亩，建筑面积4000平方米，营业面积3000平方米，建设内容主要有标准化室内综合农贸市场、办公用房及相关配套设施。项目于2015年2月开工，自筹资金4200万元，完成主体工程，实施内外装饰工程60%。

【重点商务企业】 岳池县电商产业园。西临沪蓉高速岳池连接线，东临岳池火车站，总建筑面积1万余平方米，5层楼，2016年1月正式开业运营。产业园是功能完善的现代园区，集电商孵化、电商交易、展示展销、金融服务、仓储物流、生活配套等功能于一体，为入园电商企业提供全方位的生产生活服务。成为创新创业的前沿阵地，在“大众创业、万众创新”政策下，通过交流平台、资金支持、技能培训等，为岳池“创客”提供广阔的“众创”空间。成为支撑发展的新兴点极，园内聚集阿里巴巴、天下货仓、沃斯优选、海都公众等品牌企业，入园企业（个体户）42户。

瞿家店村农特产品展示销售中心。位于岳池县白庙镇瞿家店村老活动室，距古家大院农家乐以东500米，是白庙镇瞿家店村旅游示范带项目的重点基础建设内容之一，由县商务局牵头，白庙镇政府与县旅游局协助建设。总投资36万元，2016年10月12日动工，11月14日完成建设并投入使用。

占地 110 平方米，中心包括农特产品展示销售、仓储和物流配送、管理人员办公及监控室等功能分区。中心采取线上线下有机结合的模式，共享瞿家店村旅游示范带资源，依托瞿家店村现有电商服务站和“乐扶康”等本土品牌，展示并销售本地乃至周边区域的 20 余种农副土特产品。

万通汽车驾驶学校有限公司。2015 年成立，是一所经广安市行业主管部门、岳池县人民政府批准建设的二级普通机动车驾驶员培训学校。驾校培训基地坐落于风景优美的翠湖景区，场地面积 50 余亩，学校按照二级驾校标准修建有全仿真考试场地，建有计算机教室、多媒体理论教室、模拟教学室、教学教具室等综合办公大楼，以及员工和学员宿舍、食堂、超市等近 1400 平方米，有高中、大专及以上文化的教职工 100 余人，其中国家二级教练员数名、理论教练员数名，有数十余台新款捷达、桑塔纳教练车，拥有 C1、C2 车型培训资质，是岳池县规模较大、实力较强、具专业性的培训机构，有效地满足社会各界学驾者的需求。

（县商务局：胡勇、李寅辉、文琪）

粮油商业

【概况】 完成粮食收购总量 55008 吨。其中：完成优质稻谷收购 54998 吨，完成油菜籽收购 7325 吨，完成粮食销售总量 78317 吨。实现商品销售收入 20150 万元，完成食用油销售 5000 吨。

全年完成工业总产值 14.8 亿元，实现销售收入 14.8 亿元；完成工业增加值 8900 万元，实现工业利润 770 万元。

全县国有及国有控股粮食购销企业实现利润 25 万元，粮油收购资金安全运行率 100%。

【粮油购销】 按照《四川省 2016 年中籼稻最低收购价执行预案》和上级的要求，9 月 26 日启动收购预案，收购中籼稻最低收购价国标三等每公斤 0.69 元。全年收购托市稻谷 2 万吨。

做好 2016 年度省储稻谷 1987 吨、县储稻谷 7000 吨和县储菜油 700 吨轮换销售工作。年末，全县省级储备粮 1 亿吨，县级储备粮食 1.28 万吨，县储菜油 800 吨。

【粮油仓储建设、管理】 加大实施“粮安工程”力度，新建现代化仓容 3 万吨，在收购 2016 年度托市稻谷时使用，解决全县粮食收储矛盾突出的问题。

加强各级粮食储备管理。开展“一符四无粮仓”活动，全年检查 3 次，累计检查粮油 21.5 万吨（其中省储菜油 400 吨、县储菜油 800 吨、代储菜油 400 吨），列入鉴定粮食数 20 万吨，“一符四无”率 100%。推广使用机械通风储粮技术，全县机械通风储粮仓间 197 个，仓容 10 万吨。准低温仓容 5000 吨。实现全县所有粮仓机械通风储粮。投入 24 万元，在康达粮油公司下属的镇龙、观桥、齐福、裕民、罗渡、中和粮管所建设“一卡通”。

争取中央和地方财政投资项目资金 193.35 万元，建成省、市农户科学储粮小粮仓项目 6000 个，采取科学规划、合理布局，全部分配给 20 个乡镇 299 个村的 6000 农户。

【粮油市场与安全检测】 开展执行国家粮食流通统计制度情况及各类粮食食品安全执法检查 21 次，查处违规行为 13 例，其中责令整改 7 例、警告 5 例、处罚 1 例，罚款 100 元。

【粮油统计】 做好社会粮食统计工作，按时按质报送社会粮食统计报表。开展“社会粮食流通统计宣传月”活动。

（县粮食局：蒋建余）

烟草专卖

岳池县局(分公司)设客户服务科、专卖管理科、内管办、综合办,下设九龙、坪滩、罗渡3个中队、3个营销片区,在岗47人,其中机关13人、一线专卖18人、一线营销16人,离退休23人;党员23人,其中在岗党员14人;全县卷烟零售客户2333户,客户经理户均服务146户。

2016年,分公司销售卷烟19443.9箱,单箱均价25709.3元,同比上升5.43%;实现销售收入4.27亿元,实现税利1.24亿元,同比增长3.05%,开展“天府金叶2016”“2016铁拳行动”等专项整治,加大快递邮寄业务查处力度,全年查处各类涉烟违法案件293起,查获违法卷烟4644.1条,涉案金额64.48万元。其中5万元以上5起,被省烟草专卖局确认为一类假烟网络案件,刑拘4人,逮捕3人,成功破获首起“11·24”互联网假烟网络案件,刑拘5人,逮捕4人,全面完成专卖各项目标任务,被广安市局(公司)评为2016年度“打假破网”先进单位。

(县烟草专卖公司)

盐 业

【概况】 四川省盐业总公司岳池支公司(岳池县盐政管理所)成立于1983年1月,隶属于四川省盐业总公司广安分公司(广安市盐业稽查处),是岳池县盐业主管部门,负责全县盐业行政管理、盐政执法和食盐专营工作,担负着辖区内盐产品的供应和消除碘缺乏病的重任。公司性质为国有企业,公司和管理所一套班子、两块牌子、职能分开、合署办公;支公司经理、所长陈旭,书记、副经理张勇、副经理、副所长匡永学。内设盐政科、财务科、办公室、九龙连锁直营店;公司位于县城大西街179号,占地面积2856.3平方米。2016年年末,公司在册职工11人,其中在岗10人(1人病养)。

【盐业专营市场管理】 2016年,盐政管理所针对岳池食盐市场形势的变化,把市场管理工作作为重点,日常监督,全县集中开展食盐安全整治活动4次。在元旦、春节期间,根据广安盐政市场稽查处印发《关于开展盐业市场集中整治确保双节期间食盐安全实施方案》,扎实开展活动,确保“两节”食盐市场秩序稳定。6月,县盐业公司与县公安、食品药品等部门联合,开展以食盐安全为主的盐业市场集中整治活动。开展年末旺季食盐市场检查工作,检查小工业用盐单位23个和饭店、食堂、粮油店等350余个,出动车辆巡查市场105次,查处盐业违法案件11件,没收违法购销盐产品1.64吨,确保全县专营市场稳定。

【食盐专营】 盐业公司全县设食盐零售点380个,无碘供应点4个。全县销各类食盐3416.74吨,其中小包装食盐2743吨。4月5日,由县盐业公司会同县疾病控制中心和省市疾控中心进行碘含量监测,结果显示全县碘盐覆盖率100%、碘盐合格率98.33%、合格碘盐食用率100%。碘盐覆盖率、碘盐合格率、合格碘盐食用率等指标连续7年在98%以上,达到国家消除碘缺乏病县级目标的标准。

(盐业岳池支公司:匡永学)

旅游业

【概况】 坚持围绕用好“中国农家乐之源”名片,坚持农旅结合、文旅结合的思路,以旅游扶贫为重点,发展乡村旅游,实施多点多极战略,推进项目建设、宣传营销、行业监管等工作。全年实现旅游收入24.58亿元,接待人数306.25万人(次),分别同比增长25.6%、11.81%。

【旅游扶贫】 制定旅游专项扶贫实施方案，明确以旅游扶贫为抓手，以乡村旅游提升示范带动为目标，启动岳池县旅游扶贫示范带建设。结合旅游扶贫，实施乡村旅游品牌创建。白庙镇瞿家店村、顾县镇马家村、朝阳乡牛王庙村成功创建省级旅游扶贫示范村，培育创建民宿达标户8户（甲天下农庄、水泊人家、凌江缘、洞堡山庄、中富农庄、花园老农家乐、三安专业合作社、绿卉康养山庄）。争取扶贫金融扶持，全年包装旅游扶贫项目5个，加强与各大金融机构对接，其中"岳池县旅游扶贫示范带一期"项目，争取省农发行信贷扶持到位资金2.5亿元。参加省、市组织的旅游扶贫和乡村旅游发展专题培训班，外出学习考察先进经验和成功典型，开拓眼见和视野。

【旅游规划】 完成《岳池县农家文化旅游区规划、扶贫规划及重要节点修建性详细规划层面城市设计》《广安漏山飞凰旅游景区规划设计》《岳池县白庙镇瞿家店村旅游扶贫规划》《马家乡村旅游规划——顾县马家、快乐老家》等规划，全县旅游规划体系日趋完善。邀请九三学社、同济大学、西南大学、四川省旅游风景规划设计院的专家教授到岳池县实地调研，指导乡村旅游发展，启动实施白庙瞿家店乡愁园规划、顾县马家乡村旅游规划。

【旅游招商】 向外包装推出农家文化旅游景区、白庙乡愁园等重点项目10余个，在省、市组织的各类节会上进行项目推荐。主动到省旅游发展委汇报项目工作，推荐优选项目。组织招商小分队到四川能投、中铁建等知名公司对接，介绍岳池旅游资源和招商环境，邀请达州、重庆、深圳等地客商到岳池考察指导。全年引进项目4个，签约2.3亿元。

【项目建设】 全年旅游项目完成投资62276万元。完成银城花海项目的花海景观、休闲木屋等一期工程，开始营业，备受游客青睐，二期工程正加快推进。新引进投资的项目漏山飞凰旅游景区项目，推进基础设施建设；完成瞿家店乡愁园旅游厕所、旅游咨询服务中心、芙蓉园观光区、桃花观光采摘区等设施建设。文创产业园完工20%，余家河公园城市景观带项目完成60%；完成紫山药项目、姜山寺窖藏观光基地一期、绿卉生态园一期等项目建设。

【乡村旅游】 培育星级农家乐3家，创建民俗达标户8户，指导培育乡村旅游特色业态4家，新开发旅游商品2种。培育旅游商标8个，新增完善乡村旅游标识标牌100套，新开通城市公交线路10条，完善公交站台48座，新建旅游信息咨询服务网点3个。完成10座旅游厕所新（改）建，超目标任务100%。新增旅行社服务网点6个。

【旅游宣传】 建设岳池旅游网络信息宣传平台，设立岳池旅游微信公众号，建成岳池旅游网站等平台，加强媒体宣传。举办排楼乡李花节、香雪李采摘节、石垭岳池农家旅游文化节、岳特丘山窖藏灯光节等乡村旅游节会11次，活跃全县的旅游市场，带动全县自驾游、乡村游、城市周边游升温。组织企业参加"渝洽会""广洽会""西博会""农博会"以及南充、达州、广州、海南等城市的旅游宣传推荐会，提升旅游知名度，塑造美丽岳池旅游新形象。

【行业管理】 抓好旅游安全生产，签订《旅游安全生产责任书》30份，坚持日常监管和重大假日联合排查整治相结合，组织开展各项安全检查20余次，出动检查人员70余人（次），排查各类隐患8起，接待和处理旅游投诉5起，全年未发生重大安全责任事故和重大旅游投诉案件。引导旅游企业开展法制宣传和文明旅游宣传，指导旅游企业做好旅游统计、系统填报等工作；举办乡村旅游培训班和讲座，培训人数1260人（次）。

（县旅游局：李小玉）

投资促进

【概况】 2016年，全县投促工作围绕省市确定的“项目年”主题，紧扣“两个率先”目标和“产业强县”战略，注重引资、引质、引技、引链、引智的有机结合，投资促进工作取得显著成效。全年全县上报新引进项目125个，包括5000万元以上项目55个、亿元以上项目37个；其中5亿元以上项目9个，包括同天生物、杰象生物、10万亩中药材种植基地、农业开发及光伏发电、城东新区智慧城市及海绵城市建设、岳池·重庆产业园、空气能热水器、公园一号、跨境商贸物流城。全年完成固定资产投资109.6亿元，完成国内省外到位资金85.75亿元。

【招商成果】 在四川省川商返乡创业大会上，成功签约空气能热水器系列产品生产、多肽及原氨酸生产项目，协议引资8.3亿元，其中多肽及原氨酸生产项目作为广安市的代表项目在省级平台现场签约。在2016年知名企业四川行上，成功签约植物提取生产、慕华电力机械生产、万吨米粉生产等项目，协议引资达9.2亿元。在第十九届“渝洽会”期间，县政府成功举办“川渝合作示范区·广安岳池优势产业投资促进对接会”，与重庆大学药学院（创新药物研究中心）、重庆智合生物医药有限公司、中国医药集团重庆医药设计院签订院地战略合作框架协议3个，签订新能源电动车建设、综合物流园及汽摩专业市场投资项目2个，协议引资达18.5亿元。在首届川渝投资贸易大会上，县政府与重庆星客实业有限公司、江西龙虎山天师林文化旅游开发公司、四川仁安药业有限责任公司等7家省内外知名企业签订岳池·重庆产业园、凤凰古堡旅游度假区、岳池创新药物公共服务平台及产业化等投资项目7个，总投资达36.5亿元。第十六届西博会期间，在广安市主办的投资推介会暨项目签约仪式上，成功签约欢乐原乡文化产业园、跨境商贸物流城、万亩藤椒基地、爱康医院、民康医院、丘山窖藏等重大产业项目8个，协议引资29.16亿元。

【项目建设】 杰象植物提取生产项目。占地100亩，计划总投资3亿元，建筑面积9万平方米，计划分两期建设，主要建植物提取生产线3条，植物提取产品、保健品精包装生产线1条，建成投产后年产值2亿元以上，年纳税1000万元，解决就业200人。正在进行平场。

同天生物项目。由四川同天生物科技股份有限公司投资建设，总投资5.52亿元。建设两条中药提取物生产线，片剂车间、胶囊车间、口服液车间各1个，另配套建设质检中心、污水处理系统、公用工程系统等设施，主要生产消癌平口服液、肾炎四味胶囊等中成药制剂，预计可实现年销售收入1.5亿元，年纳税1000万元，解决就业300人。项目主体综合楼修建到第三层。

宏益生物中药材项目。由重庆宏益生物工程有限公司投资建设，总投资3.2亿元，其中固定资产投资2.5亿元。新建中药材及天然植物有效成份提取生产线6条，建成投产后年产各项提取物3000吨以上，年产值6亿元，年纳税2000万元，解决就业人员200人。宏益综合楼主体已竣工，前处理车间主体即将封顶，完成提取车间基础工程，正在办理药品品种转移、相关证照。

仁安创新药物公共服务平台项目。由四川仁安药业有限责任公司投资建设，占地111亩，计划总投资3.7亿元，建筑面积5.5万平方米，主要建设研发质检服务平台、多功能合成车间、综合库、危险品库、消防水池及排污管网等，并配套建设生活服务中心、室外景观。项目列入四川省2016年重点项目100强。正在做设计，办理相关证照，场地已平整。

四川新青阳制药有限公司药品生产项目。占地150亩，总投资2.7亿元，建筑面积6万平方米。

建成投产后年产值1.5亿元，年纳税1500万元，解决就业200人。一期完成场地平整，正在进行主体施工，总投资1.5亿元；二期计划投资1.2亿元。

一新医药医药中间体生产项目。是2015年四川省重点项目，位于长滩寺河北路与狮子坡路交会处，占地50亩，计划总投资3亿元，建筑面积3.3万平方米，建成投产后年产值1亿元，年纳税650万元，解决就业300人。

康安生物原料药保健食品生产项目。总占地25亩，计划总投资3.7亿元，建筑面积1.5万平方米，规划建设原料药、保健食品2000吨生产线。正在建设厂房及办公楼。

四川仁安原料药生产项目。占地面积185亩，项目总投资4.7亿元，有职工300人。该项目分三期建设，一期建成投产，到位资金1.95亿元，主要生产脱氧－D核糖、嘌呤乙基酯等医药中间体；二期计划投资3000万元，2016年末前建成投产，主要生产抗肿瘤中间体；三期计划投资7500万元，主要生产化学原料药。

分布式能源项目。由四川能投集团与法国苏伊士环能集团合资建设，占地79亩（其中一期用地约45亩），总投资3.36亿元。项目各项工作正在顺利推进，初步设计、主机采购已全面完成，施工图设计与建安施工正同步推进。围墙内的土建工程量完成70%。其中，燃机、余热锅炉基础施工完成。2016年8月底主要设备燃气轮发电机组运抵现场，11月燃气锅炉到场后开始安装，主体工程设备安装全面铺开。

欢乐原乡文创产业园。总规划占地面积420亩，计划投资6亿元，项目整合城市人文和山水田园两大资源，定位生态、旅游、娱乐等主题，打造融合乡情休闲公园、高级乐园、文化创意旅游街区于一体的川渝文化第一站“文创公园”。正在进行平场，即将进入主体施工阶段。

江苏华建智慧城市和海绵城市项目。建设城东新区基础设施、智慧城市及海绵城市，计划总投资35亿元。完成所有工程建设的立项工作、勘察设计，棚户区改造工程完成建设进度40%，道路及管网新建工程完成建设进度50%，龙湖公园完成发改初评。

【招商环境】 坚持县级领导和部门联系重点项目，实行“一个项目、一名领导、一班人马、一套措施、一抓到底”的“五个一”工作机制，创造更加规范、高效、诚信、开放的政务环境和发展环境。实行“一季度一督查一通报”和周例会制度，加快推进项目建设；健全企业“一站式”全程代办和“保姆式”跟踪服务机制，帮助企业解决证照办理等问题；实行重大项目联动审批机制，集中会审、现场办结，提高服务效能，减少项目落地、建设、运行时间成本。降低重点引进项目要素成本，协调召开会审会议，专题解决入园项目水电气等要素保障及降价事宜。借助《关于加快工业转型升级推动医药产业创新发展意见》《岳池县投资促进优惠政策》等政策文件，打造岳池产业招商的新优势，增添签约项目建设的信心，吸引决心想来投资岳池的企业。成立重大产业发展推进组，出台《中共岳池县委岳池县人民政府关于成立重大产业发展推进工作组的通知》，成立生物医药、高新技术等9个重大产业发展推进组，负责解决产业发展规划、项目包装、招商引资、项目落地、市场开拓等关键问题和具体困难，打造产业发展的新引擎。认真落实企业减负相关规定，制定涉企检查工作计划，减少涉企检查。加强对企业减负工作的督查，建立健全企业减负监督机制，为企业发展创造宽松环境。

【招商方式】 注重“结亲招商”。通过“结亲”从渠道上畅通医药企业的引进和新品种的引入。国家食药局下派1名干部到市里任副市长，通过市生物医药产业组，为岳池引进医药企业，帮助医药企业申报新品种。省药监局下派1名干部到岳池县任副县长主抓医药招商。新设立驻津工作组，并由县委组织部从拟提拔对象中抽调人员上挂天津医药集团、天津食品集团、天津市东丽区招商引资局，增强专业招商实效。

注重招才引智。面向社会聘请一批名誉度高、影响力大的知名人士作为经济顾问和招商顾问。发展院士、博士经济，加强与企业、高校、科研院所深度合作，建立专家名录库，聘请知名专家为岳池引进医药项目进行决策咨询。依托知名专家的影响力和号召力，帮助牵线搭桥，为岳池引进更多更好的医药项目。借助知名专家在医药专业领域的知识和智慧，建立集研发、中试、检验为一体的创新药物公共服务中心 1 个，加速医药产业专利技术、科研成果转换利用。主动服务对接高端专家团队，成立专门班子，落实专项资金，制定激励政策，引进更多专家、团队为岳池医药产业发展献智献策。专门聘请侯曙光、彭立增、李英富等博士研发团队作为岳池县高端咨询暨医药投资促进专家，为岳池医药发展提供咨询和决策，加速科研成果、专利技术的转化利用，增强医药产业核心竞争力。

强化区域合作。通过设立天津工作组，加强与天津国资委、天津东丽区的战略合作，促成天津高新区政企代表团、天津医药集团、天津食品集团等到岳池考察，与天津医药集团签订战略框架协议。通过加强与省、市投促部门的汇报衔接，争取派员到省、市投促部门挂职锻炼，借助平台参与到高层次的投资促进活动当中。12 月，四川省在深圳举办医药产业（广东）推介会，通过向上级对口部门的努力争取，广安市作为四川省 6 个地市州代表之一参加会议，并在会上对广安市特别是岳池县的医药产业发展情况进行介绍，向参会的医药企业大力推介岳池，与康美药业、万聚源科技等医药企业就到岳池投资发展进行深度对接。

【专题招商活动及成效】　2016 年中外知名企业四川行活动。4 月 10 日至 12 日，广安市政府副秘书长田运富，县委书记郑鹏程，县委常委、副县长郑钦平、副县长邹丽、县食药局、县经开区、县投促局等部门负责人到成都参加“2015 中外知名企业四川行活动”。其间，郑鹏程一行参与会见部分中外知名企业负责人；举行“医药产业专题座谈会”等系列活动，副县长邹丽主持会议，县食药局、县经开区、县投促局等部门负责人，30 余家知名医药企业、商协会负责人参加会议。

第十九届“渝洽会”招商活动。5 月 19 日至 22 日，县委副书记、代县长谭云率领县委常委、副县长郑钦平，县委常委、总工会主席刘俊，副县长汪勇、邹丽，县委办、县政府办、县委宣传部、县商务局、县经济和信息化局、县发展和改革局、县食品药品监管局、县投资促进局、县经开区、县贸促会、罗渡高新区等部门负责人，到重庆参加第十九届“渝洽会”。借助渝洽会广阔平台，自主举办“川渝合作示范区·广安岳池优势产业投资促进推介会暨项目签约仪式”活动，宣传岳池产业优势，展示岳池良好形象，全力进行招商引资，取得丰硕成果。会上，岳池县成功与重庆大学药学院（创新药物研究中心）、重庆智合生物医药有限公司、中国医药集团重庆医药设计院现场签订院地战略合作框架协议 3 个，签订新能源电动车建设、综合物流园及汽摩专业市场投资项目 2 个，协议引资 18.5 亿元。

中国（广安）川渝合作示范区暨川东北经济区投资推介会招商活动。10 月 21 日，中国（广安）川渝合作示范区暨川东北经济区投资推介会暨项目签约仪式在广安举行，岳池县成功与重庆星客实业有限公司、江西龙虎山天师林文化旅游开发公司、四川仁安药业有限责任公司等 7 家省内外知名企业签订岳池·重庆产业园、凤凰古堡旅游度假区、岳池创新药物公共服务平台及产业化等投资项目 7 个，总投资 36.5 亿元。

第十六届中国西部国际博览会招商活动。11 月 2 日至 6 日，第十六届中国西部国际博览会在成都举行，岳池县在大会期间成功与重庆平氏科技有限公司、云南瑞丽祥崟水果进出口有限公司、四川省黄浦投资控股（集团）有限公司等 8 家省内外知名企业签订跨境商贸物流城、欢乐原乡文创产业园、万亩藤椒基地等投资项目 8 个，总投资 29.16 亿元。

【重大招商活动】 1月4日至8日，县委副书记、县长汤才勇，县委常委、副县长郑钦平率县经开区、县投促局、县高新区到华南调研华南区域高新电子、装备制造等产业发展形势，召开部分旅粤乡友及企业家座谈会。

4月10日至12日，广安市政府副秘书长田运富，县委书记郑鹏程，县委常委、副县长郑钦平、副县长邹丽、县食药局、县经开区、县投促局等部门负责人到成都参加“2015 中外知名企业四川行活动”。

5月15日至17日，县委副书记、代县长谭云率县委常委、副县长钟爱平，县经开区，县投促局赴江苏、上海考察学习医药园区建设，对接洽谈医药项目。

5月19日至22日，县委副书记、代县长谭云率县委常委、副县长郑钦平，县委常委、总工会主席刘俊，副县长汪勇、邹丽，县委办、县政府办、县委宣传部、县商务局、县经济和信息化局、县发展和改革局、县食品药品监管局、县投资促进局、县经开区、县贸促会、罗渡高新区等部门负责人，到重庆参加第十九届“渝洽会”。

5月25日至29日，县委书记郑鹏程率县委常委、副县长郑钦平，县委办，县经开区，县农业局，县投促局到华东地区考察江西百神药业股份有限公司、凯望药业（南京）有限公司、江苏贝思康药业有限公司考察对接洽谈医药项目。

5月31日至6月5日，县委书记郑鹏程率县委常委、副县长郑钦平，县委办，县经开区，县投促局到天津参加津广国企合作项目集中签约仪式和开展招商活动。

6月19日至23日，市委常委、组织部长、市生物医药产业组组长黄秀川，市委常委、副市长俞路率市政府办，市食药局，县委副书记、代县长谭云，县食药局。县投促局到常州、上海参加“第十六届世界原料药展”。

10月9日至11日，县委书记郑鹏程率县政府党组成员刘裕文，县环保局，县经信局，县经开区，县高新区，县投促局赴华南考察锂电池生产项目、电动车整车生产项目、空气能生产项目、生物制药项目以及政企合作事宜。

10月21日，中国（广安）川渝合作示范区暨川东北经济区投资推介会暨项目签约仪式在广安举行，岳池县成功与重庆星客实业有限公司、江西龙虎山天师林文化旅游开发公司、四川仁安药业有限责任公司等7家省内外知名企业签订岳池·重庆产业园、凤凰古堡旅游度假区、岳池创新药物公共服务平台及产业化等投资项目7个，总投资36.5亿元。

11月2日至6日，第十六届中国西部国际博览会在成都举行，岳池县与重庆平氏科技有限公司、云南瑞丽祥鉴水果进出口有限公司、四川省黄浦投资控股（集团）有限公司等8家省内外知名企业签订跨境商贸物流城、欢乐原乡文创产业园、万亩藤椒基地等投资项目8个，总投资29.16亿元。

11月25日至29日，市委副书记、市长罗增斌率市委常委、副市长俞路，市卫计委，市食药局，市政府办，市投促委及县委副书记、县长谭云，副县长邹丽，县政府办，县卫计局，县食药局，县农业局，县经开区，县投促局到深圳考察深圳宝舜泰药业、康美药业总部，洽谈医药项目。

12月13日至16日，县政府副县长邹丽率经开区、投促局、食药局负责人到深圳参加四川省医药产业（广东）推介会。

【驻外投资促进分局】 岳池县投资促进局驻外分局由岳池县机构编制委员会于2012年6月第二次会议研究设立，按照县投资促进局下属各分局“三定”方案（岳编发〔2012〕35号），设岳池县投资促进局川渝分局、岳池县投资促进局华南分局、岳池县投资促进局华东分局、岳池县投资促进局北方分局、岳池县投资促进局医药产业分局共5个分局，核定各分局事业编制5名，各分局设定局长职数1名（按八级职员配备）、副局长职数2名（股级），职员2名。

川渝投促分局负责省内、重庆、云南、贵州、西藏等西南地区招商，驻点为重庆，重点承接机械、医药、食品产业项目。华南投促分局负责广东、广西等珠三角和港澳地区招商，驻点为深圳，重点承接电子、医药、轻纺产业项目。华东投促分局负责浙江、江苏、上海、福建、江西等长三角和台湾地区招商，驻点为杭州，重点承接化工、电子、轻纺产业项目。北方投促分局负责北京、天津、河北、山东、内蒙古等华北地区和吉林、辽宁、黑龙江等东北地区招商，驻点为天津，重点承接机械、医药产业项目。医药产业分局具体负责医药产业招商，驻点为成都，重点研究国家医药产业政策导向和大中型企业投资趋势，做好与全国工商联医药商会和省市药监部门等合作机构的信息互通、活动安排、项目对接等工作。

通过科学合理布局，实现以成都、重庆驻点覆盖成渝经济增长极，利用岳池处于轴心线区域优势，全力招引生物医药、机械制造产业；以苏州驻点辐射长三角，兼顾台湾、福建等区域，以深圳驻点辐射包括港澳在内的珠三角地区，全力招引生物医药、机械制造、现代农业以及城市综合体开发、商贸服务等优势产业项目。各驻外投促分局深入分析和掌握本辐射区域内产业布局和发展情况，产业转移信息和有投资意向的企业资料，主动出击，通过电话联络、登门拜访等方式与商会、协会、企业及客商对接洽谈，做好岳池县招商引资区域优势、优惠政策的宣传和项目信息的收集，对区域实行纵深挖掘。2016年，签约同天生物、杰象生物、10万亩中药材种植基地、农业开发及光伏发电、城东新区智慧城市及海绵城市建设、岳池·重庆产业园、空气能热水器、公园一号、跨境商贸物流城等重大工业项目，实现各分局竞相赶超，签约项目不断涌现，招商成效显著。

（县投促局）

城市建设·城市管理·环境保护

住房和城乡建设

【概况】 全县城镇面积增至56.4平方千米(其中县城22.9平方千米,乡镇33.5平方千米),城镇化率达35.7%。全年完成固定资产投资(含房地产项目)33.99亿元,完成市政基础设施投资3.9亿元,房地产开发投资38.2亿元。

【城乡规划】 完成岳池县消防专项规划编制,启动县城总规修编、老城区控制性详细规划、城东商贸物流园控制性详细规划、农家文化旅游区规划与旅游脱贫示范片区发展规划。按照《四川省城乡规划条例》等法规的要求,对建设项目实行放线验线制度,确保建设对规划的服从性。办理选址意见书14个,建设用地规划许可证18个,建设工程规划许可证33个。

【城市建设】 开展基础设施建设年行动,完成站前景观大道及银城大道东延伸段道路建设,完善骨架路网。融入海绵城市和智慧城市建设理念,采用PPP模式实施城东新区姚家河公园、龙湖公园、龙藏大道、地下综合管廊等重点项目13个。精心打造"欢乐原乡"文创公园,建设城市规划展示中心,完善市政功能。升级改造翔凤大道公共设施,城市形象更加靓丽。开工建设地下综合管廊2.61千米。

【民生项目】 开工建设保障性住房3886套,完成D级农村危房改造678户,启动实施C级农村危房改造1718户,分配公租房433套,真正让住房困难群众得到实惠。牵头实施乡镇污水处理站7座、乡镇标准化公厕22所,有效治理17个村庄生活垃圾。

【村镇建设】 完成石垭、白庙、顾县等10个特色集镇的控制性详细规划及深度设计。对特色集镇进行升级打造,全面实施"9+N"公共设施建设工程,提升场镇承载能力。建成特色街区10条、规范化农贸市场10个、市民休闲广场10处、公办幼儿园10所、标准化公厕18座。石垭建成现代农业基地15个,顾县镇发挥豆制品青石加工等传统产业潜力,巩固发展苟角服装零售、白庙樱花观光、同兴柑橘种植、齐福兔肉加工等产业。

【环境整治】 按照"五有"要求,完善农村垃圾收集池、分类减量池、垃圾中转站、垃圾运输车、再生资源回收点等垃圾收运设施,配齐配强保洁清运人员,确保农村生活垃圾科学治理。投资700余万元,维修县城区破损街巷路面及人行道下水道管网等市政设施建设,维修人行道及广场5000余平方米,改造盲道3000余平方米,疏通管道8千米,维修破损沥青路面2.5万平方米。

【工程建设与管理】 建立分片包项责任制,持续开展商品房预售许可、预售资金使用、农民工工资管理、建筑生产安全等专项治理。开展建筑工地扬尘治理，建立巡查机制，督促建设单位、施工单位落实防尘降尘措施。

强化工程建设管理，做好施工许可证办理及工程竣工备案工作，全年办理“建设工程施工许可证”34份，建筑面积78.8万平方米；办理竣工验收备案18件，建筑面积26.2万平方米。

结合“质量治理两年行”“安全生产月”“防汛抗旱大检查”等活动，强化建筑质量安全生产监督管理，对全县在建工程进行质量安全大检查，发出安全隐患整改通知书198份，提出整改意见1128条，停工通知书26份，保持全县建设工程质量安全管理工作稳步健康发展。

【建筑队伍及管理】 加强建筑企业资质（资格）管理和从业人员教育培训，完成123名二级建造师的初始注册、55名二级建造师的增项注册及116名二级建造师的转注册；完成企业资质换证28家，成立建筑总承包企业4家，资质增项3家，资质变更4家。全县建筑业总产值73亿元。劳务输出8.1万人，创劳务收入15.5亿元。

【房地产业管理】 龙鑫·御水湾、凤凰山水等新建住宅小区，避免以前小区高容积率、绿化面积少等缺点，提升新区住宅品质。规范商品房预售许可，办理预售许可29件，预售面积76.78万平方米。

【物业管理】 全县有从事物业服务企业26家，其中二级资质企业1家，三级资质企业14家，暂定三级资质企业11家。从业人员1900人，实施物业管理的面积150万平方米。外地企业15家，其中一级物业服务企业6家，二级服务企业4家，三级物业服务企业5家。

按照建设部《物业管理条例》和《物业管理企业资质管理办法》等规定，切实开展好资质申报、升级、备案等工作。查处从事与其资质等级不相符合的物业服务活动以及未取得资质就从事物业服务活动。办理物业企业资质申报5份，升级2份，备案14份。

根据《四川省物业管理条例》的相关规定，按照县政府办公室《岳池县推进住宅小区物业管理工作实施方案》文件精神，要求全县各住宅小区成立业主委员会。依法指导16个小区成立业主委员会，并督促其他小区依法依规成立业主委员会，促进业主自律和民主决策，切实维护业主合法权益。

【房地产经营与开发】 房地产开发企业资质申报6家，2家房地产开发企业申报企业资质延续。新开工房地产面积67.17万平方米，商品房续建项目面积146.63万平方米，完成投资32.56亿元，全年开发项目竣工52.7万平方米，销售商品房7621套，销售总面积73.2万平方米，销售总金额33.9亿元。

开盘楼房有凤凰山水、龙鑫·御水湾、公园三号，在建楼房有瑞鼎君悦、成果农贸市场、师大天街等。

表3

楼房名称	开盘时间	地点	开盘申报价格（元/平方米）	户型（平方米）
凤凰山水	2016.8	银城东路以东与丝绸路延伸段以南交叉处	4400～6200	101～110
龙鑫·御水湾	2016.10	银城东路东侧与滨河东路一段南侧交叉处	4200～13000	89～280
公园三号	2016.12	银城东路以东与银城大道延伸段以北交叉处	4500～6500	87～133

（县住建局）

城市管理

【城市环境综合治理】 2月，县城管局科学安排开展春节城市管理勤务工作，全力维护城区市容秩序和环境卫生。利用手机短信平台、LED电子显示屏等宣传阵地全力宣传，发送短信1.65万条，滚动播放春节温馨提示850条（次），向机关事业单位、市民、商家发放纸质温馨告知书9000余份。突出规范管理，严控临街门市音响揽客，划定临时经营区，对各类流动摊点进行合理疏导。拆除存在安全隐患的破损、过期户外广告130块；对城区违章占道、各类喷绘“牛皮癣”、违章设置水泥石梯进行综合治理，纠正各类违章占道行为2432起，清除“牛皮癣”2000余处，清运生活垃圾1300吨，为广大市民营造整洁、有序、和谐、稳定的节日环境。3月起，县城管局持续开展“样板”街道打造工作，探索与县公安局交警大队、县交通运输局等部门协作配合的联勤执法工作模式，初步建立城管、公安联勤执法工作机制；发放《温馨告知书》《明白纸》等宣传资料2万份，清理拆除擅自设置的水泥石梯、石墩等简易构筑物130处，对城区非机动车停放位进行重新施划和补线，增加非机动车停车位6000个，查纠机动车、非机动车违章停放3400余起。4月，规划设置烧烤摊点集中经营区以及开展城区烧腊摊、鸭脖摊等摊点占道经营整治工作，对城区夜市烧烤摊点进行摸底和宣传，发放通告书562份，规划设置5处无门市夜市烧烤集中经营区120个摊位，对城区违章占道经营的烧腊摊、鸭脖摊等摊点集中力量进行规范、清理和取缔，查纠违章占道经营行为321起，查扣经营工具、物品43件（次）。5月，县城管局联合县交通运输、住建、商务、工商质监等职能部门对银城南路、东门外及九龙市场周边街区综合秩序进行整治，规范银城南路水果临时批发市场经营秩序，将花园路马路市场部分摊点规范迁移至九龙市场内规范经营，使银城南路、东门外及九龙市场周边秩序混乱的状况得到明显改善。6月至7月，对城区空调向街面、人行道乱排水现象，城区户外媒体、灯箱店招、道旗、立柱等广告的设置情况进行全面调查摸底，对涉及违章的业主下达《责令限期整改通知书》123份，查纠空调违规排水42起，集中拆除过期、有碍市容且存在安全隐患的灯箱店招97块、喷绘布幅586条、道旗53块。7月，成立夜间勤务管理组，在每天晚间21:00至次日凌晨3:00时段开展城区夜市秩序专项整治工作，对夜市摊点不按规定时间经营、乱摆放桌椅、高声喧哗等违章进行查纠，督促各夜市经营业主购置垃圾筐、泔水桶等物品，并在经营场所地面铺设塑料胶垫，定时对地面进行清扫，防止油垢、垃圾对地面造成污染，保持“摊收地净”。全力遏制夜市摊点违章经营及扰民事件的发生。规范夜市烧烤摊点经营秩序189次，查纠夜市摊点违章扰民行为626起，取缔非集中经营区外的夜市烧烤摊点41家。8月，对县城区主次干道、大街小巷等路段的建（构）筑物临街墙体、候车亭、电线杆、路灯杆、路牌、路面、商铺门面等市政设施“乱张贴、乱涂鸦、乱喷画”的城市“牛皮癣”进行清理。利用手机短信平台、LED电子显示屏等宣传阵地向市民宣传，发送短信1128条（次），清理纸质“牛皮癣”1.7万处，查处张贴制造“牛皮癣”案件5起。9月起，开展扬尘污染治理。灵活调整工作模式，采取错时执勤、定点检查、蹲点值守、跟踪监督等多种办法，严格对各在建工地及建渣转运承包单位夜间的建渣清运、转运进行监管，按规范对从事建渣转运车辆进行改装，严查不按地点乱倾倒、转运撒落、带泥出入等违章行为，查纠建渣转运各环节的违章行为126起，处罚144车（次），扣除保证金9.6万元，城区环境质量得到提升。10月，开展城区市容市貌集中整治活动，重点对非机动车乱停放、临街商铺经营秩序及游商占道进行规范，全力查纠骑门占道、乱排乱放、乱悬乱挂、乱倾乱倒等违章行为，全面取缔城区主干道临街商铺使用音响、喇叭、扩音器宣传揽客行为。发放温馨提示告知书2.2万份，查纠骑门占道、乱排乱放、乱悬乱挂、乱倾乱倒等各类违章行为1738起，暂扣秤、水果刀等经营工具312件，查纠乱停放车辆2980余辆，处罚284辆。11月至12月，在城区周边规划3个熏烤点，将城区内需熏烤腊肉市民规范至熏烤点作业，严查不在规划点乱熏烤违章行为，劝导违章市民乱熏烤行为39起，暂扣熏烤作业用具6件，有效降低熏烤腊肉给城区环境带来的影响。12月，全力以赴抓好创文复查。对照创文复查各项重点，提前制定翔实的创文复查迎检工作方案，将各项工作任务层层分解、逐一落实到位；全局干部职工发扬"5+2""白+黑"的优良作风连续奋战2月余时间，严格按照工作方案加班加点，高标准开展市容秩序和环境卫生管理工作，顺利通过"暗访评测"，向全县人民、县委、县政府交上一份满意的答卷，为创文取得成功打下坚实的基础。开展县城区各中小学校周边市容环境综合治理，对学校周边街区沿街叫卖、骑门占道、散发传单、乱停乱放等违章行为进行查纠，累计出动人员300余人(次)，车辆150余台(次)，教育、纠正校园周边各类违章行为为2400余起，查扣经营工具、物品41件，处罚10人(次)。

【环境卫生管理】 对城区"点式"居民区公共巷道以及城乡结合部留存的生活垃圾进行治理，清理生活垃圾8.1吨，及时消除陈年垃圾带来的"二次污染"；县城区各主次街道、人行道和公共广场清扫保洁率100%；垃圾日产日清，杜绝积存垃圾，清运城区生活垃圾9.78万吨，垃圾清运率100%，无害化处理率95%。根据实际，适时对环卫网格进行优化、调整；改变传统监督模式，为环卫管理网格人员配备照相机、电动车等装备及交通工具，提升工作效率。组织各街区环卫工人定期对街面门市、市政公用设施上的纸质"牛皮癣"进行清理，全年清理纸质"牛皮癣"1.7万处。增强机械化作业，添置环卫机械化作业设备，添置洗扫车1辆、钩臂式垃圾转运车4辆，垃圾车厢4个，购置果皮箱700个、内桶1000个，完成3座旧槽式公厕的升级改造工作，增强环卫机械化作业力量；完善城区机械化作业方案，每天轮流对主要街道进行洗扫作业，每周对公共广场冲洗1次，定期对夜市集中经营区地面油垢进行清洗，城区环境质量得到提升。

【城市管理宣传】 通过灯箱式路牌、灯箱式垃圾桶、街道广告招牌、路灯广告牌设置城市管理公益宣传广告89块，累计在城区LED电子显示屏宣传和曝光乱象200余次，组织志愿者开展文明劝导活动8次，开展与商家互动活动23次，深入社区、学校开展宣传12次，向全县市民发送手机短信温馨提示10.8万条；对城管先进典型、工作动态和有益经验进行广泛宣传，县电视台专题报道12次，《四川法制报》《广安日报》、广安在线等媒体刊用稿件56篇(条)，在政府机关网站、《政务快报》发表工作信息、简讯36篇，向市民公开工作动态、文件368篇(条)。

【民生惠民工作】 通过订计划、下目标等举措，将每项民生任务逐一分解，落实到人头，按时按质完成结对帮扶、贫困学生救助等惠民工作，把党政关怀送到一线群众心中。全年完成1000名在职环卫工人免费体检、资助10名顾县中学贫困高中生任务；协调城区环卫作业承包企业、"牛皮癣"清除作业承包企业新增就业岗位140个，安排城镇就业困难人员就业。开展结对帮扶活动24次，帮扶贫困党员34人、困难群众32户，贫困学生40人，资助联系乡10名农村困难群众参加新农合，累计投入、资助扶贫助困资金6.8万元。通过联系商家、个人以投资实业的方式，在联系乡开办小龙虾养殖、农产品种植、肉牛养殖等扶贫项目，有效带动贫困村村民脱贫。引进社会资金900余万元，开办龙虾养殖基地1个、种植基地1个、肉牛养殖基地1个。完成城东压缩式垃圾中转站主体工程建设和垃圾压缩机安装，有效解决城东新区居民生活垃圾倾倒难问题。

(县城管局：周莉)

环境保护

【法规宣传】 以“6·5”世界环境日、“12·4”法制宣传月、文化科技“三下乡”活动为契机，以电视、报刊、电台、短信等为载体，开展环保宣传活动，摆放宣传展板10余张，发放宣传资料册（书）100本，宣传卡片500份，宣传传单2000余份，接待群众咨询300人（次），现场接受环境问题投诉10起。通过移动公司向全县机关企事业单位人员发送宣传短信，通过电视台滚动播放宣传字幕标语，组织骑行队，在县城的主要街道（从县环保局出发沿县城主要街道返回）宣传。

【生态文明建设】 出台《岳池县创建省级生态县技术评估整改方案》（岳生态领办〔2016〕1号），明确生态县技术评估整改工作目标、工作步骤、创建指标要求及各部门、乡镇的职能职责，建立健全生态创建考核机制，催促各部门和乡镇落实整改任务。落实省级生态县技术评估软件资料整改工作的通知，为争取顺利通过省级生态县验收做好积极准备。各部门和乡镇高度重视，积极配合，各项工作达到技术评估时专家提出的整改要求，等待省环保厅验收。完成国家级生态乡镇规划评审工作，协助石垭镇编制《石垭镇国家级生态乡镇环境规划》，及时向县政府提出关于《石垭镇国家级生态乡镇环境规划》审查意见的报告。与省环保科院签订岳池县县级生态保护红线划定技术服务合同，协调召开岳池县生态保护红线划定工作会议，布置各部门各乡镇工作任务。市、县两级生态保护红线划定工作正在按步骤顺利推进。

【污染减排】 2016年是“十三五”期间主要污染物总量减排任务开官之年，市委市政府下达岳池县主要污染物总量减排目标是：完成化学需氧量净削减0.79%、氨氮净削减0.75%、二氧化硫削减0%、氮氧化物削减0%。即完成化学需氧量削减87.2吨，氨氮削减9.8吨。根据市环保局要求，县环保局预报2个城镇污水处理项目、6个畜禽养殖项目和5个畜禽养殖关闭项目。全年完成化学需氧量减排1291.58吨，氨氮减排55.81吨。

【污染防治】 全县计17家企事业单位纳入危险废物申报登记范围，其中医疗废物127.8吨、工业危险废物29.4吨。县城所有医院（包括诊所）运至广安能投华西环保发电有限公司进行无害化处理，转移医疗废物57.6吨，集中处置57.6吨，医疗废物集中处置率100%。4家危险废物产生单位进行危险废物转移处置，转移处置危险废物53.52吨。

【建设项目管理】 贯彻《中华人民共和国环境影响评价法》和《建设项目环境保护管理条例》，对不符合国家产业政策、没有环境容量的项目一律不予审批，对没有按照环境影响评价要求建设或治理设施达不到排放标准的一律不予验收，对新开工建设项目严格执行环境影响评价和环保“三同时”制度。全年审批各类建设项目151个，其中环境影响报告表31个、环境影响登记表120个，环评率和“三同时”执行率均达100%，建设项目环境管理工作经验在全市推广学习。

【环境监察】 组织召开排污申报工作会，做好排污申报登记与核定工作，对全县辖区内所有污染源和污染排放种类、数量等情况进行调查与登记。依法依规向排污单位分别发送《排污核定通知书》和《排污费缴纳通知书》，保证排污费征收工作的公开公正和规范化管理，征收排污费60余万元。强化信息公开制度，将排污申报、排污征收、行政处罚录入政府权利运行平台和环保“12369”进行公开。中高考期间，对15家建筑工地、100家卡拉OK厅、54家夜啤酒、56家小型加工作坊、76家商店加强巡查监管，为考生营造良好环境。全年受理人民群众来信来访120起，处理率100%，回复率100%。全年查处各类环境违法行政处罚案10余件，处罚金额40余万元。

【环境监测】 完成1个县城饮用水源地（响水滩水库）和1个县城备用水源地（全民水库）每季度一次的例行监测，监测项目64项（其中33项委托华检检测进行监测），编制报告16份；完成18个乡镇饮用水源地每年2次的例行监测，监测项目31项，编制报告2份；完成长滩寺河、西溪河（2个点位）每季度一次监测，监测项目10项，编制报告4份；完成生态补偿监测点位中和河峡溪断面1个点位监测（双月1次），编制报告5份；完成县域内噪声监测功能区的噪声（8个点位、一季度一次）、区域环境噪声（51点位、一年一次）和交通噪声（20点位、一年一次）监测，编制监测报告6份。

（县环保局）

交通·通信·邮政

交通运输

【概况】 全县交通建设紧抓“国省干线提档升级、农村公路三年攻坚”专项工程和省级重点精准扶贫县机遇，建设大会战推进交通大发展。全年完成固定资产投资100265万元，固定资产新增入库110800万元。

【项目争取】 项目资金争取工作取得重大突破，包装项目数、争取资金额在2015年佳绩上又创新高。全年争取到位中央、省补资金43600万元，占全年目标的109%。

【工程建设】 仪华路大中修。大修段1千米，包括九龙收费站前后0.5千米（K155＋200—K155＋700）、石垭场镇三角碑段0.5千米（K160＋800—K161＋300）；中修段15.5千米，包括翔凤大道至收费站段1.7千米（K153＋500—K155＋200）、收费站至石垭场镇段5.1千米（K155＋700—K160＋800）、石垭场镇至齐福碎石厂段8.7千米（K161＋300—K170＋000）。四川省公路工程监理事务所设计，四川同创建设工程管理有限公司监理，县公路养护一、二段组织实施。在大修路段，挖除旧路面后铺筑15厘米厚级配碎石＋20厘米水稳碎石底基层＋20厘米水稳碎石基层＋5厘米厚AC－20沥青混凝基层＋4厘米厚AC－13沥青混凝土土面层；在中修路段，对原旧路面病害处理后铺筑4厘米厚AC－13沥青混凝土面层。项目投资建安费1900万元，项目总投资1969万元。2016年11月中旬进场，2017年1月中旬完工。

红星大桥建设。岳池县交通运输局为苟角镇红星渡改大桥工程业主单位，四川省交通运输厅交通勘察设计研究院设计，成都衡泰工程管理有限责任公司监理，四川泸州通达路桥有限公司施工。桥全长607.7米，其中主桥长292米，桥面宽度12米。项目起点位于全民水库南侧苟角镇双土地村，与县道九苟路顺接，跨越全名水库，止于全民水库北侧苟角镇古坟梁村半边街码头处，与通往苟角镇的乡道顺接。桥梁上部结构采用7×40米预应力砼简支T梁，下部结构采用桩柱式桥墩，基础均为桩基础，桥台采用重力式桥台，基础为明挖扩大基础。桥头两侧引道全长315.71米，路基标准宽度8.5米。2015年9月开工建设，2017年1月全面通车，工程总投资4800万元。

岳池综合客运枢纽站建设项目。工程用地面积88亩，工程总投资3.7亿元，建设工程成本1.2亿元，总建筑面积41317平方米。其中：客运站建筑面积17617平方米，客运站办公及配套建筑面积17500平方米，客运站站前广场建筑面积5262.7平方米，客运站营运停车场建筑面积25200平方米，公交车站建筑面积6200平方米。2015年9月进场施工。岳池县汽车站为业主单位，四川省兴旺建设工程项目管理有限公司监理，信息产业电子第十一设计研究院科技工程股份有限公司设计，四川中晟建设工程集团有限公司施工。

广高路西溪至同兴段升级改造工程。西溪镇场口至岳池县与南充市交界处16.66千米。县交通运输局下属企业岳池鸿达交通建设开发有限责任公司为业主，组织实施。一标段（西溪至恐龙段）：乐山市通达交通勘察设计有限责任公司设计，河南省宏力工程咨询有限公司监理，四川申浦路桥工程有限公司施工；二标段（恐龙至同兴段），江西省交通设计研究院有限责任公司设计，广安通力交通工程监理咨询有限公司监理，四川南兴路桥工程有限公司施工。按照二级公路设计，设计速度为60千米/小时，设计荷载为公路Ⅰ级，路面类型为沥青混凝土路面，路面总宽度为12米，其中车行道11米，两侧路缘带各0.5米，路面结构布置为22厘米厚水泥稳定碎石底基层+20厚水泥稳定碎石基层+10厘米沥青混凝土面层。项目总投资1.88亿元。2015年8月初进场，2016年5月中旬完工。

白庙镇瞿家店村旅游环线产业扶贫工程。升级改造工程总投资2421万元，由县公路养护一段、二段负责实施；包括四段公路。

升级改造白庙镇岔路口至粽粑乡岔路口环线公路：起于粽粑场镇岔路口，途经粽粑乡皂角树村、金竹沟村及白庙镇瞿家店村新村委会、李白寺村村委会、拱桥村，止于白庙场镇岔路口，对瞿家店村新村委会至瞿家店村观景台、瞿家店村观景台至鲁班迹田家庙进行改造，道路全长15千米。对粽粑场镇岔路口至皂角树岔路口、李白寺村委会至拱桥村、鸭山寺至白庙场镇岔路口4.5米宽道路共3.6千米，在道路单侧新建1米宽C25混凝土路肩墙或两侧各新建0.5米宽C25混凝土路肩墙，使路面宽度5.5米，黑化5.5米宽混凝土路面，铺设4厘米AC－20沥青混凝土+3厘米AC－13沥青混凝土，并划白色标线。完善安保、标识标牌等交通设施；对瞿家店村界牌处至瞿家店村观景台处4.5米宽道路4.8千米，夯实道路两侧与水沟之间的绿化带，现浇C25混凝土，黑化原混凝土路面及新浇筑的C25混凝土，铺设4厘米AC－20沥青混凝土+3厘米AC－13沥青混凝土，并划白色标线，并对原道路行车不便、视距不良的路段进行处理；对瞿家店村观景台至鲁班迹田家庙处4.5米宽道路1.4千米，在道路单侧新建1米宽C25混凝土路肩墙或两侧各新建0.5米宽C25混凝土路肩墙，使路面宽度5.5米，并对原道路行车不便、视距不良的路段进行处理；对皂角树岔路口至瞿家店界牌处、拱桥村至鸭山寺3.5米宽道路3.5千米，在道路单侧新建2米宽C25混凝土路肩墙或两侧各新建1米C25混凝土路肩墙，使路面宽度5.5米，黑化5.5米宽混凝土路面，铺设4厘米AC－20沥青混凝土+3厘米AC－13沥青混凝土，并划白色标线，完善安保、标识标牌等交通设施；对瞿家店村新村委会至李白寺村村委会道路1.3千米进行黑化，铺设4厘米AC－20沥青混凝土+3厘米AC－13沥青混凝土，并划白色标线。

新建白庙镇瞿家店村11社至粽粑乡姚石桥村公路：新建混凝土路面1.4千米，路面宽度4.5米，同时完善瞿家店村界牌处至拟新建路段及大龙山藤椒基地环线道路的安保、标识标牌、错车道等交通设施。

升级改造白庙镇瞿家店村古家院子及新村委会环线道路：道路长1.6千米，在道路单侧新建1米宽C25混凝土路肩墙或两侧各新建1米C25混凝土路肩墙，路面宽度5.5米，黑化5.5米宽混凝土路面，铺设4厘米AC－20沥青混凝土+3厘米AC－13沥青混凝土，并划白色标线，完善安保、标识标牌等交通设施。

硬化兴隆镇陈家坡村1、2、3、9组泥结碎石道路：长4千米，路面宽度4.5米，完善安保、标识标牌等交通设施。

【公路运输】 完成36辆到期的城市公交车实施公司化改造，新投放公交车40辆，其中新能源公交车

20辆、清洁能源公交车20辆，运行线路12条。开辟1条机动车安全检测线，新建1条汽车尾气检测线，为岳池交通发展注入新活力。

【水路运输】　完成客运量55.85万人（次），旅客周转量331.46万人千米，完成货运量132.4万吨，完成货运周转量3742万吨千米，分别为年计划的130%、132%、138%、123%。

【公路养护】　清扫路面2000余万平方米、清理水沟450余万米、路肩580多万平方米、坍方1.2万立方米、修补路面坑凼11万平方米。全面落实日常性养护，强化预防性养护，公路路况稳步提升，PQI值达到83.5。新建1个标准道班房，完成机械化养护中心主体建设，不断提升公路管养水平和服务能力。

【路政管理】　清排路障458余处，强制拆除违法大型广告4块，拆除废旧广告牌36块、非公路标志5套、横幅广告23幅，查处违法案件4件，查处违章建筑案件5起，检查货运车辆19580台（次），处理超限运输车辆18790台（次），劝返车辆460台（次），卸载转运超限货物63台（次），有效地维护路产路权，确保公路完好、畅通。

【运政管理】　开展城市客运秩序、出租汽车客运秩序、汽车维修及驾培市场等专项整治，组织对全县道路运输企业质量信誉工作进行严格考核，帮助企业完善质量信誉工作。全年查处各种非法违法客运车辆92辆，查处出租车和班线客运车辆不规范经营行为145起，整治"黑驾校"29所，查扣教学车辆38辆，较好地维护客运市场秩序。完成城区公交车国有化改造。

【海事管理】　审验客船70艘、渡船14艘、旅游船8艘、货船73艘。完成中和镇上码头新建海事工作码头、镇龙乡三合桥村渡改人行桥、龙孔镇洞庭罐村渡改人行桥。完成112艘客渡船4020客位的乘座险、112名船工的人身险保险工作。深化救生衣"双百"行动，狠抓"打非治违"、隐患排查，查处违章46起，停航整改7次，整改隐患102件，增配救生衣310件，救生圈60个，消防灭火器171只。

【安全管理】　以"安全生产月"和"道路交通安全综合整治攻坚年行动"等活动为抓手，严厉打击非法违法生产行为，狠抓安全生产隐患排查整治。开展交通运输安全生产大检查8次，日常督查175次，检查客货船舶1092艘（次）、客货车辆19580台（次），查处违章行为为20余起。水陆交通运输实现"零事故""零死亡"。

（县交通局）

移动通信

【概况】　中国移动四川岳池分公司围绕服务地方经济发展、善尽企业社会责任两大主题，坚持以发展为中心，以信息化建设为推手，以不断提升客户服务水平为目标，加大信息化建设力度。移动网络覆盖全县100%的县城、100%的乡镇、99.5%的行政村，100%的交通干道，全县拥有移动客户40万户，4G用户20万户，家宽用户5万户，电视用户4万户，年运营收入2亿元，完成县本级税收200万元。

【通信建设】　岳池移动在网络建设累计投资0.6亿元，建设2G基站超300个，4G基站超500个，实现全县2G网络100%覆盖，4G网络城区98%覆盖和重大乡镇和部分农村区域、风景区覆盖以及WLAN网络热点区域覆盖。宽带用户光纤累计发展超10万线，实现县城区、重要乡镇95%覆盖，宽带行政村覆盖率40%，为岳池信息化建设提供有力的基础网络支撑。

【客户服务】 岳池移动全面落实诚信经营各项承诺,竭力保护消费者合法权益。持续改善服务短板,做实基础服务,做亮特色服务,全面提升服务质量。改造服务环境,建设新型营业厅、手机连锁超市、手机专卖店、末梢营业网点,切实满足客户便捷快速办理业务的需求。开展垃圾短信治理,坚决抵制网络涉黄、涉赌、涉毒,营造良好的通信网络环境,全年发送防诈骗短信超10万人(次),全县合作网点防诈骗宣传覆盖100%。严格落实用户实名登记工作,确保新增用户实名100%登记,完成7万非实名用户实名补登记。

【企业管理】 岳池移动深入推进班组建设,为有能力、有态度、有贡献的员工创造更加良好的工作环境,实现员工与公司共同成长。全年投入10万元,建设职工小家、小小家,1名女员工获得"十佳川魅儿"称号。岳池移动认真贯彻落实新《中华人民共和国安全生产法》,狠抓安全生产责任落实,公司全面通过三级安全达标验收工作,荣获"岳池县2016年安全生产先进企业"荣誉称号。

(移动岳池分公司)

邮　政

【概况】 中国邮政集团公司四川省岳池县分公司位于岳池县白塔路180号,成立于2015年5月1日。公司有从业人员264人,委代办人员80人,退休人员43人。设综合职能管理部门一室三部一中心,即综合办公室、市场部、监督检查部、金融业务部、发行投递中心,下辖37个邮政支局所,3个邮政班,有自办营业服务网点37处,便民服务站325个。

【经营发展】 县邮政分公司明确目标、坚定信心、克难攻坚,切实抓好代理金融、包裹快递、农村电商"三个一把手工程",实现各项业务的平稳健康发展,企业发展稳中向好。全年实现总收入8610.41万元,同比增长额1181.43万元,完成年计划的103.37%,超年度计划285.23万元,同比增长15.93%。

【服务水平】 县邮政分公司按照市纠风办文件要求开展规范"窗口"行业服务提升行业风气满意度活动,规范全县"窗口"行业服务,深化员工服务意识教育。出台员工"十条禁令",特别是对营业员、投递员从文明用语、操作技能、礼仪着装等方面进行严格要求,加强员工的技能、营销水平、展业技巧的培训,提高服务能力。对网点进行邮政金融网点进行规范化服务整治工作,对全县所有网点生产现场、环境卫生进行大清理。按照省、市公司"强服务、降投诉"专项整治活动要求,全年出检168人(次),对全县33个金融网点、3个纯邮政网点、4个班组、13个空白乡镇局所进行检查。

【安全生产】 县邮政分公司坚持"预防为主、防消结合"的原则,狠抓领导责任,明确安全职责,并逐级签订安全生产目标责任书,组织开展"安全生产月"活动、安全生产彻底大检查工作;做好中秋、国庆、春节期间邮政各项安全、汛期邮政防汛等工作;对邮件寄递安全、储汇资金安全、消防安全、人身安全、交通安全等内容进行检查。严格落实集团公司3个规定,发挥邮政金融协调领导小组和邮政资金安全工作领导小组的作用,在金库、押运钞、所辖网点及量收系统中坚持以制度管理人,使安全生产管理工作步入规范化、制度化。

【民生工程】 坚持共享发展成果,将建设幸福邮政、增强员工获得感作为工作落脚点,建成职工公寓21个,基本实现农村网点员工"拎包入住"。保护职工合法权益,组织全体职工体检。开展精准扶贫、"两节"送温暖、金秋助学、"送清凉"活动,慰问员工80余人(次),发放慰问金2万余元。组织职工精准帮扶困难家庭100户,帮扶留守儿童10人,帮扶资金3万余元。在市公司工会的领导下,具体承办全市2016年度职工运动会,并取得团体第二名。

【廉政建设】 县邮政分公司贯彻落实中央纪委、组织部的文件精神,切实加强邮政纪检监察组织建设工作,开展"党风廉政宣传教育月"活动。开展党风廉政建设宣传教育,进行党风、党纪及法律条规学习。通过抓好党风廉政建设责任制检查考核工作,对企业"三重一大"的实施过程进行有效监督,对于提高决策水平,防范决策风险发挥重要作用,增强基层党组织的创造力、凝聚力、战斗力。

（县邮政分公司）

财税管理

岳池年鉴
2017

财　政

【概况】　全县地方一般公共预算收入106774万元,上返还收入8030万元,上级专项转移支付收入148682万元,一般性转移支付收入205299万元,地方政府债券89300万元(其中新增债券中一般债券9900万元、置换债券中一般债券79400万元),调入预算稳定调节基金3191万元,调入资金8768万元,全年总收入570044万元。当年支出485811万元,上解支出3042万元,地方政府债券还本支出79400万元,全县结余资金1791万元,按《中华人民共和国预算法》规定全部用于补充预算稳定调节基金。

【财政收入】　全县地方一般公共预算收入完成106774万元,同比增长16.8%,为预算的100.8%。其中:税收收入完成61495万元,为预算的91.9%,同比增长5.7%;非税收入完成45279万元,为预算的116%,同比增长24.4%。

【财政支出】　全县一般公共预算支出485811万元,为预算的99.6%,同比增长11.2%。其中:农林水支出82896万元,教育支出138245万元,科学技术支出363万元,文化体育与传媒支出4459万元,社会保障和就业支出74944万元,医疗卫生与计划生育支出60693万元,节能环保支出4199万元,城乡社区支出11016万元,交通运输支出39715万元,住房保障支出18145万元,资源勘探信息等支出2364万元。

【财源培植】　健全重点产业推进机制,生物医药、电子商务等新兴产业税收占比不断扩大,税源结构不断优化。持续加大交通、水利等重大基础设施和社会事业、民生项目投入,政府投资对经济的拉动作用更加明显,税源渠道全面拓展。坚决兑现招商引资和争取项目的奖励资金,调动各级各部门招商引资和争取项目、资金的积极性,促进新青阳药业等35户科技型企业落地建设,支持建立3个创新创业孵化基地,税源后劲加速集聚。全面落实“营改增”、小微企业税收优惠等各项结构性减税政策,扩大行政事业性收费免征范围,减轻征收对象负担,企业发展活力进一步释放。

【政府采购】　加强对政府采购的监督,扩大政府采购范围,细化政府采购目录和标准,严格政府采购程序,加强政府采购监管。全年政府采购项目304个,预算金额37628万元,实际采购金额32991万元,节约资金4637万元,节资率12.3%。

【财政管理】　实施财政系统人员素质提升计划,组织3批(次)157人到西南财经大学进行综合业务培训,提高队伍素质。启动编制2016—2018年滚动财政规划，推动实现跨年度预算平衡，财政工作前瞻性得到增强。全年评审政府投资项目559个，评审投资总额175560万元，审减工程造价23580万元，审减率13.4%，财政投资评审提质提速。成功签约城东新区及园区基础设施建设2个总投资55亿元PPP项目，吸引社会资本参与公共服务领域及基础设施建设成绩显著。完成顾县小城镇建设、农村危房改造、病险水库整治等10个项目的绩效评价工作，并将绩效评价结果作为资金拨付依据，支出绩效管理更加科学。

【财政监督】 全覆盖组织全县行政事业单位领导和财务人员开展财经纪律、内控制度等专题业务培训，单位财务运行更加规范。建立财政信息公开制度，依法公开“四本预算”和部门预决算及“三公”经费。组织开展严肃财经纪律、私设“小金库”、滥发钱物、会计信息质量等8个专项检查，纠正违纪违规资金2569万元，维护财经纪律的严肃性。

【国有资产管理】 行政事业单位资产管理。全县371个行政事业单位有固定资产总额12.32亿元。推广资产管理信息系统，将所有行政事业单位资产全部登记入系统，实施台账式管理。印发《岳池县经营性国有资产监督管理办法》，有效规范经营性资产管理，促进国有资产保值增值和有效利用。审批79个行政事业单位的国有资产处置工作，实现国有资产处置收益10089万元。

国有企业资产管理。组建岳池县银城公交公司，全县县属国有企业达到10户，企业资产总额17.55亿元，实现净利润367.1万元。完成国有资本经营预算收入509万元。

（县财政局）

国家税务

【国税收入】 完成税收收入3.39亿元，同比增长44.3%，高于全省、全市平均水平24.3个百分点、15.3个百分点；完成县本级公共财政收入8934万元，同比增长74.3%；县本级收入占国税总收入比重26.4%，国税收入占县财政税收收入比重14.5%。收入质量提升，全年宏观税负1.69%，税收弹性系数5.47，无欠税发生。

【税收改革】 全面推开“营改增”工作，完成管户接收、调查核实、发票配售、税控发行、内外培训、申报征收等各阶段工作任务，打好开好票、报好税、分析好、整改好四场“攻坚战”。举办政策培训20余场，面向纳税人开展宣传辅导8场（次），培训1200余人；邀请120余户建筑业、房地产业纳税人召开座谈会，上门走访金融、酒店等重点企业12户，为“营改增”工作平稳推进奠定基础。全年“营改增”四大行业纳税人1663户，报验户588户，入库税款10893万元，占总收入的32.1%。与县地税局联合印发《2016年国地税合作实施方案》，共同推出39项合作事项，双方在共建办税服务厅、涉税信息情报共享、联合核定个体户定额、全面推行一人一窗一机双系统等方面开展深度合作，协同开展风险事项管理、互派干部交流挂职、联合举办廉政讲堂等工作。双方召开国地税合作推进会议2次，双方主管领导牵头召开国地税协作联系会议5次，共享涉税信息3000余条。

【依法治税】 开展税务行政审批事项清理工作，推进涉税审批事项向办税服务厅和电子网络集中管理。严格执行税收裁量权标准，做到相近税务事项处理方式统一、尺度一致。加强税收执法督察，强化跟踪问效和责任追究，全年追究执法过错20人（次），批评教育17人（次），责令书面检查3人

(次);审理一般税务行政处罚案件9件,无行政诉讼案件。强化税务稽查,严格打击偷逃骗税及发票违法犯罪行为,累计入库稽查查补收入326万元。全面落实系列稳增长、促发展、调结构、惠民生税收优惠政策,减免税收9032万元,让广大纳税人真正享受到国家改革政策红利。坚持局务会议、职工政治业务会议集体学法,干部职工依法行政的意识和能力逐步增强。深入推进法律“七进”,被县委、县政府表彰为“六五”普法先进单位。开展行政权力事项目录清理,规范行政权力事项清单,全面推进依法治税,县国税局荣获“广安市法治示范机关”荣誉称号。修订完善县国税局工作规则、党组议事规则,明确党组议事目录清单,完善依法科学民主决策机制。

【税收征管】 组织开展征管资料达标竞赛活动,保证税收征管资料的完整和安全。推进实名办税制度,采集一般纳税人信息353户,占比96.7%,高于全市平均水平。加强督导提醒,纳税人准期申报率99.83%,分别比全省、全市平均水平高0.85个百分点、0.09个百分点;银行账户备案率18.5%,居全市第二名;个体户达起征点率全市第一,比全市平均水平(5.61%)高3.45个百分点。

全年开展风险评估应对36户,准期完成率100%,入库税款及滞纳金1062.7万元,冲抵留抵税额159万元,风险应对收入占比3.2%。发挥金税三期支撑作用,加大信息管税力度,开展电子底账应用工作,核查纳税人21户,挽回税款损失826万元。在全市率先实行建安、房地产行业“五本台账”(外埠建筑业纳税人税款征收台账、建筑业纳税人项目预缴税款台账、房地产纳税人土地价款扣除台账、不动产进项税额抵扣台账、不动产在建工程进项税额抵扣台账)管理,强化税源控管,努力做到应收尽收,共入库税款9752万元,占总收入的28.8%。

【便民办税】 完成办税服务厅扩容改造,新增面积170平方米,前台设置服务窗口4个,前台服务人员8人,纳税人等待拥堵状况有效缓解。建立便民办税春风行动电子信息台账,推出147项涉税业务“二维码”一次性告知服务。在广安市率先举办税银合作签约暨首批“税诚贷”无抵押信用贷款发放仪式,现场发放贷款520万元,签订意向协议200万元,将纳税人无形的税收遵从转化为有型的信用资本。实施“互联网+税务”,稳步推行增值税发票系统升级版,推广网上办税,一般纳税人网上申报率提升22.49个百分点。落实国务院关于行政审批制度改革要求,切实为纳税人减负,涉税审批平均时限缩短3个工作日,清理取消下户执法事项20项。完善纳税人权利救济机制,联合县地税局成立纳税人援助中心,切实保护纳税人合法权益,被评为“广安市非公有制经济维权服务先进集体”。

【队伍建设】 着力人才队伍建设,鼓励干部职工参加各类资格考试、在岗学历提升,培养年轻精英骨干和岗位业务能手。4名职工代表广安参加全省国税系统“岗位大练兵、业务大比武”决赛,人数居各县(市、区)国税局第一名。县国税局通过司法资格考试2人,有省级征管稽查能手2人,省国税局表彰的能手标兵4人,省国税局递进式骨干人才2人。有研究生学历1人,在读硕士研究生3人,取得注册税务师、统计师(中级)、经济师(中级)资格各1人。

加强教育防控,班子及成员为全局干部职工上廉政党课8次、集中廉政谈话2次、开展廉政警示教育活动4次。创新开展“廉政半月谈”活动18期。继续办好廉政讲堂,组织开展廉政文化作品暨廉政文化建设“金点子”征集活动,打造具有国税特色的廉政文化品牌,树立向善向上的良好风尚,干部队伍“不想腐”的思想道德防线逐渐形成。组织5名科室分局负责人向“两代表一委员”、特邀监察员、纳税人代表和职工代表“述责、述廉、述险”,现场接受评议,满意率100%。

（县国税局）

地方税务

【税收减免】 加强宣传税收优惠政策，保证纳税人及时知晓和享受到各项税收优惠。在全国第25个税收宣传月中，按照总局、省局与市局统一部署，围绕“聚焦营改增试点助力供给侧改革”主题，通过走实三条“老路”（坚持勤走马路、畅通宣传网路、发挥办税服务厅功能），围绕“两个热点”（营改增、税收优惠），唱好“一个主旋律”（强化国地税联合宣传），取得良好效果。落实小微企业月营业额3万元以下（按季9万元以下）免征营业税优惠政策，全县2064户小微企业减免营业税及附加265.48万元。落实小型微利企业所得税优惠政策，全年有25户小微企业享受减免企业所得税38.75万元。落实下岗再就业、自主就业退役士兵创业就业、残疾人个人提供劳务享受税收优惠政策，全年享受下岗再就业16户、残疾人个人提供劳务16户，减免税款26.3万元。做好重大税收减免管理工作，2015年度3户享受西部大开发税收优惠政策的企业减免企业所得税1492.11万元；科伦药业资产研发费加计扣除404.05万元，优惠所得税额101.01万元。

【地税收入】 全年全县入库地税总收入90675万元，完成年调整任务89500万元的101.31%，剔除“营改增”因素，增长20.55%，增收15456万元。其中：税收收入87527万元，完成年调整任务86400万元的101.30%，剔除“营改增”因素，增长21.60%，增收15549万元；入库地方级税收收入68121万元，完成年调整任务68600万元的99.30%，剔除“营改增”6—12月营业税，同比增长28.99%，增收15311万元；入库省级税收收入13585万元，剔除“营改增”营业税，同比增长35.11%，增收3530万元。入库县本级税收54536万元，剔除“营改增”营业税，同比增长27.55%，增收11781万元；其他收入3148万元，完成年计划的101.5%。

【税收征管】 加强征管系统信息化利用，对所有管户实行动态监控。加强外出经营活动税收管理，县地税局外出经营活动预征入库企业所得税13581.7万元。全年工商传递登记“三证合一”1711户，向国税移交的“营改增”试点纳税人总户数2321户，全面加强国地税合作。联合办理税务登记证件，加强与县工商、质监部门合作，推行“三证联办”，提高办税效率，降低征纳成本。联合开展信用等级评定，推进“税银互动”，发放贷款604万元。狠抓土地增值税管理，全年清算项目8个，入库土地增值税4252万元。清理虚增欠税，严格控制新欠，大力清缴陈欠。全面加强风险管理，对全县地税系统纳税人进行涉税调查清理，将42个房地产开发项目和27个重点建设工程项目纳入重点辅导和评估对象。通过风险识别、风险分析、风险评价等程序，向基层单位推送52户印花税低风险应对任务，补征税款和滞纳金2.5万元。通过金税三期系统，对12户纳税人开展纳税评估，补征税费311.27万元，滞纳金9.35万元。完成市地税局推送22户纳税人房产税、土地使用税未申报风险的应对，补征税款及滞纳金64.24万元。

【税务稽查】 掌握了解企业的申报征收情况，分析各种数据，建立稽查案源，制订稽查计划。全年查补税款1514.36万元，其中督促企业查前自查补交税款1491.5万元。主动与县国税稽查部门沟通协调，在及时召开联合稽查联席会议，就国税、地税双方联合开展税收专项检查、重点税源轮查、案件检查，涉税信息传递等稽查工作合作事项进行商议并达成共识。4月，国地税稽查部门组成联合检查组，选择2户案件进行联合稽查试点。

【纳税服务】 深化"始于纳税人需求、基于纳税人满意、终于纳税人遵从"的理念,加强办税服务厅的咨询辅导、投诉受理、争议处理等功能,坚持办税服务厅值班长、导税员制度,落实首问责任制、限时办结制度、预约服务制度、延时服务制度等纳税服务制度,切实保护纳税人合法权益。在全县范围内推行网上办税服务厅,让纳税人可在家自行申报、缴纳税款,全县企业纳税人网报覆盖率100%。在机关大楼新建"自助办税服务区",将自助办税服务终端迁移至自助服务区,供纳税人24小时自助办税。以"12366"纳税服务热线、网上办税服务台咨询专栏、对外公布咨询电话、二维码一次性告知等方式,为纳税人解答办税遇到的难点、疑点,让纳税人缴"放心税""明白税"。全年县地税局受理网上办税服务厅咨询业务10件,"12366"热线咨询转办事件办理2件。推行"全县通办"。纳入"全县通办"的业务有税务登记类、税务认定类、发票类、申报征收类、证明管理类、权益维护类六大类34项,纳税人在办理相关涉税事宜时,可以自由选择到就近一个地税办税服务厅办理,方便纳税人。

(县地税局:杨沁)

金 融

中国人民银行岳池县支行

【全能支持】 信贷投放稳步增长。2016 年，中国人民银行岳池县支行（县人行）贯彻执行稳健的货币政策，积极指导和督促辖内银行业金融机构为岳池经济转型升级提供有效的金融支持，截至 12 月末，全县贷款新增 7.71 亿元（其中核销呆账 2.39 亿元），同比增长 5.75%。向上争取资金支持，通过向人行广安中支申报，新争取再贷款额度 1.3 亿元，再贷款限额 2.1 亿元，同比增长 160%；搭建和拓宽银企融资对接渠道，指导金融机构确立重点培育的小微企业名录，开展融资培育和对接辅导 5 次；推动农发行为地方项目建设提供资金支持，农发行项目基金到账 1.81 亿元，到位异地扶贫搬迁资金 1.37 亿元，委托贷款新增 0.5 亿元，金融机构实际支持地方 11.39 亿元，社会融资途径呈现多元化趋势。

金融扶贫。按照县委、县政府金融扶贫“打突击、补短板”要求，县人行制定《岳池县金融创新扶贫工作考核办法》，建立“日报告、周督查”制度，密切监测工作进度，适时调整工作方式，及时发现和纠正偏差。深入各乡镇和各银行业机构开展调研、督导，具体指导和推动扶贫小额信贷及金融扶贫项目对接工作，形成“党政主导、部门配合、银地协力、多方参与”的工作格局。对两家法人金融机构发放扶贫再贷款 1.8 亿元，金融机构对 5630 户建档立卡贫困户发放扶贫小贷 2.74 亿元，对 209 户新型农业主体发放产业扶贫贷款 1.17 亿元，对 2 个基础设施及公共服务项目发放项目扶贫贷款 0.75 亿元。

特色及创新工作。全面推进“两权”抵押贷款试点工作，县人行会同县农工委草拟《关于扩大农村产权抵押融资试点工作的意见》，推动各层级完善相关制度，制定操作指南，建立“定向确权、财政金融互动、专家评估”三大机制。至 12 月末，全县累计发放农村承包土地经营权抵押贷款 170 笔，贷款余额 4368 万元，同比增长 93.88%。实施“甘泉计划”，推动应收账款融资服务平台工作，发挥平台在账务确认、信用增进、优先顺位追偿等方面的作用，全年新增应收账款质押融资贷款 2250 万元，项目储备 10 亿元，有效地缓解中小微企业融资难题。

扶持中小微企业。支持小微企业发展，开展中小微企业金融服务专项调研，对中小微企业贷款难、贷款贵的原因进行详细解析，为推进政府、金融机构改善中小微企业融资环境，中小微企业改善自身融资条件提出有益的建议。至 12 月末，全辖小微企业贷款余额 17.5 亿元，138 户小微企业与金融机构建立信贷关系。

【金融监管】 做好县域存保和金融稳定工作。组织法人金融机构开展 2015 年保费交纳工作，辖内 2 家法人金融机构交纳保费 88.09 万元；加强金融风险监测预警，排查重点风险企业10家，指导金融机构前移风险防控关口；配合地方政府积极参与处置资金链断裂风险企业、打击非法集资等各项工作，会同县金融办等部门完成全县互联网金融风险整治摸底排查工作。

做好各类监测分析和考核评估工作。按季开展对农村信用社专项中央银行票据兑付后的监测分析及考核工作，做好县村镇银行财务相关指标的考核上报；加强对农村信用社、村镇银行流动性监测分析，重点对法人金融机构贷款投放情况进行监测调控，确保贷款投放平稳有序；组织开展银行业金融机构涉农和中小企业信贷导向评估，完成2016年度辖区银行业金融机构执行人民银行政策情况评价工作。

规范开展专项业务执法检查和处理。根据县人行年度工作安排，组织对辖内两家银行业机构开展征信业务执法检查，5家银行业机构开展人民币管理执法检查，对两家银行业机构开展代理国库业务执法检查，对11个银行业机构网点开展人民币收付业务现场检查；对检查发现存在严重违法行为的被查机构，按照《金融违法行为处罚办法》，处以5万元罚款并在岳池县域内通报；对免于处罚的被查机构提出全面开展自查整改和内部责任追究等工作要求。

【金融环境】 构建完善的金融基础设施。推进农村金融基础设施建设，为县域贫困乡镇和贫困农户提供金融消费便利。至12月末，全县建立政策性银行、国有商业银行、农村商业银行、小额贷款公司、保险公司等为主体300个金融服务窗口，形成功能齐全、形式多样、分工协作、互为补充的金融机构体系。推进“支付惠农示范工程创建”“金融扶贫综合服务示范站”打造工作，全县建立98个金融综合服务示范站，助农取款点1836个，创建省级支付惠农示范行社1个，省级农村金融综合服务示范站5个，省级助农取款优质服务示范点14个，实现全县乡镇全覆盖，金融基础设施“村村通”。

深化征信体系建设。拟定《岳池县农村信用体系建设实施意见》，以农户信用档案电子化和标准化建设为突破口，探索农村信用体系建设与扩大农村信贷支持相结合的有效方式；推动中小微企业和新型农业经营主体在应收账款融资对接平台注册并主动填报基础信息、财务信息、行政奖励等有关信息，推动以岳池县人民医院和岳池县中医院为核心企业，带动上游供应链企业共同加入平台，为小微企业运用应收账款进行融资拓宽了渠道；组织金融机构不定期地深入乡镇、企业、学校，开展“6·14”信用记录关爱日以及“征信知识进校园”等专题宣教活动，打造良性社会信用环境；做好个人信用报告查询服务，至12月末，岳池县支行受理个人信用报告查询近7381人(次)，企业查询107户，企业和个人信用报告查询服务的便利性得到有效提升。

依法履行国库经理职能。拓展国库直接支付业务范围，定期报告工作推动进度。县人行国库通过直接支付累计拨付村社干部工资8496笔、金额928.37万元；强化财政专户监督管理，严格财政账户开立预先审核，全年县人行国库审核10户财政资金账户；施行财政资金管理月报制度，各银行业金融机构每月初向支行国库会计部报送财政存款账户余额，县人行国库对财政专户资金进行动态管理；县人行国库按照业务要求，及时更新预算科目、预算级次等基础代码信息，严格核对调库金额，保障税款正确入库，“营改增”工作有序推进；加强国库集中收付代理银行资格认定管理，组织开展2016年地方国库集中收付代理银行资格认定，对辖内集中收付代理银行申请进行资格审查，与审查合格的5家银行业金融机构签订《集中支付代理协议》。

规范人民币收付及现金管理。加强现金管理工作，规范假币收缴、鉴定和残缺污损人民币兑换行为，维护人民币信誉；起草《岳池县反假示范区建设实施方案》，实施“人民币净化工程”，配合公安部门严厉打击假币犯罪，全县收缴假人民币33.22

万元；加强反假货币的宣传，利用春节期间农民工大量返乡，在汽车站等人员集中，人流量大的重点区域开展反假知识专题宣传；组织辖内金融机构开展2016年贺岁普通纪念币和孙中山诞辰150周年普通纪念币发行兑换工作。

提升金融统计工作水平。及时、准确、完整地上报各类统计报表，加强对县域信贷投向、结构及市辖四县市存贷数据分析比较，确保金融统计数据质量；采取以查带训的方式，选派业务骨干协助中支开展辖内银行业金融机构2016年统计业务检查，提升县人行金融统计工作水平。

保护金融消费者权益。组织在县城人流量集中的大东街开展以“权力·责任·风险”为主题“3·15”金融消费者权益保护集中宣传活动，取得良好效果；开展“送金融知识下乡”宣传服务活动，延伸宣传触角，提高农村地区金融消费权益保护意识的普及面。

【国库管理】 加强国库业务合规性管理，规范业务操作，严格CA证书、印章、印鉴的保管使用，切实加强对国库会计重要事项的审签。县人行支库办理各类业务127248笔、金额85.43亿元；其中办理预算收入业务116991笔、金额22.02亿元，办理预算支出业务10028笔、金额61.84亿元，办理退库业务93笔、金额360.57万元，办理更正业务136笔、金额1.54亿元。发现并拒绝办理不合规缴款书20笔、金额1805.48万元；记录预算外支出2笔、金额259.9万元，无差错及案件发生。

（县人行）

中国工商银行岳池支行

【概况】 中国工商银行岳池支行（县工行）贯彻执行上级经营战略布署，保持较高的经营质量和较快的发展速度。截至2016年年末，县工行各项存款余额35.3亿元；各项贷款余额10.8亿元，比年初增加0.1亿元，其中表外业务当年新增余额0.5亿元，同比增加0.5亿元。

【金融服务】 县工行克服经济下行和信贷规模紧张的压力，围绕地方经济、民生建设等重要项目，加大信贷资金投放力度，全力支持地方经济建设。以大零售业务为突破口，兼顾市场需求，优化资源配置，细化考核管理、强化团队建设，稳步推进服务模式创新，在批量项目上着力做好结算、理财、经营贷款和个人住房抵押贷款；在平台服务商着力做好资金、工程款、工资代发，有序推进个人客户财富规划和资产配置，促进客户与银行间金融联系良性互动。开展特色服务，发挥理财金卡、商友卡、ETC卡、宝贝成长卡优势，推广互联网金融，多维度开展活动推广融e联、融e行、融e购、工银e支付和二维码支付等产品服务；改善客户服务体验，致力于网点形象再塑、网点质效提升。

【风险防控】 县工行推进内控管理、案防教育和风险防控治理。按月对全辖员工队伍进行异常行为排查，强化内控合规教育，连续19年未发生各类案件事故；完善机制，加强合规文化建设，逐步完善案件和风险事件“一岗双责”“双线管控”机制；抓好实物票据和押品管理、非法集资和民间借贷、飞单、托管存管业务、违规担保、基础核算和介质管理、代理投资第三方资产、代理销售、同业业务、资管业务等“十大重点领域和关键环节”的风险防范和治理；严明组织纪律，抓好商业贿赂风险防范与治理，严防贷款诈骗、骗取贷款、违法放贷、玩忽职守和渎职；打好资产质量攻坚战、保卫战、持久战，完善新增贷款质量管控机制、潜在风险贷款减退化解机制、不良贷款清转处置机制；做好“五防三保”工作，加强消防安全、交通安全、食品卫生安全以及员工生命财产安全等工作，强化应对外部欺诈风险防范和处置能力。

（县工行：朱军）

中国农业银行岳池县支行

【概况】　中国农业银行岳池县支行(县农行)设5个部门,有13个对外营业机构,其中城区机构4个,乡(镇)机构9个。有在岗员工192人;专科(含)以上文凭142人,占比74%;助理级以上职称107人,占比55.7%。2016年年末,全行各项存款余额71.11亿元,比年初增加4.81亿元,存款余额和增量均居国有商业银行第一,同业第二;各项贷款余额18亿元,比年初净增2.49亿元,完成县委、县政府下达全年目标任务的118%;实现中间业务收入2911万元,居同业第一。

【存款业务】　县农行发挥网点、网络优势,狠抓一季度"春天行动"等业务发展旺季,围绕重点个人优质客户营销维护,有效整合营销资源,提升服务水平,巩固提升个人存款优势和市场竞争能力。截至12月末,全行个人存款较年初净增4.75亿元,在金融同业中排名靠前。积极营销对公存款,继续在抓管理和抓账户上下功夫,采取抓源头、抓系统、抓开户、抓大户,对军队、烟草、电网、石油等10类重点客户进行专项营销,强化对行业性、系统性、集团性客户和账户的营销维护工作。重点把财政社保、交通、新能源、优质房地产、保险及融资担保、政府招商引资重点项目六大类客户列为营销维护重点,逐一为优质客户量身定制综合金融服务方案,派出专业团队随时跟踪、定期维护。加强信贷企业账户资金管理,严格贷款企业尤其是大型企业、大型项目的资金使用、结算支付、保证金账户的监管,提高信贷企业货款归行率。利用对公业务管理系统平台,加强大客户管理,截至12月末,对公存款余额5.97亿元。

【贷款业务】　县农行向上级行争取信贷计划,根据岳池县政府发展规划和全县经济发展态势,加大对城东新区基础设施、智慧城市及海绵城市建设、棚户区改造项目、河道整治及防洪工程等项目和客户的营销、推进力度,支持岳池发展建设。通过建立个人贷款核心客户群,在信贷计划配置上优先倾斜,提升客户忠诚度。以个人住房贷款、个人助业贷款、个人消费贷款为重点产品,加快个人非购房贷款投放,调整优化信贷结构。全年贷款增量居全市农行系统内及县域同业第二。

【中间业务】　狠抓代理基金、贵金属、对私理财业务销售,发展分期付款、白金卡和新型收单3项重点业务,开展"春天行动"、零售业务营销竞赛、消息服务营销竞赛、电子银行质量提升竞赛、农行员工体验农行产品、网上银行及电子商务业务质量提升、基金定投营销竞赛等活动,拓展个金中间业务。其中:代理保费收入突破3亿元,实现中间业务收入775万元,创历史新高;信用卡收入462万元,电子银行收入457万元,自助银行收入342万元,对私贵金属收入55万元,全市排名第一。

【服务"三农"】　持续加大涉农贷款投放力度,截至12月末,农户贷款余额6568万元,较年初增长1255万元,营销新型农业主体37户,发放新型农业主体贷款1272万元,为县内专业种养殖大户、家庭农场、专业合作社等产业发展提供保障。全年发放农民安家贷9579万元,支持300多户农民进城购房,累计投放小额扶贫贷款153笔、金额765万元,惠及坪滩、石垭、罗渡、中和、苟角5个乡镇153户建档立卡贫困户。全年投入使用银讯通30户,有效率93%;打造助农取款市级示范站26个,省级示范站12个,深化惠农支农力度。

【优质服务】　推进网点"二次转型",加大网点标准化文明服务的指导和检查力度,着力把精品以上网点打造成文明标准服务的标杆网点,发挥示范作用,带动全行文明标准服务水平提高。推广电子银行及自助银行服务，完成多渠道、一体化的电子银行服务体系，涵盖企业网上银行、个人网上银行、电话银行、手机银行、自助银行、多媒体自助终端、自动柜员机等系列，方便广大客户业务办理。

【内控管理】 推进基础管理及党风廉政建设，全面提升风险管理理念与合规经营意识，加强风险管控力度，全年无任何重大风险事故发生，为业务发展提供有力支撑。持续加强“三化三铁”创建，县农行营业部、东街支行成功创建“三铁”单位，所有网点均达良好，无运营案件事故发生。安全保卫及科技工作稳定运行，全年实现安全生产无事故。获评人行综合政策执行“A类行”，继续保持内控评价“一类行”“反洗钱工作先进单位”等。

【文明创建】 构建“和谐农行”，对内倡导尊重、关心、体谅员工，增强农行大家庭的凝聚力；对外加强公关、跟进宣传、改进服务、展示形象，县农行创建“省级最佳文明单位”通过省、市、县三级主管部门验收，成为全县唯一通过的单位。选树典型，营造创优争先的氛围，40余人（次）获得市分行先进表彰，1人获总行“安全保卫先进个人”、1人获省分行“春天之星”、1人获“四川省优秀共产党员”、1人获“四川省分行共产党员岗位标兵”、1人获“四川省分行法律事务先进个人”、1人被表彰为全省农行金库管理先进个人、1人被评为“百县千镇”服务返乡务工人员营销标兵。

（县农行：罗凯）

中国农业发展银行岳池县支行

【概况】 中国农业发展银行岳池县支行（县农发行）各项存款余额24634万元，较年初增加12913万元；日均存款余额23506.27万元，同比增加13228.75万元；各项贷款余额22025万元，比年初减少11500万元，加上农发行重点建设基金投放13000万元和异地扶贫搬迁专项贷款资金13672万元，共计投放金融扶贫资金48697万元，同比增加15172万元。实现利润397万元，连续7年保持不良贷款为零。

【业务经营】 开展营销农发重点建设基金业务，基金投放金额1.81亿元，同比增加1.3亿元。其中：1亿元用于新建岳池县中型水库灌区渠系配套项目，3000万元用于岳池县锦绣新城棚户区改造项目。按照岳池县旅游扶贫实施规划，向岳池县政府争取，县农发行被确定为扶贫业务主办行，获得省异地搬迁扶贫贷款13672万元；申报的岳池县旅游扶贫示范带一期项目贷款的2亿元已获得省分行审核批准，将对岳池旅游扶贫起到极强的示范带动作用，可为当地建档立卡贫困人口提供就业岗位2500人，间接就业1.25万人，直接或间接从事旅游业3万余人，带动岳池县15个乡镇100个贫困村建档立卡贫困人口5.61万人实现脱贫致富，辐射岳池全县7万余人。

【资金管理】 严格资金规模管理，专项贷款规模按笔申请，确保无超规模、无计划发放贷款现象发生，实时监控资金规模使用情况；加强资金调度，确保资金运用率保持较高水平；严格资金头寸限额管理，坚持提前上报资金需求计划，小额勤调信贷资金，确保信贷资金及时、足额供应，减少闲置资金占用，确保信贷资金运用率保持在较高水平。

【风险管理】 以“贷后管理年”活动为契机，县农发行狠抓信贷风险的防控，夯实贷后管理基础工作。以贷款质量管理为核心，确保到期贷款的按期收回，全年收回贷款1.15亿元。以强化系统控人制度为抓手，贯彻落实贷后管理年活动各项工作安排。坚持按月对发放的基金全面检查，针对基金支付进度较慢的状况，及时向发改委和基金业务目标公司发出督促加快支付进度的通知书，组织发改委、审计局和基金承接企业集体学习总行基金投后管理的相关规定，加强重点建设基金投放后管理工作，防范风险。切实做好征信、反洗钱和反假币等宣传工作，着力打造金融生态，做诚信公民。

（农业发展银行岳池县支行：胡桂华）

中国建设银行岳池支行

【业务发展】 中国建设银行岳池支行（县建行）一般性存款余额355568万元，当年新增17399万元。其中：对公存款余额184425万元，对私存款余额171143万元。各项贷款余额126070万元，较年初新增14110万元。其中：个人住房贷款余额57020万元，对公贷款余额69050万元。

【基础管理】 基础管理有效提升，服务水平稳定，稽核差错有效控制并低于全省建行平均水平。内控管理、案防、党建在全市建行考评中名列前茅，安全营运得到加强，实现"三无"目标，在全县的安全、消防检查中，名列金融系统第一名。

【社会责任】 以优异的服务方便客户，加强网点及渠道建设。支行本部营业大厅实施装饰装修，优化功能分区，提升客户体验。新增自助设备4台，全行运行的存取款机和取款机23台、自助终端10台，优化自助网点。完成县委下达的民生工程任务，支持坪滩镇陆家桥村跳岩塘便民桥、村级公路、村卫生室建设，帮扶该村贫困户脱贫。

（县建行）

中国邮政储蓄银行岳池县支行

【概况】 中国邮储银行岳池县支行（县邮储行）各项存款余额592124.03万元，较年初新增72730.65万元。其中：银行储蓄存款余额112195.39万元，较年初新增18501.24万元；银行对公存款余额43445.39万元，较年初增长12116.24万元。各项贷款余额38197.03万元，较年初新增2174.23万元。其中：个人类贷款余额为34613.03万元，较年初新增2466.23万元；小企业贷款余额为3584万元，较年初下降292万元。累计实现业务收入3465万元，同比下降7.18%。

【资产质量管理】 县邮储行重视资产质量的管控，开展"百日清收"竞赛活动，收回不良贷款285.37万元。积极运用法律手段，加强与县法院、县公安局经侦的沟通、联系，采用高压震慑，收回资产保全内不良贷款237.24万元。全年逾期率从年初的1.02%降至年末的0.78%，逾期贷款压降工作成效显著。

【风险管控】 履行案防工作职责。层层落实防控责任，签订《案件防控责任书》，建立案防工作联系人制度，增强案防工作合力。加强邮银沟通，按月协调召开邮银联席会议。

开展各类专项检查。面对严峻的案防形式，县邮储行坚持"3＋N"模式，按照上级行的总体安排部署，在全行开展"现金业务大排查，疑似数据大排查，信贷资产质量及五级分类，民间借贷、非法集资专项大排查和员工违规行为排查"，有效提升识别、计量、监测、控制和缓释风险的能力。

防范法律事务风险。办理司法查询40笔，冻结15笔，解冻8笔，扣划10笔；做好纵、横转授权工作。

开展"内控达标年"活动。按照上级行的统一安排部署，县邮储行按照规定动作在全行开展与上市规范对标、与监管要求对标、与内控评价对标工作，逐项对照分析，查找存在的问题，剖析问题原因，并提出整改措施。下发《内控达标年学习手册》，要求全行员工进行集中学习和自学，积极参加内控知识网络考试，参考率100%，合格率100%。

开展反洗钱工作。按照人民银行和市分行的工作要求，县邮储行高度重视反洗钱工作，成立支行反洗钱工作领导小组，将反洗钱工作纳入日常检查范围，对网点执行不力、操作不规范出具事实确认单，并限期进行整改。组织员工学习《反洗钱》相关知识规定、《反洗钱非现场监管报表填写说明》，提高员工反洗钱的风险防控能力；按季上报相关报表，提高报表质量。按季组织开展对客户风险等级评级及划分工作，对每一笔开户的客户都进行等级评级和划分。组织开展对相关部门、网点负责人和反洗钱联络员的反洗钱业务知识以及新反洗钱系统操作培训。

加强技防建设，确保企业平安。对网点部分老化的安防设施进行更换、添置；继续与岳池县金盾保安服务公司签订ATM夜晚巡查协议，ATM夜巡每晚做到4次；对离行式ATM自助银行安装远程监控和紧急求助电话与省分行联网。新增灭火器30具，更换监控2组，增设监控探头4路。

【企业文化】 以人为本，从提高员工整体素质、提高员工收益水平两方面出发，努力实现企业与员工的同步发展。配合上级行着力加强企业中层管理人员培训，促进各级干部思想观念的转变，提升经营管理水平。采取“请进来”“自学自讲”的员工培训方式，提高员工业务能力和服务水平。强化学习型组织建设、党风廉政建设，加强员工思想政治工作，激发员工投身改革、献身企业的积极性和创造性。发挥党政工团合力作用，多次深入基层调研，实施送温暖工程，增强员工的凝聚力和向心力。

【社会责任】 县邮储行积极履行企业社会责任，践行服务“三农”的使命，完善“三农”融资服务体系，投身公益事业。从感恩社会和保障民生的角度出发，主动投身公益事业，捐助西板乡双联扶贫资金4000元。利用网络优势，向广大群众宣传金融知识，开展“送金融知识下乡”“金融万里行”“反假币宣传”“反洗钱宣传”“防范非法集资”“电信诈骗”等各种社会公益活动；组织单位员工开展“学雷锋”“义务献血”等活动，为建设和谐社会贡献力量。

（县邮储行）

农村信用合作联社

【概况】 岳池县农村信用合作联社（县农信社）恪守服务“三农”、社区、中小企业和县域经济的市场定位，肩扛支农大旗，发展成为岳池县营业网点最多、服务受众最广、存贷规模最大、盈利能力最强的地方金融机构，正向筹建农村商业银行全面推进经营机制转换和战略转型。年末，县农信社辖内营业网点53个，其中城区12个、乡镇39个、填补空白乡镇定时服务点2个，在岗员工393人，另有退休124人，内退59人。2016年，县农信社不断完善农村金融服务体系，持续强化金融产品和服务创新，切实履行社会责任，加快建设现代金融机构步伐，全力为“三农”、中小微企业、县域经济发展提供全面金融服务。年末，县农信社存贷款总量151.56亿元，其中各项存款余额103.48亿元，较年初增长12.4亿元，市场份额33.07%；各项贷款余额48.08亿元，较年初净增3.27亿元，市场份额49.07%。存款、贷款规模均居全县金融机构首位。总收入5.94亿元，拨备前利润1.88亿元。

【资金管理】 县农信社秉承“没有不好的客户、只有不好的服务”的服务理念，严格落实“科学发展是第一要务、风险控制是第一责任、提升质量是第一目标、心存敬畏是第一境界”的经营管理理念，持续推进“惠农兴村”“扶微助小”和“融城旺社”三大工程，放好“春耕贷款”“小微贷”“扶贫贷款”，支持“三农”、中小微企业和实体经济。涉农贷款较年初净增24665万元、余额36.07亿元，其中累计投放新型农业经营主体投放贷款 43 户 6781.5 万元。加强信贷市场培育，为 35 余家企业建立经济信息档案；实行限时办结制，明确要求对符合条件的企业，融资从申请到拿到资金不超过 15 天。小微企业余额 29.97 亿元，同比增加 2.05 亿元，同比增长 7.34%；小微贷款户数 5435 户，新增 197 户。加快推进“金融精准扶贫”工程。加强人力财力帮扶，接对帮扶村 5 个、贫困户 103 户，派出“第一书记”2 人、工作队队员 1 人、接对帮扶干部 38 人，投入帮扶资金 2.36 万元。加强信贷支持帮扶，与县政府联合制定《岳池县 2016 年扶贫小额信贷计划方案》，向县政府争得风险补偿金 200 万元，创新推出扶贫小额信用贷款，实行基准利率，政府贴息，免抵押，免担保，最高额度 5 万元，全年投放 26025 万元。全年发放扶贫小额信用贷款 5357 户 26025 万元，余额 25866 万元。“党员信用快贷”建档 149 户、授信 441 万元，发放 5 户 18.2 万元。与县发改局签订《易地扶贫搬迁合作协议》，银政双方共同助力扶贫搬迁安置项目建设。加强对下岗创业及求学的支持力度，累计投放下岗失业人员创业贷款 64 户 570 万元，余额 630 万元；累计投放助学贷款 10 户 6.46 万元，余额 674.27 万元。

【金融业务】 县农信社主要开办存款、贷款、结算、票据、代理、缴费、保险、代收、代付、投资理财等多种业务。做好存贷款基本业务，搞好代理保险、代发工资、银行卡及货币市场业务，加快渠道建设，完善服务功能。2016 年，发行蜀信卡超 70 万张，全县每 1.6 人中就拥有 1 张蜀信卡。ATM 总量 136 台，全年交易 354 万笔，金额 41 亿元；POS 机 531 台，银行卡存款余额 16.33 亿元。拥有全方位客户体验的“蜀信 e”电子银行平台，“蜀信 e”有效客户数 19217 户；有跨行、跨区域转账手续费全免的网上银行、手机银行；有功能齐全、方便大众的“蜀信 e · 惠生活”社区服务平台。代理发放各种涉农补贴，惠及千万农户。利用中国债券信息网等载体，搜集市场信息，了解市场动态，做好市场行情分析和走势判断，利用货币市场席位做好同业业务。

【行业管理】 县农信社始终把优化服务和品牌形象建设作为发展之要，为加快推进网点装修装饰，按照省联社网点形象建设“3.0 版本”要求，对城区、城郊 11 个社全面完成重新装修装饰，乡镇 39 个社完成重新装修装饰 15 个。强化自助服务体系建设，全辖网点实现 ATM 覆盖 48 处、占比 96%，ATM 总量 115 台；EPOS 助农取款机具 930 台，实现“村村通”，业务交易笔数持续保持全省前 3 位。率先建设银亭 2 座，社区银行 3 个，与县公安局联合建设警银亭 8 座，这些在全县金融机构中均属首例。内强素质，狠抓服务礼仪规范，开展“管理者跨部门沟通与高效执行培训”等一系列培训，员工的精神面貌持续向好，推行“神秘人”制度，通过远程监控、现场检查、“神秘人”举报等方式对各网点服务规范进行检查，促进全辖网点规范服务。

【风险防控】 县农信社健全机制，推行和完善《案件防控工作职责》《建立健全“双线”风险防控责任制的实施意见》等制度办法。联社高管全部填写“领导人员廉政情况定期登记表”“联社高管人员经商办企业情况申报登记表”“联社高管家属子女经商办企业情况申报登记表”，规范联社高管的廉洁行为。对员工行为、非法集资风险、员工经商办企业风险进行专项排查，通过开展贷款风险排查、“两个加强、两个遏制”回头看工作，及时发现存在的问题，消除案件风险的“苗头”，夯实金融风险防控基础。妥善处理信访事件及网络舆情，切实防范声誉风险。持续开展“风险控制年”专项活动，区别不同信贷风险，落实续贷、重组，追加或更换抵押物强化第二还款保障，落实责任人限期收回，落实新的借款主体、依法维权等整改措施。

【文体活动】 6 月 28 日，县农信社成功举办近十年以来规模最大、参与最广、员工自发组织、自编自演的庆祝建党 95 周年暨廉政合规文化专题晚会，邀请到相关部门领导、全辖干部员工及家属、部分客户代表1000人观看，职工代表、职工家属及子女近百人（次）参演。晚会用歌声传递出对党的忠诚，用舞姿表达出对党的热爱，用三句半、小品等方式强化党风廉政教育，还穿插党建知识有奖问答，达到廉洁合规树正气、凝心聚力促发展、广泛参与有影响的目的和意义。11月5日，县农信社举办"蜀信e"全民健康跑（岳池站）活动，130余名长跑爱好者及市民通过报名参加总里程5千米的健康跑活动。最后角逐出冠军、亚军、季军各一名，并对比赛前30名参赛选手进行奖励。活动的开展，积极倡导全民健身精神，引导全民参与健康跑步，养成积极健康的生活方式。

（县农信社：吴建华）

中国人寿保险公司岳池县支公司

【概况】 中国人寿岳池县支公司（县人寿公司）实现总保费12440万元，其中长期险新单首年保费5911.37万元，实现预算目标的66.78%，短期险保费908.94万元，续期保费收入4870万元；首年期交保费2051.69万元，其中10年及以上首年期交保费1212.82万元，实现预算目标的86.1%，长险首年标准保费847.86万元，实现预算目标的84.3%。

【业务发展】 个险渠道。全年实现总保费6860万元。其中：首年期交保费1720万元，完成年度预算目标的90.55%；同比增长20.57%；10年期及以上首年期交保费1173.55万元，完成年度预算目标的88.24%；标保799.76万元，完成年度预算目标的86%；短期险153.27万元，同比增长9.13%。

团险渠道。全年实现短期险保费收入747万元，完成年度预算目标的64.98%。其中：农村小额保险327万元，完成年度预算目标的18%；小额信贷保险103万元，完成年度预算目标的103%。

银保渠道。全年实现保费收入4337万元。其中：趸交保费3834万元，完成年度预算目标的110.1%；标准保费48万元，完成年度目标的110.8%；期交保费330万元，完成年度预算目标的136.9%；标准保费48万元，完成年度目标的101%。

【客户服务】 注重理赔服务质量，规范理赔服务标准，畅通理赔服务流程以及耐心细致的宣传解释工作，提升客户的满意度。处理各类保单服务工作。办理满期及生存金5521件，涉及金额4255万元；退保件1360件，复效件606件，撤单246件，保单借款360件，借款金额557万元，为岳池公司的业务发展提供保障。

【运营管理】 对短期险保费都采用转账的方式收取，个别情况收取现金的做到及时入账。狠抓内控制度的建设和执行，严格各岗位权限和密码管理等各项制度的落实，严防人为风险发生。重点抓防范和化解群体性事件工作。高度重视非正常退保和满期给付等因素可能引发的群体性风险事件，与银邮机构一起积极处理各类纠纷，确保公司无群体性事件发生。全年公司理赔案件4011件，赔款金额达466万元。各类调查件320件，通过调查拒付20件，拒付金额36.4万元。短期险赔款422.7万元，简单赔付率39%。

（县人寿公司：贺伟）

中国人民财产保险公司岳池支公司

【概况】 人保财险岳池支公司（县财保公司）贯彻落实省公司"两个能力提升"的相关精神，努力提升县域市场发展能力，特别是县域农村市场的发展能力，把农网建设作为一项常态化的工作来抓。壮大农网队伍,保持网点稳定;加强农网队伍培训力度,提升农网人员服务水平;提升农网产能及涉农商险业务发展。按照省公司的相关要求,全面开展县域“八个一”宣传工作;为乡镇道安办赠送宣传大伞。落实“两个能力提升”相关精神,加强城区营销队伍建设,提高车险业务销售能力。加强车商渠道建设,助力车险业务发展。全年县财保公司实现保费收入8464万元,其中车险保费收入3885万元,非车险保费收入1367万元,农险保费收入3211万元,实现利润1380万元。

【业务发展】 做好农险基础工作,确保种植险承保面指标不下滑,发展蔬菜、瓜果特色农业保险,力求2016年业务新突破。截至10月末,县财保公司实现特色农险保费收入55.77万元,其中:承保土鸡10万只,总保费18万元;承保蛋鸡10万只,总保费16万元;承保葡萄230.03亩,总保费2.3万元;承保猕猴桃829.87亩,总保费19.17万元;承保西瓜20亩,保费0.3万元。

随着猪肉价格的回升,养殖规模户及农户对生猪养殖的积极性不断提高,养殖险的投保猪只规模随着增大,生猪价格指数保险对养殖大户有较高的可保性,全年承保猪只达到3万头。县财保公司加大与规模养殖户的工作联系,与岳池特驱养猪场对其饲养的13万头仔猪达成保险合作协议,实现仔猪保费收入364万元。

【依法经营】 将反洗钱纳入日常工作加强管理;定期利用电子显示屏、悬挂横幅、发放宣传折页等方式向社会大众宣传反洗钱方面的知识;按上级公司要求仔细对县财保公司投标业务进行合规风险排查,并按时报送各类排查报表。

(县财保公司)

经济管理与监督

发展和改革

【计划编制与实施】 县发改局编制《岳池县2015年国民经济和社会发展计划执行情况及2016年计划(草案)》,经县人代会审议通过后付诸实施。以县政府名义分解下达全年及一季度、上半年等经济和社会发展主要目标任务,定期或不定期与有关部门开展联合督查帮办,确保全年目标任务全面完成。

2016年,全县地区生产总值完成203.6亿元,同比增长8.2%。其中第一产业增加值完成41亿元,同比增长2.7%;完成第二产业增加值93.2亿元,同比增长9.7%;完成第三产业增加值69.4亿元,同比增长9.4%。三次产业结构调整为20.1∶45.8∶34.1,第三产业比重提高0.3个百分点。全社会固定资产投资完成200亿元,同比增长17.3%。规模以上工业增加值增速9.8%。社会消费品零售总额完成102.7亿元,同比增长13.9%;完成地方一般公共预算收入10.7亿元同比,增长16.9%;完成城镇居民人均可支配收入28013元,同比增长8.2%;完成农村居民人均可支配收入12579元,同比增长9.7%。完成外贸进出口总额0.6亿美元。城镇登记失业率控制在4%,人口自然增长率控制在2.61‰,居民消费价格指数控制在102.2%。

牵头编制《岳池县国民经济和社会发展"十三五"规划》,规划"八大领域"323个重大项目,总投资1821.3亿元,其中162个重大项目列入上级规划,总投资1373.86亿元;指导相关部门编制完成农业、工业、以工代赈、脱贫攻坚等32个专项规划。

【招投标管理】 严把投资项目设计评审、立项审批、招标核准、工程量增加4个关口,确保项目实施规范有序。立项、核准和备案基本建设项目463个,总投资75.9亿元;开展项目设计评审48次,提出优化设计建议468条,节约政府投资5937.8万元,其中龙藏大道建设项目,通过评审,优化其项目设计,可节省政府资金2542.4万元;监督投资项目招投标(含比选和竞争性谈判)412个,招标控制价38.9亿元,中标价35.2亿元,节资率9.5%;稽察重大项目15个,形成稽察报告15个,督促整改70项,处罚违规项目3个;对岳池二水厂(一期)工程、摩根时代等360个项目开展节能审查和备案工作,完成节能批复7件,节能登记备案353件。

【"项目年"工作】 项目包装。包装完成有项目名称的项目674个、总投资10168.66亿元,完成全年任务的101.68%;编制有项目简介的项目262个、总投资3081.38亿元,完成全年任务的102.7%;完成可研编制的项目134个、总投资1234亿元,完成全年任务的123.4%。

资金争取。争取中央、省支持项目382个,争取各类项目资金 32.4 亿元，完成年度任务的108%，同比增加 8.02 亿元，增长 33%；其中争取到专项建设基金项目 12 个 5.77 亿元。

重点建设。全县“双百工程”已开工建设 98 个，完成投资 204.8 亿元，占年度计划投资的 101.1%。其中：12 个市级重点建设项目完成投资 43.4 亿元，占年度计划投资的 150.2%，超时间进度 50.2 个百分点；3 个省级重点建设项目完成投资 15.8 亿元，占年度计划投资的 108.8%，超时间进度 8.8 个百分点。举行重大项目集中开工仪式 4 次，开工项目 33 个，总投资 218.8 亿元，规模居全市第一。

【以工代赈】 争取国家以工代赈补助资金 1923.2 万元，其中易地扶贫搬迁项目资金 1623.2 万元、以工代赈资金 300 万元。地方债务资金 1863 万元，专项建设基金 1014.5 万元。长期低息贷款 7101.5 万元。搬迁农户 560 户、2029 人，房屋建设全面完工，搬迁户获得房屋及配套基础设施建设补助资金 11602.2 万元。

【易地扶贫】 完成易地扶贫搬迁 792 户 2867 人，其中省定当年目标 560 户 2029 人，提前实施 2017 年目标 232 户 838 人，截至 2016 年年末，完成易地扶贫搬迁 821 户 3069 人，完成投资 8781.5 万元，超额完成年度目标任务。

【供给侧结构性改革】 出台《岳池县推进供给侧结构性改革总体方案》《岳池县推进供给侧结构性改革去库存实施方案》等五个方案。稳妥处置“僵尸企业”，淘汰银川再生纸厂等落后产能 2.5 万吨。推行货币化安置，着力刺激房地产消费，化解房地产库存 70 万平方米。优化信贷结构，全县银行业金融机构新增贷款 5.3 亿元。全面推开“营改增”，落实税费减免政策，为企业减负 4100 万元。

【物价监管检查】 强化对农村客运车辆收费、教育收费、卫生医疗收费的日常监督，查处价格违法案件 23 件，受理各类价格鉴证案件 62 件。组织召开港华燃气公司乡镇供区居民生活用气价格定价听证会。贯彻落实省政府、省发改委供给侧结构性价格改革等相关政策，降低全县非居民生活用电、商业用电和非普工业用电价格，自 7 月起实现城乡居民用电与国网同网同价，每年可减少城乡居民用电开支 5000 余万元；对执行非居民生活用电、商业用电和非普工业用电的工业企业暂停征收城市公用事业附加费。

【区域发展】 深化与京津、成渝、珠三角等地区的合作，参加“西博会”“渝洽会”等投资促进活动，举办医药产业专题座谈会、优势产业投资促进对接会，与天津医药集团、重庆大学等单位达成战略合作协议，新签约农业开发及光伏发电等项目 149 个，其中 3000 万元以上项目 71 个。

（县发改局）

食品药品监督管理

【食品综合监管】 推行网格化监管，划分监管范围，做到不留死角、不留盲区；全面落实日常巡查制度，采取日常监督检查、跟踪检查和飞行检查相结合的方式，强化点面结合，实现监管服务对象的全覆盖。全年出动执法人员 3600 余人（次），检查食品流通、餐饮单位 6500 余户（次），责令整改 128 家。组织开展监督抽样工作，全面完成省、市民生工程食品抽检 313 个（批（次））、药品抽检 165 批（次）、省级食用农产品抽检 240 个（批（次））任务，发现一批案源，进行整改。在元旦、春节、清明、“五一”、中高考期间等重点时期，及时联合相关部门开展食品安全大检查，有效防止重要节点食品药品安全事故的发生。

【食品安全专项整治】 开展药品流通领域、山东济南问题疫苗、肉及肉制品、食品非法添加剂和滥用食品添加剂、鲜活水产品非法添加物、餐饮具消毒、校园及周边食品安全等专项整治，强化重点环节、重点时段、重点品种监管。在专项整治中，立案129件，结案102件，罚没入库90万元，有力地震慑食品药品领域违法违规行为，保证食品药品市场安全有序开展。

【药品监督管理】 结合实际情况，综合药品和医疗器械日常检查工作、GSP认证和跟踪检查、安全生产大检查、节假日专项检查等工作一并进行，以城乡结合部、农村集贸市场、车站、旅游景点的药品零售企业为重点检查对象，重点打击非法回收药品、非法渠道购进药品、制售假药、劣药、违反GSP规范的行为。专项期间，采取不预先告知的形式对在全县辖区的连锁门店进行抽查，发现GSP认证时不能发现的真实存在的问题，让企业管理层认识到所属门店的真实情况，切实加强企业是“第一责任人”的意识，推进门店和公司共同面对并改进存在的困难，增强零售门店与公司的“粘滞度”，造成相互依存，共同发展的良性局面。出动车辆326台（次），出动人员1368人（次）；检查药品批发企业25家（次），零售、单体连锁门店456家（次），医疗机构978家（次），飞行检查104家（次），发送监督检查意见书104余份。立案36件，结案29件，罚没款10.05万元。

【医疗器械监督管理】 开展医疗器械使用质量专项检查，组织人员就医疗器械的购进、验收、经营、使用、用后销毁、索证索票等方面应当注意到的问题向相对人积极进行宣传，促使经营使用单位从思想上提高对安全经营、使用医疗器械的认识。组织辖区内医疗器械经营、使用单位开展自查自纠工作，着重解决工作中存在的突出问题。

重点检查各医疗器械使用单位是否购进和使用未依法注册或者备案、无合格证明文件以及过期、失效、淘汰的医疗器械；是否妥善保存购入第三类医疗器械的原始资料；长期使用的大型医疗器械是否定期检查、检验、校准、保养、维护并记录，及时进行分析、评估，确保医疗器械处于良好状态；贮存医疗器械的场所、设施、条件是否与医疗器械品种、数量相适应，是否符合产品说明书、标签标示的要求及使用安全、有效的需要；对储存温度、湿度等环境条件有特殊要求的医疗器械，是否监测和记录贮存区域的温度、湿度等数据；是否按规定开展医疗器械不良事件监测，及时上报并妥善处理发现的不良事件或者可疑不良事件；是否配备医疗器械质量管理机构或者质量管理人员，建立覆盖质量管理全过程的使用质量管理制度；是否每年对医疗器械质量管理工作进行全面自查，并不断修改完善质量管理措施等情况。全年出动执法人员500余人（次），检查公立医院11家，民营医院20家，乡镇卫生院46家，诊所29家，村卫生室98家，单采血浆站1家；发现问题15项，责令整改48家。

【单体药店】 全县有单体药店4家，分别为岳池县新放心大药房（药品经营许可证：川DB8260069），全年药品销售额67万元；岳池县放心大药房九龙店（药品经营许可证：川DB8260075），全年销售额45万元；岳池县放心大药房金土地店（药品经营许可证：川DB8220076），全年药品销售额35万元；岳池县金穗药品超市（药品经营许可证川DB8260005），全年销售额60万元。4家单体药店有从业人员20人。

（县食药监局：曹玉秀）

国土资源管理

【国土资源调查】 落实耕地保护共同责任制，县政府与43个乡镇签订耕地保护目标责任书，将耕地保有量及基本农田保护考核指标分解到各乡镇，明确基本农田保护责任和奖惩措施，建立健全各项监管制度，划定责任保护区域，把保护责任落实到田间、地块和村组责任人，确保全县耕地保有量不少于110.07万亩，基本农田保护面积不少于94.66万亩，做到总量未减少，质量未降低，用途未改变。

按时完成耕地后备资源调查评价和二次调查新增耕地调查及成果上报工作，对第二次全国土地调查先进个人进行表障。完成宗地统一代码编制工作，2016年8月通过市局验收。全面完成2015年度土地变更调查及成果上报，并通过国土资源部、省国土资源厅审查合格。

全县农村宅基地30万宗，登记发证28.65万宗；集体建设用地应发证16764宗，已登记发证16293宗。全面启动农村集体土地大比例尺实测的外业权属调查和测量工作，在30余个乡镇进场作业，至2016年年末，开展外业权属调查及测量9.96万宗，内业绘制宗地图及房产图8.85万宗。

【用地管理】 完成不动产统一登记机构职能整合，制定内部管理制度，明确各股室及各岗位职能职责，公开不动产登记政策、程序、收费标准等。设立不动产登记办证大厅，实现各类登记在窗口统一接件受理。

全县新增建设用地计划1350亩，使用年度计划上报省政府审批的城市和乡镇批(次)征地报件，严格按照省国土资源厅下达2016年度建设用地计划指标规范管理，未超过下达的新增建设用地、农用地、耕地中指标的任何一项。全面开展并完成土地利用总体规划调整完善，初步确定指标分配方案。全年规划局部调整5个批(次)，调整面积1315.92亩，调规台账健全，无擅自调规行为。

上报省国土资源厅省重点项目征地报件7件，征地3100亩，其中保障性住房征地329亩。全年供应国有建设用地32宗3057.6亩，成交总价款73398.62万元。其中：拍卖出让商住用地5宗321亩，土地价款59015万元；挂牌出让土地14宗479.25亩，土地价款12902.37万元；划拨用地13宗2257.35亩。办理危旧房改造项目协议出让土地12宗246亩，成交价款1348.34万元。实施征地安置1140人(次)，征收农村集体土地971.42亩。

按照《广安市人民政府办公室关于进一步加强农村村民建房管理工作的通知》(广安府办发〔2014〕55号)文件精神，依法依规对符合要求的农房报件即时报有权机关审批。

【矿产资源管理】 加大全县矿山布局和矿业结构调整力度，对规模小、布局不合理、安全隐患严重、环境破坏大的矿山，通过“关、停、并、转”等手段进行整合，全年压缩非煤矿山27个，提高矿山平均生产规模。严格矿产资源审批，对不符合国家产业政策和矿产资源规划、开发利用方案不合理、开采技术落后、浪费资源、破坏环境、大矿小开的，一律不予审批发证。全年征收矿产资源补偿费13.6万元，使用费1.3万元，地质环境恢复治理保证金25.6万元。引导高耗能、工艺技术落后的两家非煤矿山自行闭坑。

土地执法监察

【土地执法监察】 开展矿山开发利用年度检查，对1家非煤矿山企业存在的越界开采违法行为进行立案查处，没收违法所得1.14万元。开展土地违法巡查，立案查处25件，完成向公安局移送4件，向纪检监察机关移送2件，向法院移送30次(含2015年未结案的4件和2016年案件拆除和罚款各移交1次)；结案的14件，结案率56%。按照2015年度卫片执法检查工作的要求，对9宗违法用地全部依法立案查处，及时组卷归档并顺利通过验收。

【国土开发整治】 申请实施同兴、齐福等5个土地整理项目，完成前期立项和规划设计编制单位招选。完成大石、黄龙等8个项目市级入库和立项前市级技术核查和入库立项。上报西板、平安等3个项目优选省投资土地整理项目。完成普安等5个项目财政评审。高效组织嘉陵、新场等9个项目施工建设，通过县级初验。完成天平等26个项目竣工决算资料审查及送审，完成13个项目审计。完成白庙、苟角、镇龙3个土地整理项目终验，获得征地占补平衡指标3681.42亩。完成新场和大佛2个土地整理项目实施，建设高标准基本农田13889.86亩。积极储备高标准基本农田建设项目，申报立项黄龙等6个高标准基本农田项目，建成高标准基本农田60441亩。

【征地拆迁】 启动2015年第1、2、3、4批城市及2015年第1、3、4、5、6、7批乡镇批（次）的征地补偿安置工作，实施补偿面积3777.29亩。发布10个批（次）54个村民小组的征地公告，7个组的安置补偿公告，征收农村集体土地971.42亩。全年搬迁坟墓843棺。兑付土地费、安置费、房屋及附属设施、青苗、林木、坟墓等补偿费用2166.34万元；办理农转非1140人，养老保险745人，医疗保险790人，失业保险713人，支付养老保险、失业保险、医疗保险费8471.79万元。开展征地拆迁补偿安置风险评估工作、地上附着物和青苗补偿标准风险评估及防范工作，严格按法定程序、标准实施补偿，全年未发生过因征地损害群众合法权益的恶性事件或重大群体性事件。

【不动产登记改革试点】 5月6日，岳池县不动产登记中心将国土局下属事业单位县土地勘测队、县地价评估事务所以及县住房和城乡规划建设局下属事业单位县城镇房产管理所41人整体已整合到位。5月26日，省不动产登记局副局长王海涛一行在广安市国土资源局副局长林华陪同下，对岳池县不动产统一登记改革试点工作进行专题调研及业务指导。8月25日，岳池县不动产权证书首发仪式在岳池县国土资源局一楼县不动产登记中心大厅成功举行，市国土资源局副局长林华出席首发仪式，并为全县不动产权人颁发第一本不动产权证书，县委常委、总工会主席刘俊出席首发仪式并致辞。县人大常委会副主任黄雪兰主持仪式。

【地质灾害防治】 制定年度地质灾害防治方案和应急预案，召开全县地质灾害防治工作会议，落实乡镇地质灾害防治责任，强化各项监督措施。加快推进治理项目实施，其中秦溪古佛寺滑坡、秦溪大岩背滑坡、秦溪猴子岩滑坡和团结炎山沟滑坡4处地灾项目竣工，并通过省国土资源厅专家初验，罗渡镇场镇危岩崩塌正式施工，年末完工并完成专家验收。完成地质灾害避险搬迁90户。

2016年岳池县地质灾害隐患点基本情况表

表4

序号	隐患点名称	隐患点类型	乡镇	村	组	灾害规模（立方米）	威胁户数（户）	威胁人数（人）	威胁财产（万元）	预案点级别
1	高石梯危岩	崩塌	白庙镇	三教寺	12	500	2	3	30	乡镇级
2	肖家湾不稳定斜坡	不稳定斜坡		三教寺	12	500	1	1	10	乡镇级
3	林家梁滑坡	滑坡		黄莲桥	7	800	1	5	15	乡镇级
4	吴家院子滑坡	滑坡		黄莲桥	5	1500	2	8	25	乡镇级
5	圆坡垛不稳定斜坡	不稳定斜坡		三教寺	11	3000	3	14	50	乡镇级
6	大岩洞危岩	崩塌		三教寺	9	600	3	14	45	乡镇级
7	场林盖滑坡	滑坡		郑家村	8	4000	6	11	25	乡镇级
8	刘家院子潜在不稳定斜坡	不稳定斜坡	大佛乡	何家堂	1	600	2	5	10	乡镇级
9	赵家沟村5组危岩	崩塌		赵家沟村	5	400	8	26	26	乡镇级
10	钟家湾危岩	崩塌		何家堂	3	800	15	50	30	乡镇级
11	上马寺滑坡	滑坡		上马寺	1	700	2	3	8	乡镇级
12	通塘湾滑坡	滑坡	伏龙乡	芝阳寨村	1	31000	15	50	380	乡镇级
13	金银岩滑坡	滑坡		一碗水	3	150000	28	101	700	县级
14	二吞崖崩塌	崩塌		茶子沟	5	20000	7	36	70	乡镇级
15	龙堂庙滑坡	滑坡		龙堂庙	3	30000	4	16	80	乡镇级
16	观星寨危岩	崩塌	苟角镇	庵堂沟	1	1000	3	16	30	乡镇级
17	董家院子滑坡	滑坡	花板乡	柏林村	2	2000	5	12	55	乡镇级
18	燕儿窝危岩	崩塌	花园镇	官大田	1	500	3	13	20	乡镇级
19	竹儿湾危岩	崩塌		红坡盖	1	900	5	22	30	乡镇级
20	石龙寺危岩	崩塌		红坡盖	4	400	1	5	5	乡镇级
21	曾家嘴危岩	崩塌		马家井	2	1400	4	20	30	乡镇级

续表 4

序号	隐患点名称	隐患点类型	乡镇	村	组	灾害规模（立方米）	威胁户数（户）	威胁人数（人）	威胁财产（万元）	预案点级别
22	樟树桥不稳定斜坡	不稳定斜坡	黄龙乡	樟树桥	6	20000	8	27	40	乡镇级
23	杨家不稳定斜坡	不稳定斜坡		杨家沟	6	190000	15	68	75	县级
24	蒋家湾危岩	崩塌		玉瓶寨村	3	4000	6	21	25	乡镇级
25	杨家沟滑坡	滑坡		杨家沟	3	120000	8	29	40	乡镇级
26	棉花山滑坡	滑坡		龙门村	5	5000	8	21	80	乡镇级
27	熊家坡滑坡	滑坡		龙门村	6	15000	7	21	70	乡镇级
28	雷家岭滑坡	滑坡		龙门村	6	6000	4	15	40	乡镇级
29	墙干村危岩（3 处）	崩塌	恐龙乡	墙干村	5	500	3	5	20	乡镇级
30	唐家盖 2 组危岩	崩塌		唐家盖村	2	700	2	5	10	乡镇级
31	狮子坡崩塌	崩塌		文昌寨	6	300	1	2	15	乡镇级
32	小龙山危岩	崩塌	临溪镇	红庙子	5	500	3	10	25	乡镇级
33	林家湾不稳定斜坡	不稳定斜坡		梅花村	5	3000	4	5	10	乡镇级
34	石老岩危岩	崩塌		红庙子	8	1200	1	6	3	乡镇级
35	曙光村危岩	崩塌	龙孔镇	曙光村	1	7000	21	49	100	乡镇级
36	罗渡镇场镇危岩（5 处）	崩塌	罗渡镇	高石村、邹家坪	2、3	29000	87	361	9772	县级
37	谭家桥滑坡	滑坡	坪滩镇	帅坨寺	7	1000	2	6	18	乡镇级
38	肖家大院子滑坡	滑坡		双堰塘	6	10000	10	33	108	乡镇级
39	马老壳危岩	崩塌		帅坨寺	2	600	9	32	200	乡镇级
40	刘家院子崩塌	崩塌		石船沟村	1	5000	4	15	50	乡镇级
41	张黑湾危岩	崩塌	平安乡	柳树湾	1	1000	2	6	12	乡镇级
42	洞湾口危岩	崩塌		平安寺	2	100	2	7	32	乡镇级
43	瓦厂沟滑坡	滑坡		黑水河	9	5000	3	10	120	乡镇级
44	大岩洞危岩	崩塌		黑水河	2	670	1	4	32	乡镇级

续表 4

序号	隐患点名称	隐患点类型	乡镇	村	组	灾害规模（立方米）	威胁户数（户）	威胁人数（人）	威胁财产（万元）	预案点级别
45	向家庙村 10 组滑坡	滑坡	乔家镇	向家庙	10	8000	3	8	20	乡镇级
46	龙石口滑坡	滑坡	秦溪镇	龙石口	4、5	29000	4	10	40	乡镇级
47	杨家大土滑坡	滑坡		万年桥	4	4000	2	9	12	乡镇级
48	杨家大院子崩塌	崩塌		周家坝	3	1100	1	7	4	乡镇级
49	芭茅湾滑坡	滑坡		万年桥	3	2000	3	13	53	乡镇级
50	邹家沟滑坡	滑坡		邹家沟	5、8	360000	5	17	150	乡镇级
51	老屋湾滑坡	滑坡		大柏坡	5	21000	8	24	200	乡镇级
52	大湾坪滑坡	滑坡		清桥村	4	11000	9	34	34	乡镇级
53	大岩背滑坡	滑坡		龙王庙村	4	100000	28	121	300	县级
54	祝家沟不稳定斜坡	不稳定斜坡		宝箱寺	2	37000	4	14	60	乡镇级
55	绍家庙滑坡	滑坡		万年桥	3	35000	2	7	48	乡镇级
56	林家湾滑坡	滑坡		邹家沟	3	75000	2	9	48	乡镇级
57	老屋沟滑坡	滑坡		龙王庙村	6、7	100000	33	115	530	县级
58	老屋嘴坎下滑坡	滑坡		小清溪	6	31000	2	7	10	乡镇级
59	兰家沟崩塌	崩塌		石堰塘	4	120	2	8	7	乡镇级
60	猴子岩滑坡	滑坡		邹家沟	6	1200000	9	36	320	县级
61	古佛寺滑坡	滑坡		龙王庙村	1、3、6、7、8	195000	35	142	540	县级
62	朱家院子不稳定斜坡	不稳定斜坡		宝箱寺	2	170000	8	28	132	乡镇级
63	长石坝下危岩	崩塌	赛龙镇	老人坪	2	25000	15	60	85	乡镇级
64	狮子口危岩	崩塌		老人坪	1	160	1	4	9	乡镇级
65	牛敞沟危岩	崩塌		牛敞沟	2	600	1	4	12	乡镇级
66	寨坎下危岩	崩塌		顺梁寨村	1	10000	3	8	25	乡镇级
67	何家院子不稳定斜坡	不稳定斜坡		千字岭	5	2000	5	15	36	乡镇级
68	徐家坡滑坡	滑坡	双鄢乡	壶瓶沟村	7	800	2	9	20	乡镇级
69	岩角湾滑坡	滑坡		壶瓶沟村	3	400	1	4	10	乡镇级
70	滨河社区滑坡	滑坡	天平镇	回龙村	1	340000	92	342	1500	县级

续表 4

序号	隐患点名称	隐患点类型	乡镇	村	组	灾害规模（立方米）	威胁户数（户）	威胁人数（人）	威胁财产（万元）	预案点级别
71	大坪梁子滑坡	滑坡	同兴镇	罗家沟	2、3	2000000	62	232	800	县级
72	沈家岩不稳定斜坡	不稳定斜坡	团结乡	朝门村	1	5000	3	4	25	乡镇级
73	狮子岩滑坡	滑坡		自长坪	7	2800	2	8	20	乡镇级
74	野毛沟滑坡	滑坡		檬子桥	8	4500	4	20	7	乡镇级
75	检水湾不稳定斜坡	不稳定斜坡		曹家岩	3	8000	1	2	5	乡镇级
76	作风湾滑坡	滑坡		曹家岩	1	7000	6	15	18	乡镇级
77	母猪洞不稳定斜坡	不稳定斜坡		张家堂	1	2000	9	37	80	乡镇级
78	田家梁子滑坡	滑坡		张家堂	8	30000	12	47	100	县级
79	羊坡山滑坡	滑坡		小岭村	2	135000	4	11	50	乡镇级
80	四龙岩滑坡	滑坡		檬子桥	1	13000	1	10	3	乡镇级
81	吞口石崩塌	崩塌		檬子桥	3	800	3	12	15	乡镇级
82	吞口石滑坡	滑坡		檬子桥	3	13000	5	28	18	乡镇级
83	樟树木滑坡	滑坡		张家堂	6	4000	22	79	200	县级
84	炎山沟滑坡	滑坡		穿石孔	4、9	1400000	36	108	450	县级
85	小屋场滑坡	滑坡		曹家岩	3	2500	5	8	15	乡镇级
86	大竹山滑坡	滑坡		张家堂	7	13000	12	36	100	乡镇级
87	大湾危岩	危岩		小岭村	5	900	4	10	30	乡镇级
88	石朝门滑坡	滑坡		穿石孔	8	10000	9	40	90	乡镇级
89	二吞崖危岩	危岩		小岭村	2	800	6	16	80	乡镇级
90	长长岭滑坡	滑坡		穿石孔	6	550000	10	33	40	乡镇级
91	真武山崩塌	崩塌	西板乡	真武山村	11	5000	1	2	8	乡镇级
92	大石门岩下危岩	崩塌		牛场寨村	5	400	1	3	20	乡镇级
93	张家湾滑坡	滑坡		老罐溪村	6	800	1	4	3	乡镇级

续表 4

序号	隐患点名称	隐患点类型	乡镇	村	组	灾害规模（立方米）	威胁户数（户）	威胁人数（人）	威胁财产（万元）	预案点级别
94	石油烂崩塌	崩塌	新场镇	张家坝	3	9000	3	12	16	乡镇级
95	张家坝六组危岩	崩塌		张家坝	6	3000	3	15	10	乡镇级
96	李家院子崩塌	崩塌		红关寨村	8	4000	2	9	12	乡镇级
97	罗家库楼湾崩塌	崩塌		大石坝村	5	4800	3	11	13	乡镇级
98	狮子坡崩塌	崩塌		大石坝	10	5000	5	13	15	乡镇级
99	赵家沟崩塌	崩塌		张家坝	7	3000	3	8	9	乡镇级
100	小沟湾危岩	崩塌		张家坝村	5	400	1	5	20	乡镇级
101	艾叶嶺危岩	崩塌		黄家梁村	4	500	2	5	15	乡镇级
102	岩洞湾危岩	崩塌		张家坝村	4	400	1	3	11	乡镇级
103	禹山寺 1 号滑坡	滑坡	兴隆镇	禹山寺	7	8000	3	15	20	乡镇级
104	四方井滑坡	滑坡		禹山寺	4	9000	7	30	30	乡镇级
105	万园沟滑坡	滑坡		禹山寺	7、11	10000	5	20	132	乡镇级
106	禹山寺滑坡	滑坡		禹山寺	8	8000	8	36	60	乡镇级
107	禹山寺 2 号滑坡	滑坡		禹山寺	4	10000	5	21	25	乡镇级
108	长田湾滑坡	滑坡	鱼峰乡	金城村	4	76000	6	24	84	乡镇级
109	金城村 6 组崩塌	崩塌		金城村	6	500	6	15	100	乡镇级
110	云盘寨狮子地滑坡	滑坡		华凤庵	5	25000	4	8	50	乡镇级
111	平安寨崩塌	崩塌	裕民镇	蔡家桥	3	700	7	41	60	乡镇级
112	牛头寨崩塌	崩塌		广兴场	7	400	3	21	25	乡镇级
113	狮子石危岩	崩塌		广兴场	8	90	4	12	12	乡镇级
114	三道拐滑坡	滑坡	裕民镇	陶家沟	8	12000	3	11	7	乡镇级
115	渣石口崩塌	崩塌		蔡家桥	2	500	3	23	50	乡镇级
116	观音崖滑坡	滑坡		陶家沟	8	6000	2	7	15	乡镇级

续表 4

序号	隐患点名称	隐患点类型	乡镇	村	组	灾害规模（立方米）	威胁户数（户）	威胁人数（人）	威胁财产（万元）	预案点级别
117	聂家湾危岩	崩塌	镇裕镇	胡家桥	9	2300	4	22	22	乡镇级
118	粟家湾危岩	崩塌		瓦店子	3、10	200	4	15	30	乡镇级
119	猫儿寨崩塌	崩塌		半沟村	5	300	3	17	56	乡镇级
120	龙洞湾危岩	崩塌		半沟村	8	320	5	17	20	乡镇级
121	纸厂湾危岩	崩塌		瓦店子村	3、4、10	1520	3	18	48	乡镇级
122	水观音危岩	崩塌		中渡村	2	2000	7	27	24	乡镇级
123	猫儿寨危岩	崩塌		瓦店子村	7	300	4	31	10	乡镇级
124	尹家沟村 3 组滑坡	滑坡		尹家沟	3	30000	15	55	70	乡镇级
125	长梁子村 7 组危岩	崩塌	中和镇	长梁子	7	3000	6	23	49	乡镇级
126	唐家沟危岩	崩塌		河峡溪	1	5000	12	57	42	乡镇级
127	长梁子村三组危岩	崩塌		长梁子	3	2000	5	19	40	乡镇级
128	兔儿梁不稳定斜坡	不稳定斜坡		兔儿梁	4	39000	7	31	84	乡镇级
129	雷打石湾危岩	崩塌		河峡溪	1	700	3	11	12	乡镇级
130	山陵湾危岩	崩塌		山陵湾	2	4200	3	12	36	乡镇级
131	马汉溪滑坡	滑坡		马家桥	1	25000	3	10	36	乡镇级
132	磨家坟不稳定斜坡	不稳定斜坡	粽粑乡	蒋家沟	5	5900	3	16	84	乡镇级
133	王家坡不稳定斜坡	不稳定斜坡		蒋家沟	9	1900	3	16	36	乡镇级
134	郑家坝子崩塌	崩塌		罗家院	11	4300	3	13	30	乡镇级
135	观音岩危岩	崩塌		万家寨	2	340	1	6	12	乡镇级
136	罗家岩危岩	崩塌	排楼乡	汪家岩村		6000	8	25	80	乡镇级

（县国土资源局）

工商质监管理

【概况】 全县新登记市场主体 4434 户，注册资本（金）239740 万元，同比分别增长 9.3% 和 13.8%。新发展商标 125 件，申报省著名商标 1 件，全县累计注册 1774 件，其中省著名商标 5 件，地理标志商标 4 件。申报省名牌产品 2 家。受理办结消费者投诉举报 104 件，为消费者挽回经济损失 54.21 万元。立案查处经济违法案件 361 件，结案 334 件，案值 554 万元。获市、县领导肯定性批示 11 次，获得省工商局红盾春雷行动先进集体、全省工商系统年报工作先进单位、广安市先进基层党组织、市工商局目标管理特优单位等省、市、县各类表彰18项（次）。

【商事制度改革】 立足工商质监部门职能，开展“访企业、解难题、办实事、促发展”活动，及时帮助企业解决困难和问题，畅通服务企业“最后一千米”。新发展农民专业合作社109户、家庭农场30户。引导个体工商户转型升级，帮扶26户个体工商户转型升级为个人独资企业或有限责任公司。放宽注册资本最低限额规定，放宽出资比例、方式、期限规定。新登记公司375户，注册资本（金）151771万元，同比分别增长72%和9%。落实“先照后证”改革措施，严格执行国务院、工商总局、省政府及省工商局公布的《工商登记前置审批目录》。实施“双告知”制度，组织讨论改革后事中事后监管的问题，确保推进“先照后证”改革工作提速，办理“先照后证”3370户。自2016年9月25日起，全面实行“五证合一、一照一码”登记模式，发放“五证合一，一照一码”营业执照313张。试行企业集群注册模式，在工业园区集群注册71户。全面实施市场主体年报公示制度，企业、个体工商户、农民专业合作社分别达到99.34%、99.58%、100%，企业、个体工商户、农专社年报工作均被省工商局通报表扬。

【品牌兴县战略】 全力组织实施“育标、创牌、亮牌、护牌”四大工程，推进国家商标战略实施示范城市建设；引导“高垭口”商标申报省著名商标。帮助“岳池同兴柑橘”和“岳池中和豆花”争取地理标志商标专用权。以名牌产品申报推进质量品牌升级，四川省银丰食品有限公司、四川省岳池特曲酒业有限公司2家企业成功申报第十二届“四川名牌”产品。发挥认证认可对经济社会的促进作用，推动全县产业升级转型。清理企业执行标准，建立企业执行标准档案，为整体推进质量对标提升行动奠定基础，确定四川省岳池特曲酒业有限公司和四川省银丰食品有限公司为全市首批开展质量对标提升试点企业；对全县核桃产业生产现状及发展前景进行深入分析和科学评估，申报“四川省区域性地方标准《核桃生产技术规程》及《核桃产地环境条件》制定项目”，通过立项，正在组织实施标准制订工作；申报岳池县长田香藤椒种植专业合作社创建省级农业标准化示范区建设项目，打造“长田香藤椒”农产品品牌；安佛蜜柚专业合作社通过国家有机产品认证。在全县工业和农业中，分别选定四川富登电梯有限公司和岳池县长田香藤椒种植专业合作社制定品牌打造方案，根据企业发展规模和状况纳入市知名商标、省著名商标和四川名牌培育名单，积极申报各级政府质量奖。

【服务地方经济发展】 以整治促规范，充分发挥“合同助商”职能，检查435户企业合同签订情况，现场查看格式条款311条，约谈企业45次，纠正涉嫌违法违规格式条款24条；对47户涉嫌利用合同格式条款侵害消费者权益行为进行立案查处，处罚没款13.83万元。利用“3·15”国际消费者权益宣传纪念日和开展消费大讲堂等活动，着力建设“一会两站”“12315”网络平台；受理办结消费投诉104件，办结率100%，为消费者挽回经济损失54.21万元；率先在全市建材家居集中地亿联建材市场建立集消费咨询、查询、投诉一体的全媒体消费维权站。培育诚信计量体系，出台《诚信计量示范单位评选活动》方案，制定商场（超市）、加油站、眼镜店等领域诚信计量示范单位评定细则，40余户经营主体开展诚信计量自我承诺；加强水、电、气三表民用三表的首检工作，检定电能表13918只，燃气表6237只，水表9925只；联系省检测机构对全县10吨以上锅炉的能效情况进行测试，对能效不达标企业进行整改。按照“搭建两个平台、加大两个力度、构建两个格局”指导思想开展“脱贫攻坚”系列工作，指导注册农产品专用商标14件和签订农业订单合同1100余份，指导5户农产品销售大户加入电商平台和参与农产品展销会；为联系帮扶贫困村提供致富信息13条，组织企业到贫困村进行帮扶慰问3次，为贫困户募集捐款2.8万元。

【监督管理】 以抓“促质量 保安全”为主线，多项措施确保岳池县特种设备安全运行。建立锅炉、压力容器、电梯、游乐设施等特种设备台账，实施动态管理；开展安全隐患排查，建立安全隐患排查台账；开展电梯维保单位专项整治、电梯攻坚战、锅炉节能能效大会战、液化气充装专项整治、油气管道专项整治执法检查5次，发现特种设备安全隐患39处，发出特种设备安全监察指令书39份，整改落实36处。开展质量强镇、质量强企创建工作，培育岳池县现代农业园区管委会为2016年质量强区单位、培育四川富登电梯有限公司为2016年质量强企单位；做好生产企业质量抽检工作，抽检烧结普通（空心）砖、配装眼镜、液化石油气、波形瓦、食品包装产品、玻璃等行业产品质量55批（次）。针对家用电子电器、服装鞋帽、装饰装修材料和建筑钢筋等重点商品开展质量监测，全年组织开展商品质量抽检300批（次）。实施“以网管网”联动监管体系，入库网络商品经济户口36户，32户网络经营主体和交易平台依法亮照亮标经营，查办网络违法经营案件22件。开展守合同重信用公示工作引导“守重”活动，复查验收守重企业61户，其中省级5户、市级13户、县级43户。开展“红盾护农”行动，检查农资经营户1836户（次），抽检农资商品31批（次），取缔无照经营户3户，纠正不规范经营行为15件，立案查处农资案件11件。

【规范市场经济秩序】 结合“红盾春雷行动2017”开展市场秩序专项治理。立案查处各类经济违法案件361件，案值金额达554万元。开展各类专项行动11次，主要涉案物质有电脑主机29台、显示器8台、注射器7850支、不合格电冰箱8台、侵权玩具99盒、侵权热水器、灶具16台、侵权南孚电池790粒、侵权水泥勾缝剂等42.75吨、假冒五粮液6瓶，假冒“六个核桃”5522件、过期失效日化用品193瓶（桶、袋）。

【队伍建设】 创新推出品德、品质、品味建设，争做道德贤士、知识学士、维权卫士、服务力士、创新智士主题活动，推行码上、精准、三位政务。建立部门网络e支部、党建QQ群，设立网上党员议事厅，建立党风廉政“地理围栏”。以学习育德、自律修德、制度问德，提升干部职工道德水准。局机关委员会获得广安市委表彰“先进基层党组织”。围绕“定标准、守底线、扮角色、搭平台、讲故事”5个活动，开展纪律作风主题教育活动。开展大型礼仪培训1次、业务培训10余次、专题讨论3次，观看警示廉政教育电影2次，开设以廉政为主题“德政课堂”“微型党课”15次。

（县工商质监局：唐燕）

安全生产监督管理

【安全生产事故】 全县亿元国内生产总值生产事故死亡率、工矿商贸从业人员10万人生产事故死亡率、道路交通万车死亡率、火灾10万人死亡率、特种设备万台死亡率均有效控制在市政府下达的目标内。发生安全生产事故8起，直接经济损失540.5元。其中：工矿商贸类安全生产事故1起，经济损失70万元；建筑施工类安全生产事故2起，经济损失150万元；道路交通安全生产事故5起，经济损失320.5万元。全县发生道路交通事故5277起，死亡28人，受伤871人，经济损失263.85万元。

【监管机制】 2016年，县委、县政府领导把安全生产工作纳入全县重要议事日程，在节假日、重要时段，领导亲自带队检查，定期主持召开会议，分析全县形势，安排部署安全生产工作。特别是

“10·17”广安区白玛乡建筑事故及“11·24”江西丰田发电厂冷却塔坍塌事件发生后，岳池县多次组织召开安全生产专题会议，对事故情况进行传达，要求各乡镇各部门各企事业单位庚即开展安全生产大检查。县安委会制定并印发《岳池县安全生产大检查工作方案》（岳安委〔2016〕6号），作详细部署。各乡镇各相关部门根据实际制定相应的工作方案，并报县安办备案。

年初，县政府出台年度安全生产工作意见和重点工作任务分解表，明确工作目标和任务；县政府与43个乡镇、36个县级部门和有关企业签订安全生产目标责任书。全县推进安全监管责任“五级五覆盖”和企业安全生产责任体系“五落实五到位”，健全完善政府、部门的监管责任和企业的主体责任。县、乡、村安全监管责任体系实现“五个全覆盖”，各乡镇、部门均落实行政主要负责人担任本级安委会主任的组织机构，各乡镇和负有安全监管责任的部门、园区成立安全生产管理办公室负责日常管理工作；制定“党政同责”“一岗双责”和“三个必须”文件，并定期向同级组织、纪检部门报告安全生产工作情况。

全面实施《岳池县安全生产“党政同责”暂行规定》《岳池县安全生产“一岗双责”实施办法》《岳池县安全生产委员会进一步明确安全监管职责的通知》等制度，强化和落实党委、政府及其工作部门和领导干部的安全生产监督管理职责，形成“党委领导、政府主抓、协同共管”的工作格局。

按照县安委会印发的《岳池县安全生产警示和约谈制度》要求，对责任不落实、工作不力的乡镇、部门的主要领导、分管领导由县政府或县安委会约谈并通报。

县政府设立安全生产奖励资金180万元，专项用于奖励在改善安全生产条件、强化安全生产监管、防止生产安全事故等方面取得显著成效的单位。对发生较大以上安全生产事故和安全生产年度考核得分在90分以下（含90分）的乡镇和部门，一律实行“一票否决”。

【安全基层基础建设】 继顾县镇、白庙镇、九龙镇、罗渡镇相继创建成功省级安全社区之后，9月，西溪镇通过成都支持中心专家组的现场评审，成为全县第五个“四川省安全社区”；全县成功创建省级安全社区5个、市级安全社区6个。督促34户职业危害较重企业379名一线从业人员进行职业健康体检，指导督促70户存在职业危害企业完善职业卫生10项基础台账，完善职业卫生工作机构、规章制度、应急救援措施等。开展企业“五落实五到位”活动，督促企业完善安全生产领导责任制，配齐安管机构和人员，建立相关工作制度，大部分企业做到责任到位、安全投入到位、安全培训到位、安全管理到位、应急救援到位。开展“岗位达标、专业达标、企业达标”为主要内容的安全生产标准化建设工作。修订完善43个乡镇、32个重要职能部门、28家高危行业企业和150家工矿商贸企业的应急预案。9月，岳池县安全生产综合监管平台开工建设；可以上联省市、下联企业，便于对企业实施直接监管，将大幅提高全县安全监管、应急处置能力。

【依法治安】 在非煤矿山方面，重点对企业安全生产责任制的落实、安全教育培训、安全隐患排查整治、“双十条”规定、保险措施以及企业“五落实、五到位”制度落实情况进行督查，并对专家“会诊”诊断出的问题整改落实情况进行复查验收；排查整治安全隐患593处，发出责令整改通知书63份，停业整顿企业4户，行政处罚0.5万元。在危化品和烟花爆竹方面，开展废弃油罐专项检查、加油站销售散装汽油专项整治、烟花爆竹批发零售专项治理、油气输送管道隐患整治等专项整治活动；排查出隐患256处，现场整改243处，限期整改13处，下发整改指令书8份，行政处罚2家0.2万元，收缴违禁烟花爆竹2300余件。从安全生产大检查开展后，组织检查组244个，检查非煤矿山、危险化学品和烟花爆竹、油气输送管道、道路交通和水上交通、建筑施工和城镇煤气、消防及公共安全、粉尘涉爆、电梯等特种设备等行业企业763个，排查一般隐患873项，全部完成整改；打击非法违法行为161起，整治违法违章行为163起，停产整顿5家企业，处罚款14.3万元。

各乡镇、部门、企业每月开展1次隐患大排查，每月20日前将结果报县安办，由县安办按月挂牌督促整改、验收销号。县安办挂牌整治安全隐患53处，全部整改完毕。道路运输、公路养护施工、建筑施工、学校、商场等人员密集场所、水库、电力等行业企业及其他工矿企业排查隐患1247处，全部完成整改，落实隐患整改资金1700余万元。

【安全宣教】 全县紧紧围绕新《安全生产法》和中央、省、市、县安全生产新要求的宣贯，"法律七进""全国安全生产月""职业病防治周"、新安全生产法巡回宣讲等活动为载体，向社会广泛宣传安全生产知识和相关法律法规。县安办组织编印安全知识手册2万本，发至各乡镇、村(居)委会，县安办建立短信平台，适时发布安全信息，在县电视台开设安全公益广告，各中小学校每周开设一节安全课，乡镇按月开展"一次街头咨询活动，一次车(船)主、经营业主培训会"为主要内容的"十个一"活动。

8月23日，县安办举办安全生产管理知识专题培训，培训部门、乡镇分管领导及安管人员、企业负责人300余人；各乡镇、各部门、各企业根据需要组织宣讲人员，对各村(组)、各行业(领域)、一线操作者等进行宣传培训。组织乡镇、部门、企业负责人到省、市安全生产培训中心参加培训465人(次)。

应用广播电视、广播、网络等多种形式向广大群众宣传《中华人民共和国安全生产法》《安全生产条例》等法律法规；通过安全生产知识进社区、进学校等活动，宣传安全生产知识，提高安全生产意识和预防能力。

(县安监局)

审　计

【概况】 县审计局审计项目298个。其中：部门预算执行审计6个，部门财政财务收支审计2个，乡镇财政收支审计2个，政府投资项目审计280个，领导干部经济责任审计7个，专项审计(调查)1个。查处违规资金205万元，管理不规范资金38254万元，增收节支868万元，审减工程造价9069万元，综合审减率9.8%。向县纪委移送案件线索3件。

【财政预决算审计】 从构建财政审计的大格局、审计项目的绩效分析、财政体制机制制度的建立完善、问题整改的效果"四着眼"入手，对县财政局、县地税局、县司法局、县医保局、县政务中心、县农工委的部门预算执行以及新场镇、龙孔镇的财政决算情况进行审计，重点关注预算编制、预算执行、预算调整、决算编报等环节和政府性债务的增减变化以及开展落实中央八项规定、省委、省政府十项规定和"约法三章"、厉行节约等情况。紧盯公共资金使用、公共权力运行和公共部门履职，为严控"三公"经费、严管公务支出和公款消费起到积极作用。审计查出违规资金10万元，管理不规范资金25845万元，增收节支752万元，审计处理处罚2121万元。

【固定资产投资审计】 县政府办公室出台《岳池县政府投资建设项目变更审查办法》，规范项目变更程序，促进相关部门加强项目变更管理，围绕规范政府投资项目建设行为，重点对工程招投标、合同签订、工程施工质量和工程绩效情况、工程量的真实性情况、工程变更合理性及有效性、工程结算定额套用情况以及监理单位履行职责情况方面进行审计监督，健全对固定资产投资项目的事前、事中、事后监督管理制度，规范工程造价结算，减少结算中的虚报行为。全年完成重点工程项目审计对280个政府投资项目进行审计，审计投资总额90728万元，审减工程价款9069万元，综合审减率10%。

【行政事业单位审计】 切实加强行政事业单位的审计，着力提高行政事业单位的管理水平，保障相关政策法规的执行与落实，最大限度地发挥财政资金使用效益。以资金的收支管理为重点，着重检查财政部门组织收入和安排支出的真实性、合法性和效益性。对县中医院、县新农合办等2个单位进行财政财务收支审计，查出违规资金45万元，管理不规范资金330万元，上交财政资金45万元。

【领导干部经济责任审计】 强化对权力运行的监督和制约，把加强经济责任审计作为规范领导干部从政行为、加大权力监督制约、预防和惩治腐败的重要手段，狠抓审计监督。根据县委组织部委托，结合部门预算执行审计、乡镇财政决算审计，对县司法局、县政务中心、县医保局的主要责任人和新场镇、龙孔镇的书记、镇长进行任期经济责任审计。查出违规金额145万元、管理不规范金额1933万元。按相关规定明确领导干部所应承担的主管责任633万元，领导责任503万元，直接责任938万元。

【专项资金审计及审计调查】 强力关注国家政策措施，加强对重大决策部署贯彻落实情况跟踪审计。按照国家审计署、省审计厅和市审计局的统一安排部署，对全县“稳增长、促改革、调结构、惠民生”等宏观政策措施落实情况进行持续跟踪审计；对保障性安居工程建设及资金管理使用情况进行跟踪审计；对《党政机关厉行节约反对浪费条例》等改进工作作风相关规定贯彻落实情况以及“三公”经费、公车治理、乱发钱物和政府性楼堂馆所建设管理情况开展专项审计监督。

（县审计局）

统　计

【统计服务】 加强重点指标统计监测。县统计局围绕县委、县政府中心工作，分析GDP、固定资产投资、社会消费品零售总额、城乡居民收入、小康社会监测指标等相关指标数据，及时发布重点指标进程监测报告，确保统计数据客观反映岳池经济建设和社会发展成果。

及时提供优质服务产品。主动加强统计预警监测，做好分析研究，为实现稳中求进的目标建言献策，一系列稳增长、调结构、促改革、惠民生的对策建议被县委、县政府采纳，为科学决策提供有力的统计信息依据。全年编报《统计月报》11期、《统计分析》24期、《统计调研》4期、《情况专报》3期、《经济监测预警分析》13期，发布各类统计信息150条，编制《岳池县2015年国民经济和社会发展统计公报》《岳池统计年鉴(2016)》。

开展统计数据咨询及对外服务。落实专人负责统计数据服务工作，做到数出有据，归口管理，统一服务。跟进社会经济发展中的热点和难点问题，用统计数据说问题，用统计服务反映问题。紧跟社会对统计服务的需求，突出统计服务多样性和多元化，加强面向社会提供咨询服务工作，对前来咨询的企业、个人提供咨询服务，做到有问必答、热情周到。全年向党政部门、企事业单位和社会公众提供统计数据咨询服务1000人(次)，免费赠送统计资料1000册。

【统计调查】 完成综合、国民经济核算、民营经济、农业、农民收入、工业、固定资产投资、商贸、服务业、劳动工资、城镇居民收入等国家专业统计月、季、年报任务的布置，数据的收集、审核、评估论证和上报工作，提高统计数据质量；围绕地方经济建设的需要，组织实施服务业监测、能源统计监测、畜禽监测、退耕还林监测、粮食产量调查、城乡一体化调查等统计调查工作，岳池县被国家统计局四川省调查总队评为“退耕还林监测工作先进县”。完成县委、县政府、相关部门委托的城乡居民生活满意度调查、企业景气调查、“3·15”消费者权益专题调查、县级部门党风政风行风群众满意度测评、乡镇党风廉政建设满意度电访调查等任务。

【统计管理】 修定完善《数据质量控制与评估办法》。在国家和省、市评估制度的基础上，对评估办法进行细化，由国民经济核算统计延伸到工业、贸易、投资、一体化收入等相关专业统计，根据指标与指标间的逻辑关系，合理确定评估参数，按月、季、年分别进行评估。按照主要领导负总责、分管领导具体抓、各专业层层把关、各部门密切配合的工作模式，从机制上有效保证统计数据的科学性、准确性。

强化联网直报数据监控。在坚持由企业独立填写、上报联网直报数据，修改报表差错或补填不完整报表的前提下，加强对数据报送平台的监控，对增幅波动异常、指标不匹配、IP 地址重复等情况，加大直接查询、实地核查和重点抽查的力度，辨明真假，及时整改，努力提高源头数据质量。

坚持统计数据质量“三查”制度。及时落实市统计局通过 OA 系统发出的相关查询指令，强化对各单位联网直报平台日志的监管，有针对性地开展统计数据查询，对核查有问题的单位责令其在直报期内修正数据，对问题较为严重的予以稽查或者执法检查。

加强统计责任传导。县统计局与全县各乡镇和相关县级部门签订《岳池县统计数据质量管理责任书》，明确各乡镇长和相关县级部门主要领导的统计数据质量责任，各乡镇和县级相关部门同时将数据质量责任层层传递到末梢，厘清工作责任。

【统计基础工作】 强化基层业务指导，开展基层统计调研。各专业定期或不定期进乡镇、进农村、进社区、进企业走访调研，实现工作重心下移，摸清基层统计基础情况，了解基层呼声，对调研中发现的问题进行现场指导规范，对统计工作上遇到的各种困难及时进行协调帮助，确保基层各项统计工作顺利实施。结合统计执法工作，根据各单位和企业上报数据，每月各专业人员到各乡镇、“四上企业”，对上报数据指标进行核查，在对全县“四上企业”机构、人员、计算机装备等情况进行督导检查的基础上，采取集中培训、当面指导等方式，稳步推进全县“企业一套表”改革工作的顺利实施，做到统筹兼顾。

【统计信息化工作】 完善统计局内网，建立县级 VPN 用户。及时更新岳池党政网、岳池公众网上“统计数据”内容，巩固乡镇网络建设成果，丰富局内网内容。完善岳池统计微信公众号外网，及时更新微信平台上的统计数据；有针对性地组织乡镇统计人员开展网络应用技能培训，提高基层统计人员的网络应用与管理、以及数据处理软件使用水平，全面提高统计人员计算机操作技能。

【统计执法】 组织开展统计“法制宣传月”活动，通过展板、资料、网络等大众传媒，贯彻落实《统计法》《统计法实施细则》和统计报表制度，营造良好的统计环境；做好“六五”普法工作，开展“六进”活动，加大依法统计、依法查处的力度，提高行政执法水平，全面推进依法治理工作；组织召开全县工业、农业、固定资产投资、服务业等 11 个专业统计年报定报和业务培训会议，参加培训人员 1000 余人（次）。

【专项调查】 按照省、市人民政府关于做好第三次全国农业普查工作的通知要求，及时代县政府起草《岳池县人民政府关于做好第三次全国农业普查工作的通知》（岳府发〔2015〕41 号），下发到各乡镇及部门。成立以县政府分管领导任组长，县政府办公室、县统计局、县发改局、县财政局、县农业局等相关部门负责人为副组长，县委宣传部、县委农工委、县民政局等12个相关部门分管领导为成员的岳池县第三次全国农业普查领导小组，明确各部门的职责。领导小组下设办公室于县统计局，具体负责普查工作的开展实施，各乡镇也按要求及时组建第三次全国农业普查领导小组及其办公室，编制第三次农业普查预算经费，组织开展农业普查试点表试填工作。4月上旬，抽调石垭镇周边乡镇的统计骨干力量作为普查员，在石垭镇张口楼村对各类农业普查试点表进行分组试填；5月，通过四川省人民政府关于开展第三次全国农业普查“五落实”的专项督查；全县划分普查区880个，普查小区6435个，选聘普查指导员、普查员2219人；11月25日至30日，全市农业普查综合试点工作在花园镇高石梯村进行，全市、县、乡镇普查办主任、业务骨干100余人参加试点，经过清查摸底、入户登记、数据审核、录入上报等阶段工作，调查普通农户192户，规模户4户，农业生产经营单位2家，为全省农普正式调查积累经验。

受岳池县扶贫移民局的委托，对2016年计划退出的47个省定贫困村及45个乡镇部分贫困户开展退出标准第三方测评，并撰写《2016年贫困退出标准第三方测评调查报告》，为检验脱贫攻坚工作成效提供有力的数据支撑。

开展部门党风政风行风满意度测评、乡镇党风廉政建设社会评价工作。开展城乡居民收入、两纲监测、畜禽监测和县级粮食产量调查等专项调查和民意调查，为各级党政领导提供准确的统计信息服务。

（县统计局）

教科文卫

教育科技体育

【学前教育】 推进第二轮学前教育三年行动计划，改善幼儿园办学条件，扩大普惠性学前教育资源覆盖面，投入1060万元，新建伏龙小学幼儿园、花园小学幼儿园和排楼小学幼儿园。全县幼儿园183所（含附设幼儿班139所），同比增加10所；在园幼儿31059人，同比增加2540人，学前教育毛入园率84.51%，同比增长3.44%。

【基础教育】 全县义务教育在校人数91184人，其中小学在校学生61320人，同比减少710人，小学学龄人口净入学率99.01%，同比增长0.13%；小学学龄人口毛入学率102.76%，同比增长0.69%；小学毕业生升学率97.42%，同比增长0.01%；适龄儿童入学率100%，巩固率99.21%。全县初中在校学生29864人，同比减少1356人；初中学龄人口净入学率99.65%，同比增长0.05%；初中学龄人口毛入学率118.33%，同比增长1.53%；初中毕业生升学率87.55%，同比增长5.43%；巩固率99.12%。按照“统筹规划、分步实施”和“起始年级从严控制、其他年级逐年化解”的原则，以解决特大班额为重点，解决城镇学校大班额问题。合理制定随迁子女入学条件，按照就近入学原则，采取统筹安排学位的办法，妥善解决进城务工人员随迁子女入学工作，确保其同等接受义务教育。落实残疾儿童“一人一案”，办好岳池县特殊教育学校，加强特殊儿童随班就读和送教上门工作，适龄残疾儿童入学率85%。全年普通高考参考总人数5816人，本科上线人数2262人，其中一本上线551人。被大专以上院校录取4543人。其中：重点本科407人，一般本科1530人，专科2606人。

【成人教育】 成人高校招生统考报名287人，同比减少90人，降低30.64%。报名人数中，文科19人，理科143人，专升本125人。参加全国统一考试缺考一科以上5人。考后，达到各类分数线上线278人。其中：文科19人，理科139人，专升本120人，高中起点本科考生1人。各类上线考生经省招办和学校审录263人（含加分照顾录取）。其中：文科录取19人，理科录取133人，专升本录取111人。全年组织自学考试2次。4月，参加高等教育自考（16.1次）报名26人、报71科（次），实际参考84科（次），考试结果合格21科（次）；10月，参加高等教育自考报名72人、报169科（次），实际参考107科（次），考试结果合格65科（次）；两次考完规定课程，获得毕业资格的有1人。截至10月，全县有1682人获得高等教育自学考试专科、本科毕业文凭，现有在籍考生5819人。

【社会办学】 县教科体局认真考核评估各类民办学校，清理整顿各类民办幼儿园，帮助13所校园消除安全隐患，添置教学设备，完善各项设施，民办幼儿园的管理水平得到提高。组织5名民办幼儿园园长参加省级培训，组织15名民办教育机构负责人和骨干教师参加培训。

北师大广安附属实验学校和四川师范大学附属第七实验中学相继建成并投入使用。北师大广安附属实验学校有在校教职工295人，学生2700余人，总投资2.8亿元；四川师范大学附属第七实验中学有在校教职工67人，学生588人，总投资1.96亿元。全县新发展幼儿园6所；迁建幼儿园3所，其中罗渡宝贝幼儿园装修投资400余万元、九龙镇诺贝尔幼儿园投资400余万元、伏龙和平幼儿园总投资700余万元。

全县有民办教育机构282所。其中：高级中学1所，民办中等职业学校4所，义务教育阶段学校54所（含川师大七中），学前幼儿园179所，各类培训学校44所。全县民办学校有教职工1452人。其中：学前幼儿教师1073人，小学和初中教师203人，中职教师176人。

【职业教育】 召开中职招生动员会、推进会，加大宣传力度，提高家长对国家支持中职教育政策的知晓率。实行招生送生日报制度，加强制度建设，规范招生秩序。全年中职春招实现在校就读1443人，中职在籍学生5132人。探索办学模式改革和人才培养模式改革，提高“双师”型教师比例，全面启动中职学校管理干部水平提升计划，促进职业教育内涵发展。发展民办职业教育，推动民办职业学校上台阶，加强职业教育的管理，创新发展模式，促进职业教育快速发展。

【素质教育】 弘扬中华优秀传统文化，4—6月，广泛开展岳池县第四届优秀童谣征集活动，收集优秀童谣160余篇，择优推荐到市级参评。利用清明节、端午节、中秋节等节日期间，组织开展优秀传统文化教育普及活动。清明节期间，以“缅怀革命英烈、传承红色文化”为活动主题，全县70余所学校组织5万名学生开展网上学习活动和祭奠活动。4月2日至3日，组织城区岳池中学、城关中学、师范附小、东街小学、凤山小学等500名师生到烈士陵园开展祭扫活动。端午节期间，以“颂经典迎端午”为主题，通过诵读名篇佳作或赛诗会、书画会等方式，开展经典诵读活动。4月，组织学校开展“少年传承中华传统美德”之“墨香书法”展示活动，评选出92件获奖作品。6月，在岳池文庙隆重举行现场展示活动，县委常委、宣传部部长陈莉亲临会场，为活动致辞并颁奖。深化社会主义核心价值教育，开展向雷锋同志学习暨四川省第十四个“公民道德建设宣传教育月”活动，利用“六一”“七一”“十一”等重要时间节点，开展丰富多彩的教育活动。

全面启动校园文化建设，制定出台全县校园文化建设指导意见和评估细则，对全县校园文化建设进行详细规划部署。5月20日，邀请四川师范大学教授、博士生导师、全国特色学校规划建设创新团队知名指导专家李松林先生，举办“学校特色发展的顶层设计”的特色学校创建专题讲座和座谈会。8月，组织17位校级领导赴苏州参加校园文化建设专题学习。11月，由德育艺卫股牵头组织县校园文化建设专家组成员到乔家小学、镇裕小学、粽粑小学等9所校园文化建设项目学校进行现场指导。

【基础设施建设】 向上争取34个项目，到位资金27042万元，完成项目争取率100%。

全县投入2456万元，为郭家小学、郑家小学、红庙小学、踏水小学、普安小学、香山小学、镇裕小学、天台小学、顾县小学、杨柳小学、中和职中、坪滩小学、东板小学、同兴小学、新场小学、罗渡小学、赛龙小学、恐龙小学、临溪小学19所学校建设农村教师周转房501套，建设面积17535平方米。

投入8571万元，为94所学校新（改、扩）建校舍、运动场及校园美化。

【教师队伍建设】 全县在编在岗教师6693人，其中义务教育阶段教师5616人；大专以上学历占99.4人，本科以上学历占81%，教师学历达标率100%。公开招聘教师584人，其中招考艺体类教师109人，考核招聘特岗教师39人，考核招聘研究生2人。选拔考录97名农村学校教师进入城区学校任教，从城区学校选派20名优秀中青年教师到农村学校支教，选派73名农村学校教师到城区学校或中心校交流学习。全县校际间交流教师354人，占应交流总数11.23%，其中交流各级骨干教师83人。

组织13名中学校长，参加广安市第三期初中校长任职资格集中培训；组织851名教师，参加县级骨干教师培训；培训班主任905人，完成474名新教师岗前培训，完成综合素质能力培训教师127人；到西南大学参加教育家型校园长、骨干教师教育科研专题培训教师16人，到川师大和西华师大参加省级培训项目2016年中小学教师（校长）培训20人，参加市级骨干教师培训598人。参加“深化课改创建高效课堂”研修班培训教师853人。全县完成省级教育技术应用能力提高培训教师2518人。

评出四川省优秀教育工作者贡献奖5人，评定岳池县先进教育工作者77人，推荐评选县委、县政府表彰的第六届红烛奖56人，评选推荐广安市优秀乡村教师25人，四川省优秀乡村教师5人。

【教育督导】 加强督导责任区建设，健全督导制度，加强督学培训。中小学校责任督学挂牌督导创新县创建工作通过市级复核和省级评估验收，相关资料上报国家指定的网络系统，等待国家教育督导委认定。

健全学校督导制度，加强对中小学校的监督指导，及时发现和解决学校改革发展中出现的问题。责任督学对校务管理和制度执行、课程开设和课堂教学、教师师德和专业发展等情况开展常规督导。发现问题及时督促学校整改，并向教育督导部门报告情况，向政府有关部门提出意见。

落实《四川省中小学校素质教育督导评估实施办法》，开展中小学素质教育督导评估工作，督促各学校推进素质教育，提高教育教学质量。6月，对观桥小学等18所学校的素质教育工作进行督导评估，对被评估学校反馈评估意见，对存在的问题限期整改；对各学校素质教育工作的主要做法、存在的问题、整改建议、评估结果进行通报。12月，完成对全县各级各类中小学、幼儿园、特殊学校2015—2016学年度教育工作综合督导评估。督导评估内容包括班子建设、队伍建设、学校管理、教育质量，将校级领导的绩效考核等工作纳入学校督导评估（绩效考核）一并进行。

年初，县教科体局抽派工作人员7人，负责督查指导全县义务教育均衡发展工作。2月至3月，县均衡办与周边县市区交流学习，整理和完善全县义务教育均衡发展工作手册，形成指导意见，对全县义务教育均衡发展工作的全面推进吹响号角。4月至6月，对全县98所义务教育阶段学校的办学条件进行首次对标摸底，梳理征（租）土地、新（改、扩）建教学及辅助用房和运动场的学校清单。11月，相继召开教育系统推进义务教育均衡发展工作动员会、业务培训会，对全县义务教育均衡发展工作进行总体安排和部署，确保学校工作任务落实到人，操作层面万无一失。

【助学帮扶】 全县投入资金3182.95万元，资助贫困学生25358人。其中：投入资金613.66万元，资助普惠性幼儿园家庭经济困难儿童5704人；投入资金165.38万元，资助建档立卡贫困幼儿1386人；投入资金268.36万元，为2268名家庭经济困难寄宿学生发放生活补助；投入资金55万元，救助贫困中小学生1545人；投入资金454.34万元，免除家庭经济困难高中学生学费5550人；投入资金928万元，资助普通高中家庭经济困难学生4640人；拨付资金602.2185万元，免除中职学校学生学费4729人；拨付资金97.76万元，资助中等职业教育一至二年级家庭经济困难学生752人;投入资金62万元,对214名贫困大学新生进行资助;投入资金15万元,对229名贫困大学新生进行路费资助;投入资金71.6万元,资助179名2016年被全国普通高等学校录取就读全日制本专科的建档立卡贫困家庭学生;投入资金15万元,资助300名建档立卡贫困家庭全日制学历教育正式学籍中职学生。为全县2992人办理大学生生源地信用助学贷款,发放助学贷款2371.03万元。

【教育信息化基础建设】 配备400套班班通多媒体教学设备、4540台网络教室电脑,全县中心校以上学校实现班级多媒体设备配备率95%,师生信息化素养得到有效提升;建设覆盖县城所有学校和督导责任区(每督导责任区1间)17间实用的网络多媒体全自动录播教室,实现高质量教学资源生成与共享,推进学校的教育教学改革;更新和添置所有学校的出口网关和交换机设备,保障学校网络畅通。

【信息技术普及教育】 全县所有中小学均开设信息技术必修课程,各校积极组织学生参加信息技术学科课外活动,提升学生信息素养。全县高中学生参加高中信息技术学业水平考试,合格率93%。组织师生参加教育技术装备与教育信息化研究成果评审暨现场技能大赛、中小学生电脑制作大赛等一系列的技装、电教类竞赛活动,共获得省级奖25个,市级奖147个,市组织奖6个。在"一师一优课、一课一名师"活动中,3位教师获省级三等奖,3位教师获教育部奖励。

【教师现代教育技术培训及应用】 组织教师参加教师信息技术应用能力提升培训国家、省、县各级相关培训3100人(次),提升教师信息技术素养;组织教师进行四川省教育资源公共服务平台"师生实名制网络学习空间"注册,教师注册率83%,学生占66%,并督促师生加强教育资源的有效利用。

【现代教育技术科研】 成功召开300名教师参加的"岳池县2016年信息技术环境下的教学应用研讨会",促进信息技术与学科教学的深度融合,巩固全县区域教育现代化创建成果,促进教育教学质量的提高。全面推进教育信息化,学校积极开展课题研究;全县信息化科研文章30篇参加国家、省、市各级评比,获24个市级奖项。《农村县域"教学点数字教育资源全覆盖"项目管理与应用研究》获广安市人民政府颁发的"广安市第五届优秀教学成果一等奖",积极申报广安市第八届科学技术进步奖。

【教育科研】 完成课题立项县级68项、市级25项、省级1项,完成2012—2015年、2016年岳池县校本课题的结题工作,发放结题证书。获得市级各类教育科研成果奖58项,省级成果奖3项;4所学校获"广安市优秀校报校刊"奖,3所学校获"广安市优秀校本教材"奖。

教研室组织开展全县化学复习课竞赛活动、全县中小学教务主任上课评课竞赛活动、全县中小学教师课堂教学展示活动、"一师一优课、一课一名师"赛课活动;组织参加教学论坛决赛活动、教学改革推进会,完成31所学校300个课改示范班级的抽查,评出13所课改示范学校,16所课改合格学校。

岳池县教研室非常重视教师综合素质的提升,组织418人采用走出去的方式,参加各级各类培训19次,邀请全国各地知名教育教学专家到岳池,对全县853名中小学教师进行"深化课改,创建高效课堂"的研修培训。

岳池县中小学教师在参加省、市课堂教学竞赛活动与学科论文(教学成果、教学案例、教学设计)评选活动中,1人获国家级二等奖,3人获教育部"优课"奖,5人获省级一等奖,5人获省级二等奖,9人获省级三等奖;78人获市级一等奖,103人获市级二等奖,115人获市级三等奖。

在指导学生参加"市2016年首届中小学生英

语听说技能大赛”“省高中生化学竞赛”“高中生物学联赛”“高中生物理竞赛”中，6 名学生获国家级三等奖，13 名学生获省一等奖，28 名学生获省二等奖，28 名学生获省三等奖；10 名学生获市一等奖，12 名学生获市二等奖，8 名学生获三等奖；2016 高考成绩再创新高，全县高考本科上线 2262 人，首次突破 2000 人，实现连续五年增长。

【纪检监察审计】 印发《岳池县教育科技体育系统 2016 年党风廉政建设和反腐败工作意见》，层层签订党风廉政建设责任清单，责任目标层层分解、责任到人，形成组织机制健全、责任主体明确、责任内容细化的工作格局。

学习《中国共产党廉洁准则》《中国共产党纪律处分条例》，组织 1700 余名党员干部进行《准则》《条例》知识竞赛，开展《准则》《条例》主体演讲；组织观看《贪欲打开堕落之门》等警示片；开展“把宣传教育放在纪律前面”巡回宣教活动，宣讲 7 场，受教督学 52 人（次），会计 38 人（次），校（园）长 103 人（次）。

围绕规范决策行为、规范管理行为、规范办学行为、规范干部人事管理等方面，开展工作督查，提高监督力度，优化监督流程，完善监督手段。组织纪检工作督查 25 次，通报批评学校 11 所，通报批评教师 25 人，扣除 23 名教师部分奖励性绩效工资，年度考核不合格 12 人，扣减 17 所学校校长廉洁风险迹象精细化记分，责令 6 所学校加强整改力度。开展信访举报突出问题专项治理活动，逗硬查处，清理在编不在岗教师 16 人，其中返岗 10 人，解聘 6 人，诫勉谈话 2 人，行政警告 5 人。

开展“廉洁学校”建设，通过创建，促使学校民主管理，规范教师廉洁从教行为，培育学生廉洁意识；开展“校园问政”活动，全县 103 所中小学、幼儿园在校内设立问政点，利用期末家长会，开展“问政”活动，参与家长 7 万余人（次），收集意见和建议 800 余条。

加强内部审计工作，提高资金的使用效益，发挥审计监督作用。对 72 所学校进行内部审计（其中校长离任审计 10 所，财务收支情况审计 62 所），审计资金 6 亿元，提出 20 余条财务管理建议意见，对财务管理不规范、认识不到位的人员进行警示诫勉教育，促进学校财务管理规范化和教育经费使用安全。

【综治维稳大调解】 落实稳定工作责任制，实行矛盾纠纷排查月报制，切实做好干部和师生员工的形势教育工作，重点对群众反映的热点和难点问题，及时按政策给予解释和解决，及时化解矛盾；做好安全隐患的排处工作，严防各类安全事故发生。适时开展校园管制刀具等危险物具清理和收缴，与相关部门积极配合，进行拉网式的校园及周边治安综合治理和学生交通安全治理；加强情报信息工作，通过全县教育科技体能系统安全稳定工作情况信息网络，及时了解和掌握涉及稳定工作的异常动态并及时果断地予以处置。

【禁毒防邪工作】 会同县公安局制定下发《全县中小学开展禁毒宣传教育活动的实施方案》，发放《禁毒宣传手册》2000 余本。印发《岳池县教育科技体育系统 2016 年禁毒宣传月活动方案》，组织开展好禁毒教育“八个一”活动，坚决防止毒品侵蚀校园。开展“崇尚科学、关爱家庭、珍惜生命、反对邪教”主题宣传教育活动，开展防邪知识进校园活动，举办防邪知识巡展活动，巡展学校 54 所。

【信访工作】 加强信访工作领导，成立信访维稳工作领导小组，主要领导负总责，分管领导负直接责任，其他领导“一岗双责”；落实领导干部阅批群众来信、定期接待群众来访、带案下访、包案处理信访问题和限时办结等制度，开展领导“走基层、解难题、办实事、惠民生”活动，梳理信访突出问题 15 件（次），对重大敏感信访问题落实领导包案制度，成立工作专班，化解了不稳定因素；加强值班和信息报送制度，重大事项都能及时报送和按级处置，实行信访工作月通报制度，规范信访秩序；全年接到举报电话25件（次），局网络平台举报30件（次），上级转来信访件179件（其中县纪委交办25件、人民网、28件、网络舆情20件、省长信箱3件、市长信箱7件、县长信箱23件、县群工局转办25件、市“12345”政府热线转办33件、市教体局交办10件，其他部门转办5件），涉及信访举报案件的75件，做到件件有回复、事事有落实。

【营养改善计划】 实施食堂供餐学校（含校点）124所，“牛奶＋X”模式学校（含校点）35所，财政拨付营养餐专项补助资金4298.86万元，享受免费营养改善计划的农村义务教育阶段学生6.22万人，覆盖率100%。拨付280万元，解决食堂供餐学校安装天然气、动力电和饮用水。

加强营养改善计划实施情况日常监管和抽样检测，组织开展大规模联合检查3次，全县学校营养餐专账大检查1次，接受县人大、县政协对全县营养改善计划工作进行调研1次，发放整改通知8份，通报批评学校6所，查处无证经营非法校内食堂5个；随机采样抽检营养餐食品3次，检测各类营养餐食品8批（次）。组织全县各级各类学校的食堂工作人员、学校领导、营养餐专管员和全县学校财务人员，开展三次大规模的学校食堂食品安全卫生知识培训和财务人员知识培训600余人（次）。

出台《岳池县学校食堂管理制度（试行）》《岳池县教育科技体育局关于进一步加强学校环境卫生管理工作的通知》等制度，开展“明厨亮灶”等后勤管理标准化建设，加强中小学（幼儿园）食堂、小卖部、饮用水、学生宿舍（公寓）管理，其中石垭小学食堂被市上命名为“市级示范性标准化食堂”，北京师范大学广安实验学校、白庙职中、岳池县第二幼儿园、岳池县顾县小学校、岳池县兴隆中学校成功申报市级“示范性标准化学生厕所”。

【校园安全】 按照“党政同责、一岗双责”的工作原则，切实落实教科体系统各层级安全责任，层层签订安全责任书，明确职责，做到机构、人员、责任、经费、预案“五落实”。开展“百日安全”“学校安全隐患大排查大整治”“防火、防洪、防震避灾应急演练”“防溺水安全知识在线答题”“中小学生12．2平安校园在线答题”“道路交通安全专项整治”“全国安全生产月”等活动。开办全县学校安全工作分管领导业务培训会2次，印发安全资料5万余册，安全知识宣传单18万张；举办各种校级安全培训300余次，参培人数达10万人（次）；排查出各类隐患102处，下发限期整改通知书101份，通报存在于学校的安全隐患60处。建立校车安全管理月查制，县教科体局与县公安、交通、经信和安监等职能部门通力合作，进行全县校车大整治，全年联合开展检查6次，召开全县校车法人、驾驶员及相关人员的业务培训会3次，加强对全县20辆学生接送车辆的管理。查处校车违法事件1起，下降50%，无一校车交通事故发生，全县校车安全形势持续稳定。法制副校长和学校保安人员，配备率100%，完成对全县学校安保人员的清理工作，打造全新的学校安保人员形象。

【艺术教育】 按照“一校一品、一校一特”的发展思路，开展艺术特色教育创建活动，提炼出生活化创意美术、曲艺、墨香书法、合唱等艺术教育特色项目，形成一批有较强影响力、艺术特色鲜明的学校。截至2015年年末，成功创建广安市艺术教育特色学校3所、广安市特色学校4所、四川省少儿曲艺学校10所。3月19日，组织召开“法在我心中”主题文艺演出活动会议，制作活动方案，安排城区各中小学组建10支文艺演出队伍创编节目参赛。演出活动于4月30日在东湖学校成功举办。4月12日，实验学校成功承办四川省第十一届中小学生优秀艺术人才大赛（岳池赛区）美术书法类比赛。比赛设2个类别，分6个组别、16场（次）进行；来自全县508名书法、美术优秀选手在比赛现场挥毫泼墨、交流技艺。5月17日，组织239名学生参加四川省第十一届优秀艺术人才大赛（广安赛区）音乐、器乐、舞蹈、语言类比赛。4 月 13 日，正式启动“少年传承中华传统美德”之“墨香书法展示”活动，搜集到全县各中小学校书法作品 300 余件，经过认真细致的评审，精选 40 件优秀作品参加省级评选，评选 92 幅优秀作品参加县级展示，其中小学组硬、毛笔书法作品 39 幅，中学组硬笔、毛笔书法作品 16 幅，教师组硬、毛笔书法作品 37 幅。8 月，在四川省第八届中小学生艺术展演活动中，县教科体局获优秀组织奖，东街小学的小学集体舞《快乐乒乓》获三等奖，凤山小学的小学声乐《摘菜调》获二等奖，师范附小的小学舞蹈“岳池米粉”获三等奖；艺术作品岳池中学唐于钞的《水调歌头 · 游泳》获二等奖；教育科研论文“阳光下成长”学生征文，岳池县实验学校陈星宇的《我舞我快乐》和东街小学王梓铭的《阳光下沐浴我成长》分别获小学组三等奖。9 月，组织各校中小学生参加“感恩小平中国梦在广安”青少年绘画、书法、手工大赛；组织师范附小、实验学校参加第三届“岳池杯中国曲艺之乡”曲艺大赛，其中岳池师范附属学校创编的四川竹琴《石榴花开》获得金奖，岳池实验学校创编的四川荷叶《娃娃闹春》获得二等奖。9 月 20 日至 25 日，组织全县 130 余名专职（含兼职）音乐教师开展培训活动，邀请省内知名专家为音乐教师现场解读新课程理念并进行现场课堂展示，音乐教师现场参与教学案例讨论、说课评课、课堂模拟实验和教学基地的观摩学习等，将理论知识与教学实践有机结合起来。10 月，组织师范附小、东湖学校、南街小学、九龙小学四所学校参加岳池县第三届中华经典诵读大赛，取得优异成绩。

【校园及周边环境治理】 围绕构建“平安、健康、文明、和谐”校园主题，坚持“安全第一、预防为主”方针，加强校园及周边环境治理工作力度，全力做好校园安全稳定工作。通过健全制度、夯实各级责任、强化检查指导、加强宣传引导、提升硬件水平等举措，全面推动校园安全工作的规范化、制度化、科学化建设，营造良好的校园及周边环境。

【依法治校】 以法治思维和方式，深化依法治教和依法治校工作，成功创建市级依法治校示范校 3 所。制定教育系统依法治教远期规划（2015—2020），推进依法治校工作。强力推进校务公开，为全县 102 所中小学校统一制定标准化公开栏，规范公开程序，完善公开内容，做到重点突出，真公开、常公开。强化法治宣传，切实配齐法制副校长、法制辅导员，以“学法、守法、用法”为主题，采取法治讲座、动员会、讨论会、知识竞赛、演讲比赛、文艺演出等形式，举办法制专题讲座 120 余场。以“六五”普法活动为载体，促进法治校园建设，征集“法在我心中”“发生在我身边的法治故事”征文和法治感悟语 68 篇，法治漫画和法治手抄报 168 件，法治书法作品 118 件。

【“两学一做”学习教育】 在“两学一做”学习教育中，组织督导组深入基层学校督导检查 300 余次，印发《工作简报》12 期，组织集中学习 1200 余次，讲党课 400 余次，专题讨论 400 余次。创建党员示范岗 517 个，党员示范团队 103 个，示范单位 10 个。开展谈心谈话 2400 余人（次），组织 14 名“德艺双馨”代表组成“两学一做”宣讲团，分赴 7 个督导责任区及各中小学进行宣讲，全县 5000 多位教师在本校或各自督导责任区听取报告。开展“四项教育”学习教育 500 余场（次），到城西社区开展各类活动 61 场（次）。组织召开 3 个专题学习研讨会和“两学一做”学习教育专题民主生活会，局党委班子在“两学一做”学习教育中，通过上级点与自己找、集体议与个人悟、公开晒与群众评“三结合”方式，征集到“两学一做”“担当作为”“党风廉政建设”等共性问题 12 个。

【脱贫攻坚】 成立县教科体系统脱贫攻坚领导小组，制定《岳池县“义务教育保障”实施方案》，利用网站、宣传栏、明白纸、资料汇编手册、集中培训等形式，广泛宣传教育资助、控辍保学、科技扶贫等政策措施，确保政策宣传全覆盖。

在扶贫日系列活动期间，发放宣传资料 20 余万份，制作宣传标语 100 余幅、教育扶贫展板 2 块，省、市新闻媒体对“扶贫日”活动宣传报道各 1 次，系统内编辑信息 100 余条、简报(专刊)2 期。全系统干部职工和师生自愿捐赠资金 228813 元，捐赠物资 3697 件(折资 22169 元)。

结合“千师进万户”活动，组织学校教师、驻村工作组、村“两委”干部、帮扶人员走村入户调查核实贫困户子女入学情况和受资助情况，确保适龄学生信息精准。落实“五长责任制”，函请乡镇政府对排查出的疑似辍学学生做好劝读劝返工作，组织学校通过随班就读、特校就读、送教上门等方式保障建档立卡贫困人口家庭子女适龄对象顺利入学。全县 2016 年减贫人口家庭子女义务教育阶段应入学总数 1673 人，入学数 1673 人，达标率 100%。

建档立卡贫困户家庭适龄子女全覆盖享受各类资助政策，投入资金 1083.87 万元，资助学前至大学各类建档立卡贫困学生 9444 人。

县教科体局有 73 名教职工参与结对帮扶，进村入户 800 余次，帮扶贫困户 205 户。联系帮扶大石乡石堰塘村和石鼓乡田坝村等 5 个贫困村，投入资金 40 余万元，用于贫困村山坪塘修建、活动室办公室设备购置、体育健身场所修建及设备购置等项目。选派 5 名“第一书记”到石鼓乡沈拱桥村、高屋基村，大石乡石堰塘村、漏山沟村，粽粑乡姚石桥村开展帮扶工作；抽调 42 所学校 53 名教师，到全县 27 个乡镇 51 个贫困村中担任驻村工作组成员。

【科普宣传与科技培训】 元旦、春节期间，开展“科技下乡”“‘科技之春’科普活动月”“科技活动周”等大型科普活动，举办各类农村实用技术培训班 16 期(次)，培训科技实用人才 500 人(次)，农民 6000 余人(次)。宣传推广新品种 18 个，新技术 15 项，建立农业科技试验示范基地 3 个。赠送宣传资料 10 万余份，宣传书刊 5000 余册，开展义诊 2000 余人(次)，扶贫帮困 300 户，并赠送价值 10 万元的化肥、农药、种子等农用物资。

【项目申报与成果评审】 按照“市场导向、三链融合、集群推进、协同创新”的实施原则，通过省、市、县联动、部门协同等新机制、新模式，全面实施 9 个县级重点产业科技项目，聚焦生物医药、精细化工、机械制造等关键领域，着力突破一批关键核心技术，研发推广一批重大战略产品，培育发展一批大型骨干企业和新兴产业集群。对全县工业园区及农业科技园区进行调查研究，做好中央、省、市科技支撑、成果转化、富民强县、创新基金和专利实施及转化等项目的筛选，推荐和申报省、市科技支撑项目 33 个，获市级科技成果鉴定 8 项，成果申报市级科学技术进步奖 10 个。

【科技管理与服务】 利用川渝合作示范区和承接产业转移示范区叠加政策，以岳池经开区、现代都市农业园区、电子商务产业园等产业园区为支撑，培育引进创新企业，精心打造返乡创业园、创新创业孵化园。成功引进青阳药业、好医生药业等科技型企业 35 户，新增限额以上商贸企业 4 户、规模以上服务业企业 9 户；建立创新创业孵化基地 3 个、面积 5000 平方米。其中电商孵化园引入阿里巴巴、天虎云商等电商企业 5 户，带动近千名群众实现线下线上就业。

建立项目统筹、标准统一、管理规范、覆盖城乡的培训机制，分产业、分行业、分门类开展就业技能培训、岗位技能提升培训。采取“送培训下乡镇”“送培训进园区”等方式，针对不同群体开展创业技能培训，增强培训的实效性，努力实现“培训一人、就业一人”“就业一人、培训一人”的目标。全县开办创新创业培训班 6 期，培训学生 1427 人；培训后实现创业 156 人，就业 720 人，培训创业就业率 61.38%。

运用政府购买服务、无偿资助、业务奖励等方式，支持中小企业公共服务平台和服务机构建设，为科技型中小微企业提供全方位专业化优质服务。

优化政务服务环境，对创新创业证件办理等开设绿色通道，简化办理程序等，推进商事制度改革，支持服务机构为初创企业提供法律、知识产权、财务、咨询、检验检测认证和技术转移等服务。建立面向创新创业者的专利申请绿色通道，对小微企业申请专利，按照《广安市市级专利资助资金管理办法》规定进行资助。全县培训实用人才5万人（次），专业技术人才1万人（次），新建市级产业技术研究院2个；全县高新技术产业总产值38亿元；全县实现技术合同交易额300万元，建立创新创业孵化基地3个、面积5000平方米。

抓好科技惠农工作，利用国家、省、市实施“三区”科技人员计划，选派科技人员到“三区”提供“一对一”“一帮一”“一带一”的精准科技服务契机，岳池县成立精准脱贫科技人才服务团（岳组通〔2016〕50号），利用选派科技人员技术、信息优势和本土技术骨干实用、“接地气”特点，通过加强科技致富带头人和产业技能人才培训，为贫困村培养不外出的本土科技服务人员。全县10个科技扶贫示范村、50户科技扶贫示范户与科技人员实施“一对一”精准帮扶率100%。

【知识产权保护】 利用“4·26”世界知识产权日、送科技下乡、科教进社区、科普宣传周等活动，开展专利申报、专利策略运用、知识产权保护等宣传培训工作。借助多种渠道，加强对外宣传，及时报道全县知识产权工作动态，扩大全县知识产权工作的对外影响。

按照实施企业知识产权战略推进计划的要求，通过政策引导和宣传培训措施，提高企业申报专利的热情，促进企业强化知识产权保护意识，帮助企业落实知识产权管理的机构、人员、职责等各项制度，对企事业单位知识产权管理工作进行业务指导。在科技项目申报过程中，抓住项目具有自主知识产权的亮点，及时提供服务，提高项目申报的成功率。全年申报专利259项，其中发明专利148件，新增实施专利6项。

执行知识产权行政执法有关文件精神，专门配备行政执法人员依法开展执法活动。通过专利执法专项检查，开展对侵犯知识产权违法行为的有力打击，较好地维护全县商业零售业市场的秩序，维护老百姓的利益，积累专利行政执法经验，推动全县专利执法工作有效开展。

【学校体育】 9月，召开岳池县2016年阳光体育大课间现场研讨会，承担全国体育骨干教师培训课堂教学和大课间活动现场观摩活动，成功创建市级阳光体育示范学校2所。10月，面向全体学生实施《国家学生体质健康标准》，测试及上报率100%，合格率90%。

建立县级小学、初中、高中校园足球三级联赛机制，举办岳池县第三届中小学生体育节足球比赛和“足协杯”城区小学生五人制足球联赛，学生参与人数1.5万人，营造良好的校园足球文化氛围，提高校园足球的普及，成功创建全国校园足球特色学校1所。

举办岳池县第三届中小学生体育节篮球、足球、排球、乒乓球比赛和第四届中小学生体育节田经比赛，其中篮球102场、足球56场、排球76场、乒乓球20场，田径比赛4人打破4项县运会最高纪录，参赛人数3200余人，充分展示中小学生积极向上的精神风采，促进学生体质健康水平的提高。

【群众体育】 实施《全民健身计划纲要》，在节假日期间，开展群众喜闻乐见、积极向上的群众性体育活动，增强全县广大群众体育健身意识。1月，举行“迎新春、庆元旦”环东湖万人长跑活动；3月，在石垭玉屏湖举办“五彩玉屏、美丽岳池”中老年健步走活动，参加人数1000余人；5月，岳池县太极拳活动月启动仪式在县体育馆举行，来自全县老年体协、武术协会，8个太极活动站150余名太极爱好者进行展演。7月，县门球协会代表四川省参加由河南、青海等9省门球协会主办的2016年“黄河母亲杯”黄河流域门球交流活动。8月，举行岳池县首届“篮协杯”三人制篮球赛；11 月，参加广安市乒乓球运动会，包揽女单、女双和老年组团体三项冠军。

组织参加省、市举办的社会体育指导员培训 2 期，培养一级社会体育指导员 3 人，二级社会体育指导员 10 人，提升其指导水平和业务能力。

贯彻落实民生工程目标，实施大佛乡、北城乡、兴隆镇和嘉陵乡 4 个乡镇文体广场和石堰塘村等 72 个农民健身工程，为市民提供良好的健身场所，有力地促进群众体育健身活动的持续开展。完成 10 名学生体彩助学金的资助和 12 名优秀运动员贫困生的扶持。

【竞技体育】 制定全县参加省十三运会的目标任务和奖励办法，召开全县竞技体育工作会，确立曲棍球、足球、武术、武术套路、散打、跆拳道等优势项目，加大对竞赛体育工作经费保障和教练员培训力度，在省十三运会上取得 3 枚金牌。在广安市第四届学生运动会中，田径项目荣获 8 金 10 银 9 铜；球类集体项目共荣获 3 金 6 银 4 铜。岳池县代表队参加 2016 年四川省青少年武术锦标赛，荣获武术散打第三名，武术套路获 2 金 1 银。参加 2016 年四川省青少年足球锦标赛，荣获男子甲组亚军，创造广安建市以来三大球参加省运会及省年度锦标赛的最好成绩。

【体育产业】 加强对健身场所改造升级，修建余家河休闲公园，新增游泳池 6 个，吸引大批健身消费人群。新增体育彩票网点 3 个，体育彩票销售 1520 万元。

【宣传工作】 组织全系统各单位通讯员培训 1 次，印发资料 100 余份。宣传工作在全市九个区市县（园区）教育科技体育系统中位列第一（目标任务 120 分，已完成 413 分），在完成县委、县政府信息任务中双双位列全县前列。在中央电视台播放岳池县教育科技体育信息 4 条，四川电视台播放信息 11 条，《新华社每日电讯》刊登信息 1 条，《四川日报》刊登信息 1 条，《教育导报》刊登信息 9 条，《广安日报》刊登信息 50 余条；新华网、四川教育网、广安教育体育网、《广安教育体育》、岳池县政府信息等媒体刊登信息 300 余条。编发期刊《岳池教育科技体育》14 期，采编教育科技体育信息 500 余条。做好基层动态报道、典型事迹宣传工作，为学校健康持续发展鼓风扬帆，传递教育科技体育正能量，共筑岳池教育科技体育魂，使城关中学、东湖学校、顾县中学、团结小学、李光富、陈元松、杨红琼与付唐荣、王付琼两对夫妻等岳池教育科技体育先进单位、先进人物走向媒体，走出岳池。

【岳池中学】 岳池中学始创于 1922 年。民主革命时期，革命烈士赵志谦、邓惠中（双枪老太婆原型之一）、周致钦曾在岳中求学，著名版画家刘旷、著名文学翻译家罗玉君、原水电部副部长陈伯村、文化部原副部长吴雪、中国社科院副院长陈佳贵、两院院士雷清泉等都曾在岳中求学。岳中散发出的浓郁人文气息和历史名校的永恒魅力感召、熏陶着莘莘学子，岳中先后荣获“国家‘十一五’课题实验基地”“省文明单位”“省园林式单位”“省校风示范学校”“省依法治校示范校”“省心理健康教育基地”“省体育传统项目先进学校”“教育工作先进集体”“省阳光体育示范学校”等荣誉称号。

学校坐落在县城（翔凤山下），新老校区占地 280 余亩，校园依山临街，鲜花簇拥，绿荫满园。省级文物“王字楼”古朴端庄，神韵依旧，古迹文物、传统建筑与现代设施交相辉映。校园毗邻凤山公园，校区后山园林树木苍翠、鸟语花香，500 米绿色走廊、石级层层，曲径通幽。

学校办学条件逐步完善，建成教学楼 2 幢，面积 2 万平方米，教室 108 间，每间教室都装配多媒体教学系统，校园网络全面覆盖。科技楼 1 幢，面积 2600 平方米；实验楼 1 幢，面积 4200 平方米；还建有集图书馆、电子阅览室、学术报告厅于一体的综合楼；宽带网络教室 2 个，电脑 600 余台。学校还拥有多媒体演示室、网络备课室，音乐、美术、体育设施齐备。有300米和400米标准塑胶运动场各1个；新校区完全建成后，将拥有游泳池、乒乓球馆、标准运动场、艺术楼等专业化音体美教学设施。学生公寓楼条件优越，学生食堂环境优雅，功能齐备。

有教职工389人，专职教师376人，特级教师1人，特级后备教师5人，高级教师111人，省高评委2人，中评委12人，省级骨干教师17人，省市十佳教师、模范教师4人，四川省首届名师2人；研究生27人。在校学生8000人，有高中教学班77个，初中教学班21个。先后有30多名学生荣获高考全市、全县第一名，并考上北大、清华等名校，每年高考升学人数占全县总人数的65%以上。获市县中学生篮球、足球、乒乓球、田径运动会冠军28次，女子曲棍球队参加全国第二届青少年女子曲棍球锦标赛获全国第四名。

在省级以上刊物发表文章400余篇。科研课题获全国、省、市奖10项，其中教育部"十五"科研重点课题子课题《每天保证一小时体育锻炼》获全国一等奖，《语文阅读、写作分工教学》荣获省二等奖，省级课题《课标引领、导学结合"三环六步"教学模式》已经结项。有6人在全国、全省竞教或技能大赛中获奖，其中全国二等奖、省特等奖各1次。广大教职工乐于奉献，勤于耕耘，具有良好的职业道德和艰苦奋斗的创业精神。岳池中学在广安市所有中学中率先成立心理健康辅导中心，聘请四川师范大学陈国典博士为顾问，并聘请专业人员为咨询师，创办《家庭教育》简报、《心理咨询与心理辅导》杂志等，有效解决学生成长过程中的困惑与烦恼，受到师生、家长和社会各界的一致好评，被省委宣传部文明办、省教育厅、省卫生厅授予"省心理健康教育基地"称号。教师参加各级各类竞教比赛，成绩突出，有10人（次）获省、市竞教一等奖。

高考二本上线1400人，二本上线人数创历史新高并突破1400人大关，居广安市第三位，重点本科上线410人，占全县的75%，连续5年包揽县文、理科高考第一名。学校2016年获得四川省阳光体育示范学校、2015—2016学年度普通高中教育教学工作先进集体、岳池县先进基层党组织等荣誉称号。高初中各科奥赛获特等奖4人（次），全国一等奖27人（次），二等奖76人（次），三等奖89人（次），省级奖励161人（次），市级奖励241人（次）。荣获岳池县第三届中小学文化艺术节合唱类中学组一等奖，荣获广安市第三届中小学文化艺术节合唱类中学组第二名、器乐类二等奖。荣获广安市第三届学生运动会男子篮球高中组第一名、男子排球初中组第三名等优异成绩。

【岳池一中】 岳池一中是四川省二级示范中学，是由新三中学（1939年由国民党元老、国民党中央监察院院长、著名爱国人士和清末以来杰出的书法家于右任创建并任董事长）、尚用中学（1942年由西南师院创建人、教授周西卜创建）两校更名而成的。学校占地面积332亩，建有标准的塑胶篮球场、田径运动场，青少年活动中心和游泳池。校园宽广幽雅，书香扑鼻，名师荟萃，校风纯正。现有在校学生7600余人，有教职工436人，其中特级教师1人、高级教师158人；省市学科带头人80人，形成一支以特级教师、省市优秀教育工作者、优秀班主任、学科带头人等组成的高质量教育教学群体。

学校秉承"修德砺志，以学报国，为顶天立地之完人"的办学理念，以"问题引导、三段教学"课堂模式为基点，以导学案和小组建设为突破口，深入推进新课程改革，全面实施素质教育，积极培养学生特长，已集实验性、高效性、特色性于一体。学校培养张良辅（中国科学院研究员、博士生导师）、冯晓晔（亚洲跳伞冠军）等名人，先后送出代君龙、付秋林、徐厚东、吴志成、张飞、寇伟龙、尹雪帆等清华、北大学子。学校先后荣获全国群众体育运动先进集体、省校风示范学校、省德育工作先进单位、省文明单位、省绿色学校、省青少年科技教育示范校、省阳光体育示范校等300余项殊荣。目前，学校通过净化校园管理、细化教学过程、狠抓教学质量、打造精品校园文化、展示课外活动特色等有效手段，营造良好的管理氛围、教学氛围、文化氛围。

2008 年以来，应届生本科上线人数和入口相比均呈大幅上升趋势，低进高出已成常态，屡创辉煌。其中，寇伟龙在 2010 年高考中以岳池县理科状元的成绩考入清华大学，尹雪帆在 2011 年高考中以岳池县理科状元的成绩考入北京大学，周瑜在 2012 年高考中以岳池县理科状元的成绩考入北京师范大学。2016 年，岳池一中高考本科上线 811 人（不含艺体上线人数），同比增长 88 人，创历史新高，再续低进高出新辉煌。2016 年中考，学校学生上城区省重点高中 313 人，超额完成教育局下达的指标。

岳池一中教师参加省、市、县竞教活动荣获省二等奖 2（人）次，市一等奖 4（人）次，县一等奖 6（人）次，展示教师的风采和学校课改的成果；2016 年高考，体育特长生 3 人被重点大学单招录取，足球参加省锦标赛获第二名，武术参加省锦标赛获金牌，取得历史性突破。

【罗渡中学】 罗渡中学始建于 1958 年，1982 年升为高（完）中，2004 年创建为省级示范二级学校。学校现有 56 个教学班，3655 名学生，213 名教职工。其中特级教师 1 人，省级骨干教师 4 人，市委直接掌握联系的高层次人才 1 人，市首届名师 1 人，高级教师 57 人、中级教师 90 人，市、县骨干教师 90 余人。学校在用教学大楼 3 栋（第一教学楼为 D 级危房，已停止使用）、实验大楼 1 栋、学生公寓 3 栋、教师宿舍 7 栋、食堂 2 座（含初中部临时营养餐食堂），总建筑面积 39765 平方米，占地 103 亩，初中、高中教学区分开。学校建起校园网，安装电子白板，开通“班班通”，各类教育教学设施及功能用房较齐全，实现信息化教学，精细化管理，基本达到国家和省定办学条件。

学校十分重视教师队伍建设，提高教师职业道德修养，促进教师专业发展。除每周组织全体教职员工学习《教师法》《教育法》《未成年人保护法》《义务教育法》等教育法律法规，中央、省、市、县各项规定外，还利用各种平台、争取更多机会组织教师培训。

学校派出教师参加各级各类培训 120 余人（次），学校自培 40 余次，基本覆盖到全体教职员工，有效提高教师教育、教学和管理水平。学校给青年教师搭建成长和展示的平台，年轻教师得到锻炼，展现过硬的基本功，有力地推动教师综合素质及教育教学能力的提升。

学校坚持科研促教、科研兴校的基本理念，例行每周集体备课活动，成功举办“罗渡中学‘三段六步式教学模式’教学大赛”，组织公开课 100 堂，其中“同堂异构”48 堂、老师制作“微课”32 堂。本学期课题结题 1 项，获奖 1 项，微型课题 5 项申报评奖。2016 年高考 49 人本科上线，段艳菲、熊君 2 人上重本线，艺体本科双上线 28 人，3 人被一本院校录取，高考超 100% 完成目标任务，创历史新高。

通过多方筹资、积极争取，增配理化生实验室、计算机网络教室、录播室，改建学术报告厅，购买理化生仪器柜 44 个、实验药品柜 4 个，音乐器材柜 2 个，初中部食堂及第二运动场围墙正在进行投标程序，60 套教师周转已经获得建设立项。

罗渡中学通过市人民政府素质教育督导评估验收，以及省实验教学示范校复查评估，学校荣获四川省中小学生作文（写作）教学示范学校、岳池县学校安全工作先进集体、岳池县教育科技体育宣传工作先进集体、诚信文化教育基地、罗渡镇基层优秀党组织等荣誉称号。文自强、刘琼华两位教师荣获县红烛奖，邹国平、尹静、邓辉老师获得“县优秀教育工作者”称号，文自强被评为广安市“优秀乡村教师”及岳池县“技装先进个人”，周倩在“文轩教育杯”微课大赛中获市一等奖、省二等奖，刘建珍在广安市理科综合研讨会竞教中荣获一等奖，许文峰在广安市“中小学青年老师多媒体教学技能大赛”中荣获一等奖，董利乐在市上生物竞赛中荣获二等奖，李家会在广安市“实验操作大赛”中荣获二等奖，刘琼华、郭娟代表学校到市上献课并得到与会领导的高度评价。姚晓雪在“全国中学生生物学联赛”中指导学生粟学文荣获三等奖，梁斌、李德生、冯丹、严婷婷在岳池县2016年中小学电脑制作大赛中获得指导教师一等奖，冯丹（大）在全县网络环境下的优质课大赛中获一等奖，在杨倩、张利兰等6位老师在全县网络环境下的优质课大赛中获二等奖，胡长军、何成坤“一师一优课”获县二等奖；学生孙久洪、刘小莉在广安市小小百家讲坛读书活动中获得广安市三等奖。左琦智、宋卿玲、曾萱、梁宏燊4名学生在全县2016年中小学电脑制作大赛中荣获一等奖，郭钱、贺仕宏、周文、杨君梅3名学生荣获二等奖。

【四川师范大学附属第七实验中学】 四川师范大学附属第七实验中学是四川师范大学在广安市创办的一所高标准、示范性、特色化的15年一贯制（含幼儿园小学、初中、高中）寄宿制学校，是四川师范大学优质教育资源辐射地方教育的典范。学校投资2.5亿元，占地130余亩，分两个校区，岳池校区坐落余家河公园附近，毗邻高档住宅区、环境优美、交通便捷；配有图书馆、科技馆、展览馆、体育馆、艺术楼、科技楼、演艺中心、教师公寓等，是学生学习、教师工作的理想圣地。

四川师范大学附属第七实验中学依托四川师范大学丰富的教育资源，秉承四川师范大学“特立独行”的教育追求，在四川师范大学附属中小学的领航下，以“尊重学生个性差异，全面育人，扬长发展，为学生幸福人生奠基”为办学理念；以“以特色办学吸引学生，以自主发展引导学生，以卓越文化陶冶学生，以严格标准要求学生，以优质成绩发展学生”教育为核心，构建学生基于内在激发的自我成长的教育模式；学校还将以打造高品质素质教育为办学目标，以培养具有国际视野人才为使命，以优质丰富的办学经验，先进完备的教学设施，科学、系统、内涵、综合的教学活动，培养既具中国传统人文修养和道德情操，又具全球视野和创新能力的学生，为学生未来事业成功和人生幸福奠定基石。

学校于2016年9月正式开学，有在校生600余人，教学班16个；学校实行小班教学，小学、初中班额不超过45人。拥有一支师德高尚，业务精湛，结构合理，特高级省市名优骨干为主的教师队伍，其中特级教师、高级教师、省市优秀教师、骨干教师20余人。学校先进的办学理念，领先的课堂教学模式，多元的课程体系，鲜明的外语教学特色，科学和谐人本管理赢得学生、家长和社会的广泛赞誉。

（县教科体局：潘泓霖）

卫生和计划生育

【概况】 全县有医疗卫生计生机构1009个。其中：县直属医疗卫生单位8个（卫生计生监督执法大队、新农合办、人民医院、中医医院、妇幼保健计划生育服务中心、疾控中心、爱国卫生宣传教育所、县流动人口管理办公室）、乡镇卫生院43个、社区卫生服务中心1个、社区卫生服务站10个，康复卫生院1个，批准设置民营医院16所（投入使用14所）、综合门诊部1个、采供血机构（单采血浆站）1个、个体诊所101个，村卫生室827个。有三级乙等综合医院、二级甲等中医医院、二级乙等综合医院、一级甲等妇幼保健计划生育服务中心、三级乙等疾控机构各1个，甲等中心卫生院8个、乙等中心卫生院2个、甲等乡镇卫生院9个、标准化村卫生室253个。政府办医疗卫生机构编制床位3541张，医疗卫生技术人员1684人（不含乡村医生、民营医院和个体诊所人员）。全县有注册执业医师1588人，注册护士1608人。

【基础设施建设】 争取中央、省项目20个，项目资金27422.88万元，新增固定资产统计入库13177.4万元。完成团结、新场、普安、坪滩4个乡镇卫生院业务用房及维修改造工程，完成中央预算内下达标准化建设村卫生室50个，规范标准化建设村卫生室 120 个。县卫生计生监督执法大队业务用房、县妇幼保健院整体迁建项目、县人民医院慢病综合大楼建设及中和、东板等 8 所乡镇卫生院建设项目正有序实施。

【卫生监督监测】 对全县医疗机构进行监督抽检,抽取样品 460 余份,抽检结果合格率 97.8%;采集水质样品 280 余份,合格率 96.3%;立案查处案件 40 起,罚款 11.92 万元,没收违法所得 1189.5 元;取缔游医 30 起,清除违规医疗广告 20 处,收缴医疗器械 40 件,出动卫生计生执法人员 280 人(次)。公共场所、餐饮具消毒服务企业、涉水产品和消毒产品生产企业建档率 100%,游泳场所、住宿业、美容美发、淋浴场所量化评级率 100%,公共场所、学校卫生、医疗卫生、生活饮用水卫生、传染病防治监督检查覆盖率 100%。

【疾病预防控制】 全年全县卡介苗接种 8300 人,接种率 99.28%;脊灰疫苗接种 32991 人(次),接种率 99.35%;百白破三联疫苗接种 31736 人(次),接种率 99.24%;麻疹(麻风)疫苗接种 8234 人,接种率 99.23%;五苗全程接种率 96.19%。乙肝疫苗接种 23913 次,全程接种率 98.57%;首针及时接种率 95.24%。全县无甲类传染病发生;乙类传染病 13 种 1723 例,发病率 145/10 万;丙类传染病 7 种 973 例,发病率 81.88/10 万。传染病报告发病率与前五年平均发病率相比下降 1.66%。全县无重大传染病爆发流行,无突发公共卫生事件发生,疫情态势总体平稳,传染病发病处于历史较低水平。全县累计建立规范化居民健康档案 751581 份,建档率 96.02%。高血压、糖尿病患者规范化管理人数分别达到 7.81 万人、3.42 万人。农村孕产妇住院分娩率 99.98%,全年住院分娩补助 4848 人,补助金额 254.98 万元。

【妇幼保健】 规范妇幼卫生项目,牵头实施免费婚前体检,婚检率 88.01%,较 2015 年提高 5.27 个百分点。实施孕前优生检查 4826 对,实现目标人群全覆盖。继续做好农村孕产妇住院分娩补助、叶酸补助、“两癌”筛查工作,全县补助农村孕产妇住院分娩人数 6484 人,项目补助金额 341.1 万元;全县新增服用叶酸人数 10398 人,“两癌”筛查完成全年目标任务。全年产妇总数 7348 人,住院分娩活产数 7352 人,其中高危产妇 432 人,住院分娩率 99.97%,无孕产妇死亡。

【医政管理】 出台《岳池县医疗质量控制中心管理暂行规定》《岳池县医疗质量控制中心考核标准(试行)》《岳池县医疗质量控制中心挂靠单位考核标准(试行)》《岳池县县级质控对象所在单位参与质控工作考核标准(试行)》。成立内科、外科、儿科等 14 个医疗质量控制中心,制定岳池县乡镇医院护理管理、院感管理、病案、急诊急救质量评价标准,规范医疗质量管理,确保医疗安全。根据《医疗事故处理条例》的规定,参与处置医疗纠纷 19 起,接待群众来访 22 人(次),来信 29 件。

石垭中心卫生院标准化中医科室建设峻工并通过省、市验收,投入使用。白庙中心卫生院通过自筹资金建成较为规范的中医馆。公开招聘 50 名中医药专业技术人员到基层医疗卫生机构工作,充实中医人才队伍。

【医药卫生体制改革】 县级公立医院综合改革。巩固取消药品加成政策,两家县级公立医院为患者减少药品费用支出 2000 万元。在县中医医院、县人民医院探索建立以绩效考核为主要内容的薪酬制度,将医务人员的工资收入与医疗服务的数量、质量、技术难度、成本控制、群众满意度等挂钩,做到多劳多得,优劳优酬,医院职工工作积极性得到提升,药占比降至 30% 以下。

新型农村合作医疗保险。2016 年参合率 99.9%,门诊费用报销率 84.11%,政策范围内医疗费用报销率 77.53%,实际报销率 65.24%,基金累计结余 30.61%。开展按病种付费的支付方式改革，对精神类疾病实行床日付费，对剖宫产、顺产等实行定额付费，对白内障、子宫肌瘤等20种多发疾病、常见病实行单病种付费改革。

实施分级诊疗制度。每个乡镇卫生院均与县人民医院、县中医医院或岳池川东医院签订双向转诊协议，签约率100%。全县医疗机构上转3668人（次），下转244人（次）。制定《推进县乡村医疗卫生服务一体化管理改革的实施意见》，明确改革的总体目标、基本原则、主要内容、保障措施。两所县级公立医院牵头与44所乡镇（中心）卫生院、1所社区卫生服务中心建立医疗联合体，下派10名医务骨干到10所中心卫生院兼任副院长，优化整合县域医疗资源。

【爱国卫生运动】 实现“两城同创”和深化新时期爱国卫生工作，开展城乡环境卫生整洁行动，推进饮用水安全保障工程，推进农村改厕步伐，科学防制病媒生物，着力提升城乡居民健康素养，推进全民健身活动，推进卫生城镇创建；探索开展健康城市建设，发挥爱国卫生在疾病防控中的基础性作用和统筹性作用，改善城乡环境，提高人民健康水平，促进经济社会协调发展。

【计生服务】 坚持计划生育基本国策，全面实施“两孩”政策，2016年人口自然增长率2.61‰，符合政策生育率99.22%，出生人口男女性别比107：100，各项指标均控制在省、市下达的目标范围内。全面落实计划生育奖励扶助政策，全县新增农村计生奖励扶助对象18302人、特别扶助对象1033人。启动计划生育证件办理工作改革，优化办理程序，大幅缩短办理时限，获得群众好评。

【县直属医疗卫生单位简介】 岳池县人民医院。是一所集医、教、研、预防、保健、康复为一体的国家三级乙等综合医院。医院占地面积90亩，建筑总面积5.36万平方米，编制床位800张，开放床位1000张。有职工850人，其中卫生技术人员758人、高级职称73人、中级职称177人、硕士研究生9人。内设机构52个，其中临床科室24个，医技科室10个，职能部门18个。2016年4月28日，岳池县人民医院成功实施广安市首例经皮气管切开术；7月11日，岳池县人民医院普外一科成功实施全胸腔镜下解剖性肺段切除术。2016年，医院门（急）诊量43.3万人（次），出院病34665万人（次），业务总收入2.9亿元。

岳池县中医医院。是国家二级甲等中医医院，医院占地面积62624.61平方米，建筑面积15503平方米。医院有编制217人，在岗职工404人，编制床位350张，开放床位425张。设有康复科、妇产科、肛肠科、内一科、内二科、外一科、外二科、儿科、急诊科、血透室10个病区。其中康复科、肛肠科为省级中医重点专科建设科室，心脑病科（属内二科）为市级重点专科。医院配备有磁共振仪、西门子16排螺旋CT、彩超、电子胃镜等先进诊疗设备。2016年，门诊总诊疗量20.6万人（次），同比增长7.11%，入院15333人（次），同比增长5.85%，总收入1.1亿元。

岳池县妇幼保健计划生育服务中心。2015年10月，由原岳池县妇幼保健院及岳池县计划生育服务站整合而成，是一家由财政核定收支、定额（定项）补助的事业单位，是一所融妇幼保健、临床医疗、科研、培训为一体的非营利性妇女、儿童专科医院，是岳池县首家国家“爱婴医院”，拥有中级以上专业技术人员40人。设有基层保健科、计划生育技术服务科、儿童保健科、妇女保健科、围产保健科、婚育服务科、内科、外科、妇科、儿科（新生儿科）、产科、麻醉科、手术室、婴儿浴室、医学检验科、医学影像科、中医科、计划生育药具与器械管理站等科室。妇幼保健计划生育服务中心在城东新区征地20亩，投入5000万元将医院整体迁建，现进入工程施工阶段。

岳池县疾病预防控制中心。是政府实施疾病预防控制与公共卫生技术管理和服务的公益性事业单位。主要负责辖区内疾病预防控制、免疫规划、突发公共卫生事件应急处理、公共卫生监测、健康教育以及预防医学教学、培训等工作。中心占地面积10.61亩，建筑面积7049平方米。2013年，中心争取到国家疾控机构能力建设项目400万元（改扩建项目），经县规委会通过在中心安拱路南大门右侧方向修建三层1400余平方米业务综合楼。2015年，成功创建为三级乙等疾控机构。2016年2月获得省质量技术监督局检验检测资质认定证书。通过省级实验室及食品检验机构资质认证，具备独立合法、客观公正、科学准确的监测检验资格。至2016年年末，县疾控中心设编制102人，在编职工91人，在岗职工97人。内设疾病控制科、免疫规划科、预防接种门诊等13个科（室）。

（县卫计局：黄静）

文化广播电视新闻出版

【文化场所设施】 全县有县级文化馆1个，图书馆1个，资源共享支中心1个；乡镇综合文化站43个，其中建成省、市级示范乡镇文化站16个；标准村级农家书屋827个，社区书屋49个。

【群众文化活动】 县文广新局组织人员参加市、县文化、科技、卫生、法律、纪律“五下乡”文艺演出和义务写春联、摄影“全家福”惠民活动。春节期间，组织人员先后到石垭镇、中和镇、顾县镇开展慰问演出，义务为群众写春联3000余幅、为群众拍摄“全家福”照片100张，开展“歌舞迎春”新年初一广场文艺演出活动。

【文学艺术创作】 全创作文学、诗词作品2500余件。在市、省级以上刊物《广安诗词》《广安日报》《中国诗词选刊》《中华辞海》《诗词百家》等发表作品100余篇（首），出刊4期《岳池文艺》和《岳池诗词》。

创作音乐舞蹈、曲艺40余件，美术、书法、摄影2000余件，组织创作扶贫曲艺节目《村官张秀代》、扶贫励志歌曲《都说你是一面旗》。

【文艺演出】 县文广新局组织开展玉屏湖刨汤节、龙井沟李花节、菊花山樱花节、顺天寨生态观光节等系列农家文化节，联合川大到九道拐村联合演出和创文宣传进文星桥社区演出，组织“打赢脱贫攻坚战向张秀代学习”宣传演出，到280个贫困村开展文艺演出280场（次），组织开展长征胜利80周年大型歌咏会和首届“越舞越好看”全民广场舞大赛等系列群众文化活动。

【图书音像】 全县有827个农家书屋，49个社区书屋，9个无社区的乡文化站书屋，各类出版物271万册（张），每个农家书屋补充图书60册以上，新增报刊6种。举办“我的书屋 我的梦”学生征文活动，收到稿件200余篇，有宣传农家书屋专栏800余幅，宣传书屋各类藏书目录120万条，举办农业科普讲座295场（次）、普法讲座175次。

【文物】 全县有地面文物保护单位67处，其中省级文物保护单位8处、市级文物保护单位6处、县级文物保护单位53处，登记上档文物点482处，馆藏文物651件。完成第一次全国可移动文物普查，初步认定填表文物登记卡并上报可移动文物651件。完成省级文物保护单位“岳池白塔”的保养性维护工程。

岳池县文物保护单位名录

表 5

序号	名　称	年代	地　址	保护级别
1	岳池文庙	清代	岳池县中南街	省级
2	王字楼	清代	岳池县岳池中学校内	省级
3	云门寺瘗窟群	宋代	岳池县罗渡镇云门寺村	省级
4	岳池白塔	清代	岳池县九龙镇白鹤桥村	省级
5	陈联诗、廖玉璧墓	1985 年	岳池县中和镇场镇东处	省级
6	高寺	清代	岳池县临溪镇八村、六村交界处	省级
7	弥勒寺	清代	岳池县鱼峰乡顺田村	省级
8	川主庙	清代	岳池县顾县镇顾兴社区中华街西	省级
9	永清寨	清代	岳池县赛龙镇顺梁寨村	市级
10	大佛寺摩崖造像	宋代	岳池县新场镇七星照月村	市级
11	余家寨摩崖造像	清代	岳池县西溪镇罗家垭村	市级
12	蒋家碉楼	民国	岳池县中和镇金顶山村	市级
13	吴雪故居	1914 年	岳池县裕民镇接官亭村	市级
14	灵泉寺摩崖石刻	明代	岳池县秦溪镇石堰塘村	市级
15	三圣宫	清代	岳池县兴隆镇陈家坡村	县级
16	大佛山庄	清代	岳池县大佛乡园艺场村	县级
17	罗善桥	清代	岳池县大佛乡罗善桥村	县级
18	山陵湾碉楼	民国	岳池县中和镇山陵湾村	县级
19	佑军祠遗址及《兰亭序》石刻	清代	岳池县北城乡和尚岩村	县级
20	王氏家族墓群	清代	岳池县中和镇长梁子村	县级
21	王文昭墓	清代	岳池县中和镇长梁子村	县级
22	太平寨	清代	岳池县伏龙乡何家沟村	县级
23	标帜山寨	清代	岳池县赛龙镇牛敞口村	县级
24	杨家坡渡槽	1963	岳池县花园镇杨家坡村	县级
25	大佛寺崖墓	宋代	岳池县新场镇七星照月村	县级
26	郑廷纯墓	清代	岳池县新场镇七星照月村	县级
27	“石王天宝”摩崖石刻	宋代	岳池县新场镇七星照月村	县级
28	五四渡槽	1972 年	岳池县乔家镇水土庙村	县级
29	催龙陈家花坟	清代	岳池县乔家镇催龙村	县级
30	岳家溪拱桥	明代	岳池县罗渡镇云门寺村	县级
31	云门寺粮站	1952 年	岳池县罗渡镇云门寺村	县级
32	抗美援朝烈士纪念碑	1951 年	岳池县中和镇民发街，中和镇政府西 10 米。	县级
33	青云庄	清代	岳池县裕民镇彭家场村	县级
34	罗渡大桥	1965 年	岳池县罗渡镇黄角湾村	县级
35	杨正墓碑	清代	岳池县天平镇代家梁村	县级

续表 5

序号	名　称	年代	地　址	保护级别
36	荀角高桥	清代	岳池县荀角镇灯草行村、白云观村交界处	县级
37	泉井	清代	岳池县荀角镇灯草行村	县级
38	月亮石石刻	明代	岳池县同兴镇韩坡坳村	县级
39	饭滩桥	清代	岳池县天平镇长河碥村	县级
40	英角渡槽	1968 年	岳池县天平镇桥亭子村	县级
41	普光寺寨	明代	岳池县普安镇普光村	县级
42	烈士陵园	1951 年	岳池县九龙镇城北社区凤山公园内	县级
43	集虚观摩崖石刻造像	清代	岳池县九龙镇民生桥村	县级
44	长滩寺大桥	清代	岳池九龙镇长滩寺大桥村	县级
45	灵泉寺大殿	清代	岳池县九龙镇九龙堰村	县级
46	诚政堂赞词石刻	清代	岳池县九龙镇九龙堰村	县级
47	灵泉寺崖墓群	宋代	岳池县秦溪镇石堰塘村	县级
48	羊山寺石室瘗窟	宋代	岳池县裕民镇羊山寺村	县级
49	天全山寨	清代	岳池县中和镇智光嘴村	县级
50	龙洞山摩崖石刻造像	清代	岳池县秦溪镇龙王庙村	县级
51	天平文昌宫	清代	岳池县天平镇蒋家庙村	县级
52	镇江寺	清代	岳池县石鼓乡歹溪村	县级
53	野猫滩桥	民国	岳池县西溪镇野猫滩村	县级
54	游金田寺石刻	明代	岳池县团结乡檬子桥村	县级
55	赵椿桥	清代	岳池县九龙镇曾家堰村	县级
56	化龙桥	清代	岳池县罗渡镇长春桥村	县级
57	东岩寺摩崖石刻造像	唐代	岳池县嘉陵乡东岩寺村	县级
58	释迦牟尼佛摩崖造像	明代	岳池县排楼乡仁和村	县级
59	福尔岩摩崖石刻造像	宋代	岳池县中和镇智光嘴村	县级
60	武尚仁“雁塔”石刻	清代	岳池县九龙镇九龙堰村	县级
61	观音堂石塔及石表	清代	岳池县九龙镇窑罐厂村	县级
62	牛王庙	清代	岳池县九龙镇千佛寺村	县级
63	翠湖东汉岩墓群	汉代	岳池县翠湖管理委员会伍家沟村	县级
64	千佛寺	明代	岳池县北城乡千佛寺村	县级
65	八角亭	清代	岳池县顾县镇河坝街、打铁街交叉处	县级
66	河坝街	清代	岳池县顾县镇河坝街	县级
67	河溪县城遗址	宋代	岳池县新场镇大桥村	县级

【非物质文化遗产】 2016 年 9 月岳池车灯、岳池盘子成功申报为广安市级非遗项目。

【文化市场管理】 全县有文化经营单位 470 家，从业人员 3000 余人，营业收入 8.7 亿元。其中网吧 82 家，从业人员 550 人，营业收入 1.28 亿元；营业性演出团体8个，从业人员95人，营业收入100余万元；电子游戏室9家，从业人员20人，营业收入223万元；歌舞厅66家，从业人员1268人，营业收入2.12亿元；婚庆和摄影42家，从业人员121人，营业收入7190万元。

【出版物市场管理】 全县印刷企业15家，出版物经营企业35家，打字复印企业12家，从业人员900人，经营收入4100万元。受理新闻出版市场行政审批事项20件。

【知识产权保护】 开展“农民读书月”、暑期少儿阅读活动、“4·23”世界读书日活动、“4·26”知识产权宣传活动以及绿书签派发等活动，检查出版物经营场所310家（次），取缔地摊、游商10个，查缴各类盗版及非法出版图书、音像制品1000册（盒），删除或屏蔽网站传播淫秽色情及低俗信息650条。

【文化馆、文管所、图书馆简介】 岳池县文化馆。成立于1950年，是政府设立的公益性文化事业机构。2012年，文化体制改革撤销县川剧团，并入县文化馆，成立岳池县非物质文化遗产保护中心。文化馆建筑面积800平方米，其中办公面积200平方米，公共文化服务区面积600平方米。办公区主要用于职工办公用房和会议阵地；公共文化服务区主要提供科技宣传、艺术培训、艺术辅导等服务。文化馆编制数56人，现有职工45人，退休26人。领导设一正三副，专业技术人员27人，工人18人（包括演员17人）。设有办公室、文学戏剧曲艺部、音乐舞蹈部、美术书法摄影部、非遗传承保护部、演展部、艺术培训部，有会议室、书法培训室、美术培训室、音乐培训室、排练厅等公共文化服务阵地。文化馆主要承担公共文化服务、非物质文化遗产传承与保护、文艺演出三大任务。公共文化服务主要负责文化馆阵地全部免费对外开放和免费艺术培训，非遗传承与保护主要负责非遗项目普查、数据库建立、项目展示、表演、传承与保护等工作，文艺演出主要承担县委、县政府中心工作宣传和文化惠民演出任务。

岳池县文物管理所。成立于1989年6月，编制人数6人，在职3人，财政全额拨款事业单位。文馆所负责宣传贯彻执行《中华人民共和国文物保护法》，增强全民族全社会的文物保护意识；负责对具有历史、艺术、科学价值的可移动文物的征集、收藏、保管、陈列、展示，充实藏品内容，提高藏品的内涵；对馆藏文物按有关规定进行妥善保管；采取有效措施，防火、防盗，确保文物安全；对全县范围内的历史、民俗文物进行普查、征集和保护；举办文物展出，发挥宣传窗口作用，为县域经济发展服务；负责全县地上、地下文物和传世、流散文物的征集、保护、管理工作；负责全县各级重点文物保护单位申报、制定保护规划、修缮审批、指导和监察工作；承办市、县、局交办的其他工作任务。

岳池县图书馆。始建于民国15年（1926年）。2001年4月，与岳池县文化馆分家。县图书馆位于岳池县九龙镇城环城东路58号，有建筑面积1500平方米，藏书近10万册，编制数5人，是向公众免费开放的公共图书馆，设有办公室、文献采访室、文献资源开发室、图书外借室、期刊阅览室、报纸阅读亭、少儿阅览室、特藏文献室、文献参考咨询室、业务辅导室、读者活动办公室、电子阅览室。其承载着收集、整理、保存文献信息资源，为读者提供借阅服务，对文献进行数字化处理并提供网上查询服务，开展送书下乡，组织“红读”、讲座等读者活动，对乡镇、社区、农家书屋、社区书屋进行业务辅导和培训等各项职能。

【农村广播电视“村村通”工程】 完成28个乡镇527个行政村农村广播“村村响”建设任务。全面改造升级换代完成1个县级机房和43个乡镇827个行政村的广播标准化建设，实现县、乡、村三级联控联播可管可控终端可寻址广播“村村响”覆盖率100%。实现147个贫困村宽带通村、7047户建档立卡贫困户电视入户，并确保收看25套以上电视节目。全面完成24个乡镇24个广播电视公共服务网点建设。

【影院与电影放映】 岳池县城影院有岳池银都电影院和岳池恒欣太平洋电影城，均加盟四川太平洋电影院线，设置银幕8块，座位723个，有数字放映机8台；影院从业人员32人，全年票房收入880万元。太平洋电影院线岳池工作站有从事农村公益电影放映人员37人，0.8K数字电影放映设备35套；全年放映农村公益电影9924场，观众50万人(次)。

(县文广新局)

气　象

【概况】 岳池县2016年年平均气温17.8℃，比历年值16.9℃偏高0.9℃；极端最高气温39.7℃(8月25日)，比历年值42.2℃偏低2.5℃；极端最低气温-3.2℃(1月25日)，比历年值-3.6℃偏高0.4℃；年总降水量940.7毫米，较历年值偏少10%，时空分布不均特点明显。年总日照时数1336.2小时，比历年值1123.9小时偏多19%。年平均湿度83%；年平均地温20.2℃；霜期63天，初日为2015年12月17日，终日为2016年2月17日；全年盛行风向为东北风，年平均风速1.7米/秒。

【主要灾害天气】 5月6日至7日，岳池县出现一次暴雨天气过程，其过程最大降水量普安为126.4毫米，本站为51.2毫米，对全县未造成大的灾情。5月27日至6月21日，全县出现26天的一般夏旱天气，其间以高温少雨天气为主，造成部分地区水稻田干旱开裂，春玉米受旱叶片枯黄。6月30日，全县普降暴雨，局部大暴雨天气过程，其过程最大降水量为伏龙棹房沟163.8毫米，本站为60.8毫米，未造成大的灾情。7月12日至14日，全县出现暴雨天气过程，个别站点出现大暴雨，全县30个站点雨量超过50毫米，其中4个站点雨量超过100毫米，最大降雨量出现在白庙，达129.4毫米，城区96.4毫米。7月18日至19日，全县普降暴雨，个别大暴雨，15个站点雨量超过50毫米，秦溪观音桥雨量超过100毫米，为102.9毫米，未造成大的灾情。7月31日至8月1日，全县局部暴雨，最大降雨出现为秦溪小学53.5毫米，本站50.3毫米，未造成大的灾情。8月2日至21日，出现一般性伏旱天气过程，持续时间20天，对农业生产造成一定影响。9月23日至29日、10月7日至17日和10月23日至30日，全县出现连阴雨天气过程，对农业生产带来一定的影响。

【气象预报服务】 贯彻上级关于基础业务质量的各项要求，强化监测预报人员责任意识，加强专业技能培训学习，强化区域气象观测站运行监控和维护。2016年，岳池极端天气频发，先后出现1次强冷空气、3次寒潮、2次强对流冰雹大风、5次区域性暴雨、持续高温等天气过程。县气象局积极应对灾害性天气，认真抓好气象预警服务，先后发布各类预报及服务材料970期，预警信号90期，决策服务短信120万余人(次)，为地方党委、政府防灾减灾提供重要科学依据。人影办全力做好人工影响天气工作，集中开展人工增雨、消污作业4次，为缓解春旱、改善空气质量和水库蓄水发挥积极作用。防雷中心对各中心小学教学楼、易燃易爆场所、各类信息计算机场站、机房进行防雷检查，确保安全。结合科技“五下乡”“3·23”世界气象日、“5·12”防灾减灾日、“6·17”安全生产宣传咨询日等契机向社会群众普及气象防灾减灾知识。县气象局深化为农服务“两个体系”建设，重点围绕岳池县2016年中央财政“三农”服务专项，加强农村防灾减灾体系建设及农信网服务工作。健全“政府主导、部门联动、社会参与”的气象灾害防御机制，强化气象、水务、国土等部门信息互通，实现部门间的灾害应急响应联动、信息共享联动和应急会商联动。

【气象管理】 在基础建设方面，根据基层气象台站建设和气象业务发展的要求，县气象局争取到110万元中央财政投资资金，完成了业务用房扩建、线路改造、外墙装饰3项综合改善工程。推进精准扶贫、依法治县、“双随机一公开”等工作，推进气象现代化建设，全面深化气象改革，履职尽责，切实加强制度建设，夯实气象基层基础工作，防灾减灾成效突出，预报服务能力稳步提升，事业发展环境不断优化，部门氛围风气持续向好，岳池气象工作整体水平在全市气象部门相对靠前。

2016年岳池县气象情况一览表

表6

月份	平均气温（℃）	日照时数（小时）	湿度（%）	降水量（毫米）	地面温度（℃）	风速（米/秒）	最多风向	霜期（天）
1	6.1	35.9	89	36.3	7.3	1.6	NNE	63
2	8.5	89	75	13.8	9.8	1.7	NNE	
3	14.4	99	73	46.8	16.3	2.1	NE	
4	18.5	98.9	83	60	20.7	1.6	NE	
5	21.5	147	77	121.8	24.4	1.9	NE	
6	25.2	183.7	81	118.6	29.6	1.9	NE	
7	28.5	245.5	79	187	34.0	2.0	NE	
8	28.1	223	78	99.5	32.4	1.8	NE	
9	22.4	67.8	88	62.2	24.5	1.4	NE	
10	18.4	71.6	90	76.8	20.1	1.7	NE	
11	12.3	43.2	92	88.9	13.3	1.3	C,NNE	
12	9.1	31.6	92	6.8	10	1.1	C,NNE	
年平均	17.8	—	83	—	20.2	1.7	—	—
年合计	—	1336.2	—	940.7	—	—	—	—

（县气象局：邓亢）

档　案

【“阳光岳池”电子数据管理】 按照“阳光岳池”工程建设方案，县档案局主要负责“阳光岳池”行权信息的发布以及电子数据接收、利用、备份等工作。县档案局探索电子数据档案管理工作，依托电子政务网，挂接电子文档管理系统软件，确定电子文档管理系统软件的功能需求，包括软件系统的数据结构、功能模块、运行流程等，实现对“阳光岳池”电子数据的在线接收、存储和归档，各单位通过电子文档管理系统对本单位的档案进行归档、著录上报，县档案局对档案电子数据进行在线（或离线）接收，对各单位档案整理工作进行实时监督和指导，使全县在电子数据档案管理方面走在全市的前列。

【扶贫档案工作】 岳池县属于秦巴连片扶贫开发区，全县有贫困村280个、贫困户31685户、贫困人口101644人。在整体推进扶贫开发进程中，产生大量的文件资料、照片、电子记录等原始资料；县档案局与县扶贫移民局一起，整理规范、保管扶贫档案。

县档案局指导县扶贫移民局规范全县新时期精准扶贫工作以及档案的收集和整理等工作，包括《关于扎实推进农村扶贫开发工作的实施意见》《岳池县推进精准扶贫工作实施方案》《岳池县扶贫开发工作考核办法》《岳池县驻村工作队驻村帮扶工作考核指标》《岳池县各镇、部门扶贫开发年度考核实施细则》等制度措施。

县档案局制定培训计划，对全县贫困村“第一书记”、村干部就《关于进一步加强精准扶贫档案工作的意见》《四川省精准扶贫档案管理办法》《四川省精准扶贫文件材料归档范围和档案保管期限表》进行详细解读和培训。明确档案收集的种类，不仅包括文书档案、声像档案、电子档案，还将文书档案的收集初步拟定12个种类，主要包括申请评议、公示公告、结对帮扶卷、减贫计划、项目规划、管理、资金管理、政策法规、复核工作、学习贯彻、扶贫对象退出以及贫困户专门档案等。

在白庙镇及瞿家店村开展扶贫档案整理、保管试点工作。

【数字档案馆建设】　县档案局（馆）贯彻实施《数字档案馆建设指南》，实施“存量数字化、增量电子化”战略，着力档案信息化建设，加快数字档案馆建设步伐。全年完成婚姻档案、招工档案、知青档案等数字化加工85万页，提高档案查阅利用效率。至年末，县档案馆对馆藏58个全宗进行案卷级和文件级著录8600余卷38万余条。

【档案法治建设】　县档案局制定档案法律法规“七五”普法工作规划，学习宣传档案法规体系，开展“法律七进”工作，广泛学习宣传档案工作标准规范，开展档案法治宣传教育主题活动，推进档案事业依法治理工作，提高全县人民的档案意识。

对县人社局、县住建局、九龙镇等20个重点部门（乡镇）进行档案行政执法检查，防范档案违法违纪行为的发生，促进依法治档、依法行政，推动档案事业的健康发展。

【档案业务指导】　县档案局采取多种方式对各部门、乡镇、企事业单位进行档案业务指导，夯实档案业务基础。全年开展现场业务指导50余次，开展网络、电话等形式指导130余次。

贯彻执行国家档案局第10号令《企业文件材料归档范围和档案保管期限规定》《归档文件整理规则》等规章、规范和标准，对县属国有企业、县经开区企业档案业务指导、调研工作，摸清企业档案管理工作现状，对部分公司进行有针对性的培训。对县电力公司文件材料归档范围和档案保管期限进行初步审查，推动全县企业档案工作的规范化、标准化管理。

县档案局联合县发改局对“广安岳池生物医药创新公共服务平台及产业化项目”“岳池县城东新区棚户区改造项目”“岳池县灵泉寺水库工程”等5个政府投资重大项目档案工作进行检查指导，并参加“岳池县‘十二五’农村饮水安全工程”的竣工验收工作。不断检查指导，使相关部门和实施单位、项目单位充分认识到重点建设项目档案工作的重要性。县档案局对全县的重大项目登记率、指导率达到100%。

【“三个体系”建设】　县档案局（馆）贯彻国家档案局9号令，修改制定县档案馆接收范围的规定，及时调整档案接收名册，制订本年度接收计划和接收标准，组织开展档案资源的接收征集工作。

对县档案（馆）供电线路进行维修改造；添置部分空调、除湿机、灭火器等保管保护设备；针对天气变化，加大库房温湿度调控力度；对档案馆楼顶、小青瓦、墙壁等处进行修缮，落实专人负责库房安全管理，定期开展库房安全检查，做到档案管理各项制度健全，落实到位，“十防”措施得力。

规范编制档案馆的检索工具，完善县档案馆的检索体系。加快数字化档案馆建设进程，逐步实现民生档案的计算机检索方式。畅通档案查阅渠道，在传统的档案查阅手段的基础上，开展来信来函查阅、电话查询等服务形式。全年接待利用者4015人（次），提供档案利用12615卷（次）。

（县档案局）

史　志

【年鉴编辑】 开展年鉴征稿编审工作，努力提升年鉴编纂质量。坚持为全县经济社会发展服务的办鉴宗旨，创新设置年鉴条目，突出全局重点工作，以鲜明的时代特色、年度特点、区域特性，系统反映全县自然、政治、经济、文化和社会生活等方面的基本情况。科学制订编纂计划，组织编辑参加业务培训，努力提高编纂人员业务素质。落实组稿、编辑、审改等各项工作，整体推进编纂进度。2016版《岳池年鉴》在12月前出版发行。落实《四川年鉴》《广安年鉴》岳池部分的组稿、供稿和审核工作。

【地情资料研究】 从部门特点出发，充分运用史志资源，切实加强地情资料的研究和开发利用。县史志办年初启动地情文献专著《岳池史海轶趣》编纂工作，主要收录岳池乡友、《广安日报》记者胡佐斌在《广安日报》等报刊刊载的关于岳池的历史趣闻轶事，内容涵盖"探古""名胜""文化""人物"等60余篇；该书于12月末出版发行。对于拓展岳池地方历史文化视野，使人们从多层面更多地了解岳池的过去，更深刻地认识岳池先民的光辉历史具有重要意义，是一部地方特色浓郁的历史知识补充性读本。

【旧志整理】 为抢救整理传承岳池历史文化的典籍文献，县史志办把旧志整理列为地方志年度工作重要内容；年初，启动清乾隆版《岳池县志》的整理工作。聘请专业人员对清乾隆版《岳池县志》进行标点。点校版清·乾隆《岳池县志》于12月由"线装书局"出版社公开出版发行。

【党史三卷征编】 以编研地方党史基本著作为重点，全面推进党史编撰、资料征集和研究等各项工作，在工作思路和方式方法上积极创新，党史工作的影响力和辐射力不断提升。

精心组织《中国共产党岳池历史》（三卷）征编工作，形成5章25节27万字的《中国共产党岳池历史（1978—2002）》书稿。在2015年的基础上，进行广泛的修改补充，从结构、文字上进行调整，在全县广泛征求意见，并请市委党史研究室林明进行校改，形成初稿。

【执政实录编辑】 2015年6月，县委决定启动《中国共产党岳池执政实录（2014）》的编撰工作。在编纂过程中，根据岳池实际，制定严密科学的编纂规划，注重反映全县各级党委（党组、党工委）的工作的特点亮点、重要活动、重要决策、经验总结、理论探讨等。2016年7月，由中共党史出版社出版发行。还开展《中国共产党岳池执政实录（2015）》编辑工作，12月末形成初稿，修改完善后，送县委审定再出版。

【党史资政育人】 整理并编写《深入学习贯彻党的十八届五中全会精神》《岳池县"三严三实"专题教育纪实》专题资料，编写《党领导的精准扶贫的作用和意义》《创新老区党史工作发展思路》党史学科课题。

起草《岳池县2016—2020年党史工作规划》，经送县委常委会审定后印发。将党史工作纳入对乡镇、县级部门的绩校处目标考核。撰写《厚重的历史文化宝贵的精神财富》（论民主革命时期岳池地方党史文化的弘扬与资政作用）、《永不磨灭的红色记忆》（新民主主义革命时期中共岳池地方党组织重要活动概论）党史资政文章；县委副书记李廷远在《厚重的历史文化宝贵的精神财富》党史资政报告上作出批示。

【史志宣传】 清明节前，县文明办、县史志办、团县委、县教科体局组织县内中小学校师生，到各烈士陵园和散葬烈士墓开展以“牢记历史，缅怀先烈，宏扬文化，园梦中华”为主题的清明祭扫活动。各校还组织开展“班队诵读清明诗文”“网上留言献花”“清明习俗手抄报”等系列祭奠英烈活动。为纪念中国共产党成立95周年和岳池地方党组织建立90周年，激励全县人民干事创业激情，推动“两学一做”学习教育和“知史跟党走，共圆中国梦”主题活动深入开展。6月17日，县史志办在齐福乡伍家河村学堂院子伍俊儒故居和普安镇场“余家场苏维埃政府”遗址分别举行“讲述党史故事，建设五个岳池”中共岳池地方党史宣讲活动。

结合纪念国务院《地方志工作条例》颁布实施十周年，组织全体干部职工认真学习国务院《地方志工作条例》，认真贯彻落实国务院办公厅《全国地方志事业发展规划纲要(2015—2020年)》《四川省地方志事业第十三个五年发展规划(2016—2020年)》《广安市地方志事业第十三个五年发展规划(2016—2020年)》，利用广播、电视以及互联网等各种平台，通过组织撰写理论文章、编发知识问答、制作宣传横幅和标语等多种形式，提高公众对国务院《地方志工作条例》《规划》和地方志工作的了解，促进形成学习贯彻《地方志工作条例》《规划》的良好环境和舆论氛围。着力加强“一纳入、八到位”工作运行机制，逐步建立“五位一体”的地方志事业发展体系。深入开展史志文化进机关、进乡村、进社区、进学校、进企业、进军营活动，以现场咨询、互动交流、赠阅书刊等形式，大力传播地方志文化。

【史志成果】 2016年6月，《岳池年鉴(2014)》被中国地方志指导小组评为全国地方志优秀成果一等奖；2016年12月，《岳池农家文化志》被四川省地方志工作办公室、四川省地方志协会评为四川省第十七次地方志优秀成果一等奖；《岳池年鉴(2015)》《岳池史海拾零》《清道光版〈岳池县志〉点校本》被四川省地方志工作办公室、四川省地方志协会评为四川省第十七次地方志优秀成果三等奖。

【脱贫攻坚】 成立县史志办脱贫攻坚领导小组，制订《北城乡高木桥村脱贫攻坚工作方案》，动用宣传栏、明白纸、资料汇编手册、开办农民夜校、坝坝会等形式，广泛宣传脱贫攻坚政策，引进藤椒、苕尖、西瓜、中药材四个产业，成立高木桥村农机专业合作社，实现集体经济收入1.4万元；发放产业扶持周转金4.7万元，修建文体广场1个、山平塘2口、水泥路4.71公里，新(改)建住房15户。2016年高木桥村实现整村脱贫。

(县史志办)

社会管理

民　政

【基层政权建设】　建立健全十项制度。根据《中共岳池县委办公室岳池县人民政府办公室关于全面深化城乡社区管理服务创新的意见》（岳委办发〔2015〕14 号）和《岳池县社区治理工作领导小组办公室关于进一步加强基层群众自治和创新社区治理的通知》（岳社治办发〔2015〕8 号）精神，县民政局建立健全议事、听证（论证）、评议、村规民约（居民公约）、民情恳谈、小区（院落）自治、村（居）务监督委员会、村（居）务公开、述职述廉、问责等工作制度，采取强有力的措施抓好落实，发挥群众的主体作用，切实保障群众对村（社区）事务的知情权、参与权、决策权和监督权。根据《广安市民政局中共广安市纪委机关中共广安市委组织部关于进一步做好村（居）务公开民主管理工作的通知》（广市民〔2015〕245 号）要求，县民政局、县纪委、县委组织部联合发出《关于进一步做好村（居）务公开民主管理工作的通知》（岳民发〔2016〕25 号），再次规范村（居）务公开，明确要求村（社区）办公场所对外只悬挂党组织、村（居）民委员会、纪检小组、村（居）务监督委员会四块牌子，社区增挂“中国社区”标识。

修订完善村规民约（居民公约）。出台《关于进一步修订完善村规民约（居民公约）的通知》（岳社治办发〔2016〕6 号），规范村规民约（居民公约）修订程序和内容，确保其合法性、适用性，方便操作实施。

探索村（居）务公开民主管理新模式。依托互联网积极探索建立微信公众号、微信群、QQ 群等村（居）务公开及监督新模式，1 月 25 日，全县“岳池阳光村务”微信订阅号正式开通，设置“关于我们”“政策法规”“村务监督”3 个板块，无缝链接县政府门户网站；切实解决村（居）务公开中存在的不公开、假公开、乱公开、慢公开等突出问题。经过一年试运行，效果明显。

开展第十届村（居）委会换届选举工作重（难）点村（社区）排查。深入摸排村情复杂、管理薄弱、经济利益较多的“重点村”和城乡结合部、村改居、外来人口聚集区、新建住宅区等“重点社区”以及干群矛盾突出、往届选举问题较多的“难点村（社区）”，对可能影响和破坏选举的重大隐患和出现的苗头，提前进行专项整治，切实解决群众反映强烈的问题。

加强村（居）务公开工作的督促检查。采取乡镇自查、专项检查与随机抽查相结合的方式，加大督查检查力度，有效地推进村（居）务公开工作的顺利开展。

【优抚安置】　采取打卡直发的方式，为在乡复员军人、残疾军人、“三属”、带病回乡退伍军人、“两参”、新中国成立前老党员及时足额发放 2016 年各类优抚资金5172.64万元。“双拥”活动周期间，开展“双拥”走访慰问活动，县委书记、县长等领导带队，给县人武部送去慰问金2.5万元，给县武警中队送去慰问金2.5万元，给县消防大队送去慰问金2万元，给军休所送去现金1万元，发放给47名退休军干每人400元慰问金。2015年冬季退役士兵暨2016年转业士官380人，除30名转业士官符合安置工作外，全部把他们介绍到广安市职业技术学院和县劳动就业部门进行免费教育培训，发放自主就业补助金961.75万元。根据《岳池县退役士官安置办法》规定，由县民政局牵头，县纪委、县人社局配合，通过开展意见征求、公布岗位、考试选岗等工作，安置30名转业士官新的工作岗位。

【生产救灾】 做好冬春（2015—2016年）困难群众生活救助工作，下拨资金910万元，督促各乡镇按照救灾资金的发放程序，及时将救助资金发放到困难群众手中；制定全县自然灾害救助应急预案，完成灾害天气的预防和灾情收集、上报和灾民救助工作。

【城乡医疗救助】 城乡医疗救助79263人（次），含资助参合56604人（次）、资助参保13546人（次），发放救助金3375.16万元，实现医疗救助对象人均救助2838.88元。

【社会福利】 将全县43所乡镇敬老院经费纳入县财政预算，全县预算敬老院经费337.96万元；做好农村“五保”供养对象清理、审批工作，将8036名（次）符合条件的农村“三无”人员纳入农村“五保”供养。按照省、市散居供养“五保”320元/人月、集中供养“五保”450元/人月的标准，按季度足额发放农村“五保”供养金3307.29万元。对9个乡镇敬老院进行房屋维修和室内设施设备配置齐备；投入644.6万元，为43个乡镇敬老院安装烟感报警器和喷淋设施，督促乡镇加强敬老院的内部管理，提高农村“五保”集中供养水平和质量。

做好孤儿基本生活费的政策宣传和身份认定、资金发放、督促、检查工作。县级打卡直发304人（次）孤儿，2016年孤儿基本生活保障金295.1万元，拨付1名集中孤儿基本生活保障金1.35万元。走访慰问农村低保户、优抚对象、散居“五保”户、城市低保户、孤儿、20世纪60年代精减退职老职工、残疾人1156人和乡镇敬老院“五保”老人，共发放慰问金60.49万元。全年新（改、扩）建农村敬老院6所，新增改造养老床位910张，建设城乡社区日间照料中心22个，其中城镇14个、农村8个，区域性养老服务中心1个；为困难家庭失能老人和80周岁以上老人提供居家养老服务23884人。向9757名持有第二代残疾人证的低保对象发放困难残疾人生活补贴609.91万元。

【社会保障】 全县纳入城市低保19241户32182人，发放保障金6670.39万元，人均月补差280.72元。全县纳入农村低保42788户50998人，发放保障金7838.42万元，人均月补差156.32元。

【婚姻登记】 推进婚姻登记体制改革，实现婚姻登记集中办理。全县办理结婚登记7079对，其中补办结婚证203对，办理离婚登记2478对，补领婚姻证书数4271对。所有登记合格率100%。

【民间组织管理】 按照国务院《社会团体登记管理条例》和《民办非企业单位登记管理条例》的规定，对民间组织进行监督管理。全县注册登记社团组织45个，民办非企业单位112个，合格率100%。4月，对全县44个社团组织、112个民办非企业单位进行年检，年检率100%。

【地名管理】 有序推进“高岳线”“蓬岳线”边界联检及平安边界创建工作，开展全县新建街道命名工作，指导伏龙乡、西板乡开展撤乡设镇申报工作，全面开展岳池县第二次全国地名普查工作。加强全县楼门牌规范清理业务指导工作，为业主出具房地产地址变更证明，出具地址证明1400余份。

【殡葬管理】 贯彻落实《国务院殡葬管理条例》《四川省殡葬管理条例》，宣传殡葬法规，移风易俗，倡导文明丧葬、丧事简办的新风尚，全年火化尸体567具。

【老龄事业】 按照“党政主导、社会参与、全民关怀”的老龄工作方针，健全老龄工作机构，加大老年服务设施建设投入，巩固和发展老年人协会，老年人优待规定落实到位，老年文体活动丰富多彩。经请示县政府批准，对全县34名百岁老人，每人每月发放200元的高龄津贴，发放8.16万元；对2276名90～99周岁的老年人每人每年发放200元的高龄津贴，发放45.52万元；对80～89周岁的21120名老年人每人每年发放120元的高龄津贴，发放253.44万元。5月起，全县70岁以上老年人可以申请办理公交车优待卡，免费乘坐县内公交车，全年全县办理老年人公交车优待卡1万余张。

（县政局：刘明）

劳动和社会保障

【劳动仲裁与监察】 县人社局受理劳动人事争议案件45件，其中调解结案23件，裁决结案22件，按期结案率100%，涉及工资、工伤待遇450余万元。完成全市仲裁系统观摩劳动人事争议仲裁庭审经验交流活动，在全省劳动人事争议效能建设督促检查中得到好评。强化劳动监察网格化网络化管理，规范用工行为。结合省、市关于劳务派遣用工专项检查等活动，采取集中排查、随机抽查、部门联查等方式，对全县企业和个体工商户进行劳动检查263次，为3100余名农民工追讨工资4000余万元。处理违法用工17起，维权举报投诉结案率99%。

【社会保障】 失业保险参保1.44万人，征集失业保险基金12302万元；企业养老保险参保5.89万人，征缴企业养老保险费3.93亿元；机关事业单位养老保险参保2.1万人，征缴养老保险费1003万元。城镇基本医疗保险参保15.48万人（其中城镇居民参保11.8万人），征缴城镇职工基本医疗保险费12503万元（含清欠374.93万元）；工伤保险参保1.75人，征缴工伤保险费561万元；生育保险参保7200人，征缴生育保险费225万元；城乡居民养老保险覆盖30.68万人，参保缴费10.545万人。推进县以下服务平台标准化、规范化建设，全县43个乡镇全部成立就业和社会保障服务机构，选聘1名协理员，加强业务经办力量。向上争取的县就业和保障服务中心“一拖四”（新建一个县级服务中心和4个乡镇服务站）建设项目主体工程基本完工。

（县人社局）

民族宗教

【民族工作】 县民宗局向省民委争取到民族事业发展资金20万元，为白庙镇杨柳村修建通村水泥路1千米。建立少数民族干部职工台账，向市委统战部推荐8名优秀少数民族代表人士，向市民宗局推荐5名少数民族代表人士。利用民族工作机动金，加强对少数民族群众的技能培训，培训少数民族300余人（次）。

【宗教工作】 开展“和谐寺观教堂”创建活动，采取个别谈话、集体谈话的方式，加强对宗教场所教职人员的教育引导，促进宗教场所教风改进。每月定期与县公安、林业、食药监等部门及宗教场所所在乡镇组成联合检查组，对宗教活动场所的治安、食品卫生、道路交通、房屋建筑安全、防火、防汛等开展安全大检查，确保宗教场所安全稳定。按照《宗教教职人员备案办法》等相关法规，对14名教职人员进行备案。开展“法律进寺观教堂”活动，邀请县司法局业务人员对教职人员进行法律知识培训，提高教职人员依法从事宗教活动的意识和能力。指导各宗教活动场所建立健全财务管理、人员出入管理、大型宗教活动报批等制度，确保宗教活动场所规范有序。县委、县政府就观音寺2010年改扩建工程遗留问题召开2次协调会，最终得到妥善解决。县民宗局严格审查观音寺改扩建《意向书》、房屋建设图纸、合同等有关内容后，业主才进行动工修建。6月和11月，县宗教场所募捐资金3万余元，全部用于慰问贫困户。新增开放伏龙寺宗教场所1处。

（县委统战部：唐黎）

乡镇简介

九龙镇

【概况】 九龙镇位于岳池县中部，县城驻地，镇政府驻园田路中段315号。东与大石乡、镇龙乡毗邻，南与朝阳乡、石垭镇接壤，西与白庙镇、新场镇交界，北与花园镇、北城乡相连。辖4个农村办事组和1个社区行政办公室，有九龙堰、三合寨、棱角桥、大坪、金弹场、张家湾、七里沟、双大路、土门铺、向家沟、即显庙、民生桥、范家沟、石庙子、百步梯、洗马滩、菊花山、赵椿桥、曾家堰、莲花寺、高垭口、大坟宝、遇仙桥、粟家坝、回龙沟、长滩寺、万塔山、界牌、香堂山、窑罐厂、白鹤桥、长河、长坡、雁落坝、凤凰山、川主庙、火盆山、阳角庙、杜家桥、九道拐、横山寺、胡家岩、打石窝、赵家河、狮子坡45个村民委员会，新平桥、城南、城东、城北、成果、安公桥、万兴、文星桥、玉皇观、城西、公园路、园田、麻柳桥、五里牌、白塔、东湖16个社区居委会，有358个村民小组、70个居民小组。全镇常住人口66710户17.61万人，其中非农业人口11.1万人，有外来流动人口3.46万人。全镇辖区面积66.6平方千米，耕地面积44145亩；境内最高点海拔407.7米，最低点海拔322.6米；属浅丘带坝地形，四周高，中部平坦，土地肥沃，灌溉便利。主要粮食作物有水稻、玉米、小麦、红薯，经济作物主要有柑橘、西瓜、油菜、蔬菜等。2016年，全镇地方财政一般预算收入（非税收入部分）602.3万元，社会固定资产投资15573万元，招商引资5076万元。

【农村经济】 利用离县城近、交通方便等地理优势，推广农业新技术。组织开展农业技术培训3期，培训实用技术1.2万人（次）；参加农民工技能培训950人（次），新型农民培训220人。转移农村劳动力1.3万人，实现劳务收入7900万元。以“111”现代农业园区示范环线为核心，采取农业业主为主要经营模式，利用农业扶持政策，提升九道拐村、横山寺村农业示范效益，培育农业经营主体；引进农业种植业主2户，增加流转土地212亩，升级打造“千万工程”示范片6800亩。全镇完成粮食生产种植57664亩，实现粮食产量2.56万吨。春季蔬菜育苗1550亩，种植以瓜叶蔬菜为主的蔬菜57664余亩，在“千万工程”区域内，实施田坎丝瓜3500余亩，生产丝瓜3.78万吨、产值11340万元。全年全镇家畜家禽存栏20万头（只），出栏11.7万头（只）。

【基础设施建设】 随着县城区逐步向东发展以及工业园区的不断扩展，九龙镇融入城市和重点项目建设的步伐显著加快，镇党委、政府对拆迁工作高度重视，全镇干部职工本着依法拆迁，实惠为民的原则，最大限度给予群众实惠。2016年，九龙镇拆迁工作主要涉及狮子坡、向家沟、白塔、白鹤桥、成果、民生桥、新平桥、土门铺、麻柳桥、即显庙、火盆山、凤凰山、赵家河、九龙堰等15个村的59个社。全年完成拆房2622座，迁坟6229棺，强力推进骨架道路、污水处理厂、长滩寺河洗马滩段防洪治理工程、余家河景观段及40米大道建设、姚家河公园、龙湖公园、龙藏大道等重点工程建设。

总投资600余万元，新建农村通村水泥路5条，总里程9.2千米；投资9000余万元，组织修建工业园区骨架道路及管网建设道路5.7千米，雨污管网10千米。改建桥梁4座，实施农村危房改造46户，新建七里沟村等4个村村级卫生室，整治大平村等村山平塘11口，协助县商务局升级改造麻柳桥城区农贸（菜）市场1个。

【社会事业】 教育。扶持民办和城市幼儿园建设，新建12所，开工建设农村义务教育学校食堂2600平方米，资助家庭困难职工子女上学54人，在“三免一补”基础上，全面免除义务教育阶段学生的作业本费用，减免贫困家庭在园幼儿保教费2368人，完成农村义务教育学生营养改善3419人，完成中等职业学校送生1671人。

文化。全镇有各类文化经营点100余个，文艺骨干队伍12支，社区图书室13个，免费开放示范乡镇综合文化站，并被评为“省级示范乡镇综合文化站”。免费放映农村公益电影1152场。

医疗卫生。新建菊花山村、川主庙村、胡家岩村、七里沟村3个村村级卫生室，城乡居民健康档案规范化电子建档率93%，按政策落实孕前优生健康检查650对，目标人群覆盖率80%，救助贫困家庭重度听力残疾儿童1人，协助县食药监局抽检大宗食品样品86个，免费为农村妇女进行“两癌”检查850例。

社会保障。城镇低保月人均补助210元，农村低保月人均补助105元；城乡居民社会养老保险覆盖人数33024人，参保缴费人数10427人；建设城市社区日间照料中心5个，分别是城北社区、麻柳桥社区、安公桥社区、万兴社区、高垭口村日间照料中心；城镇新增就业3635人，促进高校毕业生实现创业123人，就业困难对象认定351人，组织适龄人员参加青年劳动者技能培训200人，品牌培训50人、“就业援助暨春风行行动”658人；全镇开发公益性岗位20个，社区岗位251个。

【民生工程】 全镇扶持城镇残疾人居家灵活就业822人，扶持农村扶贫对象2075人；为51名符合条件的建档困难职工提供救助；扶持农村贫困残疾人发展生产70人，为贫困残疾人适配亟需基本辅助器具45人；对贫困白内障患者实施复明手术3例；救助贫困家庭脑瘫儿童13人；完成农村义务教育学生营养改善计划1739人；为困难家庭失能老人和80周岁以上老人提供家居养老服务2380人，帮助在校大学生和高校毕业生创业就业62人，全面落实为“老幼病孕”等免费提供基本公共卫生服务；对45个村提供公共服务经费补助，通过“新农合+民政大病救助”方式，帮助解决23名贫困精神病患者每人1个疗程医疗费用。

【安全维稳】 安全生产。检查烟花爆竹经营户45家；排查各类车辆3200台（次）；发现隐患63处，整改隐患60处；进行安全教育36次；外出安全宣传24次，发放安全宣传资料2万份，设置各类安全警示牌30块。在村级道路口都设置告知牌和减速带等安保设施，做到全方位、各领域的日常监管，增强人民群众安全感。

信访维稳。全镇排查并调处各类矛盾纠纷198件，结转回复信访164件。启动东湖法治文化主题公园及麻柳河法治文化长廊建设，园田社区被确定为依法治社区示范单位。完善落实镇党委政府会前学法、法律顾问、重大决策法律咨询、合法性审查制度，聘请律师作为法律顾问，镇政府与所辖61个村（社区）签订法律顾问合同，有效提高政府依法决策水平。

【脱贫攻坚】 印制并发放宣传手册、明白纸5256份。研究制定《九龙镇精准扶贫工作方案》，严格审查扶贫对象、补助方式、补助标准、产业发展规划等，做到底数清、情况明、措施准。增强设施保障，夯实贫困村发展基础。硬化水泥路 11.9 千米，配套光纤宽带设施 3 套，新建电信基站 3 个，实施易地搬迁 6 户，危房改造 30 户，修缮旧房 120 户，保障贫困村户户社社公路相连，有安全住房、人人有安全饮水，便民路入户，块块农田能灌溉。精心编制扶贫规划，推动项目建设。准确制定全镇脱贫 172 户 549 人。发展特色种植业 4.96 万亩，培育专业大户、专合组织、家庭农场等新型农业经营主体 19 个，开展贫困户就业技能培训 200 余人（次），引导贫困户劳力就业或外出务工。县委办公室、县国土资源局作为县级帮扶责任部门，派出工作人员与识别的贫困户进行结对帮扶；组成驻村工作队 7 支，选派 7 名工作人员分别到村任"第一书记"，共同做好贫困村的发展规划、脱贫计划和措施。对识别出的贫困户，由帮扶干部通过"一对一"的结对帮扶，与贫困户结成帮扶对子，结合贫困户实际情况，制定切实可行的帮扶措施。

【党的建设】 完善《九龙镇党委政务公开制度》等九项制度，推动党的建设规范化、制度化。高标准开展"三严三实"活动，把握关键环节，突出问题导向，坚持立行立改，查找并整改不严不实问题 55 条，有针对性地开展干部谈心谈话 125 次。压实"两个责任"，坚持实行"一案三查"，弛而不息正风肃纪，全年给予诫勉谈话 3 人，党纪处分 5 人。坚持抓好队伍建设和夯实阵地基础相结合，全镇参与学历提升干部 166 人，培养入党积极分子 55 人，发展党员 33 人；通过政策兜底、资金帮扶等形式，帮扶困难老党员 738 人；多渠道整合项目资金 78 万元，规范化改扩建村级活动阵地 5 处；打造党建示范点 4 个，消除"空壳村"32 个，为 54 个村（社区）更换远程教育设备，为 45 个村 16 个社区各配备 1 名专职管理员。

（九龙镇）

花园镇

【概况】 花园镇位于县城东北郊，东与苟角镇、镇龙乡毗邻，南与九龙镇接壤，西与花园镇交界，北与顾县镇、双鄢乡相连，镇政府驻杨家坡村，距县城 2.5 千米。辖杨家坡、官大田、马家井、火塘坝、肖家井、高石梯、临江寺、磨滩河、花朝门、古井沟、桑树垭、大匾山、太平沟、唐家巷、高坑桥、万寿寺、两不来、挖断山、五元坟、田坝寺、三元、油坊店、茶园、苏麻沟、松马鞍、红坡盖、白岩沟、伍家沟、龙华山、奶山坡、金鳌寺、响水滩 32 个村民委员会和自生社区居委会，185 个村民小组，总户数 8925 户，总人口 34314 人；全镇耕地面积 11340 亩。主要粮食作物有水稻、玉米、红薯，经济作物主要有藤椒、西瓜、核桃、蔬菜等。2016 年，全镇地方财政一般预算收入（非税收入部分）519 万元，社会固定资产投资 1.3 亿元，农民人均纯收入 10650 元。

【农业经济】 重点发展优质水稻、油菜、无公害蔬菜。全镇粮食种植面积 3.13 万亩，总产量 6340 吨；无公害蔬菜生产面积 3860 亩，产量 278 吨；种植油菜 4035 亩，蔬菜 2500 亩。发展以茶园村为代表的藤椒基地 640 亩，核桃 1850 亩，中药材 100 亩。

全年出栏生猪 3.75 万头，小家禽 31.5 万只，牛、羊、马 650 头（只、匹），兔 1 万只，养殖鹌鹑 2 万只。

农村剩余劳动力转移 0.75 万人，实现劳务收入 0.85 亿元。全年实现农业总产值 1980 万元。

【工商业经济】 境内有农家乐 3 家，全年接待游客 28 万人（次），实现旅游收入 814 万元。境内有加工厂 3 个、砖厂 5 个、酒厂 2 个、预制厂 2 个，农村淘宝站 1 个，个体商户 193 户。全年全镇实现工业总产值 1.65 亿元，社会商品销售总额 1.76 亿元。

【基础设施建设】 支持农民危房改造15户，整治山平塘4口，新修水泥公路12.3千米、泥结碎石公路1千米，巩固退耕还林成果4177亩，补偿集体公益林3319亩。培训贫困村干部45人(次)，全年新增移动电话用户139户，宽带接入用户190户。

【社会事业】 文化。免费开放乡镇文化站1个，新建文化室1个，全镇有22个共建文化信息资源共享工程基层服务网点，购买电脑12台。32个行政村(社区)实施农家书屋工程建设，藏书3万余册，报刊15种，借阅人数2万余人。培育特色文化村1个、文化大院3个、文化示范户5个。有政策宣传咨询队、花园东湖健身队、中老年腰鼓队宣传队伍。实施农民健身工程3个，有农村电影放映队1个，放映12场，观众1万余人(次)。有线电视通27个村。全镇有文化体育活动场所6000平方米。

医疗卫生。有镇卫生院1所、村级卫生室27所，有专业医务人员39人；新型农村合作医疗参保人数20565人，城镇居民养老保险覆盖4947人。

社会保障。全年完成城镇新增就业90人，实现城镇失业人员和就业困难人员再就业70人，城乡残疾人居家灵活就业170人；完成青年者技能培训35人；救助贫困计生对象户5户，救助残疾人8人，救助贫困优抚对象38人，救助贫困学生20人。开展惠民帮扶，惠民药房为困难群众优惠打折650人(次)，为60岁以上老人免费体检250人(次)，救助重大疾病及精神病患者20人。

【安全维稳】 制定出台《花园镇2016年安全生产工作实施意见》《花园镇2016年安全生产事故救援预案》《花园镇地质灾害防治方案》《花园镇防洪抗灾应急预案》等各项应急预案方案和道路交通、水上交通、车、船主、食品安全等相关责任书，对万寿场镇、水库码头、道路河流、建设工地、非煤矿山等重点场所重点场所加大检查监督力度，落实专人监控特别地方、地段，确保万无一失，杜绝事故发生。

【精准扶贫】 完成松马鞍村、红坡盖村基础设施建设，完成贫困户危房改造55户，其中C级40户、D级15户，完成小额信贷102户510万元，发放产业周转金35万元。全年脱贫贫困户101户203人，红坡盖村为省定贫困村，成功实现“摘帽”。

【党的建设】 开展“两学一做”学习教育，镇领导班子及各村(社区)均召开民主(组织)生活会；严把选人用人关，加强基层组织建设，坚持党管干部的原则，把有技术、懂经济、能带领群众致富的能人选进支部班子，增强班子的凝聚力、战斗力。加强村级组织和村级活动阵地建设，新建村级活动室1个；各村级活动阵地配齐桌椅、吊牌、国旗、旗杆等设施。全镇培养入党积极分子35人，发展党员15人。

(花园镇)

朝阳乡

【概况】 朝阳乡位于县城以南，东与石埡镇毗邻，南与乔家镇接壤，西与新场镇交界，北与九龙镇相连。乡政府驻秦家店，距县城5千米，辖区面积17.68平方千米。辖雨台山、长深、高井圈、秦家店、高店子、观音庵、肖家店、龙马、武云寺、牛王庙、天王庙、大屋12个村民委员会，93个村民小组，3943户，总人口15597人，农业人口15407人，耕地面积10750亩。主要农特产品有绿色蔬菜、优质水稻、葡萄、西瓜、红心火龙果等。2016年，全乡财政收入201万元，全社会固定资产投资1.5亿元，农民人均纯收入11393元。

【农业农村工作】 新农村建设。全乡以“农业兴乡”为工作出发点，发展新农村建设，10个行政村以整体社会效益、经济效益与环境效益三者统一为基准点，着力营造优质生态环境，年末，新建房屋800余户，面积13.6万平方米，拆迁旧房1600余户，土地复垦面积1400亩，为村民营造自然优美、舒适便捷、安全卫生的住所。新建、改造村活动室12个，村民活动广场6个，为村民提供休闲活动场所。通过新农村建设，带动服务业发展，以休闲、采摘、餐饮、娱乐为一体的“农家乐”不断兴起，具有代表性的有兰泥湾休闲农庄和百果园休闲农庄等。

发展现代农业。全乡以“绿色朝阳”为工作重心，以生态旅游观光为发展基调，大力发展绿色无公害蔬菜、特色水果和生态养殖，集中建设农业生产示范基地1400亩。成片规划，规模发展，做到品种优、品质良、经济效益好、科技含量高。在雨台山、大屋等6个村集中育苗200亩，在“111”环线上种植油菜高产示范片3000亩。依托金土地农业合作社，全乡流转土地7400亩，人均增收1000余元。

【基础设施建设】 改造山平塘6口，维修渠道12千米，新增有效灌面120亩、节水灌面500亩、土地调型500亩。新建通村水泥公路3千米，水泥便民路8千米。

【社会事业】 文化。全乡有中心文化站1个，村级文化室12个，农家书屋12个；有综合性业余文艺演出队员70余人，业余舞蹈队员35人；有80余平方米的乡综合文化站。在村级活动阵地全部达标的基础上，又投入80余万元，为12个村安装宽带，维修活动室5个，建成村级广场5个，规范建设村级场所12个。开展文艺展演32场（次），放映公益电影120场。

教育。有幼儿园4所，在园幼儿330人，在职教师12人；小学校2所，在校生570人，在职教师44人；初中校1所，在校初中生300人，在职教师31人。救助贫困中小学生16人，资助贫困中小学生10人。

医疗卫生。有乡卫生院1所，村级卫生室12所，有专业医务人员8人。新型农村合作医疗参保人数11939人，参合率99.5%；城镇居民医疗保险覆盖25人。加强疾病预防与控制工作，制定工作预案，全乡无一例疫情发生。

社会保障。享受城镇最低生活保障2人，享受农村最低生活保障1139人；农村“五保”集中供养43人，散居105人；参加职工养老保险43人，城镇居民基本养老保险25人，参加农村养老保险5984人；有伤残军人、复员军人、“两参”人员、带病回乡人员、“三属”等各类优抚对象66人，发放优待金49.2万元。全年城镇新增就业35人，城镇失业人员再就业5人；就业困难人员再就业2人，青年劳动者技能培训30人，开发村级公益性岗位14人，城乡残疾人居家灵活就业150人。

环境综合治理。新建村级污水处理站1个，新建垃圾池4个，新增环境综合整治垃圾车2辆，新增环卫工2人，添置更换垃圾桶10个。

【脱贫攻坚】 2016年，朝阳乡拟退出贫困村1个，退出贫困户72户246人。为做好2016年的脱贫攻坚工作，朝阳乡开展贫困家庭的调查摸底，建立贫困家庭档案，通过项目规划到户、资金扶持到户、产业发展到户、素质提升到人、帮扶责任到人、档案建立到人。实施分类扶贫，制订帮扶计划和措施，确定扶贫内容、方法、途径，落实各项惠农政策提供可靠依据，确保扶贫到户政策全面落实。。

在具体实施上，建立合作社，创造农民增收新起点。依托岳池县特驱集团，通过“公司＋合作社＋农户”的模式，利用产业扶持周转金大力发展养殖业，建立集中养鸡场1个，年养殖2万只，为全乡脱贫攻坚工作拓展出一条新路径。牛王庙村、观音庵村电商服务点依托农村纯天然绿色产品，打造淘宝店正式营业。网店主要销售观音庵群众出产的纯天然绿色产品，推广和介绍观音庵村文化，增加群众的收入，实现精准脱贫。因户施策促进农民增收。

【安全维稳】 落实“一岗双责、失职追责”的安全监管体系，开展安全知识培训12次，开展安全督查40次，整改安全隐患7起，发放安全资料5000余份，设置交通劝导站12个，安置公路减速带30米，加强食品安全的监管工作，制定监管职责和工作制度，定期组织食品安全检查。

落实社会治安综合治理责任制，建立健全乡、村、组三级安全防范和社会矛盾调解网络，完善信访处置工作机制，解决群众合理诉求，妥善处理人民内部矛盾。建立每月定期排查矛盾纠纷工作机制，狠抓矛盾纠纷排查化解调处工作，对梳理出来的矛盾问题，落实领导、人员、挂账销号、限期解决；成功处置五排水库、国家项目等群体事件2次。

【党的建设】 加强阵地建设，新建“6+1”活动中心2个；全年发展党员7人，培养入党积极分子59人，提升党员学历18人。开展党建业务专题培训6期，选送上级参训18人(次)。开展为期两个月的干部作风整顿教育，查处违规违纪问题停职村干部4人、纪律处分4人。要求班子成员每月下村不少于10次，干部职工下村不少于10次，党委每月抽查一次民情日记。实行班子成员联系1个支部、2名后备干部、3名党员代表、3户贫困户。成立联合支部1个，实现业主之间资源共享、共同提高。大屋村、高井圈村、观音庵村3个党建示范村创建工作效果显著，大屋村突出“集体经济发展和农村文化建设”特色，高井圈村突出“产业发展和党风廉政建设”特色，观音庵村突出“和谐新村和无信访村”特色；牛王庙村后进村转化升级效果明显。开展“两学一做”“检思反思”“五守五讲”承诺等活动，谈心谈话90人(次)，各级党课60余次，专题学习16次，专题讨论6次，收集意见和建议18条；制定问题台账和整改清单，并一一得到整改落实。

(朝阳乡：万一)

北城乡

【概况】 北城乡位于东经北纬30°33′13″～30°37′13″，106°22′08″～106°26′01″，地处县城北郊，东与花园镇毗邻，南与九龙镇接壤，西与白庙镇交界，北接兴隆镇、双鄢乡相连，乡政府驻普庵寺村，电话区号0826，邮政编码638399，距岳池县城4.5千米。辖普庵寺、张仙坝、耿家店、壁山庙、土桥寺、千佛寺、石院墙、金沟、三元桥、庙尔坝、高木桥11个村民委员会，77个村民小组；辖区总户数4022户，总人口13529人，以汉族为主，有彝族、布依族、傈僳族等5个少数民族115人。辖区东西最大距离6.31千米，南北最大距离7.39千米，辖区面积20.22平方千米，人口密度为每平方千米664人；耕地面积8445亩，林地面积1035亩。地形为丘陵地形，境内最高点海拔585.5米，最低点海拔黄家院以北322.6米。特色产业有生猪、肉牛、土鸡养殖和核桃、藤椒、高粱种植业。全乡农业总产值1736万元，社会固定资产投资4885万元，招商引资到位额3000万元。公共财政总收入206万元，外出务工劳务收入7462万元，农民人均纯收入11647元。

【农业经济】 种植业。坚持耕地保护制度，强力整治违法建筑、违法用地的“双违”行为，全面兑现落实支农、惠农、富民政策，推进良种良法，科技示范，着力发展现代农业和设施农业，提高农业和农村经济的品质和效益。全乡粮食总产量6421吨，其中水稻4217吨、小麦658吨、玉米518吨、薯类797吨、其他231吨。主要经济作物有油料、高粱、蔬菜、水果等，油料作物种植面积5536亩，产量651吨，高粱种植面积751亩，产量171吨。蔬菜主要品种有大白菜、白萝卜、胡萝卜、马铃薯、莴笋、西红柿等，种植面积2357亩，产量4847吨；水果主要有柑橘、梨子、桃子、樱桃、葡萄、核桃、枇杷、水蜜桃等，年产量802吨。普庵寺村规模种植有机核桃和名贵水果900亩，定植核桃苗8万株，优质水果2.6万株；建成普庵寺村、壁山庙村优质杂柑基地2个、面积600亩，定植杂柑苗5.6万株；建成三元桥村黄金梨种植基地500亩，定植黄金梨苗3.72万株；建成高木桥村、千佛寺村、耿家店村、金沟村优质薄壳核桃基地4个、面积1600亩，定植核桃苗6.8万株。种植林木面积3345.5亩，其中巨桉1950亩，景观林450亩，退耕还林945.5亩；建成张仙坝村、普庵寺村、金沟村、三元桥村经济林种植基地4个、面积1000亩，定植名贵树木13万余株；建成千佛寺村猕猴桃种植基地1个、面积100亩。引进业主在普庵寺村、高木桥村、金沟村、千佛寺村、石院墙村租地1800亩，发展药材种植；引进业主在庙尔坝村、高木桥村租地3800亩，从事藤椒规模种植；引进业主在庙尔坝村、高木桥租地1000亩，规模种植西瓜、苕尖；引进业主在张仙坝村租地200亩，从事药菊蔬菜种植；引进业主在耿家店村租地100亩，从事甘蔗、名贵树木、蔬菜种植；引进业主在普庵寺村租地50亩，从事蘑菇、李子种植；引进业主在千佛寺村、石院墙村租地50亩，从事菩提、老鹰茶、药材规模种植。

养殖业。推进农业产业化经营，支持农村专合组织规模发展，实现规模效益。有壁山庙村生猪标准化养殖小区1个，建成生猪标准化养殖圈舍4600平方米，年养殖出栏生猪4520头。支持原有业主扩大规模，提高效益，2016年普庵寺村的瑞丰生态种养公司、永福源生态农业发展有限公司、耿家店村的岳池特驱家禽养殖公司、北城扩繁场共出栏土鸡21万只；依托龙头企业岳池瑞丰、岳池特驱、永福生态源、岳池盛财的养鸡技术和经验，发展圈舍、围栏土鸡养殖，建成普庵寺村、张仙坝村、耿家店村3个土鸡养殖小区，参与农户386户，建成养鸡圈舍8120平方米，年出栏土鸡32万只。支持龙池明扩大肉牛养殖规模，年出栏肉牛450头。全年全乡实现畜牧业总产值5228万元。鱼塘养殖面积263亩，产量227吨；稻田养殖面积189亩，产量81吨。全乡渔业总产值422万元。

【工商业经济】 新发展小微企业1户，境内有加工厂5个，砖瓦窑6个，农家副食经营超市48个，豆腐凉粉加工业主5个，废旧收购业主11个，预制板构件业主1个，村级卫生防疫从业人员11个人，全年全乡实现工业总产值1852万元，全年社会消费品销售总额3285万元。

【基础设施建设】 以产业发展为重点，推进高木桥村、千佛寺村等贫困村基础设施建设。乡村居民人均住房面积由2010年的25平方米提高到29.5平方米。建设通畅公路、通村水泥路，初步形成以乡政府所在地为中心，以县乡公路为骨架，通村公路为纽带，辐射全乡的交通网络。修建通畅水泥路13.5千米，泥结碎石路11.8千米，便民路16.8千米，桥梁3座。全年全乡新建住房12户、面积1080平方米，完成危房改造25户。

【社会事业】 文化。全乡有县级文物保护单位2处，有村级农家书屋11个。乡综合文化站全面对外开放，放映公益电影126场。

教育。坚持全面推进素质教育，切实整顿学校周边环境，强力搞好基础设施建设，学校办学条件、教学水平大幅度提高，教学质量全方位提升。完成中等职业学校送生45人；资（救）助家庭困难学生18人；有幼儿园2所，在园幼儿120人；小学1所，在校学生416人，在职教师28人；初中1所，在校初中生231人，在职教师27人；适龄儿童入学率100%。

医疗卫生。加强农村初级卫生保障工作，疫病防控成效明显。有乡卫生院1所，村级卫生室11所，有专业医务人员21人，新型农村合作医疗参保人数11427人，参合率100%，城镇居民医疗保险覆盖25人。

社会保障。享受农村最低生活保障580人，农村“五保”102人，其中集中供养16人，参加城镇基本养老保险224人，参加农村养老保险4183人，下岗失业人员和失地无业农民再就业28人,其中就业困难人员再就业15人;及时兑现伤残军人2人、复员军人8人、“两参”人员21人、带病回乡27人、60周岁退役士兵89人等各类优抚对象。

环境综合治理。有环卫推车16辆,环卫工人22人,垃圾房167处,垃圾桶89个。污水处理站1所,开展农村环境综合治理集中整治12次。绿化村民院坝,整治环境卫生,农村“环境优美、生态良好、风貌协调、庭院美化、村容整洁、乡风文明”的新气象逐渐形成。

【安全维稳】 安全生产。乡政府与驻乡单位及各村委会签订2016年安全生产目标责任书,制定完善各类应急救援预案,选好配强安全生产监督员和管理员,实现安全生产网格化管理和安全生产规范化建设无缝对接。召开水陆交通、建筑、食品、消防等安全教育培训会议30余次,培训人员1300余人(次),张贴宣传标语100余幅,发放宣传资料8000份。重点抓好“安全生产年”“打非治违”“道路交通整治”等专项行动,组织做好安全生产标准化建设、百日安全、安全生产月和安全生产基层基础等工作。开展打击非法客运专项行动2次;坚持经常上路巡查,严格落实“六必查”制度,检查车辆700台(次),纠正交通安全违章300余人(次),排查安全隐患35处。

信访维稳。实施“六五”普法宣传,组织到学校上法制课4次,举办乡村干部学法培训班4期,及时解决群众的合理诉求和矛盾纠纷,受理群众来信来访18件,受理率100%;化解各种不稳定因素23起,调解各类矛盾纠纷46件。

【精准扶贫】 北城乡有高木桥、千佛寺、石院墙、金沟4个贫困村。2016年12月7日,岳池县脱贫攻坚领导小组办公室转发《广安市人民政府关于对广安区龙安乡高潮村等145个贫困村退出的批复》(广安府复〔2016〕97号),高木桥村退出贫困村。

【党的建设】 采取以会代训、现场指导、远程教育等多种方式培训党员1078人(次),组织慰问贫困党员41人。全年培养入党积极分子16人,发展党员5人;开展“双向承诺”,增强党支部的凝聚力和向心力。

(北城乡:张辉跃、杨婷)

镇龙乡

【概况】 地处县城东郊,东与广安区彭家乡、龙安乡毗邻,南与大石乡接壤,西与九龙镇、花园镇交界,北与苟角镇相连。乡政府驻丁家店村,电话区号0826,邮政编码638300,距县城9千米。辖王家场、观音岩、三合桥、丁家店、包锣田、平原、鸡公岭、马鞍寨、双河口、梨园、百家沟、漏山寺、大峰山13个村民委员会和义兴社区居委会,下设97个村民小组,2个居民小组。全乡有4749户13645人,面积20.03平方千米,耕地8580亩。全乡地势东高西低,属于浅丘地带。2016年,全乡社会固定资产投资4000万元,劳务输出5000余人(次),劳务总收入8000余万元,非税收入140万元,农民人均纯收入8342元。

【农业经济】 全乡种植优质水稻8240亩,旱育秧6590亩,玉米1660亩,油菜2110亩,蔬菜5923亩,粮食总产量8676.2吨。2016年,全乡利用政府投资、扶贫开发、引进业主、群众家庭种植等形式,栽植早、中、晚优质葡萄550亩10万株,形成王家场、三合桥、包锣田、平原、鸡公岭、漏山寺、大峰山葡萄基地,种植大户50户,种植农户1350户。产值6000余万元,种植农户人平增收3000元。

采取“育龙头、带大户、小规模、大群体”,成立“津川来”生猪养殖专业合作社和鸡公岭生猪养殖协会,培育年出栏100头以上的生猪养殖大户3户,50头以上的养殖大户32户,10~49头的养殖户27户，全年全乡出栏肉猪1.95万头。培育养牛专业户2户，出栏肉牛300头，肉羊94只。全乡畜牧业产值4800余万元。

【基层设施建设】 投资200万元，修建三合桥、平原、梨园村4.5米通村水泥路4千米，新建便民路2千米，解决群众出行难的问题。投资50万元，修建平原、梨园村排水沟2千米，维修山平塘6口，排洪沟5千米。投资460万元，建成包锣田、鸡公岭标准化葡萄基地1000亩，投资50万元，打水泥葡萄桩2.2万根，建成立桩葡萄地2000余亩。

新建封闭式垃圾中转站1个，新增垃圾箱30个；新增垃圾箱150个，新建垃圾池14个；投资150万元，建设污水处理站1座，完成场镇污水管道整修500米。

【社会事业】 文化。全乡有宣传文化中心站1个，村级文化室13个，农家书屋8个；有舞蹈、锣鼓、杂技宣传队伍3支，群众坝坝舞表演队伍120人；有300平方米的综合文化站，有资源管理服务器1台，投影机1台，电脑5台，DVD机1台，打印机1台，中央控制器1台，液晶电视1台，有线话2个，扬声器4台，图书1547册，音像制品140盘，报刊杂志35种，课桌25张，椅子50把，办公桌2张，书柜1个，报架4个，图书阅览桌1张，会议桌1张；已接待群众4100人（次）。组织党的方针政策及两所联动法治宣传到村宣传演出活动14场，放映公益电影156场。

教育。开工建设农村义务教育学校食堂547平方米，美化教学环境，改善师生就餐条件。全年救助贫困中小学生2人，资助贫困中小学生13人；2016年末，有幼儿园2所，在园幼儿162人；小学3所，在校生987人，在职教师24人；初中1所，在校初中生432人，在职教师34人。

医疗卫生。有乡卫生院1所，村级卫生室14个，有专业医务人员15人。新型农村合作医疗参保人数13638人，参合率99.7%；城镇居民医疗保险覆盖154人。

社会保障。享受城镇最低生活保障人数6人，享受农村最低生活保障1114人；农村“五保”82人，集中供养8人；参加城镇基本医疗保险156人；下岗失业人员和失地无业农民再就业28人，其中就业困难在就业5人。及时向伤残军人、复员军人、“两参”人员、带病回乡人员、“三属”等各类优抚对象65人，发放优待金31.89万元。

环境综合治理。新建封闭式垃圾中转站1个，新增垃圾箱20个。改善农村环境，整修场镇污水管道500米，形成农村“环境优美、生态良好、风貌协调、庭院美化、村容整洁、乡风文明”的新气象。

【安全维稳】 安全生产。乡政府与辖区内各单位及村委会签订2016年安全生产目标责任书，制定和完善各类应急救援方案，选配安全生产监督员和管理员3人，实现安全生产网络化管理和安全生产管理无缝对接。召开水陆交通、建筑安全、食品安全等安全会议18次，张贴宣传标语14幅。重点抓好道路交通安全集中整治、安全生产规范化建设、打击非法经营建设行为等活动，查处交通安全违章行为25起，排查整治安全隐患4处。

信访维稳。实施“六五”普法宣传，组织到校讲法治课16次，举办乡村干部学法培训班4期；通过领导接访，调解中心联系，建立便民服务窗口等方式，及时掌握民情、社情。全方位排查不稳定因素，把矛盾纠纷化解在萌芽状态，调处矛盾纠纷57件（次），化解老上访1起。

【党的建设】 发展党员5人，培养入党积极分子32人，培养村级后备干部28人。全乡453名党员积极学习实践科学发展观、争先创优活动。为全乡5名大学生村干部营造干事创业的好环境，对流动党员进行全面清理；全年培训党员2次，对全乡14个远程教育站点进行维护，党员的权利保障得到落实。组织慰问贫困党员7人；利用开展群众路线教育活动的契机，增强各党支部的凝聚力及亲和力，改变工作作风，密切党群干群关系。

【特色产业】 发展水库库区生态农业建设，改变农业发展模式，重点发展优质葡萄产业，增加农民收入。全乡利用政府投资、扶贫开发、引进业主、群众家庭种植等形式，栽植早、中、晚优质葡萄10万株，栽植550亩，形成王家场、三合桥、包锣田、平原、鸡公岭、漏山寺、大峰山7个葡萄基地。种植大户50户，种植农户1350户，年产值6000余万元。

（镇龙乡）

石垭镇

【概况】 石垭镇位于县境东南部，东与广安区广门乡、龙安乡毗邻，南与花板乡、普安镇、乔家镇接壤，西与乔家镇、朝阳乡交界，北与九龙镇、大石乡相连。镇政府驻府前大街中段，距岳池县城8千米，距广安市区12千米。辖张口楼、油坊沟、石坳、社红庙、中学、雷家堡、新龙庙、石马沟、烂洞坝、三块碑、分水岭、石龙庙、长石、双河口、大城、雨台、云峰、丁家、打锣山、梅子、罗安、罗家堂、王家沟、梨子园、马纳沟、玉屏山、徐家坝、吕家桥、陈家沟、大邑山、周锣铺、立石山、王家院33个村民委员会，石平、温家堡2个社区居委会；下设223个村民小组，16个居民小组。辖区总户数15244户，总人口48964人，人口密度为每平方千米1030人。辖区面积47.51平方千米，耕地面积27720亩，林地面积6900亩，其中场镇面积2.2平方千米、城镇化率24.5%。地形以浅丘带坝为主，境内最高点海拔572.3米，最低点海拔368.8米。规模种植产业有梨、柑橘、血橙、葡萄，风景点有玉屏湖景区、云口寺佛教圣地等。沪蓉高速公路南广段石垭境内有红庙出入口，省道仪（陇）北（碚）公路石垭境内长6千米，南（充）前（锋）公路石垭境内长8千米；有县乡（镇）级公路3条，总长11.6千米。

【农业经济】 以“111”产业环线打造为契机，按照“发展特色种养业，稳步推进农村经济产业化”的思路，通过农民专业合作社、家庭农场等形式实现农业产业结构的调整、新技术的应用推广。以淦香合作社稻米、张口楼村葡萄基地、梨子园村紫山药基地等引领示范全镇农业向生态高品质发展。全镇有种养殖大户19户，农业生产基地17个。引进乡土、丰发、农家小院等农业业主，主要栽种食用桑叶、水稻、菌类、莲藕等。根据现代农业有关扶持办法，组织业主发展特色效益农业，全年现代农业园区实施面积13436.3亩，其中规模种植水稻9774.3亩（7户）、蔬菜824.9亩（3户）、葡萄530.6亩（4户）、桑果238.5亩（1户）、血橙2068亩（2户）。

【工商业经济】 加大闲置土地盘活力度，培育新的增长点，推动产业转型升级，引导企业进行技术改良、产品创新。引入4家企业，总投资1.33亿元。工业园区入驻企业6家，其中投产企业6家，在建1家。完成固定资产投资2.6亿元，安置就业人员600余人。5家农村淘宝服务站于9月30日正式上线营业。发掘特色旅游资源，促进生态旅游提档升级。以玉屏湖AAAA级旅游景区和张口楼村产业带为中心，重点发展葡萄采摘、垂钓、自然观光等自然生态农家旅游项目，全年接待游客量10余万人（次）。

【基础设施建设】 投入380万元，修建村级水泥道路8.5千米；投入40万元，铺设石坳村自来水管道1.5千米；新装环保型垃圾箱10个、路灯20盏，新建生态停车位30余个，新建公共厕所1个。规范建房管理，严格审批程序，研究制定石垭镇建房审批程序，全年受理审批农户建房申请90余件。加大镇容秩序管理力度，对三块碑、重要路段安排专人负责值班，规范管理，维持秩序；清理店外占道经营110余处、沿路乱贴乱挂50余处，取缔各类违章广告牌30余块，规范露天摊点200余处，沿街镇容秩序得到有效改善。加大投入，完善生活污水处理管网、农村生活污水处理池等设施建设，提高生活污水处理能力。加大环卫工作投入力度，建立垃圾清运处理长效机制，建成垃圾池54个、新添置垃圾箱6个。配备镇村保洁员，实现生活垃圾“定时定点、即收即运”，保持农村环境卫生整洁，环境优美。

【社会事业】 落实支农、惠农政策，及时兑现各项涉农补贴，做好农业政策性保险工作，完成玉米、水稻等保险参保工作，参保面积28847亩、金额129812元。及时核灾报灾，争取惠农物资的发放。完成D级危房改造30户，C级危房改造90户。新增城镇就业岗位170人，下岗失业人员再就业完成40人，离退休人员生存认证1500余人。做好城居最低生活保障工作，每月及时足额发放到位。为221名符合条件的老人申请享受“五保”供养待遇，切实提高生活质量。对1266名80周岁以上老人发放高龄津贴26.6万元。完成全镇1107名残疾人基本服务状况和专项需求调查工作；完成569名贫困重度残疾人生活救助申报工作及12名贫困精神病人药物补助申报工作。完成敬老院的安全隐患整改和日间照料中心、妇女儿童活动中心、宣传文化中心阵地建设。重视学校基础设施建设，多方筹资完善教学设施，努力营造尊师重教氛围；投入5万元，慰问教师400余人。开展食品药品卫生安全管理工作，对餐饮企业和农村上门厨师进行全面摸底调查，定期组织相关部门对全镇药品经营单位和餐饮企业进行卫生安生大检查，确保卫生安全。巩固广播电视“村村通”建设成果，组织放映公益电影300余场（次）。

【安全维稳】 建立矛盾纠纷排查分析研判机制，做好矛盾排查和化解工作，重点加强对辖区内不稳定因素的排查，注重教育转化、宽严相济，将矛盾纠纷化解工作触角前移。排查矛盾纠纷205起，调处208起，调处成功率98.5%。坚持落实信访维稳工作包案责任制，按照“谁包案、谁负责”的要求，加强对重点人员的稳控，实行专班跟踪，随时掌握动向。坚持每日访情“零报告”，保证及时发现，及时处置，接待群众来访112批367人（次），调处矛盾纠纷205起，摸排出不稳定因素34件（次），成功化解群访和个访5件。加强信访案件的及时办结率和办理满意度，办理案件过程中坚持热情接待，微笑服务，对来访群众的合理诉求解决到位，不合理诉求宣传解释到位，群众满意度显著提高。深化法治石垭建设，开展“六五”普法活动，逐步引导全镇党员干部群众依法办事，依法行政。开展专项法治宣传50余场；书写法治标语、悬挂法治横幅240条；发放法律宣传单15000份，受教育群众2.5万人（次）。

【脱贫攻坚】 识别出建档立卡贫困户628户2245人，2016年，脱贫省定贫困户125户472人；完成异地搬迁33户126人；发放产业扶持金90.1万元，涉及全镇贫困户77户318人；发放小额信贷173户865万元；中学村、社红庙村、新龙庙村的“6+1”活动中心全部建成，同村公路全部建成；所有贫困户都购买新农合保险；无失学儿童。

【党的建设】 强化“书记抓、抓书记”责任意识，落实基层党建工作责任制。通过成立领导小组、层层签订责任书、建立健全党建工作例会制度、党建指导员制度、领导干部联系点制度等，在全镇构建党委书记负总责，分管领导直接抓，班子成员具体抓，中层干部积极抓，村社区干部配合抓的党建格局。从坚决贯彻执行民主集中制、加强领导班子思想政治建设、开展“两学一做”学习教育活动等方面着手，以“增强政治意识、大局意识、核心意识、看齐意识”为主题，通过谈心谈话、专题民主生活会、集中学习讨论等活动，增强班子成员的政治修养。班子成员间一对一谈心谈话3次，召开“两学一做”专题民主生活会、党风廉政建设专题生活民主会2次，开展专题集中学习15天。严格落实“两个责任”，狠抓作风效能建设，严格落实干部定岗定责、上下班签到签离、请销假和值班制度，并对到岗到位差、工作任务完成滞后的职工进行诫勉谈话。严格执行村干部坐班制度，对村干部进行集中规矩纪律责任意识谈话2次，组织进行团结、维稳、群众纪律、财经纪律等专题警示教育学习150余人(次)，党纪立案处理2人，其他镇村干部7人。6个村因低保评定、信访维稳、违纪违规等问题在全镇大会上作出检讨。严格党员教育培训，举办发展对象培训班1次，集中党课2次，开展党员冬训活动3天，科级干部到包片上党课1次，各党组织书记上党课1次，警示教育4次。实行报账拨付制，确保300万元办公经费及公共服务运行费用在实处。及时跟进农村社会新变化，创新完善农村基层党组织设置，建成张口楼新村联合党总支。强化阵地建设，全镇4个贫困村，有3个建成“6+1”活动场所。抓好党建示范点打造和后进村整顿转化升级，打造党建示范点4个，2个后进党组织成功实现转换升级。通过盘活集体资产、引进项目提取服务费、发展新经济实体等方式，壮大集体经济，全镇有5个村集体经济5万元以上。选优配强村级干部队伍，村党组织换届调整村书记9人。严把党员标准，发展党员12人。

(石垭镇)

普安镇

【概况】 普安镇位于县境南部，东与齐福乡、花板乡毗邻，西与乔家镇交界，北与石垭镇相连。镇政府驻十字街20号，距岳池县城22千米。辖八一、高碑、熊家坝、荀迪寺、兰坝、会仙桥、金山寺、皮家湾等29个村和1个社区(余家场社区居委会)，下设195个村民小组、4个居民小组；辖区总人口31811人，辖区面积45.73平方千米，耕地面积20850亩，林地面积3445亩。地形以浅丘、山地为主，境内最高点海拔459米，最低点海拔292.2米。土特产品有幺妹广柑、三嫂子南瓜、三湾窖酒等。

【镇域经济】 全镇地区生产总值2.92亿元，同比增长10%；工农业总产值实现1.51亿元，同比增长10%；农民纯收入实现8716元，同比增长11%；固定资产投资1.53亿元，同比增长10%；完成财政一般预算收入180万元。

农业。投资230万元，在石普路、广武路沿线种植西瓜2500亩；在新庙子村、接龙岭村、斜石坝村、百子坎村引进银杏2500亩，在黄桷村种植北川李子200亩，继续搞好“幺妹广柑”与“三嫂子南瓜”两个品牌管理，做到种植面积及销路上有所突破。全年全镇粮食总产量12840吨，其中水稻9980吨、玉米1200吨、马铃薯1150吨。油菜面积3000亩，产量860吨；蔬菜主要品种有大白菜、白萝卜、胡萝卜、莴笋、西红柿等，蔬菜种植面积3550亩、产量12200吨。主要水果有柑橘、梨子、桃子、枇杷等，年产量3100吨，收入1415万元；种植林木3445亩15万株。

养殖业。以生猪养殖为龙头，发展肉牛养殖、家禽养殖。畜牧业以饲养生猪、羊、牛、兔及家禽为主，新建成标准化养牛场和养兔场各1个。全年出栏肉猪3.16万头，猪肉产量2330吨；出售和自宰的肉牛400头，牛肉产量53吨；出售和自宰肉羊1198头，羊肉产量18吨；出售和自宰肉兔9825只，兔肉产量13.5吨；出售和自宰肉禽(鸡、鸭、鹅)208596只，禽肉产量294吨，产禽蛋609吨；畜牧业总产值1600万元。

劳务产业。随着劳动保障制度的发展，组织开展实用技术培训，全镇青年劳动者技能培训380余人(次)，参加新春农民工招聘会23人，完成农村劳动力转移数据采集、录入11350人。

工商业。全年招商引资签约合同资金5000万元，到位资金5000万元。

【文昌寨广柑合作社】 岳池县普安文昌寨生态广柑种植专业合作社成立于2016年9月，是龙王沟村、接龙岭村、三湾村 3 个贫困村共同成立的一个农民专业合作社，设理事长 1 人，副理事长 2 人，监事 1 人，理事 5 人。其主要业务为指导农户科学管理种植广柑，以及拓展广柑销售市场。争取县政府资金新栽种广柑苗 600 亩，改良嫁接老树 3000 株。

【基础设施建设】 牢牢把握“稳定增势、高位求进、加快发展”的工作基调，应对国内经济下行压力加大的不利影响，坚持科学统筹发展，狠抓投资拉动和产业支撑，加快“幸福美丽新村”建设步伐，突出基础设施建设，着力改善人居环境。

整治山平塘 21 口，完成培训村民 5000 人（次），通过精准扶贫开发的实施，新修水泥路 4.7 千米，切实改善群众生产生活条件。斜石坝、高桥等 6 个村建成县级“四好村”，吴家沟、干堰塘申报为市级“四好村”，开展“幸福美丽新村”建设，金山寺新修水泥路 1.5 千米，黄桷村新修水泥路 1.9 千米。

投入基础设施建设资金 3200 万元，其中投入资金 303.2 万元，新建、硬化、修补通村水泥路 70 千米；投入 20 余万元，铺设安置点雨污管网、硬化院坝和修复、新增场镇路灯；投入 15 万元，完善普安镇、村的清洁卫生硬件建设，新购置垃圾桶 600 个、环卫手推车 20 个，新建简易垃圾池 17 个；建设农贸市场、综合市场各 1 个，引进发展惠客多超市等商贸流通企业、个体户 500 余户，建立阿里巴巴村淘站点 3 个，实现农村“互联网 +”的突破。三湾村建成地窖酒厂 1 个。住宿、餐饮、百货等行业的发展也红红火火；投入资金 6 万元，对示范片新村进行绿化、亮化。4 个行政村通宽带，4 个自然村通电话的“两通”工程。

普安镇土地整理项目涉及普光寺、院龙寺、干堰塘、斑竹园、大石沟、龙凤台、高桥 7 个村，东邻苟迪寺村，南接毛草坪、西连武胜县，北靠韩坡岭村，项目总投资 1301.8 万元。本项目整理规模的地类为耕地、其他农用地 8927.9 亩，项目实施后新增耕地面积 725.2 亩，新增耕地率 8.12%，建成高标准农田面积 1569.42 亩，整理后新增耕地质量等级达到 8 级的 347.67 亩，达到 10 级的 49.71 亩。新修作业便道 27.6 千米，其中 3.5 米宽道路 12.09 千米，4 米宽道路 15.86 千米。整治三平塘 16 口，新建直径 10 米的蓄水池 3 口，直径 9 米蓄水池 7 口，直径 8 米蓄水池 11 口。

开展“双违”治理工作，对已批未建、未批先建、超规建房及建房收费等情况进行全面调查摸底及清理整顿，修订《普安镇场镇建房管理规定》《普安镇场镇违规建房责任追究办法》等相关工作制度，使普安镇建房管理制度化、规范化，确保普安镇建房市场规范有序运行。开展实施城乡环境综合治理，杜绝畜禽乱跑、柴草乱跺、粪土乱堆、垃圾乱倒、污水乱泼、车辆乱停、摊点乱摆、垃圾乱放、广告乱贴、工地乱象现象，保持长期清洁卫生，农民文明习惯逐渐养成，普安环境卫生切实改善。场镇定植各类风景树木 230 株，修补破损路面 1 千米。

【社会事业】 文化。成立以分管领导为组长的文化市场监督管理领导小组，配合上级文化机构开展各类文化宣传活动。有中心文化站 1 个，村级文化室 29 个，农家书屋 30 个；有综合性业余文艺演出队员 12 人，业余舞蹈队员 8 人，业余曲艺队员 2 人，中老年腰鼓队 42 人，有 290 余平方米的综合文化站，配齐村活动室各种文化设施，如乒乓球台、羽毛球拍、办公桌椅等。

教育。全面建成远程电化教育站点 30 个，贯彻实施《全民健身纲要》，巩固九年制义务教育，实行“两免一补”。全面推进素质教育，适龄儿童入学率 100%。有幼儿园所 1 所，在园幼儿 205 人，在职教师 5 人；小学 4 所，在校生 1326 人，在职教师 99 人；初中 1 所，在校初中生 516 人，在职教师 40 人。

医疗卫生。新农合参保人数 26194 人。建立疾病、重病和传染病应急处理机制，提高应对各类突发公共卫生事故的能力，全面实施药品、食品“放心工程”。有镇卫生院 1 所，村级卫生室 29 所，有专业医务人员32人；另有从业执照的私人诊所4家。

社会保障。全年改粮食直补及农资综合补贴、粮种补贴为地利保护补贴295.97万元，退耕还林22.75万元，农机购置补助6.63万元，自然灾害救助10万元，临时救助资金37.4万元。“五保”、低保、孤儿、残疾人、贫困大学生和大病救助等工作实现应保尽保、应救必助。享受城镇最低生活保障人数122人，享受农村最低生活保障1229人；农村“五保”253人，集中供养35人；发放低保资金237.35万元，发放大病救助金34.85万元，危房改造50户，新型农村和城镇居民社会养老保险覆盖9288人，城镇新增就业、城镇失业人员再就业、就业困难人员62人，城镇居民医疗保险参保536人。

【安全维稳】 安全生产。紧紧围绕“预防为主、先防后处”方针，抓监管、常检查、明责任，强化各环节的安全预防，定期对加油站、学校、道路、工矿企业、食药品进行安全检查，成功举办“全为岳池道安出份力”万人活动，分别和29个村1个社区签订安全生产目标责任书，全年召开水陆交通、建筑安全、食品安全等安全会议15次，张贴宣传标语26幅。排查整治安全生产隐患103处，道路交通安全隐患160处，火灾隐患36处。

信访维稳。实施网格化管理，对全镇32214人建立60个网点进行精细化管理。深入开展“依法治县”活动和“无信访乡镇”创建活动。按照“有访必接、有接必办、有办必果”的要求，24小时接待来访群众，在工作中改善党群关系，树立良好形象。全镇接待来信来访群众236人(次)，办结信访矛盾纠纷212件，无因矛盾纠纷化解不利引发的重大政治性、群体性事件、重大恶性案件；充实壮大基层群防群治队伍，建立健全工作制度，有效开展和谐村(社)创建活动，在防范和处理邪教方面，抓教育，重宣传。重点开展“全能神”邪教防范和打击活动，无邪教村(社)达到100%，做到将矛盾化解在基层，有效地遏止各种矛盾的激化和蔓延。

【脱贫攻坚】 普安镇吴家沟村(省拟定摘帽村)建成4.5米通村硬化水泥路950米，泥结碎碎石路2.44千米，已建成通组桥2座，便民路2.97千米；新建标准化卫生室和文化室，相应配套设施齐全；宽带网连通；不存在安全饮用水问题；全村通生产生活用电。61户贫困户均达到“一超、两不愁、三保障、三有”标准。申请到产业扶持周转金60万元，办理贫困户小额信贷资金763万元；完成易地扶贫搬迁10户33人，危房改造50户(其中40户C级、10户D级)。贫困发生率为零，村集体经济收入6140元。

【党的建设】 开展学习贯彻十八大精神和“学党章、守纪律”集中教育活动，撰写学习心得、笔记，对存在的问题进行整改。推进“去机关化”活动，建立“下基层”活动联席会议制度；开展帮扶为民“五个一”主题实践活动。在干堰塘村以创建发展致富型党组织为重点，依托新村建设和劳动力富裕的优势，灵活设置功能党小组，使党组织和党员在服务、带动产业发展中发挥引领作用。有序开展“后进村”整改工作。围绕“贯彻落实十八大、跨越发展上水平”党建中心主题，以新村建设为契机，下大力气搞好党员活动阵地建设，建成现代化“6+1”党员活动中心6处。贯彻落实中央八项规定和改进工作作风，密切联系群众的各项规定，结合全镇“学党章 守纪律”活动，制定下发《普安镇“慵、懒、散、浮、托”专项治理工作方案》，开展“五直评”、政风行风民主评议工作，促进各站所、各村作风得到转变。

(普安镇)

乔家镇

【概　况】 乔家镇位于县城西南部，东与石垭镇毗邻，南与普安镇接壤，西与武胜县飞龙镇交界，北与朝阳乡相连，距岳池县城10千米，镇政府驻太平场镇。清代，乔家镇属岳池县东关乡新城下二三里。清末民初，名太平场，属东关乡。民国10年（1921年），建太平乡，属第一区。民国30年（1941年），分为太平、文昌乡。民国31年（1942年），属第二指导区。民国36年（1947年），裁并。1950年10月，属第八区。1966年12月，改名劳动公社，由石垭区改属曙光区。1971年，复名太平公社。1981年，改名乔家公社。1984年3月，复名乔家乡。1992年9月，撤石垭区，与催龙乡、朝阳乡合并为乔家镇。1994年6月，乔家镇析出朝阳至今。2016年，辖杨坝、董家、双桥、陈家湾、秀才、廖坝、南山、催龙、灵官庙、水桶庙、照画壁、向家庙、茶亭庙13个村民委员会和太平社区居委会，下设170个村民小组，4个居民小组。

【环境、资源与人口】 全镇辖区面积33平方千米，耕地面积23955亩。乔家镇地势平坦，土壤肥沃，农业基础好。全国农民合作社示范社、广安现代农业发展典范——“三安合作社”位于乔家镇廖坝村，其创造的“企业化运作、专业化生产、一体化经营、社会化服务、利益化链接”模式在全省推广。镇内村村通水泥路，里程达81千米，群众外出十分便利。主要农产品有水稻、玉米、油菜、红薯等，经济作物以芋子、生姜、辣椒、黄瓜、西瓜、草莓、中药材等为主。全镇有9401户32793人，非农业人口473户801人。

【经济发展】 地区生产总值完成6.1亿元，财政收入530万元，固定资产投资完成1.5亿元，实现农业总产值5.2亿元，城镇居民人均可支配收入22580元，农村居民人均可支配收入9354元。

依托三安蔬菜专业合作社，联合农机、植保、蔬菜等7个农民专业合作社，成功组建三安农业专业合作社联合社，建成农产品质量安全检测系统1个，培育三安“银特”绿色蔬菜品牌12个，年产优质绿色蔬菜8000吨，带动4652户农民入社，社员户年均纯收入达3.1万元。探索产业基地差异化、连片化、无缝化、市场化发展新路，流转土地7200亩，建成广安市“111”工程产业环线2.5千米，建成田间市场1个、制衣厂1家、泡菜厂2家，在岳武路附近的“大小环线、111环线”乔家片区新发展西瓜基地2250亩、蔬菜基地8000亩、药材基地850亩、草莓基地210亩、金丝枣基地100亩、猕猴桃基地300亩、蜜柚基地700亩，在催龙村、水桶庙村、照画壁村发展银杏种植基地9500亩。主动接受特驱养殖辐射带动，在董家村、杨坝村建成肉鸡、山羊养殖基地，在南山村、廖坝村、灵官庙村建成生态鱼基地2500亩，在陈家湾村、照画壁村建成龙虾基地5000亩。

工业比重低，辖区内有污水处理厂、广安红云食品有限公司、岳池县三安农产品销售中心等16家小型企业，生产总产值11400万元，利润总额1738万元。

【社会状况】 建成新农村聚集点28个746户，新建通村水泥路37.8千米、泥结碎石路18千米，整治山平塘29口，维修提灌站18处，维修红旗水库水渠104千米，建成污水处理厂1座、公厕2个，清理污水沟、臭水沟15千米，建设垃圾中转站1个，建成垃圾房33个、垃圾池19个，清运各种垃圾4800吨。解决农村安全饮水人员5000人。

建成700平方米的文化活动场所，新建文体广场160平方米。对全镇13个村广播进行维护，实现镇、村、组三级信息全覆盖。教育全面加强教学管理，适龄儿童入学率100%，在校学生巩固率小学100%、初中99%。加强学校基础设施建设，乔家小学、催龙小学两所学校新建标准化食堂各1个，面积1100平方米，建成运动场2400平方米，改造厕所300平方米。医疗卫生广泛开展新型农村合作医疗保险，参合率98%。加大卫生资金投入，新建镇卫生院住院楼700平方米，新建改建村级标准卫生室3个。

【特色小城镇】 着力打造现代农业型小城镇，利用乔家镇田园景观优美、农村生产经营活跃、乡土风情浓郁等优势，加快发展现代农业和农产品深加工产业，推动景区建设，促进城镇建设和都市农业、现代农业相互结合，建成宜农宜游、保留乡愁记忆、服务“三农”的特色小城镇。乔家镇被四川省发改委列入四川省“十三五”特色小城镇发展规划，成为岳池县唯一列入发展规划的乡镇。

（乔家镇）

花板乡

【概况】 花板乡位于县境东南部，东与广安区广门乡、枣山镇毗邻，南与齐福乡接壤，西与普安镇交界，北与石垭镇相连。乡政府驻杨家庙村二组，距岳池县城16千米。辖花板桥、观音堂、龙泉罐、狮子宝、翘家桥、柏林、玉皇庙、象鼻嘴、梓桐庙、双星寨、金竹冲、杨家庙12个村民委员会，87个村民小组，4282户1.45万人，辖区员面积17.89平方千米，耕地面积7590亩。地形多为浅丘，吕家梁子海拔539.5米，最低点垮拱桥海拔336米；土特产品有荷包蛋、石膏豆花等，风景点有伍家寨森林公园。全年全乡农业总产值7987万元，地区生产总值11320万元，粮食总产6368吨，油料产量386吨，社会固定资产投资4250万元，社会消费品零售总额5000万元，地方财政总收入424万元，外出务工收入2700万元，农民人均纯收入8073元。

【农业经济】 全乡粮食总产量6368吨，其中水稻3681吨、小麦753吨、玉米536吨、马铃薯552吨、红薯421吨、其他425吨，主要经济作物有油料、蚕桑、蔬菜、水果等。油料作物面积3645亩，产量386吨，其中油菜面积3480亩、产量375吨；蔬菜主要品种有大白菜、白萝卜、胡萝卜、马铃薯、莴笋、西红柿等，蔬菜种植面积3975亩、产量8938吨；主要水果有柑橘、梨子、桃子、琵琶等，年产量1000吨，收入265万元。

【基础设施建设】 投资123.44万元，硬化村级路2.3千米，维修便民路400米。投资10万元，新建山平塘2口。实施危房改造8户。有邮政网点1个，电信服务网点1个，固定电话用户530户，移动电话用户4000户，宽带接入用户234户。

【社会事业】 教育。有幼儿园2所，在园幼儿100余人；小学1所，在校生1286人，在职教师69人。

卫生。有乡卫生院1所、村级卫生室12所，有专业医务人员18人；另有从业执照的私人诊所4家。新型农村合作医疗参保人数12107人，参合率99%；城镇居民医疗保险覆盖38人。

社会保障。享受城镇最低生活保障人数6人，享受农村最低生活保障534人；农村“五保”134人，集中供养64人。

环境综合治理。改造垃圾中转站2处；公路沿线新建垃圾池45个，新增环卫工2人；街道添置更换垃圾桶45个；重新规划车辆停放点和个体摊点。改善农村环境，形成农村“环境优美、生态良好、风貌协调、庭院美化、村容整洁、乡风文明”的新气象。

【安全维稳】 安全生产。全镇召开水陆交通、建筑安全、食品安全等安全会议24次，张贴宣传标语20幅。重点抓好道路交通安全集中整治、安全生产规范化建设、“百日”安全、“安全生产月”、打击非法经营建设行为等活动，查处道路交通安全违章行为1100起，排查整治安全隐患15处。

信访维稳。实施“六五”普法宣传，组织到校讲法治课24次，举办镇村干部学法培训班4期；及时解决群众的合理诉求和矛盾纠纷，化解各种不稳定因素30余起，调解各类矛盾纠纷16件。

（花板乡：黄林）

大石乡

【概况】 大石乡位于北纬30°27′37″～30°32′33，东经106°29′35″～106°33′07″。地处县境东部，东与广安区龙安乡毗邻，南与石垭镇接壤，西与九龙镇交界，北与镇龙乡相连。乡政府驻大石桥西侧，距岳池县城7.9千米。辖曹家沟、营山铺、大冲沟、狮子磅、白鹤嘴、漏山沟、福寿寨、双龙桥、花园坪、石堰塘、五里堆、皮家沟、游家沟、晏家沟、马鞍山15个村民委员会和玉龙社区居委会，下设94个村民小组，2个居民小组。辖区总户数4668户，人口15942人；辖区东西最大距离5.67千米，南北最大距离5.4千米，辖区面积19.82平方千米，耕地面积11670亩，人口密度每平方千米800人；境内最高点海拔542米，最低点海拔380.6米。土特产品有草莓、葡萄，风景点有姜山寺。2016年，全乡地方财政总收入664.5万元，全社会固定资产投资8319万元，农民人均纯收入9129元。

【农业经济】 全乡粮食总产量7126吨，其中水稻5764吨、玉米566吨、马铃薯533吨、其他263吨。主要经济作物有油料、蚕桑、蔬菜、水果等。油料作物面积236亩，产量419吨；蔬菜主要品种有大白菜、白萝卜、胡萝卜、马铃薯、莴笋、西红柿等，蔬菜种植面积464亩、产量14772吨；主要水果有柑橘、梨子、桃子、枇杷等，年产量417吨。

畜牧业以饲养生猪、羊、牛、兔及家禽为主，年出栏100头以上生猪大户5户；全年生猪饲养量16234头，年末存栏9803头，生猪肉产量1135吨；牛饲养量23头，年末存栏18头；羊饲养量656只，年末存栏211只；兔饲养量9059只，年末存栏5023只；家禽饲养89155万只，产禽蛋270吨。

大石乡重点打造“一核、两带、三园”，发展乡村旅游，以旅游促发展。

“一核”即党建示范核心。按照党建引领产业发展的思路，突出党建示范作用，以马鞍山村的休闲观光农业示范为核心，带动全乡上下齐发力，实现助民增收、富民强乡。“两带”即脱贫攻坚示范带、乡村旅游示范带。以大冲沟村—狮子塝村—白鹤嘴村—漏山沟村为轴线，以传统种养殖业为基础，重点发展观光、体验农业，打造安全、绿色食品基地，助力脱贫攻坚；沿广岳大道沿线，依托银城花海、丘山窖藏、七彩田园等基地，结合姜山寺三国文化背景，实施乡村旅游配套建设，做大做强大石乡乡村旅游品牌。三园即生态农业园、休闲观光园、科技体验园。围绕曹家沟村、营山铺村一线，发展生态林种植，打造生态农业园；以皮家沟村、游家沟村、马鞍山村为中心，规划建设美丽乡村，打造休闲观光园；以花园坪村、五里堆村、晏家沟村为中心，推广新品种、新技术，打造科技体验园。

马鞍山村“银城花海”，是大石乡和岳池现代农业园区重点打造的集农业、旅游观光业等一体的核心区，占地面积400余亩，按照传承文化塑造景观的原则，增加乡味本色，融入乡愁元素，引进现代管理理念，景观带动周边产业发展以甜橙、草莓、休闲垂钓等多种形式的产业链，吸引游客观光，带动当地百姓人均增收600元，助力农民增收致富。

【基础设施建设】 多方筹资128.2万元，硬化村级路2千米，新建村级路5千米，维修村级路33千米，新建便民路14千米，维修便民路12千米。投资59万元，整治山平塘19口，建设高标准农田5000余亩，完成危房改造19户。有邮政网点1个，电信服务网点1个，移动服务网点1个，固定电话用户773户，宽带接入用户519户。

【社会事业】 文化。有中心文化站1个，村级文化室15个，农家书屋15个；有综合性业余文艺演出队员100余人，业余舞蹈队员60余人，业余棋类220余人；新成立中老年腰鼓队，成员20余人；有300余平方米的综合文化站，内有图书室、电子阅览室、多功能活动室、排练室等，免费向群众开放2

万余人(次)。放映公益电影180余场。全乡建成有线广播无线传输网络,每个村都能收听到广播节目。

教育。有幼儿园3所;小学3所,在校生736人,在职教师41人;初中1所,在校初中生360人,在职教师33人。

医疗卫生。有乡卫生院1所,村级卫生室15所,有专业医务人员4人。新型农村合作医疗参保人数13238人,参合率91%;城镇居民医疗保险覆盖451人。

社会保障。享受城镇最低生活保障人数4人,享受农村最低生活保障616人;农村“五保”160人,集中供养77人;参加城乡养老保险5874人;下岗失业人员和失地无业农民再就业59人,其中就业困难再就业2人。及时向伤残军人、复员军人、“两参”人员、带病回乡人员、“三属”等各类优抚对象156人,发放优待金47.8万元。救助贫困精神病患者4人。

环境综合治理。财政投资8万元,通过PPP模式,在场镇建成污水处理站1座;乡财政投资10万元,发放清洁工5人工资4万元、垃圾转运费6万元;投资12万元,聘请村级清洁工人30人,修建垃圾池30个;规范营运车辆管理,治理乱停乱放等影响交通秩序的行为,教育、处罚违规、违章人员300余人(次)。

【脱贫攻坚】 石堰塘村(2016年计划退出贫困村)利用农业综合开发项目,实施土地调型350亩,整治水渠系200米,新建机耕道2千米。组织村民成立鑫鸿水稻专业合作社,推广良种科学种植技术,发展优质水稻480亩。对贫困户发放产业周转金11万元,引导饲养牲畜410头,小家禽8000余只,为村民增收提供有效途径。该村新建272平方米村综合活动室,内设标准化的文化室、卫生室和广播站,硬化500平方米的体育场所。配备文化、卫生、广播、健身等设施设备;围绕村周围两边硬化宽4.5米的4.85千米水泥路,1千米社级路,新修入户便民路5千米,安装光纤线5.2千米,疏通“大石—红庙”和“岳池大石—广安龙安”主干道,全村形成道路、网络和广播全覆盖。

全乡实现贫困户低保兜底68户158人,大病医疗救助20人10万元,“五保”20人,困难救助12万元,易地搬迁34户124人,危房改造39户,其中D级18户、C级21户,参加小额贷款114户566万元,获得利息收入15.9万元,招聘公益性岗位10个,输送劳务795人,力求做到政策送到位,让贫困户享有实惠。全乡有1个贫困村达到退出标准,有77户244人达到脱贫标准,剩余贫困人240户793人,贫困发生率已降至5.3%。

【安全维稳】 安全生产。乡政府与辖区各单位及村委会签订安全生产目标责任书,制定完善各类应急救援预案,建立安全生产工作联系机制和巡查机制。召开水陆交通、建筑安全、食品安全等安全会议12次,张贴宣传标语28幅。重点抓好道路交通安全集中整治、安全生产规范化建设、“百日”安全、“安全生产月”、打击非法经营建设行为等活动,查处道路交通安全违章行为12起,排查整治安全隐患5处。

信访维稳。实施“六五”普法宣传,组织到校讲法治课4次,及时解决群众的合理诉求和矛盾纠纷,受理群众来信来访121件,受理率100%,化解各种不稳定因素108起,调解各类矛盾纠纷167件。

【党的建设】 完善“党员发展程序、队伍阵地制度建设、绩效考核运用”3项制度,壮大“入党积极分子队伍、党员后备干部队伍、党员大户队伍、党员志愿服务队伍”四支队伍,实施“红塔工程”“三向培养”“强班子、硬队伍、争先进”“挂帮包”“双带富民”5项行动。采取以会代训、现场指导、远程教育等方式培训党员450余人(次),在“七一”前夕,组织慰问贫困党员35人,救助70岁以上贫困党员43人。

全年培养入党积极分子51人，发展党员6人；筹资20万元，新建石堰塘村级党员活动室。

（大石乡：范延国）

白庙镇

【概况】 白庙镇位于县境西部，东与九龙镇毗邻，南与新场镇接壤，西与龙孔镇、西溪镇、粽粑乡交界，北与兴隆镇相连，东北与北城乡毗连。镇政府驻白庙镇红旗路35号，距岳池县城9千米。辖黄连桥村、新店子村、玉皇沟村、长深沟村、九洞桥村、郭家坝村、李家店村、陆墙院村、金竹沟村、白龙桥村、杨柳村、莲花台村、安家观村、三溪口村、安宁寺村、舞凤山村、冬笋沟村、郑家村、龙音寺村、鲁班迹村、瞿家店村、李白寺村、拱桥村、三教寺村、菊花村25个村民委员会和白玉社区居委会，273个村民小组，3个居民小组；辖区总户数13801户，总人口46272人，辖区面积64.97平方千米，耕地面积31461亩，林地面积15512亩。地形多为平坝（或浅丘、低山），境内最高点海拔558.5米，最低点海拔340.6米；土特产品有莲桥米粉、核桃、猕猴桃、蜜柚等。2016年，全镇农业总产值4.11亿元，地区生产总值5.24亿元，社会固定资产投资2.2亿元，地方财政总收入1196万元，外出务工劳务收入1.8亿元，农民人均纯收入9650元。

【农业经济】 种植业。完善产业链条，实现产销衔接，推进无公害商品蔬菜基地建设。2016年，发展特色种植业，其中种植核桃1.5万亩、蜜柚1800亩、猕猴桃2000亩，为当地人员提供650个就业岗位。全镇粮食总产量30061吨，其中水稻18264吨、小麦4026吨、玉米362吨、马铃薯3986吨、红薯1985吨、其他1438吨。主要经济作物有油料、蔬菜、水果等。油料作物面积10126亩，产量1353吨，其中油菜面积8409亩、产量1024吨；蔬菜主要品种有大白菜、白萝卜、胡萝卜、莴笋、西红柿等，蔬菜种植面积10557亩、产量2648吨；主要水果有柑橘、梨子、桃子、枇杷等，年产量1316吨，收入226万元。种植林木面积1.58万亩3180万株。

养殖业。建立生猪养殖基地、肉牛养殖基地、肉鸭养殖基地、优质鸡养殖基地，李家店村“岳池特驱”种鸡场业主32户。全年畜牧业以饲养生猪、羊、牛、兔及家禽为主，发展年出栏100头以上生猪大5户；全年生猪饲养量54237头，年末存栏38248头，生猪肉产量3977吨；牛饲养量924头，年末存栏746头；羊饲养量3577只，年末存栏940只；兔饲养量1.86万只，年末存栏5810只；家禽（鸡、鸭、鹅）饲养48万只，产禽蛋57吨。畜牧业总产值24.2亿元。水库养殖面积120亩、鱼产量170吨，鱼塘养殖面积800亩、鱼产量840吨，稻田养殖面积680亩、鱼产量810吨，新开发龙虾养殖400亩、产量60吨，渔业总产值4200万元。

【工商业经济】 支持富胜建司等企业健康发展，扶持个体工商户的经营，莲桥米粉龙头企业实现销售总额2.27亿元，创利税530万元。境内有加工厂6个、砖厂1个、酒厂2个、预制厂3个；商业网点遍布街区，形成以百货批零、电子、服装、医药、餐饮娱乐为骨干的特色街区；有个体工商户721户，其中农家店1个，农贸市场2个。全年全镇实现工业总产值2.26亿元、全年社会商品销售总额1.25亿元。

【基础设施建设】 投资2000万元，硬化村级路10.5千米，维修便民路9.7千米；投资500万元，新修村级水泥公路6.5千米，泥结碎石路3.4千米。投资140万元，整修3个村渠道15千米；投资3045万元，整治山平塘8口。新建农村沼气池98口，农田基本建设2500亩，完成危房改造60户。加快小区建设步伐，完善已建道路的绿化、亮化和其他相关配套，其中硬化人行道240平方米，整治场镇烂路800米，安装、维护垃圾桶340个，新建垃圾池18

个。辖区道路总长度75千米，城区公共绿化覆盖率35%。

【社会事业】 文化。有中心文化站2个、村级文化室26个、农家书屋26个；有综合性业余文艺演出队员36人，业余舞蹈队员26人，业余曲艺队员30人，中老年腰鼓队28人；有303.3平方米的综合文化站。

教育。有幼儿园所3所，在园幼儿500余人；小学4所，在校生2415人，在职教师162人；初中1所，在校生268人，在职教师27人。全年救助贫困中小学生18人，资助贫困中小学生64人。

医疗卫生。有镇中心卫生院1所、村级卫生室25所，有专业医务人员29人；另有从业执照的私人诊所2家。新型农村合作医疗参保人数37685人，参合率99%；城镇居民医疗保险覆盖2037人。

社会保障。享受城镇最低生活保障人数75人，享受农村最低生活保障1368人；农村"五保"165人，集中供养81人；参加城镇基本养老保险218人，参加农村养老保险9588人；下岗失业人员和失地无业农民再就业58人，其中就业困难再就业12人。及时向伤残军人、复员军人、"两参"人员、带病回乡人员、"三属"等各类优抚对象451人，发放优待金130万元。

环境综合治理。场镇新修垃圾处理场1处，改造垃圾中转站2处；公路沿线新建垃圾池15个，场镇新添环卫推车3辆、新增环卫工4人；街道添置更换垃圾桶260个，新添立杆灯、悬臂灯11盏，维修路灯35盏；重新规划街道车辆停放点和个体摊点。完成污水处理站及配套管网建设，投入使用，城镇污水处理率85%。

【安全维稳】 安全生产。镇政府与辖区各单位及村委会签订安全生产目标责任书，制定完善各类应急救援预案，成立由12名专职人员组成的场镇治安巡逻队，坚持24小时治安巡逻，实现安全生产网络化管理和安全生产管理无缝对接。采取召开会议、创办宣传栏、张贴标语、上街设立宣传咨询站、举办培训班等多种形式进行宣传。全年召开水陆交通、建筑安全、食品安全等安全会议68次，张贴宣传标语45幅。重点抓好道路交通安全集中整治、安全生产规范化建设、"百日"安全、安全生产月、打击非法经营建设行为等活动，查处道路交通安全违章行为3267起，排查整治安全隐患29处。

信访维稳。实施"六五"普法宣传，组织到校讲法治课10次，举办镇村干部学法培训班4期；及时解决群众的合理诉求和矛盾纠纷，受理群众来信来访90件，受理率100%，化解各种不稳定因素75起，调解各类矛盾纠纷165件。

【脱贫攻坚】 瞿家店村距县城18千米，山多田少、林密沟深，属于省级贫困村，贫困人口50户192人。

将瞿家店村、李白寺村、鲁班迹村的交通、水利、通信等基础设施建设，纳入统一规划，注重与现代林业园区、文化旅游景区发展总体规划的有机衔接，重点支持发展干果产业、乡村旅游业，对扶贫资金打捆使用，整合各类帮扶资金2310.3万元，利用空闲时间，开办"农民夜校"，组织群众学政策、学技术、学法律，鼓励群众自立自强。

借助产业扶持周转金、扶贫小额信贷等政策，帮助21户贫困户解决资金15.5万元。

8月中旬，请第三方评估机构，全村具备脱贫条件49户187人，集体经济收入7.2万元，贫困发生率降为0.5%。

至2016年11月末，修建村史馆、古家寨舍、九口天井、骑龙场、古家花坟等景观，完成道路设施改造、标识、停车场等基础设施建设，培育农家乐1户，民宿达标户7户。

2016年12月7日，岳池县脱贫攻坚领导小组办公室转发《广安市人民政府关于对广安区龙安乡高潮村等145个贫困村退出的批复》（广安府复〔2016〕97号），瞿家店村退出贫困村，实现整村脱贫"摘帽"。

【党的建设】 按照中央、省、市、县委的安排部署，全面开展党的群众路线教育实践活动，按照“照镜子、正衣冠、洗洗澡、治治病”的原则，反“四风”、转作风，切实解决联系服务群众“最后一千米”问题。镇村干部深入剖析，认真撰写对照检查材料，制定整改台账，接受群众监督。活动期间收集到群众意见建议352类893条，主要涉及农村基础设施建设、民生工程、机关作风等方面。针对收集到的问题，镇党委及时召开党委会，进行专题研究，做到立行立改。解决群众诉求772件，群众满意度显著提升，党群干群关系得到融洽。着力抓好软弱涣散基层党组织整顿工作，圆满完成末尾支部晋位升级，党员群众十分满意。完善党员发展程序、队伍阵地制度建设、绩效考核运用，壮大入党积极分子队伍、党员五星模范队伍、党员大户队伍、党员志愿服务队伍，实施“春风行动”“三亮三比”“强班子、硬队伍、争先进”“挂帮包”“双带富民”等5项行动，加强基层组织建设。采取以会代训、现场指导、远程教育等多种方式培训党员540人（次），在“七一”、春节前夕，组织慰问贫困党员45人，救助60岁以上贫困党员38人。全年培养入党积极分子35人，发展党员15人。

（白庙镇）

新场镇

【概况】 新场镇位于北纬30°27′41″～30°31′12″，东经106°17′04″～106°22′50″。地处县城西南部，东与九龙镇、朝阳乡毗邻，南与武胜县三溪镇接壤，西与龙孔镇、排楼乡交界，北与白庙镇相连。镇政府驻永胜社区，电话区号0826，邮政编码638303，距岳池县城12千米。辖梓桐寺、大石坝、冉家沟、新场、杜家寺、贺家堂、红关寨、黄家梁、老庙子、瓦盖墙、坨甲桥、断桥、韩家院、水洞桥、董家梁、踏水桥、圣兴寺、大桥、七星照月、佛保寨、张家坝、黄桷树、宝珠寺、梁家垭、报慈寺25个村民委员会和永胜社区居委会，下设195个村民小组、3个居民小组。辖区面积39.15平方千米，耕地面积25020亩；有7865户32256人。全镇实现地区生产总值3.12亿元，公共财政收入917万元，固定投资1.5亿元，社会消费品零售总额5016万元，农民人均纯收入10785元。

【农业经济】 全镇粮食种植面积2.84万亩，粮食总产量1.86万吨。全年生猪出栏3.5万头，家禽出栏19万只。落实森林管护面积1257亩，巩固退耕还林517亩。全镇劳务输出1.59万人，实现劳务收入1.9亿元。完成新型农民培训174人，农民实用技术培训7358人（次）。

【基础设施建设】 维修泥结碎石公路12千米，新修通村水泥公路2千米，全镇通村水泥路里程50.12千米。整治山平塘3口，新增和改善灌溉面积138公顷。

【社会事业】 辖区内有义务教育学校3所，基点校2所。初中生入学率100%，巩固率99%；小学生入学率100%，巩固率100%。

举办党员培训、农业技术、农民工岗前培训和政策法律培训会7场（次），发放各类宣传资料2.3万份。下村播放科教公益电影45场，受益群众2万余人（次）。

有镇卫生院1所，村级卫生服务站13个。完成城镇居民医疗保险283人，失业保险18人，职工医疗保险545人，新型农村合作医疗保险27259人；为住院病人报销新型农村合作医疗费138万元，为门诊病人报销新型农村合作医疗费16.3万元，为134名特困人员补偿医疗救助金26万元。多渠道拓展就业岗位，推进城乡统筹就业工作，举办城乡劳动力现场招聘会2次，进场应聘51人，现场达成求职意向33人。资助15名贫困中小学学生，对18名精神病人实行医疗救助，对45户患重大疾病的困难家庭给予大病救助。

落实优抚安置政策，完善困难群众最低生活保障工作，切实做到应保尽保，保证专项资金专款专用。全年全镇“两参”人员63人，复原军人20人，带病回乡人员56人，60岁老兵177人，残疾军人19人，向他们发放优待金5.27万元；为2053名低保户发放低保金168.06万元；按时为198名“五保”发放每人每月260元，投入资金和人力，保障新场敬老院52名“五保”老人的衣食起居和就医条件。

加大城乡综合治理工作，落实场镇卫生保洁人员9人，建成48个垃圾池和1个垃圾填埋坑，对街道全面实行硬化、绿化、亮化建设。实施民用天然气工程，全镇680余户村(居)民用上天然气。

【安全维稳】 按照“党政同责”“一岗双责”“谁主管、谁负责”的原则，坚持每月安全生产培训和例会制度，加大安全生产隐患的排查整治力度，提高对安全生产违法行为的打击力度，确保全镇无一例安全生产责任事故的发生。坚持责任制度、管理制度、排查制度、调处制度、会诊制度、奖惩制度，着力从源头上减少不和谐、不稳定因素。全镇受理信访总量260件，其中来电36件、来访74件、排查发现80件、上级转办50件、其他20件；调处重大纠纷12起，调解成功率100%。

【党的建设】 全镇有党组织33个，其中党委1个、机关支部1个、老干支部2个、学校支部3个、社区支部1个、农村支部25个。新建党员活动室1个，全镇村级规范化活动阵地建设达100%；深入开展以为民务实清廉为主要内容的党的群众路线教育实践活动，深入开展“走基层、解难题、办实事、惠民生”活动，密切党群干群关系，全面提升党员队伍的整体素质。

【名胜古迹】 和溪废县遗址。位于新场镇大桥村3组。史载：“新明县有和溪镇。”“宋开禧三年(1207年)，太守阎伯敏奏，升镇为县”，即和溪县。清光绪《岳池县志》载：“和溪镇隘，县西，离城二十里，即和溪废县。”《元史》载：和溪县：至元二十年(1283年)省入岳池县。因此，和溪县在历史上存续仅仅74年便并入岳池县境。

大佛寺崖墓。位于新场镇七星照月村，坐西向东，分布面积7平方米。墓门高1.65米、宽1.35米，进深3.25米。墓室内正中有一拱形龛，龛高0.8米、宽0.75米。龛内浮雕僧人造像1尊，高0.33米，身披通肩袈裟，面容慈祥，趺坐莲台之上，双手叠于胸前，有背光。室壁两侧分别浮雕桃、菊团花图案4幅，刻工精湛。

大佛寺摩崖造像。位于和溪废县遗址的后山大佛寺，寺庙被毁多年，现剩3尊巨型摩崖石刻造像，皆为坐佛。

【革命遗址】 秦家河农民武装据点——邓惠中烈士革命活动遗址。位于岳池县新场镇梁家垭村和报慈寺村一带。民国36年(1947年)，中共地下党员邓惠中为恢复中共地下党组织，把新场镇秦家河一带作为据点和基地，发展50余名党员，成立姊妹会、翻身会、农协会、妇女会、生期会等党的外围组织，组建武工队，在此开展抗丁、抗粮、抗税及抓政权、抓枪支、抓武装人员的革命斗争。

(新场镇：汤东林)

粽粑乡

【概况】 粽粑乡位于县境西部，东南与白庙镇毗邻，西与酉溪镇交界，北与兴隆镇相连；乡政府驻六角丘，距县城13千米。辖粽粑、水竹林、万家寨、盘龙、花墙院、画龙、罗家院、金龙寺、金竹、合兴、桐麻山、龙山院、皂角树、廖家沟、姚石桥、蒋家沟、蒋家院、董家沟18个村民委员会和六角丘社区居委会，

143个村民小组，2个居民小组。辖区总户数6639户24234人，辖区面积37.53平方千米，耕地面积17430亩。主要农产品有优质粮油、花椒、核桃、蔬菜、生猪、肉鸭、肉鸡、山羊等。乡内有卫生院1所、学校2所。2016年，全乡地区生产总值34612万元，地方财政一般预算收入852万元，社会固定资产投资6000万元，招商引资2900万元，农民人均纯收入11213元。

【乡域经济】按照"坡土干果、平田种稻、深沟养鱼、规模发展、做强品牌"的发展思路，深入挖掘和扶持发展特色农业产业经济，形成以优质大米、优质花椒、优质水产、优质核桃及生态养殖为主的五大支柱产业，各产业分别以各自基地为核心形成五大产业圈，面积2万余亩。2016年，全乡粮食总产量12034吨，其中水稻7487吨，小麦1185吨，其他3362吨；蔬菜种植面积5670亩，产量13437吨。建立大龙山花椒种植基地4800亩、蒋家沟村核桃种植基地2400亩、桐麻山村生态鸭养殖基地200亩和盘龙村水产养殖基地400亩。全年生猪补栏6200头，小家禽补栏8.3万只，水产品产量300吨。全年实现农业经济收入15318万元。

境内有广安市盛泰和调味品有限公司小微企业1家；个体工商户153户，全年实现工业总产值859万元。

【基础设施建设】利用"一事一议"项目，新建罗家院村1.1千米泥结碎石路、粽粑村0.35千米水泥路，整治罗家院村、花墙院村、桐麻山村、粽粑村、董家沟村、蒋家院村、皂角树村等山平塘10口。通过幸福美丽新村项目建设，新建水泥路4.2千米，新建泥结碎石路6.4千米。通过通村水泥路项目建设，新建水泥路2.52千米。2016年年末，全乡有水泥路58.87千米、泥结碎石路115.5千米、便民路8.7千米，县道公路1.5千米、乡道公路4.5千米，全乡公路总里程180.37千米。全乡有小（二）型水库2座，提灌站8座，山平塘135口，蓄水池82口。

在场镇，新建污水处理站1座，完善污水处理管网的入户安装工作。维修（改建）场镇居民住房6户，整理规划停车位50个。

【社会事业】文化。有中心文化站1个，面积250平方米；村级文化室6个，农家书屋18个，建村级文化广场6个。

教育。有公立幼儿园1所，在园幼儿116人；学校2所，在校生677人；在职教师69人。全年资助贫困学生78人。

医疗卫生。有乡卫生院1所，村级卫生室18所，有专业医务人员35人；另有从业执照的私人诊所1家。新型农村合作医疗保险参保人数20392人，参合率98.5%；城镇居民医疗保险覆盖53人。

社会保障。享受城镇最低生活保障12人，享受农村最低生活保障1486人；农村"五保"157人，集中供养32人；参加农村养老保险6750人；下岗失业人员和失地无业农民再就业10人，其中就业困难对象再就业20人。及时向伤残军人、复员军人、"两参"人员、带病回乡人员、"三属"等各类优抚对象113人发放优待金80.4万元。

环境综合治理。全乡投入资金62.5万元，建垃圾中转站1处，新建垃圾池10个，新购垃圾车2台，新增垃圾桶200个，组建保洁队伍19个，动用人力900人（次），租用垃圾清运车辆1辆，清运垃圾1.6万立方米，清理顽固垃圾堆、垃圾死角90余处。

【安全维稳】安全生产。落实安全生产责任制，签订各类安全生产责任书150份，完善各类预案28个。加强安全教育宣传培训，召开安全会议48次，召开广播会230次，悬挂横幅标语18幅，发放宣传资料8000余份。加强道路交通安全整治，设立道路安全集中宣传点3个，举办驾驶员安全培训12次，配备道路安全监督员57人。进行安全检查25次，查处道路交通安全违章行为142起。加强安全隐患排查整治，制作安全警示牌98块。开展辖区内安全隐患排查整治工作38次，排查出各类安全隐患26处，整治26处。

信访维稳。贯彻落实《信访条例》，依法规范信访行为，把信访问题消除在萌芽状态，化解在基层。加强信访接待调解处理工作，接待案件76件，办结处理76件，协调处理信访老户和不稳定因素等“老大难”问题3件。

【宣传工作】 推进思想政治教育工作，贯彻落实《社会主义核心价值体系建设实施纲要》。开展群众性精神文明创建工作。利用岳池县人民政府门户网站、四川新闻网等新型新闻媒介做好新闻外宣工作，上报各类工作动态、工作信息72篇。全年悬挂宣传横幅58条，出宣传专栏76期(次)。

【党的建设】 开展基层服务型党组织建设，执行村干部轮流坐班制，为群众代办事务2000余件，结对180对，开展帮扶活动20次600余人。全年组织各类培训17次，培训党员干部1600人(次)。发展党员7人，培养入党积极分子28人。筹措资金6.1万元，对6个村党员活动室进行全面维修升级，配备电脑、电视、办公桌等用品。开展党的“两学一做”学习教育活动，组织各种集中学习讨论26次，开展交心谈心450余次，走访群众3000余人(次)，征求意见建议16类58条。

【乡村旅游】 大龙暮雨农业生态观光旅游区已初步建成，有“万米桃花道”“栖凤亭”“杨树佛道”“大龙山”“铁龙寺”“七个石传说遗迹”“鲁班迹”“天井梁子—高坡草原”“兰家洞塘小峡谷”“生态垂钓”“万亩花椒产业园”“合兴老街”“骑行环线”等景点。

(粽粑乡：陈琳)

坪滩镇

【概况】 坪滩镇位于县境西南部，东与龙孔镇、排楼乡毗邻，南与武胜县黄石乡接壤，西与嘉陵乡交界，北与镇裕镇、西板乡相连。镇政府驻小坪街40号，距县城29千米。辖五郎庙、陆家桥、马家沟、石牌楼、大坪桥、扯渡河、芭蕉湾、双河口、轿顶坡、保华寺、冉家店、马鞍寨、义学堂、帅坨寺、骑龙寨、小龙沟、仁和寨、水月寺、低坑、高坑、何家坝、莲花寺、关口、双堰塘、石船沟、陆家沟26个村民委员会和兴坪社区居委会，下设209个村民小组、3个居民小组；辖区内总户数12181户，总人口40671人，辖区面积46.09平方千米，耕地面积28485亩，林地面积1841亩。地形多为深浅丘地带，境内最高点海拔452.7米，最低点海拔228.5米；主产水稻、小麦，其次是玉米、红薯。2016年，全镇社会固定资产投资完成2.5亿元，地方财政一般预算收入完成589万元，农民人均纯收入13534元。

【涪城经济】 依托专特村组、专重大户，引导广大群众积极调整农业产业结构。推进“一村一品”建设，打造专特村组，有力促进特色产业多元发展。完成海椒育苗工作，以扯渡河、高坑、芭蕉湾等16个村为核心，定植4000亩，带动辐射种植辣椒1万亩；种植早市嫩糯玉米4000亩、油菜9000亩；发展种植哈哈儿菜、莴笋、白菜、莲藕等蔬菜7000余亩。推进以马家沟、陆家沟等村为核心区的桃园示范基地、葡萄示范基地建设。着力推进农业项目重点建设，打造龙王庙半岛特种养鱼基地和鑫兴桃园基地；何家坝养鸡场补栏2100只，帅坨寺养牛场补栏40余头。

境内有制衣厂1家，微型企业34家。完成兴坪街服装特色街区建设，引领门店商品的有序分流，财富广场建材一条街、小坪街特色餐饮一条街等特色街区逐步形成。全镇有个体工商户100余户，其中农家店30余个；有农贸市场2个。全年全镇实现工商业总产值4000余万元，全年社会消费品零售总额48667万元。

【基础设施建设】 城镇面积拓展4.7平方千米，城镇住房面积拓展6.6万平方米，建成黄金口岸等高档商住小区2个。改建旧城区居民房屋95户，城镇建设用地增至167亩，城镇人口增加2325人。全面推进越江新城建设，文化广场配套功能得到完善，越江戏楼建设全面竣工，城市花园、越江御园、金海岸、黄金口岸等高档商住小区全面竣工，越江生态城人居环境舒适程度大幅提升。越江公路桥、人行桥、高标准公厕投入使用，城镇配套服务功能更加完善。全镇修建通村水泥公路77.8千米。农村客运错车道增加148处，修建村级公路桥4座。维修整治灌溉水渠6千米，农村居民饮水3589户，农村居民使用燃气户数5568户。

【社会事业】 文化。推进以“唱、演、学、比”为主要内容的文化试点工作，文化展演成为常态。正月初一，坪滩川剧团和坪滩曲艺团在文体广场进行文艺展演。完成坪滩镇民间杂技之乡发展规划。全年放映公益电影298场。

教育。有幼儿园2所；小学校2所，在职教师125人；初中校1所，在职教师69人。

卫生。有镇中心卫生院1所、村级卫生室27所，有专业医务人员38人；另有从业执照的私人诊所2家。新型农村合作医疗参保人数45638人，参合率98.3%；城镇居民医疗保险覆盖3659人。

【脱贫攻坚】 全镇有贫困户428户1206人，贫困发生率为3.3%。8个贫困村以外的18个非贫困村中，共有“插花式”贫困户290户855人。2014年脱贫155户506人，贫困发生率降至1.9%；2015年脱贫58户144人，贫困发生率降至1.65%；2016年脱贫114户213人，贫困发生率降至0.92%。有建档立卡贫困村8个，2016年省定脱贫村1个（马家沟村）。五郎庙村有建档立卡贫困户21户46人，2015年脱贫2户6人，2016年脱贫13户20人，为发展村集体经济，成立农业机械合作社，购买农耕机、收割机等机械设备，为村集体创造年均收入2万元。陆家桥村有建档立卡贫困户19户56人，2015年脱贫5户11人，2016年脱贫14户45人，危房改造异地搬迁5户，集体经济发展良好，由村委会牵头，业主提供技术支持，成立稻田虾立体养殖合作社，成功建成150亩；村集体收取20%经济管理费，每年创造收入3万余元。

【党的建设】 镇党委组织力量，深入基层调查摸底，建立基层人才台账。开展广泛的思想动员，引导回乡优秀人才投身家乡建设，支持基层党建工作。调整16个村村“三职”干部，年龄在45岁以下的党支部书记12人。在3个贫困村培育3个农村专合组织，带动农户400余户，发展种养殖业。坪滩陆家桥农业专业合作社，全面整合稻鱼虾立体种养殖技术，实现年产值40余万元。查处高坑村、何家坝等村10起案件，党内纪律处分10人，震慑基层党员干部，增强党员干部的法纪意识，纯洁干部队伍。

（坪滩镇）

龙孔镇

【概况】 龙孔镇位于县城西南部，距县城21千米。东与白庙镇、新场镇毗邻，南与排楼乡接壤，西与坪滩镇、西板乡交界，北与西溪相连。辖金龙、黑塘、杨家湾、文家沟、金虎桥、杨拱桥、紫极观、柏林湾、银虎、庆龙寨、艾家场、曙光、龙岩、武圣宫、皇姑庵、摇钱碑、转山、雷锋寨、三层堂、新观、洞庭罐、王家庙、冯家坝23个村民委员会和来龙社区居委会，下设168个村民小组、4个居民小组，总户数8311户，总人口28526人。辖区面积32.94平方千米，耕地面积23760亩,林地面积8000亩。境内地形以浅丘为主,最高点海拔403.7米,最低点海拔286.1米。2016年,全镇国民生产总值21012万元,社会固定资产投资18774万元,农民人均纯收入9600元。

【农业经济】 引导农民种植早市嫩糯玉米,建立龙岩村、转山村、摇钱碑村示范点,逐步连片种植3000亩,年产值1200万元。经多方考察、论证,引导农民种植“天宇三号”海椒4000亩,实现人年增收500元;引进业主,在庆龙寨村种植安佛蜜柚358亩。

2016年,全镇粮食总产量17590吨,其中水稻9924吨、小麦2584吨、玉米2327吨、马铃薯863吨、红薯1317吨、其他575吨。主要经济作物有油料、蔬菜、水果等。油料作物面积547亩,产量904吨,其中油菜面积530亩,产量862吨;种植蔬菜667亩,产量21837吨;主要水果有李子、枇杷等,年产量605吨,产值18万元。

畜牧业以饲养生猪、羊、牛、兔及家禽为主,发展年出栏500头以上生猪大户3户,发展年出栏100头以上生猪大户6户,年末生猪存栏23599头,生猪肉产量2289吨;年末牛存量738头,羊存量875只,兔存量2688只;家禽(鸡、鸭、鹅)饲养1.48万只,产禽蛋472吨。

【工商业经济】 境内有砖厂1个,酒厂1个;商业网点遍布街区,形成百货零售、服装、餐饮娱乐为骨干的特色街区;有个体工商户323户,其中农家店30个,有农贸市场1个;全年民营经济总收入1.92亿元,其中工业收入4456万元,实现利税总额460万元。

【基础设施建设】 新修泥结碎石路4.5千米,水泥路面4.5千米,修建山平塘5口,垃圾房16处,修建便民桥1座,修复渠道10千米。全镇有邮政网点1个,电信服务网点1个,固定电话用户450户,宽带接入用户201户。

【社会事业】 完成下岗失业人员和失地农民再就业20人,完成农民实用技术培训7000余人(次),完成新型农村养老保险试点覆盖人数7134人,城镇医疗保险305人。巩固退耕还林成果1066.4亩,实施森林管护2129余亩,新增公益林1000亩;对15户无房户进行建房补贴,帮助117户低收入贫困户改善生产生活条件。对全镇464名贫困人口进行帮扶,改善现有生活状况;资助6名家庭困难职工子女上学,对8名生活困难职工实施生活救助。解决特困户、贫困户救济款9万元,救灾物资800余件。做好特困户最低生活保障工作,对65名城镇特困对1142名农村特困人员实行低保;全镇“五保”供养人数234人,其中敬老院集中供养34人。

【安全维稳】 安全生产。镇政府与辖区各单位及各村委会签订安全生产目标责任书,制定完善各类应急救援预案,选配安全生产监督员和管理员,实现安全生产网络化管理和安全生产管理无缝对接。扎实开展安全生产月活动、安全生产日、百安活动以及安全生产打非治违专项活动,开展食品、建筑、交通、消防及地质灾害等日常检查,特别是对违化品、烟花爆竹等易燃易爆的商店和学校等进行检查整顿,全镇存在的安全隐患问题基本得到消除。全年召开安全生产例会12次,签订安全生产责任书100余份。开展道路安全检查100余次,排危80处,打击非法营运车辆2台。

信访维稳。实施“六五”普法宣传,组织到校讲法治课4次;及时解决群众的合理诉求和矛盾纠纷,受理群众来信来访205件,受理率100%,化解各种不稳定因素23起,调解各种矛盾纠纷50件。

【脱贫攻坚】 全镇有建档立卡贫困户770户2558人。2014年脱贫189户528人,2016年脱贫117户463人。2016年,镇党委、政府召开会议,针对贫困户的“一超过、两不愁、三保障、三有、四个好”及贫困村“一低五有”等标准，有计划、有目的地实施，至2016年年末，庆龙寨村顺利“摘帽”，117户463人贫困户脱贫奔康。

【党的建设】 采取以会代训、远程教育等多种方式，培训党员200人（次）。“七一”前夕，组织慰问贫困党员76人，救助60岁以上贫困党员50人。全年培养入党积极分子6人，发展党员10人。开展“双向承诺”，增加各党支部的凝聚力和亲和力；完善村“三员”制度，聘任群众诉求代理员，为民解决诉求570项。

（龙孔镇）

镇裕镇

【概况】 镇裕镇位于北纬30°30′21″～30°35′56″，东经106°08′54″～106°11′47″。地处县境西南部，嘉陵江左岸；东与西板乡相连，南与坪滩镇、嘉陵乡接壤，西与武胜西关隔嘉陵江相望，西北与石鼓乡交界，东北与平安乡、南充市石圭镇8村毗邻。镇政府驻油榨溪，电话区号0826，邮政编码638336，距岳池县城35千米。辖瓦店子、香炉山、丁家石盘、半沟、大田湾、胡家桥、中渡沟、七龙寺、尹家沟、斋公坝、龙家浩、油榨溪12个村民委员会和裕安社区居委会，下设108个村民小组、2个居民小组。辖区总户数5336户，总人口16567人，其中城镇常住人口1360人，城镇化率8.2%。总人口中，以汉族为主，有彝族、苗族、壮族等15个少数民族，人数32人。辖区东西最大距离4.63千米，南北最大距离10.36千米，辖区面积20.08平方千米，人口密度每平方千米924人；耕地面积15353亩，林地面积3500亩。地形多为平坝（或浅丘、低山），境内最高点海拔475.3米，最低点海拔250.8米；土特产品有丰水梨、脐橙、血橙。风景点有太极湖（东西关电站水淹形成的库区）。2016年，全镇地区生产总值4508万元，完成非税收入155万元，社会固定资产投资3400万元，社会消费零售总额3000万元，外出务工7120人，劳务收入8544万元，农民人均纯收入8100元。

【农业经济】 坚持因地制宜、因势利导，突出发展优质粮油、生猪、蚕桑、水果、花椒等产业，优化产业布局，创新发展模式，着力发展特色农业。全乡粮食总产量9278吨，出栏生猪1.56万头，出栏家禽12.2万只。

建成优质粮油基地3000亩，优质柑桔基地1000亩，优质蔬菜基地500亩，蔬菜总产量3.02吨。实现农业总产值9890万元。整修各类水利工程6处，森林管护2860亩，巩固退耕还林成果450亩，补偿集体公益林1305亩，森林覆盖率21%。

惠农政策全面落实，及时发放粮食直补、综合直补173.8万元，退耕还林原粮补助4.62万元，农机购置补贴4.87万元。

【工商业经济】 境内有面条加工厂3个、酒厂2个、乡村农家乐1个、沙石采运场2个，商业网点遍布街区，形成以百货、服装、副食批零、餐饮娱乐、水果营销为骨干的特色街区；有个体工商户410户，其中农家店12个，农贸市场1个。全年全镇实现工业总产值547万元，社会消费零售总额4960万元。

【基础设施建设】 建立区域性养老服务中心1个，新增养老床位10张，在敬老院安装烟感报警器和喷淋设备，平整敬老院场地。改造斋公坝村高升桥桥梁1座，修建镇裕镇至西板乡断头路（镇裕路段）。完成大田湾村、中渡沟村新农村基础设施建设，维修场镇亮化设施。完成异地搬迁5户。补助资金72.75万元，改造农村C级危房30户、D级危房10户，建筑面积3375平方米。

有农村信用社1个，分设4个存储网点，自动取款平台1个；有邮政服务网点1个，有邮政储蓄所1个，自动取款平台1个；电信服务网点1个，移动电话服务网点3个。新建农村淘宝电商服务站1个，有效地突破物流、信息流的瓶颈，帮助农村解决买卖东西难的问题，实现“网货下乡”和“农产品进城”双向流通目标。

【社会事业】 文化。有胡家桥县级文物保护单位1处；有238平方米的综合文化站，村级文化室12个，农家书屋12个，藏书2.5万册，配备电脑4台、音箱4组，配备体育用具，乒乓台桌1副，篮球场1个。有休闲体育广场1个，占地1800平方米，安装各类健身器材和乒乓球台、羽毛球场、篮球场等体育设施。

开放乡镇文化站，免费放映农村公益电影168场；完成农家出版物补充更新。实现七龙寺村、瓦店子村行政村通宽带；完成大田湾村68户电视户户通建设；完成2016年省定贫困村大田湾村脱贫“摘帽”。

教育事业。有幼儿园4所，专任教师10人；小学校9所，专任教师36人，小学适龄儿童入学率100%；初中1所，专任教师34人，初中适龄人口入学率100%，小升初升学率100%。为边远贫困地区和民族地区农村教师建设周转房24套，减免家庭经济困难幼儿保教费96人，免除建档立卡贫困户家庭子女幼儿园保教费40人。完成中等职业学校送生67人，资助家庭困难职工子女上学5人，农村义务教育学生营养改善966人。

医疗卫生。有镇卫生院1所、村级卫生室15所，有乡村医生20人，卫生院专业医务人员12人；另有从业执照的私人诊所1家。新型农村合作医疗参保人数1.2万人，参合率95%，参保金额144万元；城镇居民医疗保险覆盖360人。新卫生院修建工作基本完成。

环境综合治理。投资规划和新建公厕1个，完成镇裕污水处理站后续管网建设，全力强化污水处理，城镇污水处理率82.6%。开展城乡环境综合整治，全面提升村容镇貌。推进摊位整治、交通秩序、卫生管理等重点工作。加强美丽新村建设，建立“组保洁、村收集、镇集中”的垃圾转运处理收运体系，重新规划车辆停放点和个体摊点。改善农村环境，形成农村“环境优美、生态良好、风貌协调、庭院美化、村容整洁、乡风文明”的新气象。

【民生工程】 坚持以保民生、求和谐稳定、促发展的工作思路，做好民生工程工作。扶持农村扶贫对象323人，计划生育奖励扶助141人，计划生育家庭特别扶助5人。扶持农村贫困残疾人发展生产20人，为贫困残疾人适配亟需的基本辅助器具12人，对5名贫困白内障患者实施复明手术。每月发放城市低保对象人均260元，每月发放农村低保对象人均150元。城乡居民社会养老保险覆盖人数4615人，城乡居民社会养老保险参保缴费人数1862人。为农村符合政策并计划怀孕夫妇免费提供孕前优生检查103人，免费婚前体检128人。向年收入低于扶贫标准的农村低保对象发放特殊生活补贴489人。向持有第二代残疾人证的低保对象发放困难残疾人生活补贴67人。通过“新农合+民政大病救助”方式，帮助解决3名农村贫困精神病患者一个疗程医疗费用。救助贫困学生20人、金额4500元，救助“五保”老人、贫困残疾人、优抚对象、农村低保、孤儿等55人1.07万元，为困难群众免费提供种子、畜禽苗、农药、农膜、化肥等农用物资2.5万元。

【安全维稳】 安全生产。落实安全生产责任制，镇政府与辖区各单位及村民委员会签订2016年安全生产目标责任书15份，制定完善各类应急救援预案13份，建立安全生产工作联系机制和巡查机制，深化“平安镇裕”“和谐镇裕”建设，确保安全生产工作平安无事故。实施安全生产专项治理，按月开展“六个一”“百日安全生产活动”“安全生产月活动”等活动，定期不定期地开展安全生产大检查，加大安全检查和违章处罚力度，强化防范措施。狠抓源头管理，强化现场监管，定期对水陆交通安全、非煤矿山安全、烟花爆竹安全、危化物品安全、食品安全、建筑安全、农电安全、森林防火安全进行安全大检查，特别是在元旦、清明、“五一”、端午、中秋、国庆节等节假日期间，在全镇开展检查，检查侧重于查找安全隐患，以强有力的措施抓好安全工作，为全镇经济发展、社会稳定创造安全环境。全年召开安全工作会议 28 次，悬挂宣传标语 30 幅，发放宣传资料 1.2 万份。设立道路安全劝导站 13 处，设立路牌、警示标牌 46 处，整治安全隐患 18 处，协助食药局进行食品质量安全自主抽检 2 批（次）。开展地质灾害应急演练，出动机动车 4 辆、摩托车 2 辆，安全撤离群众 40 余人。提供应急救助 5 人，救助金额 0.25 万元。

综治工作。推进依法行政，防灾应急、禁毒防邪、社会治安等工作取得良好成效。开展普法教育和文明道德教育，树立遵纪守法，尊老爱幼团结和睦的社会新风尚，促进社会健康发展，和谐进步。普法成效明显，广大群众民主法制意识得到不断提高。加强社会治安综合治理，重视并及时处理人民群众来信来访。依法查禁非法组织，做好民族、宗教工作，坚决制止乱建庙宇、乱塑神像行为。

信访维稳。“平安镇裕”创建活动取得阶段性成效，社会治安明显好转。信访案件件件有落实，事事有处理。做好节假日及敏感时期的信访维稳工作，及时解决群众的合理诉求和矛盾纠纷。全年接待群众来访 518 人（次），全年上级交办信访件 16 件，办结 16 件，化解辖区内矛盾纠纷 115 件，调处成功率 100%。

【脱贫攻坚】 成立镇裕镇脱贫攻坚指挥部，着力推进建产业、提收入、促脱贫工程。全镇有出瓦店子、香炉山、半沟、大田湾、中渡沟和七龙寺村 6 个贫困村，贫困户 443 户 1548 人。2014 年，脱贫 38 户 78 人。2015 年，精准识别再复核后有贫困户 375 户 1322 人，动态管理后，有贫困户 375 户 1316 人。2016 年，全镇退出省定“摘帽”村大田湾村，退出贫困人口 102 户 323 人。

【党的建设】 按照党建“一岗双责”责任落实班子成员抓好分管领域党建工作，实行班子成员包村抓党建制度，层层分解责任，签订《党建工作责任书》30 余份。培养入党积极分子 7 人，发展党员 3 人；预备党员转正 6 人。党员干部学历提升 30 人，开展班子成员谈心谈话 7 次以上，村干部谈心谈话 15 次以上。开展“两学一做”学习教育活动，通过党员大会、院坝会、农民夜校等形式，开展学习习近平重要讲话精神及党章党规 20 余场（次）。定期开展党员群众技能培训；抓好基层服务型党组织建设，投入资金 5 万元，完善村级便民服务站点建设。精心组织村两委换届，选优配强村“两委”班子，充实村级组织干部队伍，优化村级干部队伍结构，为村级组织工作提质上档打下基础。“七一”前夕，慰问各村（社区）党员 68 人，金额 1.31 万元。

（镇裕镇：陶艳）

排楼乡

【概况】 排楼乡地处县境西南部，东与武胜县三溪镇毗邻，南与武胜县古匠乡接壤，西与龙孔镇、坪滩镇交界，北与新场镇相连。乡政府驻排楼场镇，距岳池县城 27 千米。辖花院墙村、云盘村、朝阳寺村、人和村、龙井沟村、石龙河村、雪山寺村、大水河村、汪家岩村、三王庙村、白虎梁村、洪恩寺村、沙帽头村 13 个村民委员会和盘龙社区居委会，下设 103 个村民小组，4 个居民小组；辖区总户数 5504 户，总人口 18139 人，辖区面积约 26.42 平方千米，耕地面积 13019 亩；土特产有水稻、小麦、玉米、红薯、油菜、生猪等。2016 年，全乡农业总产值 11405 万元，地区生产总值 10425 万元，社会固定资产投资 6500 万元，地方财政总收入 175 万元，外出务工劳务收入 6256 万元，农民人均纯收入 9048 元。

【乡域经济】 按照“科技富民、产业兴乡”发展思路，紧密结合自身区位优势，发展现代特色农业经济。全乡依托朝阳寺村、人和村的宥白宥香香米、洪恩寺村“鱼腥草”、云盘村“巨桉”、三王庙村“蜜柚”及“高粱”、龙井沟村“礼品李子”、人和村“肉鸡”及“生猪”为特色的“一村一品”专业村，发展农业产业化，全年实现产值3825万元，创收300万元。

全年全乡粮食总产量9790吨，其中水稻6867吨，小麦1165吨、玉米686吨、红薯455吨、其他617吨。主要经济作物有油菜、蔬菜、水果等。

全乡生猪饲养量27185头，年末存栏12688头，牛饲养量710头，年末存量700头；家禽（鸡、鸭、鹅）饲养25.3万只，产禽蛋290吨。

【基础设施建设】 坚持以投入促增长，以投入促发展，广泛筹资，加大投入，加强基础设施建设。完成旱地坡改梯1864.52亩，旱地整理1243.03亩，水田整理5674.24亩，格田整理2055.71亩，荒草地开发101.4亩；整治农渠1939米，山平塘10座，新建蓄水池32座；硬化3.5米宽C30砼水泥路16.74千米，1米宽预制板钢筋砼板生产路10.37千米；通过乡友捐资50万元，上级投入56万元，在云盘村硬化4.5米宽水泥路1.6千米；通过“一事一议”项目资金投入，新修泥结碎石路7.5千米。

【社会事业】 文化。全乡有中心文化站1个，村级文化室13个，农家书屋13个，有综合性业余文艺演出队员20余人，免费开放文化站，提供书册147册，放映公益电影156场。

教育。深化教育体制改革，巩固“两基”成果，全面推行义务教育，入学率、巩固率不断提高，完成中职送生56人，全年全校参加中考人数114人，上重高线72人。

社会保障。“五保”集中供养对象120人，享受农村低保739人，为4名农村精神病患者实施医疗求助。完成城镇新增就业24人，城镇失业人员再就业15人，就业困难人员再就业20人，实施精准扶贫109户382人。投资150余万元，新建936平方米敬老院，设置床位51个。

城乡综合治理。以乡场镇、公路沿线、农村院落为重点，全面实施城乡环境综合治理工作，着力整治“脏、乱、差”，形成清洁、整齐、优美的城乡环境。整合部门职能，加强场乡管理。规范保洁人员管理方法、理顺保洁人员管理体制。改善农村环境，形成农村“环境优美、生态良好、风貌协调、庭院美化、村容整洁、乡风文明”的新气象。

乡村旅游。3月，排楼乡举办“又见香雪来”李花节；6月，举办采果节。两次活动的举办，吸引游客7万余人（次），销售以排楼香雪李为主的农家产品35吨，销售额20万元，拉动排楼经济发展，为贫困村发展产业探索出新模式新道路。

【安全维稳】 安全生产。年初乡政府与辖区各单位及村委会签订2016年安全生产目标责任书21份，制订完善各类应急救援预案17份，建立安全生产工作联系机制和巡查机制，落实安全生产责任。选配安全生产监督员和管理员45人，实现安全生产网络化管理和安全生产管理无缝对接。采取召开会议、创办宣传栏、黑板报、张贴标语、上街设立宣传咨询站、举办培训班等形式进行宣传。召开水陆交通、建筑安全、食品安全等安全会议24次，发放宣传资料5000余份。重点抓好道路交通安全集中整治、安全生产规范化建设、“百日”安全、“安全生产月”、打击非法经营建设行为等活动，查处道路交通安全违章行832起，成功排除6处危岩隐患，争取排险资金20余万元。投资4万元，为安全部门增添办公设备，并成立安全排查小组，排查道理隐患2处，清扫全乡水泥路17.81千米，对全乡的机动车辆经行排查，处理违规交通行为78次。

信访维稳。开展法治宣传，组织到街头校园宣讲法治课20次，举办乡、村干部学法培训班10期，及时解决群众的合理诉求和矛盾纠纷。全乡受理各类纠纷 128 件，调解成功 124 件，调解成功率 95%，接待来信来访 225 人（次），解答法律咨询 198 人（次）。

【党的建设】 把“两学一做”专题教育与党的群众路线教育实践活动后续整改工作相结合，与从严管理监督干部相结合，与反腐倡廉和正风肃纪相结合，与全面普法教育相结合，与改革发展各项工作相结合，促进新常态下经济社会发展。全乡集中利用 10 天时间，成立宣讲小组 5 个，分片区进行精神宣讲和工作落实到户。完成制度建设 12 个，开展党课辅导 5 次，查找出不严不实 9 个。建立专项活动联系会议，实行每周例会制度和重大事项随时报告制度，及时听取和研究解决活动中发现问题。发挥党员、群众代表及妇女代表等群体的监督作用，突出重点，狠抓落实，确保活动取得实效。

（排楼乡：张梦媛）

西板乡

【概况】 西板乡位于县境西部，东与龙孔镇毗邻，南与坪滩镇接壤，西与镇裕镇交界，北与西溪镇、平安乡相连。乡政府驻地板桥社区 1 号，距岳池县城 29 千米。境内最高点海波 433.9 米，最低点海拔 282.2 米。辖真武山、梅家沟、石门寺、火焰山、长沟、老灌溪、玉屏寺、桂花园、鼓楼破、观音阁、宋家沟、金子沟、河湾、殷家沟、经三场、河堰口、牛栏坎、老关寨、高岩山 19 个村民委员会和高峰池、牛场寨 2 个农村社区及板桥社区居委会，163 个村民小组，3 个居民小组。辖区总户数 6724 户，总人口 22520 人；以汉族为主，有苗族、壮族等 13 个少数民族 28 人。辖区东西最大距离 7.91 千米，南北最大距离 6.68 千米，辖区面积 32 平方千米，人口密度为每平方千米 784 人。其中耕地 21093.31 亩，其中田 11930 亩。全乡种植业以水稻、玉米、小麦、红薯、油菜、高粱、蔬菜为主，养殖业以生猪、鸡、鸭等家禽和养蚕为主。

【乡域经济】 以调整产业结构为手段，发展现代农业，努力增加农民收入。发展优质稻米 7800 亩，同比增加 1300 亩，推广“蓉 18 优 662”“Y 两优 1 号”等优质水稻品种。种植订单油菜 6726 亩，同比增加 160 亩；推广广南油 12 号，德新油 49 优质品种，实行良种良法，单产 180 公斤，油菜总产量 1200 吨，同比增加 125 吨。

在真武山村、玉屏寺村、桂花园村、鼓楼坡村、观音阁村，连片种植优质高粱泸糯 8 号 2000 亩，产量 800 吨；在真武山村，高峰池村、梅家沟村、牛场寨村，种植良种大豆“南油 12”2500 亩，产量 375 吨。做大做强“板桥豆豉”特色品牌。引进农业业主 2 个，发展专业合作社 1 个。

推广水稻旱育秧、玉米膜侧栽培等技术，找准传统产业与市场的对接，全面提升农业综合生产能力。开展多层次多形式职业技能培训，培养有文化、懂技术、会经营的新型农民，提高劳动者的素质和就业能力，增加农民收入。乡财政投入 5 万元，给困难群众买种子、农药、地膜、化肥等农用物资；投入 2 万元，开展试点示范工作。

建成老罐溪村陈才辉、鼓楼坡村夏兵、观音阁村吴细勇 3 个规模较大生猪养殖场，饲养能繁母猪 50 头，年出栏商品猪 1 万头；火焰山村万青兰新建养殖场，饲养能繁母猪 500 头，生猪 1 万头。发展草食性畜产业，梅家沟村梅贤建成适度规模养牛场 1 个。发展具有一定规模的养羊大户 10 户，包括牛场寨村周伟、黄良兵，火焰山村龙资军、龙小军，桂花园村尤崇生，观音阁村吴启云，金子沟村侯正，玉屏寺村张香，高岩山村梅应志。

解决农村剩余劳动力就业问题，输出剩余劳动力 1.02 万人，创造劳务收入 2508 万元，组织培训劳动技术 4500 人，其中技能培训 50 人，引导性培训 6043 人（次）。

【基础设施建设】 争取资金800余万元，修通长沟村至镇裕镇2.5千米乡道路，缩短西板乡场镇到镇裕镇场镇的距离；牛栏坎村新修村级水泥路1.1千米。新修日间照料中心1所。通过“一事一议”，财政奖补85.36万元，筹资折劳60.79万元，自筹25.1万元，新修水泥路4千米、碎石路1千米，整治塘堰6座。危房改造10户，地质灾害避险搬迁安置农户4户，新建沼气池5口，新建便民桥2座，整治山平塘2口。开展“农村生活垃圾治理”工作和“洁净水”行动，修建垃圾池78口、垃圾中转站1个，购置垃圾清运车42辆，配备保洁员170人、清运员44人，养殖场配备污水处理设备3处。

【民生工程】 解决民生、维护民利，落实各项民生保障，开展城乡低保、救灾救助、优抚、残疾人权益保障等各项工作。对所有在册低保户和新申报的低保户重新进行评议、张榜公布、审核、审批，建立低保档案。全年全乡有农村低保户1585人，全年发放低保金228.68万元；农村“五保”供养239人，发放“五保”供养金82.36万元；临时救助427人，发放救助金49.86万元；有重点优抚对象225人，发放抚恤金67.57万元；为全乡80岁以上的失能老人免费体检，免费看病688人(次)。全年新农合参保19193人，参合率98%。

【社会事业】 教育。在场镇规划区内开始修建公办幼儿园1所，占地面积3亩，建筑面积1080平方米。

文化。免费开放乡镇文体站1个，放映公益电影1100余场。

卫生。新建村级卫生室3个。建成卫生院门诊综合楼；乡卫生院免费为群众进行健康体检1.6万人(次)，慢病回访3000余人(次)，并建立全乡健康档案室。

环境保护。乡政府成立环境保护工作领导小组，与各村委会签订《环境保护目标责任书》，将责任层层落实到每个村和个人开展“美在西板行动”，全乡上下积极行动，以农村“五化”为指导要求，组织各村保洁员、发动群众，定期对农业废气、废水排放情况进行跟踪检查，督促采取防治措施，减少污染物排放。全乡卫生情况大幅度改观，环境卫生状况明显好转，乡容乡貌变得整洁有序，营造良好的人居环境。

【安全维稳】 安全生产。乡政府成立安全生产办公室，负责全乡的安全生产监管工作，各行政村、各企业单位成立安全生产工作领导小组，配备安全管理人员。乡政府与各村委会签订《2016年度安全生产目标管理责任书》，落实责任，明确目标。设立安全生产知识宣传站，组织人员全面宣传《安全生产法》《四川省安监规定》等法律法规，悬挂横幅36条，散发《关于明确安全事故报告制度的通知》等安全生产月活动宣传资料1万余份。投入资金40余万元，整治安全隐患20处，查处各类车辆违章违法情况375起，消防安全宣传受益人(次)250余人；开展学校安全检查25次，制定完善预案6个。

信访维稳。在每个村分别设置2名专职综治信息员，结合村“两委”干部开展矛盾纠纷调解工作，将各类矛盾纠纷化解在村内。全乡21个村、1个社区基层组织调处各类矛盾纠纷141起。开展“平安西板”创建活动，乡党委、政府充分调动各村社、学校、卫生院的积极性，开展“无信访乡镇”创建活动，努力创建“无信访村(社区)”，使各种影响社会和谐稳定的社会矛盾、民间纠纷、信访问题及突出治安问题得到及时解决。

【脱贫攻坚】 全年实施69户277人的易地搬迁，其中251人是建档立卡贫困户，总面积6925平方米。全乡易地扶贫搬迁安置住房建设各级政府补助资金总额为620.27万元。至2016年年末，全乡67户贫困户、251名贫困人口顺利退出。包括鼓楼坡村(省定贫困村)53户贫困户、216名贫困人口全部退出。

【党的建设】 健全工作机制，落实党建工作第一责任人职责。认真履职，带头实行党建工作目标责任公开承诺，与下级党支部书记签订22份党建工作目标责任书；定期研究党建工作。乡党委会专题研究党建工作12次，召开全乡基层党建工作会12次；坚持完善“三会一课”、民主生活会、组织生活会等党内生活制度，组织后进、一般、先进党组织及乡党委召开民主生活会、组织生活会8次，上党课4次。深入农村调研基层党建工作4次，督促检查党建工作开展情况10次。

加强基层组织的教育管理，优化党员队伍结构。对工作不力、班子不团结的2个支部书记进行组织调整，对2名村主任进行诫勉谈话。66名党员干部参加大、中、专院校学历提升。发展35岁以下、高中及以上学历党员10人；集聚党建工作合力，抓好党员干部的教育培训。加强对“第一书记”和驻村工作组的教育和管理工作，召开“第一书记”专题会议6次，制定考核办法，落实8个驻村工作组24人吃住在村；组织召开党员干部理论及业务培训12次；下村督促村干部值班坐班、党务村务公开、便民服务工作48次；实现长沟村、河湾村2个后进支部转化；落实“三向培养”13人。

围绕基层服务型党组织建设，采取党委指路、支委引路、党员干部上路的措施，全乡创服务型党组织10个，党员干部“走基层”“双报到”800人（次），制定《首问责任制》《限时办结制》《干部工作十不准》等便民利民的制度，提升基层党组织服务水平。

完善村级组织活动场所建设，投入60万元，新建村活动室2个，扩建活动室7个，购置办公设施设备22套，使全乡22个村（社区）活动室全部达标并投入正常使用。

（西板乡：邓天龙）

石鼓乡

【概况】 石鼓乡位于县境城西南边陲，东与镇裕镇毗邻，南与武胜县烈面镇接壤，西与南充市嘉陵区土门乡交界，北与平安乡和南充市高坪区石圭镇相连。乡政府驻双石桥街16号，距岳池县城37千米。辖歹溪、万古桥、石鼓锺、酢坊、石鼓、高屋基、沈拱桥、八角、田坝9个村民委员会，下设75个村民小组，辖区总户数3641户，总人口11968人，其中城镇人口723人，农村人口11245人，辖区面积17.48平方千米，耕地面积8546亩，林地面积1260亩。地形多为浅丘，境内最高点海拔525米，最低点海拔240.6米；土特产品有酸柑、红橘、缺嘴凉粉，风景点有石鼓锺、镇江寺。2016年，全乡地区生产总值1.9亿元，社会固定资产投资完成3468万元，社会消费品零售总额3298.4万元，地方财政总收入552.65万元，外出务工劳务收入4500万元，城镇居民人均可支配收入22317元，农民人均纯收入10706元。

【农业经济】 全乡粮食总产量6580吨，其中水稻2506吨、小麦939吨、玉米1478吨、红薯1015吨、马铃薯492吨、其他150吨。主要经济作物有油料、蔬菜、水果等。油料作物面积3500亩，产量650吨，其中油菜面积3300亩、产量530吨；蔬菜主要品种有白菜、白萝卜、胡萝卜、马铃薯、莴笋、西红柿、南瓜等，蔬菜种植面积2220亩、产量4493吨；主要水果有柑橘、李子、桃子、枇杷等，年产量2900吨，收入80万元；采取公司投资、提供技术，农户出土地，管理、利益分红的办法，种植巨桉3500亩，成林2000亩。

全年全乡畜牧业以饲养生猪、羊、牛及家禽为主，发展年出栏2000头以上生猪大户2户，1000头以上的4户，全年生猪饲养量2.3万头，年末存栏1.2万头，生猪肉产量1400吨，羊饲养量3000只，年末存栏650只，家禽（鸡、鸭、鹅）饲养18万只，产禽蛋240吨；畜牧业总产值3600万元，养鱼面积1250亩，产量340吨，渔业总产值27万元。

【工商业经济】 有个体工商户297户，其中新增工商大户2户，境内有页岩砖厂2个，商业网点遍布街区，形成以百货批零、电子、服装、医药、餐饮娱乐为骨干的特色街区；实现工业总产值3400万元，社会消费品零售总额3298.4万元。

【基础设施建设】 新建通村水泥路1.2千米、泥结碎石路3.5千米，实现村村通水泥路、社社通公路。新建污水处理站1座、公路桥梁2座、山平塘4口，实施田坝村玛瑙山病险水库除险加固工程建设。规范化建设宣传文化中心1个、农家书屋9个、妇女儿童之家1个。实施危房改造35户。有邮政所1个，电信、移动、联通服务网点各1个，固定电话用户995户，移动电话用户4986户，宽带接入用户224户。

【社会事业】 文化。有市级文物保护单位1处，有中心文化站1个、村级文化室9个、农家书屋9个，综合文化站260平方米，设有文化信息服务室、电子阅览室、图书、报刊阅览室、多功能培训室、排练厅，体育器材有乒乓球台、网球等。年放映公益电影108场。

教育。境内有九年一贯制学校1所，基点校2处，校内有教学楼、教师、学生住宿楼、食堂、操场。有幼儿园2所，其中民办公办各1所，在园幼儿135人。小学在校生450人，在校初中生194人，在职教师49人。

医疗卫生。有卫生院1所、村级卫生室9个，有专业医务人员9人；另有从业执照的私人诊所3家。新型农村合作医疗参保人数9422人，参合率98%。

社会保障。享受城镇最低生活保障人数25人，享受农村最低生活保障715人，农村“五保”146人，集中供养30人；参加城镇基本养老保险92人，参加农村养老保险4180人；有伤残军人6人、复员军人10人、“两参”人员18人、带病回乡人员46人。

环境综合治理。有垃圾处理场1处，公路沿线新建垃圾池28个，添置环卫推车12辆，新增环卫工27人，基本形成“环境优美、风貌协调、庭院美化、村容整洁、乡风文明”的新气象。

【安全维稳】 安全生产。召开村干部、单位负责人安全会议12次，安全生产培训及咨询活动24次，发放安全生产资料3100份，悬挂安全生产布标24幅，书面永久性安全标语10条，举办安全板墙报14期。与辖区各单位和村委会签订《安全生产目标责任书》《食品安全目标责任书》《建筑安全目标责任书》《地质灾害防灾避险责任书》，完善各种预案，开展“百日”安全、“安全生产月”活动。排查整治安全隐患12处，完成安全设施建设。

信访维稳。实施“六五”普法宣传，组织到校讲法治课4次，举办乡村干部学法培训班4期，及时解决群众的合理诉求和矛盾纠纷，受理群众来信来访86件，受理率100%。化解各种不稳定因素124起，调解各类矛盾纠纷124件，全年无非法上访事件。

【党的建设】 加强村干部和党员的教育管理，完善干部的考核机制，规范完善各项管理制度，全面实施以制度管人，发挥村党支部的战斗堡垒作用。投资7.8万元，修建石鼓村村级活动室；投资7.6万元，修建田坝村党员活动室。全年发展党员4人，培养入党积极分子11人，慰问贫困党员47人，救助60岁以上贫困党员43人。

（石鼓乡：侯云云）

嘉陵乡

【概况】 嘉陵乡地处县境西南部，东与坪滩镇接壤，南与嘉陵江相望，西南与武胜县礼安镇、烈面镇交界，北与镇裕镇相连。乡政府驻东岩寺村大石坡，距岳池县城33千米。辖石盘堰、万家沟、了解庵、白沙坨、福兴寺、东岩寺、三星庙、白羊盖8个村民委员会和石盘社区居委会，下设84个村民小组、2个居民小组；辖区总户数3329户，总人口12322人，辖区面积17.34平方千米，耕地面积9180亩，其中田地面积5340亩，土地面积3840亩。地形多为浅丘，境内最高点海拔390米，最低点海拔227米。2016年，全乡农业总产值8857万元，地区生产总值15562万元，社会固定资产投资2130万元，社会消费品零售总额5641万元，地方财政总收入489万元，外出务工劳务收入7532万元，农民人均纯收入11502元。

【农业经济】 粮食作物以水稻、小麦、玉米、红薯为主。全乡生产粮食5952吨，其中水稻2801吨、小麦816吨、玉米738吨、红薯574吨、其他1023吨。主要经济作物有蔬菜、油菜、花生等。油料作物种植面积225公顷，产量417吨，其中花生109吨，油菜籽308吨；蔬菜种植285公顷，产量7896吨；桑园面积360亩，产茧21吨。

畜牧业以生猪、牛、羊、家禽、肉兔为主。全年生猪饲养量18316头，年末存栏9102头，生猪肉产量631吨；牛饲养量252头，年末存栏252头；羊饲养量1714头，年末存栏682头；家禽饲养量15.3万只，年末存栏5.8万只；肉兔饲养量12871只，年末存栏1752只。

有林地面积0.16万亩，其中防护林500亩，经济林2000亩，竹林500亩，林木覆盖率22%。水果种植面积19.3公顷，产量592吨，主要品种有柑橘、西瓜等，其中柑橘产量523吨。

渔业以滩涂、堰塘、网箱养鱼为主，可用于水产养殖的江域面积2.7平方千米。水产养殖面积2700亩，产鱼量470吨。

【工商业经济】 境内有酒厂2个，有个体工商户46户，其中农家店24个；建成广安满飘香酒厂，以生产、销售白酒为主要经营内容。全年全乡实现工业总产值4120万元，全年社会消费品零售总额5641万元。

【基础设施建设】 投资2500余万元，新建通村水泥12.5千米，泥结碎石路5千米，整治山平塘8口，完成危房改造31户，完成7个村国土整理项目。有邮政网点1个，电信服务网点1个，固定电话用户221户，移动电话用户3098户。

【社会事业】 全乡有300余平方米的综合文化站1个，村级文化室8个，农家书屋8个，放映公益电影96场。

全乡有小学1所，在校生397人，在职教师29人；初中1所，在校生271人，在职教师26人。全年救助贫困中小学生20人，资助27名贫困中小学生。

有乡卫生院1所，专业医务人员4人，病床10张；医疗机构完成诊疗282人(次)。有村卫生室8所，医务人员8人。新型农村合作医疗参保9931人，参合率98%；城镇居民医疗保险覆盖255人，新型农村社会养老保险参保3382人。

享受城镇最低生活保障95人，享受农村最低生活保障1140人，农村“五保”114人，其中集中供养11人，参加城镇基本养老保险255人，参加新型农村养老保险3382人。城镇新增就业30人，下岗失业人员和失地农民再就业5人，其中就业困难对象再就业10人，城乡残疾人居家灵活就业80人；青年劳动者技能培训30人，新型农民培训30人，农民实用技术培训2500人(次)。

全乡新建垃圾池2个，有垃圾房15个，垃圾池

10个，垃圾坑96个，场镇有环卫车2辆、环卫工2人。印发城乡环境综合整治工作宣传资料5000份，发到每家每户，在主要干道书写大型墙体标语5条，在各村、各组书写墙体标语，坚持节假日和每月最后一个星期五组织开展全乡卫生大扫除，用实际行动教育广大群众。

【安全维稳】 根据国家、省、市、县关于安全生产工作的统一部署，突出重点，加强监管，认真落实党政领导安全生产“一岗双责”和乡村组干部安全生产“三包”责任工作机制，全面普及安全生产知识，重点抓好责任主体的责任落实、依法监管、专项治理隐患。全年完善9类应急预案；召开安全生产形势分析会12次；召开驻乡单位、乡属部门、村（社区）负责人和车船主、厨师参加的安全生产教育会12次；在乡茧站定点开展安全生产咨询活动30余次，发放安全生产资料3500余份；排查道路交通隐患20处，地质灾害隐患3处。

全年处理各类矛盾纠纷，上级交办来信来访18件，办结率100%，来信来访者满意率95%，处理各类突发事件2起。

【党的建设】 全乡党支部12个。其中机关支部1个，农村支部8个，社区支部1个，学校支部1个，老干支部1个，党员总数337人。按照“坚持标准、保证质量、改善结构、慎重发展”的原则，全年培养入党积极分子11人，发展党员2人。乡党委表彰先进村党支部2个，评选表彰优秀村（社区）党支部书记3人、优秀共产党员13人。各党支部严格执行“三会一课”制度，全面推行“四议两公开一监督”工作法。乡党委中心组坚持每月组织一次学习，领导干部带头给党员上党课，带头撰写学习心得和调研文章；坚持每半年召开一次民主生活会；每季度召开一次党委会，专题研究党建工作，及时处理党务工作。

（嘉陵乡：秦龙）

西溪镇

【概况】 西溪镇位于县境西部，东与兴隆镇毗邻，南与粽粑乡、龙孔镇接壤，西与恐龙乡、平安乡、西板乡交界，北与秦溪镇相连。镇政府驻西溪场，距岳池县城18千米，与南充市相距38千米，辖区面积39.67平方千米。辖安子沟、老石桥、狮子山、刘仁沟、双石沟、林檎山、螺丝岩、石猪庵、寇家坝、野猫滩、罗家垭、黄家堰、刘家塘、太平寨、唐家坝、药铺、桥村坝、火场、刘家坝、双龙寨、学堂沟21个村民委员会，兴西和佳和社区居委会，183个村（居）民小组，辖区总户数9456户，总人口31965人，耕地面积18810亩。有中心卫生院1所、村合作医疗站21个，中学校1所，小学校4所，幼儿园5所，文体广场1个。主要农作物以大米、小麦、玉米、油菜、红薯为主。主要经济作物有蚕桑、肉鹅、蛋鸡、生猪、蔬菜、核桃、莲藕等。2016年，全镇地区生产总值28652万元，社会消费品零售总额9535万元，固定资产投资24350万元，地方财政一般预算收入1065万元，全镇全年实现工业总产值1545万元，外出务工劳务收入8150万元，农民人均纯收入8565元。

【农业经济】 按照“城镇经济强镇、现代农业兴镇、特色文化名镇、和谐洁美靓镇”发展战略和“一村一品”的发展思路，全镇形成六大产业基地，即以老石桥村为重点的水产养殖基地、以学堂沟村为重点的优质蔬菜基地、以林檎山村为重点的肉鸡养殖基地、以寇家坝村为重点的蜜柚种植基地、以双石沟村为重点的银杏种植基地、以刘家坝村为重点的生猪养殖基地、以安子沟村为重点的蚕桑生产基地、以太平寨村为重点的林业基地。

全镇水稻旱育秧育苗520亩、水育秧480亩，玉米育苗127亩，红薯育苗362亩，蔬菜育苗420亩，大棚蔬菜育苗16亩。建成水稻旱育秧高产示范片 2000 亩、玉米侧膜高产栽培 1000 亩、麦—玉—豆新三熟 1200 亩。全镇粮食总产量 18425 吨。

新增优质蔬菜基地村 2 个，早春大棚蔬菜栽培 310 亩，竹架大棚 150 亩，莲藕 300 亩。发展优质果树 4.1 万株，优质核桃树 5 万株。

加快生猪改良换种的步伐，全镇出栏生猪 3.55 万头，发展养猪专业户 12 户；引导种植优质牧草 420 亩，发展小家禽养殖大户 1 户，出栏家禽 11 万只，新建养殖小区 2 个。种植桑树 800 余万株，饲养蚕种 4100 余张，人均茧款增收 170 余元。

组建农业植保、蚕业、生猪等专合组织 4 个，发展农资购销点、农家超市 2 个。

全镇有加工厂 25 个，砖厂 2 个，酒厂 4 个，预制厂 2 个，商业网点遍布街区，形成水果蔬菜一条街，有个体工商户 425 户，有农贸市场 3 个。

【基础设施建设】 实施农业综合开发，统筹抓好水保、治理水土流失及维修提灌站等项目，修复改造双石沟、林檎山、寇家坝 3 个村提灌设施，新规划建设水渠 1 千米，维修灌溉渠 980 余米；实施公路通畅工程，新修村级公路 5 条 10.6 千米，整治山平塘 7 口。加大投入力度，后扶项目建设投入资金 70.38 万元，新农村建设投入资金 100 万元，以工代赈投入资金 10 万元。

加快新型城镇化建设，坚持经济社会发展与城镇化互促互动的原则，通过政策引导、发展推动多元融资等措施，打造川东北强镇，推进城镇化、商业化、工业化，打造宜居、宜商、宜游的生态城镇；加强城镇配套设施建设，完善广高路过境段雨污管网建设，建有占地 10 亩农耕文化广场及老年活动中心，为广大居民保障健身休闲活动；正在建设中的污水处理项目达到日处理 2000 吨；对整个场镇实现亮化、绿化工程，成立城管中队，加强城镇管理，规范市场、车辆停放、摊点等，提升城镇品位。

【社会事业】 文化。开展“学雷锋”、乡镇干部支农助农活动，环境优美示范乡镇打造活动，禁毒宣传、安全宣传月活动，巾帼志愿者宣传服务活动、公民道德宣传月活动，发挥道德模范的榜样作用，着力提升公民思想道德素质。晚上，在新建的广场上群众自发的坝坝舞已成为一道靓丽的风景线。

教育。有幼儿园 5 所，小学 4 所，中学 1 所，在职教师 156 人，在校学生 2988 人。资助普惠性幼儿园家庭经济困难学生就学 76 人，其中西溪小学 66 人，郭家小学 10 人；资助家庭困难职工子女上学 10 人，发放慰问资金 3000 元；辖内 3 所学校义务教育阶段在校残疾学生 9 人，其中西溪中学 4 人、西溪小学 4 人、郭家小学 1 人，有针对性地开展帮扶工作，降低其家庭负担；通过学校周边环境综合治理工作，维护学校的治安、安全和正常教学秩序，全镇教育事业取得稳步发展。

卫生。有中心卫生院 1 所，执业医师 15 人，床位数 55 张；村级卫生医疗设施建设全覆盖，21 个村都有卫生室，村村都有卫生员。

社会保障。对全镇开展特困户家庭经济收入情况调查，核定农村低保 645 户 852 人，城镇低保 247 户，全年发放低保金 247.35 万元；新增农村“五保”19 人，全镇共有“五保”181 人，其中分散供养 116 人。全镇大病救助对象 65 人，救助金额 34.51 万元；“八一”前，对正在服役的 20 名农村义务兵在将优待金 214880 元全部发放到家属手中；春节期间，及时向伤残军人、复员军人、“两参”人员、带病回乡人员、“三属”等各类优抚对象 297 人，发放优待金 129.26 万元；慰问优抚对象 527 人（次）9 万余元。全镇城镇居民基本医疗保险参保费 1501 人。

环境综合治理。成立城乡环境工作领导小组、城镇管理中队、场镇工作组，协同 2 个社区，积极开展场镇建设管理。对场镇清洁卫生实行外包，实行公司化管理并配备 26 名保洁员。场镇还配有垃圾车 1 台，各个街道都设有专门的垃圾桶，各村配有相关的保洁人员。实施场镇美化工程，拆除场镇街道和交通干线两侧的破旧工棚、临时搭建构筑物，实施“门前五包”责任制，切实加强监管；治理场镇各街区、企事业单位、集中居住小区的卫生死角，解决卫生脏、乱、差问题；取缔以街为市、乱摆摊点现象，规范户外广告、牌匾，清理广告乱贴乱画现象。

【便民服务】 组建“两办五中心”，设立7个便民服务窗口，设置41个工作岗位。把岳池县公众信息网站作为政府信息公开第一平台进行建设，在镇宣传文化中心、镇便民服务中心设立政府信息查阅场所3个，建立政府信息公开网页190个。发挥西溪镇人民政府网站、村务公开栏、政务公开栏等平台的建设和管理，利用横幅、宣传单、政府网站，加大信息公开，让企业、群众更全面、更及时、更便捷地了解政府信息。

开办农村劳动力职业技能培训，实现劳务收入8000万元。农民工技能培训540人(次)，其中品牌培训160人、新型农民工培训210人、农村劳动力转移就业培训70人，现代农业新技术和农村实用技术培训11020人(次)，移民培训310人(次)，发放农业新技术资料9300余份。

【安全维稳】 安全生产。通过每月安全生产例会、“安全生产月”“百日安全生产活动”、安全生产教育培训等形式，深入宣传安全生产的法律法规。制作宣传标语150幅，粘贴大小标语600余条。逢场集中宣传40次，发放宣传资料5万余份。镇财政投入600余万元，新建村级公路1.3千米，设立交通警示标志标牌150余个，设置防护桩(栏)100米，整改电力线路1200米、桥梁护栏1座，改造农村危房9户。出动检查车辆200辆(次)，出动人员(包括警力)850余人(次)，查处交通违法车辆3500余辆(次)，规范化建设烟花爆竹零售专店12家，查处危险化学品隐患4起，整改危险化学品隐患4起。

信访维稳。实施“六五”普法宣传，组织到校、到村开设法治课、学法培训班等；开展领导干部接访、机关干部“大走访”活动，及时收集群众反映的问题，实行“一个问题一个领导包案、一支化解队伍、一套化解方案”全力化解；全年受理群众来信来访56件，受理率100%，调解各类矛盾纠纷120余件。

【脱贫攻坚】 全镇开展特困户家庭经济收入情况调查，核定农村低保645户852人，其中扶贫低保兜底127户340人；对全镇849户866人贫困人员量体裁衣式的制订帮扶计划，为其提供农用书籍、生产物资、实用农业技术支撑等，帮助贫困农户发展生产，提高收入。按照要求落实建档贫困户危房改造70户，补助奖金80余万元，全力做好农村住房保障安全。

【党的建设】 贯彻县委十一届第十八次全委会精神，制定西溪镇“433”工程。巩固提升群众路线教育实践活动取得的成果，深化群众路线教育实践活动。坚持“三会一课”制度，重视“三项培养”。落实述职述廉、谈话和诫勉、询问和质询等党内监督制度，坚持民主决策和定期工作报告做法，强化日常监督。落实党员干部学历提升培训，加强基层组织服务能力培养教育，强力转化软弱涣散基层党组织转化升级，发展集体经济，解决“空壳村”。

(西溪镇)

同兴镇

【概况】 同兴镇位于县境西北部，东与秦溪镇毗邻，南与恐龙乡、平安乡接壤，西与南充市溪头乡交界，北与南充市阙家镇相连。镇政府驻新街中段，电话区号0826，邮政编码638307，距离岳池县城32千米，距南充市高坪区28千米，广(广安)高(南充高坪)公路、南(充)渝(重庆)高速公路穿境而过，交通方便，区位优势显著。辖沙坝、尹家坝、罗家沟、李坝、齐福寨、韩坡坳、元庚塘、大石、蒲家沟、安家沟、袁家店、茶盘12个村民委员会和果兴社区居委会，下设86个村民小组、4个居民小组；辖区总户数5700户，总人口1.54万人，辖区面积27.63平方千米，耕地面积8295亩，林地面积1.6万亩。地形多为平坝（或浅丘、低山），境内最高点海拔560.3米，最低点海拔278.25米；同兴镇人杰地灵、物产丰富，除主产水稻外，优质柑橘、大棚蔬菜、优质蜜桃等"三大特色"产业在市内外久负盛名，享有川东北优质果蔬之乡之美誉。土特产品有柑橘、水蜜桃，景点有紫云禅寺、八仙窝、蒲家沟桃花山等。

【农业经济】 2016年，农作物以水稻、玉米、小麦为主，全镇粮食总产量7752吨，其中水稻4013吨、玉米1827吨、小麦662吨、红薯1250吨。蔬菜主要种类有青菜、番茄、莴笋、儿菜等，产量1.78万吨，水果种植面积0.64万亩，产量1800吨，主要品种有柑橘、水蜜桃、葡萄、梨子、李子等。

全镇各类柑橘70万株，面积1万亩，遍及全镇12个村，90%以上的柑橘已进行更换或改良，品种主要为脐橙、红橘（薄皮柑）、邻渝二号、鹅蛋柑、血橙、椪柑等。全镇年产柑橘5000公斤以上的大户85户、年产柑橘1万公斤以上的大户23户、年产柑橘1.5万公斤以上的大户8户。挂果树60万株，产量1.6万吨。产品主要销往宁夏、甘肃、上海、云南、重庆等地。全镇柑橘年总产值4500余万元。畜牧业以饲养生猪、家禽为主，生猪饲养量18153头，年末存栏9244头；能繁母猪饲养量867头；家禽饲养量20万只。2016年，全镇人均纯收入9340元。

每年3至4月是桃花盛开的季节，因同兴地形因素，桃花成丘陵梯田状分布，桃花片山，非常壮观，吸引众多游客；韩坡坳村境内黄果树，由唐代生长至今，历史悠久，堪称树种之王；韩坡坳村"月亮石"、罗家沟村"八仙窝"也是远近驰名的旅游胜地。

【工商业经济】 镇内有砖厂1个，个体工商户326家（其中农家店16个），私营企业4个，木材综合市场1个，全年全镇实现工业总产值8000余万元。

【基础设施建设】 全镇新修韩坡坳村、元庚塘村、罗家沟村、大石村4条村级公路10千米，维修安家沟村、茶盘村等6个村的村级公路4千米，全面实现村村通公路，基本实现社社通公路；尹家坝等村基本实现三化（净化、绿化、美化）、四通（通公路、通广播、通有线电视、通程控电话）、五改（改水、改灶、改厨、改圈、改厕）；结合精准扶贫工作，完成困难群众危房改造21户，异地搬迁15户；完成土地确权登记工作，有利于土地大面积流转；网络覆盖全镇，基本实现户户通电话。

场镇上有信用社、邮政储蓄2家金融机构；组建专门的环卫清洁队伍，配备5辆清洁专用车和8名保洁员；向上级争取项目资金400万元，修建镇农业技术服务推广站、场镇标准化公厕2座、污水处理厂1个；全镇有网络服务网点6个，宽带接入用户400余户；在新农村建设基础上，完成元庚塘等3个村的美丽新村建设；以"创建文明卫生集镇"等活动为载体，场镇上拓展修建2条新街；完善场镇总体规划及土地利用规划；完善已建道路的绿化、亮化和其他相关配套设施。

【社会事业】 文化。有中心文化站1个、村级文化室12个、农家书屋12个；有300余平方米的综合文化站。公共图书馆（室）1个，建筑面积100平方米，藏书1.6万册；农村图书室8个，藏书12.8万册。文化行业从业人员24人。全年放映农村公益电影120场（次），观众7000人（次）

教育。有幼儿园2所，在园幼儿500余人；九年一贯制学校1所，在校生1076人，在职教师72人。结合精准扶贫工作，资助贫困中小学生30人（次）。

医疗卫生。有镇卫生院1所、村级卫生室12所，有专业医务人员8人；有从业执照的私人诊所5

家;医疗点 18 个;全镇均建立居民健康档案。

社会保障。享受城镇最低生活保障人数 34 户 49 人,享受农村最低生活保障 530 户 665 人;农村"五保"115 人,其中集中供养 34 人,有敬老院 1 所;参加城镇基本养老保险 105 人,参加农村养老保险 5688 人;复原军人、"两参"人员、带病回乡、"三属"、60 周岁老兵等各类优抚对象 164 人,及时向优抚对象发放优待金 58 万元。

环境综合治理。以场镇和公路沿线为重点,强力推进城乡环境综合治理:场镇垃圾处理场 2 处,污水处理厂 1 个,公路沿线垃圾池 20 个,场镇卫生推车 5 辆,环卫工人 8 人,街道垃圾桶 15 个,重新规划车辆停放点和个体摊点 100 余处。

【安全维稳】 安生生产。镇政府与辖区内各单位及村委会签订 2016 年安全生产目标责任书,制定完善各类应急救援预案,选配安全生产监督员和管理员,实现安全生产网络化管理和安全生产管理无缝对接。2016 年召开水陆交通、建筑安全、食品安全会议 40 余次,张贴宣传标语 800 余幅,发放宣传资料 2 万余份。重点抓好道路交通安全集中整治、安全生产规范化建设、"百日"安全、"安全生产月"、打击非法经营建设行为等活动,查处道路交通安全违章 2000 余起,排查整治安全隐患 30 处。

信访维稳。实施法治宣传教育,组织到学校讲法治课 15 次,举办镇村干部学法培训班 6 期;及时解决群众的合理诉求和矛盾纠纷,受理群众来信来访 51 件,受理率 100%,化解各种不稳定因素 16 起,调解各类矛盾纠纷 403 件。

【脱贫攻坚】 全镇确定建档立卡贫困户 317 户 1043 人;资助困难中小学生 30 人;危房改造 21 户;扶贫手册、医疗救助手册发放率 100%,并核查填写规范;实现农村劳动力技能培训 120 人(次)、劳务扶贫培训 31 人、新型农民培训 120 人(次)、农民实用技术培训 5000 人(次);年末发放救助物质棉被 133 床、棉大衣 169 件。实现 46 户 155 人如期完成脱贫计划指标,接受省级验收组验收通过;

【党的建设】 开展"两学一做"主题教育实践活动,增强各党支部的凝聚力和战斗力;精心组织策划,完成 13 个村(社区)"两委"换届工作,选优配强村级"两委"班子;强化党员队伍建设和管理工作,培养入党积极分子 10 人,发展党员 8 人;开展党员干部教育培训工作,发展党员干部中的先进典型;建立完善村干部坐班制,帮助各党支部制定发展规划,健全村规民约,完善服务制度,创新治理机制;发挥电教平台优势,结合"精准扶贫"工作,帮助建档立卡贫困户解决实际问题,有效助农增收,推进全镇各项产业发展。

(同兴镇)

恐龙乡

【概况】 恐龙乡位于县境西部广高路沿线,东与西溪镇毗邻,南与平安乡接壤,西与同兴镇交界,北与秦溪镇相连,乡政府驻石龙场,距岳池县城 23 千米。辖半边街、补家坝、石门、唐家盖、文昌寨、墙干、河北滩、秀观音、五通塘、黄花岭、胡家沟 11 个村民委员会和石龙社区居委会,下设 81 个村民小组、2 个居民小组;辖区总户数 3985 户,总人口 13488 人,辖区面积 21.44 平方千米,耕地面积 9000 亩,林地面积 1000 亩。地形多为浅丘,境内最高点尖坡盖海拔 509.7 米,最低点老坝子海拔 277.2 米;土特产品有恐龙炒花生、稻谷、油菜、红薯、玉米、土鸡、土鸭等。全乡农业总产值 511 万元,社会固定资产投资 5730 万元,地方财政总收入 630 万元,外出务工劳务收入 2500 万元,农民人均纯收入 9208 元。

【农业经济】 推广良种良法,以规模养殖为示范,以养殖大户为"龙头",辐射带动周边养殖业的发展，发展种植精细反季节蔬菜。落实农业扶持和国家粮食补贴政策，及时足额发放小麦、生猪良种补贴，加快养殖业的发展。搭建企业和农户的"桥梁"，搞好农业社会化服务，拓宽产销范围。在夏收及秋收期间，实行机关干部包村、包地片制度，安排农技人员和包村干部深入田间地头，指导和服务收获与播种。夏收结束后，组织人员清理疏浚水渠，要求电灌站开足机械全天候抽水，安排乡政府工作人员和村级相关人员日夜值班，统筹调度水源和做好抽水和台时的统计工作。

全乡粮食总产量6558吨，其中水稻4039吨、小麦788吨、玉米531吨、马铃薯264吨、红薯454吨、其他482吨。主要经济作物有油料、蔬菜、水果等。油料作物面积3705亩，产量499吨，其中油菜面积3195亩、产量340吨；蔬菜主要品种有大白菜、白萝卜、胡萝卜、马铃薯、莴笋、西红柿等，蔬菜种植面积3195亩、产量6104吨；主要水果有梨、柑橘、桃子、柿子等，年产量553吨，实现农业总产值511万元；累计造林1.9万亩，其中防护林6500亩、经济林2000亩、竹林1500亩、核桃8000亩、花椒500亩、巨桉1200亩，实现林业总产值550万元。

畜牧业以饲养生猪、羊、牛、兔及家禽为主，发展年出栏500头以上生猪大户5户，发展年出栏100头以上生猪大户10户；全年生猪饲养量11120头，年末存栏10498头，生猪肉产量816吨；牛饲养量52头，年末存栏449头；羊饲养量872只，年末存栏534只；兔饲养量6098只，年末存栏1681只；家禽（鸡、鸭、鹅）饲养8.5万只，产禽蛋383吨；畜牧业总产值2695万元。

【工商业经济】 加强招商引资力度，成功在秀观音村建成养羊场1个。有个体工商户82户，其中家具厂1家、生猪养殖场1家、小家禽养殖场3家、农家店9个，有1个农贸市场；全年全乡实现工业总产值300万元，全年社会商品销售总额2203万元。

【基础设施建设】 新修公路8千米，修建垃圾池76口，维修山平塘6口，新建日间照料中心1座，完成危房改造35户。维修自来水管道1.5千米，新建天然气管道6.2千米。在场镇，新增垃圾桶20个，安装污水处理管网300米，整治街道2000平方米、下水管道2.4千米，新增垃圾桶20个。

【社会事业】 文化。有中心文化站1个，村级文化室4个，农家书屋12个；有综合性业余文艺演出队员38人，业余舞蹈队员12人，业余曲艺队员10人；有300余平方米的综合文化站，有阅览室、活动室等文化设施。放映公益电影132场。

教育。有幼儿园2所，在园幼儿160人；学校1所，在校生700人，在职教师48人，新建公立幼儿园1座。救助贫困中小学生30人。

医疗卫生。有乡卫生院1所、村级卫生室11所，有专业医务人员3人；另有从业执照的私人诊所3家。新型农村合作医疗参保人数11301人，参合率99.2%。

享受城镇最低生活保障4人，享受农村最低生活保障515人；农村"五保"107人，其中集中供养27人；参加农村养老保险3430人；下岗失业人员和失地无业农民再就业5人，其中就业困难再就业2人。

环境综合治理。制定城乡环境综合治理实施方案，与村委会签订目标管理责任书。加大投入，及时发放宣传品。场镇新添环卫垃圾车1辆，新增环卫工2人；街道添置更换垃圾桶20个；重新规划车辆停放点和个体摊点。改善农村环境，形成农村"环境优美、生态良好、风貌协调、庭院美化、村容整洁、乡风文明"的新气象。

【安全维稳】 安全生产。乡政府与辖区各单位及村委会签订2016年安全生产目标责任书，制定完善各类应急救援预案，选配安全生产监督员和管理员，实现安全生产网络化管理和安全生产管理无缝对接。采取召开会议、创办宣传栏、黑板报、张贴标语、上街设立宣传咨询站、举办培训班等多种形式进行宣传。召开水陆交通、建筑安全、食品安全等安全会议30次,张贴宣传标语36幅。重点抓好道路交通安全集中整治、安全生产规范化建设、“百日安全”活动、“安全生产月”、打击非法经营建设行为等活动,查处道路交通安全违章行为600起,排查整治安全隐患20处,搬迁地质灾害户2户,新添灭火器40个。

信访维稳。实施“六五”普法宣传,组织到校讲法治课5次,举办乡村干部学法培训班4期;及时解决群众的合理诉求和矛盾纠纷,受理群众来信来访135件,受理率100%,化解各种不稳定因素51件,调解各类矛盾纠纷26件。

【脱贫攻坚】 全乡有贫困户467户1581人。实行乡班子成员各挂1~2个村的工作责任制,统筹协调指导各村扶贫攻坚工作;实行干部结对帮扶贫困户全覆盖。结对帮扶一包到底,不脱贫不脱钩。

【党的建设】 完善“党员发展程序、队伍阵地制度建设、绩效考核运用”3项规范。开展“两学一做”学习教育。创建“五好”基层党组织2个,表彰优秀党支部书记3人,优秀党员34人。评选党员五星模范26人。采取以会代训、现场指导、远程教育等多种方式培训党员1702人(次),在“七一”前夕,组织慰问贫困党员58人,救助70岁以上贫困党员21人。培养入党积极分子19人,发展党员4人。

【干果产业】 调整农村产业结构,花椒产业500余亩,核桃产业8400亩,形成干果产业示范片。发展生态林业,种植杨柳、竹柳1800亩。

(恐龙乡:吴艳)

平安乡

【概况】 平安乡位于北纬30°33′18″~30°36′20″,东经106°10′34″~106°14′23″。地处县境西北部,东与西溪镇毗邻,南与西板乡接壤,西与石鼓乡、南充市溪头乡交界,北与同兴镇、恐龙乡相连,辖区面积16.7平方千米。乡政府驻长安场镇,距岳池县城31千米。辖黑水河、平安寺、李家坪、长沟店、二圣庙、猫儿洞、柳树湾、老山、林场9个村民委员会和长安社区居委会,下设61个村民小组、2个社区居民小组。辖区总户数2874户,总人口10011人。全乡属浅秋地形、典型旱山,乡耕地面积903.5亩,主要农作物有水稻、小麦、花生、油菜等。2016年,全乡实现粮食总产量8361.65吨,同比增长4.97%;年出栏生猪1.42万头,创产值340.8万元;出栏小家禽13.7万只,创产值546.8万元;固定资产投资5045万元,招商引资3150万元,地区生产总值同比增长10%。

【乡域经济】 产业发展呈现多元化、规模化、连片式、全方位发展。稳步发展传统农业,推进现代农业,广泛增加农民收入。按照“三种”(干果、林木、中药材种植)、“三养”(家禽、家畜和渔业养殖)的发展思路和“一村一业,一户一品”的发展规划,各村产业发展势头良好。其中黑水河村藤椒种植业,二圣庙村莲藕种植业、柳树湾村肉牛养殖业、林场村核桃种植业已成规模,持续增收。

群众创业激情日盛,新增农业专业合作社2个。传统消费提档升级,新增农村淘宝服务站1个,建成乡镇物流站点2个。

实施农业供给侧改革,新引进岳池县万隆农业科技有限公司、岳池县锦绣农业发展有限公司。巩固退耕还林成果903.5亩,补偿集体公益林1206亩,完成率100%。

【基础设施建设】 新修4.5米宽水泥路5.1千米，完成长安口至平安乡政府公路升级工程。实施危房改造，其中C级20户、D级15户。平安寺村改建文化室、卫生室1个，文化院坝800平方米，黑水河村新建卫生室、文化室1个。新增10千伏变压器2台。安装场镇路灯20盏，建设场镇"天网工程"，安装高清摄像头9个。

【民生工程】 城乡新增就业30人，青年劳动技能培训培训30人，城乡残疾人灵活就业155人。实施农村扶贫对象215人，为残疾人适配亟需的基本型辅助器具12人，实现残疾人发展生产20人。

实现减免家庭经济困难幼儿28人保教费，实现家庭经济困难寄宿学生发放生活补贴35人，资助家庭困难学生18人，实现农村义务教育学生营养改善502人，免除建档立卡贫困家庭子女幼儿11人保教费，全面实现义务教育阶段学生全部免除学杂费，免费提供教科书和作业本。

新农合参合人数8428人，实现城乡居民社会养老保险覆盖人数2681人，实现重度残疾人护理补贴发放133人，孕前优生健康检查目标人数覆盖率80%，实现参合农民住院政策范围内医疗费用报销比例85%，实现城乡居民健康档案规范电子建档率100%，通过"新农合+民政大病救助"方式，帮助解决3名农村贫困精神病患者一个疗程医疗费用，安装办公养老机构床位40张，完成城乡社区日间照料中心建设。

完成平安寺村电视户户通建设，实现农家出版物补充更新，实现行政村通宽带（李家坪村）。

推进新农村基础设施建设（黑水河村、平安寺村），已经全部完成。实现残疾人家庭无障碍改造4户，农村危房改造15户。

应急救助23人（次），济困帮扶41人（次），法律维权64人（次），惠民医疗2806人（次）。日常募捐74.44万元，免费开放乡文化站1个，免费放映农村公益电影108场，为困难家庭失能老人和80周岁以上老人提供居家养老服务400人。

精心规划、合理选址，统筹安排。新建李家坪新村，拆除旧房30余户，建起宽敞明亮的新房，100余人搬进新居；宽带网络覆盖，打通与外界的联系；洁净天然气覆盖率提升，彻底改变热天煮饭一身灰的状况，群众生活质量普遍提高；组建环保队10支，聘请专职清扫保洁员，环境干净整洁。

【脱贫攻坚】 2015年建档立卡贫困户244户761人，2016年预脱贫88户212人，贫困发生率降到5.54%。2016年，在摘帽的贫困村平安寺村，修建宽4.5米的水泥路3.5千米、碎石路0.8千米，维修长沟店村至猫儿洞村油路4千米，建设老山村泥结碎石路2.05千米，维修并硬化场镇街道100米。整修山平塘8口，新建60平米标准化卫生室，光纤到户21户，新增变压器1台，发展元宝枫种植项目500亩，发展生态养殖户45户，年出栏生态土猪100余头，生态土鸡、土鸭2万余只；开展农技培训800人（次），劳动力就业创业培训1100人（次），劳务输出660人。

结合实际，因户施策，对每户贫困户都做出脱贫规划、制定脱贫措施，并进行一对一帮扶。发展党员精准扶贫示范项目。舒绍礼发展养殖业，养殖鸡2000只，带动就业20人。结亲结对贫困户424户，实现贫困户帮扶全覆盖。

【安全维稳】 采取召开会议、创办宣传栏、黑板报、张贴标语、上街设立宣传站、举办培训班等多种形式，进行安全宣传，召开建筑安全、食品安全、防汛抗旱等安全会议20次，张贴宣传标语9幅。重点抓好道路安全集中整治、安全生产规范化建设、安全生产月、打击违规驾驶机动车辆等活动，全年查处道路交通安全违章行为190次，排查整治安全隐患12处。

实施"六五"普法宣传，组织到校讲法治课4次，举办乡村干部学法培训4期。及时解决群众的合理诉求和矛盾纠纷，化解各种不稳定因素50件，调节各类矛盾纠纷106件。

【党的建设】 以"两学一做"为核心，扎实推进党的建设，全年组织反腐倡廉警示教育学习12次，组织乡村干部和党员观看影片12次，把廉政教育纳入党员干部学习计划当中，做到思想教育不间断，廉洁警钟时时敲。落实领导干部"一岗双责"制度，定期召开党风廉政建设责任制工作汇报会，不定期组织深入到各责任单位进行检查，及时掌握情况，进行补差补缺，完善提高。修订完善党委议事制度、党政联席会议制度、财务公开等制度，坚持以制度管人、以制度管事，有力推进党风廉政建设的落实。组织慰问贫困党员93人，培养入党积极分子20人，发展党员5人，预备党员转正5人。采取以会代训、现场指导、远程教育等多种形式培训党员300余人(次)。

(平安乡)

兴隆镇

【概况】 兴隆镇位于县境西北部，东与双鄢乡毗邻，南与西溪镇、粽粑乡、白庙镇、北城乡接壤，西与恐龙乡、秦溪镇交界，北与黄龙乡相连。镇政府驻兴隆场，距县城29千米。全镇幅员面积72平方千米，耕地面积18750亩，林地24816亩。辖八角亭、大仓沟、百家店、金台山、断碑、方家沟、五通庙、陈家梁、汉山观、龙王井、香积寺、陈家坡、粑粑店、杨房沟、禹山寺、四合16个村民委员会和兴旺社区居委会，172个村民小组，8578户29312人。地势东高西低，属深丘地貌。境内最高(禹山寺)海拔644米，最低海拔365米。主要农产品以大米、玉米、小麦、油菜、红薯为主，以蚕茧、瓜蒌、白芷、生猪、干果、土鸡、肉鸭、雪莲果、肉牛为特色农产品。2016年，全镇地区生产总值3.21亿元，社会固定资产投资1.9亿元，招商引资8500万元，社会消费品零售总额6385万元，地方财政一般预算收入780万元，劳务输出1.1万人(次)，外出务工劳务收入3.6亿元，农民人均纯收入10014元。

【农业经济】 抢抓全县建设"岳池现代林业园区"机遇，发展干果特色优势产业，推进现代农业规模化、基地化、标准化、产业化和品牌化发展。依托"合作社+基地+农户"模式，成立百家店村雪莲果种植合作社、岳池县木森农林核桃种植专业合作社、天地赐核桃专业合作社、陈家坡村中药材种植合作社、枣木桥村花椒合作社等专合组织；引进业主，在杨房沟村、汉山观村、百家店村建成500亩中药材种植基地，成立百家店药材种植专业合作社。全镇发展核桃种植8000亩、中药材500亩、藤椒500亩，带动1000余名群众参与干果产业发展，实现人均增收420元。2016年，全镇种植优质水稻2.7万亩、玉米4020亩、大豆7268亩、薯类6990亩，种植良种油菜5003亩，蔬菜5083亩。全镇粮食总产量14084吨，其中小麦937吨、水稻8101吨、玉米1766吨、豆类1583吨、薯类1697吨。

坚持以市场为导向，以效益为核心，发展以土鸡为主的特色养殖业，稳定发展生猪、小家禽等传统养殖业。新建标准化肉牛养殖场1个、肉兔养殖场2个、标准化规模生猪养殖场1处；新建广安兴农生态农业有限公司，全力打造兴隆土鸡品牌。2016年，全镇小家禽养殖户301户。其中1000只以上的土鸡养殖大户51户，2000~5000只以上的21户，5000只以上的3户。全年出栏生猪3.9万头、家禽28万只、肉牛700头、羊2400只、肉兔1.35万只，实现禽蛋产量701吨。

【工商业经济】 场镇市场秩序和场镇摊区得到进一步规范，形成"坐商归店，游商归位"的良好格局。有个体工商户420户，砖厂1个，新增个体工商户10户，民营经济收入8630万元。微型企业3家，工业企业5家，其中规上工业企业1家，工业从业人员160人。全年社会消费品零售总额1.14亿元，工业总产值2.68亿元，其中规模以上工业总产业5365万元。

【基础设施建设】 坚持山水田林路综合治理，维修加固水利渠道6千米，新增防渗渠道1千米，维修水利工程2处。新建沼气池58口。修建四合村泥结碎石路3千米，汉山观村通村水泥路2.7千米，方家沟村水泥路2.8千米，禹山寺村水泥路2.2千米。乡村公路网络日臻完善，解决困扰全们多年的交通边缘化和运输成本高的难题。有邮政网点1个，乡村通邮率100%；电信企业1家。

聘请四川城市规划设计院专家，编制兴隆场镇总体规划，确定全镇20年内的发展思路和目标，为全镇镇区建设绘制美好蓝图。加强市政基础设施建设，新添立杆灯、悬臂灯27盏，维修路灯35盏。联系岳池爱众电力公司对10千瓦兴铺线线路进行搬迁规划支持。天然气入户工程全面推进，污水处理站成功建设，重新规划车辆停放点和个体摊点，配齐环卫设施，完成场镇公厕改建工程，铺设下水道管网2.5千米，改造垃圾中转设施2处，添置垃圾桶60个、环卫推车6辆、新增环卫工6人。完成凤凰农贸市场改造工程，建成投入使用。

【社会事业】 文化。免费开放乡镇文化站，建设农家书屋3个，农民健身场地3处、乡村少年宫1个、曲艺社区1个，全年开展曲艺演出12场。组织开展“将心比心换位体验、转变作风提升效能”主题演讲比赛和“全的好习惯”暨庆“六一”文艺汇演；完成文化站规范化建设，完善农家书屋16个，放映坝坝电影190场，开展曲艺演出4场，组织开展农家书屋读书竞赛活动4次。设立“岳池县兴隆镇好人榜”暨“兴隆镇善行义举榜”4期。

教育。完善学校教学基础设施，兴隆中学旱厕改造全面完成并投入使用，兴隆中学食堂建设完成并投入使用，教学环境整治效果明显，义务教育入学率100%。为农村学校装备“班班通”27套，完成农村义务教育学生营养改善2360人，帮助义务教育阶段在校残疾学生入学2人。小学适龄儿童入学率100%，九年制义务教育覆盖率100%，全面落实辖区内义务教育“两免一补”。对23名贫困学生进行教育资助。做好辖区职教工作，完成中等职业学校送生143人。资助困难家庭职工子女上学生8人（高中生7人），每人300元，资助14名贫困中小学生（兴隆中学7名、高升小学7名），每人200元，资助普惠性幼儿园家庭经济困难儿童71人，帮助义务教育阶段在校残疾学生入学4人。

医疗卫生。有镇中心卫生院1所，病床40张，执业医师7人；有村级卫生室和农村医疗点17个，从业人员17人。新型农村合作医疗参保人数23690人，城镇医疗保险参保人数1630人。

社会保障。完成农村低保清理审核工作，全镇享受低保人数1389人，其中城镇最低生活保障人数174人、农村最低生活保障人数1215人，基本实现“应保尽保”。农村“五保”219人，其中集中供养70人。为16名残疾人配置辅助器具，对306名一、二级残疾人落实重度残疾人护理费。对11名精神病患者进行医疗救助，对18人进行生活救助，对5名精神病患者进行医疗救助。阳光家园计划居家托养智力、精神和重度残疾人数11人。城镇新增就业70人，城镇失业人员再就业40人，就业困难人员再就业6人，促进高校毕业生实现创业1名。健全农村留守儿童和贫困学生救助机制，发动政府机关干部职工及驻镇单位捐款5321元、捐物32件，资助困难学生133人。春节期间，慰问帮扶贫困户、低保、“五保”、军烈属253人，帮扶资金8万余元。“七一”前夕，慰问贫困党员63人。

【安全维稳】 安全生产。全面开展全国“安全生产月”“百日安全生产”“打非治违”活动，强化辖区内安全隐患排查和双违建筑治理，开展道路交通、非煤矿山、烟花爆竹、食品安全等专项检查，对存在的隐患逗硬进行整改。强化人员保障，配齐专职管船员、车管员、安全员，完善驾驶人安全联组。狠抓安全培训，组织召开车船主、烟花爆竹专店业主等安全教育培训会12次，在兴隆中学、高升小学开展安全知识宣讲活动4次。在兴隆中学成功开展应急救援演练，上千名学校师生和单位职工参与。加大宣传力度，进行场镇宣传23次，发放宣传资料2万余份，制作黑板专栏12期，悬挂标语12幅，制作大型宣传牌8幅。

信访维稳。通过领导大接访、公开领导联系方法、建立便民窗口等方式，及时、准确地了解民情、社情、政情。狠抓镇内不稳定因素排查，做到纵向对底，横向对边，责任对人。通过“用情、用理、用法”化解矛盾纠纷，使矛盾纠纷消除在萌芽状态，确保辖区内生产安全和社会稳定。调解矛盾纠纷68起，处理信访46件。

【党的建设】 完善“党员发展程序”“队伍阵地制度建设”“绩效考核运用”3项规范，壮大“入党积极分子队伍”“党员五星模范队伍”“党员大户队伍”“党员志愿服务队伍”4支队伍，实施“春风行动”“三亮三比”“强班子、硬队伍、争先进”、双带富民”等5项行动，加强基层组织建设。采取以会代训、现场指导、远程教育等多种方式培训党员3247人（次）。“春节”前夕，组织慰问贫困党员78人，救助60岁以上贫困党员35人。

发展党员10人，培养入党积极分子12人，新转入11人，对全镇934名党员实行动态管理。加强对全镇3名大学生村干部的管理，营造干事创业的好环境。全面清理流动党员；镇党委召开民主生活会4次；全年培训党员4次。筹集资金17万余元，维修方家沟村、禹山寺村村级活动室；将百家店、杨房沟村级活动室打造成县、镇示范点。采取“大学生村干部包点”的方式，对全镇17个远程教育站点加强管护，保障平台发挥作用，并将五通庙、龙王井村的远程教育站点打造成为党建示范点。完善村“三员”制度，发挥群众诉求代理员作用，为民解决诉求149项。选优配强村（社区）“两委”班子，培养“两委”后备干部132人，使一批有文化、品德好、素质高、能力强的党员群众脱颖而出。保持惩治腐败的高压态势不断加大惩治腐败工作力度，有腐必反，有贪必肃，做到发现一个、查处一个，努力实现“查处一案、治理一线、教育一片、规范一方”的良好效果，以惩治腐败的实际成效取信于民。全年查处违纪村干部6人、党纪处分6人、诫勉谈话10人（次）。

（兴隆镇：唐鹏）

秦溪镇

【概况】 秦溪镇位于县境西北部，东与黄龙乡、兴隆镇毗邻，南与恐龙乡、西溪镇接壤，西与同兴镇、南充市高坪区浸水乡交界，北与团结乡、南充市高坪区黄溪乡相连；镇政府驻清溪场，距岳池县城31千米，辖区面积52.52平方千米。辖清桥、油坊、大柏坡、青山、石堰塘、万年桥、邹家沟、宝箱寺、四方寨、龙王庙、周家坝、仙谭寺、龙石口、黄石岩、小清溪、观音桥、南桥河、八角庙、峰山寺19个村民委员会和清溪社区居委会，127个村民小组，3916户20937人。属于丘陵地区，四面环山，四季分明，冬季多雾。耕地面积11310亩，田9900亩；主产水稻、小麦、玉米、油菜等农业作物，有生猪、土鸡、花椒等特色产业。2016年，全镇社会消费品零售总额4012万元，财政收入823万元。

【农业经济】 全镇粮食总产量10126吨，其中水稻5193吨、小麦996吨、玉米1673吨、马铃薯858吨、其他1406吨。主要经济作物有油料、蔬菜、水果等，油料产量736吨，其中油菜4245亩，产量510吨；蔬菜主要品种有白菜、萝卜、西红柿等，种植面积6450亩，产量15336吨。

镇党委、政府把干果产业作为全镇发展的特色产业，培育优势产业带和产业园，探索“互联网+”模式，引导业主和群众创新生产经营理念。发展壮大干果产业生产规模，建成花椒产业基地1万亩，核桃产业基地0.3万亩，为全县干果产业发展典范。

【基础设施建设】 打捆涉农项目资金，实施山、水、田、林、路综合治理，农业综合生产能力得到提高。新建通村水泥路16千米，新建通村泥结碎石路5千米，蓄水池3口，完成全镇公路养护19.5千米，实施森林管护9212亩，巩固退耕还林成果7044.6亩，地质灾害搬迁3户，农村危房改造50户，易地扶贫搬迁20户。深入推进城乡环境综合治理，抓好交通秩序、经营秩序、卫生保洁管理，整治场镇、公路沿线、河道等部位的“十乱”行为，为镇域经济的发展营造全新的环境。

【社会保障】 全镇享受农村最低生活保障人数947人，发放生活保障金170.4万元；城市低保11人，发放生活保障金3.8万余元，“五保”152人，其中集中供养23人，“五保”供养金发放57.9万元；参加新型合作医疗人数17507人，参合率98%；全年落实大病临时医疗救助101人，发放求助资金42万元；新型农村和城镇居民社会养老保险覆盖人数6705人，城镇居民医疗保险覆盖人数103人。

【社会治安综合治理】 开展“大接访”“大下访”和“百日攻坚、奋勇争先”等活动，畅通社情民意反映渠道，受理群众来信来访，积极化解信访突出问题。全年全镇调处各类矛盾纠纷136起，接待群众来信来访500余人(次)。

【脱贫攻坚】 突出精准扶持核心，注重因地制宜、因户施策，完成7个贫困村扶贫规划和2080名农村贫困人口“五个一批”分类实施。实施基础、产业、新村、能力、生态“五大扶贫工程”，硬化贫困村公路13.3千米，改建危房50户；扶持建档立卡贫困对象，实施产业扶持905人，实行低保政策兜底192人，帮助143户387人实现脱贫，贫困发生率降至10.16%。

(秦溪镇：陆游)

团结乡

【概况】 团结乡位于北纬30°40′22″～30°43′49″，东经106°12′06″～106°17′21″。地处县境西北部，东与高坪区黄溪乡毗邻，南与秦溪镇接壤，西与南充市高坪区佛门乡交界，北与南充市高坪区万家乡相连。乡政府驻团结正街1号，电话区号0826，邮政编码638306，距岳池县城39千米。辖张家堂、成家岭、穿石孔、自长坪、檬子桥、朝门、曹家岩、柏杨沟、小岭9个村民委员会，下设69个村民小组。总户数2398户，总人口7788人，城镇常住人口226人，城镇化率2.8%；辖区面积27.26平方千米，耕地面积3555亩，林地面积37335亩。境内最高点耳子山海拔597.9米，最低点田家坝海拔293.77米。属于中亚热带季风湿润气候地带，年降水量1000毫米左右，年平均气温16℃。主产水稻、小麦、玉米、红薯；经济作物以金银花、核桃、油菜、柑橘、药材、蔬菜为主；传统养殖业以生猪为主，特色养殖业以牛、羊及鸡、鸭、鹅为主。2016年，全乡农业总产值3100万元，地区生产总值3379万元，社会固定资产投资5090万元，社会消费品零售总额660万元，地方财政总收入335万元，外出务工劳务收入6320万元，农民人均纯收入8725元。

【农业经济】 按照“产业兴乡”发展战略和“一村一品”发展思路，全乡形成三大“龙头”产业。蔬菜种植方面，依托全乡“香飘万家”酱菜企业，做大做强蔬菜产业。2016年，全乡农户成片种植青菜2900余亩，农民实现销售收入280万元，种植户人均增收500余元。特色种植方面，培育以金银花为主的中药材种植和以核桃为主的干果种植。金银花种植业主沈昌龙，经过多年的艰苦摸索，掌握一套从选种、嫁接、采摘到烘烤的金银花种植技术，在朝门村规模种植金银花510余亩，实现销售收入

500余万元;发展干果种植,一方面争取为原有的10万株核桃进行技术改良嫁接换种,另一方面在2016年成片种植优质核桃1000亩。畜禽养殖方面,小岭村业主彭湃,建成年出栏5万只肉鸡的养鸡场,年获利10多万元。

全年生产水稻125.9吨、小麦409吨、玉米458吨、马铃薯358吨。主要经济作物有金银花、核桃、油菜、柑橘、药材、蔬菜、水果等。油菜面积618亩、产量73吨;蔬菜主要品种有大白菜、白萝卜、胡萝卜、马铃薯、莴笋、西红柿等约3000余亩、产量2526吨;主要水果有柑橘、梨子、桃子、枇杷等。

小家禽由一家一户的传统养殖向专业化、规范化、标准化和基地养殖转变,全年生猪饲养量16545头,年末存栏6592头,生猪肉产量798吨;牛饲养量235头,年末存栏108头;羊饲养量2107只,年末存栏249只;兔饲养量7100只,年末存栏1630只;家禽(鸡、鸭、鹅)饲养10万只,产禽蛋275吨。

【基础设施建设】 实施农业综合开发,统筹抓好水保、治理水土流失及维修提灌站等项目,对张家堂等村提灌设施进行修复改造,维修灌溉渠1.5千米,打沼气22口;实施公路通畅工程,新修村级公路2条6千米,确保道路畅通。

经村组排查、乡镇把关、县住建局逐户审核确定全乡2016年农村危房改造5户,争取上级补助资金4.04万元,改造面积480平方米。

【社会事业】 文化。开展"学雷锋"、乡镇干部助农抢收活动、环境优美示范乡镇打造活动、禁毒宣传、安全宣传月活动、巾帼志愿者宣传服务活动、公民道德宣传月等活动,发挥道德模范的榜样作用,提升公民思想道德素质。实施农村公益电影放映,开展农家书屋等活动。农家书屋向群众免费提供科技图书,宣传科学技术。

教育。乡党委、政府高度重视教育事业发展。通过强化基础,切实抓好"两基"工作;通过捐资助学,帮扶结对等形式,保证贫困生顺利完成学业;通过增加投入,改善教学条件;通过对学校周边环境综合治理工作,维护学校的治安、安全和正常教学秩序,全乡教育事业取得稳步发展。

社会保障。对全乡开展特困户家庭经济收入情况调查,核定491户农村低保,全年发放低保金50.68万元;全年摸排扶贫对象170余户,帮助其落实扶贫措施和机关工作人员及村组干部"一对一"帮扶活动,脱贫率96%;新增"五保"3人,全乡有"五保"93人,其中分散供养91人。在"八一"前,将优待金9000元,全部发放到服役的6位农村义务兵的家属手中;春节期间,及时向伤残军人、复员军人、"两参"人员、带病回乡人员、"三属"等各类优抚对象65人发放优待金236524元;完成对全乡1612名60岁以上老年人的参保登记、信息录入、银行开户和资料上报工作,基本实现"享受对象全覆盖"和"老有所养"。

环境综合治理。按照上级的统一部署,以5月、6月、7月"攻坚月"为契机,实施城乡环境综合整治工作,采取强有力措施,狠抓工作落实。结合整脏治乱工作,开展青年志愿者服务活动,在全乡范围内掀起整脏治乱新高潮。全乡发放宣传资料6500份,制作宣传标语6幅。保障经费投入,用于宣传教育、环卫设施配套、基础设施建设、清扫保洁等城乡环境综合整治经费3万余元。组织集中整治行动150余次,参加人数800余人(次),使垃圾乱扔、广告乱贴、摊位乱摆、车辆乱停、工地乱堆等现象得到较大改变。

【便民服务】 设立10个便民服务窗口,设置18个工作岗位。把岳池县公众信息网站作为政府信息公开第一平台进行建设,在乡宣传文化中心、乡便民服务中心设立政府信息查阅场所2个。发挥团结乡人民政府网站、村务公开栏等阵地的建设与管理,对横幅、宣传单、《广安日报》《岳池新闻》等媒介的充分利用,加大信息公开面,让企业、群众更全面、更及时、更便捷地了解政府信息。

实施农村劳动力职业技能培训，实现劳务收入3000万元。农民工技能培训2000人（次），其中品牌培训22人、新型农民工培训50人、农村劳动力转移就业培训25人，现代农业新技术和农村实用技术培训2000人（次），发放农业新技术资料4500余份，办板报12期，做到人人有一张明白纸，每一户有一个懂技术的人。

【安全维稳】 安全生产。通过每月安全生产例会、“安全生产月”“百日安全生产活动”、安全生产教育培训等活动形式，广泛宣传安全生产的有关法律法规。利用逢场天集中宣传12次，制作和悬挂永久性标语20余幅，粘贴大小标语250余条，发放宣传资料4500余份。乡财政投入12万元，整改村级公路5千米，设立交通警示标志标牌30个。全年出动检查车辆250辆（次），出动人员（包括警力）800余人（次），查处交通违法车辆280辆（次），没收无证经营和非法运输的烟花爆竹2件；排查出地质灾害隐患86件。

信访维稳。实施“六五”普法宣传，组织到校讲法治课5次，举办乡村干部学法培训班4期；及时解决群众的合理诉求和矛盾纠纷，受理群众来信来访45件，受理率100%，调解各类矛盾纠纷85件。

【党的建设】 开展基层组织建设年，结合全乡实际，开展各项工作。通过开展公开承诺、“三联五帮”、晋位升级等活动，全乡各基层党组织和广大党员干部参与活动的积极性高涨，基层党组织的战斗堡垒作用和共产党员的先锋模范作用明显增强，在推动科学发展、促进社会和谐、服务人民群众、加强基层组织等方面取得较好成绩。

（团结乡）

黄龙乡

【概况】 黄龙乡位于县境西北部，东与双郧乡、顾县镇毗邻，南与兴隆镇接壤，西与秦溪镇交界，北与南充市高坪区鄢家乡、黄溪乡和斑竹乡相连。乡政府驻黄兴街1号，距岳池县城37.5千米。辖柏树坝、小白岩、樟木桥、石马山、龙门、杨家沟、滑石板、铺芽山、玉瓶寨、大地坝10个村民委员会，下设62个村民小组；辖区总户数2700户，总人口10140人，辖区面积29.6平方千米，耕地面积5475亩，林地面积11119亩。地形多为浅丘或低山，境内最高点海拔775.4米。主要农产品有水稻、玉米、红薯，其中特色产品“黄龙贡米”闻名省内外；经济作物以核桃、花椒、油菜、药材为主；传统养殖业以生猪为主，特色养殖业以跑山鸡、火鸡、生态羊为主。风景点有驸马坟、羊林寺、松林观光带。2016年，全乡国内生产总值5310万元，财政非税收入完成80万元，固定投资完成5580万元，招商引资到位资金1480万元；生猪出栏7803头，小家禽出栏80420只；劳务输出3012人，实现劳务收入4820万元，农民人均纯收入9020元。

【农业经济】 黄龙乡党委、政府坚持科学发展观，紧扣“加快发展、创先升位”的总体取向，始终坚持“念响‘山’字经、做精‘米’文章”思路，抓好产业发展。利用“黄龙贡米”获得“国家地理标志产品”和“四川省公众最喜爱的十大农产品”之机，发挥品牌优势，以核心区带动主产区牵动辐射区域，打造万亩贡米基地。采取“公司+合作社+农户”的经营模式，推行订单农业，引导农户与大米加工企业签订订单合同，农户年人均可增收300元。形成核心区2000亩、主产区2000亩、辐射区6000亩的贡米产业格局。以龙门村3000亩花椒产业基地和杨家沟3000亩核桃产业基地为引导，形成樟木桥村、杨家沟村、铺芽山村—玉瓶寨村3个产业带，实现万亩干果产业。发展中药材种植业，林下天麻种植面积100余亩，引导村民逐步推广；发展黄龙特殊的畜禽养殖业，以大地坝村“火鸡、跑山鸡”养殖基地和樟木桥村生态羊养殖小场为龙头，打造林下养殖业，全年出栏跑山鸡6万余只，生态羊1000余只。

【基础设施建设】　围绕“打造黄龙古寨旅游景区”目标，实施基础设施“二环三线”建设和产业发展“一点两带三片”规划，鼓励偏远山区群众搬迁到公路沿线及场镇居住，建设农民新村聚集点2个，小白岩村以工代赈项目资金83万元，修建水泥路2.1千米，泥结碎石路4千米；大地坝村以工代赈项目资金20万元，修建泥结碎石路1千米；投入49.96万元，安装樟木桥村、玉瓶寨村、大地坝村波形防护栏3556米，完善农村公路安保设施。抓好乡村环境综治整治工作，着重狠抓场镇清洁卫生和硬件设施建设，投入1.5万元，购置垃圾转运车3个，场镇增添标准垃圾桶10个；投入10万元，实施场镇绿化亮化工程，增添路灯14盏，在街道两边，栽植桂花树等名贵树种100余株。

【社会事业】　实现城镇新增就业30人，城镇失业人员再就业5人，就业困难人员再就业2人，青年劳动者技能培训20人，城乡残疾人居家灵活就业120人，城乡居民社会养老保险覆盖人数2099人；实现享受低保、“五保”人员达到应保尽保，及时足额发放705人农村低保，99人农村“五保”金；新型农村合作医疗参合8221人，参合率98.08%。扶持农村贫困残疾人发展生产18人，为困难家庭失能老人和80周岁以上高龄老人提供居家养老服务270人，为贫困残疾人适配亟需的基本型辅助器具10人，为贫困白内障患者实施复明手术1例，为家庭经济困难寄宿学生发放生活补助22人。全乡巩固退耕还林成果3987亩，落实森林生态效益补偿8982亩，兑现补贴金额13.14万元，落实农业补贴6785亩，兑付补贴金额92.89万元。免费开放乡文化综合站，免费放映农村公益电影120场；投入125万元，修建4个文化广场，其中滑石板村农民健身广场投入110.59万元。为黄龙小学校投入40万元，开展文化走廊、文化书屋、文化室、计算机网络等一系列校园文化建设。投入3.5万元，维修维护村村响广播；实行滑石板村、铺芽山村、玉瓶寨村通宽带。投入20万元，新建石马山村、滑石板村、玉瓶寨村、大地坝村村卫生室。投入14.5万元，为敬老院安装烟感报警器和喷淋设备。

【安全维稳】　开展道路交通、学校安全、食品安全、烟花爆竹及危化品等专项整治活动。出动人员300余人（次），车辆100辆（次），没收过期变质食品4箱，没收烟花爆竹2件，排查安全生产隐患42件，整治危险路段2处。强化管理，签定各类安全生产目标管理责任书30余份，下发各类安全规范性文件19份，全年组织召开党政联系会6次，安全生产工作例会12次，安全员和相关行业人员培训学习12次。完善队伍建设，严格落实“三员”，全乡安全生产管理队伍54人。全乡开展宣传12次，悬挂标语50余幅，发放宣传资料3000余份。

全乡排查解决矛盾纠纷66起，其中排查解决疑难纠纷2起、较大纠纷3起，涉及人数180余人。开展网格化管理工作，把全乡10个行政村划分为35个网格。在综治宣传月、国际禁毒日、国家宪法日等日期开展集中宣传。通过领导接访日、领导干部大下乡、走基层等方式，收集群众意见建议200余条，接待群众来信来访300余次。加强群众工作，依法规范信访秩序，社会大局和谐稳定，未发生进北京、赴省、到市等越级上访事件，基本做到“小事不出村、大事不出乡”。

【脱贫攻坚】　全乡有建档立卡贫困户224户774人，贫困村6个；2014年脱贫43户159人，2016年脱贫54户193人，“摘帽”贫困村1个（滑石板村）。2016年，对建档立卡贫困村、贫困户各项指标信息实行动态管理及时更新，2016年因新生、嫁入等原因新增贫困户人口7人，因死亡、嫁出等减少贫困户人数32人，向133户贫困户发放产业周转金61万元，向62户贫困户发放小额信用贷款254万元，完成易地搬迁贫困户42户158人，完成C级危房改造6户15人、D级危房改造14户45人，建档立卡贫困户享受低保兜底贫困户64户133人。

【党的建设】 对全乡345名党员实行动态管理。全年发展党员7人，培养入党积极分子24人。表彰先进基层党组织4个，优秀支部书记6人，优秀党员27人；慰问贫困党员35人。

（黄龙乡）

顾县镇

【概况】 顾县镇位于北纬30°36′53″～30°42′09″，东经106°23′15″～106°30′07″。地处县境北部，东与苟角镇、天平镇毗邻，南与花园镇接壤，西与双鄢乡、黄龙乡交界，北与东板乡、长田乡相连，距岳池县城19千米。辖广佛寺、丰谷寺、大坝、干坝子、罗家坪、桐子树、骑龙庙、李家堂、付家坳、蒙家湾、大圆紫、南桥坝、鹿子坝、石庙沟、小门路、羊山观、小羊山、梁家坳、马家、团坝、真武桥、红庙寺、大梨、冯家坳、刘家庙、偏旗山、南岳庙、朝阳、火烧坡、胡家庙、石鹤嘴、和平、姜家庙、汪家沟34个村民委员会和顾兴社区居委会，下设248个村民小组，4个居民小组。辖区总户数11955户，总人口4.3万人，其中城镇常住人口1.6万人，有藏、苗族、彝族、侗族等11个少数名族40人，辖区面积57.88平方千米，人口密度为每平方千米762人，耕地面积29513.54亩，林地面积1.23亩。境内最高点海拔662.6米，最低点海拔375米；生产豆干、毛烟、大豆、大蒜、青石等产品，其中顾县豆腐干尤为出名。2016年，全镇完成固定资产投资317.12万元，非税收入250万元，农民人均可支配收入12900元。

【农业经济】 2016年，建成11个新村点；以合作社为依托，发展大豆、玉米、水果、油菜等特色产业，建成优质水稻基地1.8万亩。引进种植业业主12个，成片发展花椒、核桃、杨梅、草莓、名贵苗木等特色产业8600亩。全乡实现粮食产量2.26万吨。建成现代化规模养鸡场14个、养猪场8个、养兔场11个、养羊基地4个；全年出栏生猪3.2万头、家禽18.3万只、肉兔500只、肉羊600只，培育新型农业经营主体8户，发展农村淘宝服务网点3个。

【工商业经济】 培育顾县豆干、岳池县桃尔山彩瓦厂、维明石材、东萍豆干、金虹豆干、青石加工厂工业企业6家，发展服装加工、小型电子产品、服装、玩具生产等小微企业16家，达到36户，工业总产值4.6亿元。“顾县豆干”创建为国家地理标志证明商标。商贸服务持续繁荣，九龙超市、辉玲超市等一批商贸企业落户顾县，世纪华联、物美等大型超市2个，改善农贸市场2个，建成特色商业街5条，新增个体工商户6户，总量760余户，引进韵达、申通、圆通等现代物流10家。引进投资3100万元的民营医院、投资400万元的民间养老机构落户顾县；引进真武桥村、马家村生态观光农业、和平、团坝村规模养殖等业主5个，协议引资1.2亿元，到位资金1.2亿元。

【基础设施建设】 整合“一事一议”、扶贫、农村公共服务运行维护等项目资金，新建通村水泥路4.1千米，泥结碎石路2千米，通户便民路8千米，维修农田灌溉水渠3千米，整治山平塘7口，建农村户用沼气池10口，公路总里程104.6千米。

突出“旅游（古镇）宜居（新城）”的场镇定位，以“打造风貌特色、塑造文化特色、突出产业特色”为努力方向，以“川主庙古韵老街、金城河滨河绿带、丰谷湖环湖新城、建成区特色街区”为重点，以“7＋N”项目为支撑，建管并重推动场镇发展。全镇投入资金5535万元，实施1条道路拓宽、2条新建街道、1座滨湖休闲广场、4座公厕、7.25千米雨污管网建设；争取项目资金2780万元，实施场镇堤防工程、场镇供水工程等项目建设，城镇街道由22条增加到26条，场镇人口由1.6万人增加到1.9万人。拓展场镇面积0.2平方千米，达到2平方千米，开通“乡村巴士”28辆，完成特色集镇建设项目规划（人居环境综合整治规划）及以“七个一”工程建设为重点的基础设施配套项目；投入资金485万元，建成日处理1000吨的污水处理站1座；投入项目资金100余万元，完成公立幼儿园的升级改造；投入资金770万元，完成顾兴农贸市场改造升级；投入资金39万元，建成的压缩式垃圾中转站；投入资金40余万元，建成面积1200余平方米的川主庙文化广场；投入资金797万元，建设高速公路连接线拓宽及雨污管网的安装；投入资金150万元，建成丰谷街及管网建设；争取行业征管部门支持，投资580万元，完成场镇电力设施的整体改造；投入资金248万元，建成丰谷寺文化休闲广场；投资资金235万元，完成新区拓展区域道路、管网及绿化亮化工程建设；投入资金35万元，完成顾兴大街地方特产交易、建材及家居家电交易一条街特色街区的初步打造等场镇基础设施配套项目。污水处理厂、压缩式垃圾中转站和车站投入使用；标准化农贸市场和2个专业超市正常营业；天然气扩容改造顺利完成；投资2420万元（含征地拆迁补偿）的场镇过境段河流两岸的防洪堤建设工程全面竣工；通信电视网络实现全覆盖；加油加气站营运正常。场镇内街道硬化、亮化、绿化、美化率均达100%，场镇天然气覆盖率90%，光纤宽带覆盖全镇70%。完善人居环境改善项目的规划，投入资金1亿元，结合人居环境改造工程，推进丰谷寺环湖新城建设，实施道路路面及人行道改造、亮化绿化、污水管网配套等基础设施配套及主要干道风貌塑造等项目建设，打造乡村旅游目的地、古韵休闲特色小镇。

【社会事业】 推广农村先进适用技术，科技对经济增长贡献率提高到48%。教育事业发展加快，“普九”成果得到巩固，“两免一补”全面实施，学校食堂投入使用，办学条件得到改善。4月26日，顾县镇司法所开展“送法进学校”活动，司法所工作人员到顾县小学，给2000多名小学生上一堂生动的安全及法治教育课。5月3日，顾县中学党支部在第二阶梯教室召开“两学一做”学习教育座谈会，校党支部45名党员及全校教职工参加会议。

文化市场健康繁荣，群众性文体活动广泛开展，省曲艺社区创建工作稳步推进。新型农村合作医疗参合率95%，城镇医保参合率100%。

加强国防事业建设，全镇在编基干民兵150人，普通民兵1500人，按照县征兵办和县人武部的要求，为西藏、河北等地输送合格新兵22人。

【安全维稳】 镇纪委发挥信访在查办案件中的主导作用，针对每个信访群体和个案，均明确党委班子成员牵头负责，一群体一专班，一案一专班，全力化解信访问题、稳控信访对象。针对敏感时期稳控工作，在镇、村、社建立起信息员网络，整合镇村等力量，争取县维稳办、信访局、国保大队支持，通过多种方式进行重点稳控，努力确保盯死看牢，不进北京到省非访越级访。全年排查、接待来信来访和上级批转信访78件，其中疑难案件6件。

镇党委、政府高度重视、竭力抓好安全生产。1月18日，镇政府组织开展交通安全千人整治行动，设立宣传点1处，悬挂布标3幅，制作宣传展板15块，印发宣传资料2000余份，LED电子显示屏滚动播放标语5条。9月14日，顾县镇召开中秋、国庆期间安全生产工作会。9月21日，顾县镇召开仪华路顾县段道路交通千人整治行动动员会。10月9日，省市“安全社区复评验收”专家组到顾县镇进行“省级安全社区”复评验收工作。

【脱贫攻坚】 按照“三年脱贫、两年巩固、一年提升”的要求，镇党委、政府提出“规划引领、基础先行、产业支撑、机制推动、党建保障”的思路，确立

"十有五好三提高"目标，建立"班子成员包村负责、驻村干部到村协助、"第一书记"驻村主抓、机关干部进村结对"的责任体系，实施"政策扶持兜底线，发展产业促致富，创业就业奔小康"分类措施。在精准识别上下功夫，在科学规划上下功夫，在一户一策上下功夫，在项目实施上下功夫，加快推动扶贫攻坚。严格落实贫困户生活用电，做好易地搬迁、危房改造和小额信贷金融扶贫。9 个贫困村投入各类资金 2407 万元，建成水泥路 22.1 千米、泥结碎石路 11.49 千米、便民路 29 千米，新建维修水利设施 38 处，改善农房 226 座，引进业主 4 个、成片发展产业 1500 余亩。

12 月 21 日至 22 日，顾县镇接受全县 2016 年退出贫困村真武桥村验收考核。

【党的建设】 出台顾县镇机关工作十二项制度、党委会议学法制度、中心组学习制度，成立财经工作领导小组，修订完善党委会议事规则，坚持"三重一大"事项集体民主决策，规范工作运行。发挥党委主心骨作用，统筹全局有力。合理调整班子成员分工，实现用人所长、人尽其才、分工协作不分家。拨付村（社区）办公经费和专项经费。选送 154 名对象参加县委"五年万人计划"培训。新发展党员 12 个，其中 35 岁以下 9 人。

整顿软弱涣散的基层党组织，转化升级后进党组织 3 个。加强基层党建阵地建设，投入资金 17 万元，规范化改造升级村（社区）活动室 9 个，全部实现达标。开展村（社区）班子运行情况调研和后备干部推荐工作，选拔后备干部 173 人。发展集体经济 5 万元的村 3 个，收入达到 10 万元的村 1 个。帮扶 140 名贫困党员实现脱贫。打造顾兴社区"十分钟服务圈"党建品牌，建成远程教育示范站点 5 个，建成农民夜校 35 个，党员干部素质提升 70 人。

（顾县镇）

双鄢乡

【概况】 双鄢乡位于县境北部，属低山窄谷地形，东与顾县镇毗邻，南与花园镇接壤，西与兴隆镇、北城乡交界，北与南充高坪区相连。乡政府驻双龙场双西街，距岳池县城 15 千米。辖赵家坝、石桥坪、白洋庙、寺神庙、中和庙、壶瓶沟、保全寺、三清庙、二郎庙、龙家桥、下马沟、余家庙 12 个村民委员会和双龙社区居委会，99 个村民小组，2 个居民小组；辖区总户数 3677 户，总人口 12110 人。辖区面积 27.97 平方千米，耕地面积 20509.17 亩。土特产品有中国脐橙四号、双龙大蒜、烟叶。2016 年，全乡地区生产总值 19660 万元，社会固定资产投资 5324 万元，社会消费品零售总额 1.18 亿元，地方财政总收入 611.97 万元，招商引资 1330 万元，农民人均纯收入 11230 元。

【农业经济】 种植业。双鄢脐橙被农业部评选为中国脐橙四号，被四川省列为农业标准化（中国脐橙四号）示范区，全乡栽植脐橙 345 亩 80 万株，产量 720 吨，收入 210 万元。在壶瓶沟村栽植藤椒 52 亩，巩固退耕还林 100 亩，生态公益林 118 亩。

全年全乡粮食总产量 6564 吨。主要经济作物有油料、蚕桑、蔬菜、水果、烟叶等。油料作物主要以油菜为主，面积 2700 亩，产量 292 吨，蔬菜主要品种有大白菜、白萝卜、胡萝卜、青菜、马铃薯、莴笋、西红柿等，蔬菜种植面积 2400 亩，产量 4904 吨。主要水果有柑橘、梨子、桃子、李子等，年产量 2100 吨，收入 720 万元。种植大蒜 600 亩，烟叶 900 亩。

养殖业。畜牧业以饲养生猪、牛、羊及家禽为主。发展生猪养殖大户 1 户，家禽养殖大户 2 户，出栏肥猪 0.9 万头，收入 1430 万元。养牛 831 头，养羊 1515 只，家禽（鸡、鸭、鹅）饲养 16.05 万只，产禽蛋 1250 吨。畜牧业总产值 2173.5 万元。利用塘、堰、池养鱼、水产品产量170吨,养殖业人平增收400元以上。

劳务产业。培训缝纫、计算机、保安、焊工等农民实用技术培训3120人(次),劳务技能技术培训610人(次),青年劳动者技能培训30人,新型农民培训50人,劳务输出4650人(次),劳务收入5900万元。城镇新增就业人员38人,城镇失业人员再就业12人,就业困难人员再就业7人,城乡残疾人居家灵活就业160人。

【工商业经济】 引进电子厂1家。全乡有个体工商户168户,工商大户5户,办农家超市15个。农产品加工厂2个,酒厂3个,页岩机砖厂1个,完成商标注册3户。全年全乡实现工业总产值2210万元。

【基础设施建设】 投资786.5万元,修建寺神庙村通村水泥路2千米,中和庙村通村水泥路2千米,保全寺村通社水泥路2.5千米,龙家桥村水泥路2.5千米,下马沟村水泥路0.8千米,余家庙村通村水泥路3千米;整治余家庙村山平塘2口,二郎庙村山平塘1口。

在场镇,安装居民天然气270户,硬化街道0.8千米。严格整治"双违"建设,开展城乡环境综合治理,新建垃圾池4口,规范化建造商品住房2000平方米。

办理农房改造18户,迁建7户,完成危房改造52户,80%以上农户住上宽敞明亮的楼房。公路沿线建垃圾池12座,实现村容整洁、环境卫生良好。

落实村级公共服务设施运行维护补助60万元,完成农村客运投放,开通双鄢到县城班车6辆。

【社会事业】 文化。规范乡中心文化站1个、村(社区)文化室13个、农家书屋13个,实行对群众免费开放。有综合性业余文艺演出队1个,业余舞蹈人员20人,中老年腰鼓队1个。乡综合文化站增设计算机、音像、棋类、办公桌、图书等设施,每月每村放映公益电影2场。

教育。建成远程电化教育站点13个。巩固九年制义务教育,实行"两免一补"。全面推进素质教育,适龄儿童入学率100%,改善农村义务教育学生营养845人,资助困难职工子女上学6人,资助困难学生9人,减免贫困家庭在园幼儿保教费89人。救助贫困中小学生43人,资助贫困中小学生48人。2016年年末,有幼儿1所,幼儿园人数120人;小学1所,班级12个,在校生1100人,在职教师62人。

医疗卫生。有乡卫生院1所,村级卫生室12所,有专业医务人员30人,另有从业执照的私人诊所2家。实行新型农村合作医疗保险,合作医疗保险参保人数10679人,参合率98%。建立疾病、重病和传染病应急处理机制,提高应对各类突发公共卫生事故能力,全面实施药品、食品"放心工程",积极开展防疫、疫苗接种,全乡无重大疫情发生。

社会保障。享受农村最低生活保障1010人,解决困难群众生活补助120人。农村"五保"110人,其中集中供养16人,完成城乡居民社会养老保险覆盖人数2497人,参保缴费人数843人。完成城乡居民健康档案规范化电子建档率93%,59户农村低收入家庭得到扶助。下岗失业人员再就业20人,其中就业困难再就业6人,8名精神病患者和27名大病人员得到医疗救助,257户贫困户得到物质资金救助,14户无房户建新房,改造危房户4户,及时向伤残军人、复员军人、"两参"人员、带病回乡人员等各类优抚对象164人发放优待金。

【脱贫攻坚】 按照"四评、五优先、六不准"的标准,组织力量,到5个贫困村,走访贫困户,对全乡建档立卡贫困户开展再复核和"回头看"工作。经过复核,退出贫困户87户231人,新增贫困户84户280人;最终核定贫困户417户1332人。按照"一超过、两不愁、三保障、三有、四个好"标准,全年脱贫66户224人,余家庙村成功"摘帽"。

【安全维稳】 安全生产。建立安全生产保障机制和应急救援预案，乡政府与乡级单位及村（社区）委会签订安全生产目标责任书，实行“一岗双责”责任制，各单位、村（社区）委会选配安全生产监督员和管理员、森林防火巡山员和护林队，地质灾害监测员，水上交通安全员和监督员。加强森林防火巡山制度，每月20日召开驾驶员、行船员企业业主、村主任安全工作例会。6月开展打非治违“安全生产月”主题活动。

信访维稳。推进依法治乡战略，实施“六五”普法活动，完成“六五”普法中期督导工作，开展“平安创建”活动，加强社会治安综合治理，建立健全防范体系，深入排查并化解矛盾纠纷，实行重点监控制，落实首问责任制，领导接待制、干部下访制、辖区负责制，按时报告制，执行“一岗双责”责任制，及时解决群众的合理诉求，化解不稳定因素，帮助困难群众，杜绝上访人群。全年受理群众来信来访24件，受理率100%，化解各种不稳定因素24件，调解各类矛盾纠纷98件。

【党的建设】 全年每季度召开1次党委会，专题研究党建工作和党风廉政建设，解决基层党建工作难题12个，召开村五职干部会议8次。实施县委“红塔工程”，对村（社区）书记实施“一卡三书一清单”，开展“两学一做”主题教育活动，严肃讲纪律、守规矩，整治“四风”问题，班子成员查找不严不实问题18条，整改18条。制定修改完善各项制度5个。坚持主要领导“三个不直接”分管制度，进行岗位风险排查，发放党风廉政风险卡50人（次），进行警示60人（次）、告知和纠错15人（次），对3名支部书记诫勉谈话。

强力整顿后进村党组织，开展民主评议党员工作，对2名不合格党员进行处置。对1名村党员干部警告处分。对全乡156名外出流动党员进行登记造册。“七一”期间，投入8000元，慰问贫困党员50人。严把党员入口关，全年发展党员5人，预备党员转正5人。加强干部队伍建设，投入培训费6.5万元，对25名村党员干部学历提升。

强化党建基础建设，全年投入15万元，对2个行政村（社区）的党员活动室进行维修升级；投入5万元，更新13个支部远程教育设备，全面打造赵家坝村党建工作示范点。

加快服务型党组织建设，结合精准扶贫，开展“走基层”“三联五帮”等活动，解决服务群众“最后一千米”问题。每位乡机关干部联系1个村和3户困难群众，帮扶困难群众320人。加强党风廉政建设和反腐败工作，整治乡村干部“庸懒散浮拖”和“走读”等现象，查处村干部作风问题3人，查办党员违纪案件1件。

（双鄢乡：贺菊梅）

东板乡

【概况】 东板乡位于北纬30°41′17″～30°45′41″，东经106°24′58″～106°28′11″。地处县境东北部，东与长田乡毗邻，西南与顾县镇接壤，西北与南充市高坪区胜观镇相连。乡政府驻于金城山社区，电话区号0826，邮编638311，距岳池县城25千米。G42（沪蓉）高速、省道S203（仪华）线穿境而过。辖新桥河、三拱桥、好强沟、东板、大屋场、罐子垭、红坡、小尖坡、回龙庵、郭家庙10个村民委员会和金城山社区居委会。辖区面积22.41平方千米，耕地面积5385亩，森林面积1.5万亩。全乡总户数2871户，总人口9516人，主产水稻、小麦、玉米、红薯。境内有丰富的矿泉水和天然气资源。2016年，社会固定资产投资730万元，公共财政收入607万元，社会消费品零售总额1100万元，农民人均纯收入9230元。

【农业经济】 全乡粮食总产量同比增长10.5%，畜禽产品产量同比增长4%。扶贫攻坚稳步推进，在大屋场村扩建藤椒种植面积1100亩;引进业主,于新桥河村栽植李子树600余亩,好强沟村和红坡村连片种植中药材1000余亩。发展乡村旅游,在好强沟村和东板村连片打造以"纯天然绿色氧吧"为主题的农家乐,占地面积700余亩,游客3000人(次),当地农家乐餐饮收入5万元,农民出售土鸡、土鸭及绿色蔬菜收入3万元。

【工商业经济】 商业以个体经济为主,场镇有日用百货零售店6家、通信服务营业厅2家、家电维修店1家、餐饮店2家、电商服务点2家、蔬菜销售点1家、家禽饲料销售点2家。争取项目、筹措资金整改城镇居民饮用水管道16千米。

【基础设施】 修建水泥路38.6千米、泥碎路28.5千米,基本实现村村通水泥路,社级公路覆盖面达88%。整合资金加大水利设施建设,通过"一事一议"、公共运行服务等项目资新建山平塘8口,维修水渠5千米,解决农业生产用水困难问题。利用国家项目,加强农田水利设施建设,建成高标准基本农田3500余亩,整治病危塘堰10口;利用基层医疗卫生服务体系建设项目,新建红坡村标准化村级卫生室;投入200万元,完成卫生院迁建工程;投入210万元,建成标准化养老院1座。

【社会事业】 文化。实施电影下乡民生工程,全年农村放映公益性电影120场(次)。抓好宣传文化工作。利用11个村(社区)农家书屋开展全民读书活动,开展元旦、春节读书月活动,"4·23"世界读书日活动,全民读书月活动,暑期读书活动;组织全乡学生参加征文比赛;提高全乡学生的阅读和写作能力。

教育。全乡有公立小学1所、村小2所、私立幼儿园1所。在全乡广泛开展道德素质教育宣传,形成了讲科学、讲文明、讲礼貌、讲卫生的良好氛围。科教文卫事业蒸蒸日上。巩固九年义务制教育,适龄儿童入学率100%,"两免一补""营养餐计划"等优惠政策继续深入实施。

医疗卫生。组织开展公共医疗卫生服务,加强医药管理,提升医疗服务水平;乡卫生院实现"一无三配套"目标,医疗救治、疾病防控、卫生监督体系逐步健全,儿童疫苗免疫接种率98.5%,切实维护和保障农民群众的身体健康。切实做好新型农村合作医疗保险,牵头组织开展2016年度新农合筹资工作,狠抓狂犬病防制工作,确保公共卫生安全。

社会保障。扶持农村贫困人口改善生产生活条件208人,争取资金帮助农村特困群众危房改造34户,为智力、精神残疾人提供居家托养1人,发放资金600元。有"五保"167人,其中集中供养13人。兑现农村低保436人42万元,对全乡400名困难家庭失能老年人和80周岁以上高龄老年人进行了助医、助洁、助浴等居家养老服务,发放资金12万元。及时足额发放93名一、二级残疾人补助,对140名困难残疾人居家灵活就业。

【安全维稳】 做好重大时期和重要节点的信访维稳与安全生产工作,建立完善以网格化管理、全天候巡防、"黄赌毒"及临街麻将馆整治为重点的防控打击体系和以改制企业下岗职工、"两参"群体、涉法涉诉人员等特殊群体为主体的信访调处体系,按照"知情、掌控、办事、回访"的工作原则,及时开展矛盾纠纷排查、调处和化解,特殊群体稳控较好,全年接件84件,办结84件,办结率100%。加大对重点行业、重点领域、重点部位的督促检查力度,严格执法,有效规范生产经营建设秩序,结合县上"打非治违"方案要求,采取强硬措施,依法严厉打击无证、证照不全或过期、超许可范围从事生产经营建设、不具备安全生产条件擅自生产、关闭取缔后擅自恢复生产经营建设等违法行为,乡上成立专门的治理小组,对场镇环境、建设、治安等进行全天候管理,场镇乱建房问题得到明显治理,场镇建设秩序逐步规范。

【党的建设】 开展"两学一做",加强党委抓基层党建工作责任制落实，履行“一岗双责”，签订并落实党建工作及党风廉政建设责任书，全面开展谈心谈话。夯实基层组织建设，通过村（社区）换届，选优配强党组织成员，落实党建工作经费，规范村级党组织运行，组织开展“四议、两公开、一监督”落实情况大检查。重视农村党员发展，强化党员远程教育，推进以无职党员设岗定责、为民办事全程代理，流动党员“双向带动”等为载体的党建活动。加强干部队伍建设，坚持教育、制度、监督和惩治相结合，规范政务、村务和党务公开，健全村财管理制度，严格督查督办，及时查处违纪违规干部，切实维护人民群众的合法权益。定期开展“三会一课”，实施党员精准扶贫示范项目，推动基层党建工作稳步前进。

发展党员 6 人、培养入党积极分子 25 人。投入 3.2 万元，对全乡远程教育设备进行全面维修和更换。把“三向培养”作为重点，把致富能手、复退伍军人、大学生等培养成支部书记；为切实解决农村党员干部“学历低、贫困多”问题，实施学历提升 15 人，完成贫困党员 30 人脱贫任务。下拨各村办公经费及服务群众专项经费 68.8 万元；乡政府投资 15 万元，整改村级活动室 1 个，打造党建示范点 1 个。

（东板乡：游湖）

长田乡

【概况】 长田乡地处县境东北部，东与鱼锋乡、天平镇毗邻，西与东板乡接壤，南与顾县镇交界，北与金城山相连。乡政府驻地长田村，距岳池县城 24.5 千米。辖赵伯庙、烂堰、庆余、道清寺、将军、长田、木鱼井、黑山、红坡梁、顺天寨、朝天寺 11 个村民委员会，84 个村民小组，2524 户，9376 人，有汉族人口 9160 人，回族、苗族、藏族等少数民族 22 人。辖区面积 22.19 平方千米，东西北三面地势较高，南方稍低平，田多而土少，地形狭长，属深丘地带，间有小平原。有发源于金城山山麓的金城河穿境内向东流入苟角镇全民水库，西而下广安渠江，海拔高度 760 米，相对高度 200 米，属亚热带季风气候，年平均最高温度 17.7℃，最低温度 3.6℃。有中心校 1 所，村小 4 所，其中基点校 2 所、私人办学 1 所，在校学生 369 人，教职员工 30 人。乡卫生院占地面积 165 平方米，职工 5 人。主要农特产品有中国四号脐橙、西瓜、胡桃、优质脆红李、藤椒、大红枣。旅游风景点有由长田乡直通避暑胜地金城山森林公园、山脚风景怡人的金城湖、顺天寨寨门遗址。2016 年，全乡财政总收入 126 万元，固定资产投资 4000 万元，招商引资 3600 万元。

【农业经济】 大春种植水稻 3333 亩，其中旱育秧 1230 亩；玉米种植 680 亩，红薯 481 亩，大豆 388 亩，马铃薯 161 亩；蔬菜 8615 亩，出栏优质生猪 9900 头、牛 360 头、羊 830 头、兔 7 万只、小家禽 10 万只。引进培育藤椒业主 2 个，培育中药材业主 4 个，家庭农场业主 1 个，培育露地西瓜种植、肉牛、肉羊、獭兔养殖等业主 10 余个，通过获取土地租金、劳务收入、土特产代销等方式让涉及农户户均年增收 2 万元。

【工商业经济】 黑年出栏肉牛 1000 余头，肉兔 10 万余只。发展藤椒种植产业，种植藤椒 3000 余亩，道庆寺村、将军村至黑山村公路环线着力打造干果（藤椒、柑橘）产业环线，拓展基地 500 亩，辐射带动形成 6000 亩干果产业基地。扩展藤椒 100 余亩，中药材面积 400 多亩，顺天寨村至黑山村规划发展中药材，将具有观光价值的中药材花卉统一规划、整体布局，建设既有药用价值又有观光价值的花卉（菊花、栀子、牡丹、芍药、佛手）长廊，着力打造中药材产业环线，规划种植 1052 亩中药材花卉，辐射带动形成 2000 亩中药材花卉产业基地。发展家庭农场 1 户，农民通过土地流转租金收入 25.6 万元，订单种植收入 30 余万元，参与当地产业发展务工管理收入 45 万元。就地解决劳动力 200 余人。

【第二届长田生态观光节】 6 月 17 日,长田乡举办第二届长田生态观光节,开展“体验藤椒采摘 · 享受生态风光”主题活动。活动由岳池县长田香藤椒种植专业合作社和岳池顺天寨中药材种植专业合作社主办,岳池县农村信用合作联社、中国人寿保险股份有限公司岳池支公司和四川省岳池特曲酒业有限公司协办,乡党委、政府全程参与指导,该活动打响长田乡绿色生态旅游品牌,推动长田乡旅游、藤椒、中药材和当地农业的协同发展,着力打造岳池县“藤椒之乡”。

长田乡自 2011 年开始实施“藤椒产业发展规划”,至 2016 年年末,以藤椒产业为主的干果产业环线基本形成。全乡优质藤椒种植面积达到 3500 亩,年产量 350 吨,实现收入 700 余万元,依据科学化管理、精细化包装,注册“长田香”藤椒品牌,并成功创建为四川省森林食品基地。

长田乡把藤椒产业、中药材基地同旅游业结合起来,着力打造“绿色长田、花香长田”旅游品牌,通过举办“采藤椒”“观花卉”等活动,把生态观光、休闲娱乐以及丰富多彩的文化活动融为一体,使游客在感受摘果之乐、体验田园生活的同时,也能尽情欣赏当地青山绿水、百花齐放的生态风光,了解到更多的历史人文,适应游客对于深度游的要求。

【基础设施建设】 整合“一事一议”项目资金,新建碎石路 35 千米,便民路 4.5 千米。新建沼气池 65 口,维修整治山平塘 23 口,建设污水管网 651 米,新建垃圾池、垃圾坑 40 口,打卫生井 500 余口。

【社会事业】 坚持民生为重、民生为本、民生为先,顺利推进“惠民行动”,全面落实惠农政策,社会事业协调发展。实施回龙水库人饮供水和红层找水工程,可解决 5000 人安全饮水问题;加快小微水利建设,实施滴灌工程,有效解决产业发展水源不足的问题。加强农村天然气和污水管网建设,便利群众生活,洁美乡村环境。

【安全维稳】 安全环保。强化基层基础工作,加大隐患排查整治力度。修复生态资源,保持生态环保;注重地质灾害和森林防火,确保森林资源安全;科学引导养殖业发展,严禁土地、水和空气污染,确保环境优美怡人。

信访维稳。妥善处理初信初访,严格执行村干部、驻村干部、包村领导三级责任体系,做到小事不出村,大事不出乡。全面梳理不稳定因素,形成依法办事、公平办事的良好格局;协调解决吴向阳刑事纠纷,郭德军低保诉求,唐兴平转业诉求,杨顺友危房加固,杨琼珍残疾帮扶,刘光菊大病诉求等 10 余件老上访问题,与重点稳控人员吴全明的反复磋商也取得初步成效。

【脱贫攻坚】 年初,全乡减贫任务为退出 1 个贫困村,脱贫 275 人。其中:2016 年度退出贫困村中脱贫 25 户 89 人,非 2016 年度退出的 3 个贫困村中有贫困户 33 户 125 人;全乡 4 个贫困村以外的 7 个非贫困村“插花式”贫困户 15 户 61 人。全乡 2014 年以及 2016 年拟脱贫户人均纯收入均达到脱贫标准;有存粮,一年四季不缺粮,在收入保障下四季有衣穿,达到不愁吃、不愁穿标准;无一辍学学生,所有贫困户均参加新农合保险,2014 年至 2016 年涉及住房安全问题 48 户,通过易地搬迁(16 户)和危房改造(其中 C 级危房改造 26 户、D 级危房改造 6 户),解决 48 户无安全住房问题,均有安全饮水、通生活用电并开通广播电视。

【党建工作】 开展基层组织建设,开展“三严三实”专题教育、加强三型党支部建设,新建“两新”党组织 1 个,创建“五个好”乡镇党委,有 11 个村党支部获得“五个好”基层党组织的光荣称号。开展干部进千村、党员联万家活动,全乡下派 1 名党委领导班子成员,到后进村担任“第一书记”。发展党员 5 人,培育入党积极分子 15 人。

（长田乡：杨番文）

苟角镇

【概况】 苟角镇位于县境东部，东与广安区悦来镇、彭家乡毗邻，南与镇龙乡接壤，西与顾县镇、花园镇交界，北与天平镇相连；镇政府驻大田街17号，电话区号0826，邮政编码638312，距岳池县城22千米。辖饭滩桥、羊子山、雷打石、石龙桥、花庙子、倒碑、老面房、红土地、烂朝门、懒土地、白云观、乡里祠、白鹤观、小麦山、灯草行、水浮山、方石坝、大梨树、古坟梁、杨家桥、蛤蟆口、官斗山、墨斗溪、马应山、朱家坝、庵堂沟、南溪桥、范家坝、双土地、回龙庙、安家坝、曾拱桥、薛家坪、圣德山、熊家沟、凉水井、石板坡、回龙寺、吴家坡、红朝门、高岩头、桂林桥、风门坳、安乐寨、关公庙、走马坪、长五间、猫儿石、四方井、三清50个村民委员会，龙桥和金龙社区居委会，下设318个村民小组，8个居民小组；辖区总户数17840户，总人口54213人，辖区面积77.43平方千米，耕地面积3.73万亩，林地面积1.5万亩。地形多为浅丘兼平坝，土特产品有土鳝鱼、板鸭。

【农业经济】 苟角镇有农业从业人员1.53万人，耕地面积37375.1亩。全镇生产粮食27929.1吨，其中水稻16896吨、玉米1938吨、其他9095.1吨。主要经济作物有花生、大豆等。油料作物种植面积11362.5亩，产量1461.35吨，其中花生331.45吨；种植蔬菜面积7005亩，产量14477吨，主要品种有甘蓝、莴笋。种植花卉苗木4000余亩。

依托白云湖国家级湿地公园的打造，制定绿色生态发展战略，推动库区现代特色农业快速发展，建成占地300余亩的生态农业观光旅游区，新增中药材种植400亩，建成优质水果基地1000亩、猕猴桃基地1000亩、珍稀苗木基地1000亩、银杏药材基地700亩、蔬菜种植基地150亩。

畜牧业以牛、羊、猪、禽为主。镇辖区内有养牛场2个，养猪场2个，肉鸡场2个；全年生猪饲养量4.2万头，羊饲养量3400余只，牛饲养量3200余头；家禽饲养量66万只。关闭有影响的养殖场3个，整治畜禽养殖场2个。

【基础设施建设】 投入355万元，铺设污水官网6.4千米；投入840万元，修建通村水泥路14.5千米；投入28.7万元，整治山平塘5口。投入20万元，维护渠系10千米。红星渡改大桥建成通车，西溪河大桥进展顺利，1.9千米绕城公路竣工，全面启动范家坝、杨家桥、庵堂沟3个村避险解困项目，回龙寺水库建设顺利推进。新增沼气池100立方米以上的的2口；沼液沉淀池200立方米以上的1口，100立方米以上的1口；干粪堆积间50平方米的5间，30平方米的2间，化尸池30立方米2口。

【社会事业】 文化。1月24日，岳池县苟角镇举办“四川省民间文化艺术之乡（书法）”首届书法节，对获奖者发放证书和奖品，并为群众带来精彩的文艺表演；首届书法节收到书法作品200余件，广安市老干部志愿者还现场挥毫泼墨，书写春联免费赠与现场群众。11月26日，苟角书法分会成立。完成52个村（社区）书屋管理员业务培训，开展“春节免费开放活动”“4·23世界读书日活动”“全爱小小书屋征文”活动。小麦山等6个村实施“农民健身工程”，饭滩桥等5个村新建“文化活动室”，安家坝等2个村建成“幸福文化大院”。组建5支文艺队伍，从艺人员近300人，全年开展送文化下乡巡演16场，组织到市、县参加调演4场，在52个村（居）播放电影600余场。

教育。有初中（苟角中学）1所，在校生671人，在职教师59人；有苟角小学、石城小学、红星小学、高寺小学4所小学，在校生3228人，在职教师214人；幼儿园7所，在园幼儿766人。农村义务教育阶段学生的作业本费应免尽免，实现减免家庭经济困难幼儿保教费261人,资助家庭困难职工子女上学7人,中职学生招生216人,严格实施农村义务教育学生营养改善计划。

医疗卫生。有公办医院(苟角镇中心卫生院)1家,民营医院1家,村(社区)卫生室52个。中心卫生院有床位80张,专业卫生人员23人,其中执业医师9人,执业助理医师6人,注册护士8人,村级卫生室50所;为"弱能人士"、行动不便老人提供免费上门医疗服务,为全镇各社区(村)群众提供免费体检1600人(次)。

劳动就业与社会保障。组织青年劳动者技能培训150人(次),新增就业人员153人,其中失业人员在就业40人,困难人员再就业人员10人,灵活就业人员27人,促进高校毕业生创业3人,建档立卡贫困户创业3人,实现镇内劳务输出58人,下岗失业人员和失地无业农民再就业150人,其中就业困难再就业40人。享受城镇最低生活保障人数305人,享受农村最低生活保障2100人;农村"五保"357人,其中集中供养50人;农村医疗救助70人(次),发放救助金38.65万元;农村临时救济248人(次),发放救助金44.23万元;参加农村和城镇基本养老保险2.16万人;城乡居民社会养老保险参保人数21549人,其中政府代缴居民养老保险建档立卡贫困户1421人。

环境保护。镇污水处理厂建成投入运行,日处理污水量0.25万吨。全年投入城乡环境整治资金200余万元,新购垃圾桶40个,维修路灯10盏,全镇绿地率32%。

【综治信访】 全镇受理治安案件109件,受到行政拘留19人。镇司法所全年办理法律援助案件38件,解答群众法律咨询292人(次)。受理信访案件100余件,完成回复100余件。

【安全生产】 镇政府召开车船主、经营户、业主、特种作业人员会议,全面宣传《安全生产法》《道路交通法》《食品卫生法》《安全生产条例》等法律法规及安全知识,发放安全宣传资料1万余份,接受群众咨询2500人(次)。处理"三无"车非法载客23次,处罚摩托车超员不戴头盔85人(次),检查船舶50余艘(次),查处安全隐患7起,处罚客运船超载6艘,乘客不穿救生衣36人,处理农(自)用船违规超载7艘,排查危房30次,整改20处;没收销毁"三无"食品40千克,纠正违章施工作业6起,检查加油站、液化气销售点5家,查处安全隐患4处,整改3处。通过安全检查、隐患排查整治,彻底消除安全隐患,杜绝各类事故的发生,实现安全生产"零"事故目标。

【精准扶贫】 各项政策传达至贫困村、贫困户,扶贫政策家喻户。帮助贫困户找到适合自身实际的脱贫致富发展道路。在回龙庙、饭滩桥、凉水井、薛家坪4个贫困村,发展银杏树种植面积400余亩,为贫困户找到一条产业致富的路子。整合资金614万元,在高岩头村、懒土地村、雷打石村建成4.5米宽水泥路9千米;整合资金600余万元,在安家坝、饭滩桥、凉水井、薛家坪4个村硬化通村道路11千米;利用上级专项资金及社会帮扶资金31万元,在安家坝、饭滩桥、回龙庙、凉水井、薛家坪5个贫困村新建村级卫生室;补助资金240余万元,实施C级危房改造77户,D级危房改造22户,易地扶贫搬迁26户。至2016年年末,实现一个贫困村"摘帽"、263户850人脱贫。

【苟角镇避险解困项目现场启动会】 岳池县2015年第二批移民避险解困项目涉及苟角镇杨家桥、范家坝及庵堂沟3个村20个组,计划安置505户2011人(目前拟安置311户1107人,其中项目区规划建集中安置点5个,安置移民176户606人、购房外迁135户501人)。项目总投资12137.17万元(其中中央补助资金4022万元、省级配套资金4022万元、地方整合资金2099.76万元、移民自筹资金1993.41万元)。项目内容为安置点住房建设、基础设施建设、公共服务设施建设、生产扶持及教育培训等，建设时间为2016年至2017年年底。

【换届选举】 2016年6月18日，中国共产党岳池县苟角镇第七次代表大会在苟角中学阶梯教室召开。大会总结苟角镇过去五年来在经济社会发展和党的建设等方面取得的成就，实事求是分析苟角镇面临的发展机遇和挑战，理清发展思路，科学规划未来五年发展方向，紧紧围绕和谐苟角、发展苟角、畅通苟角、文化苟角、生态苟角“五个苟角”建设。大会还经过充分的酝酿和民主选举，产生中国共产党岳池县苟角镇第七届委员会和中国共产党岳池县苟角镇纪律检查委员会。

11月16日，岳池县苟角镇第七届人民代表大会第一次会议召开。根据《中华人民共和国地方各级人民代表大会和地方各级人民政府组织法》及有关规定，经到会代表充分酝酿，以无记名投票方式，选举产生新一届镇人大、政府领导班子。

12月，镇党委根据县委政府对村两委换届选举工作的要求，启动苟角镇村（社区）党组织换届工作，有50个村、2个社区进行支部换届，产生支部委员161人，其中书记52人，副书记11人。通过换届选举，新一届支部委员会班子的女性委员数、年轻结构、文化程度有较大改善，政治坚定、工作务实，想干事、能干事、会干事的优秀党员进入村党支部领导班子，增强村级党组织领导班子活力，提高班子的整体素质和战斗力，巩固和加强村党支部在村民自治中的核心领导地位。

（苟角镇）

天平镇

【概况】 天平镇位于县境东北部，东与广安区郑山乡、兴平镇毗邻，南与苟角镇接壤，西与鱼峰乡、长田乡、顾县镇交界，北与蓬安县风石乡、银汉镇相连。镇政府驻土地坳村，电话区号0826，邮政编码638312，距岳池县城35千米。辖干井、长河扁、莫家河、印家坝、王家岩、先锋观、何家坳、土地沟、英角、桥亭子、李家坝、胡家庵、金龟桥、新安寺、秦家垭、水口、蒋山镇、蒋家庙、唐家店、垭口、罗家坝、高坝嘴、胜利、石家沟、土地坳、回龙、金龙庙、五圣庙、张家沟、黎家沟、团坝子、八块田、代家梁、杨家堂、白纸山35个村民委员会和滨河社区居委会，下设251个村民小组，2个居民小组；辖区总户数9127户，总人口3.64万人，辖区面积74.2平方千米，耕地面积27327.27亩。地形多为低山，境内最高点海拔532.8米，最低点海拔384.8米；风景点有回龙水库象鼻河、三元寨战斗遗址。2016年，全镇农业总产值12558万元，地区生产总值19797万元，社会固定资产投资12000万元，社会消费品零售总额8023万元，外出务工劳务收入8671万元，农民人均纯收入9842元。

【农业经济】 种植业。全镇林地面积11059.59亩、公益林4929.8亩、生态林9456.7亩、退耕还林面积3134.5亩。粮食总产量21953吨，其中水稻13902吨、小麦1776吨、玉米2964吨、马铃薯906吨、红薯1825吨、其他580吨，油菜面积9598亩、产量1628吨。

养殖业。规模化标准化改造畜牧养殖基地5个，年出栏山鸡3.45万只，生猪1189头，山羊334头。全年生猪肉产量22906吨；家禽（鸡、鸭、鹅）饲养31.4万只，产禽蛋620吨；畜牧业总产值6980万元。水库养殖面积2000亩、产量260吨，鱼塘养殖面积200亩、产量156吨，渔业总产值891万元。

【工商业经济】 境内有竹子加工厂2个，砖厂1个，酒厂6个，预制厂2个；有个体工商户62户，有1处农贸市场；全年全镇实现工业总产值14075万元。

【基础设施建设】 通过整合水库后扶、整村扶贫推进、农村通村水泥公路等项目，在何家坳、先锋观、代家梁等12个村新建水泥公路28.7千米，全镇水泥公路总里程70千米。

【社会事业】 文化。有中心文化站1个，农家书屋35个。放映公益电影450场。

教育。有幼儿园所9所，在园幼儿356人；小学4所，在校生1530人，在职教师65人；初中2所，在校初中生750人，在职教师44人。救助贫困中小学生38人，资助贫困中小学生15人。

医疗卫生。有镇卫生院1所、村级卫生室35所，有专业医务人员4人；另有从业执照的私人诊所26家。参加新农合保险3万人，参合率98%；城镇居民医疗保险覆盖169人。

社会保障。享受城镇最低生活保障人数44人，享受农村最低生活保障1714人；农村“五保”241人，集中供养33人；参加城乡居民养老保险13909人；下岗失业人员和失地无业农民再就业48人，其中就业困难再就业5人。及时向伤残军人、复员军人、“两参”人员、带病回乡人员、“三属”等各类优抚对151人，发放优待金125万元。

【安全维稳】 安全生产。镇政府与辖区各单位及村委会签订2016年安全生产目标责任书，制定完善各类应急救援预案，选配安全生产监督员和管理员，实现安全生产网络化管理和安全生产管理无缝对接。采取召开会议、创办宣传栏、黑板报，张贴标语、上街设立宣传咨询站、举办培训班等形式进行宣传。召开水陆交通、建筑安全、食品安全等安全会议15次，张贴宣传标语42幅。重点抓好道路交通安全集中整治、安全生产规范化建设、“百日”安全、“安全生产月”、打击非法经营建设行为等活动，查处道路交通安全违章行为278起，排查整治安全隐患28处。

信访维稳。实施“六五”普法宣传，组织到校讲法治课5次，举办镇村干部学法培训班12期；及时解决群众的合理诉求和矛盾纠纷，受理群众来信来访57件，受理率100%，化解各种不稳定因素15起，调解各类矛盾纠纷25件。

【党的建设】 开展“两学一做”系列教育活动，举办“重温入党志愿和入党誓词活动”，开展三个专题学习研讨，集中学习习近平系列讲话精神5次，通过远程教育等多种方式培训党员1123人。“七一”前夕，组织慰问贫困党员48人，救助60岁以上贫困党员30人。培养入党积极分子62人，发展党员13人。筹资22万元，新建成回龙村标准化村级党员活动室，改建村级党员活动制度。优化党员干部队伍结构通过领导带领、技能培训不断提升15名贫困村“第一书记”履职能力，完善管理机制，促进驻村帮扶工作落地见效。按时足额拨付村（社区）办公经费和服务群众专项经费，全年开展村级财务清理3次；落实“四有四无四及时”制度，杜绝村级财务管理混乱、账目不清等问题。定期公开村务党务，主动接受群众监督，对于村内的重大事情，严格落实“一事一议”“四议两公开一监督”机制。促成3个后进村党组织顺利升级，通过发展产业、流转土地等方式，35个村的集体经济收入达标，全部消灭“空壳”村。

（天平镇）

鱼峰乡

【概况】 鱼峰乡地处县境东北边陲，东南与天平镇毗邻，西与长田乡接壤，西北与南充市高坪区胜观镇交界，北与南充市蓬安县兴旺镇、凤石乡相连。乡政府驻骑龙场，电话区号0826，邮政编码638312，距岳池县城36千米。辖骑龙、川主、华凤庵、大石门、金城、顺天、老门垭、八桅、周家寨、鱼峰、打鼓寨、周家堂、临碑匾、龙泉沟14个村民委员会和龙凤社区居委会，下设93个村民小组，5个居民小组，3685户12837人。东西最大距离6.26千米，南北最大距离10.5千米，辖区面积30.12平方千米，耕地面积10440亩，林地面积20428亩。地形多为低山，境内最高点曹天子海拔821.6米，最低点杨家大田海拔409.7米。土特产品有林下土鸡、金城野猪、黑木耳等，风景点有金城后山、象鼻河等。

【乡域经济】 全乡粮食总产量8375吨，其中水稻4780吨、小麦560吨、玉米980吨、薯类2055吨。主要经济作物有油料、蔬菜、水果等。油料作物面积296亩，产量453吨，其中油菜面积232亩、产量375吨；蔬菜主要品种有大白菜、白萝卜、胡萝卜、马铃薯、莴笋、西红柿等，蔬菜种植面积542亩。

畜牧业以饲养生猪、羊、牛、兔及家禽为主。年出栏500头以上生猪大户2户，全年生猪出栏1.6万头；出栏牛215头，羊1450只，兔6000只，家禽（鸡、鸭、鹅）13.5万只。

境内有砖厂1个，酒厂2个；商业网点遍布街区，形成以百货批零、电子、服装、医药、餐饮娱乐为骨干的特色街区；有个体工商户188户，全年全乡实现工业总产值580万元。

【基础设施建设】 投资600万元，修建骑龙水库环线公路6.3千米、泥结碎石路2千米，整治山平塘6口，维修党员活动室5个。新建农村沼气池10口，完成危房改造25户。加快小区建设步伐，完善已建道路的绿化、亮化和其他相关配套；街道道路总长度2千米，天然气用户826户。有邮政网点1个，电信服务网点1个。

【社会事业】 文化。有省级文物保护单位1处，中心文化站1个，村级农家书屋15个；全年放映公益电影170余场。

教育。有幼儿园6所，在园幼儿200余人；学校4所，在校生1280人，在职教师56人。乡政府资助贫困中小学生12人3000元。

医疗卫生。有乡卫生院1所，村级卫生室14所，有专业医务人员26人；另有从业执照的私人诊所10家。新型农村合作医疗参保人数10680人，参合率99%；城乡居民医疗保险覆盖35人。

社会保障。享受城镇最低生活保障人数10人，享受农村最低生活保障567人；农村“五保”85人；参加城乡基本养老保险4285人；城镇失业人员再就业15人，其中就业困难再就业5人。及时向伤残军人、复员军人、“两参”人员、带病回乡人员、“三属”等各类优抚对象86人发放优抚金。

环境综合治理。场镇新添环卫推车2辆，添置更换垃圾桶15个，重新规划车辆停放点16个和个体摊点8处。新建公路沿线垃圾池2个，改善农村环境，形成农村“环境优美、生态良好、风貌协调、庭院美化、村容整洁、乡风文明”的新气象。

【安全维稳】 安全生产。乡政府与辖区各单位及村委会签订安全生产目标责任书，制订完善各类应急救援预案，选配安全生产监督员和管理员，实现安全生产网络化管理和安全生产管理无缝对接。召开水陆交通、建筑安全、食品安全等安全会议40次，张贴宣传标语50余幅。重点抓好道路交通安全集中整治、安全生产规范化建设、“百日”安全、“安全生产月”、打击非法经营建设行为等活动，查处道路交通安全违章行为800余起，排查整治安全隐患6处。

信访维稳。实施“六五”普法宣传，组织到校讲法治课2次，举办乡村干部学法培训班12期；为群众办理各种便民服务事项1.2万件，其中乡便民服务中心办理5500余件，村便民服务办理6500余件。及时解决群众的合理诉求和矛盾纠纷，受理群众来信来访25件，受理率100%，化解各种不稳定因素50余起，调解各类矛盾纠纷100件。

【党的建设】 “七一”前夕，组织慰问贫困党员60余人，救助60岁以上贫困党员3人。全年培养入党积极分子30人，发展党员5人。开展“双向承诺”，增强各党支部的凝聚力及亲和力；完善村“三员”制度，聘任群众诉求代理员，为民解决诉求

200 件。

（鱼峰乡）

罗渡镇

【概况】 罗渡镇地处县境东南部，东与中和镇毗邻，南与伏龙乡接壤，西与赛龙镇、齐福乡交界，北与广安区广罗乡相连。镇政府驻兴罗街160号，距岳池县城28千米，距广安市区13千米。辖邹家坪、黄角湾、瓦窑沟、柏树嘴、石门子、戚家沟、云门寺、楼房湾、陈家堂、歇马台、玉王观、长春桥、吊岩石、化龙桥、桐子坪、临水寺16个村民委员会，兴盛、临江2个社区居民委员会，108个村民小组，9901户3.33万人。耕地面积12375亩，地形多为浅丘。场镇面积2.9平方千米。辖区东西最大距离7.71千米，南北最大距离7.09千米，辖区面积28.72平方千米。境内最高海拔366.4米，最低点海拔200.4米。特产品有沙灌萝卜、沙土红薯等。2016年，实现地区生产总值4.25亿元，社会固定资产投资2.7亿元，规模以上企业产值实现12亿元，农民人均纯收入12050元。

【镇域经济】 罗渡镇利用逐渐突显的区位优势，推动农旅结合的特色产业发展。建成亩均产值1万元以上的高产农田2000亩，发展无公害水果、大豆、油菜、蔬菜各1000亩，培育"一村一品"专业村5个。成立平安养殖、清泉水产养殖、吊岩石村生态养殖3个专业合作社。推广本地农业特色产品沙罐萝卜、花生、芝麻，柏树嘴村的生态种养农家乐即将竣工。

有尼龙合金托辊建设、机车配件、机制砂厂、友好医院、宙龙化工、九鼎混泥土公司、白泉医药等规模以上企业19家，实现工业增加值83156万元，实现税收16501万元，实现就业人数1500余人。

【基础设施建设】 利用省级财政奖补贴资金12万元，县级配套资金2万元，部门整合资金39万元，建成罗渡3个村3个项目的村级水泥路2.3千米。新建贫困村文化室1个，村级活动室1个，公厕1个，整治山平塘1口。建成罗渡镇敬老院，新增床位50张。吊岩石村维修硬化进村公路1.5千米，完成电视户户通87户。

【社会事业】 做好辖区职教工作，减免家庭经济困难高中学生（罗渡中学）学费944人。资助家庭困难职工子女上学7人。完成农村义务教育学生营养改善3177人，其中罗渡中学1012人、童心小学626人、罗渡小学1539人。

城市低保对象月人均补助260元，农村低保对象月人均补助150元，都由县财政局打卡按季度发放。城乡居民社会养老保险覆盖人数6701人，城乡居民社会养老保险参保缴费人数2924人。为困难家庭失能老人和80周岁以上高龄老人提供居家养老服务650人，重度残疾人护理补贴发放285人。新农合农村居民参合率97%，参合农民住院政策范围内医药费用报销比例75%。

城镇居民基本医疗保险覆盖人数3150人；城乡居民健康档案规范化电子建档率100%，高血压患者管理率47.7%，糖尿病患者管理率12.4%。农村孕产妇住院分娩率100%；按政策落实农村中老年居民免费体检和巩固完善基本药物制度，按照相关政策执行；为农村符合政策并计划怀孕夫妇免费提供孕前优生健康体检，为200人提供孕前优生健康体检。

推动人才品牌培训28人，青年劳动者技能培训50人。成功实现城镇新增就业170人，城镇失业人员再就业40人，就业困难人员再就业10人，城乡残疾人居家灵活就业180人；对创业的在校大学生和毕业5年内的高校毕业生给予创业补贴创业担保贷款等政策扶持，补贴资金2万元。

扶持农村扶贫对象257人。符合医疗救助条件的贫困患者在政策范围内住院自付费救助比例

55%，全镇到达70%。计划生育奖励扶持203人，计划生育家庭特别扶助11人。扶持农村贫困残疾人发展生产44人，为贫困残疾人适配亟需的基本辅助器具16人，救助贫困家庭脑瘫儿童1人。救助贫困家庭重度听力残疾儿童1人，资助家庭困难职工子女上学7人。为边远贫困地区和民族地区农村教师（罗渡小学）建设周转房30套。

农村危房改造20户（D级12户、C级8户），易地搬迁10户，完成“五改三建”35户。巩固退耕还林成果2571.6亩，补偿集体公益林2754亩。

（罗渡镇）

裕民镇

【概况】 裕民镇位于北纬30°17′57″～30°22′44″，东经106°25′06″～106°30′13″。地处县境南部，与武胜县、重庆市合川区交界；东与大佛乡毗邻，南与重庆市合川区肖家镇接壤，西与武胜县乐善镇、猛山镇交界，北与普安镇、齐福乡相连。镇政府驻香炉嘴社区，电话区号0826，邮政编码638364，距岳池县城38千米。辖广兴场、桥洞、祖家院、高笋田、石佛寺、土地堂、石朝门、丁家湾、羊山寺、水井湾、古迹山、彭家场、陶家沟、断桥沟、向家坪、王家桥、茅草坪、毛坝、接官亭、蔡家桥、杉树湾、尹垭、流杯池、芝字坝、樊家桥、新桥26个村民委员会和香炉嘴社区居委会；下设190个村民小组、3个居民小组。辖区总户数10448户，总人口36262人，其中城镇常住人口4752人。辖区东西最大距离8.26千米，南北最大距离9.87千米，辖区面积36.7平方千米，耕地面积23160亩，林地面积6800亩。地形属浅丘带坝，人口密度为每平方千米988人。境内最高点海拔426.1米，最低点海拔294.9米。2016年，全镇国民生产总产值4.45亿元，国内生产总值3.25亿元，社会固定资产投资8000万元，公共财政收入1100万元，外出务工劳务收入1.2亿元，农民人均纯收入10377元。

【农业经济】 种植业。2016年，按照“稳定种植面积，突破发展畜牧产业，协同发展林业、水产等特色效益农业”的总体要求，走“重点突破、以点带线、以线带面”的发展模式，推进现代农业良种化、标准化、规模化、品牌化，提高农业和农村经济的整体素质和效益。全镇粮食总产量17085吨，其中水稻12311吨、小麦1401吨、玉米961吨、马铃薯1162吨、红薯680吨、其他570吨。主要经济作物有油料、蔬菜、水果等。油料作物面积7290亩，产量800吨，其中油菜面积7080亩、产量780吨；蔬菜主要品种有大白菜、白萝卜、胡萝卜、马铃薯、莴笋、西红柿等，蔬菜种植面积5266亩、产量7356吨，种植稻田蘑菇50亩；主要水果有柑橘、梨子、桃子、枇杷等，年产量477吨，收入200万元；种植林木面积1600亩，栽植1.68万株。

养殖业。以生猪生产为龙头，发展镇域经济为指导，围绕养猪专业村建设，发展畜牧产业。畜牧业以饲养生猪、羊、肉牛、肉兔及家禽为主，发展年出栏1000头以上生猪大户9户，年出栏500～1000头以上生猪大户8户，年出栏100～500头以上生猪大户20户，年出栏1000头以上生猪大户45户；全年生猪饲养量10.12万头，年末存栏3.6万头，生猪肉产量6000吨；牛饲养量4800头，年末存栏1600头；羊饲养量3700只，年末存栏1000只；兔饲养量2.69万只，年末存栏8000只；家禽（鸡、鸭、鹅）饲养150万只，产禽蛋260吨；畜牧业总产值1.2亿元。鱼塘养殖面积1740亩、产量850吨，稻田养殖面积1500亩、产量160吨，渔业总产值600万元。

【工商业经济】 壮大以精米、面粉、李二姐泡菜、酿酒为主的农副产品加工业，以预制构件、页岩机砖为主的建材业。境内有加工厂16个，砖厂1个，酒厂2个；商业网点遍布街区，形成以百货批零、电子、服装、医药、餐饮娱乐为骨干的特色街区；有个体工商户368户，其中农家店126个，有农贸市场2个；引进大型超市2个、面积1000余平米。投资50万元，规范建设农产品贸易市场一条街。全年全镇实现工业总产值8600万元，全年社会商品销售总额8400万元。

【基础设施建设】 灵泉寺水库开工建设，维修山平塘8口，整治病险水库2个。建设通村水泥路12千米，泥结碎石路18千米，便民路6千米。黑化街道500米，修建日间照料中心1个，修建公厕1座；强力推进污水处理站管网建设，新建敬老院1个。改建村活动室5个，新建村卫生室5个、图书室5个，硬化村级活动中心5个，村级广播全部升级，实现村村通广播。在27个村（居）都安装宽带，通讯网络得到健全。推进电网升级改造，新增变压器12台，提高用电质量。实施幸福美丽新村项目3个，其中王家桥村作为新农村试点示范村。

全镇有邮政网点1个，电信服务网点3个，固定电话用户260户，移动电话用户8700户，宽带接入用户650户。

【社会事业】 文化。有市级重点文物保护单位3处，县级重点文物保护单位6处；有中心文化站1个、村级文化室26个、农家书屋26个；有综合性业余文艺演出队员26人，业余舞蹈队员38人，中老年腰鼓队32人；开展电影“三个一”工程，放映公益电影400余场。利用“夕阳红”歌咏队和舞蹈健身队，开展群众性文化体育活动40余次。

教育。有幼儿园所3所，在园幼儿650人；小学2所，在校生1621人，在职教师95人；初中1所，在校初中生920人，在职教师62人；有民办学校1所，在校生1577人，民办教师45人。全年完成3所学校改厕、中小学楼房排危工程，实施营养餐计划，强化校园周边环境整治，设立青少年维权岗，开展关爱留守学生、结队帮扶、定点助学、捐资助学等活动，入学率、巩固率不断提高，“两基”提高卓有成效。救助贫困中小学生20人，资助贫困中小学生170人。

医疗卫生。有镇卫生院1所，村级卫生室26所，有专业医务人员46人；有从业执照的私人诊所9家。新型农村合作医疗参合率98%，医疗救治、疾病防控、卫生监督体系逐步健全，儿童疫苗免疫接种率100%，城镇居民医疗保险覆盖550人。

社会保障。享受城镇最低生活保障人数76人，享受农村最低生活保障1297人；享受农村“五保”382人；参加城镇基本养老保险341人，参加农村养老保险12591人；下岗失业人员和失地无业农民再就业30人，其中就业困难再就业10人。伤残军人、复员军人、“两参”人员、带病回乡人员、“三属”等各类优抚对象353人，发放优待金143万元。开发贫困村公益性岗位30余人。

环境综合治理。场镇新修垃圾处理场2处、改造垃圾中转站2处，购置环卫运输车辆1辆，推车6辆。添置更换垃圾桶56个，新添立杆灯、悬臂灯20盏，维修路灯26盏，新增环卫工2人，重新规划车辆停放点和个体摊点，公路沿线新建垃圾池26个，拆迁不达标养殖场站5个。

【安全维稳】 安全生产。镇政府与辖区各单位及村委会签订2016年安全生产目标责任书，制定完善各类应急救援预案，选配安全生产监督员和管理员，实现安全生产网络化管理和安全生产管理无缝对接。召开水陆交通、建筑安全、食品安全等安全会议12次，张贴宣传标语1800余幅。重点抓好道路交通安全集中整治、安全生产规范化建设、“百日”安全、“安全生产月”、打击非法经营建设行为等活动，查处道路交通安全违章行为30起，排查整治安全隐患25处。

信访维稳。落实领导信访接待日，领导大接访和矛盾隐患排查制度，强化社会管理，建立以网格化管理防控体系，落实接访、下访制度，有效避免群体性上访和越级上访。实施“六五”普法宣传，组织到校讲法治课8次，举办镇村干部学法培训班8期；及时解决群众的合理诉求和矛盾纠纷，受理群众来信来访68件，受理率100%，化解各种不稳定因素16起，调解各类矛盾纠纷120件。

【脱贫攻坚】 按照“一高一低一无”标准识别贫困村8个，开展贫困户精准复核及“回头看”工作，完成贫困村项目规划和贫困户“五个一批”分类和“六有”系统信息录入。投入扶贫专项资金1000余万元，新建水泥路8千米，扶持发展产业贫困户100余户，异地搬迁32户，危房改造100余户，劳务培训1000人，募捐各类帮扶资金20万元。全镇脱贫157户512人，省定脱贫贫困村王家桥村通过省第三方评估机构验收。

【党的建设】 加强干部队伍管理，促进基层党组织建设。采取以会代训、现场指导、远程教育等方式，培训党员3800人(次)。“七一”前夕，慰问贫困党员97人，救助60岁以上贫困党员120余人。培养入党积极分子18人，发展党员12人。开展“双向承诺”，增强各党支部的凝聚力，完善村务监督委员会制度，成立27个村(社区)纪检小组，聘请村(居)民小组廉情监督员122人，制定惩治和预防腐败体系基本框架，完善“三员”制度，为民解决诉求60余项。

(裕民镇：王超、张国栋)

赛龙镇

【概况】 赛龙镇位于北纬30°17′51″～30°21′43″，东经106°30′42″～106°35′21″。地处县境东南部，东与罗渡镇、伏龙乡毗邻，南与重庆市合川区香龙镇、龙市镇接壤，西与大佛乡交界，北与齐福乡相连，距岳池县城38千米。辖区东西最大距离7.46千米，南北最大距离7.08千米，辖区面积25.5平方千米，境内最高点海拔369.5米，最低点海拔200.2米。镇政府驻赛龙场，电话区号0826，邮政编码638309。辖老隍堂、顺梁寨、井淹院、打铁口、花柳溪、天神堂、牛敞沟、罐顶山、千字岭、龙泉、老人坪、赵家坪、红花园、十字路、龙口场、新观音16个村民委员会和渠江社区居委会，下设111个村民小组，6个居民小组，总人口20571人。特色产业有砂罐萝卜、黑花生、芝麻、白沙柚、短周期工业原料林等。

【镇域经济】 引进银杏种植项目4个，投入资金1.3亿元。分别是在花柳溪村种植银杏1860亩，投入资金2604万元；在天神堂村种植银杏1830亩，投入资金2562万元；在牛敞沟村种植银杏1790亩，投入资金2506万元；在老人坪村种植银杏1940亩，投入资金2716万元；在赵家坪村种植银杏1990亩，投入资金2786万元。

全镇种植水稻9600亩，其中水育秧1000亩、旱育秧8600亩；种植玉米1760亩，红薯1250亩，大豆230亩，马铃薯2360亩，油菜3800亩。

【安全维稳】 悬挂安全生产布标36幅，永久性宣传标语20幅，开展安全生产知识培训52次；开展大型安全生产上街集中宣传活动46次，现场展出宣传展板8块、挂图40张，发放安全生产明白纸12万余份；设立咨询台3个，接受咨询人员100余人(次)，受教育群众4000人(次)；查出各类隐患60处，现场整改42处，限期整改18处；检查各类机动车1200余辆(次)，对其进行警示教育，处罚违章车辆230余辆(次)。

及时解决群众的合理诉求和矛盾纠纷，受理群众来信来访12件，受理率100%；化解各种不稳定因素8起，调解各类矛盾纠纷83件。

【脱贫攻坚】 召开脱贫攻坚工作推进会40次，对摘帽贫困村的贫困户入户走访率100%，对插花式贫困户走访率75%，完成老人坪村脱贫工作。其余贫困村严格按照贫困村“一低五有”的脱贫标准进行对标，贫困发生率由最初的16.6%降至

2.2%。通过退耕还林，种植银杏、水稻制种、山平塘承包，各村增加村集体经济收入。

【民生工程】 发放低保、“五保”、各种优抚款，临时救灾救济款累计85万元；实现新增城镇就业55人，城镇失业再就业25人，就业困难人员再就业5人；完成农民工培训450人（次），其中青年劳动者技能培训65人（次）；开民实用技术培训30人，新型农民培训72人；巩固退耕还林成果2731亩；免费放映农村公益电影10场（次）；新修龙泉村公路3千米，硬化老人坪村水泥路3.5千米。

【党建工作】 健全党的组织生活，坚持“三会一课”制度，全镇17个村（社区）开展党员“冬训活动”“民主生活会”等活动，增强党员干部业务能力和工作能力。加强对示范户及示范工程的引导与建设，着重推动一批能带动全镇村民致富的产业。

（赛龙镇）

大佛乡

【概况】 大佛乡地处县境南部，东与赛龙镇毗邻，南与重庆市合川区肖家镇接壤，西与裕民镇交界，北与齐福乡相连。乡政府驻大石坝社区大佛街175号，距岳池县城38千米。辖园艺场、烂井坝、芝麻嘴、酢坊沟、何家堂、夹家坪、徐家场、大佛寺、大屋基、滴水岩、凤凰、香山、赵家沟、上马寺、三官店、燕家湾、罗善桥17个村民委员会和大石坝社区居委会；下设105个村民小组、2个居民小组；辖区总户数5730户，总人口21095人，面积24.8平方千米。地形多为浅丘，乡内最高点海拔503米，最低点海拔275.3米；土特产品有安佛蜜柚，风景点有大佛山庄。2016年，全乡农业生产总值3786.5万元，地区生产总值1.69亿元，社会固定资产投资8900万元，社会消费品零售总额2826万元，公共财政收入561万元，外出务工劳务收入1.6亿元，农民人均纯收入8236元。

【乡域经济】 根据本地的自然资源状况，实行“宜农则农，宜果则果”，顶台土种植经济林，发展优质水果。在三官店村新定植安佛蜜柚250亩，全村蜜柚面积1000亩，挂果600亩，产量900吨。蔬菜制种100亩，年收入300万元。

全乡新增10头以上母猪养殖大户32户；出栏500头以上养殖大户6户，出栏100头以上的养殖大户7户，年出栏50头以上的养殖大户20户；全年生猪出栏量3.4万头，存栏2.5万头。专业大户杨帆养殖波尔山羊，出栏1600头，存栏760头，纯收入13万元，贫困户寄养波尔山羊378头，种植莴笋100亩。

全乡劳务输出9000余人（次），收入1.6亿元。

【民生工程】 城镇新增就业40人，城乡居民参加养老保险6837人，城镇低保17人；对农村770人纳入最低生活保障对象，城镇每人每月最高领取现金310元，农村每人每月最高领取现金165元；敬老院集中供养“五保”户151人，城镇居民医疗保险试点覆盖人数143人；巩固退耕还林成果1050亩，补偿集体公益林790亩，改造高标准农田1010亩；新建公厕2个，新建妇女儿童之家1个，解决3名贫困村精神病患者医疗费用；城乡就业180人，扶持农村扶贫对象550人；计划生育奖励扶助194人，特别扶助7人；补助寄宿学生发放生活补贴205人，输送中职学生63人。资助贫困学生上学44人，资金8900元；对城镇1人、农村14人实行医疗救助。

【基础设施】 安装路灯48盏，新架设路灯线路200米；新建自来水管道配套入户550户，主管道4.5千米；安装天然气660户，其中城镇新入户421户；全乡有泥结碎石路76千米，通村水泥路68千米，便民路28千米；新修山平塘6口，全乡达到

68口。

【社会事业】 教育。全乡有初级中学1所，教学班12个，在校学生749人，住校学生284人。有大佛小学、香山小学2所中心小学，教学班33个，在校学生1289人；升入省重点高中114人，普高86人，升学率100%；小学普及率100%，保证九年制义务教育的顺利实施。乡上组织参加农业技术培训两期，培训人员5500人（次）。

文化。新建贫困村文化室1个，文体广场1个。每逢节气，大佛乡宣传文化中心组织开展有利于身体健康的各种文体活动。免费放映公益电影204场。

卫生。有卫生院1所，在职职工12人，退休职工8人；有17个卫生站，合格的执业医师23人，个体诊所1所；新型农村合作医疗参合农民18179人，参合资金218.148万元，参合率98%。

综合治理。搞好城乡环境综合治理工作，投资15万元，新增垃圾池20个，培训场镇及村庄的清洁人员。乡巡逻队1个，队员3人，搞好辖区的社会治安综合治理工作。

【脱贫攻坚】 年初，全乡有建档立卡贫困村7个，贫困户732户2575人，贫困发生率11.5%。全乡7个贫困村以外的10个非贫困村中，有"插花式"贫困户221户722人。

为农村无房住特困群众解决安居工程；易地扶贫搬迁43户145人；D级危房改造60户，C级危房改造115户；实现贫困户227户通宽带。

年末，有465户1673名贫困人口达到脱贫标准。其中2014年脱贫103户348人，贫困发生率为9.9%；2015年脱贫216户770人，贫困发生率6.5%；2016年1个贫困村达到退出标准，146户555人达到脱贫标准，贫困发生率降至4%。

【党建工作】 加强党的基层组织建设，新建标准化"6+1"活动室1个，乡机关选送1名优秀干部到外挂职锻炼，发展新党员7人；整顿农村涣、散、软、弱班子，调整支书8人，村主任6人，文书7人，不断增强基层组织战斗力。建立后备干部培养机制，培养后备干部，发展党员。

（大佛乡：何树林）

齐福乡

【概况】 齐福乡位于县境东南部，广武路、仪北路从境内交叉穿过；东与广安区枣山镇和广罗乡毗邻，南与罗渡镇、赛龙镇、大佛乡接壤，西与裕民镇、普安镇交界，北与花板乡相连。乡政府驻姚市桥社区，距岳池县城21千米、广安市区12千米，辖区面积33.33平方千米。辖庙湾、官尔沟、姚市桥、黄马头、水口店、伍家河、胡家坪、大堰滩、两河口、白马庙、檬刺堡、枇杷沟、铜鼓山、齐头岩、吉山、魏家沟、朱家庙、新庙、五块田、簸箕岩、烂泥沟、屈家坝、莲花屋基、奉家梁24个村民委员会和姚市桥社区居委会，154个村民小组，6108户2.54万人，耕地面积15670亩。有党委1个，党支部30个，党小组113个，党员789人。主产水稻、高粱、玉米、小麦、油菜、大豆、红薯、马铃薯、葫豆、花生等农作物；有生猪、肉兔、肉牛、羊、鸡、鸭、鹅等养殖业。

【乡域经济】 按照建设"特色产业乡、广安卫星城"的发展思路，以稳产、增产为目标，以农业技术推广为手段，粮食生产稳步推进，产业经济发展迅速。年农业总产值3.37亿元，同比增长10.6%；农民人均收入10572元，同比增长13.5%。齐福高粱、齐福肉兔、齐福血橙、齐福水产、齐福香猪、齐福土鸡产业发展迅猛，年种植贵州红缨子小高粱5000亩，全年出栏生猪2余万头，小家禽30余万只，牛羊2000余头，肉兔13万只。发展屈家坝甲鱼场、蒙刺堡澳洲大龙虾、伍家河长河水产等优质水产养殖场800余亩。齐福生态六合鸡、六合蛋发展势头良好。按照“依法、自愿、有偿”的原则，引导农民以转包、出租、互换、转让、股份合作等形式流转土地承包经营权，发展多种形式的适度规模经营。依靠科技优化品种结构，调整产业结构，发展设施农业和规模化养殖，发展绿色农业、观光农业，培育特色家庭农场、种养大户 26 户，全乡“一村一品”产业格局逐渐形成。

【基础设施建设】 完成场镇街道美化、绿化、亮化工作，拆除场镇商埠不规范雨棚，对店招进行规范统一。在场镇，栽植行道树 200 棵、新建花池 1638 米、安装路灯 8 盏，并更换环卫设施；完成场镇污水处理站主体工程建设和 3 千米的污水管网建设；完成场镇扩面建设前期征地工作；完成俊儒广场、胡家坪 2 个广场建设。投入水利建设资金 200 余万元，调动村民积极性，倡导村组自发对沟渠进行疏浚清淤。全年扩容山平塘 5 口，新修标准塘 12 口，疏通田间渠道 10 余千米，维修河坝 1 处。加大农村公路建设和管养力度，完成两条乡道的维修，硬化村组公路 3.5 千米，改造危桥 1 座，制作安全警示牌 90 余处。

【社会事业】 全年征缴新农合基金 243.624 万元。乡卫生院报账 69.15 万元，其中门诊 10493 人(次) 55.35 万元，住院 235 人(次)13.8 万元；发放城乡居民养老保险 1263 万元。转移农村劳动力 6721 人，安置失地农民 437 人；投资 10 万元，改善敬老院设施。支持学校改善办学条件，天台小学新建标准学生食堂。全年新增农村低保 14 户，农村低保达到 930 户，城镇低保达到 3 户。新增散居“五保” 19 人，达到 193 人，其中“五保”集中供养 24 人。为 317 名重度残疾人发放护理费 23 万元，扶持 30 名困难家庭残疾人发展生产，为 7 名困难残疾人提供居家托养，为 14 名困难残疾人免费发放辅具，帮助 170 名残疾人居家灵活就业。

【红色家园】 齐福是华蓥山地区党领导的第一支武装力量——川北赤卫军组建地；是成立余家场苏维埃政府决策地；是岳武广联合大起义最后决定地；是川东北地区红色革命的摇篮，诞生了大量革命人士，演绎了一幕幕惊心动魄的英雄故事。齐福植根本土红色土壤，深挖历史内涵，规划建设岳武广起义红色文化记忆特色街区，在魏家沟、伍家河、朱家庙打造文化创意园区。依托村级活动室为阵地开展爱国主义和优秀传统文化教育，营造爱国敬业诚实守信的淳朴乡。

（齐福乡：熊鹏）

中和镇

【概况】 中和镇位于北纬 30°17′59″～30°22′37″，东经 106°36′33″～106°40′47″。地处县境内东南边陲，渠江东岸，东与临溪镇和华蓥市明月镇毗邻，南与伏龙乡接壤，西与罗渡镇交界，北与广安区化龙乡相连。镇政府驻中和羊头坝，电话区号 0826，邮政编码 638310，距岳池县城 45 千米。辖羊头坝、祝垭、太阳坪、山陵湾、兔儿梁、凉风垭、大庙山、河堰沟、长梁子、智光嘴、长石坝、龙泉寺、卿家堂、金顶山、甘家梁、大庙、马家桥、资阳坪、河峡溪、二郎庙 20 个村民委员会和黎梓卫社区，下设 157 个村民小组和 5 个居民小组。辖区总户数 8862 户，总人口 30861 人，辖区面积 31.94 平方千米，其中耕地面积 20700 亩，林地面积 14000 亩。地形多浅丘，境内最高点洞安梁子海拔 397.8 米，最低点蒙家溪海拔 200.6 米。土特产有柚子、红橙、血橙、中和陈醋、中和豆花、赵板鸭、渠江大河鱼等，风景点有陈联诗、廖玉壁烈士墓和红岩湖等。2016 年，全镇农业总产值 10990 万元，社会固定资产投资 17553 万元，地方财政一般预算收入 1000 万元，外出务工收入 4.2 亿元，农民人均纯收入 9000 元。

【农业经济】 2016 年，落实粮食播种面积 3.972

万亩，粮食总产量15727吨，其中水稻6904吨、小麦1700吨、玉米3953吨、马铃薯907吨、红薯2024吨、其他239吨。主要经济作物有油料、蔬菜和水果等，油料作物面积2805亩，产量717吨；蔬菜主要有白菜、青菜、萝卜、胡萝卜、马铃薯、西红柿、生姜和各种瓜菜，种值面积7710亩，产量19703吨；主要水果有柚子、橙子、梨子、李子、枇杷，总面积4500余亩，产量1709万吨。镇财政投入30余万元，引进发展血橙、蜜柚450亩。

养殖业。全年出栏生猪21360头，羊694头，家禽18.42万只，全镇畜牧业总产值6320万元。水产品产量121吨，渔业总收入171万元。

【工商业经济】 全镇有加工厂3个，砖厂1个，酒厂5个，预制厂2个，阿里巴巴村网店2个；新建年生产规模10吨中和醋厂1个，有个体工商户445户，农家店86户，超市7个，农贸市场1个，商业网点遍布街区，形成以百货批零、电子、服装、医药、餐饮娱乐为骨干的特色街区。全年社会消费品零售总额1亿元。

【基础设施建设】 交通建设。投资254万元，新建通村水泥公路4.8千米；投资56万元，修建便民路7.5千米，基本形成镇村相连、村村对接、纵横交错的镇域交通网络。

新农村建设。投入1000万元（其中2016年投入350万），建成金顶山新农村，被市农工委评定为“四好村”；投入8万元，在贫困村金顶山村栽植血橙270亩；接通天然气管道1千米，安装天然气250户；投入90万元，在农村新安装宽带网落650户，安装宽带主干线2千米。

农田水利设施建设。争取项目投入50万元，整治山平塘4口，修便民路5千米，机耕道6千米；投入250余万，建成资阳坪村提灌站，灌溉面积1200亩。

环境综合整治。成立环境综合治理办公室，专门负责环境综合整治工作；镇财政投入专项资金60余万元，组建环卫队伍70人，购买手拖式车52台、专用运输车辆3台、垃圾池120个，解决车辆拥堵、摊位乱设、环境“脏乱差”现象。

场镇建设。投入400万元，新建污水处理厂，工程完成量70%；通过拆迁征地完成中兴街面的基础工程；将功能齐全、设施完善的3个居民生活小区，进行统一管理；投入2000余万元，修建场镇河道防洪堤1千米；投入800余万元，新建中心卫生院。

【社会事业】 文化。全镇有省级重点文物保护1处，市级重点文物保护单位2个，县级文物保护单位5处；有中心文化站1个；新建村级文化室2个，农家书屋20个，社区书屋1个；有综合性业余文艺演出队2个，业余舞蹈人员50人，有中老年腰鼓队2个、人员36人。放映公益电影260场（次）。

教育。有幼儿园7所，在园幼儿769人，小学2所，在校1409人，在职教师107人；初级中学1所，在校生429人，在职教师38人；实施贫困学生救助315人；投入260万元，新建渠河小学、中和小学学生食堂。

医疗卫生。有镇中心卫生院1所，新建村级卫生室6个，有医务专业人员66人；投入1500万元，新建中心卫生院；新型农村合作医疗参保人数25929人，参合率106%，城镇居民医疗保险1115人。

社会保障。全年享受城镇最低生活保障294人，享受农村最低生活保障2364人，农村“五保”223人，其中集中供养35人，参加城镇基本养老保险150人，参加农村养老保险11668人，下岗失业人员和失地无业农民再就业169人，其中就业困难再就业18人，及时向伤残军人、复员军人、“两参”人员、带病回乡人员、“三属”等各类优抚对象109人，发放优待金30.7万元。投入300万元，新建敬老院1000平方米。全年3个村56户贫困户217人全部脱贫，省定贫困村金顶山村顺利通过县、市、省检查组评估、考核、验收，成功“摘帽”。

安全生产。镇安办与各村、驻镇单位、企业签订安全生产目标责任书、制定完善各类应急救援预案,选配安全生产监督员和管理员。召开水陆交通、建筑施工、食品卫生、烟花爆竹等安全生产专题会议30次,张贴标语345幅,悬挂横幅18幅,开展安全生产活动20次,发放宣传资料2.68万份,组织参加安全生产培训会2150人(次),逐村进行安全问政宣传21次。查处道路交通安全违章行为2288起,排查整治安全隐患189处,全年开展安全生产大检查14次。投入160余万元,整治各类隐患30处,添置设备15件。全年未发生安全事故。

信访维稳。实施"六五"普法宣传,组织到每所镇属学校讲法治课2次,举办村镇干部普法培训班4期,在全镇各村和社区开展村头问政宣讲活动,让老百姓零距离接受各项政策的教育,深受百姓欢迎。及时解决群众的合理诉求和矛盾纠纷,受理群众来信来访87件,化解各种不稳定因素48起,调解各类矛盾纠纷168件,化解医疗纠纷1件,无进京(北京)赴省(四川)上访发生。

【旅游】 围绕红色文化旅游,投入30余万元,打造红岩湖、响水岩瀑布景观带;引资1000万元,建成观光走廊500米;建成同时接待能力2000人以上的"水帘洞天"特色酒店1个;引资300万元,建成中羿大酒店。重新修缮"双枪老太婆"陈联诗陵墓。

【党建工作】 抓党建、强党基、全面落实党建工作"三到位",采取以会代训、现场指导、远程教育等方式培训党员120余人(次),慰问贫困党员100人。救助60岁以上贫困党员48人,培养入党积极分子125人,发展党员11人,帮助贫困党员脱贫80人,转化后进党组织3个,调整不称职干部1个,推荐后备干部148人。全面消除集体"空壳"村,全镇5万元以上有集体收入村1个。完成镇村两级换届工作,调整村党支部书记7人,村(居)主任4人。

(中和镇:滕彩君)

临溪镇

【概况】 临溪镇位于县境东北部,东与华蓥市阳和镇毗邻,南与华蓥市高兴镇接壤,西与中和镇交界,北与华蓥市明月镇相连。镇政府驻双石桥社区北街133号,距岳池县城49千米。辖转东桥村、筒车桥村、冯家河村、方田沟村、白鹤山村、龙摊子村、万年寨村、红庙子村、碑梁村、王家坪村、梅花坪村11个村民委员会和双石桥社区居委会,下设96个村民小组,3个居民小组;辖区总户数4801户18689人,辖区面积17.43平方千米,耕地面积14865亩,林地面积4500亩。地形属浅丘带坝,境内最高点海拔417.2米,最低点海拔221.1米。2016年,全镇农业生产总值6500万元,社会固定资产投入5000万元。

【农业经济】 通过市场监管与两杂良种推广,层层举办水稻旱育秧、杂糯间栽、玉米地膜覆盖科技样板,狠抓大面积农业科技推广。全镇粮食播种面积27720亩,其中大春粮食播种面积20760亩,小春粮食面积6960亩,实现粮食总产量10160吨。全镇冬大豆种植面积8000亩,产量960吨;再生稻蓄留面积7000亩,产量875吨;蔬菜种植面积6800亩;水果面积550亩;经济林面积500亩;通过农业结构不断优化,有效地促进全镇农业增收。

全镇培植饲养10头以上的母猪养殖大户4户,3头以上的4户;年产仔猪2008头,收入121万元,出栏生猪2.3万头,收入4600万元;出售小家禽10万只,收入580万元。

全镇有农业专业合作社4个,其中临溪镇养猪协会拥有会员68人,养殖遍及全镇;农村合作组织和农民经纪人队伍断壮大,在农业产业化发展中发挥积极作用。

鱼塘养殖面积230亩,产量280吨;渔业总产值230万元。

加快农村剩余劳动力转移，劳务输出7000余人（次），实现年劳务收入3.5亿元。

【工商业经济】 加快城镇建设步伐，繁荣商贸零售业。全境有木料加工厂1个、砖厂1个、酒厂1个；商业网点遍布街区，形成以百货批零、电子、服装、医药、餐饮娱乐为骨干的特色街区：有个体工商户322户，其中有1个农贸市场。全年全镇实现工业总产值7200万元。

【基础设施建设】 投资168万元，修建筒车桥村水泥路3千米；投资168万元，新修冯家河村水泥路3千米；投资319.2万元，修建龙摊子村水泥路5.7千米；投资67.2万元，修建万年寨村水泥路1.2千米；投资207.2万元，修建王家坪村水泥路3.7千米，整治山平塘5口。投资16.5万元，在双石桥社区新建公厕1座。完成危房改造25户。

全镇有邮政网点1个，电信服务网点1个，固定电话用户480户，移动电话用户8990户，宽带接入用户520户。

【社会事业】 文化。加强文化市场管理，实施科教兴镇战略。全镇有省级重点文物保护单位1处，有中心文化站1个，农家书屋12个；有业余舞蹈队员45人；有300平方米的综合文化站，并且配备电脑、投影仪等多媒体设施。全年放映公益电影132场（次）。

教育。加大教育投入，实施科教兴镇战略。镇党委、政府新购物理、化学、生物实施设备，添置体育、音乐、美术等教学设施，完善教育教学设施；资助家庭困难职工子女上学5人。全镇有幼儿园所5所，在园幼儿348人；小学1所，在校生820人，在职教师45人；初中1所，在校初中生380人，在职教师40人。

医疗卫生。全镇有镇卫生院1所，村级卫生室11所。加强镇卫生院建设，健全疾病预防控制体系和医疗救治体系，提高公共卫生服务水平和突发公共卫生事件应急能力，规划落实4个村级医疗站。新型农村合作医疗参保人数14600人，参合率100%；城镇居民医疗保险覆盖108人。

社会保障。全年享受城镇最低生活保障人数5人，享受农村最低生活保障667人；农村“五保”119人，其中集中供养22人；城乡居民社会养老保险覆盖人数4727人，完成5395人，完成参保缴费人数1549人；下岗失业人员和失地无业农民再就业45人，其中就业困难再就业5人。及时向伤残军人、复员军人、“两参”人员、带病回乡人员、“三属”等各类优抚对象只人，发放优待金45.24万元。

环境综合治理。在场镇维修垃圾处理场1处，新添环卫推车3辆，新增环卫工1人；街道添置更换垃圾桶30个，新添立杆灯、悬臂灯20盏，维修路灯20盏；重新规划车辆停放点和个体摊点。改善农村环境，形成农村“环境优美、生态良好、风貌协调、庭院美化、村容整洁、乡风文明”的新气象。

【安全维稳】 安全生产。乡政府与辖区各单位及村委会签订2016年安全生产目标责任书16份，制定完善各类应急救援预案，选配安全生产监督员和管理员，实现安全生产网络化管理和安全生产管理无缝对接。采取召开会议、创办宣传栏、黑板报、张贴标语、上街设立宣传咨询站、举办培训班等形式进行宣传。召开道路交通安全、建筑安全、食品安全等安全会议24次，张贴宣传标语13幅。重点抓好道路交通安全集中整治、安全生产规范化建设、“百日安全”“安全生产月”、打击非法经营建设行为等活动，查处道路交通安全违章行为3200起，排查整治安全隐患30处。

信访维稳。实施“六五”普法宣传，组织到校讲法治课4次，举办镇村干部学法培训班12期。及时解决群众的合理诉求和矛盾纠纷，化解各种不稳定因素108起，调解各类矛盾纠纷108件。

【党的建设】 完善“党员发展程序”“队伍阵地制

度建设”“绩效考核运用”3项规范，壮大“入党积极分子队伍”“党员五星模范队伍”“党员大户队伍”“党员志愿服务队伍”4支队伍，实施“春风行动”“三亮三比”“强班子、硬队伍、争先进”“挂帮包”“双带富民”5项行动，加强基层组织建设。采取以会代训、现场指导、远程教育等多种方式培训党员120人(次)，“七一”前夕，组织慰问贫困党员38人。全年培养入党积极分子21人，发展党员4人；开展“双向承诺”，增强各党支部的凝聚力及亲和力；完善村“三员”制度，聘任群众诉求代理员，为民解决诉求12项。

(临溪镇：汪建飞)

伏龙乡

【概况】 伏龙乡地处县境东南部，东与中和镇、临溪镇毗邻，南与华蓥市高兴镇、庆华镇相连，西与重庆市合川区香龙镇相连，北与赛龙镇、罗渡镇接壤。乡政府驻走马岭村，距岳池县城39千米。辖走马岭、打渔滩、田家坝、茶子沟、水口庙、郑家坝、碑梁子、天苍坪、龙堂庙、关家嘴、李家嘴、任家坪、大界溪、岩湾、沈家沟、白杨湾、龙堂沟、何家沟、一碗水、半边岩、三夹沟、芝阳寨、青鸟石、吞口坝、谭家院、蔡家沟26个村民委员会和腾龙社区居委会，下设193个村民小组、6个居民小组，辖区总人口39401人，辖区面积46.19平方千米。辖区以丘陵为主，境内最高点为芝阳寨，海拔504米，最低点位于渠江大界溪村与合川香龙镇交界处，海拔200米。

【农业经济】 坚持科技兴农战略，全乡优质水稻播面2.2万亩，机插秧面积4000余亩。开展涉农物资检查，加强病虫害防治，确保全乡水稻全面丰收。推广田坎玉米，全乡新增玉米播面300余亩。支持鼓励种养大户，全年发展现代生猪养殖场2户，渔业养殖3户，引进业主种植干果，带动周边群众发家致富。广泛宣传，深入发动，在龙堂庙村、关家嘴村等5个村建成大春示范基地200亩，在碑梁子村、岩湾村建成油菜基地500亩，促进全乡的粮油生产。

【基础设施建设】 通过项目争取、社会捐助、受益农户自筹和政府投入等方式，解决建设资金难题，在打渔滩、沈家沟等7个村修建通村水泥路18千米，在谭家院村建成通村水泥路1.4千米，碑梁子村窄路加宽项目完成3千米；硬化芝阳寨村、任家坪村完成贫困村道路4.8千米。

通过“一事一议”、农村运行维护资金投入等方式，整修病险水库、堰塘8口，改变靠天吃饭的传统农业弊病，为助农增收提供保障。

投资260余万元，建成污水处理站1所。投入5万元，实现光纤“村村通”，12个村光纤宽带已投入使用，依托宽带乡村工程建设农村淘宝服务网点1个。

全乡27个村全部纳入农村饮水安全工程规划，率先在龙堂庙、走马岭、郑家坝、碑梁子、任家坪村安装自来水；引进华盛燃气公司，在全乡实施农村天然气管网建设，安装民用天然气4000余户，覆盖全乡27个村和社区。投入资金91.7万元，改造农村C、D级危房94户，贫困户危房改造62户。

【社会事业】 筹资4万余元，表彰优秀教育工作者30人，慰问贫困教师10人。乡政府组织人员参加由县上组织的“中国工农红军长征胜利80周年歌咏比赛”获得三等奖；成立伏龙乡村级文艺演出队4支，宣传党的方针政策，丰富群众的文化生活。放映公益电影126场。

开展“双违”治理，规范场镇建设秩序。改造农村危房94户。投入资金110万元，资助贫困学生16人，救助困难对象1300余人(次)。场镇新增就业25人，场镇失业人员再就业6人，扶持农村贫困人口812人，农村劳动力技能培训35人。新增计划生育奖扶政策对象14人。参加“新农保”1.4

万人、“新农小”2600余户。

【安全维稳】 落实“一岗双责”，坚持主要领导逢场日上班巡查、值班领导随时检查等制度。投资2万余元，设置大型安全警示标志3幅，中型标志2幅，永久固定标语20幅。实行安全生产工作月排查制度，加大隐患整治力度，投入整改资金100万元，整改排查危岩、水毁路等隐患点10余处。保障乡交管办人员及经费，建设22个村级交通文明劝导站，交通违法行为得到有效遏制。及时排处矛盾纠纷，妥善解决高速公路炮损、人员安置过程中的矛盾纠纷，实现重大节假日和重要会议期间的“两零五无”目标。

【党的建设】 开展“两学一做”学习教育活动，对2016年评选出的3个后进村选派党组织“第一书记”，组织3个村的党支部牢牢把握后进原因，扎实进行整改。采取以会带训的方式，培训所有新任的村“两委”干部，全面提升干部队伍素质；对入党积极份子、发展对象进行专门的党课培训，运用远程教育对全体党员进行教育。全年培养入党积极分子20人，发展高学历、年轻化的预备党员7人。开展“庸懒散浮拖”专项整治活动，出台相关的规定制度，强化机关管理，调动工作积极性，促进工作作风改进。慰问老党员、贫困党员、优秀党员80人，其中县级慰问8人、乡级慰问72人。评价党风廉政建设工作。组织乡、村干部，召开院坝会200余场。

（伏龙乡：江洋）

专题记述

脱贫攻坚首战告捷

2016年，岳池县把脱贫攻坚作为"一号工程""一把手工程""一票否决工程"，始终聚焦脱贫攻坚目标，扎实推进各项工作，顺利完成47个贫困村、4419户14808名贫困人口脱贫任务，贫困发生率由5.6%降至4.3%，脱贫攻坚首战告捷。

（一）广泛宣传发动。召开全县脱贫攻坚大会4次，召开县委常委会、县政府常务会、领导小组会、专题会研究脱贫攻坚工作70次；举办"5+1"帮扶力量培训班4期，闭卷测试扶贫干部800人（次）；编发《岳池县精准扶贫100问》等宣传资料2万份，组织各类现场观摩会30余场（次），提高各级干部政策业务水平。开辟"第一书记在基层"等专栏，播放脱贫攻坚专题节目283期；打造脱贫攻坚宣传中心，日均20人（次）前来参观学习；开展"扶贫日"系列活动，举办成果展、义诊义捐义卖，发放宣传资料1.2万份；推进"百企帮百村"活动，组织县内工商企业与贫困村结对，捐赠资金1.2亿元。开办农民夜校280所，开展普法等教育1700余课时，开展文化惠民演出280场，放映公益性电影3360场，受益贫困群众1.15万人（次）；开展"走基层、送温暖"活动，走访慰问4250人（次）、志愿服务2477人（次），为贫困户发放棉被17048床、棉大衣15817件，为贫困党员、贫困群众解决困难128件；组织开展村头问政200余场（次），化解信访积案37件，现场办理群众投诉319件，群众满意率97.2%。

（二）健全体系联动。将脱贫攻坚领导体系由"1+3+5"调整完善为"1+6+11"，即1个脱贫攻坚领导小组，下设综合协调、基础设施建设、产业培育推进、社会事业发展、"四好村"创建、督导考核等6个工作组，将43个乡镇划分为11大战区，由11名县委常委牵头，每两个月召开一次战区推进会。完善"五个一"帮扶体系，全县36名县级领导、168个帮扶单位、85户企业参与脱贫攻坚，280个驻村工作组、280名"第一书记"、842名驻村工作组成员、280名农技员驻村帮扶，开展"万名公职人员结亲结对"，实现1.4万名公职人员与全县贫困户结对帮扶全覆盖。整合纪委、组织部、督查办、脱贫办力量，县、乡、村三级联动，构建立体式督查体系。开展专项督查20次，督促并整改问题517个，印发专项督查通报31期，有效促进脱贫攻坚工作落实。

（三）完善政策推动。制定17个扶贫专项年度工作计划，建立涉农项目申报或下达由主管部门和县扶贫移民局"双审签"制度，整合行业扶贫、专项扶贫、社会扶贫等各类资源，最大限度用好用活扶贫资金。制定"五个一批"实施方案，出台产业扶持基金管理、卫生医疗"一站式"服务等40余个规范性文件，脱贫户新农合参合率、住房安全率100%，义务教育阶段辍学率、贫困群众个人医疗费用支付全部归零。出台《岳池县脱贫攻坚考核实施办法》《岳池县脱贫攻坚考核奖惩办法》《岳池县脱贫攻坚问责办法》《岳池县脱贫攻坚奖励暂行办法》，科学运用考核结果，严格逗硬奖惩。截至2016年年底，“第一书记”调整19名、提拔48名，约谈问责各级干部25人。

（四）创新机制带动。结合区域资源优势，优化产业布局，加快推进现代农业、现代林业、文化旅游、优质药材、特色果蔬、健康养生“六大产业示范带”建设，辐射66个贫困村、带动5.8万名贫困人口持续增收。机制先行。针对贫困户缺劳力、缺资金、缺技术、缺路子等问题，着力构建政府、企业、群众三方良性互动机制，探索出“借鸡下蛋”“生猪寄养”“变闲为宝”“股份合作”等扶贫新模式，被新华网、四川政要参考等媒体报道，贫困群众增收致富能力不断增强。注重标杆模范培育，雷长江等4人被表扬为广安市优秀“第一书记”，“第一书记”李志义被评为四川省优秀党务工作者，李昌龙等45户贫困户被县委表扬为脱贫示范户，全县巡回宣讲优秀共产党员张秀代先进事迹，全县脱贫攻坚氛围日益浓厚。

（五）全域发展拉动。坚持全域发展，提升整体实力，加速脱贫奔康进程。编制完成全域规划，构建起“6+3+N”多点多极支撑发展体系，6个区（经开区、高新区、现代农业园区、现代林业园区、城东新区、文化旅游景区）、3个公司（银泰投资公司、发展建设公司、输变电企业集团）竞相跨越发展，乡镇梯队错位发展。成立现代都市农业、生物医药、电子商务等10个重大产业发展推进组，分线合力推进产业发展。建立发展全覆盖机制，分解招商引资、向上争取、募集捐赠任务，做到每个单位、每名公职人员都有发展责任，形成点极带动、多产协同、全员参与的大发展格局，有力促进县域经济快速发展。全年地区生产总值增长8.2%、突破200亿元，地方公共财政收入增长16.9%、突破10亿元，全社会固定资产投资增长17.3%、突破200亿元，为脱贫攻坚提供重要保障。

（六）全力以赴整改。组织召开县委常委（扩大）会，认真组织学习省脱贫办《关于及时做好验收抽查和第三方评估发现问题整改落实的紧急通知》，及时传达省脱贫攻坚验收考核评估问题整改电视电话会议精神，对考核评估组反馈的问题进行认真分析，对脱贫攻坚问题整改工作进行安排部署，一一落实整改责任单位和责任人，进一步压实县级领导的牵头责任、帮扶干部的帮扶责任、县级对标部门的主体责任以及乡镇的直接责任。通过“全覆盖”自查，“蹲点式”督导、“评估式”复核，召开战区推进会2次、第三方评估2次，县级领导带队蹲点督导4轮，对2016年计划退出的贫困村、户进行全覆盖检查验收，对47个村内2014年、2015年已脱贫人口开展“回头看”，举一反三梳理排查出对标、帮扶、软件资料三大类，精准识别、贫困户收入、“两不愁、三保障”等五小类问题。针对存在的问题，县委决定，对贫困村、贫困户未达标的基础设施，由对应的县级部门负责解决，县财政予以兜底。县级责任部门组织乡镇、帮扶干部和“第一书记”召开专题会议，研究制定整改方案，细化整改措施，集中力量整改。11名县委常委带队下沉联系乡镇、贫困村、贫困户，与乡村干部、帮扶干部一道吃住在村，聚焦问题短板，全力以赴整改。实行“一日一报告、一日一督查、一日一通报”制度，逾期的予以问责处理，倒逼责任落实，督促落地见效。

2016年12月7日，岳池县脱贫攻坚领导小组办公室转发《广安市人民政府关于对广安区龙安乡高潮村等145个贫困村退出的批复》（广安府复〔2016〕97号），岳池县白庙镇瞿家店等45个贫困村退出贫困村。45个贫困村包括白庙镇瞿家店村、北城乡高木桥村、朝阳乡观音庵村、翠管会龙华山村、大佛乡凤凰村、大石乡石堰塘村、东板乡大屋场村、伏龙乡谭家院村、苟角镇安家坝村、顾县镇真武桥村、花板乡梓桐店村、花园镇红坡盖村、黄龙乡滑石板村、嘉陵乡东岩寺村、九龙镇七里沟村、恐龙乡五通塘村、临溪镇龙滩子村、龙孔镇庆龙寨村、罗渡镇吊岩石村、排楼乡汪家岩村、平安乡平安寺村、坪滩镇马家沟村、普安镇吴家沟村、齐福乡两河口村、乔家镇陈家湾村、秦溪镇四方寨、赛龙镇老人坪村、石鼓乡八角村、石鼓乡田坝村、双鄢乡余家庙村、天平镇罗家坝村、同兴镇元庚塘村、团结乡朝门村、西板乡鼓楼坡村、新场镇七星照月村、兴隆镇方家沟村、酉溪镇双石沟村、鱼峰乡金城村、裕民镇王家桥村、长田乡将军村、镇龙乡漏山寺村、镇裕镇大田湾村、中和镇金顶山村、粽粑乡姚石桥村、粽粑乡皂角树村。另外还有枣山园区(原属石垭镇)烂洞坝村、王家院村。

2016 年,岳池县脱贫攻坚虽然取得一定的成绩,但还存在一些问题,从省级验收考核评估反馈情况来看,还存在以下短板:一是提档升级不够。通村路、文化室、卫生室、安全住房等基础设施已达到验收标准,但整体档次比较低,如通村硬化路虽全面覆盖,但部分路面宽度不够,通到自然村的很多路还没有硬化;贫困群众住房配套设施水平不高,还需加大“五改三建”力度。二是驻村帮扶不够。贫困村的帮扶单位和“第一书记”、驻村干部已总体到位,但部分贫困村“第一书记”、驻村干部基层工作经验不足,个别驻村干部还存在畏难和厌战情绪。三是教育引导不够。部分贫困群众主角意识不强,主体作用发挥不明显,还不同程度存在“等靠要”思想。四是资料规范不够。个别乡镇“五个一”帮扶资料归档不规范、不齐全,帮扶措施过于笼统,资料填写不细致。

“两学一做”学习教育

按照中央、省委和市委的统一部署,岳池县从 2016 年 4 月起在全县范围内开展“两学一做”学习教育。在学习教育活动中,坚持高标准严要求,扎实抓好规定动作,结合实际创新开展自选动作,取得明显成效。

以上率下抓联动,从严督促指导强推进。一是认真谋划部署。县委多次召开专题工作会,及时贯彻落实上级部署要求,安排全县专题教育工作。县协调小组牵头制定实施方案,编印学习读本,制作重点工作清单,助推专题教育有序进行;通过户外广告、电视台、LED 显示屏、《工作简报》等载体,加强宣传引导力度,营造浓厚的舆论氛围。二是坚持以上率下。学习教育活动中,先后召开 3 次中心组专题学习会、13 次常委会专题学习《党章》、党规和习近平系列讲话,13 名县委常委轮流领学和交流发言,不断深化学习效果。各常委带头到分管联系点开展调研指导,督促分管联系点先行一步、示范带动。其他县级领导班子和广大党员干部自觉向常委分管联系点看齐,形成比学赶超的良好局面。三是加强督促指导。县委成立 5 个巡回督导组,全覆盖巡回督导;通过听取情况汇报、调阅相关资料、召开座谈会、实地走访等方式进行督查,发出 4 期《督查通报》,真正把督促指导工作落到实处。各级党委配齐配强督导力量,把“两学一做”学习教育作为推动全面从严治党向基层延伸的有力抓手,层层传导压力,切实把压力传导到位,把任务落实到位。

高标准严要求,上好专题党课强势开局。一是县级领导干部示范带动。2016 年 5 月 24 日,县委书记郑鹏程紧扣“两学一做”学习教育要求,带头到白庙镇瞿家店村讲专题党课;“七一”前,28 名县级党员领导干部分别到联系点或分管联系部门讲党课,切实发挥领导干部的示范带动作用。二是创新讲党课方式方法。各级党员领导干部灵活授课方式讲党课,采取互动式、体验式、案例式等教学方式,充分利用本县党群活动中心和红色教育资源,以及身边的正反典型案例,切实增强党课的针对性和实效性,真正达到提高修养、锤炼党性的目的。三是党课活动全覆盖。各基层党组织书记结合“三会一课”、庆祝“七一”等活动,带头在本单位上专题党课,率先垂范,示范引领班子成员到分管联系点上党课。县委组织部牵头,整合县纪委、县委宣传部、县委党校等力量,对全县党员领导干部讲党课情况进行随机抽查,对质量效果差的进行通报,并督促按要求回炉补课，倒逼领导干部把自己摆进去，一级讲给一级听、一级领着一级悟、一级做给一级看，真正把“两学一做”学习教育要求植根于思想深处，促进人人能讲、善讲党课。在学习教育中，县级党员领导干部讲党课56次，其他党员干部讲党课1600余次。

学习教育聚共识，拧紧思想行动“总开关”。一是把握主题，抓实三个专题学习研讨。按照中央、省委和市委的统一部署，岳池县专题学习研讨做到时间、主题、内容、方式“四明确”，全县党员干部分别围绕“坚定理想信念、明确政治方向”“坚持根本宗旨、勇于担当作为”“坚守纪律底线、树立清风正气”3个专题开展学习研讨。各级党员干部开展第一、二、三专题学习研讨3300余次。二是灵活方式，确保学习研讨取得实效。利用“全媒体”工程，发挥“一台一报两站两微”平台、“互联网+党建”作用，及时推送相关学习内容，实现线上线下学习互动。注重发挥县党性教育基地优势，开展实践课堂教育。通过编印明白纸、小读本等进行辅助学习。开展党课评比活动，评选优秀党课课件15份，邀请省、市、县专家4人，先进典型4人专题培训党务骨干1000人(次)，有效提高学习教育的针对性和实效性，进一步深化认识、提升素质，拧紧思想“总开关”。三是学深悟透，结合实际对照检视反思。结合专题学习研讨，以正反典型为镜鉴，开展对照《党章》要求，检视日常言行，反思是否对党忠诚；对照党规党纪，检视价值取向，反思是否个人干净；结合反面警示教育，组织县级领导干部30余人，前往南充市高坪区川中监狱，参观服刑人员的住宿、食堂、教育中心及生产车间，聆听服刑人员的诗歌朗诵以及现身说法，接受一场鲜活的警示教育；从而，进一步增强党员领导干部廉洁从政意识，让党员领导干部树立正确的世界观、人生观和价值观，加强党性修养，筑牢拒腐防变的思想道德防线。

深挖细查找问题，立说立改确保群众满意。坚持问题导向，着力解决各级党组织的突出问题。一是坚持上下联动抓实三项整改。严格按照聚焦“八个常态长效”目标任务和“六查六看”要求，全面整改群众教育实践活动查找出的3642条、“三严三实”查找出的8类31条、巡视反馈的3个方面的问题，特别是整治重点领域突出问题、干部选任、营造风清气正的环境等方面取得较好成效。二是对标合格党员边学边查边改。各基层党支部围绕“四讲四有”以及“合格党员具体标准、不合格党员具体体现”，开展大讨论1500余次。“七一”期间，评选表彰一批优秀共产党员、党务工作者和先进基层党组织，引导广大党员对照标准和榜样，边思边学、边改边做。三是开展“阳光问政”促使基层专项整改。围绕群众关心关注的低保评定、医疗卫生、脱贫攻坚等问题，2016年1—10月，开展“广场问政”(“街头问政”)162场(次)，开展“村头问政”“社区问政”“校园问政”1143场(次)，围绕脱贫攻坚、城乡环境综合治理、村务公开录播电视问政节目3期。

做到精准发力，全力助推脱贫攻坚工作。把脱贫攻坚作为检验学习教育成效的“主战场”，坚持在脱贫攻坚中开展学习教育，在学习教育中推进脱贫攻坚，实现“同频共振”。一是“结对子”，帮扶力量齐到位。落实“五个一”帮扶体系，29名县级领导、132个帮扶单位、276名“第一书记”、828名驻村工作队员，分11个战区结对帮扶276个村，1.5万名公职人员与全县27995户贫困户结亲结对。二是“出实招”，精准施策全覆盖。大力实施“五个一批”，全县生产就业扶持33945人，易地搬迁2739户9416人，低保兜底15138户28887人，医疗救助24562人，灾后重建帮扶24户78人。全面实施基础设施建设、农业产业扶贫等17个专项年度工作方案，建成通村水泥路397千米，新建标准化卫生室149个、文化室148个，新建集中供水工程94处，生活用电、广播电视“村村通”实现全覆盖，745个村集体经济收入达标，贫困村村容村貌明显改善，贫困群众的生产生活水平明显提高。三是“强班子”，夯实基础强引领。向276个贫困村选派“第一书记”276人，农技员276人，遴选41名大学生村官到村任党支部书记,通过农村党员干部素质提升“五年万人计划”,每年培训低学历农村党员干部2000人;通过农村实施“三向培养千人计划”培养储备村级党组织后备干部1592人,采取“顶岗锻炼”方式选拔250名后备干部担任村党组织书记,有效保障村级班子队伍的衔接。四是“作示范”,党员带头唱主角。向脱贫攻坚吹响集结号,组织党员群众唱主角,大力开展“党员精准脱贫示范工程”,带领老百姓寻找奔康致富的有效途径。打造朝阳乡、白庙镇党员脱贫项目示范片、示范带,探索出“股份合作”“借鸡生蛋”“托管寄养”等扶贫新模式,发挥其辐射带动作用。2016年,全县顺利完成省定47个贫困村、4419户14808名贫困人口减贫任务,贫困发生率由8.9%降至4.3%,开创脱贫攻坚工作的新局面。

在学习教育活动中,市学习教育工作协调小组领导4次对岳池县学习教育工作开展检查,均给予充分肯定和高度评价;2017年2月14日,市委副书记、市长罗增斌出席县委常委班子2016年度民主生活会,评价会议开得好、有质量;新华网、《广安日报》多次对张秀代的先进事迹进行宣传报道。

通过开展学习教育,助推全县经济社会发展,主要经济指标继续保持高于全国、快于全省平均水平的增长势头,县域经济运行态势良好。

优秀共产党员张秀代

张秀代,男,出生于1956年9月,中共党员,1987年任岳池县顾县镇马家村党支部书记,直到2016年8月26日病故。2016年10月,县委追授张秀代“优秀共产党员”称号;同年12月,市委追授张秀代为广安市优秀共产党员。

一、立下“军令状”,不脱贫不罢休

2014年6月,脱贫攻坚行动全面展开,顾县镇马家村被确定为贫困村。患肺脓肿已两年零四个月的马家村党支部书记张秀代,又一次看到马家村希望的曙光。当时全村“五保户多、病号多、土房子多、跑出去的人多,就是包包里的钱少。”几十年来,在张秀代的带领下,自力更生修了一条水渠和一条村口到顾县镇的公路。

曾经当过军人的张秀代拿出雷厉风行的作风,走村串户,一连几天硬是把全村挨家挨户走了个遍,各家各户的想法密密麻麻地记了一大本。

“我为啥子不能吃低保”“房子都要垮了,就是没得钱修”“出门都是岩坎坎,想卖头猪都不方便”“只有一亩多地,挣得到啥子钱嘛”……张秀代把情况汇总,连日连夜召开村干部会,提出了一个“笨办法”:有什么问题,就解决什么问题。

找到县上、镇上和市里帮扶单位的领导,张秀代把问题清单列出来,得到肯定答复。

吃了定心丸的张秀代再次召开群众会:“上面是有钱出钱,有力出力,该享受的政策就享受,兑现不了,你们就搬到我屋头来住。”那天,张秀代又听到了群众久违的掌声。从那以后,张秀代更坚定了马家村明天会更好的信念;不脱贫不罢休,他更是没日没夜地干。

二、端平“一碗水”,精准识别贫困户

脱贫攻坚要聚焦“精准”二字,对贫困户精准识别是前提、是基础。

开村委会时,张秀代要大家发表意见,哪些是贫困户,用什么方法确定贫困户。张秀代立了三条规矩,一是群众自己选,自己评;二是反复选,反复评;三是村干部一律不准向群众打招呼。

先集中村民开会,把政策讲透,把贫困户标准列出来;以组为单位,对着一张白纸,群众写上自己心中的贫困户;得票由高到低进行确定,最后进行公示。

通过两次票选,马家村贫困户由最初的38户,确定为44户,其中张修国等4户第一次选上,第二次落选,名单出来后,落选的、没选上的,没有一人有意见。

三、保证质量,为贫困户修建房子

在农村，修房造屋涉及的钱多、事多，雁过拔毛、关照熟人，对个别怀有私心的村支部书记来说简直就是“举手之劳”。

张秀代坚信“钱再多是国家补贴给乡亲的，我们可不能昧着良心搞钱”。张秀代又立下规矩，一是每户补贴多少钱公示清楚；二是建房过程中绝不指定包工队，请什么人来建房，村民自己说了算。他既当“质检员”，又当“账房先生”。

村委会、村民各记一本账，一块砖、一根梁、一袋沙，账都记得明明白白，哪个包工头在材料上把价格喊高了，绝不答应。张军辉修房子，一袋水泥比别人多了5块钱，张秀代硬是找到包工头把价钱砍了下来。

房屋质量过不过关，张秀代就请镇上质检站的干部来鉴定，他们那里过了关，张秀代才签字。

对村里的事当好主心骨，对村民的事不越俎代庖当主人家，两头用力，事情理顺了，村民的干劲也大了。几个月时间，全村14户人家的新房拔地而起，住了几十年泥瓦房的村民即将喜迁新居，大家脸上笑开了花。

四、发展村民经济，鼓起村民钱袋子

面对马家村“农民经济底子薄、劳动力少、生产技术掌握程度低。张秀代坚信“选好产业，不是计划经济、不是指令摊派，百姓愿干的支持，不愿干的拉倒”。马家村要拓展增收产业，张秀代提出要发展村民经济，种什么由市场导向、专家论证，村民自愿决定。

为了摸准市场行情，张秀代一遍又一遍前往重庆、广安、前锋，哪个地方什么季节农产品需求量大，价格高，他搞得一清二楚。

市、县农技员到村上，张秀代带着他们到地里到处转；土壤标本带回后，随时电话问情况。

开群众大会，村民有意见就讨论，有争议就辩论；最终马家村选定莲藕、藤椒、血橙三大种植业和养鸡业。

张秀代又是广发英雄帖，又是三顾茅庐，总算请来重庆籍业主郑东。为了不让郑东在考察中走马观花，从郑东来村里的第一天起，张秀代就把他的吃住安顿在自己家里。

他向群众做工作，把土地流转出去后，把劳力空出来，随时可以到业主那里打工，打一天挣一天的钱，稳赚不赔。村民张军海将信将疑地把土地流转出去，不久，夫妻俩被业主雇佣，一个月工钱3000余元。至2016年年末，马家村流转土地560亩，莲藕获得丰收。

发展产业，张秀代不仅让村里的地里有，还要让村民家的圈里也有。“借扶贫鸡下扶贫蛋”——一种全新的养鸡模式诞生。

村上成立养殖公司，将进入产蛋期的蛋鸡借给贫困户养殖，将饲料赊给他们，在养殖过程中，若蛋鸡意外死亡，损失由贫困户和公司共同承担；遭遇瘟疫大面积死亡，损失则由公司按照统一价全部承担。失去左手的贫困户张杨，家里养殖鸡1500只，全家人过上了好日子。全村40余户贫困户都加入“借鸡下蛋”的行列，都获得一定收入。

五、呕心沥血，为老百姓办实事

张秀代整天拿着一把卷尺去丈量，用1个月时间把7千米的路量完，清清楚楚地记载着各户需修便民路的长度。

村上的人见张秀代越来越瘦好心劝他。“是不是老毛病又犯了，到医院检查下。”此时，张秀代吸一口气，都像刀片一样刮着胸口痛，一顿饭连一碗白米稀饭都喝不完，还整夜整夜地失眠。他经常性地吐血，潜意识里感到自己时日无多，好多事情要抓紧办。他总是摇头说，等把事情忙完就去。

修堰塘、修马家村特色文化休闲馆，张秀代拉着张勇没日没夜地干，村委会办公室的那盏灯经常到凌晨一两点才熄。扫尾工作没做完的，他都记在本子上交给张勇，再三叮嘱他马虎不得。

六、住院期间，一心想着村民

2016年7月19日，张秀代昏倒在床，正准备前往医院，村妇女主任蒲天芝打来电话：“养鸡场马上要运来3000只鸡，谁去收？”张秀代放下电话，拉上妻子龙春华，和蒲天芝一道守在养鸡场门口，来1

只检查1只，挑出100余只弱小病鸡给退回去。

前前后后又忙3天，张秀代到岳池县人民医院检查，肺癌晚期，癌细胞全身扩散。输了3天液，张秀代对前来看望的村主任张方武说："后天下午村里组织研究一下统一流转土地的办法，要来参会。"

7月29日下午，张秀代急急忙忙地出了院，准时出现在会场。办法制定好了，来年土地集中起来，本钱有了，租个好价钱，村集体、村民的收入又有保障。

七、竭心服务，直到生命最后一息

8月13日，张秀代从四川大学华西广安医院出院后，最后一次参加村里的会议。此时的他已不能讲话，连凳子坐久了都成问题。天刚黑，村干部把他扶回家中，一路上他不停地回头。

2016年8月26日，张秀代已是一副嶙峋的瘦骨，吃饭、穿衣、起床都要妻子龙春华搭把手。在妻子的搀扶下，他颤颤巍巍地来到窗前，远眺着阳光下那坡坡坎坎上随风摇曳的幼树，那沟沟湾湾里绿荷如盖的荷田，那丛丛竹树掩映着的一座座农家新房，他的嘴角露出一丝不易察觉的微笑。他趴在饭桌前，面对一沓白纸，他写写停停、停停写写，写完一篇就交给村里的干部一篇……当晚6时，张秀代永远离开了那片他深爱的土地。

张秀代病故后，根据市委副书记、市长罗增斌和县委书记郑鹏程安排，岳池县大力宣传张秀代的先进事迹，并在电视、报纸上进行系列专题报道，还组织各文艺协会创作宣传文艺作品，组建先进事迹报告团，开展"张秀代打赢脱贫摘帽第一仗"等多层次宣讲活动，激发"第一书记"、村支部书记脱贫攻坚热情。10月16日，县委在吴雪艺术中心主会议室举行"向张秀代学习打赢脱贫攻坚战"张秀代先进事迹报告会，县"四大班子"领导，县法院院长、县检察院检察长、县公安局政委、县人武部副部长出席会议。

作为一名共产党员，张秀代时时处处以党员的标准严格要求自己，他始终把群众满意作为衡量工作成效的根本标准，主动从群众最盼、最愿、最急、最难的事情做起，他时时刻刻牢记全心全意为人民服务的宗旨，工作中开拓创新、务实求是，受到领导和广大群众的一致好评。在脱贫攻坚工作中，张秀代更是带病坚持工作，把党的脱贫事业、群众的利益看得比生命还重，以实际行动诠释着共产党员的深刻内涵。

附　录

获奖名单

岳池县获市级以上表彰先进集体名录

表 7

获奖单位	奖项名称	授奖单位	获奖时间
岳池县	全国“六五”普法先进县	中宣部、司法部、全国普法办	2016.5
县土肥站	2014—2016 年度全国农牧渔业丰收奖（四川省高标准农田建设技术集成与推广二等奖）	农业部	2016.12
罗渡镇兴盛社区	全国综合减灾示范社区	国家减灾委员会、民政部	2016.5
岳池县	先进单位	省委	2016.11
岳池县司法局	先进普法依法治理办公室	省委	2016.11
岳池县	四川省现代农业建设示范县（2016—2018 年）	省政府	2016.5
岳池县	四川省现代林业建设示范县（2016—2018 年）	省政府	2016.5
长田香藤椒专业合作社	全国林业合作社示范社	国家林业局	2016.1
县史志办	《岳池年鉴（2014）》获全国地方志优秀成果一等奖	中国地方志指导小组	2016.7
岳池县	促进民营经济发展工作先进县	省委办公厅、省政府办公厅	2016.11
岳池县	四川省现代畜牧业重点县（2013—2015 年）	省政府办公厅	2016.2
岳池县	四川省第四轮敬老模范县	省政府办公厅	2016.2
岳池县	四川省现代农业重点县（2013—2015 年）	省政府办公厅	2016.2
岳池县	2015 年度四川省粮食生产“丰收杯”	省政府办公厅	2016.2
县农业局	四川省农业系统先进集体	省人社厅、省农业厅	2016.4
县国税局“雷锋班”	身边雷锋·时代榜样“岗位学雷锋先进集体”	省委宣传部、省直工委、省国资委等	2016.1

续表 7

获奖单位	奖项名称	授奖单位	获奖时间
县法学会	2015 年度法学研究工作先进集体	省委政法委、省法学会	2016. 1
岳池县	2015 年度县级平安边界线	省综治办、省民政厅	2016. 1
县法学会	第三届四川省“治蜀兴川”法治论坛(成都)优秀组织单位	省法学会	2016. 12
县人民法院	裁判文书上网工作先进法院	省高级人民法院	2016. 1
县交警大队	四川省道路交通安全综合整治工作先进集体	省人社厅	2016. 3
县发改局	四川省“十二五”节能减排降碳工作先进集体	省人社厅、省节能减排及应对气候变化工作领导小组	2016. 12
县人社局	2015 年度“劳动人事争议示范仲裁院”	省人社厅	2016. 4
县畜牧食品局	畜牧食品先进集体	省人社厅、省农业厅	2016. 4
县国土资源局	四川省地质灾害防治工作先进集体	省人社厅、省国土资源厅	2016. 12
石垭镇关心下一代工作委员会	先进集体	省关心下一代工作委员会、省委老干部局、省精神文明办、省团委	2016. 4
县司法局	四川省司法行政系统先进集体	省司法厅、省人社厅	2016. 12
县人民调解委员会	五星级人民调解委员会	省司法厅	2016. 3
县公安局	《把平安带回家》文艺创作汇演铜奖	省公安厅	2016. 1
县公安局	2015 年度全省公安政治工作综合成绩突出集体	省公安厅	2016. 1
县公安局团支部	2015 年度四川省五四红旗团委	团省委	2016. 1
农业发展银行岳池县支行	被评为中国农业发展银行四川省分行先进基层党组织	中共中国农业发展银行四川省分行委员会	2016. 7
岳池县	坡耕地水土流失综合治理工程先进项目县	省水土保持局	2016. 11
县水务局	四川省防汛抗旱先进集体	省政府防汛抗旱指挥部和省人力资源和社会保障厅	2016. 11
县水务局	2016 年度全省县级农田水利基本建设先进单位	省水利厅	2016. 11
县水务局	2016 年水土保持监督检查先进单位	省水土保持局	2016. 12
县水务局	全省水利系统人事人才工作先进集体	省水利厅	2016. 12
县审计局	2015 年度扩权试点县审计业务工作考核优秀单位	省审计厅	2016. 4
县审计局	2016 年度优秀审计项目	省审计厅	2016. 10
县农业局	四川省农业行政处罚优秀案卷	省农业厅	2016. 12
县农业局	2016 年度农业统计基点调查工作突出单位	省农业厅	2016. 12
县农业局	2016 年度四川省植保工作绩效考核突出单位	省农业厅	2016. 12
县农业局	2015 年度地方财务决算编报二等奖	省农业厅	2016. 3
县林业局	林业宣传工作先进集体	省林业厅	2016. 10
县工商局	“红盾春雷行动 2016”先进集体	省工商局	2016. 5

续表 7

获奖单位	奖项名称	授奖单位	获奖时间
县工商局	2015 年度企业、个体工商户、农民专业合作社年报通报表扬	省工商局	2016.8
县教科体局	2015—2016 年度四川教育宣传先进单位	省教育厅、四川教育报刊社	2016.8
县教科体局	四川省教育系统关系下一代工作先进集体	省教育厅关心下一代工作委员会	2016.11
县统计局	四川省第三次全国农业普查农作物面积摇杆测量野外实地调查工作先进单位	省第三次全国农业普查领导小组办公室	2016.12
县史志办	《岳池农家文化志》获四川省第十七次地方志优秀成果一等奖	省地方志工作办公室、省地方志协会	2016.12
县史志办	《岳池年鉴（2015）》获四川省第十七次地方志优秀成果三等奖	省地方志工作办公室、省地方志协会	2016.12
县史志办	《岳池史海拾零》获四川省第十七次地方志优秀成果三等奖	省地方志工作办公室、省地方志协会	2016.12
县史志办	《清道光版〈岳池县志〉整理点校》获四川省第十七次地方志优秀成果三等奖	省地方志工作办公室、省地方志协会	2016.12
县交警大队	“五无”交警大队	省公安厅交管局	2016.1
县农业局	2016 年度四川省现代植保优秀示范县	省农业厅植物保护站	2016.5
县就业局	关于表扬全省园区企业用工监测工作成绩突出单位的通知	省就业局	2016.12
县委政法委	2011—2015 年全市法治宣传教育先进集体	市委、市政府	2016.9
县司法局	2011—2015 全市法治宣传教育先进集体	市委、市政府	2016.9
县司法局	2011—2015 全市政法系统先进集体	市委、市政府	2016.10
县检察院	政法系统先进集体	市委、市政府	2016.1
县工商局	岳池县工商质监局机关委员会“先进基层党组织”	市委	2016.6
县政务服务中心	全市政务服务工作先进单位	市政府	2016.3
县委政法委	近五年全市政法系统先进集体	市委办、市政府办	2016.10
县公安局城东派出所、交警大队	近五年全市政法系统先进集体	市委办、市政府办	2016.11

岳池县获市级以上表彰先进个人名录

表 8

获奖人	所属单位	奖项名称	授奖单位	获奖时间
付学林	县农业技术推广站	2014——2016 年度全国农牧渔业丰收奖（川油系列新品种丰产优质高效技术集成与推广一等奖）	农业部	2016. 12
胡学艺	县土肥站	2014——2016 年度全国农牧渔业丰收奖（四川省高标准农田建设技术集成与推广二等奖）	农业部	2016. 12
张莉家庭	岳池县	关于表彰第十届全国“五好”文明家庭标兵户和全国五好文明家庭的决定	中华全国妇女联合会	2016. 5
杨小兰	大龙山花椒种植专业合作社	全国绿化奖章	全国绿化委员会	2016. 2
李志义	县粮食局	全省优秀党务工作者	省委	2016. 6
陈宗春	县水务局	防汛抗旱先进个人	省政府防汛抗旱指挥部和省人力资源和社会保障厅	2016. 11
吴红军	县公安局	全省立案突出问题专项治理工作成绩突出先进个人	省公安厅	2016. 1
唐　虎	县公安局	中国好人	中央文明办	2016. 5
唐　虎	县公安局	四川好人	省文明办	2016. 6
王镱灏	团县委	2015 年度四川省优秀共青团干部	团省委	2016. 1
雷朝程	县公安局	2016—2017 年度全国刑侦情报研判能手	公安部刑侦局	2016. 7
雷顺福	县森林公安局	三等功	省森林公安局	2016. 4
陈国彬	断桥初中校	四川省优秀乡村教师	省教育厅	2016. 8
李中文	临溪小学校	四川省优秀乡村教师	省教育厅	2016. 8
付　涛	罗渡小学校	四川省优秀乡村教师	省教育厅	2016. 8
杨　莉	龙藏小学校	四川省优秀乡村教师	省教育厅	2016. 8
屈桂花	白庙小学校	四川省优秀乡村教师	省教育厅	2016. 8
左　勇	县水务局	第一届中国水土保持学会突出贡献奖	中国水土保持学会	2016. 12
姚松柏	县人民检察院	优秀学员	检察官学院四川分院优	2016. 3
程周明	县人民检察院	以审判为中心改革征文优秀奖	最高检法律政策研究室	2016. 3
程周明	县人民检察院	一字一文指引一生一路征文优秀奖	最高检法律政策研究室	2016. 3
谭曦林	县人民法院	全省岗位标兵	省高级人民法院	2016. 4
钱　媛	县人民法院	全省法院系统第十八届学术讨论会获奖论文	省高级人民法院	2016. 5
程周明 陈　杰	县人民检察院	《浅析未成年人引发公共安全的防范应对与管控》论文获二等奖	省法学会	2016. 11

续表 8

获奖人	所属单位	奖项名称	授奖单位	获奖时间
李泽龙	县人民检察院	《城市公共安全的科学防控和法律保障》论文获二等奖	省法学会	2016. 11
吴雪辉	顾县镇政府	四川省关心下一代工作先进工作者荣誉称号	省关心下一代工作委员会、省老干部局、省精神文明建设办公室、共青团四川省委	2016. 4
王富轩	县医疗纠纷人民调解委员会	四川省首席人民调解员	省司法厅	2016. 3
宋建华	苟角司法所	四川省人民调解能手	省司法厅	2016. 3
周发敏	县地税局	“金税三期工程上线工作先进个人”	省地税局	2016. 7
杨云海	县地税局	2011—2015 年全市法治宣传教育先进个人	市委、市政府	2016. 9
李春林	县扶贫移民局	优秀共产党员	市委	2016. 7
齐建辉	卫生计生局	广安市优秀共产党员	市委	2016. 6
蒋孟霖	县人民检察院	嘉奖	市委	2016. 1
许　敏	县人民检察院	嘉奖	市委	2016. 1
李志义	县粮食局	优秀第一书记	市委	2016. 6
尹长春	县人民检察院	优秀党务工作者	市委	2016. 6
付正旺	县委政法委	近五年全市政法系统先进个人	市委办、市政府办	2016. 10
梁　玉	县大调解协调中心	近五年全市政法系统先进个人	市委办、市政府办	2016. 10
杨伟、郭建平、唐刚、唐虎、吴青、雷朝程	县公安局	近五年全市政法系统先进个人	市委办、市政府办	2016. 11
梁　寒	县国税局	2013 年－2015 年广安市政府系统办公室工作先进个人	市政府办	2016. 2

统计资料

岳池县百岁老人名录

表 9

姓　名	性别	民族	出生年月	家庭住址
田应成	女	汉	1915. 1	大佛乡滴水岩村 3 组
周唐氏	女	汉	1915. 7	大佛乡烂井坝村 5 组

续表 9

姓　名	性别	民族	出生年月	家庭住址
张秀英	女	汉	1906. 9	大佛乡香山村 5 组
张世珍	女	汉	1915. 11	大佛乡香山村 6 组
陈茂阳	女	汉	1910. 10	大石乡皮家沟村 2 组
席林珍	女	汉	1912. 7	东板乡新桥河村 1 组
尹明秀	女	汉	1915. 8	苟角镇雷打石村
朱弟琼	女	汉	1913. 10	顾县镇敬老院
黄祖珍	女	汉	1916. 8	花园镇自生社区
王引珍	女	汉	1911. 4	九龙镇东外街 45 号 5 栋 1 – 7 – 1
王竹君	女	汉	1915. 9	九龙镇凤鸣街 86 号附 4 号
程宗秀	女	汉	1916. 2	九龙镇金弹场村 7 组
杨清美	女	汉	1916. 10	九龙镇棱角桥村 7 组
谢永碧	女	汉	1916. 6	九龙镇麻柳桥社区 3 组
黄达芳	女	汉	1916. 7	九龙镇香桂街 95 号 5 栋 1 – 3 – 1
蔡陈氏	女	汉	1916. 6	罗渡镇吊岩石村 2 组
李杨氏	女	汉	1912. 8	粽粑乡罗家院村 8 组
陈素芳	女	汉	1914. 6	排楼乡花院墙村 5 组
陈以碧	女	汉	1916. 1	齐福乡伍家河村
汤开秀	女	汉	1915. 3	乔家镇照画壁村 9 组
胡张氏	女	汉	1909. 4	赛龙镇老隍堂村 8 组
徐登碧	女	汉	1916. 4	双鄢乡龙家桥村 7 组
郭知秀	女	汉	1912. 10	天平镇黎家沟村 6 组
刘素云	女	汉	1914. 1	朝阳乡天王庙村
熊秀明	女	汉	1912. 2	团结乡自长坪村
杨周氏	女	汉	1916. 5	西板乡高峰池村 1 组
唐世秀	女	汉	1915. 8	兴隆镇方家沟村 7 组
陶华均	女	汉	1916. 2	大佛乡上马寺村 2 组
郑元秀	女	汉	1916. 1	兴隆镇汉山观村 8 组
黄祖学	女	汉	1904. 5	西溪镇刘仁沟村 7 组
陈生碧	女	汉	1914. 10	西溪镇石猪庵村 6 组
陈文珍	女	汉	1912. 12	裕民镇桥洞村 3 组
舒张氏	女	汉	1910. 4	龙孔镇银虎村 4 组
彭正秀	女	汉	1916. 7	中和镇山陵湾村 4 组

领导名录

中共岳池县委

书　记:郑鹏程
副书记:汤才勇(—2016.4)
谭　云(2016.4—)
李国生(—2016.2)
陈　森(2016.4—)
李廷远(2016.9—)
常　委:郑鹏程
汤才勇(—2016.4)
谭　云(2016.4—)
李国生(—2016.2)
陈　森(2016.4—)
李廷远
于　伟(2016.2—)
廖和民(—2016.8)
陈　莉(—2016.8)
苟秀英(2016.9—)
付全林(—2016.9)
钟爱平
刘　俊
郑钦平
刘　勇(2016.8—)
陶开琴(2016.2—2016.12)
张海峰(2016.9—)
罗向前(2016.9—)

岳池县人大常委会

主　任:曾邦才(2016.2—)
副主任:汪　勇(2016.11—)
李桂新
黄雪兰
蒋　侠(2016.2—)
党组书记:曾邦才

岳池县人民政府

县　长:汤才勇(—2016.5)
谭　云(2016.5 代理,2016.11—)
副县长:钟爱平
郑钦平(—2016.11)
任仕金(—2016.11)
姚长琼(—2016.11)
汪　勇(—2016.11)
蒋光辉
邹　丽(2016.1—)
陶开琴(2016.3—)
杨　伟(2016.11—)
黄　梅(2016.11—)
刘永红(2016.11—)
刘裕文(2016.11—)
袁西明(2016.12—)
党组书记:汤才勇(—2016.4)
谭　云(2016.4—)
副书记:钟爱平

政协岳池县委员会

主　席:曾邦才(—2016.2)
谢帮勇(2016.2—)
副主席:胡安贵(—2016.11)
伍　艳
徐天翠(—2016.11)
冯　雒
任仕金(2016.11—)
杨淑芹(2016.11—)
秘书长:李　树(—2016.11)
唐　涌(2016.11—)
党组书记:谢帮勇
副书记:胡安贵(—2016.9)
党组成员:徐天翠(—2016.9)
李　树(—2016.7)
王自力(—2016.7)
唐　涌(2016.7—)
杨淑芹(2016.9—)
刘星鹏(2016.10—)

提案委员会

主　任:王礼平(—2016.11)

莫剑平(2016.11—)

副主任(兼):黄　莹(—2016.11)

邓献春(—2016.11)

王昌梁(—2016.11)

谢　桥(2016.11—)

经济委员会

主　任:刘　东

副主任(兼):邓大成(—2016.11)

龙　图(—2016.11)

齐新民(2016.11—)

法制群团联谊委员会

主　任:邓献春

副主任(兼):杨　帅(—2016.11)

尹　礼(—2016.11)

董丽萍(—2016.11)

郑中军(2016.11—)

文史学习委员会

主　任:曾　春

副主任(兼):秦　川(—2016.11)

陈应文(—2016.11)

陈德舜(2016.11—)

农业和农村工作委员会

主　任:蒋春平(—2016.11)

何朝晖(2016.11—)

副主任(兼):唐小明(—2016.11)

黄大晰(—2016.11)

苟　斌(—2016.11)

刘昌华(2016.11—)

教科文卫体委员会

主　任:杨立波(—2016.11)

赵玉林(2016.11—)

副主任(兼):卿　超(—2016.11)

蔡晓林(—2016.11)

委员联络委员会

主　任:杨红梅

副主任:田　力(2016.11—)

中共岳池县纪律检查委员会

书　记:李廷远(—2016.9)

刘　勇(2016.9—)

副书记:唐　敏(—2016.12)

陈安敏(2016.10—)

常　委:杨海刚(—2016.4)

徐　君

张天才

朱　华(2016.2—)

办公室:易　顺(—2016.9)

党风政风监督室:王顺林(—2016.5)

张　希(2016.12—)

宣传部:李　鑫(—2016.4)

预防腐败室:刘自川

纪检监察干部监督室:蒋辉伦(—2016.10)

信访室:张明生

组织部:吴才华

案件监督管理室:周媛媛

第一纪检监察室:梁艺钟(2016.12—)

第二纪检监察室:朱　华(—2016.2)

第三纪检监察室:杨小兵

第五纪检监察室:詹　珽

网络政务与电教中心:王　宪

岳池县监察局

局　长:唐　敏(—2016.12)

吴　焱(2016.12—)

副局长:黄　梅(—2017.02)

岳池县人民武装部

政　委:张海峰

党委第一书记:郑鹏程

党委书记:张海峰

部　长:付全林(—2016.4)

副部长:李峻岭

纪委书记:李峻岭

岳池县人民法院

院　长:孙永红(—2016.9)

滕明杰（2016.11—）
副院长：徐　晓　董丽萍　杨建国
纪检组组长：谭曦林
执行局局长：曾　杰
政治处主任：邓　玲
党组书记：孙永红（—2016.9）
滕明杰（2016.9—）
副书记：徐　晓
机关党委书记：粟泽光（—2016.5）
刘　杰（2016.12—）

岳池县人民检察院

检察长：谭安民（—2016.8）
卿东进（2016.11—）
副检察长：蒋孟霖　杨　辉　杨俊生
党组书记：谭安民（—2016.8）
卿东进（2016.9—）
副书记：杨　辉
纪检组组长：马　莉
政治处主任：秦朝伟
反贪污贿赂局局长：刘春林
反渎职侵权局局长：唐　江
机关党委书记：尹长春
检察委员会专职委员：唐志红　严革新

中共岳池县委办公室

主　任：廖洪波（—2016.10）
付　涛（2016.10—）
副主任：杨　明　蒋维业（—2016.11）
文　淞　陈　靓（—2016.4）
吴　波　游鸿淇（2016.6—）
副科级纪检员：曾　波（—2016.5）

中共岳池县委岳池县人民政府督查办公室

主　任：代应华
副主任：李立川　唐海平
督查专员：张贵林

中共岳池县委保密委员会办公室

主　任：吴　波（2016.11—）
副主任：王丽蓉

岳池县国家保密局

局　长：吴　波（2016.11—）
副局长：王丽蓉

中共岳池县委政策研究室

主　任：文　淞（2016.6—）
中共岳池县委政策研究室副主任：
游鸿淇（—2016.6）
王　博（2016.12—）

岳池县绩效考核工作办公室

主　任：余　杰（—2016.4）
游辉宇（2016.10—）

岳池县绩效考核工作办公室

副主任：何庆庚

岳池县党政网管理中心

主　任：严宏达

中共岳池县委常委办公室

主　任：邵建铭（—2016.4）
周礼成（2016.5—）

中共岳池县委机要局

局　长：杨　明
副局长：曾海兰

岳池县惠民工作办公室

主　任：龙绪高
副主任：付　莲（—2016.2）
郭　川（2016.12—）

中共岳池县委岳池县人民政府接待办公室

主　任：马小燕

岳池县人大常委会办公室

主　任：刘昭成（—2016.12）
雷　军（2016.12—）
副主任：雷　军（—2016.12）
屈环宇
副科级纪检员：袁　芳

岳池县人民政府办公室

主　任：刘永红（—2016.11）
聂长江（2016.11—）
副主任：屈　莉

蔡　维(—2016.5)
文勇军(—2016.7)
范秀骑(2016.5—)
刘汉勤(2016.12—)
唐海平(2016.12—)
党组书记:刘永红(—2016.10)
聂长江(2016.10—)
党组成员:蔡　维(—2016.4)
文勇军(—2016.7)
陈胜军(—2016.11)
杨凤鸣(—2016.5)
唐海平
范秀骑(2016.4—)
杨世伟(2016.12—)
何超群(2016.12—)
邓建钧(—2016.12)
刘汉勤
夏　勇(—2016.12)
吴军校(2016.7—)
唐　敏(2016.11—)
纪检组组长:夏　勇(—2016.12)
杨世伟(2016.12—)
机关党委书记:刘汉勤(—2016.11)
何超群(2016.12—)

岳池县外事侨务港澳台办公室

主　任:龚志明(—2016.7)
曾全斌(2016.7—)
副主任:杨家斌

岳池县人民政府应急管理办公室

主　任:杨凤鸣(—2016.6)
吴军校(2016.7—)

岳池县人民政府金融工作办公室

主　任:陈胜军(—2016.12)
唐　敏(2016.12—)

岳池县人民政府政策研究室

主　任:邓建钧

岳池县人民政府信息公开办公室

主　任:杨　琼

岳池县人民政府督察室

主　任:唐海平(—2016.12)

政协岳池县委员会办公室

主　任:王自力(—2016.11)
刘星鹏(2016.11—)
副主任:刘星鹏(—2016.11)
谢　桥(—2016.11)
左　睿(2016.11—)
副科级纪检员:兰诗成

中共岳池县委组织部

部　长:廖和民(—2016.8)
罗向前(2016.8—)
副部长:齐小云(—2016.10)
吴小平(—2016.10)
邵建平(—2016.11)
高利秋
罗隽华　王其林(2016.11—)
副科级纪检员:邱　宇(2016.11—)

中共岳池县委党建领导小组办公室

主　任:罗隽华(—2016.10)

岳池县人才开发暨知识分子工作领导小组办公室

主　任:邵建平(—2016.10)
罗隽华(2016.10—)
副主任:李红军(—2016.4)

中共岳池县委非公有制经济组织和新社会组织工作委员会

书　记:宋　勇(—2016.4)

中共岳池县委老干部局

局　长:吴小平(—2016.10)
赵文森(2016.10—)
副局长:高琼芳

中共岳池县委宣传部

部　长:陈　莉(—2016.9)
苟秀英(2016.9—)
副部长:唐　静
蒋清明(—2016.4)

黄建军
黄利华（2016. 6—）

岳池县精神文明建设办公室

主　任：蒋清明（—2016. 6）
黄利华（2016. 6—）
副主任：雷　棱（—2016. 6）

中共岳池县委对外宣传办公室、岳池县人民政府新闻办公室

主　任：唐　静
副主任：黄大全

中共岳池县委报道组

组长：肖　勇
副组长：黄汉军

岳池县文学艺术界联合会

主　席：陈德舜
副主席：彭善平　贺志辉　陈应文
邓庆贵　周　鹏　向黎立

岳池县社会科学界联合会

主　席：王德富
副主席：曾　洋　魏海军　游辉宇　段清华
吴　焱　周　恒　张智林　郭　旭
秘书长：吴春雷
副秘书长：王春梅

岳池县网络舆情中心

主　任：唐孝勇

岳池县宣传文化中心

主　任：吴春雷

中共岳池县委政法委员会

书　记：于　伟（2016. 4—）
副书记：付正旺　何　春
任　德（—2016. 4）
张泊人（2016. 6—）
政治处主任：董　磊

中共岳池县政法纪律检查工作委员会

书　记：唐爱民（—2016. 11）

中共岳池县委维护社会稳定领导小组办公室

主　任：任　德（—2016. 4）

中共岳池县委防范和处理邪教问题领导小组办公室

主任：何　春

岳池县社会治安综合治理委员会办公室

主　任：付正旺
副主任：胡德锋

岳池县矛盾纠纷“大调解”协调中心

副主任：梁　玉　吴　兵

岳池县网格化服务管理监管中心

专职副主任：吴　兵

岳池县法学会

会长：谢帮勇（—2016. 4）
于　伟（2016. 4—2016. 12）
杨　帅（2016. 12—）
常务副会长：付正旺
副会长：李桂新、胡成毅、胡安贵、
孙永红、谭安民、张小松、杨　帅、岳豪
专职副会长兼秘书长：
李　勇（—2016. 11）
徐　敏（2016. 12—）

中共岳池县委统一战线工作部

部　长：徐天翠（—2016. 9）
郑钦平（2016. 9—）
副部长：尹　礼（—2016. 8）
郑仁辉（—2016. 11）
罗　勇（2016. 8—）
唐爱民（2016. 11—）
副科级纪检员：田利华

岳池县民族宗教事务局

局　长：郑仁辉（—2016. 12）
唐爱民（2016. 12—）
副局长：严春华

中共岳池县直属机关工作委员会

书　记：廖和民（—2016. 8）
常务副书记：雷才明（—2016. 8）
王其林（2016. 8—2016. 11）

周廷毅(2016.11—)

中共岳池县委农村工作委员会

主　任:宋宣明(—2016.2)

杨淑芹(2016.2—2016.10)

石伦军(2016.10—)

副主任:屈　莉

蒋金梅(2016.11—)

纪检员:蒋金梅(—2016.11)

宋　军(2016.11—)

岳池县现代农业园区管理委员会

书　记:李国生(—2016.5)(兼)

张峻龙(2016.7—2016.10)

副书记:尹守斌(—2016.2)

张峻龙(2016.5—2016.7)

柳　胜(2016.11—)

纪工委书记:蔡伟

主　任:尹守斌(—2016.2)

张峻龙(2016.5—2016.6)

柳　胜(2016.12—)

副主任:龙青松(—2016.4)

柳　胜(—2016.10)

廖强林(2016.12—)

张　卓(2016.12—)

中共岳池县委机构编制委员会办公室

主　任:齐小云(—2016.10)

王其林(2016.11—)

副主任:李建生

副科级纪检员:刘小燕

中共岳池县委党校

校　长:廖和民(—2016.8)

罗向前(2016.11—)

副校长:郭　旭(—2016.8)

陈仕民(2016.8—)

吴　健　孙洪熙

中共岳池县委群众工作局、岳池县人民政府信访局

局　长:周云文(—2016.5)

郑兴勇(2016.6—)

副局长:许禄军

杨　建(2016.1—)

督查专员:谭　强　杨　波

副科级纪检员:付　渝

中共岳池县经济技术开发区工作委员会

书　记:郑钦平(—2016.8)

胡　伟(2016.8—)

副书记:胡　伟(—2016.8)

付　涛(2016.8—2016.10)

张　捷(2016.11—)

郭良军(2016.11—)

委　员:文　敏　蒋金财(—2016.11)

廖强林(—2016.11)

蒋维业(2016.11—)

纪工委书记:郭建华(—2016.11)

郭良军(2016.11—)

岳池县经济技术开发区管理委员会

主　任:胡　伟(—2016.8)

付　涛(2016.8—2016.11)

张　捷(2016.12—)

副主任:张　捷(—2016.12)

文　敏

蒋金财(—2016.12)

蒋维业(2016.12—)

中共岳池高新区技术产业开发区工作委员会

书记:郑钦平(—2016.8)

黄洪全(2016.12—)

副书记:李　俊

付　涛(—2016.8)

纪工委书记:文玲君(—2016.5)

岳池高新区技术产业开发区管理委员会

主　任:付　涛(—2016.8)

邹　杰(2016.8—)

副主任:邹　杰(—2016.8)

袁小飞　罗小文

岳池县总工会

主　席:刘　俊

副主席：滕　云（—2016.8）
刘　军（—2016.12）
雷才明（2016.8—）
党组书记：滕　云（—2016.8）
雷才明（2016.8—）
纪检组组长：陈晓燕

共青团岳池县委

书　记：王伟平（—2016.4）
曾　波（2016.5—）
副书记：周礼成（—2016.5）
王镱灏
文玲君（2016.5—）

岳池县妇女联合会

主　席：龙丽君（—2016.6）
吴晓燕（2016.6—）
副主席：江俊华
党组书记：龙丽君（—2016.6）
吴晓燕（2016.6—）
纪检组组长：丁　敏

岳池县科学技术协会

主　席：张代才
副主席：王泽全　曾　文　苟明灿　王太益

岳池县残疾人联合会

理事长：程　波（—2016.6）

民盟岳池县委

主任委员：黄雪兰（2016.1—）
副主任委员：邓献春　齐新民
王泽全　胡曲波
秘书长：邓献春

岳池县归国华侨侨眷联合会

主　席：王昌良（—2016.8）
腾　云（2016.8—）
副主席：夏本善

岳池县工商业联合会

主　席：胡曲波
副主席：周俐伶　唐生华
党组书记：尹　礼（—2016.7）
罗　勇（2016.8—）
纪检组组长：李瑞波（—2016.11）
郭建华（2016.11—）
秘书长：周　维

岳池县公安局

局　长：蒋光辉
政　委：张小松
副局长：吴长明　文克芬　郭建平
关　琨（—2016.7）
杨　伟
王　艺（—2016.5）
党委书记：蒋光辉
副书记：张小松　吴长明
纪委书记：蔡仲彬
副政委：皮　伟
机关党委书记：谢春江（—2016.6）
熊　虎（2016.12—）
政工监督室主任：何建国

岳池县司法局

局　长：杨　帅
副局长：杨　松（—2016.12）
姜　辉
张　毅（2016.12—）
党组书记：杨　帅（—2016.12）
代应华（2016.12—）
纪检组组长：戴树生
政治处主任：杨　强（—2016.11）
邹　敏（2016.11—）

岳池县财政局

局　长：吴　焱（—2016.11）
廖洪波（2016.12—）
副局长：刘雪平　刘方彬
党组书记：吴　焱（—2016.10）
廖洪波（2016.10—）
副书记：刘雪平
纪检组组长：唐　敏（—2016.11）
李　勇（2016.11—）

岳池县农业开发办公室主任:

杨林勇(—2016.12)

岳池县国有资产监督管理办公室主任:陈九洲

总会计师:彭毓霖

岳池县财政国库支付中心主任:谢高翔

岳池县财政投资评审中心主任:彭久国

岳池县审计局

局　长:严福寿(—2016.12)

张智林(2016.12—)

副局长:杨世容　龙　图

党组书记:严福寿(—2016.10)

张智林(2016.10—)

纪检组组长:蒋向阳

经济责任审计分局局长:李水平

总审计师:杨　云

岳池县人力资源和社会保障局

局　长:高利秋

副局长:杨勇君　张雪萍　王代兵

党组书记:高利秋

纪检组组长:吴超军(—2016.6)

夏　勇(2016.12—)

机关党委书记:魏　华

社保局局长:吴　瑜

就业局局长:陈　波

岳池县民政局

局　长:周　恒(—2016.12)

易　兵(2016.12—)

副局长:胡　帅(—2016.12)

邓春光

党组书记:周　恒(—2016.10)

易　兵(2016.10—)

党组成员:刘明富(2016.12—)

纪检组组长:张伟明

岳池县老龄委员会办公室

主　任:曾黎明

副主任:唐庶康　莫小彦

岳池县环境保护局

局　长:毛传江(—2016.6)

邹云超(2016.12—)

副局长:秦光祥

常晓飞(2016.2—)

党组书记:毛传江(—2016.5)

邹云超(2016.8—)

纪检组组长:吴红梅(—2016.1)

杨　丹(2016.1—)

总工程师:王启程(2016.2—)

岳池县交通运输局

局　长:范秀骑(—2016.6)

周云文(2016.6—)

副局长:王小红

田昌林

党委书记:范秀骑(—2016.5)

周云文(2016.5—)

纪委书记:吴传兵(—2016.6)

杨　军(2016.11—)

机关党委书记:朱　明

总工程师:朱文忠

运管所所长:熊　能

海事处处长:邹　勇

路政大队大队长:吴传兵(2016.7—)

岳池县教育科技体育局

局　长:赵玉林(—2016.12)

邵建平(2016.12—)

副局长:蔡　伟

祝良健

蔡晓林(—2016.4)

王　敏

党委书记:赵玉林(—2016.10)

邵建平(2016.10—)

纪委书记:罗艳林

机关党委书记:龙冬梅

工会主席:杨　力(2016.12—)

岳池县安全生产监督管理局

局　长:赵　彬(—2016.7)

蒲锦荣(2016.7—)
副局长:张毅(—2016.11)
李素芳
杨洪志(2016.12—)
党组书记:赵　彬(—2016.6)
蒲锦荣(2016.6—)
纪检组组长:杨洪志(—2016.12)

岳池县发展和改革局

局　长:张智林(—2016.12)
王岳川(2016.12—)
副局长:卿　杰(—2016.12)
谭　诚
刘　荣
党组书记:张智林(—2016.10)
王岳川(2016.10—)
党组成员:朱厚林(2016.12—)
纪检组组长:谢春燕
稽察办主任:杨安成
以工代赈办主任:罗建平(—2016.12)
项目办公室主任:何　恩

岳池县国土资源局

局　长:蒋永春(—2016.8)
姚勇刚(2016.8—)
副局长:姚勇刚(—2016.8)
张小林
蒋祖伦
张　扬(2016.12—)
党组书记:蒋永春(—2016.8)
姚勇刚(2016.8—)
纪检组组长:刘　波(—2016.12)
禹华侨(2016.12—)
总规划师:刘　波(2016.12—)

岳池县住房和城乡规划建设局

局长:王岳川(—2016.12)
张竣龙(2016.12—)
副局长:李　辉(—2016.4)
叶　强
党委书记:王岳川(—2016.10)
张竣龙(2016.10—)
纪委书记:黄小云
党组成员:王　航(2016.12—)
机关党委书记:江勇明
人防办主任:张竣龙(2016.10—)
总工程师:李先伍
局长助理:刘东昭(—2016.7)

岳池县城市综合管理局

局　长:张洪友(—2016.5)
谢春江(2016.7—)
副局长:聂明洪王航(—2016.12)
纪检组组长:杨　凛
党组书记:张洪友(—2016.4)
谢春江(2016.6—)
机关党委书记:汤　恒

岳池县卫生和计划生育局

局　长:贺志辉(—2016.4)
齐建辉(2016.5—)
副局长:余高峰
苏再新
周登刚
蒲敏慧(—2016.9)
党委书记:贺志辉(—2016.1)
齐建辉(2016.1—)
纪委书记:张小玲
县红十字会会长:张天勤(—2016.5)

岳池县食品药品监督管理局

局　长:齐建辉(—2016.1)
文　强(2016.3—)
副局长:严晓兰(—2016.6)
伍　强
蒋金财(2016.12—)
党组书记:齐建辉(—2016.1)
文　强(2016.2—)
纪检组组长:郑艳华
食安办副主任:王定志

机关党委书记:郭　君

食品药品总监:刘顺生

岳池县统计局

局　长:聂长江

副局长:乔君明　杨建国

党组书记:聂长江(—2016.10)

党组副书记:乔君明(2016.10—)

纪检组组长:陶　涛

岳池县工商质监局

局　长:王　波(—2016.12)

　　安静辉(2016.12—)

副局长:文　仲　杨　静

　　杨　建(—2016.2)

　　杨泽军(—2016.12)

　　胡春兰

党组书记:王　波(—2016.10)

　　安静辉(2016.10—)

纪检组组长:杨　军

机关党委书记:唐洪祥(—2016.6)

岳池县文化广电新闻出版局

局　长:寇正荣(—2016.12)

　　肖光斌(2016.12—)

副局长:肖光斌　黄春明　杨春煜

党组书记:寇正荣(—2016.10)

　　肖光斌(2016.10—)

党组成员:唐建华(—2016.11)

纪检组组长:谢德高

岳池县电视台

台　长:陈琼芳

岳池县经济和信息化局

局　长:丁宇良

副局长:齐新民(—2016.12)

　　赵　广

　　杨泽军(2016.12—)

党组书记:丁宇良

纪检组组长:杨　丹(—2016.1)

　　唐洪祥(2016.1—)

机关党委书记:徐林(—2016.4)

　　杨　进(2016.12—)

岳池县商务局

局　长:段清华(—2016.10)

　　付正雄(2016.10—)

副局长:杨　雷(—2016.10)

　　王超元

　　周礼成(2016.1—2016.6)

党组书记:段清华(—2016.10)

　　付正雄(2016.10—)

纪检组组长:胡　勇

岳池县贸易促进会

会　长:杨　雷

岳池县农业局

局　长:何朝晖(—2016.9)

　　陈自力(2016.9—)

副局长:黄大晰　杨　松

　　李世林(2016.2—)

党委书记:何朝晖(—2016.8)

　　陈自力(2016.8—)

纪委书记:蒋辉伦

总农艺师:彭邦国

机关党委书记:杨　文

岳池县水务局

局　长:陈宗春

副局长:李万平　苟　斌　周　健

党组书记:陈宗春

纪检组组长:金怒涛

机关党委书记:粟裂(2016.11—)

岳池县防汛指挥部办公室主任:

　　付文军(—2016.11)

岳池县水土保持办公室主任:左　勇

岳池县重点水利工程建设管理站站长:王良洪

岳池县水政监察大队大队长:刘重阳

岳池县林业局

局　长:陈自力(—2016.8)

　　李四海(2016.8—)

副局长：蒲银生　吴天炳
党组书记：陈自力（—2016.8）
李四海（2016.8—）
纪检组组长：胡卫东

岳池县森林公安局

局　长：李格林
教导员：尹仕友

岳池县政务服务中心

主　任：吴军校（—2016.8）
廖梅（2016.8—）
副主任：易思荣
纪检组组长：屈香琼

岳池县人民政府法制办公室

主　任：杨　伟（—2016.12）
杨　强（2016.12—）
副主任：尹培宇（—2016.6）
刘　映（2016.6—）

岳池县公共资源交易中心

主任：伍　刚
副主任：陈　勇　何小燕
党组书记：伍　刚
纪检组组长：李　虎

岳池县扶贫和移民工作局

局　长：邹云超（—2016.6）
范秀骑（2016.6—）
副局长：陈　果（2016.6—）
伍化平（—2016.5）
魏海军（2016.6—2016.11）
全　伟（2016.11—）
党组书记：邹云超（—2016.5）
范秀骑（2016.5—）
纪检组组长：杨春涛（—2016.5）
李春林（2016.5—）
总工程师：朱汉勇（2016.6—）

岳池县投资促进局

局　长：李青原
副局长：黄洪全（—2016.12）
邹　波
党组书记：李青原
纪检组组长：蒋昭虎
医药产业分局局长：徐德华（—2016.5）
华南投促分局局长：邓　海
北方投促分局局长：廖贵生

岳池县农业机械管理局

局　长：刘昌华（—2016.12）
副局长：郑　涛　唐建国
党组书记：刘昌华（—2016.11）
纪检组组长：粟裂（—2016.11）

岳池县畜牧食品局

局　长：唐小明（—2016.6）
副局长：刘和平（—2016.6）
何茂林
杨春涛（2016.5—）
党组书记：唐小明（—2016.5）
农产品质量安全检验检测站主任：谭艳

岳池县文化旅游景区工作委员会

党委书记：彭善平（2016.10—）
副书记：刘蓉君（2016.12—）
纪委书记：刘蓉君（2016.12—）
副主任：袁发英（2016.12—）
邓珣（2016.12—）

岳池县旅游局

局　长：赵文森（—2016.8）
王昌梁（2016.8—）
副局长：杨利君
纪检组组长：舒　琴

岳池县供销合作社

主　任：卿　超
副主任：皮阳　黄小林
杨仕忠（—2016.6）
伍化平（2016.6—）
党组书记：卿　超
纪检组组长：蒋战峰

岳池县粮食局

局　长:陈　杰(—2016.8)
　　高　胜(2016.8—)
副局长:胡明煦　李志义　王　洪
党委书记:陈　杰(—2016.7)
　　高　胜(2016.7—)
纪委书记:蒋跃辉

岳池县档案局

局　长:陈琼芳(—2016.3)
　　刘智勇(2016.3—)
副局长:伍燕梅

岳池县党史县志办公室

主　任:刘明富(—2016.12)
　　魏海军(2016.12—)

岳池县国家税务局

局　长:杨汉雄
副局长:秦洪林　李　勇　廖洪志
　　何雪松　朱　鹏
党组书记:杨汉雄
纪检组组长:朱　鹏

岳池县地方税务局

局　长:吴拥军
副局长:胡　军　何　平
党组书记:吴拥军
纪检组组长:廖红林
总会计师:陈　波
机关党委书记:杨华光(2016.5—)

岳池县气象局

局　长:陈　峰
副局长:卿洋华(—2016.6)
　　蔡　维(2016.6—)

武警岳池县中队

中队长:陈之路
政治指导员:沈　力
副中队长:刘万猛
排　长:张文煌

岳池县邮政局

局　长:卢　勇
副局长:谢洪涛　田小东
党组书记:卢　勇

岳池县烟草专卖局

局　长:杜　勇
副局长:王俊忠
副经理:月　英

人民银行岳池县支行

行　长:王　蓉
副行长:周　勇　杨志林

工商银行岳池县支行

行　长:余　勇
副行长:李宏伟
行长助理:唐红夏

农业银行岳池县支行

行　长:刘　钲
副行长:罗军　康向荣　张中勇
党委书记:刘　钲

农业发展银行岳池县支行

行　长:蒋　政
副行长:陈波(—2016.4)
　　唐　平(2016.4—)　许　睿
党组书记:蒋　政

建设银行岳池支行

行　长:赵泳中
副行长:李正权　杨　清
党支部书记:赵泳中

中国邮政储蓄银行岳池县支行

行　长:胡　斌
副行长:梁晓燕柴萍
总支书记:胡　斌
工会主席:梁晓燕

岳池县农村信用合作联社

理事长:刘　刚
主　任:吴　玲
副主任:李碧海　金小琳
党委书记:刘　刚
纪委书记:倪开华

人寿保险岳池县支公司

经　理:彭　诚

综合部经理:贺　伟

财产保险岳池县支公司

经　理:李　鹏

副经理:李文明　蒋　波

移动通信公司岳池县分公司

总经理:刘　辉

党组书记:刘　辉

联合网络通信公司岳池县分公司

总经理:张　扬

副总经理:杨艳林

盐业岳池县支公司

经　理:陈　旭

副经理:张　勇　匡永学

九龙镇

党委书记:杨　伟

副书记:刘智勇(—2016. 2)
尹守斌(2016. 2—)　李永忠
唐　敏(—2016. 2)
周建入(2016. 4—)

纪委书记:李永忠(—2016. 4)
周建入(2016. 4—)

人武部部长:唐　黎(—2016. 4)
杨　洪(2016. 4—)

人大主席:毛朝华

镇　长:刘智勇(—2016. 2)
尹守斌(2016. 11—)

副镇长:蒲敏慧(—2016. 2)
赵茂雅(—2016. 4)　李雪梅　廖赟霞

党委委员:蒋地生(—2016. 4)
蒲　洋(2016. 4—)

花园镇

党委书记:魏海军(—2016. 4)
张洪友(2016. 4—)

副书记:谭建斌(—2016. 4)
黄　勇(—2016. 4)
唐　军(—2016. 12)
杨　彪(2016. 4—)
杨　鹏(2016. 4—)

纪委书记:黄　勇(—2016. 4)
杨　鹏(2016. 4—)

人武部部长:吴隆光(—2016. 4)
陈　淋(2016. 4—)

人大主席:郑灵芝

镇　长:谭建斌(—2016. 4)
杨　彪(2016. 11—)

副镇长:吴隆光(—2016. 11)　陈　淋
兰晓明　古　波(2016. 11—)

党委委员:陈　立(2016. 4—)

朝阳乡

党委书记:詹松涛(—2016. 4)
李　辉(2016. 4—)

副书记:龙　荣(—2016. 4)
廖国俊(—2016. 4)　唐尚忠
徐　林(2016. 4—)
陈凤玲(2016. 4—)

纪委书记:廖国俊(—2016. 4)
陈凤玲(2016. 4—)

人武部部长:江　浩

人大主席:郑兴松

乡　长:龙　荣(—2016. 4)
徐　林(2016. 11—)

副乡长:江　浩　黄冬林(—2016. 4)
蔡俊波(2016. 11—)
万　一(2016. 11—)

党委委员:杨博文(2016. 4—)

北城乡

党委书记:李　勇(—2016. 4)
张崇良(2016. 4—)

副书记:龙　兵(—2016. 4)
周建入(—2016. 4)
杨兴祥(—2016. 4)
廖国俊(2016. 4—)

蒲　佳(2016. 4—)
李建中(2016. 4—)
纪委书记:周建人(—2016. 4)
蒲　佳(2016. 4—)
人武部部长:李建中(—2016. 6)
陈　阳(2016. 6—)
人大主席:莫畏葸(2015. 9—)
乡　长:龙　兵(—2016. 4)
廖国俊(2016. 11—)
副乡长:郑尚敏(—2016. 11)
李建中(—2016. 11)
陈　阳(2016. 11—)
杨小春(2016. 11—)
党委委员:段钰洁(2016. 4—)

镇龙乡

党委书记:彭　雪(—2016. 4)
蒋清明(2016. 4—)
副书记:尹德全(—2016. 4)
谭建斌(2016. 4—)　张秀军　胡　竞
纪委书记:胡　竞
人武部部长:陈　军
人大主席:杨　勇(—2016. 4)
赵茂雅(2016. 11—)
乡　长:尹德全(—2016. 4)
谭建斌(2016. 11—)
副乡长:陈　军　胡利君(—2016. 11)
程小耘(2016. 11—)
党委委员:谭　溢(2016. 4—)

石垭镇

党委书记:卿琼芳
副书记:张崇良(—2016. 4)
唐建林(—2016. 4)
江　维(2016. 4—)
王大军　陈　圆(2016. 4—2016. 5)
段德正(2016. 6—)
纪委书记:唐建林(—2016. 4)
陈　圆(2016. 4—2016. 5)
段德正(2016. 6—)
人武部部长:张明国(—2016. 4)
莫军华(2016. 4—)
人大主席:滕　敏(—2016. 5)
李　明(2016. 6—)
镇　长:张崇良(—2016. 4)
江　维(2016. 11—)
副镇长:梁　勇(—2016. 4)
陈　圆(—2016. 5)
莫军华(2016. 11—)
周国辉(2016. 11—)
王俐敏(2016. 11—)
党委委员:范　为(2016. 4—)

普安镇

党委书记:廖爱明
副书记:吴　冉(—2016. 4)
杨云胜(—2016. 4)
王小琴(—2016. 4)
王伟平(2016. 4—)
雷　曦(2016. 4—)
黄冬林(2016. 4—)
纪委书记:王小琴(—2016. 4)
雷　曦(2016. 4—)
人武部部长:杨　洪(—2016. 4)
熊燕海(2016. 4—)
人大主席:钟　红(—2016. 4)
尹德全(2016. 4—)
镇　长:吴　冉(—2016. 4)
王伟平(2016. 11—)
副镇长:杨　洪(—2016. 4)　田　炼
曾曙光(—2016. 4)
熊燕海(2016. 11—)
侯　丹(2016. 11—)
党委委员:刘祥平(2016. 4—)

乔家镇

党委书记:蒲锦荣(—2016. 4)
杨　昕(2016. 4—2016. 8)

文勇军(2016.8—)
副书记:郭　波(—2016.4)
朱新文(—2016.4)
周　鹏(—2016.4)
李红军(2016.4—)
李勇军(2016.4—)
杨毅(2016.4—)
纪委书记:周　鹏(—2016.4)
李勇军(2016.4—)
人武部部长:熊燕海(—2016.4)
曾曙光(2016.4—)
人大主席:朱其军
镇　长:郭　波(—2016.4)
李红军(2016.11—)
副镇长:熊燕海(—2016.4)
曾曙光(2016.11—)
彭桂芳(2016.11—)
肖　平(2016.11—)
党委委员:汤　兵(—2016.4)
杨富婷(2016.4—)

花板乡

党委书记:李子超(—2016.4)
蔡　维(2016.4—)
副书记:杨飞燕(—2016.4)
邹金光(—2016.4)
周德金(—2016.4)
熊越强(2016.4—)
蒋地生(2016.4—)
陈　林(2016.4—)
纪委书记:周德金(—2016.4)
蒋地生(2016.4—)
人武部部长:莫军华(—2016.4)
彭冬林(2016.4—)
人大主席:王树林
乡　长:杨飞燕(—2016.4)
熊越强(2016.11—)
副乡长:莫军华(—2016.4)
彭冬林(2016.11—)
何朝华(2016.11—)
党委委员:雷宇杨(2016.4—)

大石乡

党委书记:吴小燕(—2016.4)
黄　莹(2016.4—)
副书记:江　维(—2016.4)
付琦蓉(—2016.4)　谢安明
文飞云(2016.4—)
郑兴武(2016.4—)
纪委书记:付琦蓉(—2016.4)
郑兴武(2016.4—)
人武部部长:杨　军(—2016.4)
姚　伟(2016.4—)
人大主席:蒲礼平(—2016.4)
蒲　敏(2016.4—)
乡　长:江　维(—2016.4)
文飞云(2016.11—)
副乡长:赵代勇　杨　军(—2016.4)
姜　慧(2016.11—)
党委委员:蒋艳军(2016.4—)

白庙镇

党委书记:龙军华
副书记:黄　莹(—2016.4)
唐　涌(—2016.4)
吴清云(2016.4—)
蒋　俊(2016.4—)
杨晓平(2016.4—)
纪委书记:吴清云(2016.4—)
人武部部长:姚　伟(—2016.4)
余金科(2016.4—)
人大主席:谢　华(—2016.4)
唐代森(2016.11—)
镇　长:黄　莹(—2016.4)
蒋　俊(2016.11—)
副镇长:姚　伟(—2016.4)
郑仁平(—2016.4)

杨晓平(—2016.4)
余金科(2016.11—)
李　虎(2016.11—)
谢静远(2016.11—)
党委委员:张　懿(2016.4—)

新场镇

党委书记:安静辉(—2016.4)
宋　勇(2016.4—)
副书记:黄志敏　陈茂军(—2016.4)
石佐奇(—2016.4)
唐德清(2016.4—)
明　锐(2016.4—)
纪委书记:陈茂军(—2016.4)
唐德清(2016.4—)
人武部部长:杨安平(—2016.4)
人大主席:申　强(—2016.4)
镇　长:黄志敏
副镇长:周　艳(—2016.4)
杨安平(—2016.4)　郭　玲
唐　涌(2016.4—)
张洪国(2016.4—)
刘拥军(2016.4—)
党委委员:胡嗣明(—2016.4)
米　果(2016.4—)

粽粑乡

党委书记:张峻龙(—2016.4)
廖　波(2016.4—)
副书记:殷帮梅　明　锐(—2016.4)
李军辉　石佐奇(2016.4—)
纪委书记:明　锐(—2016.4)
李军辉(2016.4—)
人武部部长:石　磊
人大主席:吴永斌(—2016.4)
王万钧(2016.4—)
乡　长:殷帮梅
副乡长:郑兴武(—2016.4)　石　磊
杨　彪(—2016.4)

柏洪(2016.11—)
杨龙凤(2016.11—)
党委委员:赵　斐(2016.4—2016.10)

坪滩镇

党委书记:彭善平(—2016.4)
尹春平(2016.4—)
副书记:唐志强　周维正(—2016.4)
刘治洪　沈波(2016.4—)
纪委书记:刘治洪
人武部部长:周维正(—2016.4)
人大主席:邓帮国(—2016.4)
朱新文(2016.11—)
镇　长:唐志强
副镇长:粟模高(—2016.4)
沈　波(—2016.4)
彭桂芳(—2016.4)
朱　勇(2016.11—)
柏　杨(2016.11—)
唐　伟(2016.11—)
党委委员:伍小刚(2016.4—)

龙孔镇

党委书记:杨　昕(—2016.4)
李　勇(2016.4—)
副书记:代鸿印　肖建波　唐德清(—2016.4)
龙艳梅(2016.4—)
纪委书记:唐德清(—2016.4)
肖建波(2016.4—)
人大主席:彭　华(—2016.4)
李良华(2016.4—)
镇　长:代鸿印
副镇长:何大为　宋　敏(—2016.4)
张盛军(2016.4—)
郑仁平(2016.4—)
党委委员:蒋　柯(2016.4—)

镇裕镇

党委书记:陈仕民(—2016.4)
余　杰(2016.4—2016.12)

杨兴祥（2016. 12—）
副书记：郑　静（—2016. 4）
范前辉（—2016. 4）
袁红梅（—2016. 4）
周　鹏（2016. 4—2016. 12）
蔡　杨（2016. 4—）
尹安洲（2016. 4—2016. 12）
唐　军（2016. 4—）
纪委书记：袁红梅（—2016. 4）
蔡　杨（2016. 4—）
人武部部长：蔡　杨（—2016. 4）
吴　军（2016. 4—）
人大主席：尹世红
镇　长：郑　静（—2016. 4）
周　鹏（2016. 11—2016. 12）
副镇长：严春华（—2016. 4）
蔡　杨（—2016. 11）
李　果（2016. 11—）
党委委员：邝丹丹（2016. 4—）

排楼乡

党委书记：尹春平（—2016. 4）
龙　荣（2016. 4—）
副书记：周　辉（—2016. 4）
黄仕军（—2016. 4）　蔡曙光
宋　敏（2016. 4—）
秦　伶（2016. 4—）
纪委书记：黄仕军（—2016. 4）
秦　伶（2016. 4—）
人武部部长：吴　军（—2016. 4）
唐　曹（2016. 11—）
人大主席：王万钧（—2016. 4）
郑志亮（2016. 11—）
乡　长：周　辉（—2016. 4）
宋　敏（2016. 11—）
副乡长：吴　军（—2016. 4）　邓　晨
唐　曹（2016. 11—）
党委委员：冯　宝（2016. 4—）

西板乡

党委书记：程　波（—2016. 4）
吴玉强（2016. 4—）
副书记：范　立（—2016. 4）
王　鹏（2016. 4—）
张四清（—2016. 4）
张　勇（—2016. 4）
周维正（2016. 4—）
胡　浩（2016. 4—）
纪委书记：张四清（—2016. 4）
周维正（2016. 4—）
人武部部长：胡　浩（—2016. 4）
周林茂（2016. 6—）
人大主席：周中前（—2016. 4）
张四清（2016. 11—）
乡　长：范　立（—2016. 4）
王鹏（2016. 11—）
副乡长：李　勇　胡　浩（—2016. 4）
石京鑫（2016. 11—）
党委委员：潘　虹（2016. 4—）

石鼓乡

党委书记：廖　梅（—2016. 4）
刘裕文（2016. 4—）
副书记：刘裕文（—2016. 4）　曹建民
易云胜（—2016. 4）
张　漫（2016. 4—）
邱小明（2016. 4—）
纪委书记：曹建民（—2016. 4）
张　漫（2016. 4—）
人武部部长：张　漫（—2016. 4）
朱昌勇（2016. 4—）
人大主席：汪永川（—2016. 11）
杨安平（2016. 11—）
乡　长：刘裕文（—2016. 11）
曹建民（2016. 11—）
副乡长：张　漫　朱昌勇（2016. 11—）
张　莉（2016. 11—）

党委委员：周　辉（2016. 4—）

嘉陵乡

党委书记：赵　敏（—2016. 4）

唐强云（2016. 4—）

副书记：胡云胜（—2016. 4）　杨显志

龙艳梅（—2016. 4）

王小琴（2016. 4—）

李江洋（2016. 4—）

纪委书记：龙艳梅（—2016. 4）

李江洋（2016. 4—）

人武部部长：陈　龙（2016. 4—）

人大主席：齐祥云

乡　长：胡云胜（—2016. 4）

王小琴（2016. 11—）

副乡长：周安春（—2016. 8）

胡嗣明（2016. 2—2016. 4）

陈　龙（2016. 12—）

冉启华（2016. 12—）

党委委员：秦　龙（2016. 4—）

西溪镇

党委书记：胡修林

副书记：唐强云（—2016. 4）

杨建华（—2016. 4）　安　然

汤　兵（2016. 4—）

吴　刚（2016. 4—）

纪委书记：杨建华（—2016. 4）

安　然（2016. 4—）

人大主席：黄中良（—2016. 4）

江　涛（2016. 11—）

人武部部长：张志强

镇　长：唐强云（—2016. 4）　汤　兵

副镇长：张志强　杨　鹏（—2016. 4）

滕　杰　陆　娟

党委委员：张　梅（2016. 4—）

同兴镇

党委书记：石伦军（—2016. 4）

青　松（2016. 4—）

副书记：青　松（—2016. 4）

杨　桓（—2016. 4）

陈　靓（2016. 4—）　蒋世和

滕兴云（2016. 4—）

纪委书记：杨　桓（—2016. 4）

蒋世和（2016. 4—）

人武部部长：杨松柏（2016. 4—）

人大主席：张晓林

镇　长：青　松（—2016. 4）

陈　靓（2016. 11—）

副镇长：袁　会（—2016. 4）

袁春艳（2016. 11—）

杨松柏（2016. 11—）

党委委员：吴清云（—2016. 4）

尹小勇（2016. 4—）

恐龙乡

党委书记：卿　毅（—2016. 4）

蔡晓林（2016. 4—）

副书记：陈　文（—2016. 4）

李春林（—2016. 4）

张春华（2016. 4—）

唐　渊（2016. 4—）

纪委书记：李春林（—2016. 4）

唐　渊（2016. 4—）

人武部部长：陈　林（—2016. 4）

袁　涛（2016. 11—）

人大主席：罗素英（—2016. 4）

杨　军（2016. 11—）

乡　长：陈　文（—2016. 4）

张春华（2016. 11—）

副乡长：陈　林（—2016. 4）　马小燕

党委委员：杨　郑（2016. 4—）

平安乡

党委书记：王其林（—2016. 4）

吴　冉（2016. 4—）

副书记：周小君（—2016. 4）

邱小明（—2016. 4）

杨建华(2016. 4—)
袁春燕(—2016. 4)
杨　毅(2016. 4—)
杨　桓(2016. 4—)
纪委书记:邱小明(—2016. 4)
杨　毅(2016. 4—)
人武部部长:夏　勇(—2016. 4)
杨　冲(2016. 4—)
人大主席:夏　勇(—2016. 4)
唐建林(2016. 11—)
乡　长:周小君(—2016. 4)
杨建华(2016. 11—)
副乡长:彭冬林(—2016. 4)
石京鑫(—2016. 4)
杨　冲(2016. 11—)
袁　会(2016. 11—)
党委委员:杨兴彪(2016. 4—)

兴隆镇

党委书记:唐　涌(—2016. 4)
詹松涛(2016. 4—)
副书记:吴玉强(—2016. 4)
蒋庆光(—2016. 4)
李勇军(—2016. 4)
李　鑫(2016. 4—)
刘红林(2016. 4—2016. 10)
陈茂军(2016. 4—)
纪委书记:李勇军(—2016. 4)
刘红林(2016. 4—2016. 10)
人大主席:江　涛(—2016. 4)
蒋庆光(2016. 11—)
人武部部长:杨顺军
镇　长:吴玉强(—2016. 4)
李　鑫(2016. 11—)
副镇长:龙厚光(—2016. 4)　杨顺军
蒲沁玫(2016. 11—)
赵苓兵(2016. 11—)
党委委员:李坤明(2016. 4—)

秦溪镇

党委书记:杨　林
副书记:廖　波(—2016. 4)
李良华(—2016. 4)
吴　汉(—2016. 4)
余海军(2016. 4—)
杨柳艳(2016. 4—)
江述全(2016. 4—)
纪委书记:李良华(—2016. 4)
杨柳艳(2016. 4—)
人武部部长:朱　勇(—2016. 4)
刘　建(2016. 7—)
人大主席:谢兴荣(—2016. 4)
钟建国(2016. 12—)
镇　长:廖　波(—2016. 4)
余海军(2016. 12—)
副镇长:王俐敏(—2016. 4)
朱　勇(—2016. 4)　吴　勇
刘　建(2016. 12—)
林　颖(2016. 12—)
党委委员:郑雪芹(—2016. 4)
陆　游(2016. 4—)

团结乡

党委书记:罗晓军(—2016. 4)
段　杰(2016. 4—)
副书记:江琴琴(—2016. 4)
余海军(—2016. 4)
李明强(—2016. 4)
朱大运(2016. 4—)
黄仕军(2016. 4—)
纪委书记:余海军(—2016. 4)
朱大运(2016. 4—)
人武部部长:陈　阳(—2016. 4)
段　帅(2016. 5—)
人大主席:唐高均(—2016. 4)
李明强(2016. 11—)
乡长:江琴琴(—2016. 4)

周中前(2016. 11—)
副乡长:陈　阳(—2016. 4)
郑小洪(2016. 11—)
党委委员:唐　凤(2016. 4—)

黄龙乡

党委书记:杨淑芹(—2016. 4)
周国庆(2016. 4—)
副书记:周国庆(—2016. 4)
张中佳(—2016. 4)　何正敏
付　莲(2016. 4—)
杨　付(2016. 4—)
李勇军(2016. 12—)
纪委书记:张中佳(—2016. 4)
杨　付(2016. 4—)
人武部部长:杨　付(—2016. 4)
唐男屿(2016. 4—)
人大主席:杨银军
乡　长:周国庆(—2016. 4)
付　莲(2016. 11—)
副乡长:郑志亮(—2016. 4)
陈　嘉(—2016. 4)
杨　付(—2016. 4)
胡学富(2016. 11—)
唐男屿(2016. 11—)
党委委员:周黎(2016. 4—)

顾县镇

党委书记:莫如他
副书记:罗红云(—2016. 4)
吴雪辉(—2016. 4)
赖正容(—2016. 4)
龙　兵(2016. 4—)
邵建铭(2016. 4—)
文　野(2016. 4—)
纪委书记:吴雪辉(—2016. 4)
邵建铭(2016. 4—)
人武部部长:文　野(—2016. 4)
付建新(2016. 4—)
人大主席:罗兴洪(—2016. 4)
周　辉(2016. 11—)
镇　长:罗红云
副镇长:陈世义　文　野(—2016. 4)
付建新　彭　恒(2016. 11—)
党委委员:杨辉艳(2016. 4—)

双鄢乡

党委书记:曾全斌(—2016. 4)
刘德军(2016. 4—)
副书记:蒲　敏(—2016. 4)
郑树林(—2016. 4)
江述全(—2016. 4)
雷　棱(2016. 4—)
高　燕(2016. 4—)
杨雪平(2016. 4—)
纪委书记:郑树林(—2016. 4)
高　燕(2016. 4—)
人武部部长:杨雪平(—2016. 4)
刘　宏(2016. 4—)
人大主席:吴雪琴(—2016. 4)
张晓敏(2016. 11—)
乡　长:蒲　敏(—2016. 4)
雷　棱(2016. 11—)
副乡长:蒋建华(—2016. 4)
杨雪平(—2016. 11)
刘　宏(2016. 11—)
余　杨(2016. 11—)
党委委员:蓝小凤(2016. 4—)

东板乡

党委书记:付正雄(—2016. 4)
罗红云(2016. 4—)
副书记:龙绪芳(—2016. 4)
杨柳艳(—2016. 4)
陈　伟(—2016. 10)
温　涛(2016. 4—)
胡嗣明(2016. 4—)
纪委书记:杨柳艳(—2016. 4)

胡嗣明(2016.4—)
人武部部长:王禄志
人大主席:张晓敏(—2016.4)
乡　长:龙绪芳(—2016.4)
副乡长:龙　彪　王承龙(2016.4—)
党委委员:方波谷(2016.4—)

长田乡

党委书记:余　君
副书记:唐永恒　杨　滚(—2016.4)
赵存志　张勇(2016.4—)
纪委书记:杨　滚(—2016.4)
张　勇(2016.4—)
人武部部长:刘　宏(—2016.4)
卢国刚(2016.5—)
人大主席:王承龙(—2016.4)
蒋建华(2016.5—)
乡　长:唐永恒
副乡长:刘　宏(—2016.4)　王伟琴
刘建华(2016.4—)
卢国刚(2016.5—)
党委委员:刘玲(2016.4—)

苟角镇

党委书记:李四海(—2016.4)
舒联华(2016.4—)
副书记:唐思华(—2016.4)
蒋　俊(—2016.4)
宋建军(—2016.4)
邓南新(2016.4—)
杨建华(2016.4—2016.6)
袁　平(2016.4—)
姚　勇(2016.6—)
纪委书记:蒋　俊(—2016.4)
袁　平(2016.4—)
人武部部长:陆昌松
人大主席:伍忠中(—2016.4)
杨超胜(2016.4—)
镇　长:唐思华(—2016.4)
邓南新(2016.11—)
副镇长:宋春雨　陆昌松
魏善明(2016.11—)
党委委员:汪予然(2016.4—)

天平镇

党委书记:文　强(—2016.2)
唐胜利(2016.3—)
副书记:江显杰(—2016.4)
熊建林(—2016.4)
廖　敏(—2016.4)
杨　军(2016.4—)
杨　超(2016.4—)
吴超军(2016.4—)
纪委书记:廖　敏(—2016.4)
杨　军(2016.4—)
人武部部长:杨　毅(—2016.4)
陆　洋(2016.11—)
人大主席:杨超胜(—2016.4)
熊建林(2016.11—)
镇　长:江显杰(—2016.4)
吴超军(2016.11—)
副镇长:陆　洋　杨　毅(—2016.4)
杨　军(—2016.11)
刘　俊(2016.11—)
姚永红(2016.11—)
党委委员:尹　进(2016.4—)

鱼峰乡

党委书记:吴正才(—2016.4)
郑　静(2016.4—)
副书记:唐胜利(—2016.4)　董　根
杨进军　李刚(2016.4—)
纪委书记:董　根
人武部部长:李　刚(—2016.4)
王　兴(2016.4—)
人大主席:邓中文
乡　长:唐胜利(—2016.4)
李　刚(2016.11—)

副乡长：李　刚（—2016.4）
王　兴（2016.11—）
龙　彪（2016.11—）
尹光明（2016.11—）
王　超（2016.11—）
杨菊蓉（2016.11—）
党委委员：陈　莲（2016.4—）
胡修英（2016.4—）

罗渡镇

党委书记：李　俊
副书记：舒联华（—2016.4）
温　涛（—2016.4）
周远贵（2016.4—）
廖　敏（2016.4—）　苏　强
纪委书记：温　涛（—2016.4）
廖　敏（2016.4—）
人武部部长：胡明贵
人大主席：伍红英
镇　长：舒联华（—2016.4）
周远贵（2016.11—）
副镇长：李宏宾　胡明贵　阳　勇（2016.11—）
杜素英（2016.11—）
党委委员：付仲金（—2016.4）
青大淞（2016.4—）

裕民镇

党委书记：范　东
副书记：童　强　刘红林（—2016.4）
唐良富（—2016.4）
毛强林（2016.4—）
唐红军（2016.4—）
纪委书记：刘红林（—2016.4）
毛强林（2016.4—）
人武部部长：赵必刚（—2016.4）
尹光明（2016.4—）
人大主席：周进忠（—2016.4）
邹　波（2016.11—）
镇　长：童　强
副镇长：唐红军（—2016.4）
毛强林（—2016.4）
赵必刚（—2016.4）

赛龙镇

党委书记：易　兵（—2016.4）
唐思华（2016.4—）
副书记：周远贵（—2016.4）
舒安辉（—2016.4）
张春华（—2016.4）
龙青松（2016.4—）
袁红梅（2016.4—）
沈　娟（2016.4—）
纪委书记：张春华（—2016.4）
袁红梅（2016.4—）
人武部部长：王　华（—2016.5）
李明明（2016.6—）
人大主席：雷先林
镇　长：周远贵（—2016.4）
龙青松（2016.11—）
副镇长：王　华（—2016.4）
沈　娟（—2016.4）
李明明（2016.11—）
刘力瑗（2016.11—）
党委委员：罗　霄（2016.4—）

大佛乡

党委书记：罗　勇（—2016.4）
杨海刚（2016.4—）
副书记：唐代森（—2016.4）
尹安洲（—2016.4）　蔡开兵
郑雪芹（2016.4—）
杨　露（2016.4—）
纪委书记：尹安洲（—2016.4）
杨　露（2016.4—）
人武部部长：李其林（—2016.4）
黄　涛（2016.4—）
人大主席：唐科兵（—2016.4）

张明国(2016.11—)
乡　长:唐代森(—2016.4)
郑雪芹(2016.11—)
副乡长:孙小波(—2016.4)
杨　露(—2016.11)
李其林(—2016.4)
黄　涛(2016.11—)
代军林(2016.11—)
刘　勤(2016.11—)
党委委员:游　黎(2016.4—)

齐福乡

党委书记:黄利华(—2016.4)
赵　敏(2016.4—)
副书记:段　杰(—2016.4)
昌素华(—2016.4)
钟建国(—2016.4)
杨飞燕(2016.4—)
李良楹(2016.4—)
张　涛(2016.4—)
纪委书记:昌素华(—2016.4)
李良楹(2016.4—)
人武部部长:闫顺权(—2016.4)
李万平(2016.4—)
人大主席:伍中华(—2016.4)
胡云胜(2016.11—)
乡　长:段　杰(—2016.4)
杨飞燕(2016.11—)
副乡长:闫顺权(—2016.11)
李良楹(—2016.11)
谭洪婷(2016.11—)
向世伟(2016.11—)
党委委员:李南翕(2016.4—)

中和镇

党委书记:刘永生(—2016.4)
吴开兵(2016.4—)
副书记:吴开兵(—2016.4)
王　鹏(—2016.4)
张　涛(—2016.4)
宋建军(2016.4—)
赵必刚(2016.4—)
黄承海(2016.4—)
纪委书记:王　鹏(—2016.4)
赵必刚(2016.4—)
人武部部长:江小军
人大主席:袁永峰
镇　长:吴开兵(—2016.11)
宋建军(2016.11—)
副镇长:江小军　冯昌勇(—2016.4)
柏　洪(—2016.4)
梁　勇(2016.11—)
杨春蓉(2016.11—)
党委委员:袁　媛(2016.4—)

临溪镇

党委书记:夏建春(—2016.4)
王　欣(2016.4—)
副书记:王　欣(—2016.4)
文飞云(—2016.4)
陈　雷(2016.4—)
雷　贤(2016.4—)
纪委书记:文飞云(—2016.4)
雷　贤(2016.4—)
人武部部长:张义全
人大主席:蔡仲斌(—2016.4)
杨兴祥(2016.11—)
镇　长:王　欣(—2016.4)
陈　雷(2016.11—)
副镇长:张义全　杨　姝(2016.11—)
党委委员:汤大洁(2016.4—)

伏龙乡

党委书记:高　胜(—2016.4)
任　德(2016.4—)
副书记:刘德军(—2016.4)
邹　波(—2016.4)
卿召华(—2016.4)

江显杰(2016.4—)
李其林(2016.4—)
龙绪成(2016.4—)
纪委书记:邹　波(—2016.4)
李其林(2016.4—)
人武部部长:龙绪成(—2016.4)
罗嘉陵(2016.4—)
人大主席:罗晓荣(—2016.4)
唐先斌(2016.11—)

乡　长:刘德军(—2016.4)
江显杰(2016.11—)
副乡长:陈　雷(—2016.4)
龙绪成(—2016.4)
蒋素华(—2016.4)
罗嘉陵(2016.11—)
蒋明均(2016.11—)
蒋道均(2016.11—)
党委委员:唐　鑫(2016.5—)

艺　文

岳池法治文化赋

马黎明

天无分野以混沌,地无阡陌致蛮荒,水无形制而泛滥,欲无规范则横淌。宇内万物,各循其序。人类社会,共遵其法。先秦商鞅,图强变法,奠定始皇一统基业;希腊亚氏,推崇法治,点亮现代文明灯塔。

渠江西去,嘉水南奔,金城东踞,翔凤北护。天赐灵秀山水,地毓浩然风骨。参建法制,王向明殚精竭虑;维护法统,石天柱刺血上疏;乡杰忠勇耿直,浸润岳池淳风之庠。人民勤慧本分,造就银城鱼米之乡。道不拾遗,夜不闭户,田园风光,美如画廊。引来放翁赋诗赞,农家乐源誉飞扬。

现代社会,法治为纲,世界潮流,浩浩汤汤。行法治可兴国,弃法治何安邦?国无法不治,民无法难安。噫吁嚱!非常年代,法制遭践,赤县蒙灾,岳池岂能幸免?改革开放,立法当先,神州得治,银城无处不欢!

走进新时代,大风云飞扬。民族复兴展宏图,依法治县写华章。权力进笼子,保障公平正义;规矩定方圆,彰显国徽尊严。“坝坝法庭”,让天平接地气;“司法援助”,耀人文之光芒。“千警走访”,化风波于无形;“人民调解”,防祸端乎萧墙。

主题街区,立獬豸为警世,树标杆启范彰;创建活动,育细胞以见微,汇涓滴致成洋。寓教于游园,普法至市民。春风化雨时,润物细无声。学法以明智,知法可清心。人崇德然知廉耻,民尚法而晓分寸。善为尚须守法,维权切莫任性。全民同心,各界戮力,法治岳池,水到渠成。清清绿水,朗朗碧空。君子坦荡,宵小惶恐。弘扬法治文化,催生良法善治;构建法治社会,拂动正气清风。看凤翔九州,龙行苍穹!

文　存

中共岳池县委
关于全面创新改革驱动转型发展的意见

岳委发〔2016〕5号2016年5月24日

为贯彻落实党的十八届五中全会、省委十届七次全会和市委四届十次全会决策部署，牢固树立并切实贯彻创新、协调、绿色、开放、共享发展理念，推动岳池加快迈入转型发展、科学发展快车道，实现“两个跨越”奋斗目标，县委坚持改革创新，突出问题导向，着力破解制约经济社会发展的重点领域和关键环节，现就深化改革创新驱动转型发展有关事项提出如下意见。

一、推进园区管理机制改革，增添转型发展动力

以“园区办事不出园”为目标，着力在服务机制和扩大管理自主权上下功夫，全面提高园区综合服务水平和能力，为全县工业发展注入强大动力。

（一）实行派驻服务管理。由经开区、高新区管委会提供办公设备及场所，涉及园区建设管理日常性事务较多的公安、城管、住建、食药监、工商质监等部门派驻专人进驻园区办公，派驻人员实行双重管理，日常考核奖惩以园区管委会为主。其他涉园事务的发改、经信、国土、环保、安监、人社、水电气、通信、相关乡镇等单位，派驻专人每周定期到园区集中办公一天。派驻人员服务园区工作纳入部门年度绩效考核内容，由工业领导小组办公室会同经开区、高新区管委会制定考核办法，报县绩效考核领导小组审定后由工业领导小组办公室组织实施。启用园区行政审批“2号章”，由相关部门授权派驻人员使用，凡涉及园区的行政审批、咨询服务等事项，一律由园区管委会接件、督办，派驻人员限时办理，经开区、高新区建设服务办理事项原则上一律不出园区（罗渡镇）。

（二）扩大管理自主权。赋予经开区、高新区管委会一定人事管理权，允许园区根据工作需要，优化人力资源配置；支持园区自行选聘工作人员，对班子配备、干部调动、人才引进等原则上由园区提出建议，经组织人事部门同意，报县委、县政府审定后按有关程序办理。赋予园区一定企业入驻审核权，凡占地20亩以下或总投资3000万元以下的新入园项目由园区管委会组织集中审核，报县政府审定后实施。赋予园区规划调整建议权、城市开发权，园区内的规划调整、城市开发由园区根据实际需要提出建议，报县城乡规划管理委员会审核、县政府审定后实施。允许园区根据企业需要，提出用工需求、员工培训、公租房使用意见，报县政府审定，相关部门组织实施。

二、推动产业创新，提升转型发展潜力

以供给侧结构性改革为引领，着眼全局性战略发展，创新产业发展思路，挖掘供给潜力，推动产业转型升级。

（三）建设医药产业创新创业平台。按照“政府主导、专业规划、社会投资、企业运营”的原则，全面启动广安岳池生物医药创新创业公共服务平台及产业化项目建设，重点推动创新药物公共服务中心（含公共研发、检测、中试平台、医药研究院及公共药厂)、产业化基地、应急处理渠建设,集聚医药人才和资源,促进项目、品种快速落地和产业持续发展,加快打造“广安药港”。

(四)创新旅游业发展。将花园镇、九龙镇、双鄢乡、白庙镇、北城乡部分区域及翠管会全部纳入翠湖生态风景区建设范围,着力打造县城生态花园、AAAA生态景区,推动旅游转型发展,形成全县经济重要增长极。推动翠湖景区开发管理委员会管理体制改革,组建翠湖生态景区管委会,赋予景区管委会规划建设、产业发展、旅游开发管理等职能职责,将景区范围内村级社会事务管理权限交由属地乡镇管理。

(五)发展输变电总部经济。启动输变电企业改制转型工作,组建输变电集团,依托岳池输变电产业技术人才优势,大力发展输变电总部经济,重点推进资源整合、品牌塑造、行业管理、人才培养等全面创新,建立健全输变电企业法人绩效目标考核制度,推动岳池输变电集团整体上市,做大做强岳池输变电产业。

(六)实施“双创行动”。推进“大众创业、万众创新”,实施“创业回引工程”“创业岳池行动”,积极发展众创、众包、众扶、众筹等新模式,建设环经开区、城东新区、现代农业园区、翠湖景区“大众创业、万众创新”产业带。加强中小企业公共服务平台和服务机构的建设,建立小微企业创业基地综合服务中心。开展传统产业提质增效行动,对成功实施兼并重组、淘汰落后产能的企业,给予相应补贴。推进质量强县战略,兑现品牌创建激励政策。

三、推动服务管理创新,激发县域转型发展活力

以行政审批、商事制度改革为基石,以服务科技创新应用为动力,全面创新行政服务管理方式,推动经济结构转型升级,努力建设“智慧、和谐、美丽、活力、幸福”新岳池。

(七)深化行政审批改革。主动承接中省市下放到县的行政审批事项,加强与原实施机关的工作衔接,明确责任分工,落实工作要求,所有承接审批事项要及时纳入县政务服务中心办理。全面取消非行政许可审批事项,全面落实部门权力清单制度,按照“集中办理、简化流程、缩短时限、提高效能、跟踪问责”原则,严格执行“两集中、两到位”,全面推行“一窗受理、受办分离、分类审批、一窗发证、限时办结”服务模式,扎实推进流程管理、网上审批,全面提高行政效能,建设高效服务政府。

(八)深化商事制度改革。全面实行注册资本由实缴制改为认缴制,深化实施“先照后证”制度改革,试行企业集群注册登记,允许“一址多照”和“一照多址”,进一步简化登记程序,企业工商登记实行“局所联动、全域通办”登记管理。深入推进“三证合一”改革,强化工商信用监管。

(九)创新科技服务体系。鼓励支持企业加大研发投入、自主创新,支持企业购买科技创新成果,激发企业创新活力。设立创新驱动发展战略专项资金,对中省市认定的高新技术产业企业、研究中心、重点实验室、科技孵化器、产业技术研究院,给予奖励或补助。实施高新技术企业和科技型中小微企业培育工程。建设技术成果转化转移平台,设立科技成果转化专项资金,对企业实施(购买)成果转化给予资金支持。

四、推进要素支撑创新,增强转型发展定力

着力破解土地、资金、人才等要素瓶颈制约,始终保持专注发展和转型发展定力,努力增强追赶跨越发展的后劲。

(十)推进国土资源管理创新。实行土地出让等重大事项集体研究和票决制度。在总量平衡控制基础上,对扩权强镇试点镇、重点园区的土地指标给予适度倾斜。稳步推进不动产登记制度改革,探索建立农民宅基地自愿有偿规范退出机制,深化矿产资源市场化配置改革。创新土地出让方法和机制,充分调动乡镇包装土地出让的积极性,促进城乡房地产业健康发展。

(十一)创新人才工作机制。加强创新型人才培养,大力推进“人才强基支撑计划”,建立科学高效的人才聚集机制，完善人才引进政策体系，组建县级决策咨询暨投资促进高端专家库。鼓励人才创新创业，建立大学生和科技人才创新创业（孵化）园。设立人才发展专项基金，对做出突出贡献的人才给予奖励，为岳池“智造”提供人才支撑。

（十二）推动金融服务创新。支持金融机构开发金融产品，推动金融机构开展在建工程抵押等信贷业务，设立金融贷款损失风险金，对金融机构支持改革创新和转型升级项目贷款的风险性损失给予一定补偿。推进农村产权抵押融资改革。加快企业上市培育力度，支持企业运用股权、债权等多种方式融资，设立中小微企业转贷基金。全面实行调存制度，健全完善财政性资金与金融机构信贷资金挂钩调存办法。制定驻县金融机构绩效考核办法，对全面完成县上下达目标任务的给予一定绩效奖励。

五、推进组织保障创新，提升转型发展效力

着力强化绩效考核和督查问责，加快凝聚形成深化改革创新、驱动转型发展的强大合力，切实保障各项改革创新举措落地生效。

（十三）创新绩效考核管理。建立差异化、梯次化绩效考核激励机制，实行梯次目标绩效考核，对完成创新改革目标任务的单位和个人在评先评优比例上给予倾斜。创新绩效考核方式，精简考核指标项目，科学制定评价标准，注重考核现场及实效。提高平时考核权重，保证目标和部分重大决策部署落实情况不纳入年终集中考核，通过督查督办进行平时考核。

（十四）建立督查问责制度。成立岳池县深化改革创新驱动转型发展推进领导小组，负责统筹协调、一抓到底，确保各项改革创新举措落地生根、见到实效。本意见所规定的体制机制改革、权力下放事项须在今年6月底前完成，属县级部门权力下放、下伸的事项，由职能部门作出授权、委托、延伸的决定。本意见所涉及到的方案牵头单位要及时调查研究，制定相应方案，提请本专项小组和领导小组审议。各改革专项小组要定期召开专项小组会，对照本意见集中研究一批改革方案并提交领导小组审议。领导小组将定期组织县督查办、县绩效办对本意见落实情况进行督查通报，对行动不力的责任单位和相关责任人员将从严问责。

中共岳池县委　岳池县人民政府
关于加快工业经济发展的决定

岳委发〔2016〕7号 2016年6月16日

为加快推进新型工业化进程，突出工业经济主导地位，强力推进追赶跨越，实现全面小康目标，现就加快“十三五”时期工业经济发展作出如下决定。

一、指导思想及目标

（一）指导思想。全面贯彻党的十八大和十八届三中、四中、五中全会精神，牢固树立“创新、协调、绿色、开放、共享”发展理念，坚持“工业强县”战略，以供给侧结构性改革为主线，发展为主题，市场为导向，项目为支撑，创新为动力，园区为载体，大力实施“十大计划”，进一步完善体制机制、提升基础条件、优化发展环境、增强内生动力，形成产业特色鲜明、企业活力迸发、创业激情高涨的良好发展局面。

（二）主要目标。

发展速度目标。“十三五“期间，工业发展速度确保高于全市平均增长水平，规上工业企业增加值保持两位数增长;到2020年,力争规上工业总产值突破500亿元以上。

工业投资目标。"十三五"期间,每年招商引资新签约入驻投资5000万元以上工业项目20个以上,形成固定资产投资达到30亿元以上;年均实施投资5000万元以上项目20个以上;工业投资年均增长15%以上;每年新培育规上工业企业10户以上。

园区发展目标。到2020年,工业园区完成工业总产值占全县85%以上。县经开区工业总产值达到300亿元以上,高新区管委会产值突破100亿元。

创新发展目标。"十三五"期间,力争建成国家级企业技术中心1户以上;建成省级企业技术中心3户以上,市级企业技术中心8户以上。认定国家高新技术企业3户以上。

发展质量目标。到2020年,创建省级以上名牌产品、商标2个以上,工业新增就业岗位5000个以上。

二、工作重点

(一)实施产业扩张计划。加速医药产业集聚。汇集各方资源,修订完善医药产业扶持政策,促进生物医药产业集聚集约发展。利用"龙头"医药企业带动作用,吸引上下游企业落户建设,不断延长产业链条。医药产业产值年均增长20%以上。加速新兴产业突破。切实发挥高新技术产业推进组作用,大力引进市场前景好、带动能力强的高端装备制造、新材料、新一代电子信息等新兴产业项目。高新区高端装备制造产业要加快实现破题,到2020年建成为成渝地区重要的机电产业基地。加速提升传统产业。坚持市场化导向,调整优化产品结构,实施设备工艺优化,转化运用先进技术,提升传统优势产业,促进轻纺服装、建筑建材、农副产品加工等传统优势产业向高端迈进。力争每年组织实施技术改造项目30个以上,投入技改资金25亿元以上。

(二)实施企业培育计划。培育"龙头"企业。制定完善大企业大集团培育计划,采用"一事一议"方式帮助潜力企业解决发展难题,全力推进仁安药业、科伦药业等重点企业产值突破10亿元,成为行业"龙头"企业。培育"专精特新"企业。每年筛选5户左右生产专业化、管理精细化、产品特色化、技术新颖化的企业进行重点指导和帮扶,推动其成长为行业风向标。培育规上企业。坚持分类指导、梯次推进,指导企业做好入库基础工作,提高申报成功率,确保每年新培育规上企业10户以上。鼓励发展小微企业。完善园区小微企业孵化平台,全面落实小微企业各项扶持政策,逐步构建中小微企业创新创业新机制,确保每年新培育小微企业240户以上。

(三)实施项目攻坚计划。大力引进项目。围绕主导产业、战略性新兴产业,主攻重点地区、重点行业、重点企业,引进一批带动能力强、科技含量高的大项目、好项目。力争每年引进10亿元以上产业项目1个以上。加快项目建设。全力实施服务保障,打通绿色通道;县级领导干部要切实尽到联系跟踪责任,着力解决难题,责任单位要具体抓好推动落实;广大企业要主动落实主体责任,不等不靠加快建设。确保工业投资保持两位数增速。抓好项目储备。围绕岳池县主导产业及战略性新兴产业深度策划、论证和包装一批带动力强、关联度大、发展前景好的产业链核心项目,建立工业项目库,并实行动态调整管理。每年储备投资5000万元以上的工业项目不少于20个。

(四)实施创新驱动计划。建立健全创新体系。完善以企业为主体、市场为导向、产学研用相结合的技术创新体系。鼓励园区、企业与科研院所合作,加强产学研结合,支持企业自主建立技术中心,加大新产品开发力度,提升产品附加值。每年新建市级以上研发中心、工程技术中心2个以上。搭建创新载体。推进创新药物公共服务中心、广安岳池创新创业园等创新阵地建设,为企业研发创新提供良好的平台。引进创新人才。瞄准国内创新型、引领型机构或企业引进高技术人才,针对本地企业需求引进紧缺型、适用性技术人才。对引进人才要在待遇上从优、研发项目上支持、生活上照顾，确保人才引得进、留得住。力争“十三五”期间引进国家“万人计划”高端人才5名以上。

（五）实施品牌创建计划。提升产品质量。每年从主导产业中选取2个以上产品开展质量对标活动，推动本地企业瞄准行业标准、国家标准、国际标准和知名品牌产品执行标准，完善产品安全、性能、功能等质量指标。加强品牌培育。鼓励企业制订品牌发展计划，依托重点行业和重点企业，打造一批特色鲜明、优势突出的产品品牌、企业品牌、行业品牌。适时修订《岳池县人民政府办公室关于强力推进商标发展工作的实施意见》，进一步提高奖励标准。

（六）实施绿色发展计划。建立项目入园准入机制。研究出台《岳池县工业项目入园评审暂行办法》，产业园区优先布局发展战略性新兴产业和主导产业，高污染、高能耗、高排放等项目一律不得入园。建立循环发展机制。按照“减量化、再利用、资源化”原则，推进产业园区循环化改造、企业循环化生产，合理构建循环经济产业链。力争到2020年，培育形成1个以上循环经济示范园区和5户循环经济发展典型企业。建立淘汰落后产能机制。建立健全淘汰落后技术、落后工艺和落后设备及产品制度，积极帮助列入省市淘汰落后产能计划且按时完成淘汰任务，并通过省市验收的企业申报补助。建立政府引导、市场化运作的工业“三废”处理机制，发挥好县经开区专业污水处理厂作用，确保全县工业园区及企业“三废”处理利用及排放全面达标。

（七）实施园区升级计划。完善园区规划。高起点、高标准修订完善园区规划，科学谋划园区发展布局，推进园区产业错位发展，形成各具特色的专业化园区。提升园区承载能力。创新园区开发模式，引入多元化投资，加快园区道路、管网、水电气供应、污水处理等基础设施建设，进一步拓展园区面积。提升园区配套能力。规划建设园区孵化中心、物流中心、商住中心、文化中心及产学研综合体，加快建设药品检测检验、认可认证、技术研发等专业配套能力，运用现代信息技术构建高效集成的产业服务平台和社会化服务体系，提升园区综合配套能力。提升园区档次。实施园区展示厅改造，提升体验功能，全面展示产业、企业风采，打造一流展示厅。全力争取中、省、市产业园区政策、项目和资金支持，积极推动园区创建国家级、省级、市级新型工业化产业示范基地。

（八）实施服务提升计划。提高行政审批效率。进一步简化投资项目立项、用地审批、规划报建、施工许可和竣工验收等行政审批流程，优化办事程序，缩短审批时限。继续实施“园区保姆”代办制度，扫清项目建设障碍。降低企业成本。贯彻落实中、省、市减轻企业负担优惠政策，加大宣传辅导力度，清理不合理收费，着力降低生产成本、经营成本、物流成本、财务成本。强化结对帮扶。完善“一企一策”精准帮扶制度，对半停产企业、严重资不抵债的“僵尸”停产企业以及生产不饱和、经营不正常等类型企业要逐户研究，制订针对性强的帮扶措施。营造发展氛围。各单位及新闻媒体要积极宣传招商引资先进典型；对重点企业、重点项目、特色产业、名优产品及企业经营者与管理者进行大力宣传；要逐步建立医药文化，“中国药池、医养之城”概念深入人心。

（九）实施要素保障计划。切实增强土地有效供给。加大工业用地清理力度，整合利用低效、闲置和废弃的企业（仓储）用地，实现工业用地再利用。符合产业发展的投资5亿元以上的大项目、好项目优先安排用地。切实加大用工保障。人社部门要加强企业用工指导，每年组织大型招聘活动2次以上；各乡镇要积极宣传，引导农村剩余劳动力就近务工。切实加强产融合作。积极组织银企对接活动，设立中小企业贷款风险补偿资金、工业企业应急转贷资金。指导和支持企业在境内上市融资，力争“十三五”期间有1户以上企业在主板上市，3户以上企业在“新三板”挂牌。切实加快电力设施建设。推进农村电网改造，提高供电质量；争取220千伏变电站立项建设，解决工业用电瓶颈。

（十）实施财政扶持计划。充分发挥财政资金的引导和杠杆作用，促进社会各类资金加大对工业的投入。县本级财政对工业发展投入要逐年增长。每年从工业发展资金中安排500万元设立重大产业发展专项资金、安排500万元设立创新驱动专项资金、安排500万元用于重点工业企业流动资金贷款贴息。同时，每年安排专项资金支持重点项目建设、园区建设、企业培育、品牌创建、绿色发展、人才引进、要素保障以及工业发展奖励等。

三、工作保障

（一）强化组织领导。切实落实县级领导联系帮扶“三个一”制度（每名县级领导联系一个重点企业、一个重大在建项目、一个招商引资项目），要经常深入工业招商和发展建设第一线，全力解决工业发展中的突出矛盾和重点、难点问题。各乡镇、园区及部门党政主要负责人作为加快工业经济发展的第一责任人，要对工业发展重大问题进行科学决策，对工业发展重大战略进行周密部署。要建立健全工业例会制度，工业领导小组每季度召开工业经济形势分析会或企业座谈会，协调解决工业发展中出现的矛盾和困难。

（二）强化队伍建设。加强工业园区、招商引资和经信部门人才队伍建设，健全工业园区管理和运行机制。对工业园区和部门引进的高层次紧缺人才，经人事部门认定，可不受单位性质、人员编制、增人计划等限制。加大工业系统干部队伍培训，每年选派工业部门干部职工参加各级轮训。加大从工业队伍培养提拔干部力度，增强工业战线服务企业能力。

（三）强化目标管理。县委、县政府将工业发展列为乡镇、园区年度考核的重要内容，并将支持和服务工业发展工作作为县级各部门年度考核的重要指标。要加大考核结果运用，将工业经济发展情况纳入各乡镇、园区及部门主要领导、分管领导年度考核评价范围，并作为提拔使用的重要依据；建立完善工业企业和工业人才表彰奖励制度，每两年组织开展一次“岳池优秀骨干企业”“岳池优秀成长型企业”“岳池工业发展及投资促进先进单位及个人”表彰评选活动。

中共岳池县委 岳池县人民政府
关于深化国资国企改革促进发展的意见

岳委发〔2016〕8号 2016年6月28日

为贯彻落实中省市会议精神，进一步深化岳池县国资国企改革，推动国有资产监管迈上新台阶、国有企业发展取得新成效，不断增强国有经济服务全县经济社会持续健康发展的能力，根据《中共广安市委广安市人民政府关于深化国资国企改革促进发展的意见》（广委发〔2014〕14号），结合岳池实际，现提出如下贯彻意见。

一、指导思想、基本原则和主要目标

（一）指导思想。坚持以邓小平理论、“三个代表”重要思想、科学发展观为指导，围绕国有资产保值增值和国有企业做强做优，深化国资国企改革，完善国有资产管理体制，以推进市场化重组为途径，积极发展国有资本、集体资本、非公有资本相互融合的混合所有制经济，不断增强国有企业活力和竞争力，为推动岳池跨越发展做出贡献。

(二)基本原则。

——坚持基本经济制度。坚持两个“毫不动摇”,积极发展国有资本、集体资本、非公有资本等交叉持股、相互融合的混合所有制经济,增强国有企业活力和竞争力,促进各类所有制资本共同发展繁荣。

——坚持市场化导向。正确处理好政府和市场的关系,发挥市场配置资源的决定性作用,尊重企业市场主体地位,做到政资分开、政企分开,切实转变企业经营机制,激发企业活力。

——坚持分类监管。明确不同类型企业的功能定位,实行分类监管和考核,提升国有资本监管的科学性、系统性、针对性、有效性。

——坚持统筹推进。实行整体推进与重点突破相结合,尊重基层首创精神,鼓励企业先行先试。

(三)主要目标。

到2020年,实现以下主要目标:

——国有资本布局不断优化。国有资本主要集中在公共服务、基础设施和民生保障等重点行业和关键领域。增强企业市场竞争能力,做实做强国有企业。

——现代企业制度不断完善。建立健全以董事会为重点的法人治理结构,以产权为纽带的母子公司管理体制。全面完成企业内部劳动、人事、分配三项制度改革。建立职业经理人制度,加大国有企业经营管理人员市场化选聘力度。

——产权多元化取得新突破。全面完成国有企业公司制改革,积极发展混合所有制经济,实现投资主体多元化。积极推动具备条件的企业实现整体改制上市或主营业务上市。

——国有资产监管体制进一步健全。根据不同类型国有企业的功能定位,实施分类管理,提高监管的针对性和有效性。组建国有资本投资运营公司,建立以管资本为主的国有资产监管体系。

二、优化配置资源,服务经济建设

(四)优化国资布局(县国资监管部门牵头,相关部门配合)。围绕岳池多点多极支撑发展战略,引导国有资本向公共服务、基础设施、民生工程等重要行业重点区域集中。开放国有资本投资领域和项目,鼓励民间资本进入,积极发展国有资本、集体资本、非公有资本等相互融合的混合所有制经济。

(五)注重资本运营(行业主管部门牵头,县国资监管等部门配合)。积极推动国有资源(资产)资本化,国有资本证券化。鼓励国有企业充分利用包括股票债券市场、全国股份转让系统和区域性股权、产权交易场所在内的多层次资本市场上市挂牌,以融资、转让、并购等方式实现国有资本充分流动和股权多元化。建立县公共资源交易平台与成都(川藏)股权交易中心、西南联合产权交易所的联动机制,通过市场化机制为资本定价。鼓励和支持以项目公司为载体,将城市公共资源、水利、交通运输、林业、旅游等国有资源资本化,通过合资参股、增资扩股等方式,引导民间资本进入,实现价值最大化。

(六)整合优质资源(行业主管部门牵头,县国资监管等部门配合)。支持产业相近、行业相关、主业相同的国有企业通过合并、划转、并购等多种方式进行重组,重点推进交通运输、粮食流通、市政建设等领域的国有企业重组,由相关行业主管部门会同国资监管机构开展调查研究,充分征求各方意见,提出行业企业重组整合意见。

三、深化改革创新,促进国企发展

(七)推进产权结构多元化(县国资监管部门牵头,相关部门配合)。2016年启动国有企业公司制改造工作,并开展国有企业股权多元化试点,有条件的企业可推进股份制改革,积极培育上市。

充分发挥市场配置资源的决定性作用,鼓励国有企业利用资本市场和产权市场进行开放性重组。鼓励非公有制的企业法人、其他经济组织、企业员工及其他各类投资者按照市场规则，坚持依法合规，公开、公平、公正地参与国有企业改制重组，实现投资主体多元化，促进混合所有制经济发展。支持县属国有企业以项目为依托，以产权为纽带，与国有企业和大型民营企业进行产权重组，实现合作共赢。支持符合条件的国有企业成立财务公司或投资入股商业银行、证券公司、保险公司、信托公司等金融机构，推动产业资本和金融资本融合发展。

（八）促进治理结构规范化（县委组织部牵头，行业主管部门、国资监管部门配合）。结合“三重一大”决策机制，制定出台规范董事会议事决策指导意见，规范董事会的制度建设和运行机制，按照《公司法》和企业章程的规定落实董事会在重大决策、薪酬考核、选人用人等方面的职权。探索建立更加公开透明的国有企业财务预算等重大信息公开制度，主动接受社会公众监督。

（九）推行选人用人市场化（县委组织部牵头，县人力资源社会保障局、国资监管部门配合）。引导国有企业全面建立体现企业特点、具有竞争比较优势的人事管理制度体系，规范企业中、高层职数限制与职位设置。支持建立人才引进激励机制，国有企业可在职工奖励基金中提取部分作为人才引进激励资金，专项用于引进高层次企业管理和技术创新人才。建立国有企业职业经理人制度，通过竞争性选拔等方式选择国有企业经营管理人员。加强对董事会市场化选聘经理层工作的指导，制定出台国有企业公开选聘经理层试行办法，明确选人用人标准，规范选聘程序，完善配套政策。2016 年开始，逐步提高国有企业经理层人员的市场化选聘比例。建立以聘任制、任期制和经营目标责任制为主要内容的管理制度，明确责任、权利、义务，推行契约化管理。促进国有企业通过科学、合理的管理人员考核机制，建立竞争择优、能上能下的选人用人制度。规范国有企业招聘制度，加快形成公平、公正、公开的人才选拔机制。

（十）实现激励约束科学化（县国资监管部门牵头，相关部门配合）。建立完善中长期激励机制，分类制定国有企业中长期激励办法。对符合条件的竞争性国有企业可实施股权、现金等激励；对功能性国有企业在完成重大任务后，经考核可实施专项奖励。支持高新技术企业的经营管理层、核心技术人员和业务骨干以现金、技术、知识产权等多种方式参与企业改制、股权重组。根据企业类别、行业属性和企业领导人员选任方式的不同，制定相应考核标准和差异化薪酬管理制度。建立完善与长效激励相配套的业绩挂钩、财务审计、延期支付、追索扣回、资产损失责任追究等约束机制。制定国有企业负责人职务消费管理办法，规范国有企业管理人员职务待遇、职务消费和业务消费。改革国有企业工资决定机制，建立健全并严格执行国有企业资产损失责任追究制度。

（十一）推动创新发展持续化（县教科体局牵头，县工商质检局、县国资监管部门配合）。鼓励国有企业加大研发投入，提高自主创新能力；支持国有企业与科研院所、高等学校开展产学研合作，加强研发平台建设，相关费用经认定可视同利润进行考核。加强对国有企业专利、商标等知识产权和无形资产的保护和管理，力争 2020 年全县国有企业拥有 1 ~ 2 个省内知名商标或品牌。强化企业科学管理。深入开展标杆管理活动，优化管理流程，推动企业管理信息化建设，完善企业内部控制体系，提升管理效益和水平。

四、强化国资监管，提高监管实效

（十二）完善国资监管体制（县国资监管部门牵头，相关部门配合）。坚持政资分开、政企分开、所有权与经营权分开，确保国有资产监管机构代表本级政府对出资企业依法享有的资产收益、参与重大决策和选择管理者等出资人权利事项落实到位。按照“分级管理，各负其责”的原则，进一步明确企业国有资产授权履行出资人职责的机构和监管范围。由国资监管机构牵头，清理并提出授权建议报县委县政府审定后明确。政企脱钩后的企业、事业单位改革转制形成的企业，以及新组建的国有企业全部纳入统一监管体系。

履行出资人职责的国有资产监管部门和其他行业主管部门不得非法干预企业的具体生产经营活动，真正发挥企业自主经营、自负盈亏的市场主体作用。

（十三）建立分类管理模式（县国资监管部门牵头，相关部门配合）。根据国有企业资产总额、主营收入、净利润和从业人员四项核心指标，将国有企业划分为功能性、竞争性两种类型。功能性国有企业是指主要承担政府战略任务、重大专项任务或提供公共产品和服务，承担其他公益公用事业的企业，以实现社会效益为主要目标，兼顾经济效益。竞争性国有企业是指以市场化为导向，主要提供竞争性产品或服务的企业，以经济效益最大化为主要目标，兼顾社会效益。由国资监管部门牵头，对国有企业进行全面清理，界定类别，对多层次管理的企业应对其母子公司分别予以界定。针对不同类型的国有企业，分别从领导人员配置、薪酬管理、业绩考核、目标责任、监管重点等多方面设置不同的标准、方法和要求，实行分类监管。完善国有资本经营预算制度，分类确定、逐步提高国有资本收益上缴比例，更多用于保障和改善民生。

（十四）优化国资监管方式（县国资监管部门牵头，相关部门配合）。以管资本为主加强国有资产监管，构建科学合理的国资监管体系，通过章程管理、契约管理、清单管理和协同管理等，加强战略管理、发展目标、布局结构、公司治理、考核分配和风险控制等重大事项和关键环节的管控。切实减少审批事项，落实企业自主经营权，实施标准化操作流程，提高管理精细化水平。

五、加强党的领导，形成改革合力

（十五）充分发挥党组织的政治核心作用（县委组织部牵头，县纪委、行业主管部门、国资监管部门配合）。加强和改善党对国有企业的领导，健全党委参与企业重大问题决策的体制机制。进一步建立完善国有企业纪检组织，加强党风廉洁和反腐倡廉建设，加强对国有企业领导人员的监督，健全权力运行制约监督机制。加强对国有企业经营管理人员的教育培训。抓好基层组织建设，尊重基层首创精神，健全以职工代表大会为基本形式的企业民主管理制度，保障职工参与管理和监督的民主权利。加强国有企业精神文明建设，用社会主义核心价值体系引领企业文化建设。建立健全企业信用体系和国有企业年度社会责任报告制度，推动国有企业做好节约资源、保护环境、安全生产、保障民生、构建和谐劳动关系和维护社会稳定等工作。

（十六）营造国有企业改革良好环境（县国资监管部门牵头，相关部门配合）。国资国企改革是一项系统工程，县国资监管部门要统筹安排、系统推进、稳妥操作，认真吸取过去国有企业改革的经验教训，建立健全公开透明的制度机制，切实规范国有企业改制和产权转让行为，防止国有资产流失。各部门、各单位要增强大局观念和服务意识，各司其职、密切配合，细化支持国资国企改革各项政策，落实工作举措。建立鼓励改革创新的容错机制，对法律法规和国家政策未限定事项，鼓励国有企业开展改革创新。注重宣传舆论引导，加大对国资国企改革的宣传力度，调动各方面积极性，大力营造支持改革的良好氛围。

中共岳池县委
关于进一步加强农村基层党的建设完善依法治理体系的实施意见

岳委发〔2016〕10号　2016年8月22日

为认真贯彻落实全国农村基层党建工作座谈会精神、省委治蜀兴川总体部署和市委相关文件精神，充分发挥农村基层党组织的领导核心作用，现就进一步加强农村基层党的建设、完善依法治理体系提出如下实施意见。

一、基本思路和目标任务

基本思路：始终坚持把巩固党的执政基础作为贯穿基层建设和社会治理的一条红线，切实加强党对农村工作的领导，确保农村基层治理方向正确；始终坚持以改革创新精神推进社会治理，不断完善农村基层治理体制机制，促进农村基层治理现代化；始终坚持把依法治理作为基本方式，着力构建以基层党组织为领导核心、各种组织广泛参与，政府治理与社会自我调节、群众自治良性互动的农村依法治理体系；始终坚持以实施“千乡万村先进示范”计划为载体，推动基层党建全面进步全面过硬。

目标任务：深入学习贯彻习近平系列重要讲话精神，坚决贯彻落实中央、省委、市委和县委重大决策部署，以五大发展理念为指引，以服务“五个岳池建设”为目标，以落实全面从严治党为主线，突出问题导向，坚持改革创新，狠抓工作落实，为“决胜全面小康、崛起经济强县”提供坚强保证。坚持按照点面结合、接点成线、连线成片的总体布局，突出幸福美丽新村、贫困村、产业环线等重点区域，每年规划建设一批示范乡村党组织，辐射带动基层依法治理整体水平逐年提升。到2021年，基本构建起以乡村党组织为领导核心的农村基层依法治理体系，促进农村基层治理现代化，为推进脱贫攻坚、全面建成小康社会提供坚强组织保证。

二、以提升“四大能力”为核心，加强农村基层党的建设

（一）科学放权定责，提升乡村党组织统筹农村经济社会发展能力

结合全面深化改革，进一步理顺乡镇与县直部门关系，依法赋予乡镇履行职责必要的经济项目发展自主权、委托执法权、人事管理权和财政管理权。依法确定乡镇政府与村民委员会的权责边界，规范“小微权力”，制定依法自治事项和依法协助政府工作事项清单，建立村级事务准入制度。优化乡镇行政区划设置，积极实施扩权强镇，支持符合条件的乡改设镇。科学合理调整建制村和城乡社区规模，大力推进“强村并组”工作。

（二）加强班子队伍建设，提升乡村党组织领导能力

1. 着力选优书记配强班子。实施“好书记选育计划”，从严抓好乡镇党委和村党组织换届，选优配强乡镇党委和村党组织书记。选拔政治品行过硬、党员群众公认、能够驾驭复杂局面、敢于担当、清正廉洁的优秀干部担任乡镇党委书记。按照地域相邻、强弱相带，强村联建党组织，设置专职联合党组织书记，注重从致富带头人、大学生村官、务工经商人员、复员退伍军人、村教村医中选拔村党组织书记。实施农村党员干部学历提升“五年万人计划”，每年学历提升2000人，未来五年内，50岁以下的村（社区）常职干部、80%以上的45岁以下村（社区）后备干部达到职业中专（高中）以上文化程度；实施农村“三向培养千人计划”，实现农村后备干部储备达到村常职干部人数的1～2倍，村干部“双带”能力显著提升。充分发挥第一书记网络e家党委的作用，重点做好建档立卡贫困村、党组织软弱涣散村第一书记选派管理和考核工作。进一步优化科级领导班子结构，坚持老中青相结合的梯次配备，注重选拔35岁以下的优秀年轻干部；加大女干部、党外干部和专业型干部的选配力度，着力选配一批熟悉工业、现代农业、经营管理、城建规划等专业性人才进入领导班子。扩大选人用人视野，优选乡镇事业编制人员、村党组织第一书记、优秀村干部和大学生村官“四类人员”进入乡镇领导班子。

2. 切实加强农村党员队伍建设。实施优秀农民和党员“双向培养”计划，建立乡镇青年人才党支部，注重在致富能手、回乡青年、外出农民工、大学生村官中发展优秀分子入党，重视在高中以上文化程度的80

后、90后青年农民中培养入党积极分子，村党组织每两年至少发展一名党员，乡镇每年新发展农村党员中优秀青年人才不少于80%。严格党内组织生活，每月固定党员活动日，抓好“三会一课”等制度落实。从严管理党员，每年进行一次民主评议，严肃处置不合格党员。实行党员设岗定责、承诺践诺、积分评星、广泛开展党员“三亮三比”形象展示、党员先锋榜等示范创建活动，引导党员充分发挥作用。加大贫困党员帮扶力度，结合党员精准脱贫示范工程，深入实施贫困党员三年脱贫规划，帮助3000名贫困党员脱贫。加强流动党员管理，建立健全流动党员去向报告、专人联系、定期汇报、跟踪服务、返乡座谈、回乡创业等制度。加强党员教育培训，重点开展好村级党组织书记等七大培训，提升党员队伍专业化能力。

3. 持续整顿软弱涣散党组织。健全“三分类三升级”长效机制，每年开展1次分类定级，推动晋位争先、整体提升。坚持实行县级领导联系后进村、组织部长挂牌督办、党委书记包村限时整改、整改清单季度排名通报等制度，加强组织指导和工作帮带，实行“专项述职测评50% + 电话民调30% + 综合验收20%”考核验收模式，对软弱涣散党组织逐一进行检查验收，不转化不脱钩。建立软弱涣散党组织转化不力反面典型台账，强力推进整顿转化。连续二年被列为整顿对象的，对党组织负责人、联系领导进行问责，并限期转化。

（三）强化思想教育，提升乡村党组织政治引领能力

乡村党组织统一领导村级各种组织和各项工作，健全“四议两公开一监督”和村务联系会、村民委员会定期向村党组织报告工作等制度，提倡村党组织成员或党员兼任（担任）其他组织负责人，引导村级其他组织自觉服从党的领导，依法依规行使职权。加强对党员的思想引领，扎实开展“两学一做”学习教育系列活动，突出理想信念教育、党性党风党纪教育和宗旨意识教育，严格组织生活和组织纪律，引导农村广大党员自觉维护党的形象和威信。加强对群众的教育引导，广泛开展社会主义核心价值观宣传教育，推动思想道德教育、形势教育、法纪教育、乡风文明教育、科普教育进田间、进院坝、进农户，培育社会文明道德新风尚。加强农村基层党组织的执政意识，坚持与危害党的领导的各种错误思想和言行坚决作斗争，与各类邪教组织坚决作斗争，夯实党的执政根基。

（四）构建“一核多元，合作共治”格局，提升乡村党组织基层治理能力

1. 创新完善农村基层党组织设置。按区域联建党组织，采取村村联建、村居联建、村企联建等方式，在农业园区、中心村、农村社区、农民聚居点、城乡结合部等建立联合党委、党总支或党支部。贫困地区实行强村带弱村、富村带穷村联建党组织，全面开展扶贫攻坚城乡党组织结对共建。交界地区采取组织联建、党员联管、活动联办、信息联通、发展联动等方式推进区域党建。按产业建立党组织，在农民专业合作社、农业企业、专业协会、农业社会服务组织等领域加大建立党组织力度，推行“党支部 + 合作社（协会）+ 公共服务组织 + 农户”模式。按党员流向建立党组织，农民工输出地依托驻外办事处、同乡会、商会等组建驻外党组织，输入地依托国有企业、非公有制企业、产业园区、街道社区等建立服务农民工党员的机构和组织，确保党组织的管理和服务覆盖所有流动党员。

2. 建立以村党组织为领导核心的村级治理体系。构建以村党组织为领导核心，村民会议或村民代表会议决策，村民委员会执行，村务监督委员会监督，群团组织、集体经济组织、农民专合组织、社会组织为补充的“一核多元、合作共治”村级治理体系。健全村党组织领导的村民自治机制，推动村民委员会主任上岗承诺制，健全不合格村民委员会成员退出机制；引导村民共同讨论、修订和遵守村规民约、院坝公约，形成依法立约、以约治村的良好格局。健全民主协商机制，推行村民议事会、村民理事会等协商形式，推动民主恳谈会、民主听证会、民主议事会和民情沟通日等制度落实。健全协同共治机制，重点培育农村专业协会

类、公益慈善类、农村服务类等社会组织，积极发展民事调解、文化娱乐、红白喜事理事会和道德评议会、禁赌禁毒会等有益组织，引导农村各类社会组织参与基层治理。健全依法治理机制，深入开展“法律服务进万村”活动，完善便民法律服务联系制度，健全农村法治工作网络。

3. 强化村级党内监督和民主监督。村务监督委员会与村民委员会同期换届，由村民会议或村民代表会议推选产生，主任由不是村民委员会成员及其近亲属的支部委员或其他党员担任，参加或列席村“两委”会。实行村纪检小组、村务监督委员会“一套班子、两块牌子”，村纪检小组组长按程序推选为村务监督委员会主任。村务监督委员会负责对村务决策、村务公开、村集体“三资”管理、工程项目建设、惠农政策措施落实、耕地保护等进行监督，向村民会议或村民代表会议报告工作，接受村民民主评议和信任度测评。村纪检小组负责对村级党务进行监督。村务监督委员会工作经费，可在村级组织办公经费和村集体经济组织收益中列支。

三、加强和改进对农村基层党建工作的领导

（一）强化农村基层党建责任。严格执行《岳池县落实党建工作责任制五项规定》，构建县委统一领导，组纪宣、群团统战密切配合、县乡村联动的一盘棋大党建格局。建立党组织书记抓农村基层党建责任清单，乡镇党委书记重点履行落实党建目标、建强村级组织、抓好村级班子、健全制度机制、加强自身建设等责任。强化党建履职责任、问题整改、考核问责，建立常态化巡查评价机制。健全乡镇党委书记述职评议机制，评议结果纳入乡镇年度绩效考核。加大抓乡促村力度，强化乡镇党委的直接责任，对党建政绩突出的要大张旗鼓进行表扬奖励或提拔重用；党建工作年度综合考核排名末位的，党组织书记要向县委作出书面检讨，领导班子成员一年内不提拔重用；对连续两年排名末位的，对相关责任人进行组织处理。

（二）坚持党员干部“走基层”常态化。乡镇党政领导班子成员任期内要走遍所有村组和贫困户，走访情况列入对领导干部、领导班子年度考核和绩效考核内容。健全乡镇领导干部联系村制度，乡镇领导干部每年走遍联系村所有农户，推进乡镇干部联系村制度，推进乡镇干部岗位在村、联系到户。建立村干部“四必到、四必访”制度，村干部每季度走遍辖区内所有农户，做到有困难需求必到、有突发事件必到、有矛盾纠纷必到、有伤残丧事必到；党员家庭必访、困难家庭必访、危重病人家庭必访、空巢老人及留守儿童家庭必访。围绕精准扶贫深入有效开展驻村帮扶，建立每个贫困村有 1 名县级联系领导、1 个帮扶单位、1 个驻村工作组、1 名党组织第一书记、1 名农技人员、1 名帮扶企业和每个贫困户有 1 名结对帮扶干部、1 名致富带头人、1 名爱心人士的“6 + 3”帮扶责任体系。

（三）提升基层基础保障水平。健全以财政投入为主的经费保障制度，村级组织办公经费、服务群众专项经费、村干部基本报酬要按相关要求足额预算并全额拨付到位。推行村干部“基本补助 + 绩效报酬”制度，绩效报酬由乡镇党委考核确定。落实县级及以下机关公务员职务与职级并行、乡镇工作补贴等制度，实行报酬待遇向乡镇倾斜政策。提高村干部养老保险补助标准，逐步提高村干部医疗保险和正常离任村干部生活补助标准。乡镇公用经费标准不低于县级部门（公检法司除外）平均水平，加快推进乡镇食堂、图书馆、文体活动室和干部周转房建设。推进“1 + N”党群活动中心规范化建设，新建的原则上不得少于 300 平方米。结合乡村实际，统筹融合核心价值观文化、传统文化、农耕文化、党建文化、本土历史文化等元素，建设一批乡村特色文化广场。

（四）坚持从严管理与关爱激励相结合。规范乡村干部履职行为，建立不胜任不称职干部调整处理制度。加强农村党风廉政建设，落实重要情况报告、个人述职述廉制度。健全激励机制，选拔区市县党政领导班子成员优先考虑具有乡镇党政正职经历的干部，提拔副科级以上干部优先考虑具有乡镇工作经历的干部，县直部门主要负责人注重从具有乡镇党政正职经历的干部中产生。推荐优秀乡村党组织书记参加全市“十大优秀党委书记”和“十大优秀村（社区）党组织书记”评选活动。获得全市“十大优秀乡镇党委书记”作为县委掌握的重点培养对象。获得全市“十大优秀村（社区）党组织书记”荣誉的按其应领取月基本补助30%的标准，在职期间计入绩效报酬上浮部分；符合条件的可按规定转录为乡镇事业人员、纳入递进培养对象或后备干部管理，优先推荐提名参选乡镇党委委员、副乡镇长人选；建立“十大优秀村（社区）党组织书记”年度复审制度，复审不合格者取消荣誉称号和相应待遇。重视从村党组织书记、村委会主任等村干部中定向考录公务员，招录应有专项名额；鼓励符合条件的优秀村党组织书记、村委会主任参加事业单位公开招聘。健全党内激励关怀帮扶机制，设立党内帮扶资金，每年按照不低于上年度财政收入增幅比例定期增长，有条件的乡镇可参照设立。完善定期走访慰问党员、帮扶困难党员和老党员、老干部、老先进等制度。

中共岳池县委　岳池县人民政府
关于2016年党风廉政建设和反腐败工作的意见

岳委发〔2016〕12号 2016年8月11日

2016年是推进全面从严治党的关键之年，是新修订的《准则》《条例》正式实施之年。全县党风廉政建设和反腐败工作的总体要求是：全面贯彻党的十八大和十八届三中、四中、五中全会精神，深入学习贯彻习近平系列重要讲话精神，认真落实十八届中央纪委第六次全会、省纪委十届五次全会、市纪委四届六次全会部署，紧紧围绕“四个全面”战略布局，保持坚强政治定力，落实管党治党政治责任，推进全面从严治党，忠诚履行党章赋予的职责，聚焦监督执纪问责，强化纪律建设，强力正风肃纪，严格纪律审查，推进积极预防，深化体制改革，着力整治侵害群众利益的不正之风和腐败问题，努力建设忠诚干净担当的纪检监察队伍，深入推进党风廉政建设和反腐败斗争，为推进“两个跨越”，建设智慧、和谐、美丽、活力、幸福岳池提供坚强纪律保障。

一、严明党的纪律，维护党规党纪的严肃性

把纪律建设摆在更加突出位置，结合开展“两学一做”学习教育，持续深化“立规立纪、普规普纪、守规守纪、执规执纪”四位一体工作，组织开展党章党规党纪学习落实情况的专项检查，推动形成贯彻落实党章党规党纪的思想自觉和行动自觉。严明党的政治纪律和政治规矩，聚焦“七个有之”“五个比如”，严肃查处搞团团伙伙、结党营私，政治利益和经济利益相互勾连问题，坚决纠正上有政策、下有对策，有令不行、有禁不止行为。强化换届风气督查的主体责任和监督责任，加强对换届纪律执行情况的监督检查，严格把好“党风廉政意见回复”关，从快从严查处拉票贿选、买官卖官、违规用人、搞非组织活动、诬告陷害等行为，确保换届风清气正。围绕贯彻县委十一届十八次全会精神，加强对脱贫攻坚、创新创业、保障和改善民生、依法治县等重大决策部署执行情况的监督检查。严格执行党的廉洁纪律，教育引导领导干部筑牢廉洁从政理念，管好家属和身边工作人员。制定完善党纪政纪处分决定执行工作实施办法，常态开展处分决定执行情况监督检查。健全从严治党责任体系，深化“明、询、查、考、述、评、究”七步工作法，巩固完善“一岗双责”“签字背书”、述责述廉述险、廉政谈话等有效机制，推动“两个责任”向基层、国有企事业单位延伸。贯彻落实省市安排部署，建立健全县委巡察工作机构，配齐工作人员，开展好巡察工作。深化纪委定期向同级党政领导通报分管领域党风廉政建设情况制度，不断强化结果运用。探索实行党风廉政建设责任清单管理，坚持常态化督查，不断压紧夯实主体责任。强化责任追究，对违反党的六大纪律，管党治党主体责任缺失、监督责任缺位，“四风”和腐败问题多发，选人用人失察、任用干部连续出现问题，巡视巡察整改不落实的，调查组在调查终结时一并提出追究“两个责任”的意见。坚持责任追究情况定期报告、典型问题公开通报等制度。

二、深化作风建设，坚持不懈整治“四风”问题

坚持标准不降、要求不松、措施不减、氛围不淡，持续推进中央八项规定、省委省政府十项规定、市委市政府十一项规定和县委县政府十二项规定落实，以钉钉子精神抓好专题民主生活会问题整改和巡视问题整改。紧盯年节假期，一个节点一个节点坚守；紧盯“关键少数”，促进以上率下；紧盯突出问题，逐一专项整治；紧盯“四风”新态，抓早抓小防微杜渐，对顶风违纪行为露头就打，对执纪审查中发现的“四风”问题线索深挖细查，释放越往后执纪越严、处理越重的强烈信号。持续开展党风政风行风测评，继续对乡镇开展党风廉政建设社会评价测评。持续深化对为官不为、“庸懒散浮拖”等突出问题的专项整治，不断完善制度机制。坚决整治侵害群众利益的不正之风和腐败问题，把压力传导到末梢、责任压实到基层。乡镇、部门党委（党组、党工委）发挥领导作用，纪委（纪检组、纪工委）发挥牵头作用，各主责部门加强监管和督查，认真排查突出问题，有针对性地扎实开展治理。在精准扶贫中开展精准监督，强化扶贫、交通、农业、民政等主责部门过程监督，纪检机关再监督，对扶贫领域虚报冒领、截留私分、挥霍浪费，超标准超范围向群众筹资筹劳、摊派费用，违规收缴群众款物、克扣群众财物、拖欠群众钱款，集体“三资”管理、土地征收和惠农等领域强占掠夺、贪污挪用，办理群众事务吃拿卡要甚至欺压群众等问题，发现一起从重从快处理一起，并公开通报曝光。进一步加强群众监督和舆论监督，定期评估作风建设状况，健全作风建设长效机制。

三、强化执纪问责，保持惩腐高压态势不动摇

坚持无禁区、全覆盖、零容忍惩治腐败，做到力度不减、节奏不变，形成持续威慑，坚决把存量减下来，把增量遏制住，巩固不敢腐的成果。突出惩治重点，坚决查处党的十八大后不收敛、不收手，问题严重、群众反映强烈，现在重要岗位可能还要提拔使用的党员领导干部。进一步完善工作机制，加大反腐败追逃追赃工作力度。转变纪律审查观念，推进纪律审查从“查违法”向“盯违纪”转变，从“抓大放小”向“抓早抓小”转变，从“重视两规”向“注重初核”转变，从“单一化”向“多样化”转变，从“抓关键少数”向“管住全员”转变。实践运用好监督执纪问责“四种形态”，苗头性倾向性问题，加大“三早”预警力度，让咬耳扯袖、红脸出汗成为常态；一般性问题要与本人见面，谈话提醒、函询核实，让党员干部主动把问题讲清楚；轻微违纪问题，及时采取纪律轻处分和组织处理；指向性明确的问题扎实做好初核。加强信访举报工作，抓实初信初访，化解重信重访，排查举报线索，回应群众关切。充分发挥反腐败协调小组作用，进一步凝聚反腐合力。严明审查纪律，安全文明执纪，加强纪律审查全过程监督。认真落实“一案三报告”和重大案件“五个一”制度。加大开门反腐力度，适时通报查处的典型案例。做好受处分人员回访教育、思想转化和现实表现考察，该起用的及时提出建议。充分保障党员的申辩权、申诉权以及其他合法权益，积极为党员干部澄清是非，严肃查处诬告陷害行为。

四、全域预防腐败，努力向“不能腐、不想腐”迈进

以“八大廉洁基石”建设为重点，持续推进预防腐败“广土”工程。廉洁机关建设重点推进廉政风险迹象精细化记分管理工作，廉洁中介建设重点抓实与行业主管部门的脱钩，廉洁村庄建设重点抓好村务公开并全面推行村级对公账户，廉洁社区建设重点推进基层民主管理，廉洁学校重点抓好校风校纪建设，廉洁医院重点抓好医德医风建设，廉洁企业建设重在防止国有企业利用新型经营方式搞利益输送、损公肥私，廉洁家庭建设重在弘扬良好家规家风。全面推动积极预防战略，对照惩防体系建设2013—2017年工作规划，实施项目化管理，推动惩防体系建设任务落实。健全对“一把手”的监督制度，完善领导班子议事制度，建立和落实领导干部插手重大事项记录制度，对违规过问下级有关事项的如实登记和问责。探索建立惩防衔接工作机制，注重将监督执纪问责资源转化为防腐治腐成果。重点围绕财政资金管理使用、扶贫项目资金监督管理、整治侵害群众利益的不正之风和腐败问题三项重点，立项开展系统化防治腐败工作。继续推进住建、国土、卫计、教科体、交通系统“积极预防、系统治理”，建立预防腐败建议书制度，防止同类问题反复发生。全面推进阳光岳池工程建设，分类、分块、分项推进社情民意调查中心、行权发布中心、政务服务中心、联合接访中心“四大中心”，权力运行、审批服务、市场交易、网格服务、信访投诉“五大机制”建设。围绕群众关心关注的问题，全面推进电视问政、广场问政、街头问政、村头问政，形成县、乡、村三级联动问责机制。加强特邀监察员工作，加大与人大、政协的监督配合力度。探索运用大数据等新技术，建立廉政风险迹象精细化记分管理平台，有机融合行政权力公开运行平台、电子监察平台，有效整合系统内外数据资源，推进科技防腐。加强警示教育，分专题、分领域、分层次制作案例教材和警示教育片。深入推进廉洁文化建设，充分发挥德治礼序、乡规民约、校训家风的教化作用。加强岳池县纪检监察网、“廉洁岳池”微信等宣传载体建设，主动设置反腐倡廉话题，完善舆论监督引导机制，增强舆论监督和引导本领，提高涉腐涉纪舆情应对能力。

五、继续深化改革，建设忠诚干净担当铁军

坚持立行立改，力争2016年基本完成纪律检查体制改革任务。积极探索合署办公体制下，加强行政监察的途径和方式。认真落实乡镇纪委和县级部门纪检组（纪委、纪工委）向县纪委报告线索处置和纪律审查情况规定，严肃追究瞒报、漏报和不及时报告行为。加强派驻机构建设，全面推进事业单位、部门下属单位和国有及国有控股企业纪检组织建设，树牢派驻监督就是上级纪委监督的理念，充分发挥“派”的权威和“驻”的优势。加强纪委领导班子建设，落实4个提名考察办法，统筹选拔使用，推动纪检系统内外的干部交流。加强纪检干部能力培养，分类开展综合业务和岗位培训，倡导学思践悟。严格落实纪检监察系统内部“两个责任”，教育引导广大纪检干部坚持高标准、守住“底线”，弘扬谦抑品格，坚决反对骄气、义气、小气、暮气。实行纪检监察工作“四单”管理和内部监督十项制度，以更高的标准、更严的纪律，努力建设一支忠诚于党、忠诚于人民的干部队伍。

中共岳池县委
关于批转《中共岳池县人大常委会党组关于做好全县县乡两级人民代表大会换届选举工作的意见》的通知

岳委发〔2016〕17号　2016年9月18日

《中共岳池县人大常委会党组关于做好全县县乡两级人民代表大会换届选举工作的意见》已经县委同意，现批转你们，请认真遵照执行。

中共岳池县人大常委会党组关于做好全县县乡两级人民代表大会换届选举工作的意见

根据《中共中央转发〈中共全国人大常委会党组关于做好全国县乡两级人民代表大会换届选举工作的意见〉的通知》(中发〔2016〕8号)和中、省、市、县委关于进一步加强人大工作和建设意见的要求,结合岳池县实际,现就做好全县县乡两级人民代表大会换届选举工作提出如下意见。

一、换届选举的总体要求

县级人民代表大会和乡(镇)人民代表大会是基层国家权力机关,是实现基层民主的有效形式,做好县乡(镇)人大换届选举工作,是坚持和完善人民代表大会制度的一项重要任务,对于巩固党的执政基础,保障人民当家做主,加强基层国家政权建设,协调推进地方经济和社会事业发展,具有十分重要的意义。

县、乡(镇)人大换届选举工作的总体要求是:高举中国特色社会主义伟大旗帜,全面贯彻党的十八大和十八届三中、四中、五中全会精神,以邓小平理论、"三个代表"重要思想、科学发展观为指导,深入贯彻习近平系列重要讲话及中央、省、市、县委关于进一步加强人大工作和建设的意见文件精神,坚定不移走中国特色社会主义政治发展道路,围绕"四个全面"战略布局,坚持党的领导、人民当家作主、依法治国有机统一,坚持和完善人民代表大会制度,扩大社会主义民主,全面落实依法治国基本方略,加快建设社会主义法治国家,进一步巩固基层政权,推动科学发展,促进社会和谐。

二、换届选举的基本原则

这次县、乡(镇)人大换届选举工作必须坚持以下原则:一是坚持党的领导。换届选举工作全过程都要在县委统一领导下进行,善于运用法律实现对换届选举工作的领导权和主动权,保证换届选举的正确方向。二是坚持发扬民主。坚持人民主体地位,相信和依靠群众,保障人民的知情权、参与权、表达权、监督权,调动选民积极性,最广泛地动员人民群众参加选举。三是坚持严格依法办事。认真学习贯彻新修改的选举法,严格按照有关法律规定,切实做好换届选举的各项工作,确保换届选举严格依法进行。

三、换届选举的时间安排

按照全市县、乡(镇)换届选举工作会议的要求,根据岳池县实际,岳池县县、乡(镇)两级新一届人大代表选举定在2016年11月10日进行,整个县、乡(镇)两级人大换届选举工作在2016年11月前完成(见附件1)。

四、认真做好代表候选人的提名推荐工作

(一)严格把握人选标准。县乡(镇)人大代表的人选应当具有宪法法律规定的选举权和被选举权,拥护中国共产党的领导和中国特色社会主义制度,模范遵守宪法和法律法规,密切联系群众,在本职工作中发挥带头作用,自觉遵守社会公德、职业道德,廉洁自律,公道正派,具备履职意愿和履职能力,具有良好社会形象,得到群众广泛认同。政治上有问题的、正在服刑或有违纪违法问题正在接受处理的,品行不端造成不良影响的人,不能提名推荐为代表候选人。

(二)规范提名推荐程序。各级党组织要把县乡(镇)人大代表选举作为党管干部、党管人才的重要工作内容,依法行使代表候选人提名推荐权,统筹做好政党、人民团体提名推荐工作,把好代表政治关、素质关、结构关。不得以个人推荐代替组织推荐,不得将人大代表职务作为荣誉进行分配,不得简单以资产规模、纳税情况、社会知名度等代替人选标准。要坚持民主集中制原则,初步建议人选经换届选举领导小组审核后,报送县委常委会议或乡镇党委会议批准。要依法保障选民的提名权,精心组织选民联名提名,对选民依法联合提名的代表候选人，应当与政党、人民团体提名的同等对待。

（三）认真做好考察审查工作。按照中央、省、市有关文件要求，党委组织部门会同纪检监察机关、统战、政法等部门和人大有关机构，对代表候选人的政治素质、思想品行、廉洁自律、履职能力、群众基础、遵纪守法、社会形象等方面情况进行综合考察。人选为领导干部的，应当听取纪检监察机关的意见并依照规定核查个人有关事项报告情况；人选为党外人士的，应当听取所在单位党组织或所在党派、团体的意见；人选为非公有制经济人士的，要征求企业党组织的意见；拟继续提名的人选，应当听取县人大常委会党组或乡镇人大主席团的意见。代表人选可按差额选举的名额进行考察，对选民联名提名的候选人，必须加强考察、审查，严格把关。凡是由乡镇推荐列入正式候选人的县人大代表候选人，县委委托乡镇党委进行考察，并形成考察材料报送县人大常委会备案。

五、县乡（镇）两级人大代表名额和结构

根据选举法的规定，这次换届的县人大代表名额仍是省人大常委会确定的337名安排不变，预留2名，实际安排335名，乡（镇）人大代表名额按照县人大常委会确定的2415名安排，不再变动（见附件2、3）。

代表结构要进一步优化，保证人大代表的广泛性和代表性。基层代表特别是工人、农民和专业技术人员代表的比例要比上一届有所上升；妇女代表的比例应当有所提高；党政干部担任人大代表的比例要从严控制；少数民族代表和归侨代表要按照法律的规定予以保证；党外代表的比例不应低于35%；对非公有制经济代表人士等其他社会阶层人士担任代表，要统筹兼顾，注重质量，防止比例过高；连任代表提名人选数不少于代表总数的三分之一。

六、依照选举法做好换届选举工作

（一）依法设立选举委员会。按照选举法和四川省选举法实施办法的规定，分别设立县、乡（镇）选举委员会，其组成人员由县人大常委会任命。县选举委员会由曾邦才任主任，李廷远、廖和民、郑钦平、刘勇任副主任，黄雪兰、李桂新、蒋侠、汪勇、邵建平、唐静、雷军、杨桃、吴焱、雷才明、吴晓燕、曾波为委员。县选举委员会下设选举工作办公室，负责处理选举日常事务。由黄雪兰兼任办公室主任，雷军、杨桃任办公室副主任，胡万灵、彭雪、邱宇、刘维为成员。

各乡（镇）选举委员会由党委书记任主任，拟任人大主席（含在职人大主席）、分管组织的副书记任副主任，成员3~7人（九龙镇可设7人）。乡镇选举委员会下设选举工作办公室，负责处理选举日常事务。村（居）民委员会、省市驻岳单位、企业、事业单位设立选举工作指导小组，由同级党组织负责人负责辖区内的选举工作。

县、乡（镇）两级选举委员会要在同级党委和县人大常委会的领导下，充分发挥主导、组织、协调作用，统筹办理选举事务，依法做好制定选举工作方案和选举办法、选区划分、代表名额分配、选民登记、确定及公布代表候选人名单、组织投票、确定选举结果等各个环节的工作，为选民依法参加选举提供各项服务。

县人大常委会和相关部门要抽调人员组成换届选举工作指导小组。指导小组要深入调查研究，积极开展换届风气督导，认真分析存在的或可能出现的一些影响换届选举的问题，采取相应的对策和措施把矛盾化解在萌芽状态，努力营造风清气正的换届选举工作环境，保证换届选举顺利进行。

（二）依法合理划分选区。要按照本行政区域内各选区每一代表所代表的人口数应当大体相等的原则划分好选区。在划分选区时，要综合考虑便于县、乡（镇）两级人大代表同步选举，便于代表联系选民、开展活动、接受监督等方面因素。同时，要注意县人大代表选区和乡（镇）人大代表选区的一致性，保证每个县人大代表选区包含若干个乡（镇）人大代表选区，保证县、乡（镇）两级人大代表候选人在同一时间内分别提名，并在同一选举日分别选举，同时可以共享选民登记信息。参加县、乡（镇）两级人大代表选举的县属单位，在划分选区时也要做到两级协调一致，不能交叉。按照城乡各选区每一代表所代表的人口数大体相等的原则，每一选区可以安排选举1～3名代表。

（三）依法做好选民登记。选举工作机构要加强宣传，改进方法，依法认真地做好选民登记工作。既可以通过入户调查，到选民住所或者工作单位动员选民进行登记，也可以通过电视、广播和网络等现代通信手段，发动选民自行登记，力求做到不重登、不错登、不漏登。

（四）保障流动人口的选举权利。要依照宪法和法律的有关规定，采取有效措施，保障流动人口的选举权和被选举权。

流动人口原则上应在户口所在地参加选举，长期在本地工作的外来人口也可在现居住地参选，但户籍所在地要及时为其开具选民资格证明，现居住地主持选举的机构也可以主动联系流动人口户籍所在地，确认其选民资格。选民如果在选举期间外出，经选举委员会同意，可以书面委托或通过信函、传真和其他方式委托其他选民代为投票。选民实际上已经迁居外地但是没有转出户口的，在取得原选区选民资格的证明后，可以在现居住地的选区参加选举。户口所在地的选举机构可以为本地外出在同一居住地的流动人口集体开具选民资格证明。对于已在居住地参加过上一届选举的选民，经核对资格后，可以不用再开具选民资格证明，继续在现居住地参加选举。

（五）依法推荐和确定代表候选人。要严格按照人选标准，依法做好人大代表候选人推荐工作。各政党、各人民团体可以联合或者单独推荐代表候选人，选民10人以上联名，也可以推荐代表候选人。在推荐过程中，既要充分发扬民主，又要正确引导。各政党、人民团体或者选民联名推荐的代表候选人的人数，均不得超过应选名额人数。无论是政党、人民团体推荐的候选人，还是选民联名推荐的候选人，都要进行深入了解和考察，做到情况清楚。要坚决防止有涉黑、涉恶、参与邪教活动等违法行为的人或违法违纪正在接受处理的人和品行恶劣的人被推荐为代表候选人，一经发现，必须依法妥善做好工作，由推荐者及时撤回提名。接受推荐的代表候选人应向选举委员会如实提供个人身份、简历等基本情况，提供的基本情况不实的，选举委员会应向选民通报。

要按照选举法和四川省选举法实施办法的规定，实行差额选举。如果所提候选人的人数超过规定的最高差额比例，由选举委员会交该选区的选民小组讨论、协商，根据多数选民的意见，确定正式代表候选人名单。讨论、协商应当公正、公开，使讨论、协商的过程成为逐步取得共识的过程。如果对正式代表候选人不能形成较为一致意见的，可以进行预选。预选的程序可以参照选举程序适当简化。正式代表候选人确定后，由选举委员会在选举日7日前公布并根据选民要求依法向选民介绍候选人情况。介绍的方式、方法要多样，可安排代表候选人与选民见面，回答选民的问题，但必须截止到选举日前一天结束。要采取有效措施，坚决防止和及时纠正各种不符合法律规定的参选活动，确保推荐和选举活动依法有序进行。

（六）依法组织好选民投票。投票选举是县、乡（镇）两级人大代表选举的关键环节。选举委员会要充分准备，精心安排，周密组织。按照方便选民就地就近投票的原则设立投票站，需要使用流动票箱的，至少要有2名以上监票人员负责监督，在流动票箱投票的选民，由选举机构登记造册，本人须在登记册上签名或盖章，避免出现违法现象。选举委员会要协调有关部门共同维护选举活动的秩序，营造发扬民主、安定团结的和谐氛围，保证选举依法有序进行。在组织投票选举时，县、乡（镇）人大代表两级投票选举的时间应为同一日，采取选民先后投票或一次投入两种选票，然后分类计票。选举过程中的4个“法定日”（公布选民名单、公布提名推荐候选人、公布正式代表候选人、选举日）也应统一，使整个换届选举工作都能同步进行。

七、切实加强换届选举工作的组织领导

这次换届选举涉及面广、工作量大，政治性、法律性、政策性、程序性都很强。各地要高度重视，周密部署，精心组织，认真细致地做好换届选举各项工作。

（一）加强组织领导。各级党委要对换届选举工作负领导责任，把这次换届选举工作列入重要议事日程，及时研究和解决选举中的重大问题，充分发挥总揽全局、协调各方的作用，为换届选举工作提供坚强的政治保证、思想保证和组织保证，确保县、乡（镇）两级人民代表大会换届选举工作在县委的统一领导下依法有序进行。成立由岳池县委书记任组长的岳池县换届选举工作领导小组和由乡镇党委书记任组长的各乡镇换届选举工作领导小组，加强对换届选举工作的组织领导。县人大常委会和乡镇人大主席团要担负换届选举工作的组织责任，加强业务培训和指导，依法做好选举各个环节的工作。

（二）落实选举经费。选举经费是换届选举依法顺利进行的重要保障。县乡（镇）人民政府要高度重视经费保障工作，把选举经费依法列入同级财政预算，确保及时足额拨付。要根据各乡镇实际情况，县乡财政应统筹安排人大本届选举工作经费，选举经费必须加强管理，专款专用，厉行节约，杜绝铺张浪费。

（三）确保换届选举风清气正。党委和组织、纪检监察机关要加强对换届选举全过程的监督，要认真履行党风廉政建设主体责任和监督责任，要从严加强换届风气监督，预防选举中的不正之风和腐败问题，营造风清气正的选举环境。县人大常委会要领导和监督县、乡（镇）两级选举委员会依法履行职责，确保选举依法、按照程序进行。公安、司法机关要依法追究破坏选举行为的法律责任。

（四）严肃查处违法违纪行为。组织、纪检监察部门和县乡（镇）选举委员会要认真受理投诉举报，对在提名推荐中搞利益输送、暗箱操作的，以及其他违法违纪行为的，发现一起，查处一起，严肃追究直接责任人和相关领导的责任。选举委员会要加强引导，严禁贿选，严防家族、宗教势力干预和操纵选举，严惩黑恶势力干扰破坏选举。对以金钱或其他财物贿赂选民或代表的，对以暴力、威胁、欺骗等手段妨碍选民或代表自由行使选举权和被选举权的，对伪造选举文件、虚报选举票数或者有其他违法行为的，对于控告、检举选举中违法行为的人进行压制和报复的，要依法追究责任，严肃处理，为换届选举提供良好的社会环境和法治保障。

（五）营造良好的舆论环境。县委宣传部要把这次县、乡（镇）两级人民代表大会换届选举的宣传报道作为一项重要任务，切实增强政治敏锐性，健全舆情收集和研判工作，加强对热点问题的引导，牢牢把握舆论主导权。各乡（镇）和各有关部门要通过多种方式广泛深入宣传宪法、选举法、地方组织法、代表法，宣传我国人民代表大会制度，特别是法律赋予选民的各项民主权利以及保证这些民主权利得以实现的重要规定，让广大选民真正认识到基层民主选举与维护自己的合法权益有着密切联系，从而提高选民的民主意识和法治观念，增强选民的主人翁责任感，充分调动选民参选的积极性。要在流动人口中广泛进行宣传，使参选者明白参加选举的重要意义、具体途径和法定程序，积极有效地行使选举权利。要认真研究这次换届选举中的新情况、新问题，有针对性地开展讲大局、讲团结、讲稳定的宣传教育，为换届选举的圆满成功创造良好的社会氛围。

中共岳池县委 岳池县人民政府 关于大力推进新型建筑产业发展的意见

岳委发〔2016〕21 号 2016 年 10 月 21 日

为贯彻落实中省市发展新型建筑的决策部署，不断培育壮大岳池县新型建筑产业，推动全县经济在新一轮发展中转型升级，根据《四川省人民政府关于建筑产业现代化发展的指导意见》(川府发〔2016〕12 号)和《中共广安市委广安市人民政府关于大力推进新型建筑产业发展的意见》(广委发〔2016〕19 号)精神，结合岳池县实际，现对岳池县新型建筑产业发展提出如下意见。

一、工作目标

(一)2016 年，采用钢结构和装配式建筑技术的新开工建筑面积达到 10 万平方米。到 2020 年，采用钢结构和装配式建筑技术的建筑面积累计达到 130 万平方米。

(二)推进新型建筑配套企业基地建设，到 2020 年，建成一个完善的新型建筑部品部件生产基地。

二、实施程序

(一)决策程序。对于推进新型建筑产业快速发展的重大问题，进一步坚持和完善集体领导、集体决策制度，通过召开县委常委会、县政府常务会和各种专题会等形式依法民主决策，充分体现决策的科学性、针对性。

(二)审查程序。住建、国土等部门要严格按程序加强土地出让条件和项目规划内容审查，全县所有招拍挂出让的商住、商服用地和工业用地，在土地出让公告及出让合同中明确载明新型建筑房屋的配额比例，政府性投资项目未采用新型建筑和房地产开发项目新型建筑房屋配额比例未达公告或合同要求的规划审查一律不予通过。积极引导、鼓励在建开发项目按比例建设新型建筑房屋，带动全县新型建筑产业发展。

(三)招投标程序。根据住建部《关于进一步推进工程总承包发展的若干意见》(建市〔2016〕93 号)精神，主动学习借鉴外地新型建筑产业发展的先进经验，可依法对新型建筑项目采用“EPC 总承包五化一体”模式组织实施，以确保项目设计、生产、施工、验收和管理一体化有序实施。

(四)监管验收程序。县级相关部门根据职能分工严格按照省市制定的新型建筑设计、部品部件生产、装配施工、质量检验、项目验收等标准体系开展过程监管和项目检查验收，确保项目质量经得起历史、人民的检验。

三、开展试点示范

按照示范引领、循序渐进、快速发展的要求，加快形成一批新型建筑示范工程、示范片区、示范企业。

(一)尽快打造一批示范项目。县住建局要进一步细化市委专题会议集体研究确定的目标任务(到2020 年，岳池县新型建筑达到 130 万平方米)，建立工作台账，逐一落实工作责任。选择一批幸福美丽新村、保障性住房、贫困村功能用房、房地产开发等建设项目作为示范项目，确保今年年底前达到一定形象进度。

(二)加快引进新型建材配套企业。县投资促进局、县经开区管委会要加快推进轻钢结构、重钢结构及新型建筑材料配套企业落户，实现工厂化生产，形成一定的部品部件生产能力，推动岳池成为广安的新型建筑部品部件生产基地。

（三）努力培育试点示范企业。围绕新型建筑上下游产业招引、培育建筑产业化企业或装配式建筑部品部件生产企业。发展一批利用建筑产业现代化方式开发建设的骨干房地产企业。鼓励混凝土、沙浆生产企业和传统建材企业向预制构件和住宅部品部件生产企业转型。加快形成一批设计施工一体化、结构装修一体化及预制装配式施工工程总承包企业。

四、扶持政策

除严格执行中省市已出台的有关扶持建筑产业现代化发展的政策外，新型建筑产业发展还享受如下激励政策：

（一）审批政策。对入驻岳池县的新型建筑生产企业的各类供应材料配套设施，如沙石料、新型墙体材料、预拌混凝土、矿山、铝合金模板等，在土地、资质、许可等方面依法给予优先落实指标、缩短审批时限。优先完善周边配套设施，依法简化办理各项手续，方便新型建筑产业企业入驻。

（二）土地政策。新型建筑产业基地和示范项目优先享受用地指标。对县域范围内的新型建筑生产基地企业，执行工业用地最低价供地。

（三）财政政策。县财政建立新型建筑推广专项资金，专门用于奖补新型建筑产业发展。对全县所有准予建设的新型建筑项目，免收城市建设配套费和墙改基金。

（四）金融政策。建立新型建筑产业项目和生产企业的重点支持目录，实行“名单制”管理，引导金融机构对名单中的项目和企业建立“一户一册”的支持台帐。对购买新型建筑材料住房的购房者，金融机构应优先给予信贷支持并开辟贷款审批绿色通道，提供包括住房装修贷款等一系列优惠贷款产品组合。支持金融机构运用支小、支农、扶贫再贷款资金支持新型建筑生产企业和新型建筑材料住房的购房者，降低融资成本。

（五）行业政策。全县所有采用新型建筑材料的商住、商服用地开发项目，其外墙预制部分建筑面积3%以内的误差部分不计入成交地块的容积率核算，不予处罚。施工进度达到正负零且符合规定条件的，可申请办理“商品房预售许可证”。对购买岳池县新型建筑房屋的业主，由县政府按购房款总额的5%给予购房补贴。

五、保障措施

（一）加强组织领导。县上成立新型住宅产业投资促进领导小组，由县委书记任组长，县长任常务副组长，县委、县人大常委会、县政府、县政协分管联系领导为副组长，县住建、财政、国土、发改等相关部门主要负责人为成员。县人大常委会、县政协要将新型建筑产业发展纳入年度议题，组织开展专项视察、审议和监督。实行县级领导联系部门、乡镇新型建筑产业发展及龙头企业、重点项目工作机制。

（二）强化考核问效。县委、县政府督查办要会同相关单位定期对工作进展情况、试点项目建设进度开展督查通报。县绩效办要将新型建筑产业发展纳入县委县政府年度目标绩效考核。县纪检、监察和组织部门要对工作推进不力的采取纪律和组织措施。

（三）广泛宣传引导。各级党委（党组）中心组、县委党校要把新型建筑产业发展纳入学习培训内容。县人社部门要将新型建筑产业知识纳入劳动力转移培训，县新型住宅制造（房地产）产业发展工作组办公室要组织在建项目工作人员培训新型建筑知识。县级新闻媒体要广泛宣传新型建筑产业，提高社会各界的认知度、参与度，为新型建筑产业发展营造良好氛围。

中共岳池县委　岳池县人民政府
关于印发关于《岳池县加快推进生态文明建设实施方案》的通知

岳委发〔2016〕22号 2016年11月10日

《岳池县加快推进生态文明建设实施方案》已经县委、县政府同意，现印发给你们，请结合实际认真贯彻执行。

岳池县加快推进生态文明建设实施方案

建设生态文明是人民福祉和民族未来的长远大计，是经济社会发展阶段的必然要求，是顺应广大人民群众新期待的重大部署。为加快推进岳池县生态文明建设，根据《广安市加快推进生态文明建设实施方案》(广委发〔2016〕16号)精神，结合岳池县实际，制定本实施方案。

一、明确总体要求

(一)指导思想。

全面贯彻党的十八大和十八届三中、四中、五中全会精神，以邓小平理论、“三个代表”重要思想、科学发展观为指导，深入贯彻习近平系列重要讲话精神，牢固树立“绿水青山就是金山银山”的基本理念，以建设美丽岳池为目标，以解决生态环境领域突出问题为导向，以建立健全生态文明制度体系为重点，把生态文明放在更加突出的战略位置，用创新、协调、绿色、开放、共享的发展理念谋划和推动生态文明建设，推动生态文明建设与经济建设、政治建设、文化建设、社会建设高度融合，着力优化国土开发格局，构建绿色循环低碳产业体系，建设长江中上游生态环境支撑区，形成生态文明时尚文化，努力将岳池建设成为生态文明居于全国前列、生态文明建设作用彰显、自我发展能力显著提升、人民生活质量明显改善的生态示范县、绿色经济发展创新县。

(二)基本原则。

——坚持保护为先、节约优先。全面落实保护环境和节约资源基本国策，坚持保护环境、节约资源与经济发展并举，把保护环境、节约资源放在首位，实现由“环境换增长”向“环境促增长”转变。

——坚持问题导向、着力治本。从社会关注、群众关心、当前急需的问题入手，打响大气、水、土壤污染防治“三大战役”，以国家生态文明先行示范县、低碳智慧城市，为示范聚焦发力点，打好攻坚战，建设天蓝地绿水清的生态环境。

——坚持绿色发展、以人为本。着力推进绿色发展、循环发展、低碳发展，在统筹推进新型工业化、城镇化、农业现代化中突出抓好生态文明建设，加快形成保护生态环境的产业结构、生产方式和消费模式，实现人与自然和谐共生、协调发展。

——坚持依法保护、依法治理。注重法治的推动、引领和保障作用，增强全社会尤其是领导干部生态法治意识，依法保护和建设生态环境，依法打击污染环境、破坏生态的违法行为，确保在法治轨道上推进生态文明建设。

(三)2020年总体目标。

——国土空间开发更加优化。全面落实主体功能区规划，严格落实资源消耗上限、环境质量底线、生态保护和耕地保护红线制度，建立与资源环境承载能力相匹配的城镇布局，实现生产空间集约高效、生活空间宜居适度、生态空间山清水秀，初步形成安全、和谐、富有竞争力的国土空间开发新格局。

——资源综合利用更加高效。单位地区生产总值能耗和二氧化碳排放强度持续下降、达到国家要求，资源产出率大幅提高，用水总量力争控制在2.16亿立方米以内，万元工业增加值用水量比2015年下降23%，农田灌溉水有效利用系数提高到0.55。

——生态环境质量更加改善。主要污染物排放总量继续减少，大气环境质量和重点流域水环境质量明显改善。渠江等重点控制单元水质达标率100%，城市集中式饮用水水源地水质达标率100%，所有建制乡镇场镇生活污水处理率达到80%以上和生活垃圾集中处理率达到100%。全县林地保有量保持在64.95万亩以上，森林覆盖率达到37.5%，森林蓄积达到112万立方米。城市建成区绿地率不低于35%，城市人均公园绿地面积14平方米。

——生态文明制度更加健全。基本形成源头预防、过程控制、损害赔偿、责任追究的生态文明制度体系，自然资源资产产权和用途管制、生态保护红线、生态保护补偿、生态环境保护管理体制等关键制度建设取得重要成果。

二、着力优化国土空间

（四）严格落实主体功能定位。

统筹衔接各类空间性规划，推动经济社会发展规划、城乡建设总体规划、土地利用总体规划、生态环境保护规划等规划“多规合一”。按照主体功能区定位，调整空间结构，促进国土空间节约集约高效利用。严格落实规划环境影响评价制度、区域规划编制、重大项目布局必须符合主体功能定位。

控制土地开发强度。重点开发的城镇化地区，要大力推进节能减排，发展循环经济，提高能源资源利用效率，减少对生态环境的损害和影响；限制开发的农产品主产区，要增强农产品生产能力，加强面源污染治理，防止污染转移和扩散；限制开发、禁止开发的重点生态功能区，要树立保护就是发展的理念，增强生态产品生产能力和环境生态功能。

优化城乡空间结构。全面评价岳池县全域和区域资源环境承载能力，统筹谋划人口分布、产业布局、国土利用和城镇化格局。调整完善土地利用总体规划，积极开展国土综合整治。优化城乡建设用地结构和布局，严格保护城乡生态环境，扩大城乡绿色空间，构建科学合理的城镇发展格局、农业发展格局、生态安全格局。城镇空间，要着力提高土地节约集约利用水平，提升单位国土面积的投资强度和产出效率，促进产城融合和城镇土地低效利用再开发；农业空间，要强化农地保护，推动土地整理，促进农地规模化、标准化建设；生态空间，要加强林地、河流、湖泊、湿地等生态空间的保护和修复，提升生态产品服务功能。

（五）建设新型绿色城镇。

以广安市大力推进国家住宅产业现代化综合试点城市为契机，深入推进岳池县住宅产业现代化技术，大力推广新型住宅建筑和装配式建筑，努力实现绿色建筑、节能建筑、智能建筑和建筑业工业化战略。

提高城镇发展质量。科学确定城镇开发强度。合理确定城镇建设规模，强化新区产业支撑，推动产业和人口同步聚集，有序拓展城镇发展空间。践行宜居城市、海绵城市及智慧城市建设理念，提高城镇供水、防涝、雨水收集利用、供气、综合管廊等基础设施建设水平。大力实施生态园林建设工程，提升广岳大道、翔凤大道两侧绿化带等级，进一步完善凤山公园绿化和基础设施建设，新建欢乐原乡文创产业园与龙湖公园，鼓励创建省市园林式单位和园林式居住小区，人均公园绿地面积年递增0.5平方米，绿地率和绿化覆盖率年递增0.3个百分点。

大力推进中小城市综合改革试点，抓好2个省级“百镇建设行动”试点镇和10个特色集镇建设。加快城镇污水处理厂（站）建设改造，重点推进县城第二城市生活（工业）污水处理厂建设和乡镇污水处理站（含配套管网）的新建及提标改造。

切实加强城镇管理。依托山体、水系、森林、湿地等自然生态资源，科学规划、合理布局城镇绿化系统，划定并强化城市绿线管制，严肃查处侵占绿地、擅自改变绿地性质、破坏古树名木等违法行为。城镇绿地建设不能简单照搬城市模式，要更多的尊重历史文化自然山水，保护农田森林，配套建设乡村步游道等休闲设施，促进乡村旅游发展。扎实开展城乡环境综合治理，加快营造清洁、整齐、优美的城乡环境。

（六）加快建设幸福美丽新村。

突出规划引领，加快幸福美丽新村建设。坚持“产村相融、农旅结合、标准建设、成片推进”建设理念，编制完成《岳池县幸福美丽新村建设行动方案（2015—2020年）》，到2020年，全面完成农村危房改造任务，全面完成幸福美丽新村建设，新建、改造、保护等新村建设覆盖全县行政村；建成幸福美丽新村704个，占全县行政村的85%以上。按照“兴业、家富、人和、村美”的建设标准，以“111工程”建设为模版，启动幸福美丽新村和美丽乡村建设，打造白庙镇瞿家店村、顾县镇马家村和大佛乡三官店村等扶贫示范新村，带动全县新农村提档升级。采取租赁、回购、新建、利用闲置国有和集体房源等多种方式，完成6048套农村廉租房建设，切实解决无房户、危房户、住房困难户的住房问题。

突出惠民保障，加快农村基础设施和公共服务建设。坚持“物的新农村”和“人的新农村”建设齐头并进，着力完善通村路、入社路、机耕便民道建设，加快“五改三建”，配套搞好供水、供电、沼气池、垃圾池、通信、广播电视、广场、公交站等基础设施建设。深入开展“洁净水”行动，继续推行“户集、村收、乡（镇）运、县处理”的垃圾处理模式，搞好农村环境综合治理。加快公共服务向农村，特别是贫困村延伸，着力提升教育、文化、医疗卫生、治安管理水平，加强计生、老幼托管、助残、医保、农村低保、“五保”等国家政策宣传，积极开展农民群众娱乐健身等精神文明建设活动，切实抓好贫困村科教文卫各项事业；扎实推进依法治村，创新农村社会管理方式，施行《新村管理办法》，大力推进村民自治，着力化解农村社会矛盾，促进农村和谐稳定。

突出产业支撑，科学发展特色产业。以农民增收为核心，积极发展农村特色产业，转变农业增长方式，科学确定可持续发展的长效主导产业，发展适度规模经营。有针对性地培育和扶持一批与农户利益联结紧密的专业大户、家庭农场、农民合作社、农业企业等新型农业经营主体，推广“公司+农户”“合作社+农户”“乡村酒店+农户”等模式，建立入股分红、多次返利等紧密型利益联结机制，带动当地群众增收致富。发展农村新产业、新业态、新模式，大力发展乡村旅游、休闲农业、观光农业、农业服务业、农村电子商务、农村养老服务、农村文化创意产业，打造乡村旅游脱贫示范带，挖掘白庙镇菊花村、三教寺村生态观光、翠湖天然氧吧休闲、北城乡千佛寺村佛教文化等重点旅游资源，促进一、二、三产业融合互动。引导鼓励农民就业创业，完善农村转移劳动力就业创业政策和服务体系，加强农村劳动力职业技能培训，促进农村劳动力转移就业。形成1~2个优势特色产业，农民主导产业收入占人均收入50%以上，农民人均纯收入达1.5万元以上。

三、大力发展低碳绿色产业

（七）推动传统产业低碳化。

实施工业节能低碳改造提升工程。以高耗能行业为重点，实施电机系统、变压器、工业锅炉（炉窑）等高耗能通用设备改造，推广高效节能设备，促进系统优化，提高运行能效。鼓励使用太阳能、风能、生物质能等清洁能源和可再生能源，大力建设厂区、园区新能源、分布式能源和智能微电网，提高厂区、园区能源管理运营能力。实施清洁生产改造提升工程。制定重点行业清洁生产改造提升计划，积极推动建材、化工、食品、医药、机械等重点行业开展清洁生产审核和清洁生产改造，加大对企业实施清洁生产技术改造的支持力度。落实区域大气污染联防联控措施，积极实施工业锅炉窑炉煤改电、煤改气，推进煤炭清洁高效利用，防治大气环境污染。加快推进淘汰落后和过剩产能。深入贯彻落实《国务院关于化解产能严重过剩矛盾的指导意见》，综合运用经济、技术、法律、行政手段，综合运用工艺技术、能耗、环保、质量、安全标准，加强节能监察、环保监测、质量监督和安全监管，强化标准执行。对达不到标准的企业依法责令整改，对经整改仍不达标的，按照规定程序报批后，依法依规实施淘汰。严格落实差别电价政策，倒逼落后产能退出。做好年度淘汰计划申报、公告和验收工作，帮助企业争取国家和省上更大支持。加快节能环保产业发展。完善提升高效节能锅炉、大气污染防治装备、水污染防治装备、固体废弃物处理及资源化装备、高效节能电机、节能电力装备、监测仪器装备等重点领域技术装备水平，培育发展分布式能源、风光能源集成一体化、智能电网等清洁高效利用技术装备。

（八）加速绿色产业规模化。

大力推进工业绿色化转型。建立项目入园准入机制。认真贯彻落实《岳池县工业项目入园评审暂行办法》，产业园区优先布局发展战略性新兴产业和主导产业，严禁高污染、高能耗、高排放等项目入园。建立循环发展机制。按照“减量化、再利用、资源化”原则，推进产业园区循环化改造、企业循环化生产，合理构建循环经济产业链。力争到2020年，培育形成1个以上循环经济示范园区和5户循环经济发展典型企业。建立淘汰落后产能机制。建立健全淘汰落后技术、落后工艺和落后设备及产品制度，积极帮助列入省市淘汰落后产能计划且按时完成淘汰任务、并通过省市验收的企业申报补助。建立政府引导、市场化运作的工业“三废”处理机制，发挥好经开区专业污水处理厂作用，确保全县工业园区及企业“三废”处理利用及排放全面达标。开展绿色工厂、园区示范试点。研究制定绿色工厂、绿色园区试点示范方案。做好区域绿色发展转型试点建设工作，推广合同能源管理模式，积极规范和支持合同能源服务产业发展，推动第三方环境治理试点。推进能源在线监测平台建设。推动建材、化工、医药等行业大型用能企业建设能源管理中心，推动产业园区和企业基于云计算、互联网、大数据技术建设“虚拟能源管理中心”，及时掌握能耗及排放动态状况，提高能效管理水平。

加快发展现代服务业。加快发展电子商务、现代物流、现代金融、科技服务、养老健康、通信服务六大新兴先导型服务业，培育发展e消费、物联网等新业态，积极发展现代会展业和农村服务业，推进商贸流通、旅游休闲、房地产、交通运输等传统行业转型升级。优先发展研发设计、技术孵化、检验检测、商务咨询、节能环保服务、人力资源服务、售后服务等生产性服务业，加快发展批发零售、住宿餐饮、家庭服务、体育服务、文化服务、法律服务等生活性服务业，推进服务业与现代制造业、现代农业和新型城镇化互动发展。

推进农业绿色化发展。加快构建现代农业产业体系，依托农村自然环境、田园景观、乡土文化等资源，加快发展休闲农业和乡村旅游。大力发展有机农业、生态农业，以及特色经济林、林下经济、森林旅游等林业产业。强化“三推”（推广高产高效多抗新品种、推广规模化标准化机械化的栽培技术、推进耕地质量建设）、“三控”（控肥、控药、控水），实现科技水平和可持续发展能力的提升，促进一、二、三产业协调持续稳定发展。

（九）推动科技成果产业化。

提升科技创新能力。围绕精细化工、生物医药、节能环保、新材料、电子信息、新型住宅、高端装备等高端产业技术需求,突破节能减排、资源综合利用、新能源开发、污染治理、生态修复等领域关键共性技术,推动建立符合生态文明建设科研活动特点的管理制度和运行机制。把岳池生物医药产业园区创建为省级经济开发区,推动岳池县生物医药技术产业形成集中、集群发展格局。

加快"互联网+"发展。深入实施"互联网+"行动计划,加快推进下一代互联网、移动互联网、云计算、大数据、物联网等新一代信息技术与经济社会各领域深度融合。充分利用互联网技术推进智能制造、绿色制造,推动先进制造业和现代服务业加速发展,促进电子商务、工业互联网金融健康发展,提升实体经济创新力和生产力。加强互联网在建设、交通、教育、健康、安全、人口等领域的广泛应用和综合集成,提升政府公共治理能力和公共服务能力。

实施科技创新工程。鼓励支持企业与高等学校和科研院所合作,建立产业技术创新联盟,建设一批国家、省级、市级绿色制造技术、节能环保工程技术研究中心、重点实验室、产业技术研究院等技术研发平台。深入实施"高新技术企业倍增行动和科技型中小微企业培育工程",积极发展壮大创新型企业。

四、加强资源能源节约集约利用

(十)协同推进节能减排。

推进重点领域节能降耗。协助推进将广安市列入国家万家企业和省千户工业企业节能低碳行动,实施重点产业能效提升计划,逐步提高节能标准。严格执行建筑节能强制性标准,加快推进既有建筑节能改造,建立健全机关办公建筑和大型公共建筑节能监管体系。优先发展公共交通,继续积极推广 LNG 和 CNG 汽车,完善公共交通网络体系。推广节能与新能源交通运输装备。提高步行和自行车交通设施水平。鼓励商场、超市争创绿色商贸流通企业,加大绿色、环保产品的采购和推广力度。鼓励企业在日常运营中节约用电、用水,空调温度控制在适当范围内,冷冻库等耗电量大的设施设备尽量科学设计、节约能源。鼓励顾客使用环保购物袋,减少塑料袋的消耗。鼓励开展节能工业产品下乡活动,提升低排放、低耗能产品市场占有率。积极开展政府机关、学校、医院等节约型公共机构示范创建活动。

继续强化总量减排。强化结构、工程、管理减排,加大高污染物排放行业淘汰力度,全面推进脱硫脱硝除尘设施建设。加快对县城污水处理厂提标改造工程和乡镇、农村居民聚集区污水处理设施建设。对接省市落实机动车增量控制措施,全面供应符合国家第五阶段标准的车用汽油、柴油。依法开展机动车环保定期检验,按照国家有关规定加快淘汰黄标车和老旧汽车,开展船舶污染防治。强化农业面源污染防治,提高畜禽养殖废弃物资源化利用比例。重点行业全面建成污染治理设施运行管理中控系统,建立健全总量预算管理、初始排污权分配、总量前置审查和排污许可管理制度,扩大 IC 卡刷卡排污试点范围,持续削减主要污染物排放总量。

实施节能减排重点工程。组织实施工业节能低碳改造提升工程,以六大高耗能行业为重点,实施电机系统、变压器等高耗能通用设备改造,推广高效节能设备,促进系统优化,提高运行能效。实施余热余压高效回收工程,普及中低品位余热余压发电、供热及循环利用。鼓励使用清洁能源和可再生能源,大力建设厂区、园区新能源、分布式能源,提高厂区、园区能源管理运营能力。强力控制秸秆焚烧、工地和道路扬尘、餐饮油烟等面源污染。

(十一)大力发展循环经济和资源综合利用。

深入推进国家循环经济示范县城建设,以实施重点循环经济工程为抓手,加快建设循环型企业、循环型园区和循环型社会,形成政府推动、市场引导、企业主体、全民参与的循环经济发展体制。

构建循环型产业体系。推进食品、化工、建材机械等行业绿色发展，实现资源、能源循环利用和梯级利用，构建循环型工业体系。继续深入开展生态工业园区创建工作，推进工业园区结构调整、工程建设、管理强化和科技创新，促进污染防治设施稳定运行，减少污染物排放。加快推进国家生态文明先行示范区建设，大力发展低碳旅游、生态旅游，推动零售批发、餐饮住宿、现代物流业循环发展，推进资源节约型、环境友好型社会建设。

推动重点领域循环经济发展。加大工业“三废”综合利用力度，推进建筑废弃物综合利用，拓宽秸秆综合利用领域。构建资源循环利用体系，提高资源产出率，全面提升资源综合利用、废弃物资源化利用水平。加大循环经济示范县城创建力度，深入开展循环经济示范。着力完善核心产业循环经济链，积极开发和引进基于循环经济的技术，改造制造系统的工艺流程，将传统的“资源消费—产品—废弃物排放”单向生产模式转变为“资源消费—产品—再生资源—再生产品”的闭环循环经济模式。通过彼此之间的废物交换、循环利用、清洁生产等手段，有效降低企业的相关成本，实现污染物的“零排放”。积极发展资源节约型种植业、养殖业，深化农林废弃物资源化利用，加快发展畜禽、水产清洁养殖，形成农林牧渔多业共生的循环型农业生产方式。

（十二）加强资源节约。

坚持开发与保护并重、节约优先的原则，强化水资源管理行政首长负责制落实，大力推行水资源高效利用技术和模式，提高水资源科学开发和综合利用水平。

建设节水型社会。大力开展节约水资源行动，强化水资源利用总体规划和年度计划管理，落实用水节水责任，加强水资源管理动态监测、定期评估和分类考核。统筹安排生活、生产、生态用水，优先满足生活用水，保障生产和生态用水。加快重点行业用水节水技术改造，推进使用节水器具和产品。推进再生水、矿井水等非传统水资源利用。实施工业节水改造提升工程，以化工、医药、食品加工等高耗水、高污染行业为重点，推广应用高效节水工艺技术和设备，推进节水治污技术改造，通过工业用水重复利用、工艺系统节水、工业给水、废水深度处理回用，废水梯级利用、非常规水资源利用等多种途径，降低单位单品用水量。

加强土地节约集约利用。强化土地利用规划管控，加强土地供应和供后开发利用监管，加快形成建设用地的有效供给。积极探索建立节约集约的激励机制和约束机制，健全土地市场动态监测监管网络体系。积极开展工矿废弃地复垦利用试点工作，促进耕地保护和矿山环境治理恢复，拓展建设用地空间，获取新增建设用地指标，保障经济社会发展。

加强矿产资源综合开发利用。按照“综合勘探、综合开采、综合利用”的原则，提高矿山开采回采率、选矿回收率和综合利用率。加强矿山固体废物、尾矿和废水利用，提高矿产资源开发水平。积极倡导和鼓励企业发展绿色矿业，探索绿色矿山建设试点。

五、加强生态环境保护和生态修复

（十三）加强生态建设与保护。

构建生态安全格局。积极开展绿化岳池行动，加快建设长江中上游生态屏障，继续实施《四川省生物多样性保护战略与行动计划（2011—2020年）》《四川省林地保护利用规划（2010—2020年）》。推动流域生态保护和水土保持生态带建设。加强自然保护区、风景名胜区、森林公园、湿地公园等典型生态系统建设，扎实开展生物多样性保护，对重要生态系统和物种资源实施强制性保护。

推进生态工程建设。继续加强森林、湿地等生态系统保护与建设，深入推进天然林保护二期、新一轮退耕还林、现代林业产业、森林经营等重点生态工程。加强湿地保护力度，健全湿地生态效益补偿机制，有条件的地方启动退耕还湿。深入推进全县生态保护与建设工程,深化集体林权制度改革和经济林木(果)权抵押贷款试点改革。因地制宜推进小流域、重要湿地和河湖库综合治理,增强生态系统功能。

加强生态环境保护。强化农田生态保护,全面实施耕地质量保护与提升行动,加大退化、酸化、污染、损毁农田改良和修复力度。实施化肥农药使用量零增长行动,开展农作物秸秆、畜禽粪污和农用残膜资源化循环利用,防治农业面源污染。加强耕地质量、外来物种调查监测,建立监测评估和预警体系。加强林地保护,严格审核审批使用林地和林木采伐。完善森林防火责任制、森林防火预警监测和指挥通讯信息系统。加强林业有害生物的预测和防治工作。严格落实天然水域禁渔期制度,强化水下工程作业项目对渔业资源的补救措施,保护和改善渔业水域生态环境。健全生物安全查验机制,加大基因、物种、典型生态系统和景观多样性保护力度,有效防范物种资源丧失和外来物种入侵。加快灾害调查评价、监测预警、防治、应急等防灾减灾体系建设,探索建立重要河湖生态水量保障机制。

(十四)全面推进污染防治

加强大气污染防治。深入实施大气污染防治行动,以持续改善大气环境质量为核心,强化重点区域、重点领域、重点行业、重点企业污染源防治。实施区域联防联控,以“减排、抑尘、压煤、治车、控秸”为重点,认真抓好细颗粒物($PM_{2.5}$)、可吸入颗粒物(PM_{10})污染治理,逐渐消除重污染天气,全县大气环境质量全面改善。

持续推进水污染治理。持续深入开展“洁净水”行动,加强嘉陵江、渠江、长滩寺河、全民水库等重点流域和生态敏感区水污染治理。加强良好湖库生态环境保护,严格排污管理。加强城市建成区黑臭水体治理,实施雨污分流,加强污水配套管网和垃圾收转运设施建设,提高污水、垃圾收集率。县城和重点镇具备污水、垃圾处理能力,提高处理设施的建设、运行、管理水平。

加大土壤污染防治力度。认真落实土壤污染防治行动,健全土壤环境监测制度,在典型地区组织开展土壤污染修复试点示范,有计划、分步骤推进各类土壤污染治理与修复。加强规模化畜禽养殖和农村面源污染防治。推进重点工业企业、工业园区重金属污染治理,推进重点行业强制性清洁生产审核,开展工业园区清洁生产审核制度建设。探索固体废物、危险废物精细化管理,妥善处理处置工业固体废物。

(十五)积极应对气候变化

减缓应对气候变化影响。调整优化产业和能源结构,加快发展战略性新兴产业和先导型服务业,大力发展非化石能源。加强工业、交通、建筑等重点领域降碳工作,全面控制工农业生产、废弃物处理等非能源活动温室气体排放,增加森林碳汇,有效减缓二氧化碳等温室气体排放对气候变化的影响。严格控制“两高”(高能耗、高碳排放)行业扩张,推动低碳技术在药品、食品加工等行业的应用,积极主动淘汰落后工艺设备。

提高气候变化适应能力。加强农业基础设施建设,采取调整种植制度、选育抗逆品种、开发生物技术等适应性措施,推进农牧业适应能力建设。加强江河堤防、病险水库整治等防洪工程,以及引提调水连通工程、备用井工程等抗旱应急水源工程建设,涵养水源,减少水土流失,减少水资源系统应对气候变化的脆弱性。加强雨量站网、山洪灾害防治非工程措施、山洪沟治理工程、中小河流水文监测系统等工程体系建设,不断提高气象灾害预测预警和适应能力。加强流域和区域水土保持和生态修复治理。

六、努力健全生态文明制度体系

(十六)加快建立自然资源资产产权制度。

加快推进不动产统一登记。加强建设用地空间管制,严格按照规划确定的允许建设区、有条件建设区、限制建设区进行建设和保护，在禁止建设区严禁各类建设开发。实施差别化土地供应管理，严格执行国家《限制用地项目目录》《禁止用地项目目录》《工业项目建设用地控制指标》等，合理确定建设项目用地规模。严格节能评估审查、水资源论证和取水许可制度。完善矿产资源规划制度，科学合理设置矿业权，强化矿产资源开发准入管理。

（十七）推行市场化机制。

加大推进实施《广安市控制能源消费总量工作方案》力度，鼓励采用合同能源管理方式为用能单位实施节能改造，引进和培育合同能源第三方机构，培育壮大节能服务产业。组织开展低碳产品认证，推进有机产品认证示范区建设。积极推进环境污染第三方治理，引入社会力量投入环境污染治理。推行市政公用行业特许经营，鼓励采用多种建设运营模式开展城镇污水垃圾处理、工业园区污染物集中治理，推进环保设施的专业化、社会化运营服务。开展主要污染物排污权有偿使用和交易，探索实行新建项目的污染物总量指标通过交易方式有偿获得。积极探索研究节能量、碳排放权、水权、排污权交易制度。

（十八）健全监督考核和责任追究制度。

进一步完善绩效考核体系，将生态文明作为重要内容纳入经济社会发展目标绩效考评指标体系，构建起既看“显绩”又看“潜绩”，既兼顾短期效应，更突出长期效益，全面协调可持续发展指标体系。根据各乡镇、园区在资源禀赋、发展基础、发展水平等方面的不同特征，差异化下达目标，加大对生态保护的考核力度。

切实落实生态安全责任制。认真执行《环境保护法》等法律法规，纪检监察机关要履行再监督、再检查、再执纪、再问责职能。畅通信访举报渠道，强化社会监督，对反映党员干部、公职人员破坏生态环境，背离绿色发展理念的行为问题及时受理，及时调查，突出办理实效并接受群众监督。建立生态环境和资源损害问题线索移送制度，对党员干部、公职人员在生态文明建设工作中存在的违规违纪问题线索，及时移送纪检监察机关或组织人事部门，依纪依规实施责任追究。建立常态监督检查机制，对监督检查发现的问题采取督促整改、廉政约谈、情况通报等方式处理。同时，将监督检查结果纳入廉洁风险迹象精细化记分管理，倒逼生态安全责任制推动落实。

建立领导干部任期生态文明建设责任制。落实《党政领导干部生态环境损害责任追究办法（试行）》，完善节能减排目标责任考核及问责制度。探索编制自然资源资产负债表，对领导干部实行自然资源资产和环境责任离任审计。对违背科学发展要求、造成资源环境生态严重破坏的要记录在案，实行终身追责，不得转任重要职务或提拔使用，已经调离的也要问责。对推动生态文明建设工作不力的，要及时诫勉谈话；对不顾资源和生态环境盲目决策、造成严重后果的，要严肃追究有关人员的领导责任；对履职不力、监管不严、失职渎职的，要依纪依法追究有关人员的监管责任。

七、培育和繁荣生态文化

（十九）增强生态文明意识。

健全生态文明宣传教育网络，加强生态文明宣传教育。将生态文明纳入学校教育、社区教育、干部教育培训内容。开展生态文明进社区、进家庭活动。拓宽生态文明宣传渠道，加强资源环境县情宣传，普及生态文明法律法规、科学知识等。加强生态文明建设网络舆情引导和管控。发挥工会、共青团、妇联等群团组织和社会组织的作用，推动社会各界和人民群众广泛参与生态文明建设。

（二十）培育绿色生活方式。

弘扬正确的价值理念和消费观念，广泛传播生态文明理念，让绿色生活成为公众自觉自律的行为，使生态文明成为社会主流价值观。普及环境科学和生活方式绿色化知识，增强全社会绿色消费意识，引导公众自觉抵制过度消费、炫耀消费等畸形消费观念。积极引导消费者购买新能源汽车、节水型器具等节能环保低碳产品，减少使用一次性用品，限制过度包装。大力推广绿色低碳出行，倡导绿色生活和休闲模式。党政机关、国有企业带头厉行节约反对浪费。充分发挥新闻媒体作用，树立理性、积极的社会舆论导向，曝光奢侈浪费等反面事例，宣传典型经验、典型人物，形成爱护自然光荣、勤俭节约光荣、绿色低碳光荣的社会氛围。

（二十一）着力培育生态文化。

深度挖掘岳池文化中的生态元素，夯实生态文化有形载体，着力打造农家乐之源、曲艺之乡等生态文化品牌。加快生态文化基础设施建设，健全生态文化服务网络。聚焦生态文明，创作蕴含生态发展理念的文艺精品力作，提供广大群众喜闻乐见的生态文化产品。

（二十二）鼓励公众积极参与。

完善公众参与制度，及时准确披露各类环境信息，扩大公开范围，保障公众知情权，维护公众环境权益。健全举报、听证、舆论和公众监督等制度，构建全民参与的社会行动体系。建立环境公益诉讼制度，对污染环境、破坏生态的行为，有关组织可提起公益诉讼。在建设项目环评、验收、后评价等环节，有序增强公众参与程度。引导生态文明建设领域各类社会组织健康有序发展，发挥社会组织和志愿者的积极作用。

八、加强基础能力建设

（二十三）加强统计监测。

建立生态文明综合评价体系，定期对能源、矿产、森林、湿地等资源承载能力和水、大气、土壤等环境质量进行评估，全面反映经济社会发展的绿色化水平，并向社会公布。建立重点用能单位能源消耗在线监测体系，完善全社会用能统计制度。建立循环经济、温室气体排放统计体系及矿产资源合理开发利用评价体系。建立地表水、地下水、水质、重点用水户监测网和县级水资源管理信息平台，构建覆盖全县的水资源监测体系。建立森林资源和水土保持监测体系，开展年度监测，建立信息管理系统。加快建设生态红线评估遥感监测和生态环境监测与评价自然保护区人类活动影响评价监测系统，实现生态监测全天候、自动化和天地一体化。

（二十四）加强预警调控。

建立资源环境承载能力监测预警机制，设定承载能力上限，切实提高环境监测系统科学分析潜在环境风险、准确预测各类环境问题的能力。建立环境污染公共监测预警机制，健全大气、水质自动监测网络，加强对大气、地表水、土壤等的预警监测，对资源消耗和环境容量接近或超过承载能力的乡镇和园区，及时采取区域限批等限制措施。健全环境影响评价、清洁生产审核等制度，建立生态保护修复和污染防治区域联运机制。在工业、建筑、交通运输、公共机构及城乡建设和消费领域全面加强用能管理，对能源消费总量增长过快地区及时预警调控。

（二十五）强化执法监督。

严格监管污染物排放，实行环境保护网格化管理，加大环境违法违规行为查处力度。禁止无证排污和超标准、超总量排污，违法排放污染物、造成或可能造成严重污染的，依法依规从严惩处。对严重污染环境的工艺、设备和产品实行淘汰制度。强化对资源开发和交通建设、旅游开发等活动的生态环境监管。加强行政监察，对群众反映强烈、环境污染严重、长期不解决或屡查屡犯的环境违法问题进行挂牌督办。加强执法监督，及时纠正执法主体不合法、程序不规范、行政不作为、乱作为、作为失当等行为。建立领导干部干涉行政执法登记制度，确保资源环境监管机构独立开展行政执法。建立健全环保行政执法与刑事司法衔接机制，畅通环境违法犯罪案件移送渠道。加强基层执法队伍、环境应急处置救援队伍建设。

九、强化保障和措施落实

（二十六）加强组织领导。

成立县生态文明建设领导小组，统筹推进全县生态文明建设，协调解决重大问题。加快制定岳池县生态文明体制改革实施方案，县级有关部门要按照职责分工，密切协调配合，勇于探索创新，形成生态文明建设的强大合力。各乡镇党委、政府要对本地区生态文明建设负总责，建立健全领导体制和工作协调机制，形成有利于推进生态文明建设的工作格局。

（二十七）完善政策措施。

深化自然资源及其产品价格改革，建立主要由市场决定价格的机制，凡是能由市场形成价格的都交给市场。对目前部分不能形成竞争的领域，充分考虑市场供求状况和资源稀缺程度，建立符合市场导向的价格动态调整机制。大力推进居民生活用水用电用气阶梯价格制度和非居民生活用水超定额累进加价制度，促进资源的节约。积极推动金融产品和服务创新，引导金融机构扩大生态环境领域信贷投放总量，加大金融对节能减排、污染防治等领域的支持力度。积极推进环境污染责任保险工作，努力提高企业环境风险防范水平。

（二十八）加强区域合作。

发挥自身优势，协助推进嘉陵江经济带建设，加强与沿江地区在生态文明建设中的多层次、多领域合作。深入开展生态文明先行示范区建设，鼓励各地根据自身发展阶段、资源环境禀赋、主体功能定位等，加强与邻近或相似地区的横向协调配合，采取建立联席会议制度、签订战略合作协议、合作参与项目开发等方式，共同推进区域生态文明建设，提升生态文明建设水平。

（二十九）加大资金支持。

积极争取中、省、市支持，加大县级财政资金投入，充分发挥现有资源节约、生态环境保护等各专项资金的引导作用，支持资源节约和循环利用、新能源和可再生能源开发利用、环境基础设施建设、生态修复与建设、生态文明教育示范基地、生态旅游区建设、应对气候变化、生物多样性保护先进适用技术研发示范、监测执法能力建设等。

（三十）强化责任落实。

各乡镇、各部门要深入贯彻落实中央、省、市、县加快推进生态文明建设的重要决策部署，根据本方案，结合工作实际，抓紧研究制定与本方案相衔接的区域性、行业性和专题性规划，明确目标任务、责任分工和时间要求，确保生态文明建设各项政策措施落到实处。各乡镇、各部门要将贯彻落实情况及时报送县委、县政府，同时抄送县发展改革局。县委、县政府将对贯彻落实情况进行专项检查，确保各项工作取得实效。

中共岳池县委　岳池县人民政府
关于印发《岳池县推进供给侧结构性改革总体方案》的通知

岳委发〔2016〕26号 2016年12月27日

《岳池县推进供给侧结构性改革总体方案》已经县委、县政府同意，现印发给你们，请抓好贯彻落实。

岳池县推进供给侧结构性改革总体方案

推进供给侧结构性改革，是以习近平同志为核心的党中央主动适应、把握和引领经济发展新常态的重大理论创新，是加快经济发展方式转变和实现经济结构战略性调整的必然内在要求，是解决当前经济社会发展中的深层次结构矛盾和问题的关键战略举措。为集中力量打好供给侧结构性改革攻坚战，推动岳池县"十三五"规划纲要顺利实施，全面实现"三个跨越"奋斗目标，结合岳池实际，制定本方案。

一、总体要求

全面落实党的十八大和十八届三中、四中、五中、六中全会精神，深入贯彻习近平系列重要讲话精神，按照"五位一体"总体布局和"四个全面"战略布局，牢固树立和贯彻落实"五大发展理念"，主动适应和引领经济发展新常态，以"去产能、去库存、去杠杆、降成本、补短板"和"提质量、创品牌、培育新动能新动力"为抓手，大力实施"三大发展战略"，坚持以质量第一、效益优先为核心，突出全面改革创新牵引，综合运用市场机制、经济手段和法治办法，在适度扩大总需求的同时，加快推进供给侧结构性改革，改造提升传统动能、培育发展新动能，着力提高供给体系质量和效率，实现由低水平供需平衡向高水平供需平衡跃升，不断提升社会生产力整体水平，更好地满足广大人民群众丰富多样、日益增长、不断升级的物质文化和生态环境需求，为全面建成小康社会提供坚强动力和雄厚经济保障。

——坚持市场主体，政府主导。把发挥市场在资源配置中的决定性作用和政府的引导作用有机结合起来，更加尊重市场规律，调动企业主体性和积极性，实现优胜劣汰的市场出清；更好发挥政府作用，加强规划引领，完善配套政策，充分激发市场主体活力，以制度创新和制度供给为核心带动供给侧改革，矫正供需结构错位和资源要素错配，着力破解供给与需求不匹配、不协调、不平衡的问题。

——坚持供需衔接，双侧发力。把发挥需求对供给的牵引作用和供给对需求的引致作用有机结合起来，供给侧与需求侧双管齐下、协同发力，在着力扩大有效供给、加强中高端产品和优质服务供给，扩大减少无效和低端供给的同时，适度扩大总需求，畅通供给需求衔接通道，努力实现更高水平的供需动态平衡。

——坚持增减并举，有破有立。把改造提升传统动能和培育壮大新动能有机结合起来，注重用改革的思路、创新的办法、市场化的手段，优化存量、引导增量、主动减量，改造提升传统优势产业，大力发展战略性新兴产业和现代服务业，稳妥处置"僵尸"企业，加快淘汰无效产能，分类有序化解过剩产能，推动生产要素向优质高端产业聚集。

——坚持问题导向，精准施策。把短期调控与长期结构调整有机结合起来，立足当前、着眼长远，加强系统谋划和总体设计。摸清基本情况，瞄准突出问题，明确目标任务，细化工作举措，分类对症施策，以精准识别引导精准发力，提升解决对策的针对性和实效性，从源头上破解制约经济社会发展的重大结构性瓶颈。

——坚持重点突破，有序推进。把重点突破与有序推进有机结合起来，加大重点领域和关键环节改革攻坚力度，充分考虑经济和社会承受能力，有效防范化解各类改革风险，重视补短板、兜底线，做好稳岗就业和基本生活保障工作，织牢织密民生保障网，把握好供给侧结构性改革的时机和节奏，确保经济持续健康发展和社会和谐稳定。

二、总体目标

经过5年努力，供给侧结构性改革取得重要进展，创新发展动力持续增强，要素资源配置效率大幅提升，“三去一降一补”“一提一创一培”取得明显成效，新技术、新产业、新业态蓬勃发展，新兴产业和传统产业、国有经济和民营经济互促共进的格局基本形成，与供给侧结构性改革相适应的政策体系和长效机制初步建立，供给结构对需求变化的适应性和灵活性显著提高，与各类需求相匹配的多层次、宽领域、优质有效供给体系日趋完善，实现更高质量、更有效率、更加公平、更可持续的发展。

发展动能显著增强。到2017年，高新技术产业产值达到40亿元左右，战略性新兴产业总产值占全部工业总产值比重达到5%以上，服务业增加值比重达到33%以上。到2020年，新建国家级企业技术中心1个、省级企业技术中心1个、市级企业技术中心3个，国家级高新技术企业达到3家，新增科技型中小微企业20家，高新技术产业产值达到60亿元，战略性新兴产业总产值占全部工业总产值比重达到10%以上，服务业增加值比重达到33%以上，形成一批特色鲜明、优势明显的战略性新兴产业。

质量效益有效提升。到2017年，研究与试验发展（R&D）经费投入强度达到0.35%，每万人口发明专利拥有量0.4件，四川名牌产品超过1件，省级著名商标超过4件，单位GDP能耗和主要污染物减排完成国家下达目标任务。到2020年，研究与试验发展（R&D）经费投入强度超过0.8%（与“十三五”规划一致），每万人口发明专利拥有量1.1件，科技进步贡献率提高到50%左右，四川名牌产品超过2件，省级著名商标超过7件，实施创新驱动发展战略取得显著成效，科技创新能力明显增强，产业发展向中高端水平迈进，形成一批具有自主知识产权的知名品牌。

供给结构更加优化。到2017年，商品住房库存规模比2015年底减少20%，年度直接融资超过11亿元，实体经济要素成本、物流成本、人工成本、税负成本、财务成本等逐步下降，农村贫困人口减少7.5万左右，新增有效灌溉面积0.5万亩，义务教育巩固率达到94.1%以上，森林覆盖率达到34.9%以上。到2020年，基本实现无效供给市场出清，金融业务主要风险指标达到监管要求，银行业经济效益处于广安市领先水平，经济社会发展短板得到有效弥补。

经济活力不断迸发。到2017年，简政放权、放管结合、优化服务等行政体制改革纵深推进，投融资、价格、国资国企、商事制度等重点领域改革取得重要进展，高水平双向开放型经济迈上新台阶，地方国有企业国有资产保值增值率达到1%以上，民营经济占GDP比重超过58%。到2020年，市场在资源配置中的决定性作用充分发挥，要素资源配置效率明显提升，实体经济进一步壮大，民营经济活力进一步增强，与供给侧结构性改革相适应的财税、金融、土地、产业、人才等政策体系逐步建立，创造新供给、释放新需求的体制机制基本形成。

三、创新驱动培育发展动能

（一）激发创新创业活力。以实现转型发展为目标，以推进科技创新为核心，以培育创新型企业、搭建创新平台、推动协同创新、加快成果转化为抓手，大力实施创新驱动战略，加快体制机制改革和发展方式转变。实施高新技术企业数量零突破和科技型中小微企业培育工程，发展壮大高新技术企业数量、规模。鼓励企业积极参与和承担国家、省重大科技专项，引导企业加大科技创新投入。支持创建省级、国家级高新技术产业园，发挥经开区、高新区科技创新的集聚引领、辐射带动作用。破除现行体制条块障碍，深化校地合作、校企合作，推动各级各地各方协同创新，实现政策共商、平台共建、收益共享。强化企业创新主体地位，鼓励企业围绕产业链部署创新链，建设服务产业发展的研发中心，联合科研院所、高校开展技术攻关与应用示范，及时将科技创新成果转化为产业技术成果和企业实在收益。加大科技、知识产权保护力度，支持科技创新成果和知识产权拥有者依法采取入股、转让、许可等方式获得收益，推动科技成果资本化、市场化、产业化。扎实推进大众创业、万众创新，积极发展众创、众包、众扶、众筹。加强就业创业培训、奖补等公共服务体系建设，设立创新创业投资引导基金，鼓励岳池企业家、农民工返乡创业，引进高校科研院所科技人才、高层次专业技术人才、青年大学生、民间能人等到岳池创新创业（责任单位：县教科体局、县发展改革局、县经信和信息化局、县工商质监局、县公安局、县委组织部、县人力资源社会保障局）。

（二）壮大新兴特色产业。组建岳池县战略性新兴产业发展基金和创业投资基金，大力发展精细化工、生物医药、电子信息、节能环保及新材料、新型住宅、高端装备制造。壮大高端成长型产业，集中力量发展生物医药产业，建成西部现代中药产业基地、成渝地区特色原料药基地、川东北医贸物流中心。加快发展电子商务、现代物流、现代金融、科技服务、健康养老、通信服务六大新兴先导型服务业。加快文化旅游景区建设，打造生态观光、康体养生、休闲度假、民俗文化等精品旅游品牌，推动“旅游＋”相关产业融合发展。加快建设经济强县，打造川东北重要旅游目的地（责任单位：县经济和信息化局、县经开区、县发展改革局、县教科体局、县商务局、县政府金融办、县卫生计生局、县旅游局、县住房城乡规划建设局、县交通运输局、县民政局、县食品药品监管局）。

（三）培育新型经济形态。全方位拓展网络经济新空间，深度推进“互联网＋”行动计划，加快推进基于互联网的产业组织、商业模式、服务模式、管理模式及供应链、物流链等各类创新，重点推进与制造、农业、能源。金融、民生、物流、交通、旅游和健康医疗等领域的深度融合。深入推进国家电子商务进农村示范项目建设，推动电子商务在农村、社区等广泛应用，鼓励发展移动电子商务，打造高水平的电商发展主体和基地，利用“互联网＋”，打通农产品产供销一体化链条。对接国家、省、市智能化制造工程，开展“互联网＋”制造区域试点，在高端制造领域推进数字化工厂示范应用，促进信息化技术向涉及、生产、管理、销售、服务等环节渗透（责任单位：县商务局、县经济和信息化局、县发展改革局、县教科体局、县农业局、县粮食局）。

（四）支持民营经济发展。构建“亲”“清”新型政商关系，为民营企业营造健康的经济发展环境。用好、用活各项奖励、扶助资金及政策，大力支持重点民营企业做优结构、做强实力、做大规模，帮助其解决生产经营具体困难。努力破除制约民营经济平等发展的体制机制瓶颈，支持民营经济平等使用生产要素、公平参与市场竞争、同等受到法律保护。引导民营企业加大技术改造、研发创新投入，提升核心竞争力。鼓励私营企业、民营资本与政府进行深度合作，提高民间投资热情。认真落实增值税起征点政策，切实减轻民营企业税负（责任单位：县经济和信息化局、县工商质监局、县工商联、县教科体局、县发展改革局、县财政局、县国税局、县地税局）。

四、提质增效推动转型升级

（五）加快产业转型升级。推进农业经营方式转变，发展多种形式适度规模经营，推动种养加一体、一、二、三产业融合发展。加快现代农业园区建设，建成成渝经济区综合性农业示范园区和物流基地。发展特色优势农业产业，加快食品加工、白酒酿造等传统产业技术改造升级，增强传统产业整体竞争力。实施大企业、大集团培育计划，支持企业兼并重组，发挥“龙头”企业引领带动作用。实施“小巨人”和“专精特新”

企业培育计划，推动一批中小企业做大做强和创新发展。开展“制造＋服务”试点示范，鼓励制造企业全面发展个性化定制、网格精准营销、在线支持以及产品售后维保、远程检测诊断、运营维护、技术支持等服务，推进生产型制造向服务型制造转变，生产性服务业向高端化、专业化延伸。运用现代服务理念、现代经营模式和现代信息技术改造升级，促进生活性服务业向精准化、高品质转变。深化服务业领域投融资体制改革，进一步放宽市场准入、转变政府职能，为生产性服务业发展提供更好环境（责任单位：县经济和信息化局、县商务局、县发展改革局、县委农工委、县农业局、县林业局）。

（六）强化质量品牌建设。深入实施质量强县战略，建立质量强县联席会议工作机制，加大对质量强县创建及质量工作的支持力度。加强品牌建设，开展质量强县品牌创建和质量对标提升性行动，形成以技术、标准、品牌、质量、服务为核心的竞争新优势。鼓励企业争创广安市政府质量奖、广安市知名商标、四川质量奖、省级著名商标、四川名牌产品、中国质量奖和中国驰名商标，鼓励园区积极争创国家级、省级知名品牌示范区，培育本土产品品牌、企业品牌和区域品牌，形成一批省内有绝对优势、全国有比较优势、拳头产品、领军企业和产业集群。做好地标产品保护工作。夯实标准计量基础，鼓励企业制定高于地方标准、行业标准、国家标准的企业标准。加强认证认可体系建设，推动重点企事业、农产品单位通过体系认证，服务经济转型升级，强化对认证机构、检测机构、获证组织、获证产品的监管。加快质量诚信体系建设，构建社会信用体系，整合质量安全监管信息资源，促进部门资源信息互通共享。推进质量文化建设，开展多种形式的质量文化主题活动，树立质量典型示范，传播先进质量文化，营造良好的质量发展氛围。加强舆论监督，建立质量安全追溯体系，加强食品药品等重点领域产品质量监管，严厉打击质量违法行为，加大质量违法案件和质量失信企业的曝光力度（责任单位：县工商质监局、县经济和信息化局、县食品药品监管局、县卫生计生局）。

（七）促进供需有效衔接。加强需求侧和供给侧管理的联动性、协同性，完善供给需求动态对接机制，促进供需两侧平衡发展。积极引导企业根据市场需求变化灵活调整优化投资结构，突出抓好适应市场需求的产业有效投资。实施重点领域消费工程，引导服务消费、绿色消费、时尚消费、品质消费、农村消费，积极挖掘、培育康养消费、旅游消费、文化消费、信息消费、电子商务等消费新热点。搭建产品推介会、贸易洽谈会、会展等商贸交易平台，积极组织企业参加“惠民购物全川行”“川货全国行”“万企出国门”等市场拓展活动，提升“岳池造”产品市场份额（责任单位：县商务局、县发展改革局）。

五、积极稳妥出清无效供给

（八）化解过剩产能。稳妥推进淘汰落后和过剩产能，对高污染高排放、长期违法违规排污、未获得环保准入的企业进行集中清理处置。有针对性地采取关闭破产、兼并重组、资本运营、创新发展等不同方式，分类有序处置“僵尸”企业、盘活要素资源，支持法院设立“僵尸”企业破产处置绿色通道。优化全县重大项目规划布局，防止重复投资、产能过剩。按照“市场主导、自主自愿”原则推进行业重组整合，鼓励企业跨行业、跨地区、跨所有制将量化兼并重组。整合安排相关专项资金，集中化解过剩产能实行梯级奖补（责任单位：县经济和信息化局、县发展改革局、县安全监管局、县财政局、县人力资源社会保障局、县住房城乡规划建设局、县国土资源局、县环境保护局）。

（九）化解房产库存。加快农业转移人口市民化，以满足新市民住房需求为出发点，建立购租并举的住房制度。大力发展住房租赁市场，鼓励企业、个人成为租赁房源提供者，支持发展以住房租赁为主营业务的专业化企业。加大棚改安置和住房保障货币化力度，引导被保障、安置家庭购买或租赁商品房。支持各地各单位购买、租赁商品房作为职工周转宿舍。鼓励金融机构对住房房贷款利率实施优惠，合理确定首套房和改善性需求二套房首付比例，加大住房公积金支持职工购房力度，推进住房公积金向城镇稳定就业新市民覆盖。强化房地产去库存与房地产土地供应管控联动，坚持因地制宜、有保有压，合理确定房地产项目用地规模，建立存量土地盘活机制。加快化解商业地产库存，鼓励符合条件的库存商业地产转型（责任单位：县住房城乡规划建设局、县财政局、县国土资源局、县住房公积金管理中心、人行岳池支行）。

（十）化解金融风险。成立金融风险防范和化解指导小组，建立健全金融办、人民银行、法院、公安、财政、税务、商务、工商等部门参加的金融风险防控协调联动机制，强化金融风险宣传教育、监测预警、信息沟通、应急处置，落实防控责任，实现新常态下前瞻性监管，坚决防止区域性、系统性金融风险。引导金融机构稳健经营和管控风险，严控高杠杆、高风险融资项目业务。引导金融机构补充资本金，降低杠杆率，增加抗风险能力。关注交叉金融产品风险，规范互联网金融，严厉打击金融诈骗、非法集资。持续推进中小微企业和农村信用体系建设，联合惩戒失信行为，打击逃废债务行为。加强“政银保”合作，建立工业中小企业融资风险补偿机制。稳妥有序做好“僵尸”企业信贷退出。引导银行业金融机构通过债务重组转让、资产管理公司收购处置、资产证券化等手段盘活信贷资产，妥善核销、处置不良贷款。支持银行机构运用市场化债转股方式，逐步降低企业杠杆率。加强政府债务预算管理全覆盖和限额管理，规范政府举债行为，加大政府存量债务置换力度（责任单位：县政府金融办、县发展改革局、县经济和信息化局、县公安局、县商务局、县工商质监局、县财政局、县国税局、县地税局、人行岳池支行）。

六、切实有效减轻企业负担

（十一）降低制度性交易成本。深入推进简政放权、放管结合、优化服务“放管服”改革，全面深化商事制度改革，整合建立统一的公共资源交易平台。加快垄断行业改革，放开自然垄断行业竞争性环节，强化反垄断执法。进一步深化收费改革，按照国家部署清理规范行政事业性收费、政府性基金和纳入政府定价的经营服务性收费。动态调整政府定价目录、政府定价涉企收费“三项目录清单”，推进普遍性和重点领域降费。清理规范中介机构收费（责任单位：县发展改革局、县政府法制办、县政务服务中心、县工商质监局、县公共资源交易中心）。

（十二）降低要素成本。加快价格机制改革，对能够通过市场竞争形成价格的，逐步放开价格管制。深化电力体制改革，开展输配电价改革试点，鼓励国有及社会资本参与投资组建广安售电公司，用好直购电政策和消纳富余电量政策，扩大直购电和富余电量消纳政策覆盖范围。推动天然气“转供”改“直供”，完善天然气价格形成机制和管道燃气定价机制。用好政策性产业基金，带动、引导社会资本投向基金支持的相关产业。创新金融产品与服务，推动“银税互动”发展，加大对小微企业的信贷支持，扩大融资抵质押物范围种类，进一步便利企业融资、降低融资成本。规范金融服务和融资中介机构收费，清理不必要的资金“通道”和“过桥”环节，彻底清除融资隐性成本（责任单位：县发展改革局、县经济和信息化局、县政府金融办、县国税局、县地税局）。

（十三）降低企业经营性成本。探索企业用工薪酬协商机制及与经济发展水平联动、浮动机制，合理安排最低工资标准调整时序、幅度。在国家统一框架下，阶段性降低“五险一金”缴存比例。发展“铁公水空”多式联运，加强村镇末端配送设施建设，提高区域间、运输方式间分工合作一体化运输服务能力（责任单位：县人力资源社会保障局、县财政局、县发展改革局、县交通运输局、县商务局）。

七、补齐经济社会发展短板

（十四）补齐脱贫攻坚短板。创新扶贫开发机制，强化“1+6+11”的领导体系和“退出对象为重点、工作到村、扶贫到户”以及督查问责、联系会商、投入增长、资产扶贫、绩效评估等工作机制。全面落实脱贫攻坚“3+10+N”组合拳，精准实施“五个一批”和五大扶贫工程，认真落实10个专项方案和17个专项方案年度计划。因地制宜加强产业扶持、就业帮助，发展贫困人口参与度高的区域特色产业。合理实施生态扶贫和移民搬迁，有效解决自然灾害多发地区贫困人口因灾致贫返贫和灾后重建帮扶问题。强化社会保障政策性扶持，实施低保、养老保险、医疗救助、特困人员供养等兜底保障。构建扶贫资金多元投入机制，引导更多金融资金、社会资本以及慈善资金等参与扶贫开发（责任单位：县扶贫移民局、县委农工委、县发展改革局、县农业局、县财政局、县住房城乡规划建设局、县民政局、县教科体局、县卫计局、县经济和信息化局、县商务局、县旅游局、县国土局、县人力资源社会保障局、县政府金融办、人行岳池支行）。

（十五）补齐基础设施短板。以建设川东次级枢纽、广安西向门户为目标，围绕“一环四纵五横公路、两铁路、两航道、一机场”立体化交通布局，争取渝西（重庆至西安）高速铁路过境岳池，建成广渝（广安至重庆）高速公路，建设岳池一环路，实现泛县城区域互联互通；改造升级普通国省干道，全面升级改造相邻乡镇重要出境通道，加快旅游公路、专用公路、战备公路建设；实施农村路网改善工程、村道窄路拓宽工程，完成城乡道路交通网络结构优化。规划建设县城三级客运站、公路货运枢纽站、铁路货运站，争取通用航空机场落户岳池。加快渠江、嘉陵江航道系统治理，建设渠江广安港罗渡作业区，初步建成现代化内河水运体系。全面提升水、电、气等能源供给能力，优先实施农村地区、特别是贫困边远地区电网项目。完成回龙寺水库、灵泉寺水库、亭子口水库岳池灌区配套等重大项目建设，加强农田水利基础设施建设。构建“智慧岳池”“智慧广电”，推进“宽带乡村”“视听乡村”建设，加快基础信息数据库、资源共享平台及大数据应用平台建设。统筹规划城市地下综合管廊，加快建设海绵城市（责任单位：县交通运输局、县水务局、县农业局、县发展改革局、县财政局、县经济和信息化局、县住房城乡规划建设局）。

（十六）补齐公共服务短板。发展普惠性学前教育，实施学前教育三年行动计划。改善薄弱学校办学条件，实施乡村教师支持计划，缩小城乡教育差距，推动县域内义务教育均衡发展。加快教育信息化建设，提高教师队伍素质，完善农村教师补充机制。积极探索综合高中、普通高中并轨转型办学模式和路径，加快高中阶段教育普及步伐，推动普通高中多样化、特色化发展。努力推动中职学校从粗放化规模型向内涵化效益型转变。加快建立健全公共卫生服务体系、城乡医疗服务体系、药品供应和安全保障体系，实现医疗救助全覆盖；全面实施国家免费孕前优生检查，覆盖率达到80%以上。扩大公共文化产品和服务的供给，推进全民健身公共服务体系建设，加强体育场馆设施建设，实现图书馆、农家书屋、文化馆（站）、体育馆等免费开放（责任单位：县教科体局、县文广新局、县卫计局、县发展改革局、县财政局、县人力资源社会保障局）。

（十七）补齐生态环境短板。加快构建长江中上游生态屏障，加强山水林田湖生态保护和修复，协助推进嘉陵江流域国家生态文明先行示范区建设。开展大规模绿化岳池行动，深入推进天然林资源保护、退耕还林、森林质量精准提升、水土流失综合治理等重点工程，加强森林资源保护利用，推进全域湿地保护建设，加强生物多样性保护。实施大气、水、土壤污染防治行动计划，推进主要污染物总量减排。加强农村规模化畜禽养殖、面源污染治理和重点流域、城镇河道污染治理。健全突发环境事件预防预警和应急处置体系（责任单位：县环境保护局、县发展改革局、县水务局、县林业局、县国土资源局、县经济和信息化局、县农业局）。

（十八）补齐农产品质量安全短板。强化耕地、水资源等保护，合理轮作、适度休耕。加强农药执法监督检查，深入实施化肥农药零增长行动，科学划定畜禽禁养区、限养区和适养区，强化功能区控制。大力发展循环农业，不断提高秸秆、畜禽粪便、地膜等农业废弃物资源化利用水平，推进循环经济发展。强化农产品生产全程控制，加强农产品质量监管，形成农产品标准安全技术体系和质量安全全程监管体系，进一步推进农产品质量安全信息化应用，确保农产品质量安全执法到位（责任单位：县农业局、县食品药品监管局、县工商质监局、县发展改革局、县财政局、县环境保护局、县国土资源局、县水务局、县粮食局）。

八、改革开放激发市场活力

（十九）深化重点领域改革。深入推进行政管理体制改革，加快转变政府职能，完善权力、负面、责任“三张清单”管理制度，全面推行“双随机、一公开”监管方式。扎实推进行政审批制度改革，清理优化审批事项办理流程，健全部门集中审批体系，全面推行“一窗受理，受办分离”审批模式。推动中介服务机构去行政化和行业协会商会脱钩改革。全面推进商事制度改革，落实“先照后证”改革决定，扩大“三证合一”实施范围，营造宽松便利的营商环境。有序推进社会征信体系建设，运用大数据、政务云等加强对市场主体服务和事中、事后监管，探索建立诚信激励和失信惩戒机制。推进国资国企改革，探索国有企业股权多元化，鼓励发展混合所有制企业，确保国有资产保值增值。深化投融资体制改革，依法严厉打击非法投融资活动，放宽对民间资本的限制和管制，加大政府与社会资本的合作力度，创新 PPP 项目收益和分配机制。完善户籍制度改革配套保障措施，加快推进农业转移人口市民化。深化“三农”领域改革，加快财政支农资金形成的资产股权量化改革，加快完善现代农业信贷担保体系，全面开展农村土地流转收益保证贷款，推动抛荒、闲置土地依法有序流转。深化公共交易机制体制改革，搭建中央、省、市、县统一对接互联互通的电子交易平台。深化园区管理体制改革，推动园区高效快速发展、发挥产业集群集聚作用。深化财税体制改革，建立规范、透明的预算制度，健全财政资金运行全过程监管体系。转变财政支持发展方式，构建产业发展投资引导基金体系和财政金融互动政策体系。加快金融体制改革，推动农村产权抵押融资和小额贷款保证保险试点，加快推进信用联社改制工作，鼓励发展融资租赁、产业基金等新型金融（责任单位：县委改革办、县政府法制办、县政府金融办、县政务服务中心、县工商质监局、县发展改革局、县住房城乡规划建设局、县国土资源局、县环境保护局、县水务局、县经济和信息化局、县商务局、县财政局、县公共资源交易中心、县公安局、县农业局、县委农工委、县扶贫移民局、县经开区、县高新区、人行岳池支行、邮储银行岳池县支行、县信用联社、县国税局、县地税局）。

（二十）扩大对外开放合作。主动融入“一带一路”、长江经济带，积极对接成渝经济区、川东北经济区、重庆和中新（重庆）战略性互联互通示范项目建设，紧盯京津冀、长三角、珠三角等东部沿海经济发达地区，精准对接科研院校、行业协会、高新企业，推进“两地”“两方”合作共进。强化与中华全国工商业联合会医药业商会、省市食品药品监管局的战略合作，发挥异地商会作用，不断提高对外合作的精准性、高端性、前沿性。积极参与“渝洽会”“西博会”“深广合作交流周”“中外知名企业四川行”等大型经贸活动，举办岳池优势产业投资促进对接会，鼓励“岳池制造”“岳池服务”等优势行业走出去。提升“岳池输变电”行业品牌，引导岳池输变电企业更大范围参与国内外电网建设，打造“中国输变电之乡”（责任单位：县发展改革局、县投资促进局、县商务局、县交通局、县经济和信息化局）。

九、完善配套政策

（二十一）完善财税政策。认真贯彻落实国家税收优惠和结构性减税政策，扎实做好全面推开营业税改征增值税试点工作，切实做到所有行业税负只减不增。对企业合并、分立、破产等依法给予契税、土地增值税、印花税等税收优惠。落实财金互动各项政策，引导带动金融资本加大对实体经济投入。进一步健全县级产业投资引导基本体系，设立战略性新兴产业与高端成长型产业发展基金、新兴产业创业投资引导基金等。以股权投资、贷款贴息、补助和事后奖补等方式加大对企业投资和技改的支持力度，对企业提品质创品牌给予财政奖励（责任单位：县财政局、县国税局、县地税局、县政府金融办、县发展改革局、县经济和信息化局、县教科体局、县工商质监局）。

（二十二）完善金融政策。落实差别化信贷政策，引导银行业机构完善信贷准入标准，加大对工业重大技改、产业升级、结构调整、脱贫攻坚等领域的中长期贷款投放，大力发展科技金融、绿色金融、普惠金融。支持企业通过债转股实施资产重组。积极组织申报国家专项建设基金，畅通重点项目融资渠道，支持参与国家专项建设基金注资担保机构试点工作，为中小微企业提供担保、增信，缓解实体企业融资难题。引导企业合理运用债务融资工具筹集资金。推动符合条件的企业在主板、中小板、创业板上市融资，支持企业到全国中小企业股份转让系统、成都（川藏）股权交易中心挂牌融资。构建政银保合作的政策性担保体系。大力支持地方金融机构发展壮大，积极引进民营银行、保险公司、融资租赁公司入驻岳池，不断完善地方金融体系（责任单位：县政府金融办、人行岳池支行）。

（二十三）完善土地政策。对战略性新兴产业、高端成长型产业和新兴先导型服务业等重大项目优先安排用地。新增建设用地指标向“三去一降一补”“一提一创一培”效果好的乡镇倾斜。建立完善低效利用土地退出机制。鼓励以租赁方式或先租后让、租让结合方式向中小企业供应土地。鼓励开发利用地下空间，对现有制造企业通过提高用地容积率、调整用地结构增加一定比例内的建筑面积用于服务型制造业务设施和经营场所等，5 年内可继续按原用途使用土地。实行城镇建设用地增加规模与吸纳农业转移人口落户数量挂钩政策，严格控制商业用房库存较大、去库存周期较长的区域新增商业用房土地供应（责任单位：县国土资源局、县住房城乡规划建设局）。

（二十四）完善产业政策。严格贯彻落实国家产业政策和准入条件，严格执行环保、能耗、质量、安全、技术等法律法规，达不到标准要求的落后产能依法依规退出。鼓励企业通过主动压减、兼并重组、转型转产、搬迁改造、国际产能合作等途径，退出部分过剩产能。根据主体功能定位和资源环境承载条件，调整优化产业布局，引导产业有序转移。创新产业园区发展模式，推进产城融合、园城互动，突出“一园一主业、园区有特色”，着力打造以生物医药产业为重点的经开区，以电子信息、装备制造为重点的高新区，促进集中集聚集约发展（责任单位：县发展改革局、县经济和信息化局、县环境保护局、县安全监管局、县国土资源局、县教科体局、县商务局）。

（二十五）完善人才政策。完善科技成果转化服务体系，提高科研人员成果收益分享比例。完善人才政策环境，创新用人机制，着力集聚吸纳高层次优秀人才。大力实施“人才强基支撑”计划，设立优秀人才引进基金，健全高端人才激励机制，在住房生活补贴、岗位激励、拓宽人才上升渠道及团队建设等方面给予补助和扶持。推行开放式校地、校企合作模式，储备和开发一批高端人才，为重点产业发展提供智力支持。加强人才培养体制机制创新，重点加强创新型企业家培养、应用型高技能人才培育。完善人才流动配置、分类评价、激励保障等机制，合理配置人才资源（责任单位：县委组织部、县教科体局、县人力资源社会保障局）。

（二十六）完善托底政策。把职工安置作为化解过剩产能和处置“僵尸”企业工作的重中之重，全面落实援企稳岗、社保补贴、税费减免等政策，鼓励企业采取培训转岗、灵活工时等方式稳定岗位。坚决稳住就业这个经济运行的“底盘”，做好中职毕业生就业工作，中职学校要积极进行专业建设和课程改革，加强企校合作，培养高素质高技能中职毕业生，提高市场竞争力，毕业生就业率达 95% 以上，专业对口就业率达 80% 以上，一次性就业困难的中职毕业生要进行再就业培训。做好城乡退役士兵和转业士管的接收和安置工作。用好就业补助资金，对就业困难人员通过技能培训和政府开发公益性岗位等给予再就业帮扶，提高职业培训政府补贴标准,增加对企业职工培训的补贴支出。用好低保资金、失业保险基金,稳步提高最低生活保障标准和水平,将符合救助条件的失业人员及时纳入社会救助,并进行动态管理,做到“应退尽退、应保尽保”(责任单位:县人力资源社会保障局、县财政局、县经济和信息化局、县教科体局、县民政局、县国税局、县地税局)。

十、强化组织保障

(二十七)加强组织领导。把供给侧结构性改革作为当前和今后一段时期经济工作的重中之重,切实加强组织领导、统筹协调,以“三严三实”精神贯彻落实各项改革部署要求,坚决打赢供给侧结构性改革这场硬仗。各乡镇、园区和县级部门要把推进供给侧结构性改革摆在重要位置、提上重要日程,跟进制定贯彻落实总体方案和专项方案的具体工作方案,形成“上下联动、齐抓共管”的协调推进工作机制。

(二十八)严格督查考核。把推进供给侧结构性改革列为县委、县政府重点督查事项和目标考核内容,县纪委(监察局),县委、县政府督查办,县绩效办等单位要切实加大跟踪督查力度,确保各项改革部署要求落地落实。县级相关部门和其他责任单位要各司其职、各负其责、及时沟通、衔接配合,坚决避免推诿扯皮和“中梗阻”。

(二十九)注重宣传引导。充分发挥报刊、广播、电视、网络等新闻媒体作用,广泛深入宣传供给侧结构性改革的重要意义和目标任务,做好改革方案、政策措施的宣传解读和舆论引导,总结推广先进经验,及时回应社会关切,引导和管理好社会预期。

(三十)促进和谐稳定。充分调动社会各界的主动性、创造性,有效发挥企事业单位、群团组织、行业协会等各方面作用,合力推进供给侧结构性改革各项工作。高度重视企业意愿、群众诉求,对可能出现的各类风险提前预判、及早应对、及时化解,确保社会和谐稳定。

中共岳池县委办公室
关于印发《在全县党员中开展“学党章党规、学系列讲话,做合格党员”学习教育实施方案》的通知

岳委办〔2016〕61 号 2016 年 4 月 29 日

经县委同意,现将《关于在全县党员中开展“学党章党规、学系列讲话,做合格党员”学习教育实施方案》印发给你们,请结合实际认真贯彻执行。

各乡镇、各部门党委(党组)要根据方案要求,结合实际制定具体实施方案。开展“两学一做”学习教育的情况,要及时报告县委。

关于在全县党员中开展“学党章党规、学系列讲话,做合格党员”学习教育实施方案

为深入学习贯彻习近平系列重要讲话精神,推动全面从严治党向基层延伸,巩固拓展党的群众路线教育实践活动和“三严三实”专题教育成果,进一步解决党员队伍在思想、组织、作风、纪律等方面存在的问

题，保持发展党的先进性和纯洁性，根据中共中央办公厅《关于在全体党员中开展“学党章党规、学系列讲话，做合格党员”学习教育方案》（中办发〔2016〕14号）、中央组织部《印发〈关于“两学一做”学习安排的具体方案〉的通知》（中组发〔2016〕10号）、省委办公厅《印发〈关于在全省党员中开展“学党章党规、学系列讲话，做合格党员”学习教育实施方案〉的通知》（川委办〔2016〕14号）和市委办公室《印发〈关于在全市党员中开展“学党章党规、学系列讲话，做合格党员”学习教育实施方案〉的通知》（广委办〔2016〕34号）等文件精神，结合岳池县实际，现就2016年在全县党员中开展“学党章党规、学系列讲话，做合格党员”学习教育（以下简称“两学一做”学习教育）提出如下实施方案。

一、把握总体要求

开展“两学一做”学习教育，是落实党章关于加强党员教育管理要求、面向全体党员深化党内教育的重要实践，是推动党内教育从“关键少数”向广大党员拓展、从集中性教育向经常性教育延伸的重要举措，是加强党的思想政治建设的重要部署。“两学一做”学习教育不是一次活动，要突出正常教育，把党的思想建设放在首位，以尊崇党章、遵守党规为基本要求，以用习近平系列重要讲话精神武装头脑为根本任务，教育引导党员自觉按照党员标准规范言行，进一步坚定理想信念，提高党性觉悟；进一步增强政治意识、大局意识、核心意识、看齐意识，坚定正确政治方向；进一步树立清风正气，严守政治纪律政治规矩；进一步强化宗旨观念，勇于担当作为，当好履职尽责的合格党员，争做创先争优的优秀党员，在生产、工作、学习和社会生活中起先锋模范作用，带头做到风清气正、崇廉尚实、干事创业、遵纪守法，巩固形成良好政治生态，为党在思想上政治上行动上的团结统一夯实基础，为协调推进“四个全面”战略布局、贯彻落实五大发展理念、推进广安“两个跨越”、建设“五个岳池”提供坚强组织保证。要把握以下五个方面具体要求。

——坚持正面教育、理论武装。“两学一做”学习教育，基础在“学”。要坚持把思想理论武装贯穿始终，组织全县党员深入学习党章、党规，深入学习习近平系列重要讲话，读原著、学原文、悟原理，进一步拧紧思想“总开关”，坚定自觉地在思想上、政治上、行动上同以习近平同志为总书记的党中央保持高度一致。

——坚持学用结合、创先争优。“两学一做”学习教育，关键在“做”。坚持理论联系实际，把学习教育向党的中心工作和县委工作大局聚焦聚力。“做”的基本是合格、追求是优秀。坚持把做合格党员作为基本要求，引导党员向党员标准看齐，牢记党员身份、履行党员职责、发挥党员作用。坚持把做优秀党员作为高标准追求，引导党员对标先进、创先争优，在争当优秀中更好地保证合格，展示共产党人的优良风貌和时代精神。

——坚持问题导向、注重实效。“两学一做”学习教育，要害在解决问题。“学”要带着问题学，“做”要针对问题改。按照区分层次、区分行业区域、有针对性解决问题的要求，着力解决一些党员理想信念模糊动摇的问题，着力解决一些党员党的意识淡化的问题，着力解决一些党员宗旨观念淡薄的问题，着力解决一些党员精神不振的问题，着力解决一些党员道德行为不端的问题，着力解决一些基层党组织党内生活不严肃的问题，确保学习教育取得实效。持之以恒纠正“四风”，抓好不严不实突出问题整改，推动党的作风不断好转。

——坚持领导带头、以上率下。“两学一做”学习教育，标杆在领导。党员领导干部要学在先、做在前，知之深、信之笃、行之实，带头在政治定力、担当精神、工作方法、敬业精神、清正廉洁上向党中央看齐，向党的理论和路线方针政策看齐。凡是党要求党员做到的，党员领导干部首先做到；凡是党要求党员不做的，党员领导干部坚决不做。

——坚持区别情况、分类指导。“两学一做”学习教育，重在增强针对性。要区别普通党员和党员领导干部确定学习的重点内容，针对党政机关、农村、城镇社区、国有企业、学校、非公有制企业和社会组织、窗口单位和服务行业等不同领域做出具体安排。要给基层党组织结合实际开展学习教育留出空间，发挥党支部自我净化、自我提高的主动性，防止大而化之，力戒形式主义。

二、明确主题内容

“两学一做”学习教育要突出“学党章党规、学系列讲话，做合格党员”这个主题，着力在深学深悟、真信真用上下功夫，着力在抓常抓长、落细落小上见实效，真正把党的思想政治建设抓在日常、严在经常。全体党员要把学习党章党规与学习习近平系列重要讲话统一起来，在学系列讲话中加深对党章党规的理解，在学党章党规中深刻领悟系列讲话的基本精神和实践要求。科级以上党员领导干部要在学习教育中作出表率，紧密联系领导工作实际，学得更多更深一些，要求更严更高一些，取得的实效更明显一些，努力提高思想政治素养和理论水平。

（一）*学党章党规*。着眼明确基本标准、树立行为规范，认真学习《中国共产党章程》和《中国共产党廉洁自律准则》《中国共产党纪律处分条例》《中国共产党党员权利保障条例》等党内法规，尊崇党章、遵守党章、维护党章，牢记党规党纪，自觉把纪律和规矩挺在前面；认真学习党的历史、革命先辈和先进典型，用好红色教育资源特别是党性教育基地，弘扬党的优良传统和作风；深刻汲取周永康、薄熙来、徐才厚、郭伯雄、令计划等违纪违法案件教训，坚决肃清恶劣影响，进一步深化对省委“三个不可低估”重大判断的认识，自觉讲政治、讲规矩、守纪律，坚守为人做事的基准和底线。深刻汲取南充拉票贿选案教训，集中学习中组部“九个严禁、九个一律”、省委组织部“六个坚决查处”、县委“五个绝不允许”的换届纪律要求，引导党员自觉筑牢纪律防线，营造风清气正的换届环境。

全体党员学习党章，重点要深入领会党的性质、宗旨、指导思想、奋斗目标、组织原则、优良作风，深入领会党员条件和义务、权利，牢记入党誓词，明确做合格党员的标准和条件；学习党规重点要掌握廉洁自律准则规定的“四个必须”“四个坚持”，掌握各类违纪行为的情形和处分规定。

科级以上党员领导干部学习党章，要在系统学习领悟、全面把握基本内容的基础上，重点掌握党章总纲和党员、党的组织制度、党的中央组织、党的地方组织、党的基层组织、党的干部、党的纪律等内容，深刻把握“两个先锋队”的本质和使命，进一步明确“四个服从”的要求，掌握党的领导干部必须具备的六项基本条件；学习党规，还要注重学习《中国共产党地方委员会工作条例》《中国共产党党组工作条例（试行）》《党政领导干部选拔任用工作条例》等党内法规，深入学习加强领导班子思想政治建设的省委“十项规定”、市委“十一项规定”和县委“十二项规定”等制度文件，重点掌握廉洁自律准则规定的“四个廉洁”“四个自觉”，掌握党纪处分工作原则以及各类违纪行为的情形和处分规定，掌握党的地方委员会和党组的职责、组织原则、运行机制，掌握党政领导干部选拔任用原则、条件、要求，掌握严守政治纪律和政治规矩的具体要求。

（二）*学系列讲话*。着眼加强理论武装、统一思想行动，认真学习习近平系列重要讲话，深入领会系列重要讲话的丰富内涵和核心要义，注重同学习马克思列宁主义、毛泽东思想、邓小平理论、“三个代表”重要思想、科学发展观结合起来，深刻理解党的科学理论既一脉相承又与时俱进的内在联系，坚定中国特色社会主义道路自信、理论自信、制度自信；同学习省委治蜀兴川方略结合起来，认真学习“治蜀兴川”干部培训系列教材，深刻领会实施“三大发展战略”、全面创新改革、脱贫攻坚、依法治省、“十三五”发展等重大部署；同学习市委四届十次全会和县委十一届十八次全会精神结合起来，广泛开展“新常态怎么看、新理念怎么办、新战略怎么干”学习研讨，增强贯彻落实中央、省委、市委决策部署的自觉性和坚定性，切实用习近平系列重要讲话精神指导实践、推动工作。

全体党员学习系列讲话，重点要学习《习近平系列重要讲话读本（2016年版）》，学习领会习近平系列重要讲话的基本精神，学习领会党中央治国理政新理念新思想新战略的基本内容，掌握与增强党性修养、践行宗旨观念、涵养道德品格等相关的基本要求。主要领会掌握以下方面内容：1. 理想信念是共产党人精神上的“钙”，树立正确的世界观、人生观、价值观；2. 中国梦是国家的梦、民族的梦、人民的梦，是中华民族近代以来最伟大的梦想，核心要义就是国家富强、民族振兴、人民幸福；3. 中国特色社会主义是实现中华民族伟大复兴的必由之路，增强道路自信、理论自信、制度自信；4. “四个全面”战略布局是新的历史条件下党治国理政总方略，自觉用“四个全面”引领各项工作；5. 坚持创新、协调、绿色、开放、共享发展是关系我国发展全局的一场深刻变革，按照新发展理念做好本职工作；6. 践行社会主义核心价值观，弘扬社会主义思想道德和中华传统美德；7. 全面从严治党是全体党员共同责任，必须落实到每个支部和每名党员。

科级以上党员领导干部学习系列讲话，要以《习近平谈治国理政》《习近平重要讲话文章选编（领导干部读本）》为基本教材，学习《习近平系列重要讲话读本（2016年版）》。深入学习领会习近平系列重要讲话精神，领会关于改革发展稳定、内政外交国防、治党治国治军的重要论述，领会贯穿其中的马克思主义立场观点方法，领会贯穿其中的坚定信仰追求、历史担当意识、真挚为民情怀、务实思想作风。注意围绕坚持和发展中国特色社会主义这个主题，着重领会以习近平同志为总书记的党中央治国理政新理念新思想新战略：1. 深入领会我们正在进行具有许多新的历史特点的伟大斗争，我国发展重要战略机遇期变与不变的深刻内涵。2. 深入领会坚定中国特色社会主义道路自信、理论自信、制度自信，决胜全面建成小康社会，实现“两个一百年”奋斗目标和中华民族伟大复兴的中国梦。3. 深入领会统筹国内国际两个大局，协调推进“五位一体”总体布局和“四个全面”战略布局。4. 深入领会创新、协调、绿色、开放、共享的发展理念，主动适应、把握、引领经济发展新常态，更加注重推进供给侧结构性改革，以新发展理念引领发展实践。着力实施创新驱动发展战略，着力增强发展整体性协调性，着力推进人与自然和谐共生，着力形成对外开放新体制，着力践行以人民为中心的发展思想。5. 深入领会全面深化改革，推进国家治理体系和治理能力现代化；使市场在资源配置中起决定性作用和更好发挥政府作用；毫不动摇坚持我国基本经济制度，推动各种所有制经济健康发展；推进“一带一路”建设、京津冀协同发展、长江经济带发展；全面依法治国，建设中国特色社会主义法治体系；发展社会主义民主政治，坚持中国特色社会主义政治发展道路；培育和践行社会主义核心价值观，增强文化自信、价值观自信，建设社会主义文化强国；树立总体国家安全观，尊重网络主权，构建全球互联网治理体系；把握党在新形势下的强军目标，全面实施改革强军战略等；不断推进“一国两制”事业、依法保障“一国两制”实践；构建新型大国关系、建设互利共赢的新型国际关系；坚持正确义利观、建设人类命运共同体。6. 深入领会全面从严治党要求，严守党的政治纪律和政治规矩，忠诚、干净、担当，强化正风反腐，坚持“老虎”“苍蝇”一起打等。7. 深入领会科学的思想方法和工作方法，观大势、定大局、谋大事；强化战略思维、辩证思维、系统思维、创新思维、底线思维；树立问题导向，注重防风险、补短板；牢记空谈误国、实干兴邦，一分部署、九分落实等。各级党委（党组）还要按照习近平重要批示精神，把毛泽东同志《党委会的工作方法》纳入学习内容，全面加强领导班子思想政治建设、作风建设、能力建设。

（三）做合格党员。着眼党和国家事业的新发展对党员的新要求，坚持以知促行、知行合一。具体要求就是做到“四讲四有”，做讲政治、有信念，讲规矩、有纪律，讲道德、有品行，讲奉献、有作为的合格党员。引导党员强化政治意识，保持政治本色，把理想信念时时处处体现为行动的力量；坚定正确政治方向，经常主动向党中央看齐，向党的理论和路线方针政策看齐，做政治上的明白人；践行党的宗旨，保持公仆情怀，牢记共产党员永远是劳动人民的普通一员,密切联系群众,全心全意为人民服务;加强党性锻炼和道德修养,心存敬畏、手握戒尺,廉洁从政、从严治家,弘扬社会主义核心价值观和中华民族优秀传统美德,筑牢拒腐防变的防线;始终保持干事创业、开拓进取的精气神,平常时候看得出来,关键时刻冲得上去,在"十三五"规划开局起步、决胜全面小康、建设经济强县中奋发有为、建功立业。

全体党员要坚持学做结合,重点解决七个方面的问题:1. 坚定共产党人理想信念。重点解决一些党员理想信念模糊动摇,精神空虚迷茫,有的甚至参加封建迷信活动、信仰宗教等问题。坚守党的信仰信念,牢记党的历史使命,把正确的理想追求转化为行动的力量,在生产工作学习和社会生活中起先锋模范作用。坚持正确政治方向,增强政治敏锐性和政治鉴别力,敢于同各种错误思想、错误言行作斗争。2. 牢固树立党的意识、党员意识。重点解决一些党员组织观念淡薄、组织纪律散漫,长期不起先锋模范作用,不按规定交纳党费,荣誉感、存在感、归属感缺失,有的甚至不愿提党员身份,不辨是非,不守政治纪律和政治规矩、党员不像党员等问题。始终牢记自己是一名共产党员,加强党性锻炼,听党话、跟党走,在党言党、在党爱党、在党护党、在党为党。3. 强化党的宗旨意识。重点解决一些党员群众观念淡漠、服务意识欠缺,为群众办事不上心不主动,在脱贫攻坚中虚报冒领、截留私分、挥霍浪费,在土地征收和惠农政策落实中克扣群众、贪污挪用、优亲厚友,在办理涉及群众事务中吃拿卡要、欺压群众等问题。牢记全心全意为人民服务的根本宗旨,把人民放在心中最高位置,密切联系群众,真心对群众负责,热心为群众服务,在扶贫济困中发挥作用,用实际行动赢得群众信任和拥护。4. 积极践行社会主义核心价值观。重点解决一些党员律己不严、知行脱节,讲奉献、讲公德、讲诚信不够,不检点个人言行,有的甚至价值取向扭曲、道德行为失范,盲目攀比、奢侈浪费,情趣低俗、贪图享乐,打牌赌博,涉足不健康场所等问题。切实加强道德修养,崇德向善、注重自律,把社会主义核心价值观内化为精神追求、外化为自觉行动,用模范行为影响和带动群众。5. 在推动改革发展稳定实践中建功立业。重点解决一些党员安于现状、进取心不强,精神不振、作风懈怠,只求过得去不求过得硬,庸懒散浮拖软,不作为、慢作为,不会为、不善为,做事找借口、讲条件、怕担责,干事不认真、不负责、不主动,遇到矛盾回避躲闪,碰到难题推诿扯皮,落实上级部署"中梗阻"等问题。积极适应经济发展新常态,认真践行新发展理念,奋发有为干事创业,立足本职岗位做好工作。6. 严格遵守党的组织生活制度。重点解决一些基层党组织党内生活形式化、随意化、平淡化、庸俗化,一些党员长期不参加组织生活、不与党组织联系,游离于党组织的有效教育管理之外等问题。严格落实党组织活动基本制度,通过提高党内组织生活的政治性、原则性和战斗性,促进党员提高素质、增强党性。7. 提高党组织教育管理水平。针对管理"失之于宽,不严不实"问题,要结合"三严三实"专题教育"回头看",重点查漏补缺,对标"补课",推动形成"两学一做"制度化、常态化、长效化。在此基础上,各党支部组织党员本着边学边改、即知即改的原则,不等不拖,对症下药,因势利导,及早拿出整改任务书、路线图、时间表,以坚定的整改决心、有效的整改举措,促使"两学一做"顺利开展。

科级以上党员领导干部要坚持学做结合,认真贯彻习近平关于培养造就具有铁一般信仰、铁一般信念、铁一般纪律、铁一般担当的干部队伍要求,对照习近平关于"七个有之""五个必须"等重要论述,在思想上政治上行动上同以习近平同志为总书记的党中央保持高度一致,认真践行"三严三实"要求和好干部标准,做心中有党、心中有民、心中有责、心中有戒的表率。重点解决五个方面的问题:1. 带头坚定理想信念。针对在"举什么旗、走什么路"上的模糊认识,针对信仰缺乏、信念缺失、精神缺"钙"等问题,正本清源、固本培元,着力提升马克思主义理论素养,提升运用党的理论创新成果观察和分析问题的能力,保持对马克思主义和共产主义的坚定信仰、对中国特色社会主义的坚定信念,强化宗旨意识、践行群众路线,把理想信念体现到修身律己、为政用权、干事创业的方方面面，做远大理想和共同理想模范践行者。旗帜鲜明地反对和抵制西方宪政民主、“普世价值”、新自由主义、历史虚无主义以及质疑改革开放和中国特色社会主义等错误思潮。2. 带头严守政治纪律和政治规矩。针对政治上的自由主义，不认真贯彻落实党中央决策部署，不认真结合实际贯彻落实党的路线方针政策，重大问题重要事项不请示不报告，针对当面一套背后一套、当“两面人”，针对顶风违纪搞“四风”，靠山吃山、以权谋私，隐形吃喝，铺张浪费，针对拉帮结派、搞团团伙伙等问题，认真汲取周永康、薄熙来、徐才厚、郭伯雄、令计划等违纪违法案件的深刻教训，知敬畏、明底线、守规矩，保持对党绝对忠诚的政治品格，做政治上的明白人，坚决维护党中央权威，维护党的团结统一。3. 带头树立和落实新发展理念。针对那些不适应、不适合甚至违背新发展理念的认识、行为、做法，针对那些一味拼资源拼投入、先污染后治理、重城市轻农村、重效率轻公平等片面发展、畸形发展的问题，坚持解放思想、与时俱进，树立对新发展理念的自觉自信，做到崇尚创新、注重协调、倡导绿色、厚植开放、推进共享。针对在经济发展新常态上的认识误区，深刻认识经济发展新常态的客观必然性，防止片面性、简单化，不能以是否对自己有利来判断新常态好坏；不能把新常态当作一个筐，什么都往里装；不能把新常态当作避风港，把工作不好做、没干好的原因都归结于新常态，为不干事、不发展找借口。积极推进供给侧结构性改革，落实好党中央确定的“五大政策支柱”和“五项重点任务”。4. 带头攻坚克难、敢于担当。针对大是大非面前不敢亮剑、矛盾问题面前不敢迎难而上、危机面前不敢挺身而出、失误面前不敢承担责任、歪风邪气面前不敢坚决斗争等问题，强化责任意识，敢于担当负责。针对新形势下缺乏担当“不愿为”、胆小怕事“不敢为”、失去好处“不肯为”、能力欠缺“不会为”、不计后果“乱作为”等问题，提升精气神、增长新本领、展现新作为，做到想干愿干积极干、能干会干善于干，以踏石留印、抓铁有痕的劲头抓落实，做改革发展的促进派和实干家。要坚持求真务实、按规律办事，树立正确政绩观，努力创造经得起实践、人民、历史检验的实绩。5. 带头落实全面从严治党责任。针对管党治党不力、党建意识淡漠、党建工作缺失，针对主体责任、“一岗双责”落实不到位，把业务工作和党建工作割裂开来的问题，针对那些认为正风反腐影响经济发展等错误观点，树立全面从严治党永远在路上的思想，树立抓好党建是最大政绩、抓不好党建是不称职、不抓党建是失职的意识，坚持思想建党和制度治党紧密结合，强化依规治党意识，切实担负起管党治党责任。要自觉接受党内政治生活锻炼，坚持民主集中制原则，认真开展批评和自我批评，严格党员、干部日常管理监督，保持反腐败高压态势。要持续深入改进作风，培育良好家风，管好家属、子女和身边工作人员，按“亲、清”原则正确处理政商关系，营造风清气正的政治生态和从政环境。

全县广大党员和领导干部，在把握好以上学习内容、学习要求的同时，注重联系本职工作，认真学习好习近平关于指导四川工作和本领域工作的重要讲话和指示精神，进一步统一思想和行动，明确工作思路目标和努力方向。要对照讲话提出的各项要求，总结分析贯彻落实情况，找出差距和不足，有针对性地提出加强和改进工作的具体措施，确保讲话精神落地落实。

三、落实主要措施

“两学一做”学习教育，从今年4月开始，在全县党员中开展。要以党支部为基本单位，以“三会一课”等党的组织生活为基本形式，以落实党员教育管理制度为基本依托，用好党校等教育培训的渠道，通过原原本本学、专题牵引学、带着问题学、结合岗位做、创先争优行，分层联动、灵活创新、对标先进，推动学习教育落到实处、取得实效。

（一）*以开展“重温入党志愿、重温入党誓词”主题党日活动开局。*今年4月底前，结合学习教育动员部署，以党支部为单位普遍开展一次主题党日活动，组织党员重温入党志愿和入党誓词，对照入党志愿谈理想、谈信念，对照入党誓词找标准、找差距，以当初入党时的真诚和激情，坚定理想信念，增进对党的感情。党员领导干部要以普通党员身份参加所在党支部的党日活动，带头重温入党志愿和入党誓词，交流思想体会。

（二）围绕专题开展学习讨论。强化个人自学，党员领导干部要带着信念学、带着感情学、带着使命学、带着问题学，普通党员要结合实际开展自学。各级党组织要抓好集中学习讨论，制订学习计划，坚持领导带头学、专家辅导学、典型示范学、支部组织学、网络在线学等多种方式相结合，确保学习教育的质量和效果。以党委（党组）会、党委（党组）中心组等形式，定期组织集中学习，每次确定一个专题开展交流研讨。按照“三会一课”制度要求，党小组定期组织党员集中学习；不设党小组的，以党支部为单位集中学习；党支部每季度召开一次全体党员会议，每次围绕一个专题组织讨论，每个专题集中学习讨论累计不得少于1天。党员自学要做到“有计划、有重点、有笔记、有体会”。

第一专题（4—6月）：围绕“坚定理想信念、明确政治方向”开展学习讨论，重点看能否坚守共产党人信仰信念，做到爱党、信党、护党、跟党走；能否增强政治意识、大局意识、核心意识、看齐意识，自觉在政治定力、担当精神、工作方法、敬业精神、清正廉洁上向党中央看齐、向党的理论和路线方针政策看齐，做到令行禁止、政令畅通；能否正确处理公与私、义与利、个人与组织、个人与群众的关系，做到对党绝对忠诚。

第二专题（7—9月）：围绕“坚持根本宗旨、勇于担当作为”开展学习讨论，重点看能否坚持全心全意为人民服务的宗旨，时时处处想着人民群众，自觉服务人民群众；能否坚持以人民为中心的发展思想，主动自觉适应新常态、落实新理念、实施新战略、推动新发展；能否保持良好的精神状态，践行“三严三实”要求，立足分管工作和本职岗位尽职尽责、拼搏进取，积极为党的事业担当作为。

第三专题（10—12月）：围绕“坚守纪律底线、树立清风正气”开展学习讨论，重点看能否严格遵守党章，自觉做到党规党纪面前知敬畏守规矩，自觉维护和巩固良好政治生态；能否牢固树立法治意识，自觉运用法治思维和法治方式解决问题、开展工作；能否努力追求高尚道德，带头践行社会主义核心价值观、保持积极健康生活方式，坚守共产党人精神家园。

要结合专题学习讨论，持续深入开展思想理论、法纪、警示和先进典型“四项教育”。坚持正面教育与反面警示相结合，以先进为镜，以反面典型为戒，认真学习老一辈革命家的崇高风范，学习兰辉、菊美多吉、毕世祥、罗州仁青、彭大权、沈乾文、李晓燕、李志义等身边先进典型的优秀品质，学习身边优秀共产党员的先进事迹，从中汲取营养、见贤思齐；要深入开展普规普纪行动，落实会前学法学规学纪制度、党纪党规年度专题培训制度、拟提拔党员领导干部党纪党规考试制度。要运用典型案例和利用法纪教育基地，特别是发生在群众身边的“四风”问题和腐败案件进行检视反思，剖析根源、汲取教训、正本清源。要紧密结合本地区本单位、本系统本行业实际，“讲忠诚、讲大局、讲担当、讲正气”，紧扣“我是公仆我服务，我是党员我示范”主题，组织开展“合格党员具体标准、不合格党员具体表现”大讨论，引导党员联系个人思想工作生活作风实际，对照“合格”找差距，对标“优秀”知不足，明确努力方向，落实整改措施。

（三）创新方式讲党课。讲党课一般在党支部范围内进行。党支部要结合专题学习讨论，对党课内容、时间和方式等做出安排。按照“因岗制宜，科学安排”的原则，分层分类制定学习方案。推行“双向讲党课”，即党员领导干部要在所在党支部讲党课，到联系的重大项目所在企业党支部或贫困村党支部讲党课；基层先进典型到机关单位党组织讲党课。建立党课讲师库，组织党校和高校教师、先进模范等到基层一线党支部讲党课，为基层党组织书记讲党课提供指导，通过编印党课教材、制作党课课件、开展集体备课等方式，帮助提高党课质量。鼓励和指导普通党员联系实际讲“微型党课”。评选一批“微型党课”优秀案例。

讲党课要紧扣“两学一做”学习教育主题，讲清楚学习党章党规和习近平系列重要讲话的重要意义，讲清楚对党绝对忠诚是最重要的政治纪律，讲清楚党员不可触碰的“底线”，讲清楚怎样做合格党员、怎样争当优秀党员。注重运用身边事例、现身说法，强化互动交流、答疑释惑，增强党课的吸引力和感染力，使讲党课成为提高认识、凝聚共识、拧紧“总开关”的过程。“七一”前后，党支部要结合开展建党95周年纪念活动，集中安排一次党课。

（四）高质量开好专题组织生活会。年底前，党支部召开专题组织生活会。支部班子及其成员对照职能职责，进行党性分析，查摆在思想、组织、作风、纪律等方面存在的问题。要通过自己找、上级点、党员评、群众提、互相帮、集体议等方式，广泛征求意见建议，严肃认真开展批评和自我批评，针对突出问题和薄弱环节提出整改措施。组织全体党员对支部班子的工作、作风等进行评议。对专题组织生活会查摆出的问题，要逐项梳理分析，建立问题、整改、责任“三张”清单，抓好整改落实。党小组可参照党支部要求，召开专题组织生活会。党员领导干部要以普通党员身份参加所在党支部、党小组的组织生活会。

（五）开展民主评议党员。以党支部为单位召开全体党员会议，按照个人自评、党员互评、民主测评、组织评定的程序，组织党员开展民主评议。每名党员都要对照党员标准，实事求是地自我评价。党员之间要本着实事求是原则，从帮助同志出发互相进行评议，摆问题、提意见，讲真话、说实话。党员人数较多的党支部，个人自评和党员互评可分党小组进行。结合民主评议，支部班子成员要与每名党员谈心谈话。党支部综合民主评议情况和党员日常表现，确定评议等次，对优秀党员予以表扬；对有不合格表现的党员，按照党章和党内有关规定，区别不同情况，稳妥慎重地给予组织处置。

（六）认真开展党员示范行动。坚持从实际出发，因地制宜、因人制宜设计活动载体，组织引导党员大力弘扬“逢山开路、遇水架桥、披荆斩棘、勇往直前”的精神，立足岗位做贡献、为民服务办实事、奋发有为促发展。大力开展“党员示范城”创建、着力打造基层党建创新品牌，抓好基层党建“金点子”征集、“志愿服务行动”“走基层”活动。在党政机关、事业单位，深入开展“双报到”“双联”“结对认亲”等活动，重点促进党员模范履行岗位职责和落实直接联系服务群众制度，引导党员在稳增长、促转型、惠民生上当好示范，争做敬业奉献的“好公仆”；在农村、社区，重点落实无职党员设岗定责和承诺践诺制度，广泛开展“红色先锋”示范行动，评选党员示范户，开展党员义工日活动，引导党员在勤劳致富、服务群众、文明创建等方面当好示范，争做奔康致富促和谐的“红旗手”；在国有企业和非公有制企业、社会组织，重点落实党员示范岗、党员责任区制度，开展岗位提能、技能比武、业务竞赛、诚信建设等活动，设立党员品牌工程、党员攻关项目，引导党员在推动发展、技术创新、凝聚职工、提质增效等方面当好示范，争做职工信赖的“红磁石”；在学校，重点要求党员增强党的意识，引导党员教职工在自觉爱党护党为党，敬业修德，奉献社会等方面当好示范，争做为人师表的“红烛炬”；在窗口单位和服务行业，重点落实党员挂牌上岗、亮明身份制度，开展“三亮三比三评”（亮标准、亮身份、亮承诺、比技能、比作风、比业绩、群众评议、党员互评、领导点评）活动，引导窗口服务行业党员在提升工作质量、完成工作任务、提高服务水平等方面当好示范，争做一心为民服务的“好标兵”。要以支部为单位，组织党员做出问题整改公开承诺，接受群众监督。结合纪念建党95周年，广泛开展“我为党旗添光彩”活动，评选表彰一批先进典型，激励广大党员一心为民、干在实处。

（七）领导机关领导干部做表率。各级领导机关、领导班子、领导干部要以身作则、率先垂范、层层示范、层层带动，形成上行下效、整体联动的总体效应。领导干部要先学一步、走在前列，要求别人做到的自己首先做到，要求别人不做的自己坚决不做，不能搞“灯下黑”、搞“手电筒照人不照己”。要带头“三赛三比”，晒思想，比修为形象；晒作风，比行为规范；晒业绩，比作为贡献。要认真落实领导干部联系指导基层工作和联系重大项目、贫困村等制度，科级以上党员领导干部要建立基层支部联系点，下到基层、下到支部，推动学习教育扎实开展。严格执行双重组织生活制度，带头参加学习讨论，带头谈学习收获和体会、讲党课、作报告，带头以普通党员身份参加所在党支部的组织生活会、民主评议，带头履职尽责、立足岗位做贡献，与党员一起接受教育，发挥带学促学作用，推动整个学习教育扎实有效开展。年度民主生活会要以“两学一做”为主题，领导班子和领导干部把自己摆进去，查找存在的突出问题，抓好整改落实，示范推进学习教育。各级党委（党组）要在抓好领导班子自身学习的同时，指导基层党组织特别是党支部结合实际制订学习计划，督促执行“三会一课”制度，落实学习要求。

按照县委安排，县委常委会成员要带头落实双重组织生活制度，带头开展专题学习和集中研讨，带头创新方式讲党课，带头开好以“两学一做”为主题的年度民主生活会，带头做到知行合一推动工作，指导好所分管领域部门单位的学习教育。

四、加强组织领导

各级党委（党组）要把开展“两学一做”学习教育作为一项重大政治任务，切实加强领导，周密安排部署，强化责任落实，切实有效推进。

（一）落实工作责任。全县“两学一做”学习教育在县委领导下进行，由县委组织部牵头组织实施，相关部门配合做好相关工作。县纪委负责组织开展普纪普规和警示教育，县委政法委负责组织开展法治教育，县委宣传部负责县委中心组集中研讨相关工作和开展思想理论、先进典型宣传教育和学习教育的宣传报道，县委党校负责建立党课讲师库，开展集中备课和党课指导工作。县直机关工委和各行业主管部门党组（党委）分别负责县级机关和本行业系统学习教育的组织开展和具体指导。各乡镇党委要发挥关键作用，全面负责本地的学习教育，制定具体实施方案，保障工作力量，加强督促指导把关，精心组织实施。基层党委要对所辖党支部进行全覆盖全过程的现场指导，帮助党支部制订学习教育计划，派员参加党支部各项活动，指导督促党支部抓好抓实主要措施。各级党组织书记要承担起主体责任，不仅要管好干部、带好班子，还要管好党员、带好队伍；班子成员要切实履行“一岗双责”，层层传导压力，确保规定动作不走样，自选动作有特色，从严从实抓好学习教育。

（二）强化组织保障。着力健全组织体系，抓好新兴领域和薄弱环节党的组织覆盖和工作覆盖，加大整顿软弱涣散基层党组织工作力度，配齐配强班子特别是带头人，确保学习教育有人抓、有人管。严格组织管理，以“双找双配套”计划为载体，广泛开展组织找党员、党员找组织活动，以党支部为单位抓好党员组织关系集中排查，摸清“口袋”党员、长期与党组织失去联系党员情况，理顺组织管理关系，抓好党员档案清理规范、完善党员信息库、开展网上组织生活等基础性信息化工作，努力把每名党员都纳入党组织的有效管理，推动学习教育全覆盖。大力开展组织培训，以县和基层党委为单位分层分级，对党支部书记、组织委员、组织员等党务骨干普遍进行培训，帮助他们掌握工作方法，明确工作要求。加强组织制度建设，按照“述职述党建、评议评党建、考核考党建、任用干部看党建”要求，把“两学一做”学习教育纳入党建工作述职评议考核的首要内容，注重经验总结，聚焦“明责、履职、考责、问责”，进一步把握基层党建述职评议考核工作规律，健全述职评议考核工作机制，加强考核结果运用，进一步严肃党的组织生活，进一步严明党建工作责任制，推动党员教育管理常态化长效化。从严从实加强督导，各级党委要把督导重点放到基层、放到党支部，采取经常性督查、随机抽查等方式，及时了解党员和领导干部学习情况，严格考核管理，对思想不重视、工作不得力的，要及时提出批评，要求限期整改，确保学习教育的质量和效果。

（三）注重方式方法。各级党组织要从实际出发，创新学习教育的形式和载体，尊重基层首创精神，增强学习的针对性和实效性。要针对不同类型党员的实际情况和学习需要，提供适合的学习材料和时间、场地、经费等必要保障。要因地制宜、因人施策，防止一锅煮、一刀切、大水漫灌，防止形式主义、走过场，防止撇开日常工作搞学习，防止简单以开了多少会、做了多少笔记来评判学习教育的成效。对非公有制企业和社会组织，可因企制宜、因岗制宜，灵活安排；对党员人数少、党员流动性强的党组织，可依托区域化党员服务中心，利用开放式组织生活等方式，组织党员参加学习教育。对流动党员，流入地、流出地党组织要加强协调配合，按照流入地为主的原则，把流动党员编入一个支部，就近就便参加学习教育。对离退休干部职工党员及年老体弱党员，既要体现从严要求，又要考虑实际情况，以适当方式组织他们参加学习教育。

（四）加强宣传引导。充分利用共产党员网、手机报、电视栏目、微信易信等各类媒体，开发制作形象直观、丰富多样的学习资源，及时推送学习内容。编印制作口袋书，运用微党课、微动漫、微视频，引导党员在线学习交流，满足党员自学需求。用好“广安组工信息手机报”“安辑哥”“组干线”等微信公众号平台，结合“全媒体”工程，发挥岳池“一台一报两站两微”优势，利用远程教育站点及时播出有关教学课件，组织制作一批简明生动的党章党规、系列讲话视频教材和先进典型案例课件及时播发。注重运用各类媒体宣传“两学一做”学习教育的做法和成效，在新闻媒体开设学习教育专栏，加强舆论引导，营造良好氛围。注意选树一批党员典型，广泛宣传其先进事迹，努力在全社会形成学习先进、崇尚先进、争当先进的良好风气。

（五）坚持统筹兼顾。把开展学习教育与推动发展、做好工作紧密结合，总结运用开展党的群众路线教育实践活动和“三严三实”专题教育的好经验、好做法，坚持学习教育与全面贯彻落实中央“四个全面”战略布局和五大发展理念相结合，通过学习教育把党员干部思想行动统一到习近平治国理政新理念新思想新战略上来；与贯彻落实省委、市委和县委决策部署相结合，通过学习教育深化抓落实的认识、增强抓落实的自觉、提高抓落实的能力，引导广大党员干部心无旁骛干事创业；与贯彻全面从严治党各项部署相结合，巩固党的群众路线教育实践活动、“三严三实”专题教育、巡视整改落实成果，认真开展“回头看”，严肃换届纪律、匡正换届风气，通过学习教育增强自我提高、自我完善的能力；与持续深入开展“走基层、解难题、办实事、惠民生”活动相结合，通过学习教育强化宗旨意识、树牢为民情怀，引导广大党员在联系服务群众中推动工作、促进发展、促进社会和谐稳定，切实把学习教育成果转化为推动改革、发展的强大动力和实际成效。

中共岳池县委办公室　岳池县人民政府办公室
关于印发《岳池县公务用车制度改革实施方案》的通知

岳委办〔2016〕125 号 2016 年 8 月 16 日

经县委、县政府同意，现将《岳池县公务用车制度改革实施方案》印发你们，请结合实际，认真贯彻执行。

岳池县公务用车制度改革实施方案

为认真贯彻执行《中共广安市委办公室广安市人民政府办公室关于印发〈广安市全面推进公务用车制

度改革总体方案〉的通知》(广委办〔2016〕47 号)精神,积极稳妥地推进全县机关及参公单位公务用车制度改革,根据《岳池县全面推进公务用车制度改革总体方案》部署,制定本实施方案。

一、目标和原则

按照中央、省、市和县委、县政府关于公务用车制度改革总体要求,围绕建设节约型、廉洁型机关,坚持社会化、市场化方向,改变传统的公务用车保障模式,创新公务交通提供方式,实现公务出行便捷合理、交通费用节约可控、公车管理规范透明、监管问责科学有效,基本形成符合全县机关实际的新型公务用车制度。

(一)坚持厉行节约。高度重视车辆信息、运行成本、司勤人员情况等统计测算工作,周密细致测算相关成本,严守节支底线,合理制定补贴标准,确保改革后公务交通总支出低于改革前。

(二)坚持制度创新。改革公务出行保障方式,部门(单位)常驻地范围内(县级部门常驻地是指岳池县城建成区,东至龙藏大道,西至岳池一中,南至创新路,北至花园镇场镇建成区;乡镇党政机关、县级机关派出机构常驻地是指乡镇行政辖区范围)普通公务出行方式由公务人员自行选择,实行社会化提供并适度发放公务交通补贴。创造必要的条件,努力实现新旧制度平稳过渡,有机衔接,避免影响公务活动正常开展。

(三)坚持统筹兼顾。综合考虑各种因素,正确处理改革涉及的各方面利益关系,科学制定改革方案和相关配套政策。全县机关公务用车制度改革于 2016 年 8 月底前基本完成。

二、主要任务

(一)参改范围

1. 机构范围:县级党委、人大、政府、政协、审判、检察机关,民盟岳池县委机关,县工商联机关,团县委机关,县总工会、县妇联、县科协机关,乡镇机关,参照公务员法管理的事业单位和人民团体、群众团体机关(以下统称"各参改单位")。

2. 人员范围:各参改单位在编在岗工作人员。

3. 车辆范围:各参改单位所有机动车辆(摩托车除外)。

(二)改革方式

1. 对参改的人员适度发放公务交通补贴,自行选择公务出行方式,在常驻地范围内公务出行不再报销公务交通费用。参改人员在常驻地范围外进行公务活动,按照差旅费管理办法执行。

2. 按照节约成本、保证公务、便于操作、简化档次的要求,合理确定各职级工作人员公务交通补贴标准。具体标准为:县级每人每月 1040 元、科级每人每月 650 元、科员及以下(含工勤人员)每人每月 500 元。各参改单位可根据实际情况,从公务交通补贴中划出一定比例作为单位统筹资金,集中用于解决不同岗位之间公务出行不均衡等问题,比例原则上不超过补贴总额的 30%,统筹资金使用要公开透明,具体管理办法由各单位自行制定。各参改单位可根据实际情况设定高公务出行岗位,经县公务用车制度改革领导小组审定后报市公务用车制度改革领导小组备案。高公务出行岗位可上靠级别执行公务交通补贴标准。公务交通补贴属于改革性补贴,列入财政预算,按月发放,用于保障公务人员在常驻地范围内普通公务出行。公务交通补贴标准根据公务出行成本变化适时调整。

3. 对重大抢险救灾、事故处理、突发事件处置等不可预测的特殊事项,由县政府应急工作部门会同有关单位,从实际出发,在应急预案中另行制定特殊情况下公务用车保障办法。

4. 按照省委、省政府规定,配备执法执勤用车的 10 个部门(纪检监察、法院、检察院、公安、司法、交通、农业、林业、工商、食品药品监督管理，下同）统一参加公务用车制度改革，从严控制执法执勤用车配备范围、编制和标准。保留的执法执勤用车要严格配备在一线执法执勤岗位。执法执勤部门的其他一般公务用车一律纳入改革范围。

5. 各参改单位取消车辆按要求向县公务用车主管部门移交后，从移交当月起按规定发放公务交通补贴。未参加车改的单位和人员，不得发放公务交通补贴。

6. 参改人员职务、职级发生变动时，从次月起执行新职务职级公务交通补贴标准。参改人员办理退休手续后（含提前退休和离岗待退人员），从次月起不再发放公务交通补贴。

7. 参改人员调入非改革单位，执行非改革单位政策，自调入次月起停发公务交通补贴。非改革单位人员调入改革单位，执行改革单位政策，自调入次月起发放公务交通补贴。

8. 领取公务交通补贴的人员，因非公派学习、连续病休、事假 1 个月以上的，停发相应期间公务交通补贴；从本单位辞职（辞退）的，从次月起停发其公务交通补贴。

（三）保留车辆

1. 保留公务用车由县公务用车管理部门核定并实行编制管理。保留的公务用车原则上应符合《四川省党政机关公务用车配备使用管理办法》（川委办〔2012〕1 号）、《广安市党政机关公务用车配备使用管理实施细则》（广委办发〔2012〕21 号）和《财政部关于印发〈党政机关执法执勤用车配备使用管理办法〉的通知》（财行〔2011〕180 号）及分系统执法执勤用车配备使用管理办法规定的配备标准。

2. 保留公务用车编制核定标准。共保留 65 辆（乡镇不予保留，不含 4 辆调研工作用车、2 辆县委县政府处级正职主要负责人实物保障用车以及 2 辆老干部服务用车）机要通信、应急和接待用车编制。将保留的车辆集中起来，建立公务用车服务平台，实行统一管理，用于各参改单位机要通信、应急和行政综合执法等公务保障。

各参改单位不保留机要通信用车和应急公务用车。

按省委、省政府规定配备执法执勤用车的 10 个部门，一般执法执勤用车（不含特种专业技术用车）保留数原则上不超过原编制数的 70%，具体保留数量由县财政局根据单位实际情况核定。其他具有行政执法职能的部门所需行政执法用车，由县公务用车主管部门在规定保留的机要通信和应急用车总数内，统筹核定车辆编制，原则上实行集中统一管理，统筹调度使用。

3. 根据岳池县实际和岗位工作需要，县委、县政府处级正职主要负责人以适当集中形式提供工作用车实物保障，规范管理，不领取公务交通补贴。

4. 长期搭载固定专业技术设备、用于执行特殊工作任务的特种专业技术用车，由县公务用车主管部门根据相关单位工作职能核准后予以保留，并严格实行编制管理。

（四）车辆处置

1. 取消车辆的处置，遵循公正公平、集中统一、规范透明、防止浪费的原则，由县公务用车主管部门按照规定统筹组织，委托县公共资源交易中心公开招标确定评估机构和拍卖机构。

2. 对取消的公务用车，由评估机构进行资产评估，以评估价作为处置依据。

3. 根据评估结果，按照国有资产处置规定，进行报废处理或公开拍卖处置，处置结果向社会公开。未能及时处置的车辆，可设立过渡性车辆服务机构进行统一管理，过渡期为 3 年。过渡性车辆服务机构按市场化方式运营，提供有偿服务，实行自负盈亏，财政不提供补贴。各参改单位在同等性价比条件下，应优先租赁过渡性车辆服务机构的车辆。同等条件下，过渡性车辆服务机构应优先录用本次车改解聘的司勤人员。

4. 处置公务用车所得收入抵扣相关税费后,余额按照非税收入管理有关规定上缴原财政供给渠道同级国库。

(五)司勤人员安置

1. 各参改单位根据保留公务用车的实际情况,合理设置司勤人员岗位。按照公开、平等、竞争、择优的原则,在现有在册正式司勤人员中采用竞聘上岗等方式综合择优确定上岗人员。

2. 其他在册正式司勤人员,按照以人为本、积极稳妥、因地制宜的原则,坚持内部消化为主,通过内部转岗、合理流动、提前离岗、解除人事关系等多种方式妥善安置,不得将其简单推向社会。

3. 依法依规做好未留用人员解除(终止)聘用合同或劳动合同工作,切实维护其合法权益。对解除人事劳动关系后进入事业单位、企业工作的在册正式司勤人员,按照原劳动和社会保障部、财政部等部门联合印发的《关于职工在机关事业单位与企业之间流动时社会保险关系处理意见的通知》(劳社部发〔2001〕13 号)等有关规定,妥善处理各项社会保险关系;对非在册正式司勤人员,按照国家有关规定,做好各项社会保险关系转移接续;对登记失业的,按照属地管理原则,提供相应的技能培训、职业介绍等就业服务和政策扶持。

4. 由县人力资源社会保障局牵头成立公务用车制度改革司勤人员安置工作组,在县公务用车制度改革领导小组领导下,负责司勤人员安置的统筹协调工作。在册正式司勤人员安置所需经费由县财政局安排专项经费予以保障,非在册正式司勤人员安置所需经费按原渠道由各参改单位统筹解决。

三、保障措施

(一)加强保留公务用车管理。保留的各种类型和用途车辆全部纳入编制管理,保留的公务用车须符合规定的配备标准。按照《政府机关及公共机构购买新能源汽车实施方案》(国管节能〔2014〕293 号)要求,用于机要通信、相对固定路线执法执勤等车辆配备更新时,应当使用新能源汽车;其他公务用车配备更新时,一般应为国产自主品牌汽车或新能源汽车,确保全年购买新能源汽车达到一定比例。执法执勤用车配备应当严格限制在一线执法执勤岗位,机关内部管理和后勤岗位以及机关所属事业单位一律不得配备。县财政局按规定对省委、省政府明确配备执法执勤用车的 10 个部门的执法执勤用车进行编制核定。除涉及国家安全、侦查办案等有保密要求的特殊工作用车外,执法执勤、机要通信和应急用车应当喷涂或张贴明显的统一标识。县公务用车主管部门负责修订公务用车使用管理办法,加强公务用车规范化管理。

(二)严格财务管理。县财政局要严格交通补贴费用预算管理,按照各参改单位在编在岗公务人员数量和职级核定交通补贴数额。各参改单位要严格公务交通补贴发放,不得擅自扩大补贴人员范围、提高补贴标准。

(三)加强监督检查,严肃用车纪律。各参改单位不得以特殊用途等理由变相超编制、超标准配置公务用车;不得以任何方式换用、借用、占用下属单位或其他单位和个人车辆;不得接受企事业单位和个人赠送的车辆;不得以任何理由违反用途使用或固定给个人使用执法执勤、机要通信和应急用车;不得以公务交通补贴名义变相发放福利。公务人员不得既领取公务交通补贴,又违规乘坐公务用车。保留的机要通信和应急用车等应喷涂统一标识。县纪委监察局要强化对公务用车制度改革执行情况的监督检查,纠正和查处违规违纪行为。县审计局要将改革后公务用车配备和运行维护费用、交通补贴发放、统筹资金使用、租赁车辆费用、车辆处置情况等纳入日常和专项审计进行监督。县公务用车主管部门负责对公务用车配备使用管理情况进行监督检查。县公安局依据公务用车主管部门批文,严格按规定办理公务用车注册登记。

（四）切实保障公务出行。县交通运输部门要采取切实措施，健全城市公共交通服务体系，完善出租车市场运营管理方式，增加社会化交通供给。各参改单位要创新公务出行保障方式，及时解决公务出行遇到的问题，确保普通公务出行。

四、组织实施

（一）加强组织领导。县公务用车制度改革领导小组负责组织实施全县机关公务用车制度改革工作。各参改单位公务用车制度改革工作组负责制定本单位实施方案，报县公务用车制度改革领导小组批准后组织实施。

各参改单位是公务用车制度改革的实施主体，主要负责人对本单位公务用车制度改革工作负全面领导责任。

（二）分步组织实施。全县机关公务用车制度改革从市公务用车制度改革领导小组批准岳池县公务用车制度改革方案起进入实施阶段，2016 年 8 月底前基本完成，重点做好以下工作。

1. 动员培训。适时召开全县机关公务用车制度改革动员会，组织相关操作培训。各参改单位要及时开展动员部署，统一思想认识，落实工作措施，切实推进公务用车制度改革工作。

2. 细化方案。各参改单位要结合实际情况，科学制定实施方案，合理提出车辆处置意见和司勤人员安置意见。

3. 车辆核编。在市公务用车制度改革领导小组批准的方案原则范围内，县公务用车主管部门、县财政局统一核定各参改单位机要通信、应急和执法执勤用车编制。

4. 封存停驶。将取消车辆封存停驶，并备齐相关证件及资料，满足车辆拍卖及拍卖后过户手续要求。

5. 车辆处置。具体办法按《岳池县公务用车制度改革涉及的车辆处置办法》办理。

6. 司勤人员安置。具体办法按《岳池县公务用车制度改革司勤人员安置办法》办理。

（三）加强舆论引导。切实做好公务用车制度改革的新闻宣传和舆论引导工作，广泛宣传相关政策规定、典型经验和成效，及时回应社会关切，使广大公务人员和人民群众了解、支持改革，努力为改革营造良好社会氛围。

中共岳池县委办公室　岳池县人民政府办公室
关于印发岳池县创建县级“四好村”活动工作方案的通知

岳委办〔2016〕157 号 2016 年 9 月 30 日

经县委、县政府同意，现将《岳池县创建县级“四好村”活动工作方案》印发给你们，请结合实际认真贯彻执行。

开展“四好村”创建活动，对于推动物质文明和精神文明“两手抓”、激发农村群众脱贫奔康内生动力、切实加强农村依法治理、整体推进农村改革发展稳定各项工作具有重要意义。全县从 2016 年 9 月起全面开展县级“四好村”创建活动，并积极组织创建申报省级、市级“四好村”。各乡镇要根据本方案要求，及时制定具体工作方案和年度计划，全面开展“四好村”创建活动。

岳池县创建县级“四好村”活动工作方案

为全面落实省委十届六次、七次、八次全会精神和省、市、县脱贫攻坚决策部署，根据《四川省委办公厅四川省人民政府办公厅关于印发〈创建省级“四好村”活动工作方案〉的通知》（川委厅〔2016〕70号）要求，县委、县政府决定在全县所有建制村广泛开展以“住上好房子、过上好日子、养成好习惯、形成好风气”为主要内容的“四好村”创建活动，现制定创建县级“四好村”活动工作方案。

一、工作目标

围绕全面建成小康社会和脱贫攻坚目标任务，按照“业兴、家富、人和、村美”的基本要求，以幸福美丽新村建设“五大行动”和文明村镇创建为抓手，从现在起，全面开展县级“四好村”创建活动，到2020年，力争全县85%以上的行政村建成县级“四好村”，在此基础上，全县70%以上的行政村创建为市级“四好村”，60%以上的行政村创建为省级“四好村”。今年年底要率先建成一批省级、市级、县级“四好村”，为全县推进“四好村”创建工作起好示范引领作用。

2016年，25%的行政村建成县级“四好村”，47个省定脱贫的贫困村要率先建成县级“四好村”，20%以上的行政村建成市级“四好村”并争取全部创建为省级“四好村”。以后每年完成10%以上的村创建为省级“四好村”目标。2017年，40%的行政村建成县级“四好村”，其中贫困村200个；2018年，60%的行政村建成县级“四好村”，全部贫困村创建成功；2019年，80%的行政村建成县级“四好村”；到2020年，力争85%的行政村建成县级“四好村”，省级“四好村”达到60%以上，争取完成65%。

二、创建标准

（一）住上好房子。一是科学规划布局。按照“统筹规划、因地制宜、量力而行、尊重民意”的原则，依山就水，因势造景，搞好村庄布局和建设规划，坚持“建改保”相结合，注重“小规模、组团式、微田园、生态化”，体现生态美、村容美、庭院美、乡风美、生活美。房屋建筑整齐新颖，体现川东民居风格，农村道路平坦硬化，公共设施基本配套，布局规范合理，合法利用土地（牵头单位：县住房城乡规划建设局，责任单位：县委农工委、县国土资源局、县农业局、县交通运输局、县水务局、县环境保护局、各乡镇）。二是完善基础设施。加强农村基础设施建设，改善生产生活条件。要扎实有效推进改水、改路、改厨、改厕、改圈和建庭院、建沼气池、建农房的“五改三建”工程，不断提高村民生活质量，促进农村经济社会协调发展（牵头单位：县住房城乡规划建设局，责任单位：县农业局、县水务局、县交通运输局、各乡镇）。三是建设标准农房。房屋质量符合所在区域防雷防电、抗震设防标准。村民住房明亮通透，生产生活用房分区合理、布局协调。村内无房户、危房户、住房困难户问题得到全部解决，安全住房保障率达100%（牵头单位：县住房城乡规划建设局，责任单位：县发展改革局、县国土资源局、各乡镇）。

（二）过上好日子。一是有稳定收入，村民人均可支配收入达到1.2万元以上，有村集体经济并能实现持续稳定增收（牵头单位：县委农工委，责任单位：县委组织部、县人力资源社会保障局、县统计局、县农业局、县畜牧食品局、县水务局、县林业局、县扶贫移民局、各乡镇）。二是有优势特色产业，每个村有1至2个优势特色产业，村民主导产业收入占人均家庭经营性收入的50%以上（牵头单位：县农业局，责任单位：县发展改革局、县水务局、县林业局、县旅游局、县扶贫移民局、各乡镇）。三是有就业保障，实施新型村民培训计划，积极推进“阳光工程”“雨露计划”、家政服务等培训工程，开设农村致富能手培训班，培养有文化、懂技术、善经营、会管理的新型村民，有劳动能力的农户至少有1人实现就业（牵头单位：县人力资源社会保障局，责任单位：县妇联、县农业局、县扶贫移民局、县林业局、各乡镇）。四是有教育保障，适龄学生义务教育入学率达100%，普及高中阶段教育（牵头单位：县教科体局，责任单位：各乡镇）。五是有社会保障，低保、五保、养老保险应保尽保，农村医疗保险、农村养老保险等与城镇并轨，新型农村合作医疗参保率达100%（牵头单位：县人力资源社会保障局，责任单位：县民政局、县卫生计生局、各乡镇）。六是有公共服务，有标准硬化路、村活动室、卫生室、文化室、宽带网，有安全饮用水、生活用电、广播电视，“1+6”村级公共服务活动中心配套完善（牵头单位：县发展改革局，责任单位：县委组织部、县委政法委、县教科体局、县公安局、县经济和信息化局、县交通运输局、县民政局、县财政局、县国土资源局、县住房城乡规划建设局、县农业局、县水务局、县文广新局、县卫生计生局、县商务局、各乡镇）。

（三）养成好习惯。一是精神文化活动丰富。社会主义核心价值观深入人心，法律、卫生、科教等宣传教育常态化开展，群众参与文体活动覆盖面达80%以上（牵头单位：县委宣传部，责任单位：县委组织部、县委政法委、县教科体局、县司法局、县文广新局、县卫生计生局、各乡镇）。二是环境卫生优良。大力宣传普及农村生产生活中常用的卫生、健康、生态、科普、安全等常识，引导村民养成健康文明的生活习惯。加大村庄环境卫生整治，配备村级卫生保洁员，大力实施“乡村清洁工程”，家家户户院落干净，村容整洁，无柴草乱放、粪土乱堆、垃圾乱倒、污水乱泼、畜禽乱跑“五乱”现象。探索建立农村环境治理长效机制，积极推进“洁净水”行动，因地制宜处理生活污水，推进农村垃圾集中处理，全面治理农村面源污染（牵头单位：县住房城乡规划建设局，责任单位：县文明办、县农业局、县水务局、县环境保护局、县洁水办、各乡镇）。三是乡村治理机制完善。修订完善村规民约，改变婚丧嫁娶大操大办等不良习俗。村民无酗酒滋事、涉黄涉赌等恶习，不参与邪教组织，不搞封建迷信。自觉爱护公共卫生、遵守社会公德、维护公共秩序，养成文明礼貌、勤俭节约、安全生产、守时守信的好习惯。以留守妇女儿童、困难群众、五保户等群体为重点对象，广泛开展扶贫济困、扶老助残等志愿服务活动，推动形成邻里互助、融洽和谐的良好社会风尚和人际环境（牵头单位：县委宣传部，责任单位：县委政法委、县妇联、团县委、县扶贫移民局、县民政局、县信访局、县民宗局、各乡镇）。

（四）形成好风气。一是夯实村级班子，充分发挥党支部的战斗堡垒作用和党员的先锋模范作用，村“两委”团结、民主、务实、廉洁，群众满意率达80%以上（牵头单位：县委组织部，责任单位：县民政局、各乡镇）。二是形成文明村风，传承农村文化，广泛开展文明家庭、好婆媳、十星级文明户、致富能手等评选活动，大力培育、宣传、表彰农村道德模范、文明之星、身边好人等群众榜样人物，形成爱党爱国、尊老爱幼、互帮互助、自力更生等文明村风（牵头单位：县委宣传部，责任单位：县文广新局、县文明办、县妇联、各乡镇）。三是开办村民夜校，加强思想文化、科学知识、实用技术等教育和培训，授人以渔，提升村民致富能力（牵头单位：县人力资源社会保障局，责任单位：县委宣传部、县农业局、县林业局、县畜牧食品局、县扶贫移民局、各乡镇）。四是自觉抵制好吃懒做、相互攀比、大操大办、低级媚俗、宗族派别等不良风气，无遗弃子女、不赡养父母、不关爱兄弟姐妹等现象（牵头单位：县委宣传部，责任单位：各乡镇）。五是建设法治新村，法治教育深入开展，村民形成自觉守法、办事依法、遇事找法、解决问题用法、化解矛盾靠法的良好风气，治安秩序良好，无刑事案件、重大交通事故、火灾事故、食品安全事故发生（牵头单位：县司法局，责任单位：县公安局、县交通运输局、县安全监管局、县食品药品监管局、各乡镇）。

三、工作步骤

（一）开展创建。组织动员各乡镇按照“乡（镇）实施、村为主体”的原则，对照“四好村”标准，开展创建活动。

（二）提出申请。经自查符合条件的村向乡（镇）提出创建县级"四好村"申请，乡镇初核后报县"四好村"创建办。

有如下情形之一的，取消"四好村"申报资格：有违反计划生育政策的，有党员干部违反党纪政纪受到处分的，有刑事案件发生的，有发生重大群体性上访事件受到通报的。

（三）检查考评。每年年底由县创建办组织力量对申报的村，对照"四好村"创建标准，组织开展检查考评和验收，提出建议名单。

（四）社会公示。将建议名单在全县范围内进行公示，公示无异议后，正式评定为县级"四好村"。

（五）命名授牌。对评定的县级"四好村"，每年以县委、县政府名义命名，并进行授牌。

（六）动态管理。建立有进有出的动态管理机制，每年由县"四好村"创建办组织开展复查。对不符合条件的，取消县级"四好村"称号并摘牌。

（七）向上争创。已授牌县级"四好村"的行政村要进一步巩固建设成果，按照省级、市级"四好村"创建标准，积极争创申报省级、市级"四好村"。其中，2016 年创建成功省级"四好村"5 个以上。

四、工作要求

（一）加强组织领导。成立县"四好村"创建活动领导小组，负责创建活动的牵头抓总、统筹协调和督促落实。领导小组办公室设在县委农工委。县委组织部、县委宣传部、县委政法委、县委农工委、县司法局、县教科体局、县文广新局、县卫生计生局、县人力资源社会保障局、县民政局、县住房城乡规划建设局、县农业局、县统计局、县扶贫移民局、县妇联、县团委等部门（单位）协作配合、推动落实。各乡镇也要建立健全相应的工作机构，加强对本乡镇"四好村"创建活动的组织领导。

（二）落实工作责任。各乡镇党委、政府主要负责人是"四好村"创建活动的第一责任人，要亲自研究、亲自安排、亲自推动、亲自检查，对本乡镇的创建活动负总责。要对照"四好村"创建标准和考评指标，层层传导压力，细化落实责任，确保创建活动长期有人抓、有人管，构建起纵向到底、横向到边、整体联动的创建工作责任体系。对工作不力、进展缓慢的，要严肃问责。

（三）建立激励机制。充分发挥村民主体作用，激发基层干部群众参与创建活动的积极性、主动性，支持鼓励各村积极争创县级"四好村"，积极申报省级、市级"四好村"。对获得省级、市级、县级"四好村"称号的，县财政给予一定奖励补助。

（四）狠抓督促检查。将"四好村"创建活动纳入各乡镇党委、政府年度目标绩效考核，加大督促检查力度。建立创建活动通报制度，对开展较好的要通报表扬，对开展不力的要曝光批评、督促限期整改。抓好经常性的督促指导、经验总结、自查自评等活动，推动全县"四好村"创建活动常态化制度化。

（五）注重宣传引导。采取传统媒体和新兴媒体相结合的方式，大力宣传"四好村"创建活动的重要意义、目标任务和具体要求。动员农村广大党员干部带头争创，带动身边群众积极参与创建活动。适时召开全县"四好村"创建活动经验交流会，及时总结经验，树立典型，努力营造"四好村"创建活动浓厚氛围。

县级"四好村"创建考评细则另行研究制定。

中共岳池县委办公室　岳池县人民政府办公室 关于印发《岳池县脱贫攻坚工作年度考核实施办法》的通知

岳委办〔2016〕175 号 2016 年 10 月 28 日

经县委、县政府研究同意，现将《贯岳池县脱贫攻坚工作年度考核实施办法》印发给你们，请认真贯彻执行。

岳池县脱贫攻坚工作年度考核实施办法

为全面夯实脱贫攻坚责任，客观公正地评价各级各部门单位干部脱贫攻坚工作，如期实现“两不愁、三保障”和“四个好”的脱贫目标，根据《关于印发〈四川省贫困县贫困村贫困户退出实施方案〉的通知》（川委厅〔2016〕66 号）、《关于印发〈四川省市（州）贫困县党委和政府脱贫攻坚工作年度考核办法〉的通知》（川委办〔2016〕37 号）等文件精神，特制定本办法。

一、考核对象

（一）当年有退出任务的贫困村所在乡镇及相关责任人。

（二）当年有退出任务的贫困村帮扶单位及相关责任人。

（三）有省级考核任务的县级单位及相关责任人（单位详见附件 1）。

二、考核内容

（一）当年有退出任务的贫困村所在乡镇及相关责任人考核内容（详见附件 2）。

1. 减贫成效。考核贫困村“一低五有”、贫困人口“一超六有”等指标任务完成情况。权重为 65%。

2. 精准识别。考核建档立卡贫困人口识别准确人数占贫困人口的精准度、贫困人口脱贫准确人数占脱贫总数的精准度。权重为 10%。

3. 精准帮扶。考核群众对乡镇结亲结对干部帮扶措施的满意度和精准扶贫痕迹管理工作。权重为 10%。

4. 扶贫资金。考核各级下达的扶贫资金安排、使用、监管和成效；产业周转金发放情况；扶贫小额信贷发放情况。权重为 15%。

（二）当年有退出任务的贫困村帮扶单位及相关责任人考核内容（详见附件 3）。

1. 减贫成效。考核贫困村“一低五有”、贫困人口“一超六有”等指标任务完成情况。与联系贫困村所在乡镇同考核得分，权重为 65%。

2. 精准识别。考核建档立卡贫困人口识别准确人数占贫困人口的精准度、贫困人口脱贫准确人数占脱贫总数的精准度。权重为 2%。

3. 精准帮扶。考核“五个一”帮扶工作开展情况和精准扶贫痕迹化管理工作。权重为 30%。

4. 扶贫资金。考核各级下达的扶贫资金安排、使用、监管和成效；产业周转金发放情况；扶贫小额信贷发放情况。权重为 3%。

（三）有省级考核任务的县级单位及相关责任人考核内容。

分两种情况：一是所帮扶村当年无退出任务的县级单位按照附件4进行考核；二是所帮扶村当年有退出任务的县级单位，考核内容包括县本级考核和省级考核两部分，分别按照附件3、4进行考核，权重各占30%、70%。

三、评分办法

考核内容总分100分，其中，平时考核占20分，年终考核80分，加分扣分计入总分即为被考核单位最终得分。考核对象年度考核得分 = 平时考核得分 + 年终考核得分。

四、考核程序

（一）自查报告。当年10月31日前，贫困村所在乡镇和帮扶单位对目标任务完成情况进行自查，将自查报告及自评得分呈联系的县级领导、战区指挥长审核后，向县脱贫攻坚领导小组办公室书面申请验收；有省级考核任务的县级单位对目标任务完成情况进行自查，并将自查报告及自评得分向分管联系的县级领导审核后报县脱贫攻坚领导小组办公室。

（二）县级检查。检查实施主体为县脱贫攻坚领导小组，具体工作由县脱贫攻坚领导小组办公室负责。当年11月10日前，对当年有退出任务的贫困村进行全覆盖检查、贫困人口按一定比例抽查，对省级考核任务的县级单位进行检查评分。

（三）第三方评估。当年11月1日至11月30日，县脱贫攻坚领导小组委托熟悉脱贫攻坚工作的科研机构和社会组织，对贫困人口识别、退出的准确率和因村因户帮扶工作的群众满意度进行评估，形成评估报告，报县脱贫攻坚领导小组。

（四）综合考评。次年1月20日前，县脱贫攻坚领导小组办公室对县级检查数据进行汇总整理，同时结合日常督查、暗访和信息化数据、省市检查或第三方评估核查结果，形成最终考核结果，报县脱贫攻坚领导小组审定。

（五）结果反馈。县脱贫攻坚领导小组向各被考核单位专题反馈考核结果，并提出改进工作的意见建议。

五、结果运用

（一）与激励优先挂钩。对乡镇、县级帮扶单位、有省级考核任务的县级单位进行分类考核、拉通排名（第一、第二类考核对象分别拉通排名；有省级考核任务的县级单位在秦巴山区34个贫困县中拉通排名），根据考核结果排名和年度脱贫攻坚任务量，综合评定各类别前20%的单位为先进，由县脱贫攻坚领导小组予以通报表扬。对年度考核受到通报表扬的先进单位，单位年度考核"优秀"个人名额增加到20%，干部职工（含驻村工作组）年终绩效考核奖上浮10%，相关人员优先提拔使用、评先评优。

（二）与干部考核挂钩。对省定贫困村不能按期退出的，联系贫困村的县级领导，帮扶贫困村的县级单位、贫困村所在乡镇全体班子成员年度考核定等为"基本称职"或"基本合格"及以下；驻村工作组全体成员年度考核定等为"基本称职"或"基本合格"及以下，并将人事关系转入联系贫困村所在乡镇；贫困村"两委"主要负责人按程序进行免职处理；结亲结对的贫困户没有按期脱贫的，帮扶干部年度考核定等为"基本称职"或"基本合格"及以下。对未完成年度脱贫目标任务的，其所在单位主要领导和直接责任人个人年度考核均为"不称职"或"不合格"，其他领导班子个人年度考核不定等。

（三）与年终绩效考核挂钩。实行脱贫攻坚一票否决制度，凡没有完成脱贫任务和考核排名在同类单位倒数10%的单位，年终绩效等次一律定为末等。对年度考核定等为"基本称职"或"基本合格"及以下的个人，年终绩效考核奖、一次性奖金等待遇按相关规定执行。对于省市驻岳单位的考核结果，将通报给相应的上级管理部门。

（四）与问责追责挂钩。考核中发现下列问题之一的，即不能按期完成减贫计划任务的，违反扶贫资金管理使用规定的，违反约束事项、发生禁止行为事项的，违反退出规定和弄虚作假、搞“数字脱贫”的，贫困人口识别和退出准确率、帮扶工作群众满意度较低的，纪检监察、审计和社会监督发现违规违纪的，由县委对单位主要负责人进行约谈或诫勉谈话，提出限期整改要求；情节严重、造成不良影响的，进行组织处理或纪律处分，并予以通报；涉嫌违法犯罪的，移交司法机关处理。

六、工作要求

（一）参与考核的县级相关单位及工作人员应严守考核工作纪律，坚持原则、公道正派、敢于担当，保证考核结果的公正性和公信力。各乡镇和有省级考核任务的县级单位应及时准确提供相关数据、资料和情况，主动配合开展相关工作，确保考核顺利进行。对不负责任、造成考核结果失真失实的，将严肃追究责任。

（二）按照“扶贫项目优先安排、优先保障、扶贫工作优先对接、扶贫措施优先落实”的要求，县委组织部、县直机关工委、县农业局应制定“第一书记”、驻村工作组、农技员具体考核实施细则，考核得分按比例折合后计入考核总分，其余13个有省级考核任务县级单位应制定详细的指标解释。要加强日常督查，根据年度脱贫计划，列出任务清单，实行台账管理，确保考核数据真实准确可靠，并按时书面报送县脱贫攻坚领导小组办公室。

索　引

使用说明

一、本索引采用内容分析索引法，按索引条目汉语拼音字母顺序排列，分目用黑体字标明。

二、年鉴中"特载""大事记""领导名录""附录""图片资料"均未作索引。

三、索引标目后的数字表示内容所在的页码。

四、本索引之作用为易于查询，仅作为本书目录的补充部分。

A

爱国卫生运动　226

安全管理　176

安全基层基础建设　207

安全生产　177，299

安全生产事故　206

安全维稳　241，243，244，247，248，250，253，255，257，259，261，262，265，267，269，271，273，275，277，279，280，282，284，288，289，291，294，295，297，301，302，305，306，312，314

安全宣教　208

案件查处　74

案件侦破　130

案件执行　134

案例选录　131

B

编制管理　83

便民办税　181

便民服务　277，287

殡葬管理　238

不动产登记改革试点　198

部分工业企业简介　154

C

财源培植　179

财政管理　179

财政和金融　48

财政监督　180

财政收入　179

财政预决算审计　208
财政支出　179
参政议政　114,116
查办和预防职务犯罪　132
产业发展　138,149
产业扶贫　144
产业结构调整　143,152
常委会会议　88
常委会议　51,112
常务会议　91
成人教育　212
城市管理宣传　171
城市环境综合治理　170
城市建设　168
城乡规划　168
城乡医疗救助　237
惩治和预防腐败　74
出版物市场管理　230
村镇建设　168
存款业务　187

D

代表视察　90
贷款业务　187
单体药店　196
党的建设　242,243,245,247,248,250,253,257,260,261,263,264,266,268,270,272,273,275,277,279,281,283,285,288,290,292,294,295,301,302,306,312,314
党风廉政建设　73,82
党建工作　86,297,307,308,311
党史三卷征编　234
党史资政育人　234
党外代表人士队伍建设　81
党员队伍　81
党政群机关人员编制　84
档案法治建设　233
档案业务指导　233
地理位置　40
地名管理　237
地情资料研究　234
地税收入　182
地形地貌　40
地质灾害防治　198
第二届长田生态观光节　297
第十二次党代会　50
电商产业　157
电子政务　106
动物卫生和畜产品质量安全监督　145
督查督办　72
队伍建设　115,181,206
对外贸易　158

F

法规宣传　172
法纪检察　133
法律服务　137
法律援助　136
法治宣传　128,135
防汛抗旱　147
房地产经营与开发　169
房地产业管理　169
非公代表人士政治安排　118
非公有制经济代表人士工作　82
非物质文化遗产　229
风险防控　186,191
风险管控　189
风险管理　188
扶贫档案工作　232
扶贫解困　124
扶贫资金　150
“110”服务　130

服务地方经济发展　205
服务活动　117
服务“三农”　187
服务水平　177
涪城经济　263
妇女维权　122
妇幼保健　225

G

改革创新　135
概况　82,85,110,134,138,139,144,145,149,150,152,155,156,157,160,161,163,168,174,176,177,179,186,187,188,189,190,192,204,208,224,231,240,242,243,245,247,249,251,253,255,256,258,260,261,263,264,266,268,270,272,274,275,277,279,281,283,285,286,288,290,292,294,296,298,300,301,303,304,306,307,308,309,311,313
干部队伍建设　80
干部培训　87
干果产业　281
革命遗址　261
工程建设　174
工程建设与管理　168
工商业经济　242,246,249,258,265,266,273,274,278,280,283,290,293,295,296,300,304,310,312
工业和建筑业　47
工业行业　153
工资福利　108
公路养护　176
公路运输　175
供给侧结构性改革　195
苟角镇避险解困项目现场启动会　299
固定资产投资　47
固定资产投资审计　208
规范市场经济秩序　206
规范性文件管理　129
规模养殖　144
国库管理　186
国内贸易及招商引资　48
国税收入　180
国土开发整治　197
国土资源调查　196
国有产权交易　111
国有建设用地使用权出让　111
国有资产管理　180

H

海事管理　176
河流治理　146
红色家园　309
后扶工作　151
户政管理　130
环境保护和安全生产　49
环境监测　173
环境监察　172
环境卫生管理　171
环境整治　168
环境、资源与人口　254
换届选举　300
会务接待　72
会展工作　157
惠民帮扶　115,119,121
惠民工程　120
惠农兴村　123
婚姻登记　237

J

机构改革　84
机构管理　83

机关活动　82
机要保密　72
基层党建　80
基层党组织　81
基层设施建设　248
基层政权建设　236
基础管理　189
基础教育　212
基础设施　140,295,307
基础设施建设　156,213,224,240,243,244,246,249,252,255,256,258,260,262,264,265,266,269,271,273,274,276,278,280,282,284,286,287,289,290,293,297,298,300,302,303,305,309,310,312,313
疾病预防控制　225
计划编制与实施　194
计生服务　226
纪检监察审计　216
监督管理　206
监督检查　74
监管机制　206
监所管理　130
监所检察　133
建设工程项目招投标　110
建设项目管理　172
建议意见办理　91
建置沿革　41
建筑队伍及管理　169
交通管理　130
交通、通信和旅游　48
教师队伍建设　214
教师现代教育技术培训及应用　215
教育督导　214
教育和科学技术　49
教育科研　215
教育培训　124
教育信息化基础建设　215
节能减排　153
金融服务　186
金融环境　185
金融监管　184
金融业务　191
禁毒防邪工作　216
经济发展　254
经营发展　177
精神文明建设　78
精准扶贫　243,247,299
警务改革　131
竞技体育　221
竞赛活动　119
旧志整理　234
就业帮扶　124
就业培训　121
军转安置　108

K

科技管理与服务　219
科普教育　122
科普宣传　123
科普宣传与科技培训　219
科学编制十三五规划　152
客户服务　177,192
矿产资源管理　197

L

劳动仲裁与监察　238
劳模工作　119
老龄事业　238
理论学习　76
理论研究　87
理想信念教育实践活动　118
廉政建设　178

粮油仓储建设、管理 160
粮油购销 160
粮油市场与安全检测 160
粮油统计 160
“两化”融合 153
“两学一做”学习教育 218
“两学一做”学习教育活动 79,117
林业扶贫 150
林业改革 149
领导干部经济责任审计 209
领导活动 98
路政管理 176
旅游 311
旅游扶贫 162
旅游规划 162
旅游宣传 162
旅游招商 162
罗渡中学 223

M

矛盾纠纷大调解工作 127
矛盾纠纷调解和化解 136
矛盾纠纷排查化解 85
民间组织管理 237
民商事审判 134
民生工程 123,177,241,267,271,282,307
民生和社会保障 49
民生惠民工作 171
民生项目 168
民主党派工作 81
民主监督 115
民族 45
民族工作 238
名胜古迹 261

N

纳税服务 183
内控管理 188
内设机构变化 141
能源要素保障 153
年鉴编辑 234
农产品质量安全监测 145
农村广播电视“村村通”工程 230
农村经济 240
农村能源建设 143
农机安全生产监管 145
农机服务 145
农机购置补贴 146
农机化作业 145
农机技术普及与推广 145
农机专业合作社 146
农业 46
农业产业 140
农业技术推广 143
农业经济 242,245,247,249,255,256,258,260,265,266,272,274,275,278,279,283,285,286,288,290,292,294,296,298,300,304,309,311,313
农业农村工作 243

P

品牌兴县战略 205
评优活动 120

Q

气候特征 40
气象管理 232
气象预报服务 231

企业管理　177
企业文化　190
青年创业　120
青年志愿服务　120
青少年科技创新　123
区域发展　195
全能支持　184
全体会议　93,111
全委会议　72
全委（扩大）会议　50
群众体育　220
群众文化活动　227

R

人才工作　80
人口　45
人力资源服务　108
人力资源开发工作　107
人事考试　108
人事任免　89
人员概况　123

S

“三八”妇女节活动　117
三产业融合　138
“三个体系”建设　233
商品经营　158
商事制度改革　205
商业网点　157
设施农业　142
社会办学　212
社会保障　237,238,286
社会福利　237
社会事业　241,243,244,246,248,250,252,255,256,259,260,262,264,265,267,269,271,273,274,276,278,280,284,287,289,291,293,295,297,298,301,302,303,305,308,309,310,312,313
社会维稳工作　127
社会责任　189,190
社会治安综合治理　286
社会治安综合治理工作　126
社会状况　254
社科联工作　78
社区矫正和安置帮教　136
生产救灾　237
生活待遇　86
生态文明建设　172
生态猪示范点建设　144
食品安全专项整治　196
食品综合监管　195
食盐专营　161
史志成果　235
史志宣传　235
市场监管　159
市场建设　158
市场体系建设　158
事业单位登记管理　83
数字档案馆建设　233
双创示范园　140
双随机一公开　110
水产渔政　148
水利环境　146
水利建设　146
水利设施　146
水路运输　176
水政执法　147
税收改革　180
税收减免　182
税收征管　181,182
税务稽查　182
司法所规范化建设　136

司法为民　134
思想道德教育　120
思想建设　82,116
思想政治教育　76
四川师范大学附属第七实验中学　224
诉讼法律监督　133
素质教育　213

T

特色产业　249
特色小城镇　255
体育产业　221
天网工程　131
通信建设　176
统计调查　209
统计服务　209
统计管理　210
统计基础工作　210
统计信息化工作　210
统计执法　210
投资环境　156
图书音像　227
土地执法监察　197
脱贫攻坚　49,80,118,121,150,154,218,235,241,244,250,253,257,259,264,265,268,271,277,279,281,282,286,289,291,293,297,306,308

W

外事侨务对台工作　107
网络舆情　77
卫生监督监测　225
文昌寨广柑合作社　251
文化场所设施　227
文化馆、文管所、图书馆简介　230
文化市场管理　229
文化、卫生　49
文联工作　77
文明创建　188
文史宣传　115
文书会务　106
文体活动　86,191
文物　227
文学艺术创作　227
文艺宣传　76
文艺演出　227
稳控劝返　85
污染防治　172
污染减排　172
“五包”责任制　85
物价监管检查　195
物流业　158
物业管理　169

X

县乡村集中换届　79
县直属医疗卫生单位简介　226
现代教育技术科研　215
乡村旅游　162,263
乡村旅游文化节　140
乡域经济　262,269,270,281,302,307,308
乡镇供水经营管理　148
项目工程　141
项目建设　152,162,163
“项目年”工作　194
项目申报　148
项目申报与成果评审　219
项目争取　174
消防监管　130
小水电站　148
校园安全　217

校园及周边环境治理　218
新村建设　138
新闻外宣　77
信访工作　216
信访积案化解　85
信息调研　72,106
信息技术普及教育　215
刑事检察　132
刑事审判　134
行业管理　162,191
行政复议办理与行政调解　128
行政审判　134
行政审批制度改革　108,128
行政事业单位审计　209
行政执法　129
休闲服务业　158
宣传工作　221,263
学前教育　212
学校体育　220

Y

盐业专营市场管理　161
“阳光岳池”电子数据管理　232
“阳光岳池”工程建设　110
养殖污染治理　144
药品监督管理　196
业务发展　189,192,193
业务经营　188
医疗器械监督管理　196
医药卫生体制改革　225
医政管理　225
依法经营　193
依法治安　207
依法治税　180
依法治校　218
移民直补　151
以工代赈　195
义务植树　149
艺术教育　217
易地扶贫　195
疫病防控　145
银城花海简介　143
应急管理　106
营养改善计划　217
影院与电影放映　231
用地管理　197
优抚安置　236
优质服务　187
余热发挥　86
园区建设　156
岳池县第十六届人民代表大会第六次会议　87
岳池县第十七届人民代表大会第二次会议　88
岳池县第十七届人民代表大会第一次会议　87
岳池一中　222
岳池中学　221
运营管理　192
运政管理　176

Z

在建大型项目　159
造林绿化　149
招商成果　163
招商方式　164
招商环境　164
招商活动　118
招商引资　139,156
招投标管理　194
阵地建设　122,134
镇域经济　251,303,306
征地拆迁　198
正风肃纪　75
政法工作　125

政府采购 110
政府采购 179
政务督查 106
政务服务 124
政务服务体系建设 109
政治待遇 85
政治思想建设 137
政治协商 114
知识产权保护 220,230
执法检查 90
执政实录编辑 234
职工维权 119
职业教育 213
植物保护与植物检疫 142
治安保卫 129
治安管理 129
治安巡逻 129
智慧城市建设 153
中间业务 187
种子经营与管理 142
重大事项 89
重大招商活动 166
重点商务企业 159
重点水利工程 147
重点项目 140
重要活动 65
重要决策 62,95
主席会议 113
主要成绩 69,103
主要农作物 141
主要灾害天气 231
助学帮扶 214
住宿餐饮业 158
驻外投资促进分局 166
专题会议 60,93
专题招商活动及成效 165
专项调查 210
专项活动 122
专项行动 131
专项资金审计及审计调查 209
资产质量管理 189
资金管理 188,190
资源保护 149
自然文化资源 40
自身检察 133
自身建设 75,120
宗教工作 238
综合文秘 72
综合指标 45
综治维稳大调解 216
综治信访 299
组织建设 82,116,117,119,121,123